Service Management

서비스경영

– 계획과 전략, 운영과 통제 및 평가 –

유시정

法文社

머리말

오늘날의 기업환경은 다양한 고객요구, 치열한 글로벌경쟁, 생산운영기술의 급속한 발전, 자원내셔널리즘 등 경쟁과 변화의 연속이라고 표현되고 있다. 또한 기업의 주된 활동은 제품과 같은 물적 재화의 생산만이 아니라 서비스생산과 운영에 더 큰 비중을 두고 있다. 서비스의 기능과 역할은 이미 제조부문을 능가하고 있다. 우리나라 경제활동에 있어서도 서비스부문은 이미 고용과 국내총생산의 60~70% 수준을 점하고 있다.

우리나라 대학에서 서비스경영에 대한 과목을 처음 개설했던 1990년대 중반까지만 해도 서비스경영은 경영학의 한 분야로서 자리잡기가 어려웠다. 경영학을 전공하는 교수들조차도 서비스는 정통적인 경영과는 거리가 먼 소비, 유흥, 사치의 대상으로 회자되는 것쯤으로 생각했다. 그 당시 어느 교수님은 서비스 관련 저서를 집필하고 강의개설을 시도했으나 동료교수로부터 많은 저항을 받았다고 했다.

이 책은 대학의 서비스경영 관련 과목의 교재 및 기업의 서비스경영관리의 실무에 참고하기 위해 집필하였다. 본서에서는 학계와 기업의 실무에 필요한 서비스운영관리와 관련되는 주제를 포괄적으로 다루고자 한다. 이 책의 내용전개에 대한 흐름은 Schmenner, Fitzsimmons, Johnston, Beckman 등의 저서와 저자가 집필에 참여했던 생산시스템운영관리의 체계를 참고하여 지난 10여 년간 대학에서 강의한 내용과 주요 연구를 담고자 하였다.

이 책을 통해 서비스운영관리에 대한 기본적 관리이론을 중심으로 다양한 서비스기업의 운영사례를 제시함으로써 학생들이 기업현장의 실무적 지식과 안목을 넓히고 기업현장의 관리자들에게는 실무이론을 한층 더 높일 수 있는 지식과 경험을 제공하려 한다. 따라서 본서에 기술한 관리적 이론의 논리적 전개는 원전에 충실하도록 하였으며 또한 관리적 이론과 사례를 병행하여 제시하고 설명함으로써 서비스기업 현장감각을 살리려는 노력을 하였다.

이 책에서는 서비스 및 서비스의 관리적 특성을 고려하여 서비스기업의 운영관리에 요구되는 내용을 3부로 나누어 체계화하였다.

제1부에서는 서비스의 의의와 개념, 서비스운영전략, 서비스수요관리와 생산계획 등 서비스운영과 전략 등 기본적인 개념과 계획을 소개하였다.

제2부에서는 서비스설계와 개발, 서비스인카운터와 고객대기관리, 서비스프로세스의 배치와 운영, 서비스공급능력관리, 서비스품질의 측정과 품질경영, 서비스자재의 재고와 공급사슬경영, 서비스로지스틱스와 서비스시설의 입지선정 등 서비스운영관리의 핵심적인 내용을 기술하였다.

제3부에서는 서비스인적자원관리와 조직 활성화, 고객만족경영과 서비스마케팅전략, 서비스시스템의 평가와 서비스지수관리 등 서비스운영을 지원하는 시스템기능과 평가에 대하여 기술하였다.

서비스경영 관련 과목의 강의를 위해 각 장별 강의내용을 파워포인트 자료로 작성하였으며 학생들의 평가를 위해 400여 문항의 선택형 및 진위형 문제와 해답을 CD에 수록하였다.

이 책을 집필하면서 1990년대 초 우리나라 대학의 경영학강의에서 서비스기업운영관리를 처음으로 강의하신 서강대 서창적 교수님께서 학문적 방향의 지침을 주신 데 감사드린다. 아울러 한국서비스경영학회에서 저자와 함께 서비스경영에 관련된 학술연구를 활발히 수행하신 여러 교수님과 많은 자료와 사례를 제공해 주신 서비스기업의 임직원 여러분들께 감사의 말씀을 드린다. 특별히 저자의 강의에 폭넓은 사고와 신선한 시각을 제시한 여러분들께도 감사를 드린다. 특히 이 책의 집필을 조언해 주신 조춘봉 교수, 차현수 교수, 서자원 교수, 관련 자료의 제공과 독회를 주도해 주신 안운석 교수, 백미영 박사, 이혜연 박사께 감사드린다.

이 책의 출간을 배려해 주신 법문사 사장님과 책의 편집과 교정을 담당해 주신 김진영 선생께 특별한 감사를 드린다.

서비스경영에 대한 논리적 전개, 기술 및 표기상의 오류, 서비스경영의 새로운 방향의 모색 등 여러 연구자와 독자들의 지적과 견해의 제시를 바라며 앞으로 서비스경영 이론을 연구하는 학자 및 서비스실무에 종사하는 분들과 지속적으로 연구토론을 거쳐 보다 알찬 내용으로 본서를 보완하여 발전시킬 것을 다짐해둔다.

2014년 1월
저자

차 례

제 1 부 계획과 전략

제 13 장 서비스시스템의 평가와 서비스지수관리

S·e·r·v·i·c·e·M·a·n·a·g·e·m·e·n·t

제 1 부

계획과 전략

제 1 장

서비스의 의의와 개념

학 습 목 표

본 장에서는 다음과 같은 내용의 이해를 목표로 한다.

- 기업의 환경변화와 서비스가치
- 서비스의 특징과 정의
- 서비스의 유형
- 서비스운영관리와 체계

사례 서비스가 제조업을 선도한다.

오늘날 우리나라 산업구조는 서비스부문이 제조부문을 훨씬 능가하여 선진국형 산업구조를 나타내고 있다. 물론 전자, 자동차 등 제조기업이 우리나라 경제를 견인하고 있지만 정보통신, 금융, 운송 등의 서비스산업이 확대되고 있기 때문이다. 제품을 생산하는 기업이 서비스에 대한 역할, 서비스에 대한 중요성에 대하여 인식을 하게 된 것은 불과 20여년 정도라 할 수 있다. 그 이전의 제조기업은 단지 품질이 좋은 제품을 많이 생산하고 많이 판매하여 높은 이익을 실현하는 것을 주된 경영의 기능으로 생각해 왔다.

1. 현대자동차

1987년 현대자동차는 5천 달러대의 프레스토란 모형을 앞세워 미국시장에 진출하였다. 현대자동차는 5만대 정도를 팔아 당시 일본기업이 장악하고 있던 미국의 소형차시장을 공략하는 교두보를 마련하는 등 미국시장 진출이 성공하는 듯 보였다. 그러나 현대자동차의 미국시장 진출은 1년 이상 버티지 못했다.

미국 자동차시장에서 미국은 물론 일본, 유럽 등 메이저급 자동차 제조사들과의 경쟁이 결코 용이한 것은 아니었지만 현대자동차의 미국시장 진출이 실패한 이유를 Business Week는 다음의 두 가지로 분석하고 있다. 첫째, 자동차 A/S망의 부재, 둘째, 후속 신형모형의 부재를 들고 있다. 자동차가 일상생활화 되어 있는 미국에서 A/S망이 구축되어 있지 못하면 사용 중 발생하는 고장에 대한 신속한 조치가 어려워 고객으로부터 외면당하는 요인이 된다. 또한 당시 고객의 관점에서 자동차 제조회사의 신형차 출시가 지속되지 못하는 것은 기술력의 부족으로 인식되고 있기 때문이다.

현재도 그렇지만 당시 세계 메이저급 자동차제조사들이 해외시장 진출의 요건은 A/S이다. 판매망도 제대로 갖추어놓지 못한 제조사가 A/S망을 갖추기란 용이한 일이 아니다. 결국 현대자동차는 미국시장의 본격적인 진출을 10년 이상 늦추어야만 했다. 이처럼 서비스는 제품의 제조와 판매에 결정적인 역할을 하고 있다.

2. 현대와 삼성의 서비스센터

우리나라의 대표적인 기업이라 할 수 있는 현대자동차와 삼성전자는 자동차와 가전제품 등 전자제품을 생산, 판매하는 제조회사이다. 그러나 이들 회사는 현재 판매망 못지않게 전국적인 서비스망을 운영하고 있다.

현대자동차는 전국에 23개의 직영 서비스센터, 1,500여개의 서비스 협력사와 서비스협약을 맺고 고객서비스를 수행하고 있다. 삼성전자는 1970년대부터 고객서비스활동을 수행하고 있는데 서비스부문을 별도의 법인화 하여 현재 179개의 서비스센터를 운영하고 있다. 이들 회사의 서비스센터에서는 내방고객의 제품에 대한 직접적인 고장수리와 출장수리를 수행하며 온라인망을 통해 원격고장진단, 원격수리 등 고객의 불편해소를 위해 다양한 서비스채널을 이용하고 있다.

이와 같이 제조회사가 판매 후 서비스를 강화하고 있는 것은 대량생산과 대량판매로 고객이 확대되고 고객의 서비스욕구가 그만큼 커졌음을 나타내는 것이다. 또한 제품의 이미지는 브랜드나 품질에만 있는 것이 아니라 서비스이미지까지 포함하고 있기 때문이다.

3. IBM의 글로벌서비스

IBM은 지난 50년 이래 세계 컴퓨터시장에서 하드웨어 및 소프트웨어의 생산 및 판매를 거의 독점적으로 지배해온 기업이다. 1993년~2010년 사이에 이 회사의 매출추이는 컴퓨터 하드웨어 및 기술이 310억 달러에서 185억 달러로 하락한 반면에 소프트웨어는 110억 달러에서 223억 달러로 2배 이상 증가했다. 또한 컨설팅 등 전문적 서비스와 기술기반 서비스, 비즈니스프로세스서비스 등 글토벌 비즈니스서비스와 글로벌 기술서비스 부문은 100억 달러에서 575억 달러로 5.7배 이상 신장했다.

과거의 컴퓨터산업의 특징은 우수한 기술, 빠른 기술혁신, 다양한 서비스 및 최대의 시스템성과에 있었다면 오늘날은 고객이 원하는 새로운 시스템과 패키지의 제공에 있다. 즉 과거의 일반관리업무의 전산화나 정보시스템의 활용으로부터 SCM, CRM의 운영, 프로세스엔지니어링과 같은 기업이 지향하는 가치지향적 업무의 개발과 지원으로 사업이 변화되고 있다. 이와 같은 변화는 IBM의 사업영역이 전문적 서비스로 더욱 확대되고 있음을 보여주는 것이다.

제 1 절 기업의 환경변화와 서비스의 역할

오늘날 서비스는 우리의 경제, 사회, 문화적 활동을 비롯하여 일상적 생활에 중요한 영향을 미치고 있다. 서비스분야는 규모 면에서 산업의 주축을 이루고 있는 제조분야를 훨씬 능가하고 있으며 기능적 역할의 중요성도 매우 높아 이른바 서비스경제의 시대를 맞고 있다. 즉 [그림 1-1]에 나타난 서비스산업의 구조변화는 서비스산업이 지속적으로 확대되는 추세를 보여주고 있다. 서비스분야는 제조업에 비해 국내 총생산(GDP)과 고용 면에서 3배 이상이나 되는 것으로 파악되고 있다. 이러한 현상은 경제 선진국일수록 격차가 더 벌어지고 있다.

서비스는 우리의 사회적, 경제적 환경의 변화를 가속시키고 특히 기업의 관리활동과 환경변화에 큰 영향을 미치고 있다.

첫째, 경제적 관점에서 서비스는 제품보다 높은 소비자들의 새로운 가치추구와 가치상승 욕구를 충족시켜주고 있다. 서비스가 소비자의 인식과 행동에 제품보다 더 큰 영향을 미친다는 것은 이미 많은 연구에서

그림 1-1 우리나라 서비스산업구조의 변화

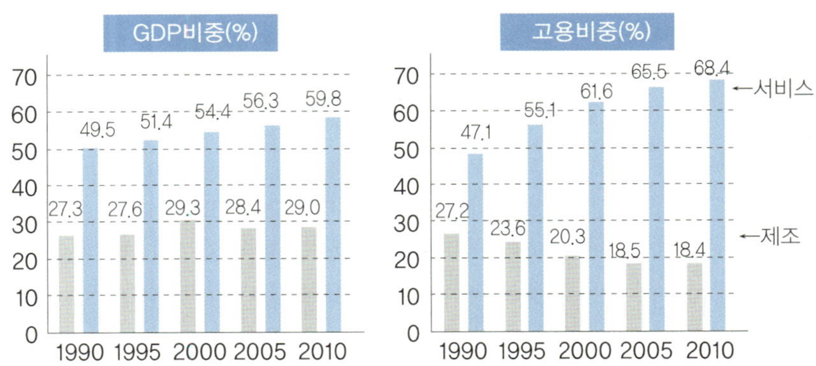

밝혀지고 있다. 스마트폰을 구매하는 소비자가 하드웨어적인 제품 면에서보다 소프트웨어적인 서비스 면에서 가치욕구를 더 크게 느낀다는 것은 이를 입증하는 것이다.

둘째, 서비스는 기업의 경영환경 변화에 큰 영향을 미치고 있다. 특히 고객요구의 증대, 제조 및 서비스기술의 발전, 제조와 서비스 경계의 모호성 등은 서비스의 역할을 증대시키고 있을 뿐만 아니라 그 중요성도 높이고 있다. 예를 들어 고객요구가 증대함에 따라 기업은 대 고객전략이나 서비스기능을 강화하는 등 조직, 업무 면에서의 변화를 모색하고 있다. 더욱이 서비스의 중요성은 기업 내외의 환경변화는 물론 경영관리의 패러다임을 새로이 하고 있다.

그러면 고객가치와 기업경영의 틀을 변화시키고 있는 서비스는 무엇인가? 그 답을 얻기 위해 서비스 산업의 특징을 살펴보자.

- **서비스는 사람을 통한 고객만족의 중심적 위치에 있다.**

  서비스는 서비스제공자와 고객의 인적 접촉에 의해 제공되는 특성을 가지고 있다. 서비스제공과정에 이러한 양자 간의 인적 접촉이 지속됨으로써 서비스는 노동집약도가 높은 산업으로 분류되고 있다. 따라서 서비스제공자는 서비스가 제공되는 과정을 통해 고객의 욕구와 반응을 파악하고 적절히 대응함으로써 고객만족을 충족시킬 수 있다.

- **서비스는 고객의 기대에 접근하려는 노력을 증대시킨다.**

  서비스품질 수준을 높이려는 노력은 고객이 기대하는 서비스품질 수준을 파악하여 서비스생산과 제공에 그 수준을 부합시키는 노력이라 할 수 있다. 대부분의 서비스는 서비스가 제공되는 과정에 고객접점을 이루며 이 때 서비스제공자는 고객의 기대에 부응하려는 노력을 극대화 하는 것이다.

- **서비스는 감성과 이성의 통합을 요구한다.**

  고객은 제품이나 서비스를 사용함으로써 고유의 특징과 성능을 인식하게 된다. 제품과 서비스가 지닌 성능, 규격, 품질 등 본질적인 기능을 이성적 요인이라 하며 고객의 기대나 반응에 영향을 주는 요인을 감성적 요인이라 한다. 우수한 서비스는 서비스로서의 본질적 기능이 완벽하고 고객이 느끼는 감성적 요인의 수준이 높은 서비스로서 고객의 인식이 기대보다 높은 서비스를 의미한다.

- **서비스는 의미와 상징성의 산업이다.**

  제품의 경우 제조명세, 사용방법, 유용성에 따라 고객이 반응하는데 비해 서비스는 고객의 기대를 충족시켜 줌으로써 소비자의 마음을 움직이는 특성과 특징의 범위가 넓고 다양하다. 금융서비스의 높은 수익성, 대형할인점의 저렴한 가격, 패스트푸드의 신속성 등은 서비스의 내용만이 아니라 서비스가 상징하는 의미를 함축하고 있다.

- **서비스는 필요에 따라 세분화가 가능하다.**

  시장의 세분화는 기업의 마케팅전략의 전개를 위한 기본적 요소이다. 또한 기업이 경쟁력을 얻기 위해서는 제품이나 서비스, 고객, 가격, 유통방법, 품질수준 등 여러 가지 측면에서 세분화하여 집중화, 또는 차별화 전략을 수행할 수 있다. 제품을 세분화하는 것은 제조설비와 프로세스구축에 많은 투자와 시간이 소요되지만 서비스는 서비스제공과정의 유연성에 따라 제품의 제조보다 용이하게 세분화를 실행할 수 있다.

- **서비스는 제품보다 빠른 지속적 개선욕구를 충족시킨다.**

  서비스는 프로세스의 변화가 용이한 편이다. 제품의 경우 신제품을 만들기 위해 원료확보, 설비 및 프로세스를 확정하여 본격적인 생산에 이르기까지 상당한 시일이 소요되지만 서비스의 경우는 그 기간이 매우 짧아도 된다. 예를 들어 A보험회사가 새로운 보험상품을 출시하면 1~2주 후에는 B보험회사에서도 명칭만 다를뿐 똑같은 종류의 보험상품을 출시한다. 서비스기업은 고객의 요구에 따라 새로운 서비스상품을 다양하게 개발할 수 있고 비교적 용이하게 서비스프로세스를 개선할 수 있다.

제 2 절 서비스가치와 패러다임의 변화

서비스의 기능과 역할증대로 가져오는 기업경영의 변화는 무엇일가? 이와 관련하여 다음과 같이 기업의 변화를 가져오는 몇 가지 요인을 생각해 볼 수 있다.

첫째, 기업경영의 환경변화를 가져오는 요인으로 경영관리 패러다임의 변화를 들 수 있다. 기업경영 패러다임은 산업의 규모, 기업의 역할, 재화생산 및 관리활동과 관련되는 기술, 시장경쟁, 소비자욕구 등에 영향을 미치고, 반대로 이들 요인으로부터 영향을 받는다. 1970년대 까지만 해도 제조업 중심의 산업구조에서 대부분의 기업은 규모면에서 성장경영을 추구해 왔다. 그러나 기업이 치열한 시장경쟁과 기술경쟁으로부터 우위를 차지하기 위해서는 제품, 제조기술, 판매방식, 서비스 등의 면에서 획기적인 변화를 지향해야만 했다. 이러한 변화는 기업경영의 혁신(innovation)에 의해서만 이루어질 수 있다. 그러나 Steve P. Jobs의 지적대로 혁신경영은 조직 내외의 환경, 능력 면에서 한계를 가져올 수밖에 없다. 따라서 산업을 선도하는 기업은 새로운 전략우위의 조건으로 새로운 제품과 서비스, 새로운 기술, 새로운 기능에 바탕을 둔 창조경영(creative management)을 추구하게 되었다.

둘째, 오늘날 기업 외적으로는 소비자의 이익과 권리를 앞세우는 운동이 거세게 일어나고 있다. 이에 따라 기업은 고객만족을 핵심 경영과제로 삼고 있다. 제품이나 서비스의 설계 시 품질기능전개(quality function deployment) 기법을 동원하는 것도 기업의 제품 및 서비스 활동에 고객의 요구를 반영하는 것이다. 고객요구 수준은 더욱 증대될 것

그림 1-2 제품과 서비스의 가치이동

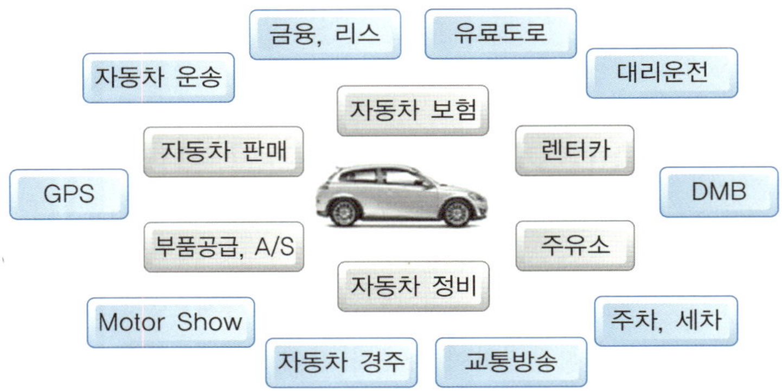

이며 경영활동에서 고객화의 중요성도 더욱 높아질 것이다. Heskett 등(1997)이 제시한 서비스이익사슬(service profit chain)에서 볼 수 있듯이 서비스가치는 고객만족의 전제조건이며 또한 고객만족이 이루어져야만 고객의 충성도를 유도할 수 있다.

셋째, 기업의 활동영역이 확대되고 있음을 주목해 볼 수 있다. 최근 수년 동안 우리나라가 남미, 미국, 유럽 등 여러 지역의 국가와 자유무역협정(FTA)을 맺은 것도 우리나라 기업이 세계시장으로 진출하는 통로를 열어준 것이다. 오늘날 기업의 자원 조달, 제품시장은 국내에만 한정되지 않고 전 세계시장을 겨냥하고 있다. 기업이 세계화를 표방하여 범세계적 인수, 합병이 이루어지고 대량고객화의 수단으로 세계시장에 진출하고 있다. 세계시장에서 오늘의 협력기업은 내일의 경쟁기업이 되고 반대로 오늘의 경쟁기업은 내일의 협력기업이 됨으로써 경쟁적 협력관계를 형성하고 있으며 기업활동의 글로벌화의 범위와 속도는 빨라지고 있다.

넷째, 정보기술과 자동화 기술은 우리의 사회, 우리의 생활을 지배하고 있다. 이러한 기술은 불과 몇 년 사이에 우리의 사회와 생활을 디지털시대로 바꾸어 놓았다. 이러한 정보기술이나 자동화 기술의 발전은 제품이나 서비스의 수명주기를 단축시키고 기업의 제조 및 서비스 경쟁력을 좌우하고 있다. 나아가 기술혁신은 정보네트워킹, 미디어통합으로 인터넷 비즈니스를 확대시키고 서비스혁신의 원동력이 되고 있다.

다섯째, 자재, 설비, 프로세스, 이용기술의 발전은 제품이나 서비스로부터 소비자의 편의성을 높여주고 있다. 이러한 기술은 제품이나 서비스의 부가가치를 확대시키는 역할을 한다. 자동차회사가 생산하는 자동차는 제품으로서의 기능만을 갖는 것이 아니라 자동차판매, 정비, 보험 등 서비스로부터 금융, 리스, GPS, DMB서비스, 자동차경주, 모터쇼 등 2차, 3차적인 서비스로 확대되어 고객에게 제공된다. 즉 [그림 1-2]에서와 같이 제품과 서비스의 기능이 상호보완적으로 이루어짐에 따라 서비스의 가치영역은 점차 확대되고 있다.

과거 서비스에 대한 인식은 기업의 제조활동을 지원하는 정도의 기능으로 보았다. 그러나 오늘날의 서비스는 제조활동에 의존적이 아닌 독립적 산업으로 발전하고 있으며 한편으로는 서비스영역 및 역할이 확대되어 제조와 서비스의 본질적 기능이 무엇인지 명확하게 구분하기가 어렵다. 제조와 서비스의 경계가 점차 좁혀지고 있는 것이다.

그림 1-3 제품과 서비스의 경계

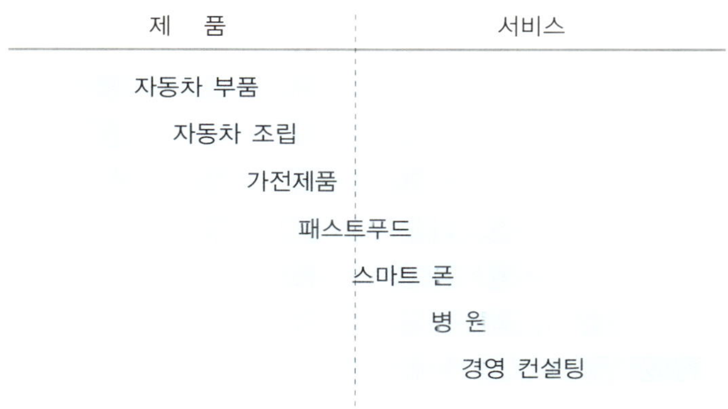

오늘날의 산업은 [그림 1-3]에서와 같이 완전한 제조업도 완전한 서비스업도 찾아보기 힘들 정도로 산업영역의 경계가 모호성을 나타내고 있다. 전형적인 제조업이라 할 수 있는 자동차부품의 제조나 자동차조립에 서비스기능이 포함되어 있으며 스마트 폰의 제조에는 서비스의 비중이 더욱 높다. 병원의 의료서비스, 전문적 컨설팅서비스에는 제조기능의 영역이 포함되어 있다. 소비자의 욕구증대, 제조 및 이용기술의 발전으로 이러한 추세는 더욱 확대될 것으로 예견되고 있다.

제 3 절 서비스의 특징과 정의

1. 서비스의 특징과 정의

1980년대 이후 서비스에 대한 많은 연구가 이루어져 왔으며 이는 주로 서비스 기업의 운영관리에 대한 문제, 마케팅 측면에서의 서비스품질과 고객만족에 대한 연구가 주류를 이루고 있다. 이들 연구에서는 전통적으로 제조업에서의 관리적 문제가 서비스기업의 상황에 항상 부합되지 않기 때문으로 볼 수 있다.

Schmenner(1995)는 서비스의 특징에 대하여 다음과 같이 설명하고 있다.

- 서비스는 무형성이다.
- 서비스는 재고를 유지할 수 없다.
- 서비스는 생산과 동시에 소비된다.
- 서비스는 진입이 용이하다.
- 서비스는 외부로부터의 영향을 받는다.

또한 Lovelock(1988)은 서비스의 특징에 대하여 생산, 운영, 전달, 고객 등의 관점에서 보다 구체적으로 설명하고 있다.

- 고객은 서비스의 소유권을 가질 수 없다.
- 서비스 산물은 무형의 실행이다.
- 서비스 생산과정에 고객이 참여한다.
- 사람이 서비스의 일부를 구성한다.
- 투입과 산출의 변동성이 크다.
- 고객의 평가가 어렵다.
- 재고의 개념이 없다.
- 시간이 중요한 요소이다.
- 서비스는 전달경로가 다양하다.

이러한 서비스의 특징들은 서비스기업의 관리활동이 제조업에서의 전통적인 운영과 관리방식과 차이가 있음을 의미한다. 따라서 서비스기업에서는 제조업과 다른 차원의 운영 및 관리기능을 필요로 한다. 이하에서는 몇몇 학자들에 의해 제시된 서비스의 특징을 종합하여 설명하기로 한다.

- **노동집약성(labor intensity)**

  서비스는 고객접점에서 서비스제공자의 관여가 높아 기계화, 자동화 수준이 낮은 편이다. 물론 기술의 발전과 서비스제공의 효율성을 위해 기계화, 자동화 수준을 높이려는 노력을 하고 있는데 ATM, 자동발권기 등으로 노동력을 대체하고 있다. 서비스는 노동집약성이라는 관점에서 좋은 인적자원의 확보와 관리적 중요성이 높다고 할 수 있다.

- **무형성(intangibility)**

  서비스는 기능(function)의 하나로서 고객에게 제공되는 무형의 재화이다. 연극, 영화, 스포츠 관람 등의 서비스는 고객이 경험을 통해 얻을 수 있는 효용가치라고 할 수 있다. 따라서 서비스제공자는 기능적 효용가치를 높이기 위한 노력이 필요하다. 그러나 이러한 서비스는 고객에게 전달되는 과정에 물리적 요소가 부가될 수 있다. 예를 들어 항공서비스의 경우 서비스가 제공되는 과정에 고객이 이용하는 항공기 좌석 등 부대시설이나 기내에서 제공되는 식음료는 서비스에 부수되는 자재로서 유형적 실체를 갖는다.

- **생산과 소비의 동시성(simultaneity)**

서비스는 판매자에 의해 생산되는 동시에 이를 구매한 고객에 의해 소멸된다. 예를 들어 연극, 영화, 항공서비스는 서비스 제공시점에 고객은 서비스를 받게 되며 이와 동시에 서비스는 소멸된다. 즉 서비스는 서비스제공자와 고객의 상호작용에 의해 이루어지므로 생산과 소비가 시간, 장소 차원에서 동시적이라고 할 수 있다. 따라서 서비스는 보관, 저장이 불가능하므로 수요예측의 정확성, 적절한 공급능력에 대한 관리가 중요하다.

- **소멸성(perishability)**

서비스는 생산과 동시에 소비가 동시적으로 이루어지므로 공급이 수요를 초과하는 경우 이를 재고로 유지할 수 없다. 이러한 경우 제품은 재고를 유지하여 차기의 수요에 대응할 수 있으나 서비스는 고객의 요구에 즉시 제공되지 않으면 판매의 기회를 상실하게 될 것이다. 따라서 서비스는 고객에게 제공된 후 소멸되므로 수요의 시한성을 갖는데 이를 극복하기 위해 수요관리나 고객의 대기시간에 대한 관리가 필요하다.

- **이질성(variability)**

서비스는 제품에 비해 표준규격의 설정이 어렵다. 이것은 서비스를 고객에게 제공하는 과정에 인적 요인의 관여도가 높아 서비스프로세스, 서비스 제공시간, 품질 등이 표준화 되지 못하고 이질성이 높게 나타나는 것이다. 따라서 다양한 고객의 요구에 대응하기 위해 고객화 수준을 높이는 경우 서비스표준의 설정은 더욱 어렵고 서비스운영의 효율성은 낮아진다. 서비스제공자는 효율성을 위한 표준화와 고객화에 대한 유연성을 적절히 구사하는 것이 필요하다.

앞에서 살펴본 서비스산업 및 서비스의 특징과 서비스에 의한 기업경영 환경의 영향요인 등을 고려하여 서비스를 정의하면 다음과 같다.

- 서비스는 고객의 편의, 만족을 위해 서비스제공자 자신과 다른 서비스자원을 이용하는 과정(process), 노력(efforts), 행동(action)이다.
- 서비스는 고객을 위해 고객에게 변화를 주고 시간, 장소, 형태적, 심리적 효용을 제공하는 경제적 재화 또는 경제적 활동이다.

2. 서비스의 유형

서비스는 산업의 업종에 따라 다음과 같은 유형으로 나누어볼 수 있다.

- 철도, 항공, 해운, 운송서비스
- 창고, 도소매, 물류서비스
- 은행, 보험, 증권, 부동산, 금융서비스
- 정보통신, 방송서비스
- 의료, 건강, 위생서비스
- 관광, 호텔, 여행, 레저, 외식서비스
- 컨벤션, 이벤트, 행사진행, 예식, 장례서비스
- 스포츠, 연극, 영화, 음악, 게임, 전시서비스
- 수리보존, 시설운영, 엔지니어링, 기술서비스
- 법률, 세무회계, 경영컨설팅, 교육서비스

- 행정, 공공서비스

서비스는 고객의 욕구에 따라 편익을 제공하며 제품이나 다른 서비스에 부가되어 고객에게 제공된다. Schmenner(1995)는 고객접촉의 수준과 서비스운영의 노동집약도에 따라 서비스프로세스행렬(service process matrix)을 제시하였다. 서비스프로세스행렬에서의 서비스 분류는 서비스프로세스운영의 관점에서 고객의 관여정도와 같은 고객화 수준과 노동집약도 수준에 따라 정의된다. 즉 고객접촉의 수준은 서비스프로세스에 고객이 어느 정도 관여하며 서비스의 개별화 정도가 어느 정도인가의 고객화 수준에 따라 결정된다. 노동집약도는 서비스시설 및 장비의 노동비용에 대한 비율에 의해 정의된다.

서비스프로세스행렬에서 고객접촉 수준이 낮고 노동집약도가 낮은 서비스를 서비스공장(service factory), 고객접촉 수준이 높고 노동집약도가 낮은 서비스를 서비스샵(service shop), 고객접촉수준이 낮고 노동집약도가 높은 서비스를 대량서비스(mass service), 고객접촉 수준과 노동집약도가 높은 서비스를 전문적 서비스(professional service)라고 한

그림 1-4 서비스프로세스행렬

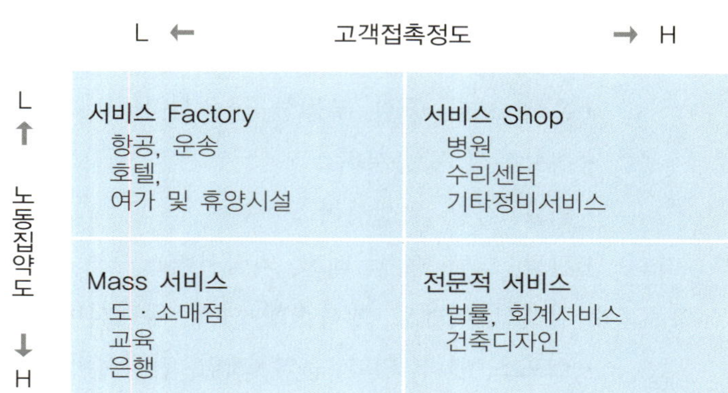

자료 : Roger W. Schmenner(1995), *Service Operations Management*, Prentice-Hall, p.11.

다. [그림 1-4]에서와 같이 서비스공장은 항공, 트럭운송, 호텔, 레저시설의 서비스 등이며, 서비스샵은 병원, 자동차수리 등의 서비스 등이다. 대량서비스에는 도소매, 교육, 금융서비스가 포함되며 주치의, 법률, 회계, 건축설계 등의 서비스는 전문적 서비스에 해당한다.

이러한 서비스의 분류는 서비스운영관리 차원에서의 문제점을 파악하여 이에 대응할 수 있는 전략개발 및 서비스운영관리의 모형화를 위한 것이다.

제 4 절 서비스운영관리의 체계

1. 서비스운영관리의 이슈들

사례 TNT Dubai

세계 택배서비스의 선도기업인 TNT는 200개 이상의 국가에서 2,600개의 직영점포와 허브 및 분류센터의 네트워크를 사용하여 매주 470만건을 배달하고 있다. TNT는 전 세계적으로 16만명을 고용하고 있으며 3만대의 차량과 50대의 항공기를 확보하여 세계에서 가장 큰 규모의 직송항공과 육상배달의 기반시설을 갖추고 있다.

이 회사의 미션은 고객의 생산품이나 문서를 전 세계에 운송함으로써 고객의 기대수준을 높이는데 있다. 이러한 배분과 유통서비스를 효율적으로 전개하는 노력으로 항상 고객단족과 그들의 신뢰를 구축하고 있다. TNT는 서비스를 통해 고객을 열광시키고 서비스를 지속적으로 개선하는 것을 회사의 명예와 자랑으로 생각하고 있다.

사우디아라비아, 카타르, 쿠웨이트, UAE 등 걸프협력지역의 운영을 책임지고 있는 Mark Pell은 회사의 서비스에 대하여 다음과 같이 설명하고 있다.

"나는 관리책임자로서 관리직원들에게 회사의 전략을 이해시키고 지시와 책임을 부여하는데 대부분의 시간을 보내고 있다. 지난 몇 년간 이러한 업무는 매우 성공적으로 수행하고 있다. 이것은 물론 사람들이 조직을 이해하는데 있어서 우리의 경제적 성장이나 여건조성과 같은 성공을 확신하는 것만은 아니다. 우리는 우리의 목표달성을 위한 능력을 발휘하여 우리의 직무, 자동화, 고급기술, 정보통신, 자금력 등 경쟁적 환경에서 성공하기를 희망한다.

고객들은 서비스의 신속함이나 저렴한 서비스가격과 같은 A로부터 B까지 가능한 무엇이든지 얻기를 원하고 있다. 그러나 최근에 이러한 고객들의 속성이 바뀌고 있다. 고객들은 정확한 장소에 적시배달 되는 서비스를 선호하는 단순함을 보이고 있지만 보다 많은 것을 기대하고 있다. 서비스가격이 명백하게 중요한 요인이 될 수 있지만 종업원들이 고객을 어떻게 대하는가에 따라 고객은 서비스가 특별하다고 느끼게 될 것이며 이것은 우리의 비즈니스가치를 높이는 매우 중요한 요인이 된다. 고객들은 우리 종업원들이 고객의 화물을 수거하거나 대금지불의 설명과 같은 대화에서 매우 상냥하고, 즐겁고, 개인을 배려하는 서비스에 매력을 느끼고, 그렇게 접촉하기를 기대하고 있다."

자료 : Robert Johnston, Graham Clark, & Michael Shulver(2012), *Service Operations Management: Improving Service Delivery*(4th ed.), Pearson. p.119.

사례 Boston Symphony Orchestra

고전음악을 즐기는 세대가 고령화 되고, 소규모의 주제별 콘서트에 대한 청중들의 관심이 높아지는가 하면 젊은 세대의 빠르고, 율동적인 음악취향은 전통적인 고전음악의 변화를 요구하고 있다. 또한 정보통신, 음향기기 등 기술환경의 변화는 음악연주회에 대한 청중들의 행동반응이 변화를 가져오고 있다.

이러한 변화에 대응하여 Boston Symphony Orchestra는 다양한 커뮤니케이션 채널을 통해 많은 청중에 다가갈 수 있도록 새로운 시도를 하고 있다. 2000년대 이전까지만 해도 Boston Symphony Orchestra는 청중들의 변화를 인식을 하지 못하고 전통적인 연주활동을 해 왔으며 그 결과 재정상태는 악화되었다. 이러한 위기를 타개하기 위해 Boston Symphony Orchestra는 온라인 및 오프라인 광고 등 다양한 매체를 사용하여 적극적인 광고활동을 전개하여 새로운 변신을 시도하고 있다. 또한 어린이 및 가족을 위한 연주프로그램, BSO 청년 콘서트, 음악학교개설, 각종 심포지엄, 지휘자 워크샵 등 다양한 프로그램을 마케팅활동에 동원하여 연간 4천만 달러 이상의 수입을 올리고 있다.

자료 : http://www.bso.org

TNT Dubai와 Boston Symphony Orchestra의 사례는 고객이 원하는 서비스가 무엇이며 고객에게 어떻게 전달되어야 하는가를 보여주고 있다. 즉 서비스기업의 운영관리는 고객이 원하는 기대에 맞추어 수행되어야 하고 고객을 만족시킬 때 성공할 수 있으며 이러한 미션을 구성원들이 공유함으로써 서비스운영의 성과를 얻을 수 있다.

서비스운영은 필요한 서비스자원을 확보하여 서비스를 생산하고 고객에게 전달하는 기능을 수행하는 것이다. 서비스자원이란 서비스생산운영에 소요되는 서비스자재와 시설, 기계설비 등 물적 자원과 서비스운영을 수행하는 인적자원을 말한다. 또한 서비스운영에는 서비스의 설계와 개발과 같은 엔지니어링, 서비스마키팅, 지역별, 고객별 서비스의 배분, 재무, 회계, 정보시스템, 그리고 서비스운영을 위한 조직관리 등 부수적인 기능을 필요로 한다.

서비스운영관리의 이슈들은 이러한 서비스생산과 고객에게 전달하는 과정에 직접적, 간접적으로 발생하는 문제들을 의미한다. Beckman과 Rosenfield(2008)는 서비스운영관리에서 나타나는 이슈들을 [그림 1-5]에서와 같이 여섯 가지 특징으로 나누어 설명하고 있다. 여기에 제시된 이슈들은 서비스운영의 효율화를 위해 관리적 노력으로 해결해야만 하는 서비스기업의 과제이다.

- **서비스특징** : 서비스의 내용과 특성, 서비스믹스, 기본적인 경쟁

상황, 새로운 서비스의 도입과 성과

- **고객지향적 특징** : 서비스마케팅 전개를 위한 물리적 환경조성, 고객관계 유지를 위한 서비스프로세스, 서비스제공의 고객화 수준, 성수기/비수기의 수요관리의 용이성, 서비스프로세스에서의 품질경영
- **서비스프로세스특징** : 자본집약도, 프로세스유형과 설비배치, 프로세스의 유연성과 과업흐름의 균형화, 일정계획의 용이성, 규모의 경제, 설비배치와 과업수행과정의 병목현상, 프로세스변환의 특징, 서비스자재의 흐름
- **수요 및 공급능력특징** : 수요, 공급, 공급능력의 특성과 관련성, 공급능력 결정요인, 공급능력의 확대
- **인적자원관련특징** : 인적자원의 충원, 임금, 숙련도, 직무통제, 동기부여, 능력개발, 교육훈련
- **관리적 특징** : 인적자원의 소요, 적절한 관리의 내용과 의미에 대한 정의

이러한 서비스운영관리의 필요성에 대해 Johnston 등(2012)은 다음

그림 1-5 서비스운영관리의 이슈

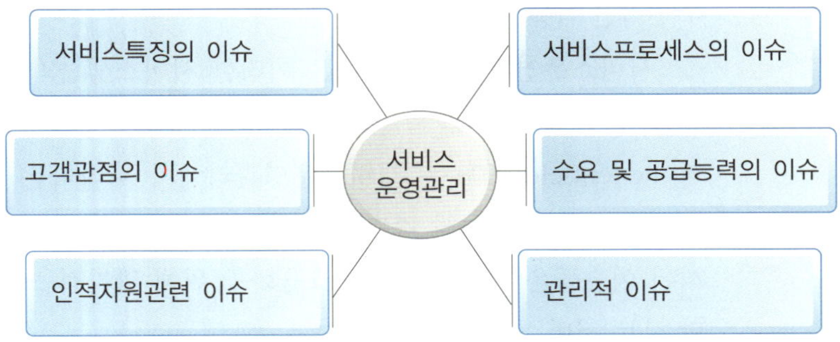

자료 : Sara L. Beckman & Donald B. Rosenfield(2008), *Operations Strategy, Competing in the 21st Century*, McGraw-Hill. pp.8~13.

과 같이 고객, 종업원, 기업조직, 경제적 기여의 관점에서 설명하고 있다.

첫째, 서비스운영관리의 면에서 고객에 대한 기여는 올바른 서비스를 통해 고객의 욕구를 충족시키고 좋은 경험을 줌으로써 고객에 대한 전달가치를 높이고 고객만족의 목표를 달성하기 위해 필요하다.

둘째, 종업원에 대한 기여는 서비스운영관리를 통해 고객을 만족시키는 것은 종업원만족으로부터 시작하는 것으로 본다는 점이다. 서비스운영에 있어서 종업원들의 노력을 고양하고 적절한 권한을 부여함으로써 이들의 욕구가 충족되면 고객만족을 얻을 수 있다.

셋째, 서비스기업에 대한 조직적 기여는 좋은 서비스운영관리를 통해 고객만족을 얻는다면 구전효과, 명성, 브랜드가치가 높아진다는 것을 의미한다. 따라서 효율적인 서비스운영관리는 조직의 목표달성은 물론 서비스성과를 높여줌으로써 조직발전에 도움이 된다.

그림 1-6 서비스기업 관리자의 도전과제

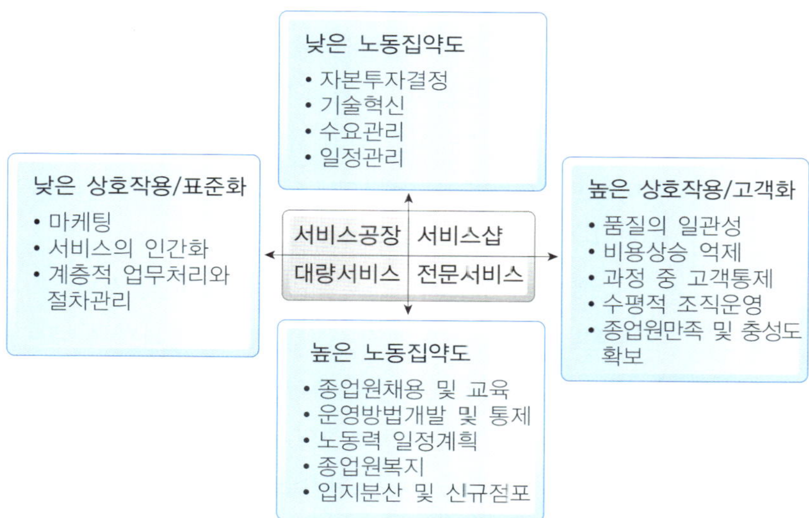

자료 : Roger W. Schmenner(1995), *Service Operations Management*, Prentice-Hall, p.12.

넷째, 서비스운영의 관리적 문제해결은 매출, 시장활동 등 최소한의 재무적 상태의 개선조건을 충족시켜 기업의 경제적 성장을 위한 조건과 능력을 높여 준다.

한편 Schmenner(1995)는 [그림 1-6]에서와 같이 서비스프로세스행렬에서의 고객접촉 수준과 노동집약도의 수준에 따라 서비스기업을 유형별로 구분하고 이들 기업의 관리자가 수행하여야 할 도전과제에 대하여 설명하고 있다. 서비스프로세스행렬에서 노동집약도가 높고 고객접촉 수준이 높은 기업은 대체적으로 서비스제공의 효율화를 위해 노동집약도와 고객접촉 이 낮은 수준을 지향하는 추세를 보여주고 있다. 이 그림에서 서비스기업 관리자의 도전과제란 서비스기업이 해결해야 할 주요 관리적 문제를 나타낸 것이다.

2. 서비스운영관리의 체계

서비스운영관리는 서비스기업의 운영관리자의 활동, 의사결정, 책임과 관련된다. 서비스운영관리는 서비스와 가치창출을 통해 고객 또는 이용자에게 진정한 서비스경험과 기대하는 서비스결과를 확신시키기 위한 관리활동이다. 이를 위해 서비스경영자는 고객욕구에 대한 이해와 서비스프로세스에 대한 관리, 조직의 목표에 부합되는 확신을 갖고 지속적인 서비스개선노력이 필요하다.

앞에서 소개한 서비스운영관리의 이슈 및 서비스기업 관리자의 도전과제와 서비스운영의 지속적인 개선노력과 지향하는 목표에 대해서는 〈표 1-1〉에서와 같이 정리할 수 있다.

서비스기업이 지향하는 서비스운영관리는 어떠한 체계를 가져야 할 것인가? 서비스운영관리의 체계는 고객과 종업원 측면에서 고려되어야 한다. 서비스기업에 가장 바람직한 서비스운영관리의 체계를 한 마디로 설명하기는 어렵지만 [그림 1-7]과 같은 체계로 구성할 수 있다.

이 그림에서는 서비스운영관리의 계획, 서비스운영관리의 기능, 서

표 1-1 서비스운영관리의 문제와 지향목표

서비스운영관리의 문제	지향하는 목표
서비스수요예측과 수요관리	서비스공급량 결정과 공급계획
서비스프로세스설계와 표준화	서비스운영의 효율성과 고객화
서비스시설의 입지와 배치	고객의 접근성과 입지비용 결정
서비스공급능력관리	수요변화에 대한 유연성 확보
서비스품질의 측정과 개선	서비스품질의 지속적 개선, 경쟁력 확보
서비스자재의 조달과 재고통제	자재, 시설 등 유휴자원의 최소화
서비스인적자원관리와 조직 활성화	서비스인적자원 확보와 교육훈련
서비스마케팅전략과 고객만족경영	마케팅능력, 고객만족, 충성도 증대
서비스유통과 프랜차이징	시장확대와 경쟁우위 확보
서비스정보시스템 운영	고객정보시스템 구축과 전략적 활용
서비스생산성과 운영성과의 측정	서비스성과지표와 개선기준 설정

비스운영시스템의 지원기능으로 체계화 된다. 서비스가 결정되고 서비스운영의 실체로서 조직이 구성되면 이 조직을 이끌어나가기 위한 최고경영층의 리더십이 필요하다. 모든 관리적 활동은 계획으로부터 출발하는데 서비스수요 및 공급은 계획과정에서의 활동으로 볼 수 있다.

서비스의 생산운영은 서비스프로세스 설계와 표준화, 서비스시설의 입지와 배치, 서비스생산능력의 결정, 서비스품질의 측정과 개선, 서비스자재의 조달과 재고통제 등 핵심적인 관리활동으로 구성된다. 서비스운영을 지원하는 기능은 서비스인적자원관리, 고객정보시스템의 운영, 서비스마케팅 및 고객만족경영, 서비스유통과 프랜차이징 등이다. 서비스운영관리를 시스템적 구조로 볼 때 시스템운영결과에 대한 검토를 위해 서비스생산성 및 운영성과의 측정, 측정결과의 활용을 위한 피드백기능이 필요하다.

오늘날 고객의 욕구는 매우 다양하고 불규칙하며 변덕스럽다는 특징을 가지고 있다. 아울러 서비스생산운영 및 이용기술의 발달, 경쟁환경의 심화 등 서비스기업환경이 급속히 변화하고 있다. 앞에서의 자동차제조에서의 예와 같이 서비스가치이동이 전 산업분야에서 일어나고

그림 1-7 서비스운영관리의 체계

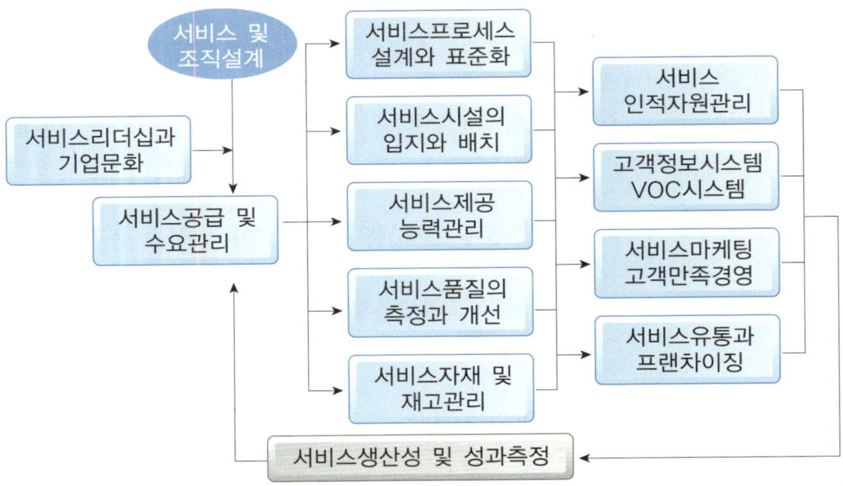

있다. 서비스운영관리에서 경영자는 무엇을 어떻게 경영할 것인가에 대한 목표와 해답을 찾아야 한다.

종합사례 및 토의문제 Cathay Pacific Airline

Hong Kong을 모항으로 하고 있는 Cathay Pacific Airline은 세계 100개 이상의 공항을 연결하는 노선에 여객과 화물을 운송하는 서비스를 수행하고 있다. 이 항공사가 소유하고 있는 Dragonair는 Air Hong Kong과 함께 아시아지역 화물운송을 담당하고 있다. Cathay Pacific Airline은 세계 각 공항에 2만5천명의 노동력을 배치하고 Hong Kong에만 18,600여명의 종업원을 고용하고 있는 Hong Kong에서 가장 큰 고용규모를 가지고 있는 회사이다. 이 항공사는 글로벌협력을 통해 세계 150여개국,

700개 이상의 공항을 연결하는 네트워크를 가지고 있다.

Cathay Pacific Airline은 다른 항공사와 같이 안전제일, 마음으로부터 우러나오는 서비스제공, 서비스리더십 고취, 높은 재무성과 실현, 보상과 경력기회 보장 등을 강조하고 있다. 이 항공사의 고객관계 경영자인 Angelique Tam은 종업원이 고객에게 제공하는 진정한 서비스를 다음과 같이 설명하고 있다.

"종업원의 마음으로부터 우러나오는 서비스는 우리 종업원들이 가지고 있는 기지와 느낌으로 고객의 요구에 즉각적으로 대응하는 서비스이다. 우리 종업원들은 동적, 혁신적으로 남보다 먼저 기회를 잡아 고객에게 서비스를 제공한다. 회사는 종업원들이 서비스를 수행함에 있어 표준화나 직무에 몰입함으로써 전문성이 높다는 것을 보여주기를 그들에게 기대하고 있다. 우리는 종업원들의 모든 서비스노력을 통해 우리 고객들이 충분히 만족하고 새로운 경험을 얻기를 기대한다. 서비스에 대한 노력은 말로만 이루어지는 것이 아니다. 고객에 대한 친절성이란 지나치게 친절해서도 아니 되며, 기꺼움이란 지나치게 친밀하다고 되는 것도 아니다. 서비스의 능률은 기계적으로 일관되게 제공되는 것이 아니라 기꺼이 서비스를 제공하는 유연성을 발휘하는 것이며 기대하는 것은 주제넘거나 전문적인 것만은 아니다."

Cathay Pacific Airline이 탁월한 서비스로 항공부문의 여러 상을 수상한 것은 놀라운 일이 아니다. Air Transport World의 '2006년 올해의 항공사상'을 비롯하여 최근에는 '제24회 OAG상', 'Best Airline Based in Asia', 'Best Transpacific Airline' 등의 상을 수상하였다.

자료: Robert Johnston, Graham Clark, & Michael Shulver(2012), *Service Operations Management: Improving Service Delivery*(4th ed.), Pearson, pp.27~28.

토의문제

1. Cathay Pacific Airline이 고객에게 제공하는 서비스의 탁월성은 무엇인가?
2. Cathay Pacific Airline의 서비스는 다른 항공사의 서비스와 어떠한 차별성을 가지고 있는가?
3. Cathay Pacific Airline의 서비스를 더욱 개선하기 위해서 보완해야 할 점은 무엇인지 토론하자.

용어정리

서비스산업 오늘날 산업구조는 서비스영역 및 역할이 확대되어 제조와 서비스의 경계가 점차 좁혀지고 나아가 서비스가 독립적으로 발전하여 산업의 한 부분을 주도하고 있음.

서비스 서비스는 고객을 위해 고객에게 변화를 주고 시간, 장소, 형태적, 심리적 효용을 제공하는 경제적 재화 또는 경제적 활동.

서비스의 특징 서비스는 무형성으로 고객의 평가가 어려우며 생산과 동시에 소비 되므로 재고를 유지할 수 없고 서비스 생산과정에 고객이 참여하고 투입과 산 출의 변동성이 커 이질성이 큼.

서비스프로세스행렬 서비스제공자와 고객 간의 상호작용 및 고객화 수준과 노동 집약도 수준에 따라 서비스유형을 분류한 것으로 서비스공장, 서비스샵, 대량서 비스, 전문적 서비스로 구분됨.

연습문제

1. 서비스산업의 특징은 무엇인가?
2. 오늘날 기업의 환경변화를 가져오는 요인은 무엇인가?
3. 현대사회에서 서비스는 왜 중요한가?
4. 서비스와 제품의 다른 점은 무엇인가?
5. 서비스운영관리의 이슈는 무엇인가?
6. Schmenner의 서비스프로세스행렬에서 관리적 의사결정문제는 무엇인가?

참고문헌

김길선 외(2011), 생산시스템운영관리, 법문사.

김영환(2011), 스티브잡스의 창조카리스마, 리더스북.

Beckman, Sara L. & Donald B. Rosenfield(2008), *Operations Strategy, Competing in the 21st Century,* McGraw-Hill.

Heskett, James L., W. Earl Sasser, & Leonard A. Schlesinger(1997), *The Service Profit Chain,* The Free Press.

Johnston, Robert, Graham Clark, & Michael Shulver(2012), *Service Operations Management: Improving Service Delivery*(4th ed.), Pearson.

Lovelock, C. H.(1988), *Managing Service Marketing, Operations, and Human Resources*, Prentice-Hall.

Schmenner, Roger W.(1995), *Service Operations Management*, Prentice-Hall.

제 · 2 · 장

서비스운영전략

학 | 습 | 목 | 표

본 장에서는 다음과 같은 내용의 이해를 목표로 한다.

- 서비스운영전략의 개념
- 서비스운영전략의 접근방법
- 서비스운영전략의 개발
- 서비스운영전략의 전개

제 1 절 서비스운영전략의 개념

1. 서비스운영전략의 의의

서비스운영관리란 자본, 노동력, 기술 등 자원의 투입으로 서비스를 생산하는 과정에서의 관리적 활동이다. 서비스의 경우 상품으로서의 서비스만이 아니라 고객에게 편의와 감동과 같은 경험을 전달해 주는 과정을 포함한다. 또한 서비스는 다양한 고객에게 다양한 형태로 제공되므로 서비스운영활동의 전략적 결정이 요구된다. 따라서 서비스운영전략은 무엇을, 왜, 언제, 어떻게, 얼마나 등의 의사결정이라 할 수 있다. 예를 들면 서비스운영전략은 고객의 서비스선택을 이끌어내기 위한 방안이 무엇인가를 결정하고 시장경쟁, 고객의 요구, 운영관리에 필요한 기술, 가격 등에 대한 행동방안을 결정하는 것이다.

항공사는 시장상황에 따라 새로운 항공노선을 추가하거나 항공서비스와 관련된 새로운 서비스를 개발하고 있다. 경우에 따라서는 저가항공사와 같이 서비스수준을 조정하여 운영하고 있다. 은행은 새로운 금융상품과 서비스방법을 개발하고, 외식업체가 프랜차이징을 통해 새로운 유통경로를 모색하고 있다. 백화점이 전통적인 판매방법으로부터 온라인 쇼핑몰을 운영하는 것도 새로운 서비스상품, 새로운 서비스방법을 개발하는 것이다.

서비스기업이 새로운 서비스상품이나 새로운 서비스방법을 계획하는 경우 어떠한 서비스상품을 어떻게 개발하고, 시장활동은 어떻게 수행하고, 자원의 동원은 어떻게 할 것인가의 계획과 의사결정이 필요하다. 또한 서비스상품 개발의 기간, 자원조달의 크기, 사용기술 등 광범위한 결정이 요구된다. 이러한 계획과 의사결정을 경영전략이라 하는데 경영전략은 고객의 선택을 이끌어내기 위한 방안의 결정이며 기업의 특성, 경쟁상황, 고객의 요구, 기술수준, 가격 등에 따라 결정된다.

경영전략은 명확한 경영목표를 제공해 주고 기업활동에 필요한 일관된 지침을 제공해 준다. 따라서 경영자의 의사결정에 대한 위험과 안전에 대한 정보를 제공함으로써 경영활동의 실패와 불가능에 대한 경고 기능을 수행한다. 경영전략에서는 문제를 예견하여 사전에 대비책을 강구하게 함으로써 목표를 성취할 수 있는 방법을 제시해 주기 때문이다.

Henderson(1989)는 기업의 전략에 대하여 다음과 같이 정의하고 있다.

> 전략이란 심사숙고 끝에 얻은 기업의 경쟁우위를 가져올 수 있는 활동계획으로 현재 발휘할 수 있는 능력과 위치가 어느 정도이며 무엇을 할 수 있는가를 인식하여 경쟁자와의 차별성을 찾기 위한 반복적 프로세스이다.

Beckman과 Rosenfield(2008)는 서비스운영전략에 대하여 다음과 같이 정의하고 있다.

- 전략은 군사적 경쟁과 같은 환경에서 정확한 방법과 명확한 산업에서 기업의 포지셔닝에 초점을 둔다.
- 전략은 기업이 보유하고 있는 자원에 의하 발휘할 수 있는 능력으로 어떻게 경쟁적 우위를 점할 수 있는가 결정하는 수단과 과정이다.

Haksever(1990) 등은 서비스기업의 전략에 대하여 계획(plan), 결합체(poly), 유형(pattern), 위치(position), 전망(perspective)등으로 정의하였다. 그리고 전략에는 목표달성을 위한 전략적 계획과 과업수행의 노력과 같은 전술적 실행, 정책 등의 하위의 행동방안을 포함한다.

- 계　획 : 전략은 조직이 지향하는 목표달성을 위해 과업수행 이전에 설계, 개발되는 계획의 하나이다.
- 결합체 : 전략은 경쟁자의 의표를 찌르는 특정한 책략들의 결합체이다.
- 유　형 : 전략은 일관된 행위와 주제를 실현하기 위한 일련의 행동양식이다.
- 위　치 : 전략은 조직환경에 대처하여 어떻게 경쟁력을 실행할 것인가의 위치잡기(positioning)의 지표이다.
- 전　망 : 전략은 조직의 상황에 따라 나아갈 방향을 정의하는 것이다.

따라서 서비스운영전략은 기능전략으로서 서비스기업의 경영목적을 달성하기 위한 포괄적 수단으로서 시장에서의 경쟁우위를 갖기 위해 경영자원을 배분하고 실행하는 전반적인 계획이라고 정의할 수 있다. 즉 서비스운영전략은 기업내외의 환경변화에 대처하고 서비스운영활동을 동태적으로 적응시키는 계획의 방법이다.

2. 서비스운영전략의 특징

Hayse와 Wheelwright(1984)는 전략의 특징을 계획기간, 영향, 노력의 집중, 의사결정의 패턴, 광범성 등으로 설명하고 있다.

① 계획기간(time horizon)이란 경영전략의 수립과 실행은 장기간에 걸쳐 이루어지며 이 기간의 계획과 활동을 통해 영향관계를 파악할 수 있음을 의미한다.

② 영향(influence)이란 전략수립과 실행과정, 그리고 전략수행 결과와의 영향관계를 나타낸다.

③ 노력의 집중(concentration of effort)이란 경영전략의 목표달성과 효율적인 전략수행을 위해서는 주의를 집중해야 함을 의미하는 것으로 이러한 선택적인 노력의 집중은 상대적으로 다른 활동

의 낭비적 요인을 줄일 수 있다.

④ 의사결정패턴(pattern of decision)이란 전략을 개발하는 과정을 통해 일련의 의사결정이 필요하며 특정한 목적에 따라 수행되는 형태를 유지하는 것이 바람직하다.

⑤ 광범성(pervasiveness)이란 전략의 개발과 운영에는 세부적인 사항보다는 전체적인 관점에서 여러 가지 기능이 복합적으로 광범위하게 전개되는 것을 의미한다.

서비스기업이 새로운 서비스상품을 계획하는 경우 어떠한 전략을 구사해야 될 것인가를 Hayse와 Wheelwright가 설명한 경영전략의 특징과 관련하여 보자. 새로운 서비스상품개발은 단기적으로 이루어지는 것이 아니라 기업의 특성, 경쟁상황, 고객의 요구, 기술수준, 가격 등의 요인을 고려하여 장기적으로 이루어지는 것이다. 또한 서비스생산과 운영에 필요한 자원의 확보, 기술의 조달, 공급능력, 판매를 위한 유통망의 구성 등 사내외의 여러 가지 기능적 요소와 관련되어 영향관계를 갖는다. 서비스기업의 전략운영은 서비스운영관리에서의 효율성 확보를 위한 노력이 기업 전체적인 관점에서 포괄적으로 지지되고 운영되는 것이 바람직하다.

김길선 등(2011)에 의하면 기업의 전략은 다양한 개념을 포함하고 있으며 다음과 같은 관점으로 나누어 설명하고 있다.

첫째, 전략은 개개의 의사결정이 긴밀하게 결합되어 체계화된 것이다. 전략은 기업이 수행하는 모든 기능을 포괄적으로 통합함으로써 기업 전체가 지향하는 기본적 목표를 충족할 수 있기 때문이다.

둘째, 전략은 기업의 장기적 목표를 명확히 정의하는 것이다. 기업의 목표달성을 위해서는 필요한 관리활동 및 구체적인 행동프로그램이 계획되어야 하고 계획된 목표에 따라 소요되는 자원의 조달이나 전개하는 방법을 결정한다.

셋째, 전략은 기업의 경쟁영역과 수단에 대한 선택이다. 기업의 시장활동은 고객, 경쟁자, 경쟁방법, 전략수단 등 경쟁관계에 대한 위치를 선택하는 것이다.

넷째, 전략은 경쟁우위를 달성하기 위한 대응패턴이다. 기업의 경쟁환경은 외부의 새로운 기회와 위협적인 요소가 존재하며 내부적으로는 강점과 약점을 갖는다. 경영전략은 이러한 경쟁환경에 대비하고 적응하는 수단이다.

다섯째, 경영전략은 조직의 계층을 망라하는 기업의 목표와 행동방향을 제시해 준다. 즉 기업전체의 목표나 계층별 과업내용에 따라 행동방향이 무엇인지를 결정해주는 계획활동의 하나이다.

Beckman과 Rosenfield(2008)는 운영전략의 구조를 능력(capabilities)과 포지셔닝의 관점에서 [그림 2-1]과 같은 상호연결고리의 관계로 설명하고 있다. 기업의 운영능력은 프로세스, 조정(coordination), 조직, 네트워크 등에 기초한다. 프로세스의 운영능력이란 McDonald서비스의 낮은 비용, 신속한 햄버거제조의 프로세스와 같은 경우이다. 조정에 기초한 운영능력이란 고객화를 지향하는 경우 어느 정도의 표준화나 유연성을 유지할 것인가에 대한 결정이다. 조직이 갖고 있는 운영능력은 기업의 기술수준, 관리수준 등을 의미하며 네트워크 운영능력이란 공급자 또는 유통업자와의 관계를 의미한다. 이러한

그림 2-1 운영전략의 구조

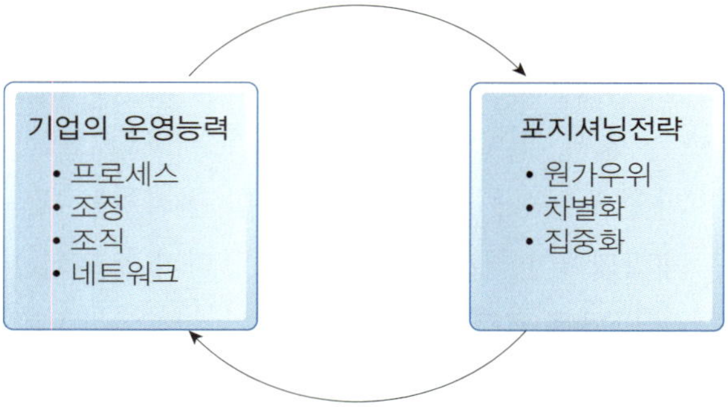

기업의 운영능력은 시장경쟁의 우위를 확보하기 위해 어떻게 포지셔닝할 것인가의 문제로서 원가우위, 차별화, 집중화 등 경쟁전략을 의미한다.

3. 서비스운영전략의 체계

전략은 기업조직의 계층에 따라 기업전략, 사업전략, 기능전략으로 나누어진다. 기업전략(corporate strategy)이란 기업의 주력사업이 경쟁하는 산업과 범위를 결정하며 신규 사업의 시장진출에 대한 목표와 방향을 설정해 주는 최상위의 전략이다. 기업전략을 통해 기업이 어떠한 사업에 참여하고 어떠한 사업을 철수할 것인가 등 시장활동의 범위, 사용할 기술이나 필요자원의 조달은 어떻게 할 것인가 등의 전략적 문제를 결정한다.

사업전략(business strategy)은 기업 내 특정 사업에 대한 전략으로 표적시장 내에서 어떻게 경쟁하고 목표로 하는 고객은 누구이며 시장활동 수준, 자원의 확보와 배분방법 등에 대한 전략을 결정한다. Porter(1980)의 원가우위전략, 차별화전략, 집중화전략 등 본원적 전략은 기업의 사업수준의 전략으로 여기에 해당한다.

그림 2-2 기업조직의 계층에 따른 전략의 체계

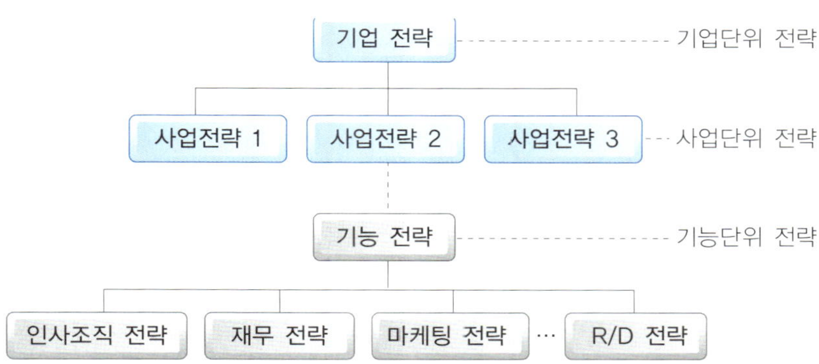

기능전략(functional strategy)은 기업의 생산, 마케팅, 재무, 인적자원관리 등 기능적 부문에서 수행하는 전략으로 사업전략의 전략목표 달성을 위한 하위의 기능활동을 조정하는 전략을 의미한다.

[그림 2-2]에서는 기업의 조직계층에 따라 수행되는 전략수준의 관계를 보여주고 있다.

4. 경쟁우위전략의 유형

일반적으로 기업의 주력사업에 대한 경쟁전략은 시장에서의 경쟁요인에 따라 성장전략, 안정전략, 방어전략 등으로 구분된다. 성장전략(growth strategy)은 기존의 제품이나 서비스계열의 확장, 다양화를 통해 성장하려는 공격적인 전략이다. 서비스상품, 고객 및 시장을 집중화하기 위해 수직적인 통합, 다각화 전략을 사용하여 성장목표를 실현할 수 있다. 안정전략(stability strategy)은 시장환경이나 기업내적 요인이 안정적일 때 취하는 전략으로 현재의 활동수준을 그대로 유지하게 된다. 방어전략(defensive strategy)은 사업계열이 취약한 경우 긴축, 우회전략, 영업양도, 청산, 현상유지 등을 목표로 추진하는 소극적 전략이다. 대부분의 기업수준의 전략을 수행하는 경우에는 기업 전체적으로는 안정화를 추구하고 장래성 있는 부문은 성장전략을 추구하는 혼합전략(mixed strategy)을 사용한다.

Porter(1980)는 기업이 선택할 수 있는 일반적인 전략은 무엇인가, 그리고 이러한 전략의 선택에 공급자, 고객, 경쟁자와 같은 외적 요인은 어떠한 영향을 미치는가의 관점에서 세 가지의 본원적 전략을 제시하고 있다. Porter가 제시한 기업의 본원적 전략은 원가우위전략, 차별화전략, 집중화전략 등으로 사업수준의 전략이다

(1) 원가우위전략

원가우위전략(cost leadership strategy)은 단위당 원가를 최소화 하여 낮은 가격에 의한 경쟁우위로 매출을 극대화 하는 전략이다. 비용우위를 갖기 위해서는 규모의 경제를 실현할 수 있는 생산시스템을 갖추고 생산 및 일반 관리비용을 절감하여 생산운영의 효율성을 확보하여야 한다. 원가절감에 의한 시장경쟁력을 높이기 위해서는 경영관리층의 관심과 노력이 필요하다. 저가항공사의 경우 항공운송이라는 기본적 개념에서 최소한의 수준으로 서비스를 제공함으로써 일반항공사와의 가격경쟁에서 우위를 확보하고 있는데 이것은 원가우위전략의 사례이다.

(2) 차별화전략

차별화전략(differentiation strategy)은 해당 산업분야에서 독특한 제품이나 서비스를 고객에게 확인시키는 경쟁전략이다. 고객이 제품이나 서비스의 독특성을 인식시키기 위한 방법으로는 독특한 브랜드이미지, 유통네트워크, 서비스제공시스템 등이 있다. 호텔신라는 브랜드이미지로 차별성을 부각시키고 있으며 Singapore Airlines는 브랜드이미지 뿐만 아니라 좌석지정서비스로 차별화를 하고 있다. 우편판매의 선도기업인 L. L. Bean은 온라인 판매로 차별성을 보이고 있다. 그런데 대부분의 서비스분야에서 차별화전략은 시간이 지남에 따라 경쟁기업이 따라가므로 지속적으로 새로운 차별화 방법을 모색하는 것이 중요하다.

(3) 집중화전략

집중화전략(focus strategy)은 산업 내 전체 고객을 목표로 하는 것이 아니라 일정규모의 특정고객을 대상으로 하는 전략이다. 즉 기업의 제품이나 서비스, 기술, 마케팅능력 등 비교우위부문에서 특정 구매집단 및 한정된 시장에 목표를 집중함으로써 전략적 우위를 차지하는 방법이다. Ritz-Carton호텔, 스칸디나비아항공(SAS)은 비즈니스고객에게 목표시장을 둠으로써 집중화전략을 구사하고 있다. 미국의 백화점들은 추수감사절 다음 날인 블랙프라이데이에 대규모 할인판매를 통해 매출을 극대화 하고 있는데 이러한 판매촉진책은 집중화전략의 하나이다.

Porter(1996)가 제시한 세 가지 본원적 전략은 각각의 특성을 지니고 있지만 적용에 있어서는 세분화된 목표시장에서 차별적인 서비스를 제공하거나 비용우위의 전략을 사용하는 등 전략전개의 효율성이나 경쟁환경에 따라 혼합적인 전략을 구사하고 있다. 이러한 예는 다음의 IKEA 가구체인의 전략에서 볼 수 있다.

사례 IKEA 가구

스웨덴의 IKEA 가구는 고급가정용 가구와 가구용품을 취급하는 회사로 대중적인 시장을 위해 비교적 저가의 합리적 가격을 책정하여 다양한 가구제품을 판매하고 있다.

IKEA 가구체인의 창업자 Igvar Kamplad는 "우리는 컨셉트(concept)를 파는 회사"임을 강조하고 있다. 그는 비전과 컨셉트를 다음과 같이 설명하고 있다. "우리의 비전은 많은 사람들이 일상생활의 질을 높이는데 기여하는 것이다. 이것은 뛰어난 설계와 기능을 가진 가구품목을 낮은 가격으로 확대 보급하여 많은 사람들이 구매할 수 있도록 하는 것이다."

그림 2-3 IKEA 매장

IKEA stylish 가구의 컨셉트는 품질과 디자인의 우수성만이 아니라 고객이 셀프선택, 셀프서비스, 셀프운반, 셀프조립을 통해 가격을 낮추는데 초점을 맞추고 있다. IKEA는 고객들로 하여금 스스로 제품을 조립하고 배송 및 서비스를 스스로 실행함으로써 낮은 가격을 실현하고 있다. IKEA는 가구제품의 차별성을 부각하여 최저가격으로 가장 혁신적인 제품을 만들어 공급하는데 있다. IKEA는 점포 내에 훌륭한 식당을 운영하고 부모들이 쇼핑을 하는 동안 어린이들을 돌보는 서비스, 가구제품을 구매하는 고객에게 특별할인을 해 주는 회원프로그램을 운영하고 있다.

이러한 IKEA가구의 컨셉트는 종업원과 고객들이 널리 공감을 하고 있으며 많은 사람들에게 품질이 높은 'IKEA stylish 가구'를 싼 가격으로 구매하는 계기를 만들어주고 있다.

자료 : http://www.ikea.com

제 2 절 서비스운영전략의 접근방법

서비스운영전략의 수립과 실행에 대한 접근은 [그림 2-4]에서와 같이 전략적 포지셔닝, 서비스전략, 전술적 실행의 프로세스로 수행된다. 전략수준에서는 기업 외부적으로 전략적 포지셔닝이 이루어져야 하며 내부적으로는 서비스전략이 필요하다. 전술적 실행의 수준에서는 외부적으로 고객접점을 담당하는 일선부서의 서비스운영이 이루어지고 내부적으로는 일선부서를 지원하는 기능이 수행된다.

전략적 포지셔닝은 SWOT분석 등에 따라 목표시장을 설정하고 다섯 가지 요인과 핵심경쟁력을 기준으로 포지셔닝한다. 전략적 포지셔닝에서의 의사결정요인은 미션, 목표와 도적 등이다. 서비스전략은 서비스개념, 서비스운영시스템, 서비스제공시스템의 포괄적 의미를 규정하고 경쟁우선순위(priorities), 최소한의 주문자격요건(order qualifier),

그림 2-4 서비스전략수립의 프로세스

전략적 포지셔닝
- 목표시장 설정
- 다섯 가지 요인 및 핵심경쟁력
- 경영자의 의사결정 : 미션, 서비스운영 전략목표, 목적

↓

서비스운영전략
- 서비스개념, 서비스운영시스템, 서비스델리버리 시스템
- 경쟁우선순위, 최소요건(order qualifier), 경쟁우위요건(order winner)
- 경영자의 의사결정 : 서비스입지, 시설의 규모, 종류, 수, 생산능력, 재고

↓

서비스운영의 전술적 실행
- 일상적 서비스운영업무 관리
- 관리자의 의사결정 : 공급자 선정, 주문의 크기와 주문시점, 스태프관리

주문획득의 우위적 요건(order winner)에 대한 기준을 정한다. 서비스전략에서의 의사결정은 서비스시설의 입지, 규모, 종류, 개수, 생산능력, 서비스자재의 재고 등을 대상으로 한다. 전술적 실행은 일상적 서비스운영에 대한 업무로서 공급자 선정, 주문의 크기와 시점, 작업자 등 인적자원관리의 문제에 대한 의사결정이 이루어진다.

1. 산업과 경쟁자분석 접근방식

Porter는 기업이 전략을 수립하기에 앞서 고려해야 할 요인으로 잠재적 참여자(potential entrants), 공급자(suppliers), 구매자(buyers), 대체재(substitute products/services), 현재의 경쟁자(current competitors) 등 다섯 가지 요인을 들고 있다.

전략의 일관성을 위한 산업과 경쟁자분석의 접근에서는 분석의 출

- 잠재적 참여자 : 시장에 신규로 진입하여 가격, 품질, 공급능력, 유통 면에서 경쟁력을 나타낸다.
- 공급자 : 비교적 소수의 공급자로서 차별화된 전략으로 시장공급원을 이룬다.
- 구매자 : 가격에 민감하며 충분한 구매력으로 시장지배를 시도한다.
- 대체재 : 가격, 품질 등의 경쟁력으로 기존 시장의 위협요인이 된다.
- 현재의 경쟁자 : 신규 진입자에 대하여 높은 시장장벽을 형성하여 방어한다.

발을 다섯 가지 요인에 두고 있다. 다섯 가지 요인은 서비스기업이 산업 내에서 어느 위치에 포지셔닝해야 하는가를 결정하며 포지셔닝되는 위치에 따라 경쟁에 대응할 수 있는 서비스운영시스템을 설계한다. 전술적 실행은 고객과 공급자 등 외부요인과의 상호관계에 대한 관리를 대상으로 하며 기업 내적으로는 서비스운영시스템의 설계목적에 부합하도록 내부운영관리를 실행한다.

산업과 경쟁자분석 접근방식은 [그림 2-5]에서와 같이 SWOT분석

그림 2-5 SWOT분석

	내부 강점(S)	내부 약점(W)
외부기회(O)	SO 전략 • 내부 강점과 외부 기회를 이용하여 성공할 수 있는 전략 강구 • 외부 기회의 최대 이용	WO 전략 • 외부 기회를 활용하기 위해 내부 약점을 보완하는 우회전략 • 약점을 최소화, 기회를 극대화
외부위협(T)	ST 전략 • 외부 위협의 극복을 위해 내부 강점을 이용, 안정적 전략을 추구 • 내부 강점으로 외부 위협에 대응	WT 전략 • 외부 위협의 극복을 위해 내부 약점을 보완 • 위협과 약점을 최소화 하는 삭감 전략

을 통해 외부환경으로부터의 기회(opportunities)와 위협(threats)에 대처하기 위해 내부운영능력의 강점(strengths)과 약점(weaknesses)으로 대처하는 방안을 결정하는 프로세스로 수행된다.

2. 핵심경쟁력 접근방식

Prahalad와 Hamel(1990)은 기업이 가지고 있는 운영시스템에서 잠재적 경쟁력을 검토하여 핵심경쟁력이 무엇인가를 내부의 전략으로 파악하고 핵심경쟁력으로 경쟁할 시장을 결정하는 방법을 제시하였다. 이러한 접근은 Porter의 산업과 경쟁자분석 접근방식과 반대로 내부의 운영시스템으로부터 외부의 경쟁시장으로 접근하는 것이다. 기업의 운영

그림 2-6 서비스운영전략의 접근

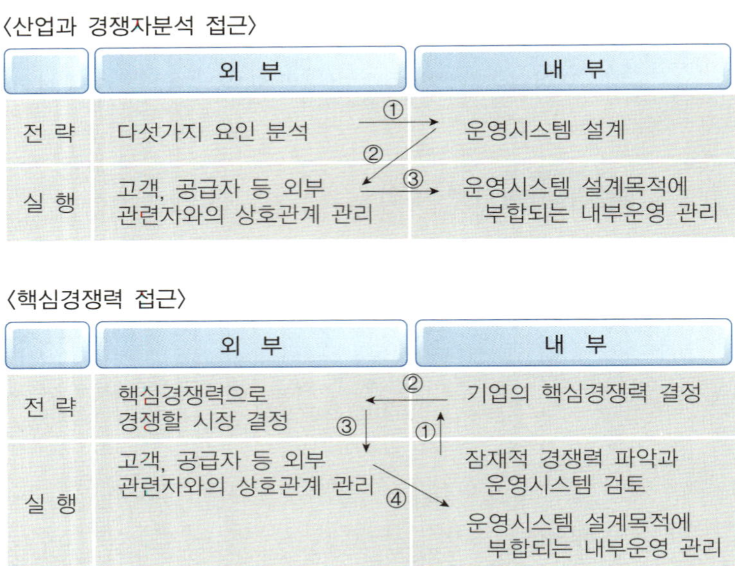

자료 : Richard D. Metters, Katheryn H. King-Metters, Madelein Pullman, & Steve Walton(2006), *Service Operations Management*(2nd ed.), Thomson, pp.18~19.

시스템은 시장의 접근성, 서비스의 편익과 기여도, 다른 경쟁자와의 차별성을 전제로 하는 조건을 만족해야 한다. 전술적 실행은 공급자 등 외부의 관련자관리로부터 내부운영시스템의 관리로 전개되는 흐름을 보여주고 있다. 핵심경쟁력 접근방식의 전략수행의 흐름은 [그림 2-6]에 나타낸 바와 같다.

Metters 등(2006)은 Southwest Airlines의 예를 들어 핵심경쟁력접근전략의 흐름을 설명하고 있다. 즉 Southwest Airlines은 항공기가 지상에 머무는 시간을 최소화 하는 '시간의 관리' 를 핵심경쟁력으로 하여 항공기의 지상시간을 줄이는데 역점을 드는 전략을 취했다. 항공기의 지상시간을 줄이는 것은 항공기의 대수를 늘이지 않고 운항회수를 확대하는 것을 의미한다. Southwest Airlines은 일정규모의 승객을 최소규모의 항공기로 수송할 수 있으므로 저가항공의 전략목표를 달성할 수 있다.

제 3 절 서비스운영전략의 개발

1. 서비스운영전략의 체계

기업의 전략과 목표달성을 위한 전술적 실행의 접근은 얼마나 유효성을 확보할 수 있는가의 문제를 검토해야 한다. 서비스운영전략의 개발은 경영자의 경험이나 직관력으로 판단하기는 어렵다. 기업환경 및 상황변화에 적절하게 대처하는 방어적 접근은 안전성을 보장한다. 명확한 방향감각과 원칙을 중요시 하는 과학적, 체계적인 분석방법이 유효성을 확보하고 유연성을 추구할 수 있다.

서비스운영전략을 개발하기 위해서는 다음의 원칙을 견지해야 한다.

첫째, 기업의 서비스전략과 관련된 가장 본질적인 문제를 대상으로

해야 한다. 예를 들어 새로운 서비스개발은 기업이 속한 사업분야, 진출의도, 시장 및 고객, 경쟁관계 등에 따라 사업의 다각화 여부를 결정해야 한다.

둘째, 서비스전략은 기업의 일상적 의사결정과 관련되는 세부계획의 틀에서 수행되어야 한다. 소요자원의 확보, 배분, 활용의 다양한 기능과 관리활동의 초점을 주어진 계획을 벗어나서는 안된다.

셋째, 서비스전략은 일반적인 계획활동에 비해 긴 시간을 필요로 한다. 전략의 개발과 운영은 단기적으로 이루어지는 것이 아니라 장기간에 걸쳐 지속적으로 추진되며 평가되어야 한다.

넷째, 서비스전략은 기업의 모든 자원과 역량을 필요로 하는 최우선과정이다. 전략수행의 성공을 위해서는 필요자원을 우선적으로 조달하고 합리적으로 배분하는 관리능력이 필요하다.

다섯째, 서비스전략의 개발과 수행에는 최고경영층의 적극적인 관심과 참여가 필요하다. 전략의 수립과 목표달성을 위한 부서간의 이해관계조정을 위해서는 최고경영층의 직접적인 관여와 지원이 따라야 한다.

서비스운영전략의 수행은 기업의 전술적인 실행을 의미하는데 서비스 포지셔닝, 서비스과업과 성과목표 설정, 서비스운영전략 수립, 서비스운영전략 실행 및 구현, 본격적인 서비스활동을 전개하는 단계로 수행된다. 서비스 포지셔닝은 기업의 전략, 고객요구, 시장의 경쟁상황 등을 고려하여 서비스와 프로세스에 대한 포지셔닝을 대상으로 하며 서비스과업과 성과목표는 원가, 품질, 신뢰성, 서비스특징과 서비스환경 등으로 성과목표는 서비스시스템의 운영에 영향을 미치는 가장 중요한 요인이 된다.

서비스운영전략의 수립단계에서는 서비스설계, 기술적 문제와 적용, 운영 및 통제시스템의 기능과 활동, 서비스작업자 등 자원의 운영 등 구조적인 면에서의 전략실행과 지원적인 면에서의 운영전략을 수립한다. 서비스운영전략의 구현은 서비스운영을 통해 고객에게 서비스를 전달하는 서비스활동을 포함한다. [그림 2-7]에 서비스운영전략의 수행

그림 2-7 서비스운영전략의 체계

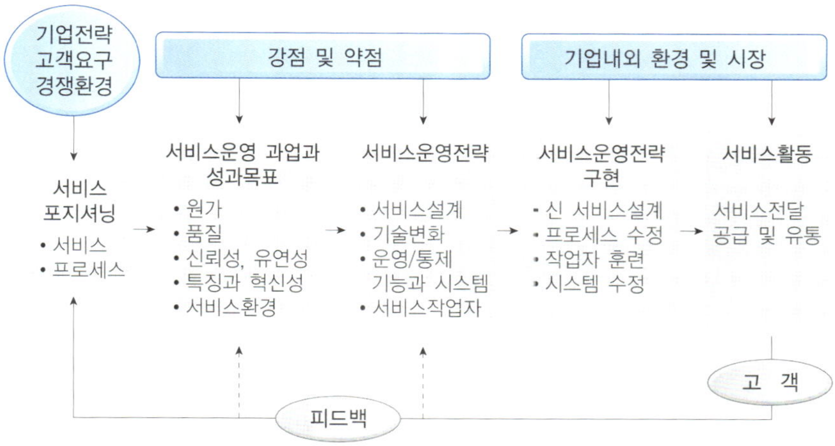

단계를 체계화하여 나타낸다.

2. 서비스운영전략의 수립절차

서비스운영전략을 개발하기 위해서는 새로운 서비스의 목표를 설정하는 것으로 시작된다. 새로운 서비스의 목표는 기업의 경제적 목표를 포함하여 가치관, 서비스활동을 통한 기업의 사회적 책임을 고려하여 결정한다. 서비스의 목표에 따라 현재의 전략적 위치와 신규 서비스전략의 기회와 위협요인을 확인한다. 이 과정에서 기업의 경영환경을 분석하고 기업이 보유한 능력의 강점 및 약점, 자원의 활용수준을 파악하고 현재 서비스전략의 변경가능성과 변경정도를 파악한다.

다음 단계에서는 신규 전략대안을 개발하고 주어진 기준에 따라 평가를 하며 이를 통해 전략수행을 위한 최적대안을 선택하여 구체적으로 실행한다. 최적대안의 추진결과를 검토하고 목표치에 접근하도록 수정과 통제활동을 지속한다. 이러한 서비스운영전략의 수립절차를 [그림

그림 2-8 서비스운영전략의 수립단계

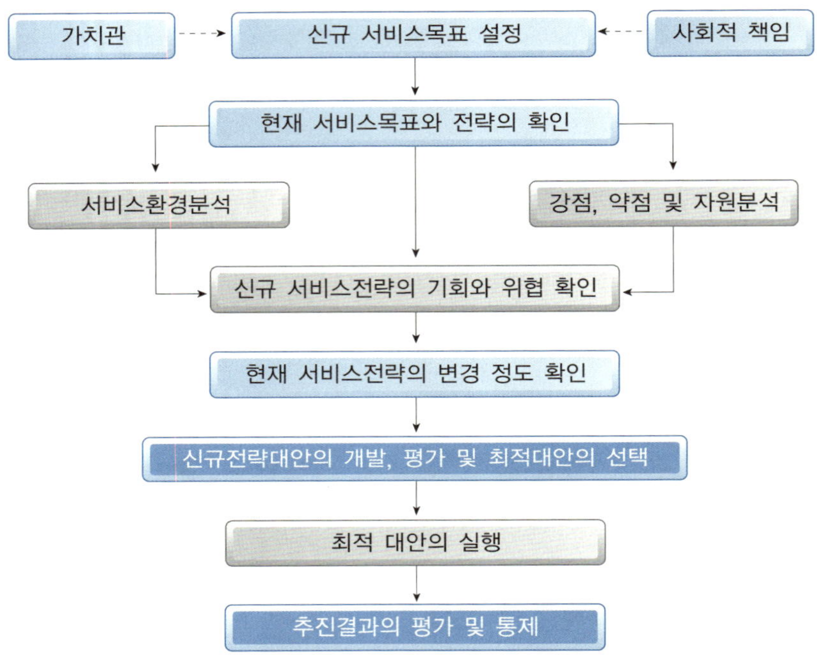

2-8]에 나타낸다.

3. 서비스전략개발의 영향요인

서비스전략개발의 영향요인은 서비스운영전략의 성과목표를 의미하며 서비스의 특징과 성격, 서비스시스템의 구조와 설계, 서비스시스템의 운영계획, 운영활동, 운영성과 등에 매우 큰 영향을 미친다. 따라서 서비스전략개발의 영향요인과 성과목표에 대한 연구가 다양하게 수행되어 왔다.

Hayse와 Wheelwright(1984)는 서비스운영전략의 성과목표를 원가,

품질, 유용성, 특징과 혁신, 환경적 성과 등 다섯 가지 차원으로 제시했고, Fine과 Hax(1985)는 이 다섯 가지 차원을 고객의 원하는 요건(requirements)으로 하여 서비스운영과 전달과정에서의 영향관계를 분석하였다. 즉 서비스운영전략의 성과목표는 고객측면에서의 서비스요건이며 실제로 서비스운영에 관련되는 도전과제로서 직접적인 영향요인이 된다.

표 2-1 서비스운영전략의 성과목표

차 원	고객의 요건	서비스운영의 영향
원 가	구매가액 직접비용	자재, 생산운영, 전달, 배분비용 설계비용 재고회전 설계비용
품 질	유형적 특성 : 공감성 신뢰성, 내구성, 안전성, 서비스가능성 무형적 특성: 능력, 예절성, 이해, 의사소통	자재, 생산운영, 전달, 배분과정에서의 품질, 설계품질
유용성	구매 : 품절, 주문생산 새로운 서비스 : 급격한 사이클, 계획된 개선 서비스범위의 다양성	서비스전달의 적시성 수요변동의 대응능력 새로운 서비스도입의 적시성
특징과 혁신성	서비스고유의 특성 혁신의 정도	프로세스 능력 : 보다 특징적 서비스와 혁신적 능력, 프로세스지식과 확장 능력 능력설계와 개발
환경성과	서비스운영과 제공의 환경적 요건의 실천정도 재활용 및 리사이클수준	환경성과 및 관리; 공급자, 공급사슬 내 협력자 내부 서비스생산운영, 전달과정

한편 Spring과 Boaden(1997)은 원가, 품질, 서비스전달 일정계획, 서비스전달 속도, 신축성 등을 성과목표로 하고 있다. Miller와 Roth(1994)는 낮은 비용, 설계신축성, 수량신축성, 품질적합성, 서비스 성과, 전달속도, 전달의 종속성, A/S, 광고, 배분의 범위, 서비스계열의 범위 등 11가지 성과목표를 제시하였다. 〈표 2-1〉에 Fine과 Hax(1985)가 제시한 서비스운영전략의 성과목표를 요약하여 나타낸다.

사례 호텔의 서비스개념과 운영전략

Intercontinental호텔은 객실 수에서 세계 최대 규모를 자랑하고 있다. 이 호텔은 시장세분화를 통해 몇 가지 구별되는 사업브랜드를 가지고 있다. "우리는 고객의 선호에 따라 브랜드의 범위를 개발하고 세계 호텔시장의 개념에 따라 각기 다른 시장으로 구분하여 서비스를 제공한다. 우리의 서비스는 고객의 요구를 충족시키는 여행의 즐거움과 숙박의 경험을 담아 다양한 서비스를 효과적으로 제공하는 것이다." Intercontinental호텔의 사업브랜드는 서비스개념의 면에서 몇 가지 다른 유형의 서비스를 보여주고 있다.

Holiday Inn Express는 화폐적 가치의 관점에서 레저와 사업고객에게 한정된 서비스를 제공하는데 초점을 맞추고 있다. 이 호텔은 테이블서비스 대신 가볍고 빠른 아침식사를 원하는 고객을 위해 전통적인 블랙퍼스트 바를 무료로 운영하여 저렴한 비용을 원하는 고객으로부터 호응을 받고 있다.

Holiday Inn Staybridge Suites는 장기투숙 고객을 대상으로 하여 침실의 종류, 세탁, 도서대출, 아침식사, 식당 등 다양한 고객접점서비스를 제공하고 있다.

Crowne Plaza Hotel & Resort는 수준 높은 객실서비스를 통해 돈이 많은 여행객이나 국제적 성향에 따라 고객을 구분하여 서비스를 제공하고 있다. 이 호텔은 현재 Intercontinental호텔의 수준에 맞추어 5성급 서비스운영과 시설을 갖추고 있다.

Hotel Indigo는 브랜드의 개념을 고객의 "라이프 스타일"에 어울리는 경험을 제공하는 것으로 하여 고객의 취향에 맞는 서비스를 차별화

하고 있다.

자료 : Robert Johnston & Graham Clark(2008), *Service Operations Management: Improving Service Delivery(3rd ed.)*, Prentice-Hall, p.63에서 발췌.

토의문제

1. 이 호텔들이 가지고 있는 특징적인 서비스는 무엇인가?
2. 이 호텔들이 가지고 있는 특징적인 서비스의 장단점은 무엇인가?
3. 이 호텔들이 가지고 있는 특징적인 서비스의 경쟁관계에 대하여 토의하자.

제 4 절 서비스운영전략의 전개

1. 서비스운영전략의 접근

서비스운영전략은 기능전략으로 서비스기업의 경영목적을 달성하기 위한 포괄적 수단으로서 시장에서 경쟁우위를 갖기 위해 경영자원을 배분하는 계획기능을 수행한다. Heskett(1986)는 서비스운영전략은 서비스의 개념, 서비스운영시스템, 서비스제공시스템의 집합이라고 정의하고 서비스기업의 전략은 경쟁적 우선순위에 따라 어떤 의사결정요인을 주문자격요건(order qualifier)이나 주문획득요건(order winner)에 포함시킬 것인가를 결정하는 계획이라고 설명하였다.

서비스개념이란 목표시장에서 고객에게 가치를 주고 경쟁우선순위의 모음으로 평가되는 서비스이다. UPS의 빠르고 정확한 서비스, Southwest Airlines의 낮은 가격의 대중적 항공사라는 서비스의 가치와 이미지를 의미한다. 서비스운영전략이란 서비스개념을 어떻게 생산하고 계획된 목표를 달성할 것인가 하는 내부운영부문이 강조해야 할 경쟁우선순위이다. 서비스제공시스템은 서비스개념을 고객에게 전달하는 과정으로 프로세스와 물적, 인적자원의 활동으로 이루어진다.

여기서 의사결정요인이란 공급능력, 서비스프로세스, 서비스설비의 규모, 입지형태와 수, 품질개선, 서비스자재의 재고, 공급사슬경영과 소싱(sourcing) 등 서비스기업의 경쟁우위를 나타내는 서비스운영관리의 활동요소이다. 따라서 서비스운영전략의 핵심은 다음의 두 가지 문제를 결정하는 것이다.

- 서비스기업의 경쟁우위를 위해 의사결정요인을 어떻게 포지셔닝 할 것인가?
- 여러 가지 상충하는 도전과제에 대하여 어떻게 균형화 할 것인가?

이러한 문제를 해결하기 위하여 다음과 같은 서비스전략의 전개방안을 설명한다.

첫째, 서비스운영의 최소의 주문자격요건(order qualifier)과 주문획득의 우위요건(order winner)을 비교하는 접근방법을 들 수 있다. 주문자격요건은 고객측면에서는 구매 가능한 대안으로서 서비스가 갖추어야 할 최소의 요건이며 주문획득의 우위요건은 가격, 품질, 신뢰성 등 차별적 우위로 경쟁의 승자가 될 수 있다. 그런데 고객의 행동반응에 따라 가격, 품질 등 전통적으로 고려되었던 기본적 요건으로부터 디자인, 신뢰성 등의 요건으로 변화하는 경향을 보이고 있다.

둘째, 서비스운영의 성과목표를 달성하는 접근방법이다. 앞에서 몇몇 학자들이 제시한 서비스운영전략의 성과목표에 대하여 경쟁의 차원에서 과업달성의 방법과 어떠한 노력이 필요한가를 찾는 방법이다. 대체적으로 Skinner(1969, 1996)가 제시한 수직적 통합, 프로세스기술, 공급능력, 기계설비 등 내부 운영성과와 소싱, 기업정책프로세스, 공급사슬 협력관계, 정보기술, 운영능력개발 등 지원기능의 성과의 범주에 따라 분석하는 방법을 사용하고 있다.

셋째, 서비스운영의 우위부문에 집중하는 접근방법이다. 기업이 보유하고 있는 경쟁능력에 따라 우위를 점하고 있는 특정분야에 자원과 노력을 집중함으로써 성과목표를 달성하려는 전략이다. 이 경우 서비스운영의 효율성과 유연성, 고품질의 서비스와 낮은 비용의 서비스와 같이 상충하는 관계(trade-off)의 문제가 발생한다. 기업은 성과목표가 상충하는 문제에 대하여 어떠한 전략을 선택할 것인가의 의사결정이 필요하며 경우에 따라서는 두 가지의 목표를 적절히 조합하는 전략(straddling choice)을 구사할 수 있다.

넷째, 서비스운영을 전략적 적합성에 맞추는 접근방법을 들 수 있다. 이 접근방법은 서비스운영의 주요 요인과 성과목표의 연관성을 파악하여 가장 적합한 전략목표를 설정하여 서비스운영계획을 맞추는 방법이다. 서비스운영을 전략적 적합성에 맞추는 것은 명확한 서비스운영의 방향을 설정할 수 있으므로 전체적인 관점에서의 분석과 검토가 가능하고 서비스프로세스에서 나타나는 시행착오를 최소화 할 수 있다.

2. 서비스 포트폴리오 관리방법

예제

서비스전략과 분석

A회사에서는 현재 항공, 외식, 호텔, 여행서비스를 제공하고 있는데 각각의 서비스부문의 전략적 포트폴리오분석을 통해 사업의 다각화전략을 수립하고자 한다. 이 분석에서 각각의 서비스부문에 대한 상대적 성장가능성과 상대적 시장점유율의 포지셔닝은 [그림 2-9]와 같이 나타났으며 각 서비스의 제품수명주기별 단계는 [그림 2-10]과 같다. 각각의 서비스부문의 분석된 결과와 특징은 다음과 같다.

- 항공서비스 : 시장선도적 기반으로 상대적 시장점유율이 높고 수익성도 높다. 저가항공 등의 출현으로 시장점유율은 점차 하

락할 것으로 예상된다.

- 외식서비스 : 높은 시장점유율로 수익성이 높아 현금유입이 크다. 상대적 시장성장률과 성장가능성은 낮은 편이다.
- 호텔서비스 : 장래의 성장가능성이 높고 시장규모도 계속 신장하고 있다. 후발 참여로 취약성 개선을 위한 투자가 요구되나 위험성이 있다.
- 여행서비스 : 성장가능성과 시장점유율이 낮아 시장철수가 바람직하다.

A회사는 이러한 시장특성 분석결과에 따라 Service Portfolio Management에 의해 다음과 같은 서비스전략을 세우려 한다.

1. 서비스투자의 우선순위에 따라 어느 서비스분야에 집중투자를 할 것인가?
2. 사업 다각화의 순서와 다각화 정도는 어느 정도 유지할 것인가?

[그림 2-9]에서는 각각의 서비스의 포지셔닝과 수익에 의한 현금 유입(+) 및 서비스운영과 투자를 위한 비용지출과 같은 현금 유출(−)의 크기를 나타내고 있다. 호텔서비스와 외식서비스는 상대적 시장점유율이 높아 현재의 서비스전략을 유지하거나 개선하는 수준에서 보완이 필요하며 호텔서비스는 상대적 성장가능성이 높다는 점에서 집중투자가 바람직하다. 여행서비스는 상대적 성장가능성과 시장점유율이 낮고 서비스수명주기 상 쇠퇴기에 위치하고 있어 매각 또는 시장철수의 시기를 검토해야 한다.

시장의 성장전망과 시장점유율, 현금의 유입과 유출 등을 종합적으로 고려할 때 A회사의 사업다각화는 [그림 2-9]에 표시된 ①→②→③의 순으로 진행되는 것으로 분석된다. A회사의 서비스전략은 [그림 2-10]과 같이 서비스수명주기의 각 기간별로 수립할 수 있는데 도입기에는 촉진활동을 전개하고, 성장기에는 경쟁우위전략을 개발하고, 성숙기에는 특정 세분시장에 집중하고, 쇠퇴기에는 시장철수시기를 결정하는 전략이 필요하다. 서비스수명주기별 서비스의 특징과 주요 전략을 〈표 2-2〉에 나타낸다.

표 2-2 제품수명주기별 서비스의 특징과 전략

차 원	특 징	주요 전략
도입기	낮은 경쟁과 마진, 세분화 구분이 어려움	초기 고객반응 확인, 촉진활동 전개
성장기	급격한 경쟁과 높은 마진, 세분화시장	경쟁우위전략 개발, 브랜드선호 및 충성도 유도
성숙기	극심한 경쟁, 시장성장 둔화	비용절감, 특정시장 집중, 보완적 서비스 추가
쇠퇴기	낮은 경쟁, 이윤 감소	사업매각, 시장철수시기 결정, 재활성화

그림 2-9 서비스 포트폴리오 관리에 의한 서비스전략

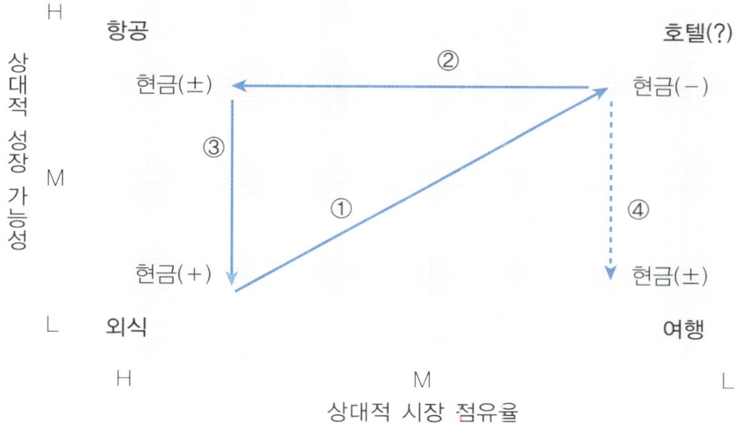

그림 2-10 서비스 포트폴리오 관리의 제품수명주기별 서비스전략

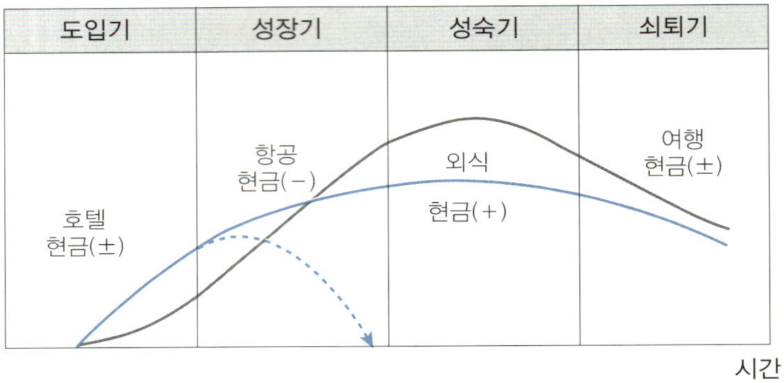

3. 서비스운영전략의 전개와 실행

Beckman과 Rosenfield(2008)는 서비스운영전략의 전개에 대하여 다음과 같이 여섯 가지 단계에 따라 설명하고 있다.

① 서비스운영전략의 목표설정

시장경쟁의 상황 하에서 서비스기업이 계획하고 있는 목표를 달성하고 현재의 시장에서 경쟁적 포지셔닝을 그대로 유지하거나 개선을 추구한다. 구체적으로는 서비스기업의 목표설정, 기업내외의 환경요인 파악, 서비스개념의 개발, 서비스운영시스템의 개선과 서비스운영목표의 이해, 서비스운영 환경의 개선을 목표로 한다.

② 서비스운영전략의 환경분석

서비스운영전략의 환경분석은 [그림 2-11]에서와 같이 기업의 서비스운영 환경과 조건, 기업의 전략목표, 서비스성과, 서비스운영의 전략적 운영요인 간의 관련성을 분석한다. 기업의 서비스운영환경은 서비스 차별화, 서비스개발 수준, 서비스수명주기, 고객서비스 수준 등을 대상으로 하며 서비스기업의 전략목표는 서비스제공능력 향상, 경쟁력 강화

를 포함한다. 서비스성과는 고객에게 서비스를 얼마나 신속하게 전달하는가, 고객만족수준, 원가경쟁력 등이며 서비스운영의 전략적 요인은 기업목표, 서비스운영의 환경, 서비스개념, 성과목표 등을 내용으로 한다.

③ 서비스운영전략 개발의 이슈

서비스운영전략 개발의 이슈는 전략독표, 서비스운영환경과 조건, 서비스개념, 서비스성과, 전략적 운영의 프로세스에서 나타나는 문제와 이에 대응하는 전략방안을 분석한다. 예를 들면 새로운 기술의 개발이나 새로운 서비스의 출현은 서비스개념의 변화를 가져오며 고객의 선호도 변화 등은 서비스 운영환경과 조건의 변화를 의미한다. 서비스운영전략 개발의 지연은 전략적 운영의 프로세스어서 나타나는 이슈로서 시장의 경쟁상황이나 고객의 행동에 영향을 미칠 수 있다. 〈표 2-3〉은 서비스운영전략 개발의 이슈를 영역별로 정리한 것이다.

그림 2-11 서비스운영전략의 환경분석

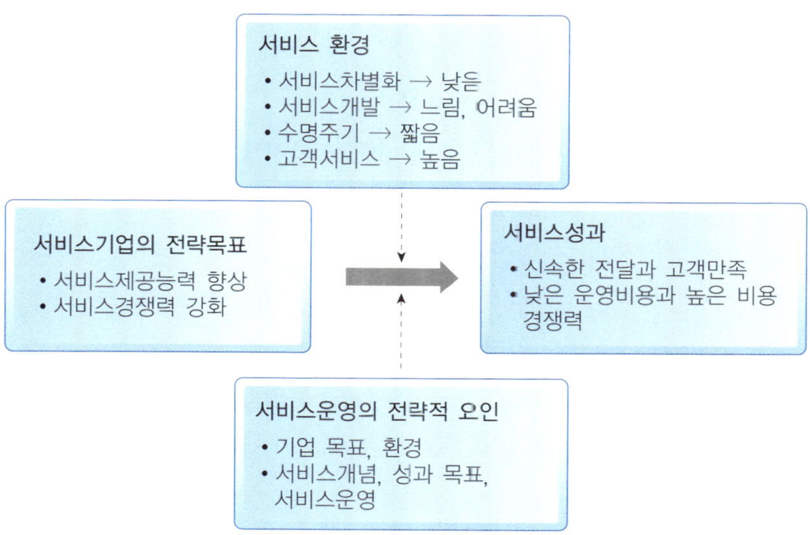

표 2-3 서비스운영전략 개발의 이슈

차 원	서비스운영전략 개발의 이슈
목 표	목표가 무엇인가? 목표는 달성가능한가? 투자가 필요한가? 시간의 구성은 어떤가? 각 단계의 검토방법은? 상황변화는?
환 경	시장 및 시장분할의 특징은? 전략의 적합성은? 고객의 기대는 무엇인가? 강점, 약점, 기회와 위협요인은? 고객요구에 대한 대응방법은? 경쟁자의 전략변화에 대한 대응은?
서비스개념	서비스개념은 무엇인가? 특정시장을 목표로 하는가? 목표시장은 적합성이 있는가? 고객과 생산자의 이해가 가능한가? 고객과 생산자의 의사소통방법은? 서비스전달이 가능한가?
성과목표	주문자격과 획득요건은? 변화의 우선순위는? 성과목표의 측정방법은? 목표지향은? 달성가능한가? 목표달성의 시점은? 투자가 필요한가?
서비스운영	프로세스, 작업자, 고객관리, 지원시스템의 변경은? 어떤 방법으로 변경할 것인가? 필요한 자원은? 새로운 개념의 전달은 가능한가? 목표시장 요구의 충족은? 성과목표를 달성할 수 있는가?

④ 서비스운영전략의 포지셔닝

서비스운영전략에 대한 포지셔닝은 경쟁기업과의 전략적 환경과 특성, 서비스운영능력, 서비스성과에 대한 비교를 위한 방법으로 시장포지셔닝, 운영성과행렬(operational performance matrix), 고객가치인식행렬(perceived customer value matrix) 등의 방법으로 전략적 포지셔닝을 할 수 있다.

[그림 2-12]에서는 서비스운영전략과 경쟁력수준에 대한 포지셔닝을 나타내고 [그림 2-13]은 고객가치의 인식에 대한 항목별 수준을 보여주고 있다.

그림 2-12 서비스운영전략과 경쟁력 포지셔닝

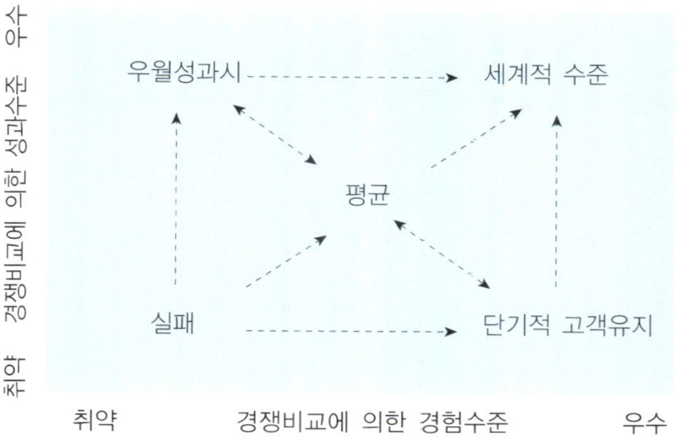

그림 2-13 서비스운영전략과 고객의 가치인식

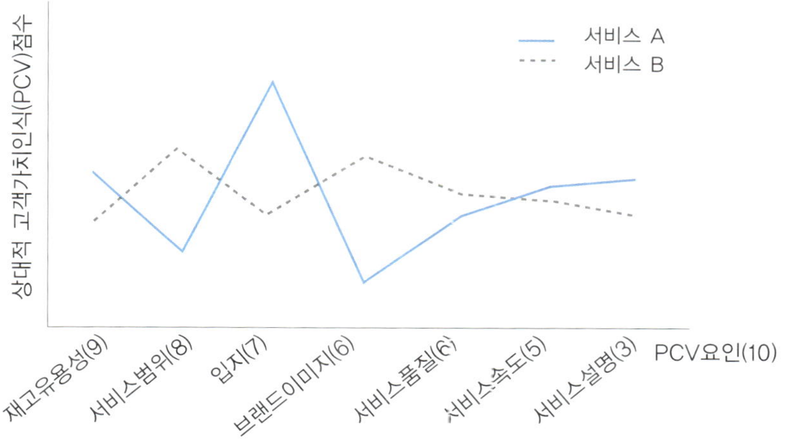

⑤ 서비스운영전략의 전개와 평가

이 단계에서는 서비스운영전략의 포지셔닝에 따라 대응하는 전략적 대안을 개발하여 최적운영전략을 실행한다. 최적운영전략의 실행은 전술적 실행결과에 따라 나타나는 성과목표에 따라 평가한다. 성과목표의

그림 2-14 서비스운영의 중요도-성과행렬

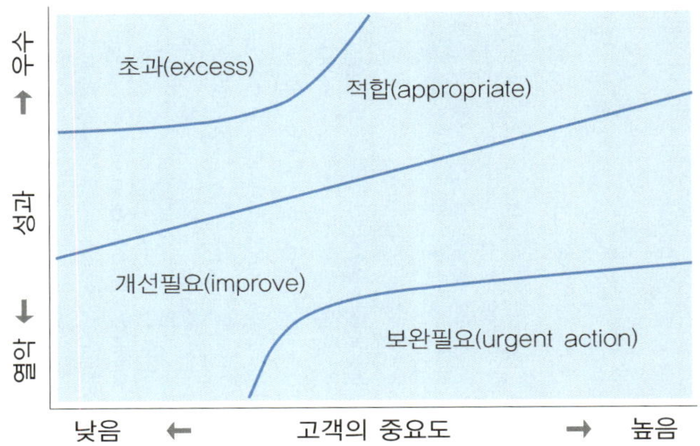

표 2-4 서비스운영전략의 성과행렬

	내부 성과	고객 성과
원가	서비스원가, 구성비율	서비스구입가격, 기타 비용
품질	품질비용, 결점율	결점율, 서비스실패비용
유용성	주문, 조달, 재고, 서비스제공시간, 신서비스 개발시간, 서비스수준의 변동과 빈도	주문 리드타임, 유용성 변동요인
특징과 혁신성	혁신능력, 신서비스, 신기술, 신서비스에 의한 고객화 수준, 서비스계열의 폭	서비스특징과 기술, 서비스성과 측정
환경적 성과	환경오염, 탄소배출량, 폐기물 재활용, 자원이용 수준	자재의 재활용 비율, 자원의 소비 수준

평가에는 중요도-성과행렬(importance-performance matrix)을 사용하는데 중요도는 원가, 품질, 신뢰성 등 기업이 정하는 성과목표에 따라 어느 정도를 달성하였는가에 대한 성과수준을 나타낼 수 있다. 또한 경쟁자와의 성과척도를 비교하는 방법으로 비용행렬(cost matrix), 품질행

렬(quality matrix) 또는 우수서비스에 대한 벤치마킹의 방법을 사용한다. [그림 2-14]는 중요도-성과 행렬로서 고객의 중요도에 따라 성과수준과의 관계를 나타내고 있다. 중요도-성과행렬에서는 성과수준에 따라 초과, 적합, 개선필요, 보완필요의 영역으로 구분하여 서비스운영에서의 성과를 평가할 수 있다. 〈표 2-4〉는 서비스운영전략에 대한 성과행렬에서 성과목표와 내부 및 고객성과를 나타낸 것이다.

⑥ 서비스운영전략의 실행

새로운 서비스운영전략의 실행은 서비스개념, 서비스운영방식과 프로세스, 조직구조와 기능, 성과목표 등의 변화를 가져온다. 따라서 변화에 대응하는 조직구성원의 참여의식과 최고경영층의 관심이 필요하다. 조직구성원의 참여와 관심은 전략을 실행계획으로 구체화 하여 운영요소로 변환시키고 가치를 높이는 촉진제가 된다. 전략을 조직기능과 프로세스에 적응시키고 개인의 목표와 연결하여 일상업무화 하고 지속적인 변화를 추구하는 프로세스로 추진해야 한다. [그림 2-15]는 서비스운영전략 실행의 체계를 보여준다.

그림 2-15 서비스운영전략 실행의 체계

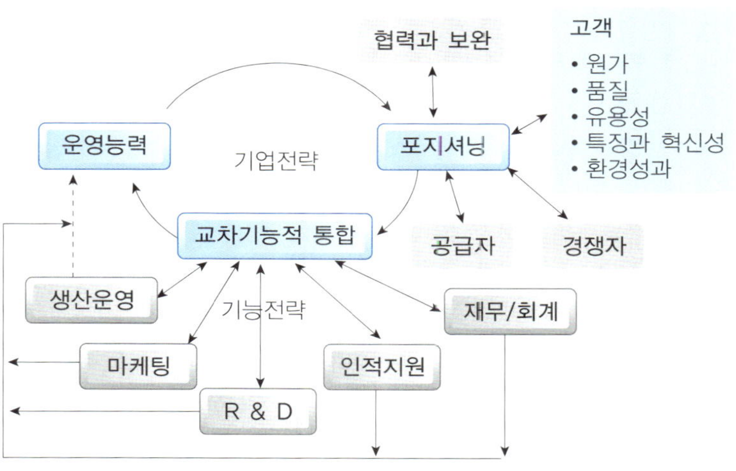

종합사례 및 토의문제 USAA와 British Airways의 서비스운영전략

서비스전략은 원가, 품질, 유용성, 서비스의 특징과 혁신성, 서비스성과 등 고객가치의 관점에서 평가된다. 서비스품질은 절대적이라기보다는 상대적이며 고객에 의해 결정되지만 고객마다 다르게 인식되며 고객의 기대를 충족시켜야 한다. 고객가치는 서비스에 의한 고객성과와 서비스품질에 대한 서비스가격과 서비스수행에 소요되는 비용의 가치방정식으로 평가할 수 있다.

USAA(United Service Automobile Association)는 서비스성과 또는 서비스프로세스에서의 품질수준을 개선함으로써 고객에게 제공되는 서비스가치를 높인다는 전략적 목표를 가지고 특정한 고객집단에 접근했다. 즉 고객이 지불하는 서비스가격과 서비스에 투입되는 서비스비용을 통해 군인 및 군인가족을 대상으로 서비스를 시작한 것이다. USAA의 고객불만처리 담당자인 San Antonio는 다양한 매체를 통해 고객과 접촉하고 있다. 만일 사고가 발생하면 고객에게 지불하는 보험료는 다음의 두 가지 방법으로 지급한다. 첫째는 자동차 수리비용과 수리기간 동안의 렌터카비용 등을 정비공장이나 렌터카회사에 지불하는 방법으로 고객의 70%가 이 방법을 원하고 있다. 또 하나의 방법은 사고차량을 어디에서 수리하든 USAA직원이 고객에게 직접 수리비 등을 수표로 지불하는 방법이다.

보험료지급 방법이 어떠하든지 고객이 원하는 정확한 시점에 해결되면 서비스품질은 높다고 평가되고 가치 높은 서비스성과가 된다. USAA는 고객으로부터의 보험료지급과 같은 서비스프로세스의 품질개선에 노력을 집중했다. 서비스프로세스는 신속한 업무처리, 빠른 정보탐색, 신속한 판단과 의사결정을 요구하고 있다. 가끔은 고객으로부터 과도한 요구를 들어주어야 하는 고통스러움도 있지만 숙련된 지식과 훈련으로 고객에게 친절한 태도를 보이는 것이 중요하다. 이것이 이 회사 서비스프로세스에서의 품질이다. USAA서비스는 군인과 군인가족으로부터 전설적인 서비스로 인정받았을 뿐 아니라 일반 관리비용, 대리점비용, 판촉비용 등을 절감하였다. 이에 따라 USAA직원들은 경쟁기업에 비해 최소한 20% 이상의 보상을 받을 수 있었다.

USAA는 다른 서비스전략에도 가치방정식의 원리를 도입하였다. 고객의 반복적인 질문에 대한 행동방안, 서비스전달프로세스의 개선, 실수예방 등에 집중하였다. 이러한 개선전략은 서비스가치를 높여 고객의 마음에 자리를 잡았지만 높은 비용을 부담해야만 했다.

British Airways는 3등석부터 1등석까지 모든 고객에게 서비스가치를 높이려는

전략목표를 세우고 지속적인 노력을 기울이고 있다. BA의 서비스는 국제적으로도 높이 평가되어 많은 수상을 경험하고 있다. 그러나 1983년 British European Airways와 British Overseas Airlines가 합병되기 전까지는 서비스수준이 형편없었고 국내외의 많은 고객으로부터 입방아에 올랐다.

Avis, Hertz 등 여러 서비스기업의 최고경영자 출신 Colin Marshall경은 BA조직을 직원들의 마음으로부터 나온 정성어린 고객시중들기 정신으로 변화시키기로 하였다. BA고객과의 커뮤니케이션, 고객접촉과 서비스에 대한 재훈련프로그램, 서비스프로세스의 재설계, 고객과의 정보시스템의 개선, 고객접점직원의 권한과 책임, 팀제도의 도입 등 여러 분야에서 개혁을 시도했다. BA직원의 재훈련프로그램을 통해 "사람 만들기가 우선(Putting People First)"이라는 전략목표를 설정하고 고객가치, 고객충성도, 서비스회복과 같은 특정 주제에 집중하였다. 또한 항공표판매, 체크인, 불만처리, 수하물취급 및 서비스자재취급 등 프로세스의 변화를 병행하여 추진하고 세계적인 여러 서비스기업을 벤치마킹 하였다.

이러한 개선노력의 결과 BA의 고객접점직원들은 업무에 대한 책임감이 높아졌으며 얼마 후 새로이 개장한 Heathrow공항의 서비스시설과 설비에 잘 적응할 수 있었다. BA직원들은 조직의 재설계나 개선노력은 서비스품질의 개선을 가져오고 고객만족과 고객충성도와 연결되어 회사의 이익증대에 기여할 수 있음을 인식을 하고 있다. 또한 고객접촉의 개선과 같은 노력의 결과 직원들의 삶의 질이 향상되어 직원만족을 얻을 수 있다는 것을 알고 있다. 물론 이러한 개선전략은 보다 더 많은 비용을 필요로 했다.

자료 : James L. Heskett, W. Earl Sasser, Jr. & Leonard A. Schlesinger(1997), *The Service Profit Chain*, The Free Press, pp.40~45에서 발췌.

토의문제

1. USAA와 BA의 서비스전략의 특징에 대하여 토의하자.
2. USAA와 BA의 서비스전략의 차이점에 대하여 토의하자.
3. USAA와 BA의 서비스전략에서 추가 또는 수정이 필요한 전략은 무엇인가?

용어정리

경영전략 경쟁전략은 시장상황에 따라 성장전략, 안정전략, 방어전략 또는 혼합전략을 사용하며 경쟁상황과 관련하여 원가우위, 차별화, 집중화 전략을 수행함.

원가우위전략(cost leadership) 원가통제 등 효율적인 운영으로 단위당 원가를 최소화하여 낮은 가격에 의한 경쟁우위로 매출을 극대화 하는 전략.

차별화전략(differentiation) 독특한 제품이나 서비스를 고객에게 확인시켜 경쟁력을 높이는 전략.

집중화전략(focus) 일정규모의 특정고객을 표적시장으로 하여 비교우위의 목표를 집중하는 전략.

경쟁우선순위(priorities) 서비스전략수립에 필요한 경쟁요건으로 고객의 행동반응에 따라 가격, 품질, 유연성, 신뢰성, 서비스, 디자인 등의 요건.

주문자격요건(order qualifiers) 고객측면에서는 구매 가능한 대안으로서 서비스가 갖추어야 할 최소의 요건.

주문획득요건(order winners) 주문자격요건을 가진 경쟁자 중 가격, 품질, 신뢰성 등 차별적 우위로 최종구매결정에 사용되는 기준.

다섯 가지 요인(five forces) 산업의 구조분석에서 경쟁전략에 영향을 미치는 요인으로서 잠재적 참여자, 공급자, 구매자, 대체재, 현재의 경쟁자 등의 요인.

SWOT분석 기업의 전략분석을 위해 강점, 약점, 기회, 위협요인을 분석하는 방법.

서비스운영전략의 성과목표 원가, 품질, 유용성, 특징과 혁신, 환경적 성과.

서비스운영전략의 포지셔닝 서비스운영전략수립을 위해 경쟁기업과의 전략적 환경과 특성, 서비스운영능력, 서비스성과에 대한 비교하는 방법으로 시장포지셔닝, 운영성과행렬(operational performance matrix), 고객가치인식행렬(perceived customer value matrix) 등의 방법을 사용함.

중요도-성과행렬(importance-performance matrix) 서비스운영전략 실행의 평가에 있어서 원가, 품질, 신뢰성 등 중요도와 성과목표의 초과, 적합, 개선필요, 보완필요 등 성과수준을 평가하는 방법

연습문제

1. 기업전략의 체계를 설명하라.

2. 전문적 서비스에서 고려되는 경쟁우선순위는 무엇인가?
3. Porter의 산업과 경쟁자분석 접근방식과 Prahalad 등의 핵심경쟁력 접근방식의 차이점은 무엇인가?
4. Porter의 본원적 전략 중 고객화수준이 높은 서비스유형의 기업에서는 어떠한 전략을 선택하는 것이 유리한가?
5. 호텔서비스를 고급화 하여 차별적으로 운영하는 경우 서비스개념과 성과목표는 어떻게 설정해야 하는가?

참고문헌

김길선 등(2011), 생산시스템운영관리, 법문사

Beckman, Sara L. & Donald B. Rosenfield(2008), *Operations Strategy, Competing in the 21st Century,* McGraw-Hill.

Fine, C. H., A. C. Hax(1985), "Manufacturing Strategy: A Methodology and Illustration," *Interface*, 15(6), pp.28~46.

Hayse, Robert. H. & Steven, C. Wheelwright(1984), *Restoring Our Competitive Edge, Competing through Manufacturing,* John-Wiley.

Henderson, Bruce D.(1989), "The Origin of Strategy," *Harvard Business Review*, 67(6), pp.139~143.

Heskett, James L., W. Earl Sasser, Jr. & Leonard A. Schlesinger(1997), *The Service Profit Chain,* The Free Press.

Heskett, James L.(1986), *Managing in the Service Economy,* Harvard Business School Press.

Johnston, Robert & Graham Clark(2008), *Service Operations Management: Improving Service Delivery*(3rd ed.), Prentice-Hall.

Johnston, Robert, Graham Clark, & Michael Shulver(2012), *Service Operations Management: Improving Service Delivery*(4th ed.), Pearson.

Metters, Richard D., Katheryn H. King-Metters, Madelein Pullman, & Steve Walton(2006), *Service Operations Management*(2nd ed.), Thomson.

Miller, J. G. & A. V. Roth(1994), "A Taxonomy of Manufacturing Strategy," *Management Science*, 40(3), pp.285~304.

Porter, M. E.(1998), *Competitive Strategy: Techniques for Analyzing Industries and Competitors*, The Free Press.

Porter, M. E.(1996), "What is Strategy?" *Harvard Business Review*, 74(6), pp.61~78.

Prahalad, C. K. & G. Hamel(1990), "The Core Competence of the Corporation," *Harvard Business Review*, 68(3), pp.79~93.

Skinner, W.(1969), "Manufacturing-Missing Link in Corporate Strategy," *Harvard Business Review*, 47(3), pp.136~145.

Skinner, W.(1996), "Three Yards and a Cloud of Dust: Industrial Management at Century End," *Production & Operations Management*, 5(1), pp.15~24.

Spring, M. & R. Boaden(1997), "One More Time, How Do You Win Orders: A Critical Reappraisal of Hill's Manufacturing Strategy Framework," *International Journal of Operations and Production Management*, 17(4), pp.757~779.

http://www.ikea.com

제 3 장
서비스수요관리와 생산계획

학 습 목 표

본 장에서는 다음과 같은 내용의 이해를 목표로 한다.

- 서비스수요예측과 기법
- 서비스수요관리와 전략
- 총괄생산계획의 의의
- 총괄생산계획과 전략의 전개

제 1 절 서비스수요예측

1. 수요예측이란?

수요예측이란 기업의 장래활동에 대한 추정이다. 즉 수요예측은 장래에 수행할 자원조달, 생산, 판매 등 모든 관리적 활동계획에 대한 전제(promise)를 제공하는 것이라고 정의된다. 예를 들어 행정기관에서 인구성장에 대한 예측을 한다면 이는 장래 행정서비스에 대한 정책과 실행방안을 결정하기 위한 것으로 볼 수 있다. 서비스기업이 시장수요를 예측하는 것은 서비스생산과 관련된 자원의 확보, 조업규모 등의 관리적 의사결정과 생산활동에 소요되는 비용규모를 추정하기 위한 것이다.

예측을 통해 얼마나 정확한 정보를 얻을 수 있는가의 문제는 예측오차에 대한 신뢰성의 문제이다. 예측오차에 관한 문제는 예측의 본질과 중요성을 결정하는 기준이 된다. 예측이란 장래의 가능성 있는 불완전 자료에 대한 평가이므로 정확성만을 요구하는 것은 예측에 대한 잘못된 견해라 할 수 있다.

현실적으로 아무리 정교한 예측방법이라도 장래의 수요규모를 정확하게 추정하는 것은 불가능하다. 그러므로 예측을 통하여 장래의 정확한 수요규모를 구하는 것은 수요예측의 본질을 잘못 이해하고 있는 것으로 볼 수 있다. 따라서 수요예측을 통해 과거자료를 바탕으로 장래의 수요규모의 변동에 대한 추세(trend)를 파악하는 것이 더욱 의미가 있다. 수요예측에 있어서 예측오차를 줄이려는 시도보다는 이것이 기업에 미치는 영향을 완충시킬 수 있는 시스템의 설계와 대응방안을 마련하는데 비중을 두는 것이 중요한 과제이다.

2. 수요예측과 수요자료

수요예측은 예측기간에 따라 단기예측, 중기예측, 장기예측으로 나누어진다. 예측자료의 특성과 용도에 따라 기준이 다르지만 단기예측은 1년 미만, 중기예측은 1~2년, 장기예측은 3년 이상의 예측기간을 대상으로 한다. 그러나 전자제품과 같이 수명주기가 짧은 제품의 수요예측은 1년 정도의 예측은 장기예측에 속한다. 서비스의 경우 일상적인 서비스를 제외하고는 제품에 비해 수명주기가 짧아 그 기간의 적용은 더욱 짧아지는 경향을 보이고 있다.

수요자료는 그 자료의 시간적 성격에 따라 시계열자료(time series data)와 종단자료(cross-section data)로 구분된다. 시계열자료는 일정 간격의 시간의 흐름에 따라 작성되어 변화의 추세를 파악할 수 있는 자료이며 종단자료는 어느 한 시점의 상태를 파악할 수 있도록 작성된 자료이다.

특정 수요에 대한 시계열자료에서 수요패턴을 찾아내기 위해서는 시

그림 3-1 시계열자료의 수요변동 유형

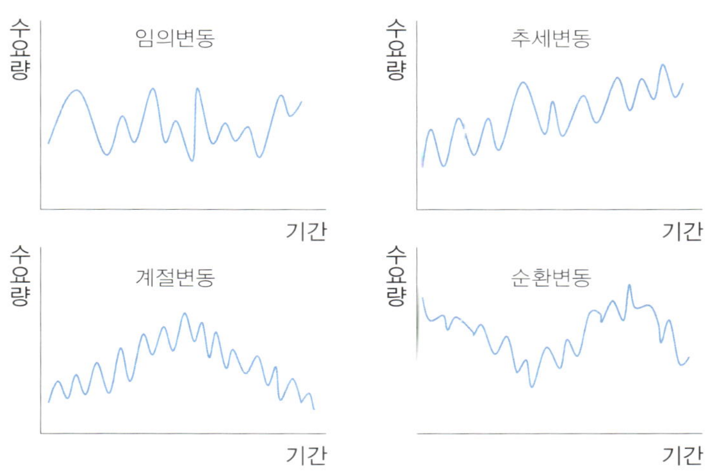

계열자료의 구간별 분석이 필요하다. 대부분의 시계열자료는 [그림 3-1]에서와 같이 수요변동의 패턴을 나타내고 있다.

- **추세변동**

  추세변동(trend)은 시계열자료가 어떠한 경향을 나타내고 있는가를 보여준다. 수요자료가 측정기간 동안 증가 또는 감소하고 있는가, 경우에 따라서는 수요자료의 추세가 아무런 변화가 없다는 것을 보여준다.

- **순환변동**

  순환변동(cyclical movement)은 경기의 하강, 침체, 회복, 활황 등의 순환적 단계를 거치며 변동주기를 나타낸다. 순환변동을 나타내는 제품의 수요는 경기변동의 영향을 받으며 단기간에 나타나는 것이 아니라 장기간에 걸쳐 나타나므로 장기간의 자료가 확보되어야 한다.

- **계절변동**

  계절변동(seasonal fluctuation)은 1년을 주기로 계절적인 영향에 따라 수요의 기복이 크게 변화하는 패턴을 나타낸다. 아이스크림 등 계절적 영향을 받는 식품류나 물놀이공원의 수요는 계절의 변화에 따라 수요변동이 뚜렷하게 나타나는 변동이다.

- **임의변동**

  임의변동(random variation)은 위의 세 가지요인으로 설명할 수 없는 불규칙적인 변동의 형태를 나타낸다. 이러한 변동은 수요발생기간 중 예견하지 못한 돌발적인 요인에 의해 나타나므로 예측이 불가능하다.

3. 수요예측기법

수요예측기법은 [그림 3-2]와 같이 정성적 예측기법(qualitative forecasting method)와 계량적 예측기법(quantitative forecasting

그림 3-2 수요예측기법의 유형

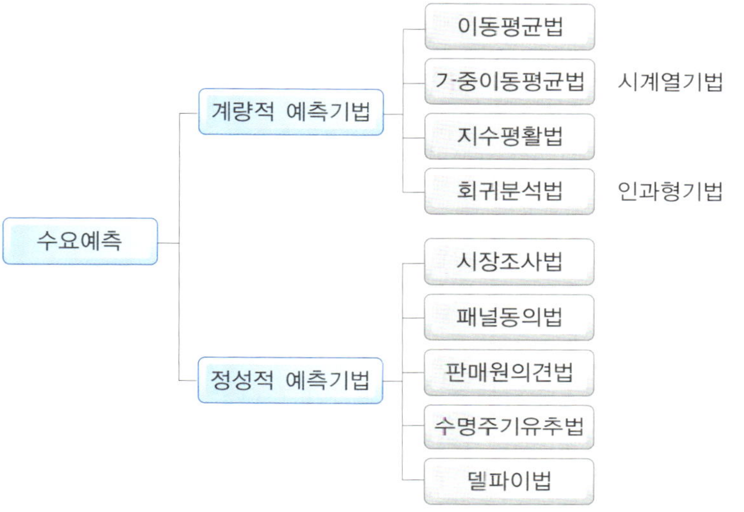

method)으로 구분된다.

정성적 예측기법은 조직 내외의 사람들의 경험이나 견해와 같은 주관적 요소를 사용하여 장래의 수요를 예측하는 방법으로 시장조사법, 패널동의법, 중역의견법, 판매원의견합성법, 수명주기유추법, 델파이법 등이 있다. 계량적 예측방법은 시계열 예측기법(time series forecasting method)과 인과형 예측기법(causal forecasting method)로 나누어진다. 시계열 예측기법은 시계열자료를 이용하여 예측하는 방법으로 이동평균법, 가중이동평균법, 지수평활법 등이 있다. 인과형 예측기법은 수요의 크기가 어떤 원인에 의해 영향을 받는 것으로 보고 원인과 결과 사이의 관계를 찾아 예측을 하는 방법으로 회귀분석법을 들 수 있다.

(1) 정성적 예측기법

1) 시장조사법

시장조사법(market research)은 시장상황에 대한 자료를 수집하기 위해 소비자 패널이나 설문지를 사용하여 수요, 매출액 등을 추정하는 방법이다. 이 예측기법은 시장의 상황을 포괄적으로 분석할 수 있어 경기변동에 대한 예측의 정확성이 높은 편이다. 그러나 이 조사방법은 상당한 수준의 통계학적 지식과 분석기술을 필요로하며 비용이 많이 소요된다는 단점이 있다.

2) 패널동의법

패널동의법(panel consensus)은 소비자, 영업사원, 경영자들을 모아 패널을 구성하고 이들의 의견을 종합하여 예측자료로 이용하는 방법이다. 이 방법은 여러 계층의 다양한 의견을 종합한다는 점에서 의의가 있으나 강한 주장을 하는 사람이 주도할 수 있다는 단점이 있다.

3) 중역의견법

중역의견법(executive opinions)은 경영자의 실무적인 지식과 경험을 활용하고 그들의 의견을 충분히 반영할 수 있다. 그러나 조직의 관행상 상위경영자의 의견에 좌우될 수 있다는 우려가 있다.

4) 판매원의견합성법

판매원들은 고객접점에 위치하기 때문에 소비자의 구매성향이나 수요정보를 비교적 정확하게 파악할 수 있다. 판매원의견합성법(sales force composite)은 이들의 경험을 활용하여 수요를 파악하는 방법이다.

5) 수명주기유추법

수명주기유추법(life cycle analogy)은 신제품개발과 같이 관련되는 과거의 자료가 없는 경우 비슷한 제품의 수명주기를 활용하여 수요의 규모나 수요변화의 특성을 추정하는 방법이다.

6) 델파이법

델파이법(Delphi method)는 전문가집단의 합의된 의견을 도출하여 예측하는 방법이다. 예를 들어 50년 후의 대중교통시스템을 계획하는 경우 주요 교통수단에 대한 예측을 하게 된다. 이 때 도시계획, 교통, 경제, 사회, 문화 등 여러 분야의 전문가집단을 구성하여 이들의 의견을 종합하여 장래의 주요 교통수단을 예측 할 수 있을 것이다. 이 방법은 전문가집단의 의견을 종합하고 이를 피드백하는 과정을 반복하여 최종적으로 일치된 예측결과를 찾는 예측방법으로 집단 구성원의 익명성을 보장하여 자유로운 의견제시를 유도하는 것이 필요하다.

(2) 계량적 예측기법

1) 이동평균법

이동평균법(moving average method)은 과거의 몇 개 기간 동안의 실제 수요치를 평균하여 다음 기간의 예측수요를 구하는 방법으로 다음의 식과 같다.

$$M_t = \frac{D_t + D_{t-1} + \cdots + D_{t-N+1}}{N}$$

여기서 M_t : 이동평균에 의한 예측수요
D_t : t 기간의 실제수요
N : 기간의 수

〈표 3-1〉의 시계열자료에서 6개월 이동평균법에 의해 7월의 예측수요를 구하면 다음과 같다.

$$M_7 = \frac{D_t + D_{t-1} + \cdots + D_{t-N+1}}{N}$$
$$= \frac{140 + 136 + 128 + 113 + 118 + 109}{6} = \frac{744}{6} = 124(\text{단위})$$

표 3-1 시계열자료

기간(월)	수요(단위)
1	109
2	118
3	113
4	128
5	136
6	140
7	M_7
8	M_8

7월의 실제수요가 139단위라 하면 8월의 예측수요는 다음 식으로 구할 수 있다.

$$M_8 = \frac{139 + 140 + 136 + 128 + 113 + 118}{6} = \frac{774}{6} = 129(\text{단위})$$

이 방법에 의한 수요예측은 간단히 구할 수 있지만 과거의 자료적용기간의 수(N)가 길어지면 수요변화의 특징을 충분히 반응하지 못하고 장래의 수요변화에 대한 추세를 파악하기 어렵다는 단점이 있다.

2) 가중이동평균법

가중이동평균법(weighted moving average method)은 단순이동평균법에서의 최근의 수요변화에 대한 민감성이 낮은 문제를 개선하기 위하여 수요자료에 차등화 된 가중치를 부여하여 예측치를 구하는 방법이다. 일반적으로 가중이동평균법은 예측시점에 가까운 최근의 실제수요가 예측수요에 더 큰 영향을 미치고, 예측수요와 비슷한 값을 나타낸다는 판단에 따라 최근의 실제수요에 보다 높은 가중치를 부여한다.

$$F_t = \alpha_1 D_{t-1} + \alpha_2 D_{t-2} + \cdots \alpha_N D_{t-N}$$

여기서 F_t : 이동평균에 의한 예측수요
D_t : t 기의 실제수요
α_i : 가중치 $(\alpha_1 + \alpha_2 + \cdots + \alpha_N = 1)$
N : 기간의 수

〈표 3-1〉의 시계열자료를 이용하여 4개월 가중이동평균법에 의해 7월의 예측수요를 구해보자. 7월의 예측수요를 구하기 위해 가중치는 6월에 0.4, 5월에 0.3, 4월에 0.2, 3월에 0.1로 하여 구하기로 한다.

$$F_7 = 0.1(113) + 0.2(128) + 0.3(136) + 0.4(140) = 133.7 \text{ (단위)}$$

3) 지수평활법

지수평활법(exponential smoothing method)은 평활상수(smoothing constant : α)를 이용하여 수요자료가 과거로 갈수록 더 작은 비중을 부여하는 예측방법이다. 지수평활법에 의한 수요예측은 다음의 식으로 나타낸다.

$$F_t = \alpha D_{t-1} + (1-\alpha)F_{t-1}$$
$$= D_{t-1} + \alpha(1-\alpha)D_{t-1} - (1-\alpha)^2 F_{t-1}$$

여기서 F_t : 차기의 예측수요
F_{t-1} : 전기의 예측수요
D_{t-1} : 전기의 실제수요
D_{t-2} : 전전기의 실제수요
α : 평활상수, $0 \le \alpha \le 1$

〈표 3-1〉의 시계열자료 중 3~6월의 수요자료를 이용하여 지수평활법으로 7월의 수요를 예측하면 다음과 같다. 3월의 예측수요는 120단위

이며 평활상수 $\alpha = 0.3$ 으로 한다.

$$F_t = 0.3(140) + 0.3(1-0.3)(136) + 0.3(1-0.3)^2(128) + (1-0.3)^3(120)$$
$$= 130.536 \text{ (단위)}$$

지수평활법을 사용하여 수요예측을 하는 경우 평활상수의 크기를 정하는 것이 중요하다. 평활상수의 크기가 커지면 예측수요는 수요변화에 민감하게 반응하고 평활상수의 크기가 작아지면 예측수요는 수요변화의 영향을 적게 받는다. 따라서 과거의 수요변화가 작은 경우 낮은 값의 평활상수를 사용하고 수요변동이 심할 경우 높은 값의 평활상수를 선택하는 것이 효과적이다.

4) 회귀분석법

일반적으로 수요의 변화는 매우 불규칙적으로 나타나는데 이러한 수요변화의 불규칙성을 극복하고 안정성을 확보하여 장기적 추세를 파악할 수 있는 예측방법이 필요하다. 회귀분석법(regression analysis)은 과거의 수요자료가 어떤 변수와 선형적 관계가 있다고 가정하고 그 관계를 통해 장래의 수요를 예측하는 방법이다. 이 때 수요의 변화를 유도하는 변수를 독립변수, 수요는 종속변수라 한다.

수요변화는 독립변수가 변하는 정도에 따라 결정되므로 두 변수 간에는 인과관계가 있다고 볼 수 있다. 회귀분석법은 독립변수와 종속변수 사이의 수요변화의 추세가 선형적으로 나타난다는 가정 하에 최소자승법으로 회귀선(regression line)을 찾아내는 방법이다.

최소자승법은 과거의 수요자료가 n개의 점들로 이루어 졌다고 가정하고 이들 점들로부터 가장 가까운 직선을 구하는 방법이다. 즉 n개의 점들의 좌표를 (x_1, y_1), (x_2, y_2), $\cdots$ (x_n, y_n)라 하고 이들 점들로부터 가장 가까운 직선을 $y_i = ax_i + b$ 라고 하면 x_i에 대한 직선상의 종좌표는 $(ax_i + b)$가 되며 이 점과 직선과의 수직편차는 $\{y_i - (ax_i + b)\}$ 로 나타낼 수 있다. 이 직선상에서 각각의 점들이 나타내는 수직편차의 합을 최소화하면 이들 점들로부터 가장 가까운 직선을 구할 수 있다. 이를 위해서는 수직편차를 자승하여 그 합을 미분함으로써 이 직선의 기울기(a)와 절편(b)을 찾을 수 있다.

$$a = \frac{\sum_{i=1}^{n} X_i Y_i - \frac{(\sum_{i=1}^{n} X_i)(\sum_{i=1}^{n} Y_i)}{n}}{\sum_{i=1}^{n} X_i^2 - \frac{(\sum_{i=1}^{n} X_i)^2}{n}}$$

$$b = \bar{Y} - b\bar{X}$$

여기서 구한 a와 b에 따라 다음의 회귀방정식을 구할 수 있다.

$$Y = ax_i + b$$

이 회귀선의 연장선에서 장래의 수요를 예측할 수 있는데 회귀방정식이 실제자료의 특성을 얼마나 잘 나타내고 있는가를 판단하기 위해서는 독립변수와 종속변수의 상관관계분석이 이루어져야 한다. 상관분석에서의 결정계수는 독립변수의 변동이 종속변수의 변동에 영향을 주는 기준이 되기 때문이다. 또한 회귀분석은 실제수요와 예측수요 사이의 오차에 대한 가정을 둠으로써 회귀분석의 효율성을 높이기 위해서는 오차에 대한 검토가 뒷받침 되어야 한다.

예제

지난 6개월간의 동남아노선 탑승객의 수요자료를 통해 7월의 수요를 회귀분석법으로 7월의 수요를 예측하려고 한다.

표 3-2 수요자료

월	수요(y)	x	x^2	xy
1	957(천명)	0	0	0
2	864	1	1	864
3	844	2	4	1,688
4	905	3	9	2,715
5	991	4	16	3,964
6	1,128	5	25	5,640
계	5,689	15	55	14,871

이 자료의 값을 위의 식에 대입하면

$$5{,}689 = 6b + 15a$$
$$14{,}871 = 15b + 55a$$

위의 식을 만족하는 a, b의 값을 구하면

$$a = 37.06$$
$$b = 855.52$$

따라서 회귀방정식은

$$y = 37.06x + 855.52$$

이 회귀방정식으로 다음 기간(7월)의 수요는

$$y = 37.06\ (6) + 855.52 = 1{,}077.88(\text{천명})$$

으로 예측된다.

제 2 절 서비스수요관리

사례 서비스수요관리와 전략

서비스기업은 수요변화에 대응하기 위해서 공급능력을 조정하는 전략을 구사한다. 즉 일정한 공급능력을 유지하는 평준화전략(level strategy), 수요변화에 맞추어 공급능력을 조정하는 추종전략(chase strategy)과 같은 전략으로 수요변화에 대한 관리활동을 수행한다. 서비스기업의 수요관리는 수요 및 시장특성이나 서비스유형에 따라 달라진다.

항공사는 성수기 수요증가에 대처하기 위해 가능한 한 항공기 운항횟수를 최대화하고 비수기에는 운항횟수를 줄이는 방법의 평준화전략을 사용하여 운영비용을 절감할 수 있다. 또한 항공사는 성수기 수요가 증가하는 경우 예약을 제한하거나 반대로 비수기에는 운항조정 등 공급능력을 줄이는 추종전략을 고려할 수 있다. 항공사의 서비스는 보유하고 있는 설비자원의 범위 내에서 서비스를 수행하므로 비수기에는 예약서비스를 강화하거나 가격인하 등 여러 가지 수요촉진책을 사용하여 최대의 수익을 얻을 수 있는 수율관리가 필요하다.

보험회사의 수요는 급작한 변화를 가져오지 않으므로 판매사이클별 갱신고객에 집중하는 수요관리가 필요하다. 따라서 수요가 확대되는 경우 수요변화에 따라 콜센터 등 고객접촉수준을 확대하는 등 지원부서(back line)의 서비스공급능력을 변화시키는 추종전략이 필요하다.

레스토랑의 수요전략은 평준화 및 추종전략을 구사할 수 있다. 수요가 어느 정도 변화할지라도 기본적으로 보유하는 식자재의 재고에 맞추어 수요를 평준화할 수 있다. 수요변화가 클 경우에는 성수기 수요변화에 따라 서비스제공활동을 조정할 수 있는데 이 경우는 주방의 공급능력을 최대로 유지하는 것이 바람직하다. 추종전략을 수행하기 위해서는 예측되는 수요에 맞도록 서비스를 제공하며 성수기 또는 혼잡시간대에 임시직을 확대하는 방법을 고려할 수 있다. 레스토랑의 수요관리는 비수기에 촉진활동을 전개하고 비수기 가격할인 등을 고려할 수 있다.

기본적으로 서비스기업의 수요관리는 수요변화에 따라 탄력적인 가격정책, 성수기 서비스의 제한적 제공, 서비스채널의 전문화, 수요촉진을 위한 광고 및 촉진활동을 전개하는 방법을 사용한다.

서비스의 수요는 변동 폭이 어느 정도인가의 차이는 있지만 일별, 주별, 월별, 계절별 등 시간에 따라 지속적으로 변동하고 있다. 서비스의 수요는 시간에 따라 변할 뿐 아니라 서비스의 유형, 고객행동양식, 경쟁 및 시장특성, 기술적 요인 등에 따라 영향을 받는다. 서비스수요의 변동은 서비스생산능력을 일정수준으로 유지하는 것을 어렵게 하고 있다. 서비스수요 변동에 따라 서비스생산능력을 변화시키지 않으면 유휴생산능력을 유지하거나 시장에서의 판매기회를 잃게 된다.

서비스는 생산과 동시에 소비가 이루어지므로 재고를 유지할 수 없다는 특징을 갖는다. 따라서 서비스의 수요관리는 예측에 중점을 두기보다는 수요와 공급을 일치시키는 전략이 필요하다.

1. 서비스수요관리의 필요성

제조기업에서는 수요와 공급에 맞추어 제품을 생산하는 문제가 전략이나 운영관리 면에서 중요한 과제가 되어왔다. 그러나 서비스의 경우 이러한 문제는 다른 관점에서 보아야 할 것이다. 그 이유는

Haksever 등(2000)이 제시한 바와 같이 다음의 서비스특성으로 설명된다.

첫째, 모든 서비스는 생산과 동시에 소비되므로 소멸성(perishable)을 갖는다. 따라서 얼마나 많은 수요를 나타낼지 사전에 예측하는 것이 불가능하다. 수요변동이나 불확실성에 대비하여 재고를 활용하는 것도 어렵다. 납기를 지연시키는 추후납품(back ordering)은 고객을 기다리게 한다. 자동차를 구입하려는 고객이 자기가 원하는 모델이 나올 때 까지 기다리거나 치통환자가 의사의 휴가를 기다린다면 수요파악의 정확성이 떨어진다. 서비스의 예약을 통해 수요를 예상하는 것은 납기지연의 경우이다.

둘째, 서비스기업의 최대공급능력은 유연성이 없다. 제조기업에서는 단기적으로 수요가 증가하면 초과작업이나 작업조 교대를 통해 대처할 수 있다. 일부 놀이공원과 같은 서비스에서도 여름철 성수기에 조업시간을 확대하여 공급능력을 최대화 할 수 있다. 그러나 모든 서비스에서 그렇게 할 수는 없다. TV세트를 조립하는 경우 초과조업이나 작업조교대를 이용하여 생산량을 증가시킬 수 있으나 호텔에서는 수요가 증가해도 초과조업이나 작업조교대만으로 객실을 늘일 수는 없을 것이다.

셋째, 서비스에서 수요를 예측하는 것은 어렵다. 제품의 수요예측과 서비스의 수요예측을 비교하는 것은 매우 어려우며 수요변동은 짧은 기간에도 예외 없이 자주 일어난다. 왜냐하면 대부분의 서비스는 소비자가 장기간의 계획으로 소비하는 것이 아니라 외식, 영화관람, 머리깍기 등과 같이 일상생활의 일부로서 쉽게 결정하여 수요를 발생시키기 때문이다. 또한 서비스의 수요는 성수기와 비수기에 따라 최대, 최소의 수준으로 심한 변동성을 나타낸다. 패스트푸드, 대중교통, 전력 등의 수요는 예측이 가능하지만 많은 서비스의 수요예측은 그렇지 못하다. 이러한 현상은 서비스의 수요예측을 더욱 어렵게 만든다.

넷째, 서비스시간의 변동성이 크다. 왜냐하면 고객에 따라 서비스주문의 다양성이 높고 서비스의 개별화 특성, 고객의 니즈와 요구사항의 차이로 서비스제공시간이 달라지며 이에 따라 고객수요의 예측이 어렵다. 은행의 경우 고객서비스에 소요되는 시간은 고객의 거래요구내용, 거래 수에 좌우되므로 변화가 크다. 이러한 점은 서비스수요의 과소 또는 과다 예측으로 서비스공급능력 결정의 장애요인이 된다. 또한 서비스는 공급능력의 측정단위에 대한 정의를 어렵게 한다. 병원의 경우 공급능력을 병상의 수, 환자의 수, 의사나 간호사의 수, 각각의 치료수준의 크기 등 어떤 기준으로 할 것인가의 문제가 남는다.

다섯째, 모든 서비스는 장소적 한계를 갖는다. 서비스는 필요한 장소에 적절한 시간에 맞추어 수송할 수 없다. 다수의 입지를 한 서비스조직에서 어느 입지에서는 고객이 넘치고 다른 입지에서는 고객이 없어 유휴시간이 발생할 수 있다. 각각의 시설 간 수요의 불균형은 제품의 경우는 한 장소에서 다른 장소로 이동시키는 것이 가능하지만 서비스에서는 고객을 이동시키는 것이 용이하지 않다.

2. 서비스수요관리 전략

서비스수요관리 전략은 수요를 직접적으로 관리하는가 또는 간접적으로 관리하는가의 관리적 측면과 수요와 공급을 일치시키는 전략적 측면에서 나누어 볼 수 있다. 수요를 직접적으로 관리하는 전략으로는 예약, 수율관리, 등급매기기, 수요조정 등의 방법을 사용할 수 있으며 수요를 간접적으로 관리하는 전략으로는 가격정책과 서비스정책을 사용하여 성수기의 고객을 비수기로 유도하여 수요를 평준화 시키는 전략이다.

(1) 직접적 수요관리 전략

1) 예약

예약(reservation)은 잠재적 서비스를 미리 판매하는 것이다. 예약이 이루어지면 공급능력 이상의 수요는 다른 시간대로 옮기거나 동일 조직 내 다른 시설에서 서비스를 제공할 수 있다. 서비스기업은 고객의 예약주문에 따라 수요요구의 규칙성을 확보할 수 있다. 수요요구의 규칙성을 유지함에 따라 수요평준화를 이룰 수 있고 수요의 변동 폭을 줄일 수 있다. 예약은 항공, 의료, 호텔, 외식, 전문적 서비스에 서 보편적으로 이루어지며 공정성을 강조하는 서비스의 경우 선입선출(FCFS) 방식의 우선순위를 적용하고 높은 비용의 고객을 우선하는 서비스에서는 등급별로 분류하여 우선순위를 정한다. 또한 고객의 예약취소에 대비하여 비예약시스템과 병행하여 운영한다.

그러나 예약에 의해 고객은 대기노력을 줄일 수 있지만 반대로 고객이 예약의 약속을 지키지 못하는 경우가 일어날 수도 있다. 항공사는 이러한 노쇼우(no show) 때문에 실제 공급능력 이상의 초과예약(over booking) 전략을 사용하고 있다. 너무나 많은 초과예약으로 서비스가 불가능한 경우 기업은 서비스가격 이상의 대가를 지불해야 한다. 따라서 서비스기업은 노쇼우에 대한 기회비용과 예약초과에 따른 추가비용을 최소화하는 전략을 구사해야 한다.

2) 수율관리

수율관리(yield management)는 수요 및 공급관리와 관련되는 여러 가지 전략을 종합하여 매출의 극대화를 추구하는 전략이다. 즉 서비스기업의 경우 고객의 예약수요에 따라 시간대별, 고객 그룹별, 서비스가격대별로 구분하여 각 서비스의 활용도를 높여 매출을 극대화할 수 있다. 항공사의 경우 빈 좌석은 항공기의 출발과 동시에 소멸되므로 좌석을 채우기 위해 요금할인에 의해 좌석을 판매할 수 있다. 수율관리는 일반석, 단체석, 할인석 등의 세분화된 잠재적 수요를 통해 가장 높은 수익성을 확보하는 방법이다(수율관리에 대한 자세한 내용은 제7장 제4절 서비스공급능력관리 참조).

3) 등급매기기

등급매기기(triage)는 고객을 서로 다른 유형으로 나누어 세분화하고 각각의 그룹에 따라 등급별로 차등화하여 서비스를 제공하는 전략이다. 우선도나 긴급성이 높은 고객그룹부터 서비스를 제공함으로써 수요를 조정할 수 있다. 고속도로의 버스전용차선은 교통수요가 높은 시간대에 대중교통수단을 우선하는 등급매기기 방식이며 카풀(car pool)차선도 2~3명 이상이 탑승한 차량을 우선하는 등급매기기의 하나이다.

4) 수요조정

수요를 조정하는 전략으로는 고객에 의한 수요변동을 인위적으로 조정하거나 수요를 분할하는 방법을 사용할 수 있다. 고객에 의해 나타날 수 있는 수요변동(customer-induced variability)은 도착변동성, 능력변동성, 요청변동성, 노력변동성, 고객의 주관적 선호 등에 따라 수요의 크기가 확대되거나 줄어든다. 서비스기업은 고객의 행동결과에 따라 일어나는 수요변동요인에 대하여 서비스운영의 효율성 면에서 수용 또는 감축시킬 것인가를 관리하는 전략이 필요하다.

대부분의 서비스에서 고객의 수요는 시간대에 따라 일정하게 발생하는 것이 아 니라 무작위적으로 일어난다. 서비스기업에서는 수요분할(segmenting demand)이나 예약, 등급매기기 등의 방법으로 고객의 방문을 조절할 수 있다. 병원의 진료예약, 골프장의 회원의 날 운영, 대형할인점의 소매점운영고객에 대한 높은 할인율 적용 등 고객유형에 따라 서비스 차별화의 방법을 사용하고 수요분할 등 수요를 관리하는 전략을 사용한다.

(2) 간접적 수요관리 전략

1) 가격정책

가격정책은 비수기에 서비스가격을 할인함으로써 성수기 고객을 비수기로 유도하여 수요를 평준화 시키는 수요관리 전략이다. 이러한 가격 인센티브(price incentive)는 심야 전기요금할인, 주말과 야간의 장거리전화요금할인, 극장의 조조할인, 골프장의 주중 할인, 비수기 리조트시설의 요금할인 등은 차별화된 가격시스템에 의해 비수기 수요를 관리하는 방법이다. 백화점이나 쇼핑센터의 바겐세일 같은 할인행사는 가격정책에 의해 수요를 촉진하는 방법이다. 서비스기업은 가격 인센티브에 의한 서비스의 제한이나 차별화된 요금체계와 수익과의 관계에 대한 분석으로 수요변화에 효과적으로 대처하는 것이 필요하다.

2) 서비스정책

보완적 서비스나 추가적 서비스로 수요를 촉진하는 서비스정책을 통해 수요관리를 할 수 있다. 대형병원에서 셔틀버스를 운행하는 것은 추가적 서비스제공에 해당하며 호텔에서 아침식사를 제공하는 것도 비수기에 기존의 서비스에 대안적 서비스를 추가함으로써 수요를 촉진하는 정책을 사용하는 수요관리방식이라 할 수 있다.

레스토랑이 바(bar)를 운영하는 것은 대기하고 있는 고객의 지루함을 줄이고 혼잡시간대에 고객의 분산효과를 얻을 수 있다. 편의점에서 셀프주유기를 설치하고 패스트푸드를 제공하거나 도서관에서의 도서판매는 보완적 서비스의 예이다. 보완적 서비스는 고객의 수요를 분산시키거나 수요를 촉진함으로써 시장확대, 이익의 기회를 창출할 수 있다. 비수기 수요촉진은 비수기의 서비스시설 등 서비스공급능력을 최대로 활용하고 수익을 높이기 위한 방법으로 수요촉진책이 필요하다. 비수기에 리조트시설을 연수원으로 활용하는 방안이나 주말 장거리전화요금을 인하함으로써 수요를 촉진할 수 있다. 비수기 수요촉진 전략은 성수기의 초과수요를 억제하고 분산시키는 역할도 한다. 백화점에서 “일찍 쇼핑하시면 크리스마스의 혼잡을 피할 수 있습니다”라는 홍보는 이러한 사실을 입증해 준다.

그림 3-3 서비스수요와 공급능력을 일치시키는 전략

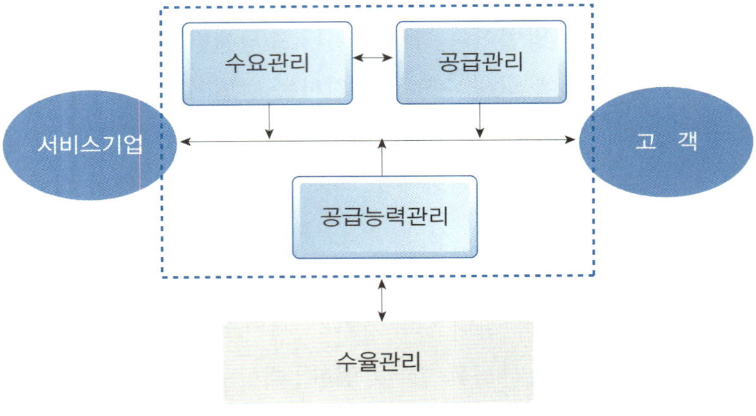

자료 : James A. Fitzsimmon & Mona J. Fitzsimmon, (2011), *Service Management, Operations, Strategy, Information Technology*(7th ed.), McGraw-Hill, p.315.

한편 Fitzsimmons 등(2011)은 서비스운영관리의 전략적 수행과 관련하여 균일한 공급수준(level capacity)과 수요추종(chase demand)의 운영지향적 전략에 대하여 [그림 3-3]에서와 같이 설명하고 있다. 균일한 공급수준을 유지하기 위해 사용하는 수요관리 방안과 수요추종을 위해 사용하는 공급능력관리 방안에 대한 전략은 상충하는 관계를 나타내고 있다.

예를 들어 전기, 수도 등 공공서비스는 순수한 균일 공급능력전략을 사용하는데 이것은 설계된 발전설비의 용량으로 고객에게 중단 없는 서비스를 제공해야하기 때문이다. 그러나 콜센터의 전화응대직원의 규모는 콜수요의 변동에 맞추어 결정되므로 이것은 순수한 수요추종전략이다. 호텔서비스의 경우 객실의 서비스능력은 고정되어 있지만 수요변동에 따라 직원의 수를 조정할 수 있으므로 혼합전략이 된다. 공급수준전략에서의 수요관리와 공급능력관리는 고객의 대기, 작업가동률, 작업자의 기술수준, 교육훈련의 요구수준, 근무환경, 감독의 필요성 등 서비스의 경쟁차원에서 상충적인 관계를 나타내고 있다. 따라서 이 두 가지 전략의 상충관계를 조정하기 위해 수율관리의 필요성을 제기하고 있다.

3. 공급능력관리 전략

수요의 불균형에 대응하여 수요를 인위적으로 통제하는 것은 용이한 방법이 아니다. 서비스기업은 수요관리와 상대적으로 공급능력을 조정하는 등 관리적 시도가 필요하다. 수요가 확대되는 경우 공급능력관리의 전략으로는 다른 서비스기업과 공급능력을 공유하는 방법, 작업교대조를 운영하는 방법, 서비스프로세스에 고객참여를 확대하는 방법, 시간제 직원의 규모를 확대하는 방법 등을 사용할 수 있다.

(1) 공급능력 공유

서비스기업이 서비스시설을 유지하기 위해서는 높은 설비투자를 부담해야 한다. 소규모공항의 경우 여러 항공사들이 승강구와 램프, 수하물처리장비 등을 공동으로 운영하고 육상근무인력도 공동으로 활용하고 있다. 또한 비수기에는 각 항공사의 좌석판매를 공유하거나 항공기를 임대하는 등 서비스시설 및 설비이용의 효율성을 극대화 하고 있다.

(2) 교대근무

24시간 영업을 하는 대형할인점, 병원의 응급센터, 콜센터 등에서는 수요가 불규칙적으로 발생하지만 작업자의 교대근무로 고객의 수요변화에 대응하고 있다. 이러한 서비스조직에서는 수요가 일별, 주별, 월별 등 시간대별로 특징적인 패턴을 나타내지 못하여 수요관리가 매우 어렵다. 그러나 관리자의 입장에서는 수요에 따라 작업자의 근무요구 수준과 근로조건에 맞는 인원배치와 교대근무일정을 수립해야 한다.

(3) 고객참여 증대

슈퍼마켓에서의 상품구매는 고객 스스로가 서비스프로세스에 참여하여 셀프서비스의 공동 노력으로 이루어진다. 패스트푸드점에서는 고객이 제한된 메뉴를 통해 직접 주문을 하고 식사 후에는 식탁을 치우는 등 서비스프로세스에 고객의 참여비중이 높다. 셀프세차장에서는 고객 스스로가 저렴한 비용을 지불하고 세차를 한다. 서비스프로세스에 고객의 참여는 낮은 가격으로 서비스를 받을 수 있다는 고객측면에서의 이점과 비용절감이라는 서비스기업의 이점을 동시에 찾아볼 수 있다. 따라서 서비스프로세스에 고객의 참여는 서비스수요의 변화에 따라 서비스 공급능력을 변화시키는 결과를 가져온다.

(4) 조절 가능한 서비스능력 창출

서비스시설 등 시스템의 설계에 따라서는 서비스공급능력을 변경할 수 있다. 항공기의 경우 등급별 고객수요에 따라 1등석이나 비즈니스석, 일반석의 수를 조정한다. 철판구이전문 레스토랑인 Benihana of Tokyo에서는 요리사가 고객접점에서 고객에게 직접서비스를 제공한다. 요리사는 서비스시간을 조정하고 서비스시설을 최대한 이용하여 공급능력을 확대하는 역할을 하는 것이다.

(5) 작업자 교차훈련

여러 가지 서비스과업으로 이루어진 서비스프로세스에서 어느 한 작업은 바쁜데 다른 작업은 유휴시간이 발생할 수 있다. 이 때 유휴시간을 갖는 작업자가 여러 가지 기능에 숙련되어 있다면 부분적으로 발생하는 과다 작업을 지원할 수 있을 것이다. 작업자의 다기능화는 주로 교차훈련에 의해 이루어지는데 과다 작업을 지원함으로써 서비스수요의 균형적 관리가 가능하다. 작업자 교차훈련은 도소매 판매서비스와 같이 비교적 단순한 기능을 필요로 하는 서비스 또는 자동차정비 등 기술적 숙련을 요하는 서비스에 효율적으로 적용될 수 있다.

(6) 시간제 직원 활용

시간제 직원은 백화점, 할인점, 식당, 은행 등에서 수요가 급격하게 증가하는 시간에 서비스수행을 보조하는 단순 업무를 담당한다. 따라서 시간제 직원은 비교적 단순한 지식이나 기술로 예측되는 시간대의 급격한 수요변동에 대비하여 임시로 작업자를 보조하는 기능을 수행한다. 관리자는 수요변동의 특성을 파악하고 시간제 근무자가 필요한 업무와 시기를 결정하여 적절한 인원을 배치하여 수요변동에 대비해야 한다. 대형할인점에서는 주말에 계산원(teller)을 증원하고 공항에서는 여행객이 몰리는 시간대에 공항서비스 직원을 시간제로 활용하여 성수기수요를 지원하게 한다.

사례 Benihana of Tokyo

1964년 Rocky H. Aoki에 의해 설립된 Benihana of Tokyo는 미국인들이 갖고 있던 "일본음식은 소량의 생선회음식"이라는 관념을 바꾸는 계기가 되었다. Benihana of Tokyo의 핵심서비스는 물론 철판구이라는 요리지만 서비스제공과정에 시각적인 즐거움으로 미국의 고객을 매료시키기에 충분했다. 요리사의 엔터테인먼트는 차별화된 보조적 서비스로서 기존의 관념을 바꾸어 놓았다. Aoki는 미국의 고객은 이국적인 분위기에서 식사하는 것을 좋아하지만 이국적인 음식은 불신하는 습성을 기회요소로 하였다. 즉 고객에게 이국적인 분위기에서 맛있는 음식을 즐길 수 있는 철판구이 요리를 개발했다.

Benihana of Tokyo의 서비스는 음료서비스와 음식서비스로 나누어진다. 음료서비스는 고객이 도착하고, 테이블을 정리하거나 다른 일행을 기다리는 동안 대기하는 시간에 라운지나 바에서 음료를 제공하는 서비스로 매출의 20~30%를 점하고 있다. 음식서비스는 스테이크, 치킨, 새우와 콩, 호박, 버섯 등 미국고객의 거부감 없는 식재료를 제공하고 있다. 미국인으로서는 이국적인 분위기를 느낄 수 있도록 실내장식은 일본식으로 하였으며 요리사의 영어능력, 숙련된 조리방법이 비교적 저렴한 가격전략이 뒷받침 되었다.

Benihana of Tokyo에서는 요리사가 서비스인카운터 직원의 역할을 수행한다. 요리사는 2개의 식탁을 담당하여 고객에게 직접서비스를 제공하는데 하나의 식탁에 2개 이상의 고객그룹을 대상으로 대화와 곁들여 철판구이 요리를 제공한다. 즉 요리사는 고객접점에서 서비스시간을 조절할 뿐 아니라 서비스시설을 최대한 이용하여 공급능력을 확대하는 역할을 한다. Benihana of Tokyo는 조리과정을 고객 앞으로 전진배치하고 좁은 후방공간을 별도로 이용함으로써 공간의 효율성을 얻고 있으며 음식을 단순화 하여 고객회전율을 높였다. [그림 3-4]에 Benihana of Tokyo의 서비스현장을 보여준다.

자료 : http://www.benihana-of-tokyo.com

그림 3-4 Benihana of Tokyo의 서비스인카운터

토의문제

1. Benihana of Tokyo의 상품은 무엇인가?
2. Benihana of Tokyo의 요리사의 역할은 무엇인가?
3. Benihana of Tokyo의 서비스운영 면에서 성공요인은 무엇인가?

제 3 절 총괄생산계획

1. 총괄생산계획의 개념

기업이 안정된 수요를 확보하고 있어도 시장에서의 수요는 항상 변하고 있다. 기업의 생산활동은 이러한 수요변화에 항상 대비해야 하는데 수요가 증가할 때는 수요에 맞추어 생산량을 확대하거나 반대로 수요가 감소할 때는 조업수준을 낮추는 방법을 사용할 수 있다. 생산량을 확대하는 경우 작업자의 작업시간이나 기계설비의 가동시간을 확대해야 하고 조업수준을 낮추는 경우 자원의 유휴시간을 부담해야 한다.

만일 기업이 수요변화에 대응하기 위해 수요평준화 전략을 택하였다고 가정하자. 수요의 평준화는 기업의 생산능력에 맞추어 수요를 충족시키는 방법이다. 수요 평준화는 생산능력 이상의 수요를 포기함으로써 이익의 기회를 상실하게 된다.

그러면 기업이 수요변화에 대비하고 생산활동에서의 비용을 최소화하기 위한 방법은 무엇인가? 이를 위해서는 하나하나의 제품이나 서비스의 세부적인 생산계획을 수립하기에 앞서 총괄적인 개념의 생산계획이 필요하다.

항공사의 경우 각 항공노선별 운송계획을 수립하기 위해 총괄적인 운송계획이 전제되어야 한다. 도로관리의 경우 연간 작업수요를 총괄적으로 결정하고 이에 따라 인적자원, 시설 및 장비능력을 고려하여 도로보수, 도로신설, 겨울철 제설작업 등에 대한 세부 작업계획을 수립한다. 백화점의 경우 전체 매장에서 의류매장, 식품, 스포츠용품, 생활용품 등의 비율을 계획하고 각각의 상품유형 및 브랜드에 따라 공간의 할당을 구체화한다.

총괄생산계획(aggregate production planning)이란 수요를 충족시

그림 3-5 총괄생산계획의 체계

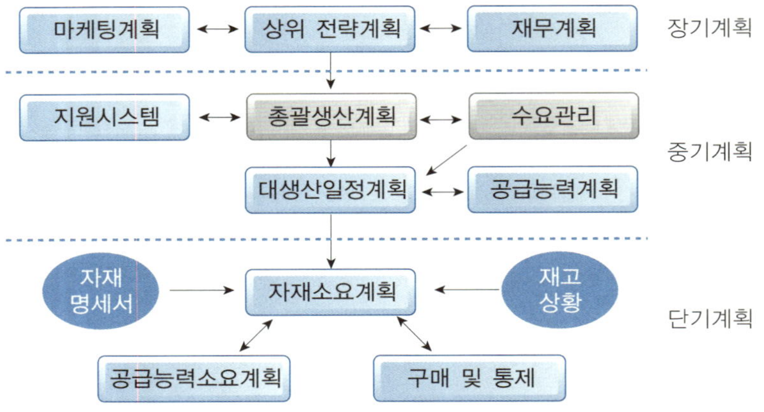

키기 위해 주어진 생산여건 하에서 생산활동을 어떻게 운영할 것인가를 단기적으로 계획하는 것이다. 여기서 총괄(aggregation)이란 계획수립에 있어서 개별 제품이나 개별 서비스에 대한 계획수립에 앞서 제품이나 서비스의 유사 계열이나 집단별 전체 품목에 대한 계획을 의미한다. 따라서 총괄생산계획은 제품이나 서비스의 집단에 따라 작업자 수, 소요 자재, 생산능력 등을 고려하여 계획기간별 생산율(production rate)을 결정하는 계획으로 [그림 3-5]와 같은 체계를 나타낸다.

서비스기업이 총괄생산계획을 수립하는 경우 다음과 같은 서비스운영의 환경에서 보다 효과적으로 적용할 수 있다.

- 서비스수요변화에 대응하여 수요추종 또는 평준화전략을 사용할 수 있을 때
- 서비스가 비교적 표준화되고 서비스생산운영이 반복적으로 수행되는 경우
- 서비스수요가 충분하고 초과생산능력의 유지가 가능한 경우
- 작업시간, 작업자 수에 따라 서비스생산능력의 조정이 가능할 때

- 작업기능이 비교적 단순하고 작업자의 다기능화가 가능할 때
- 작업자에 대한 고용/해고가 유연한 경우
- 설비관련 비용이 노무비에 비해 낮은 경우

2. 총괄생산계획의 목적

총괄생산계획은 수요변동에 따라 기업의 생산자원을 효율성 있게 사용할 수 있는 최적 생산계획을 개발하는데 있다. 총괄생산계획은 수요변동에 따라 노동력 규모나 이용률, 재고수준, 최적의 생산율의 조합을 결정하는 계획으로 생산부문 만이 아니라 기업의 여러 기능적 부서의 활동과 관련된다.

생산부문과는 현재 작업자 및 기계설비의 생산능력, 장래의 확장계획, 마케팅 및 유통부문과는 수요예측과 변동추이, 고객의 요구, 경쟁사 동향, 자재부문과는 공급자 공급능력, 자재의 재고 및 납기 등에 관한 정보가 필요하다. 재무부문과는 원가 및 수익관련 자료, 인적자원부문과는 노동시장 여건, 교육훈련 계획 등이 관련된다. 엔지니어링부문과는 제품 및 서비스의 성능개선, 서비스프로세스의 변경, 고객요구가 반영된 설계 등이 관련된다.

이와 같이 생산활동은 기업 내 여러 부문과 긴밀히 관련되는데 이에 상응하는 전체적인 면에서의 포괄적인 계획도 필요하다. 총괄생산계획을 통해 생산량 변동과 고용수준 변동의 최소화, 재고투자의 최소화 등 비용요인의 최소화와 고객서비스 수준과 이윤 극대화를 추구하며 특히 다음과 같은 이유에서 필요성을 갖는다.

첫째, 기업이 필요로 하는 모든 생산자원은 제한되어 있으므로 기업은 이를 유효하게 이용해야할 과제를 가지고 있다. 그러나 이용할 수 있는 생산자원의 총괄적 능력(aggregate capability)을 알고 있지 못한다면 이는 현재 생산운영의 유효성을 평가할 아무런 기준이 없다고 할 수 있다.

둘째, 대부분의 경우 전체적인 생산량은 일정하지 않으므로 기업은 이러한 변동요인을 제거함으로써 생산수준의 변화에서 오는 비용을 최소화해야 한다. 생산수준의 변화는 공급능력의 차질을 초래하여 비용을 발생시키기 때문이다.

셋째, 전체적인 관점에서의 생산운영의 조정은 환경변화에 적응력을 높일 수 있다. 즉 수요변동에 대한 다양한 공급능력 조정방안으로 효과적인 대응이 가능하다.

제 4 절 총괄생산계획의 전략

총괄생산계획은 기업전략과 생산능력계획을 노동력, 재고, 생산량을 구체화하는 것으로 각 계획기간별 수요를 충족하면서 고용수준, 재고수준, 하청 등 총비용을 최소화하는 생산의 최적 조합을 구하는 것을 목적으로 한다.

총괄생산계획을 위한 전략은 〈그림 3-6〉에서와 같이 일정 생산능력을 유지하고 여기에 수요를 맞추는 수요평준화전략(level strategy)과 수요변동에 따라 생산량을 변화시키는 수요추종전략(chase strategy)으로 나누어 볼 수 있다. 수요평준화전략은 수요변동에 대한 조정방안을 모색하는 전략이며 수요추종전략은 공급능력을 대상으로 하는 조정전략으로 구체적인 전략의 내용은 다음과 같다.

1. 수요변동에 대한 조정전략

총괄생산계획의 수요변동에 대한 조정전략은 서비스가격을 조정하거나 판촉활동의 확대, 납기를 지연시키는 등의 대안을 선택할 수 있다.

첫째, 가격을 조정하는 전략은 비수기에 서비스가격을 인하함으로써 성수기수요를 비수기로 이동시켜 수요를 평준화하는 전략이다. 특히 수요변화에 대한 가격탄력성이 큰 서비스일수록 큰 효과를 얻을 수 있다. 영화관의 조조할인, 심야 통신요금 할인, 스포츠센터의 주중 가격할인은 성수기 수요를 비수기로 이동시켜 서비스가격을 조정함으로써 수요변동에 대비하는 전략이라 할 수 있다.

둘째, 광고 등의 판촉전략을 들 수 있는데 이 전략은 마케팅활동의 기본이 된다. 비수기에 수요가 감소하는 경우 광고, 이벤트 등 판촉활동을 강화함으로써 새로운 수요를 창출하는 효과를 기대할 수 있다. 이 전략은 판촉활동의 강화뿐만 아니라 서비스프로세스를 변화시키거나 보완적인 서비스를 추가하는 등 비교적 용이하게 실행할 수 있다. 그러나 수요의 변동이 심한 경우 적절한 양적 크기와 시기를 조정하는 문제에 대해서는 직접적인 효과를 기대하기가 어렵다.

셋째, 납기를 연기하는 전략은 추후납품(back ordering) 등의 방법으로 수요시기를 조정하는 전략이다. 이 전략은 성수기수요를 지연시켜 비수기에 제공함으로써 수요변동에 따라 생산능력을 확대해야 하는 부담을 줄일 수 있다. 그러나 납기연장 전략은 서비스지연에 따른 고객의

그림 3-6 수요평준화전략과 수요추종전략

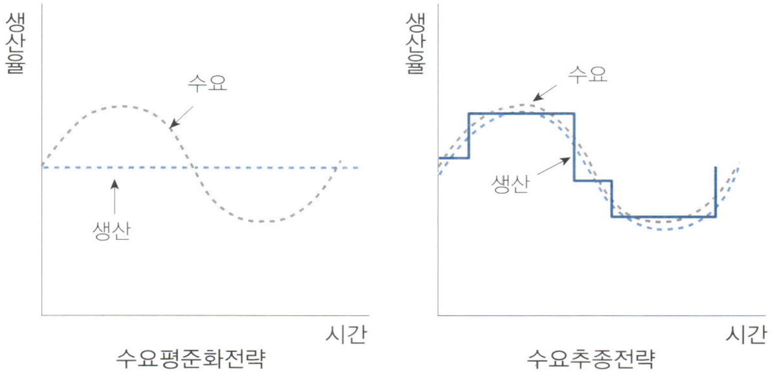

불만이나 기업이미지 저하, 매출감소 등 예상되는 문제의 사전 대비가 필요하다.

2. 공급능력의 조정전략

공급능력을 조정하는 총괄생산계획의 전략으로는 수요변동에 따라 노동력 규모를 조정하는 전략, 노동력 이용률을 조정하는 전략, 재고유지를 통해 수요변동에 대처하는 전략, 하청을 통해 수요를 확대하는 전략 등을 들 수 있다.

첫째, 수요변동에 따라 노동력규모를 조정하는 전략은 계획기간별 수요변동에 따라 작업자의 규모를 조정하는 전략으로 수요가 증가하면 고용을 확대하며 수요가 감소하면 해고하는 방법이다. 특히 식당, 레저시설, 소매점 등 서비스부문에서는 시간대에 따라 수요의 변화가 심해 임시작업자의 활용이 효과적이다. 그러나 이 전략방안은 수요변동에 따라 채용과 해고가 반복되어 노동회전비가 크게 발생하며 신규채용 작업자의 훈련비 등 간접비도 크게 발생한다. 또한 해고에 대한 작업자의 사기저하의 문제나 노동조합 및 지역사회와의 갈등요인이 될 수 있다.

둘째, 노동력 이용률을 조정하는 전략은 작업자의 규모를 일정한 수준으로 유지하면서 수요가 증가하는 경우 초과작업(over-time)을 통해 공급능력을 확대하는 전략이다. 이 전략은 고용과 해고와 같은 작업자 규모를 조정하는 전략의 폐해를 줄일 수 있다는 장점을 가지고 있으나 초과조업이 계속되는 경우 작업자의 피로가 누적되어 고객접점에서의 서비스수준 저하, 생산성 저하 등의 문제를 발생시킬 수 있다. 또한 수요가 생산능력 이하로 떨어지는 경우 작업자와 기계설비 등의 유휴시간(idle time)발생에 대한 비용을 부담해야 한다.

셋째, 재고수준을 조정하는 전략은 비수기에 일정 생산능력에서 생산된 재화의 재고를 성수기수요에 충당하는 방법이다. 이 전략은 작업자 규모와 생산율을 일정한 수준으로 유지하고 재고를 통해 수요변동에 대처하는 전략으로 안정된 고용수준을 유지하고 초과 작업이나 유휴작업 시간을 최소화하는 장점을 가지고 있다. 그러나 서비스의 특성상 재고유지가 불가능하므로 서비스기업에서의 전략으로는 실현성이 떨어진다.

넷째, 서비스기업이 보유한 일정 생산능력 이상의 수요가 발생하면 서비스의 전부 또는 일부를 하청에 의존할 수 있다. 서비스의 전부 또는 일부를 하청하는 문제는 아웃소싱(outsourcing)이나 오프쇼어링(offshoring) 문제와도 결부된다. 하청에 의한 공급능력 확대전략은 판매기회의 상실을 회피할 수 있으나 납기, 품질적 문제 등을 야기할 수 있다.

기업의 총괄생산계획의 전략은 위에서와 같이 수요변동에 대비하는 전략과 공급능력을 조정하는 전략 면에서 여러 가지 전략방안에 기초하여 생산계획을 수립할 수 있다. 그러나 서비스기업의 경우 서비스가 지닌 특성으로 총괄생산계획은 수요변동에 따라 노동력규모를 조정하는 전략, 노동력 이용률을 조정하는 전략, 납기를 지연시키는 전략, 하청에 의해 공급능력을 확대하는 전략으로 한정된다. 서비스유형에 따라서는 이러한 전략의 적용이 매우 제한적일 수 있다.

또한 서비스기업에서 전략계획을 수립하는 경우 한 가지 방법에만 의존하기 보다는 서비스기업의 특성, 서비스유형, 시장 및 경쟁환경에 따라 다양하게 접근할 수 있다. 위의 여러 가지 전략방안 중 한 가지 방법으로 전략을 수립하는 경우를 순수전략(pure strategy), 두 가지 이상의 방법으로 전략을 수립하는 경우 이를 혼합전략(mixed strategy)이라 한다.

총괄생산계획의 수립에 있어서 기업이 어떤 전략계획을 선택하든 고려해야 할 첫 번째 요소는 기업의 전략과 방침이다. 즉 가격, 판촉활동 등과 관계되는 전략은 기업의 판매전략과 방침에 의해 결정되고 노동력과 관계되는 전략은 기업의 고용방침이 중요한 영향을 미친다. 또한 납기지연이나 하청 등의 전략은 기업의 생산부서나 마케팅부서의 운영방침에 의해 영향을 받는다.

이러한 기업의 전략과 방침에 따라 총괄생산계획의 최적 선택기준은 전략수행에 소요되는 비용을 대상으로 결정된다. 예를 들어 총괄생산계획의 전략으로 수요변동에 맞추어 노동력규모를 조정하고 일정 규모 이상의 수요는 납기지연과 하청에 의해 전략을 수행하는 것으로 가정하자. 이 때 총괄생산계획의 최적 선택기준은 노동력규모 조정에 의해 발생하는 비용, 하청과 납기지연에 의한 비용 등 전략수행에 소요되는 총비용의 크기가 최소화되는 수준이 될 것이다. 이하에서는 서비스 기업의 총괄생산계획 전략수립을 위하여 전략수행에 소요되는 비용을 중심으로 설명한다.

제 5 절 총괄생산계획 전략의 전개

총괄생산계획의 전략전개에는 시행착오적 방법(trial-and-error method)과 LP등의 수리적 방법을 사용하여 접근할 수 있다. 시행착오적 방법은 수리적 방법에 비해 비교적 이해하기 쉽고 간단하여 실무적으로 많이 활용되고 있다. 수리적 방법은 모형화의 어려움은 있지만 총괄생산계획의 몇 가지 대안 중 최적해를 구할 수 있다는 장점을 가지고 있다.

1. 시행착오적 방법 : 도표법

총괄생산계획에서는 하나의 순수전략만으로는 최선의 전략이라고 기대하기 어렵다. 따라서 여러 가지 전략의 조합으로 대안을 마련하여야 한다. 총괄생산계획에서 전략적 대안의 개발은 비교적 접근이 용이한 시행착오적 방법에 의해 도표법(graphical method)을 사용하는 것이 가장 일반적인 방법이다.

도표법에 의한 총괄생산계획은 약간의 간단한 계산만을 요구하는데 다음과 같은 절차에 따라 이루어진다.

첫째, 각 계획기간별 수요의 크기를 결정하고 이를 도표에 누적적으로 표시한다.

둘째, 각 계획기간별 공급능력(정규 작업시간, 초과 작업시간, 하청 등)의 규모를 결정하고 이를 누적생산량으로 표시한다.

셋째, 기업 또는 부서별 방침(하청, 납기지연 등)을 파악하여 이를 공급 가능한 누적생산량으로 반영한다.

넷째, 정규 작업시간, 초과 작업시간, 하청, 납기지연, 기타 비용요소에 대한 단위비용을 산정한다.

다섯째, 몇 가지 전략의 대안을 개발하고 각 대안의 총 비용을 계산하여 최소의 비용을 갖는 계획이 구해질 때까지 만족할만한 수준의 목표가 달성되는 대안을 찾아 이 계획을 수정한다.

시행착오적인 방법으로 총괄생산계획의 전략을 수립하기 위해서는 생산율을 일정하게 유지하는 전략, 수요변화에 보다 적합시키는 전략, 각각의 전략대안을 절충 한 전략 등의 접근방컵을 사용할 수 있다. 서비스부문에서 총괄생산계획을 수립하기 위하여 다음과 같이 항공사의 예를 들어 설명한다.

예제

A항공사의 총괄생산계획

A항공사는 동남아노선에 대하여 총괄생산계획을 수립하려 한다. 이 회사의 동남아노선 탑승객의 수요예측결과는 〈표 3-3〉에서와 같으며 동남아노선의 수익성이 높아 다른 노선에 비해 역점을 두고 있다. 따라서 이 항공사는 총괄생산계획의 전략으로 탑승객의 수요가 공급능력을 초과하는 경우 다른 지역노선의 항공기를 동남아노선에 투입하는 증편전략과 다른 항공사와 좌석을 공유하여 공동운항(code share)을 확대하는 전략을 고려하고 있다.

1. 이 항공사에서는 동남아 노선에 월간 1,000편의 항공기를 운항하고 있는데 편당 평균 220명의 승객을 수송하고 있다.
2. 동남아노선의 탑승객수요가 공급능력을 초과하는 경우 다른 지역노선의 항공기를 동남아노선에 투입하고 그 이상의 수요는 다른 항공사와 공동운항 확대를 계획하고 있다.
3. 다른 지역노선의 항공기를 투입하여 동남아노선을 증편하는 경우 편당 1.5만 달러의 비용이 추가적으로 소요된다.
4. 다른 항공사와 공동운항을 하는 경우 탑승객 1인당 20 달러가 추가적으로 소요된다.
5. 공급능력이 수요보다 많은 경우 빈 좌석으로 인해 1인당 30 달러의 기회비용이 발생한다.
6. 월간 공급능력은 운항일수를 고려하여 계산한다.

표 3-3 동남아노선 수요예측치

월	월간 수요(천명)	누적 수요(천명)	비고(운항일수)
1	273.8	273.8	31
2	229.7	503.5	28
3	232.9	736.4	31
4	210.6	947.0	30
5	190.4	1,137.4	31
6	207.9	1,345.3	30
7	224.1	1569.4	31
8	264.0	1,833.4	31
9	222.3	2,055.7	30
10	241.2	2,296.9	31
11	270.6	2,567.5	30
12	298.5	2,866.0	31
계	2,866.0		

〈표 3-3〉의 수요예측자료에 의해 월간총괄수요 및 누적수요를 나타낼 수 있는데 [그림 3-7]은 총괄수요를 나타낸 것이며 [그림 3-8]과

그림 3-7 동남아노선의 월간총괄수요

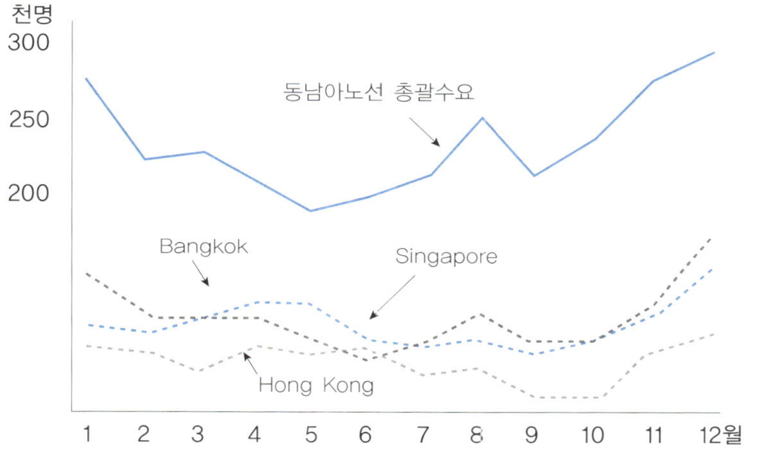

그림 3-8 동남아노선의 누적수요

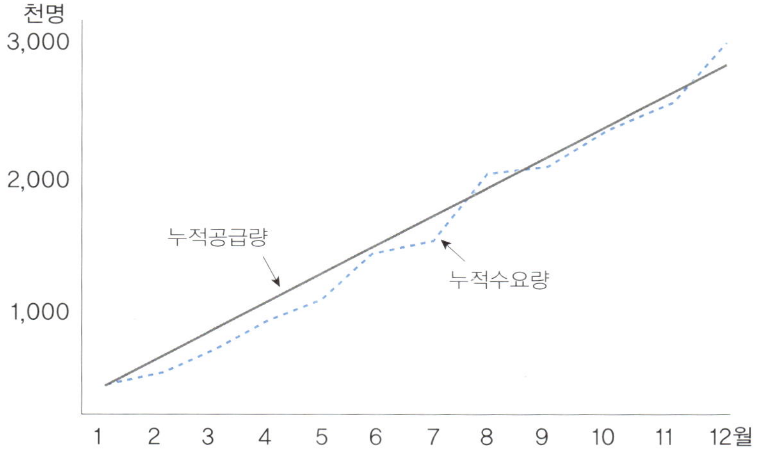

그림 3-9 동남아노선의 월간총괄수요와 월간공급능력

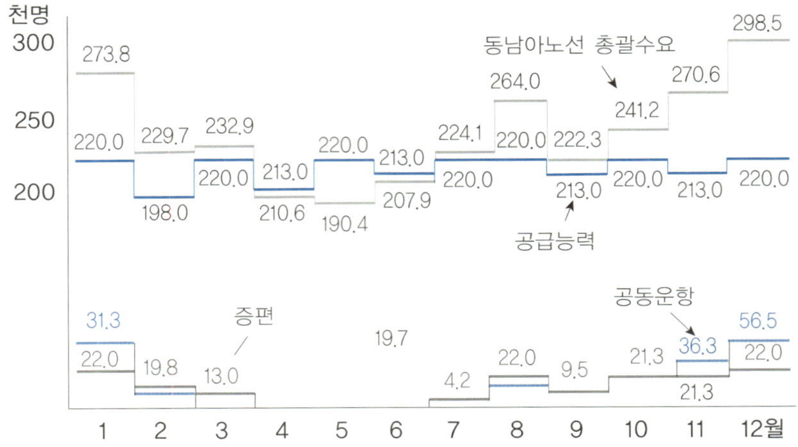

[그림 3-9]는 일정한 공급능력을 유지하는 경우 계획기간 동안의 누적 수요와 월간공급량을 나타낸 도표이다.

이 항공사에서는 동남아노선 탑승객의 수요예측자료에 의해 다음과 같은 세 가지의 총괄계획을 검토하고 있다.

- 계획 1 : 수요가 공급을 초과하는 경우 10%의 증편 및 다른 항공사와 공동운항
- 계획 2 : 수요가 공급을 초과하는 경우 20%의 증편 및 다른 항공사와 공동운항
- 계획 3 : 수요에 적합시키도록 증편하고 다른 항공사와 공동운항

각각의 계획 및 분석내용은 다음과 같다.

[계획 1]

계획 1은 1년간의 계획기간 동안 매월 1,000편을 운항하여 운송서비스를 수행하며 동절기 및 하절기 성수기에는 10%의 증편 및 다른 항공사와 공동운항에 의해 서비스를 제공 한다. 항공서비스의 특성상 서비스연기(납기지연) 등은 불가능하며 이 항공사의 월별 수송능력은 [그림 3-9]에 표시한 바와 같다.

〈표 3-4〉에서 탑승객의 수요가 공급능력을 초과하는 1월~3월, 7~12월의 총 증편되는 운항횟수는 718편이며 공동운항에 의한 탑승객 수송은 158.5천명이다. 계획 1에서 증편운항에 따라 공급능력은 수요예측치보다 37.6천명(⑥ − ①)이 더 많으며 증편과 공동운항 등 공급능력 확대에 의해 발생하는 비용과 빈 좌석의 운항으로 발생하는 기회비용은 다음과 같다.

증편비용	15,000 달러 × 718편	= 10,770,000 달러
공동운항	20 달러 × 158,500명	= 3,170,000 달러
기회비용	30 달러 × 37,600명	= 1,128,000 달러
계		15,068,000 달러

표 3-4 계획 1

계획기간	① 월간수요	② 공급능력 (정규노선)	③ ① − ②	④ 증편운항		⑤ 공동운항	⑥ 총공급능력 ② + ④ + ⑤
				편수	탑승객		
1	273.8	220.0	53.8	100	22.0	31.8	273.8
2	229.7	198.0	31.7	100	19.8	11.9	229.7
3	232.9	220.0	12.9	59	13.0	–	233.0
4	210.6	213.0	−2.4	–	–	–	213.0
5	190.4	220.0	−29.6	–	–	–	220.0
6	207.9	213.0	− 5.1	–	–	–	213.0
7	224.1	220.0	4.1	19	4.2	–	224.2
8	264.0	220.0	44.0	100	22.0	22.0	264.0
9	222.3	213.0	9.3	43	9.5	–	222.5
10	241.2	220.0	21.2	97	21.3	–	241.3
11	270.6	213.0	57.6	100	21.3	36.3	270.6
12	298.5	220.0	78.5	100	22.0	56.5	298.5
계	2,866.0	2,590		718	155.1	158.5	2,903.6

계획 2

계획 2는 1년간의 계획기간 동안 매월 1,000편을 운항하여 운송서비스를 수행하며 동절기 및 하절기 성수기에는 20%까지의 증편, 그 이상의 수요는 다른 항공사와 공동운항에 의해 서비스를 제공 한다. 계획 2에서도 서비스연기(납기지연)는 허용되지 않는다.

〈표 3-5〉에서 탑승객의 수요가 공급능력을 초과하는 1월~3월, 7~12월의 총 증편되는 운항횟수는 1,162편이며 공동운항은 1월, 8월, 11월, 12월에 걸쳐 57,900석이다. 계획 2에서의 증편운항에 따라 공급능력은 수요예측치보다 37.6천명(⑥ − ①)이 더 많으며 증편, 공동운항 등 공급능력 확대에 의해 발생하는 비용과 빈 좌석의 운항으로 발생하는 기회비용은 다음과 같다.

증편비용	15,000 달러 × 1,162편	= 17,430,000 달러
공동운항	20 달러 × 57,900명	= 1,158,000 달러
기회비용	30 달러 × 37,600명	= 1,128,000 달러
계		19,716,000 달러

표 3-5 계획 2

계획기간	① 월간수요	② 공급능력(정규노선)	③ ① − ②	④ 증편운항		⑤ 공동운항	⑥ 총공급능력 ② + ④ + ⑤
				편수	탑승객		
1	273.8	220.0	53.8	200	44.0	9.8	273.8
2	229.7	198.0	31.7	144	31.7	−	229.7
3	232.9	220.0	12.9	59	13.0	−	233.0
4	210.6	213.0	−2.4	−	−	−	213.0
5	190.4	220.0	−29.6	−	−	−	220.0
6	207.9	213.0	−5.1	−	−	−	213.0
7	224.1	220.0	4.1	19	4.2	−	224.2
8	264.0	220.0	44.0	200	44.0	−	264.0
9	222.3	213.0	9.3	43	9.5	−	222.5
10	241.2	220.0	21.2	97	21.3	−	241.3
11	270.6	213.0	57.6	200	44.0	13.6	270.6
12	298.5	220.0	78.5	200	44.0	34.5	298.5
계	2,866.0	2,590		1,162	255.7	57.9	2,903.6

[계획 3]

계획 3은 1년간의 계획기간 동안 성수기와 비수기 수요를 고려하여 [그림 3-10]에서와 같이 항공편의 운항횟수를 수요에 적합시키도록 적절히 조정하고 필요 시 다른 항공사와의 공동운항도 병행한다. 계획 1과 계획 2에서의 정규노선의 운항횟수는 연간 11,780회이다. 따라서 계획 3에서의 총 운항횟수는 12,700회로서 920회가 추가로 증편 운항된다.

계획 3에서 증편운항에 따라 공급능력은 수요예측치보다 800명(⑥ − ①)이 더 많으며 증편, 공동운항 등 공급능력 확대에 의해 소요되는 비용과 빈 좌석의 운항으로 발생하는 기회비용은 다음과 같다.

증편비용	15,000 달러 ×	920편 =	13,800,000 달러
공동운항	20 달러 ×	80,800명 =	1,616,000 달러
기회비용	30 달러 ×	880명 =	26,400 달러
계			15,442,400 달러

표 3-6 계획 3

계획 기간	① 월간수요	② 공급능력	③ ① − ②	④ 운항편수	⑤ 공동운항	⑥ 총공급능력 ② + ⑤
1	273.8	2,640	9.8	1,200	9.8	273.8
2	229.7	220.0	9.7	1,000	9.7	229.7
3	232.9	220.0	12.9	1,000	12.9	232.9
4	210.6	198.0	12.6	900	12.6	210.6
5	190.4	198.0	0.4	900	0.4	190.4
6	207.9	198.0	9.9	900	9.9	207.9
7	224.1	220.0	4.1	1,000	4.1	224.1
8	264.0	264.0	−	1,200	−	264.0
9	222.3	220.0	2.3	1,000	2.3	222.3
10	241.2	242.0	−	1,100	−	242.0
11	270.6	264.0	6.6	1,200	6.6	270.6
12	298.5	286.0	12.5	1,300	12.5	298.5
계	2,866.0	2,794.0		12,700	80.8	2,874.8

그림 3-10 동남아노선의 총괄수요와 조정된 공급능력

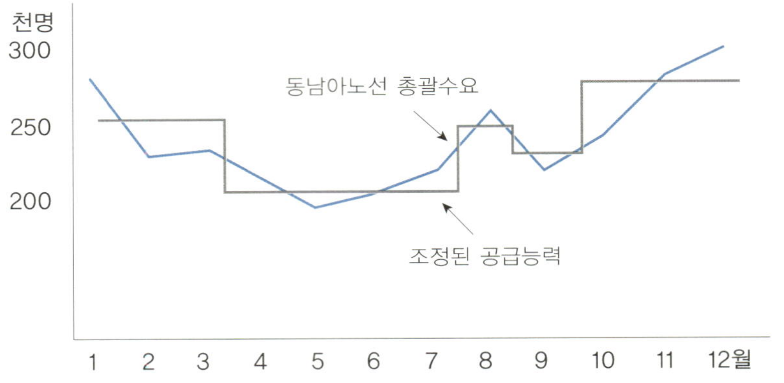

〈계획 1, 2, 3의 평가〉

이상의 세 가지 총괄생산계획에 대한 소요비용을 분석하여 정리하면 〈표 3-7〉과 같다. 이 표에서 〈계획 1〉에서는 수요초과에 의한 증편비용이 10,770,000 달러, 다른 항공사와 공동운항에 의한 추가비용이 3,170,000 달러, 기회비용이 1,128,000 달러로서 총 15,068,000 달러가 소요된다. 〈계획 2〉는 수요의 변화에 따라 운항편수를 증가시키므로 1,162편을 증편하고 다른 항공사와의 공동운항은 성수기인 1월, 11월, 12월에만 적용되는데 총 비용이 19,716,000 달러로 가장 높다. 〈계획 3〉에서는 증편비용이 13,800,000달러, 다른 항공사와 공동운항으로 추가되는 비용이 1,616,000달러, 기회비용이 24,000 달러로서 총 1,5440,000달러가 소요된다.

이 세 가지 대안에 대한 비교에서 〈계획 2〉의 총비용이 가장 높고 〈계획 1〉의 총비용이 가장 낮아 이 항공사의 총괄생산계획은 〈계획 1〉의 전략을 선택하는 것이 가장 낮은 비용을 실현하는 최선의 방법이라 할 수 있다.

표 3-7 계획 1, 2, 3의 평가

비용요소	계획 1	계획 2	계획 3
증편비용	10,770,000	17,430,000	13,800,000
공동운항	3,170,000	1,158,000	1,616,000
기회비용	1,128,000	1,128,000	26,400
계	15,068,000	19,716,000	15,442,400

2. 선형계획모형

선형계획법은 이미 많은 연구에서 목적함수의 최대화, 또는 최소화에 유용한 기법임을 증명하고 있다. 선형계획모형에 의한 총괄생산계획의 접근은 도표법에서의 시행착오적 절차를 포함하지 아니하고 최소의 비용으로 각각의 계획기간에 따라 생산량을 결정하는 방법이다. 또한 수요변동에 따라 노동력의 규모, 노동력의 이용률, 납기지연, 하청의 규모를 최소의 비용으로 결정할 수 있다. 그러나 선형계획모형에 의한 접근은 자원의 사용이나 활동범위 및 비용변화에 대한 선형성(linearity)의 가정이라는 한계를 갖고 있다.

서비스기업의 경우 총괄생산계획을 위한 선형계획모형은 다음과 같이 모형화 할 수 있다. 모형에 포함된 각각의 의사결정변수는 정규작업자의 수(R), 고용(H), 해고(L), 정규작업시간(RT), 초과작업시간(OT), 유휴작업시간(IT), 납기지연(BO), 하청(SC) 등으로 표시한다.

$$\text{Minimize } Z = C_1(R + H + L) + C_2(RT + OT + IT) + C_3(BO) + C_4(SC)$$

Subject to 각 계획기간별 수요의 크기
전략수행능력의 범위 및 자원의 크기
전략수행능력의 범위 및 자원의 크기에 대한 비용함수

여기서 C_1 : 단위당 임금, 고용 및 해고비용
C_2 : 단위당 초과작업시간 및 유휴작업시간 비용

C_3 : 단위당 납기지연 비용
C_4 : 단위당 하청비용

선형계획법에 의한 총괄생산계획은 계획기간의 수요나 전략수행을 위한 활동 및 자원의 사용, 이와 관련되는 비용함수를 선형적으로 나타내야하는 제약이 있다. 총괄생산계획의 선형계획 모형화에 대한 Bowman(1956)의 연구 이후 Holt 등(1960) 여러 학자들은 이러한 한계를 극복하기 위한 노력을 다양하게 시도하여 다음과 같은 다양한 수리적 접근기법들을 제시하고 있다.

- **수송법 모형(transportation model)**
  정규작업, 초과작업, 하청 등에 의한 공급능력과 수요에 따라 비용을 최소화하여 최적해를 구하는 방법

- **선형결정기법(linear decision rules)**
  고용수준 및 조업도에 따라 비용의 변화를 2차함수로 나타내고 특정 범위 내에서 선형화하여 모형화

- **경영계수모형(management coefficient model)**
  과거의 생산능력, 재고 등에 대한 경영자의 관리경험을 회귀식으로 유도하여 경영계수를 결정하는 자기발견적 접근방법(heuristic approach)

- **매개변수생산계획모형(parametric production planning)**
  작업자 수와 생산율에 기초하여 노무비, 초과조업비, 재고비 등 비용의 변화에 따라 최소비용을 탐색하는 방법

- **탐색결정기법(search decision rule)**
  노동력 규모와 생산율의 변화에 따라 비용함수의 개선을 탐색하여 최적해를 구하는 방법

3. 총괄생산계획 전략의 적용

서비스기업의 총괄생산계획의 적용은 제품의 제조업에 비해 제한적이다. 서비스기업의 경우 산출물이 무형의 재화이므로 제조업에서와 같이 재고를 유지할 수 없다. 그러나 서비스기업의 경우 제조업에 비해 작업자에 의존하는 비중이 높아 노동력의 규모나 이용률의 관점에서 총괄생산계획의 적용효과를 기대할 수 있다. 또한 서비스의 특성상 재고를 활용할 수는 없지만 생산능력을 유효하게 활용하기 위해 납기를 지연시키는 방법을 고려할 수 있을 것이다.

총괄생산계획의 적용과 관련하여 선택적 계획의 대안은 상당수 있으나 현실적으로 이를 개발하고 적용하는 데에는 특정한 지식과 기술이 요구된다. 문제의 복잡성, 계획의 개발에 소요되는 시간의 제약도 총괄생산계획의 적용상 문제점으로 지적되고 있다.

김길선 등(2011)의 생산시스템운영관리의 도로관리작업에 대한 총괄생산계획의 예제분석에서는 수요변화에 따라 정규작업자 및 보조작업자의 임금, 고용/해고비용, 하청, 납기지연 비용 등을 적용하고 있다.

위의 항공사 예제에서와 같이 서비스기업의 총괄생산계획에서는 전략수립을 위한 변수선정과 비용분석에 대한 문제를 여러 가지 측면으로 검토할 필요가 있다. 제조업의 경우 총괄생산계획에서는 수요변화에 따라 노동력의 고용 및 해고비용, 초과조업, 재고비, 하청 또는 납기지연에 의한 비용을 고려한다. 그러나 서비스의 경우 공급능력이 수요를 초과할 때 재고비용을 적용할 수 없으며 다른 서비스기업에 팔거나 그렇지 못한 경우 기회비용의 적용을 고려할 수 있다.

서비스시설을 이용하는 호텔, 항공사, 종합병원의 경우는 총괄생산계획의 전략적 대안을 발견하는 것이 중요하다. 항공서비스의 경우 수요와 공급이 균형을 이루지 못하는 경우 증편이나 다른 항공사와의 공동운항 이외에 다른 대안을 찾기가 어렵다. 또한 항공기의 전체 좌석을 채우지 못하면 이 때 발생하는 빈 좌석에 대한 비용문제가 발생하는데 이는 기회비용적인 관점 이외에는 매우 복잡한 분석과정이 필요하다. 또한 항공사의 전체적인 수요와 공급능력을 대상으로 하는 경우 지역별, 노선별 비용의 차이는 총괄계획의 적용에도 한계가 있다.

한편 총괄생산계획은 노동력에 관계되는 요인의 영향이 크므로 작업자의 행동반응 면에서의 특별한 배려가 요구된다. 예를 들어 수요변동에 따라 고용과 해고를 반복하고 초과조업을 지속화 한다면 이러한 전략적 대안은 작업자의 직무만족이나 사기, 조직분위기에 커다란 영향을 미칠 것이다. 작업자의 직무만족도가 떨어지면 이는 기업 전체의 생산성에도 영향을 미쳐 수요량에 계획된 생산량을 만족시키지 못하여 생산계획의 차질을 가져올 것이다.

종합사례 및 토의문제 Alton Tower Resort의 수요관리

영국의 London 북쪽 Staffodshire Alton에 위치한 Alton Tower Resort는 1860년에 개장한 테마파크 겸 리조트이다. Alton Tower는 세계적인 롤러코스트기구를 운영하고 있는 테마파크로서 3월부터 11월까지 9개월 동안 개장하며 물놀이공원은 연중 개장하고 있다. Alton Tower가 운영하는 롤러코스트는 11종으로 스피드와 스릴을 원하는 고객이 매년 증가함에 따라 〈표 3-8〉과 같이 1~2년 마다 새로운 놀이기구와 고객의 이용시설을 증설하고 있다. 이러한 공급능력의 확대는 일시적으로 대규모투자가 이루어짐으로써 중요한 이슈가 되고 있다. 특히 호텔의 경우 비수기동안의 투숙객 감소로 수익구조상 문제를 발생시키고 있다.

Alton Tower는 롤러코스트 이외에도 광산차(runaway mine train), 모의전쟁, 해양공원, 각종 물놀이시설 등을 운영하고 있으며 성인으로부터 유아에 이르기까지 가족단위로 즐길 수 있는 다양한 볼거리 프로그램을 개발하고 있다. 또한 고객의 편의를 위해 Alton Tower 브랜드의 식당과 McDonald, KFC, Pizza Hut 등 다양한 패스트푸드식당을 개설하여 연간 260톤의 감자칩, 400백만개의 음료수를 소비하고 있다. 입장객의 주차를 위해 6천대의 승용차 및 250대의 버스주차장을 확보하고 공원 내를 순환하는 모노레일을 운행하고 있다.

2012년에는 2백4십만명의 고객이 Alton Tower를 찾아왔으며 투숙고객을 위해 180객실 규모의 Alton Tower 호텔과 Splash Landings 호텔을 운영하고 있다. 호텔이용고객은 단기간의 투숙고객으로 길어야 2~3박 정도 체류한다.

Alton Tower의 입장객 수요는 계절, 휴가기간 등에 따라 큰 변동을 보이고 있다. 놀이공원은 휴양지의 리조트와 달리 주말, 부활절, 크리스마스, 연말연시 등 단기간(short breaks)의 휴가를 즐기려는 고객이 입장하므로 이들을 대상으로 하는 수요관리가 필요하다. 부활절 휴가기간에는 1일 약 5만명, 여름철 휴기기간에는 1일 약 4만명의 고객이 입장하는 것으로 집계되고 있다. 고객의 도착시간대에 따라서도 일일수요관리가 필요한데 입구에서의 혼잡시간이 일어나는 오전 10:00~11:00, 식당의 혼잡시간이 일어나는 12:30~13:30 사이에는 고객의 대기열이 가장 길게 나타난다.

각각의 놀이기구에서 고객의 대기시간을 줄이고 대기열을 자동관리하기 위해 Fast Track Ticket제도를 운영하고 있다. Alton Tower의 입장료는 성인 46.80£, 어린이 39.00£로 온라인 구매 시 최대 25%의 할인을 받을 수 있다.

수요관리는 Alton Tower가 당면한 가장 큰 문제로 수요가 늘어날수록 새로운 투자에 의한 공급능력의 확대가 요구되지만 투자의 문제를 수반하게 된다. 이 회사는 이러한 문제를 종합적으로 해결하기 위해 "2010~2019 10개년개발계획"을 수립하고 있다.

Alton Tower는 350명의 정규직원과 성수기 1,200명의 시간제 직원을 활용하여 유연성을 최대로 확보하고 있다. Alton시 인근으로부터 성수기 시간제 직원을 확보하고 있으며 이들에게도 각종 놀이기구의 운전 및 조작기술에 대한 교육을 시행하고 있다.

표 3-8 Alton Tower의 주요 시설투자

연 도	시설	제원(거리/최고속도)	투자액(백만£)
1994	Nemesis	716m/시속80km	12
1998	Oblivion	373m/시속109km	12
2002	Air	840m/시속75km	12
2005	Rita	647m/시속98km	8
2010	Thirteen	800m/시속66km	15
2013	The Smiler	1170m/시속85km	12
1996	Alton Tower 호텔	160 객실	20
2003	Splash Landings 호텔	60 객실	23
2014	제3호텔(계획)	Log Cabin	26

자료 : http://www.altontowers.com

토의문제

1. Alton Tower는 앞으로 놀이기구의 증설 등 투자가 필요한가?
2. Alton Tower의 새로운 투자에서 발생할 수 있는 문제는 무엇인가?
3. Alton Tower의 수요변화의 특징과 영향요인은 무엇인가?
4. Alton Tower의 수요변화의 특징을 고려할 때 효율적인 수요관리 방안은 무엇인가?

용어정리

수요예측 장래활동에 대한 추정으로 자원조달, 생산, 판매 등 모든 관리적 활동계획에 대한 전제(promise)를 제공하는 것.

시계열자료 일정 간격의 시간의 흐름에 따라 작성되어 변화의 추세를 파악할 수 있는 수요자료.

종단자료 어느 한 시점의 상태를 파악할 수 있도록 작성된 수요자료.

수요변동의 유형 수요자료의 추세변동의 특징에 따라 추세변동, 순환변동, 계절변동, 임의변동으로 나누어 짐.

정성적 수요예측 사람들의 경험이나 견해 등 주관적 요소를 사용하여 장래의 수요를 예측하는 방법으로 시장조사법, 패널동의법, 중역의견법, 판매원의견합성법, 수명주기유추법, 델파이법 등.

계량적 수요예측 이동평균법, 가중이동평균법, 지수평활법 등 시계열자료를 이용하여 예측하는 방법과 수요의 크기가 어떤 원인에 영향을 받는 것으로 하여 원인과 결과 사이의 관계를 찾아 예측하는 인과형 예측기법으로 나누어짐.

직접적 수요관리 시장의 수요가 불규칙한 경우 예약, 수율관리, 등급매기기, 수요조정 등의 방법을 사용하여 수요를 직접적으로 관리하는 방법.

간접적 수요관리 가격정책과 서비스정책을 사용하여 성수기의 고객을 비수기로 유도하여 수요를 평준화 시키는 간접적 수요관리방법.

수율관리 수요 및 공급관리와 관련되는 여러 가지 전략을 종합하여 매출의 극대화를 추구하는 전략.

가격정책 비수기에 서비스가격을 할인함으로써 성수기 고객을 비수기로 유도하여 수요를 평준화 시키는 수요관리방식.

서비스정책 보완적 서비스나 추가적 서비스 또는 대안적 서비스로 수요를 촉진하는 수요관리방식.

공급능력 일정기간 동안 산출할 수 있는 서비스생산량으로 서비스시설, 설비, 노동력 등 가용자원에 의해 결정됨.

수요추종전략 수요변동에 적합하도록 공급능력을 조정하는 전략.

총괄생산계획 예측된 수요를 충족시키기 위해 제품이나 서비스의 계열 및 집단별 전체 품목에 대하여 작업자 수, 소요 자재, 생산능력 등 주어진 생산여건 하에서 계획기간별 생산율을 결정하는 단기적 계획.

총괄생산계획의 전략 총괄생산계획의 전략은 서비스가격 조정, 판촉활동 확대, 납기지연 등 수요변동에 대한 조정전략과 노동력규모 조정, 노동력 이용률 조정, 재고유지, 하청을 통해 수요변동과 확대에 대처하는 공급능력의 조정전략으로 나누어 짐.

연습문제

1. 수요예측의 중요성은 무엇인가?
2. 수요예측에서 나타나는 예측오차에 대한 기업의 효과적인 대응은 무엇인가?
3. 계량적 방법에 의한 수요예측이 불가능한 경우를 예시하고 어떠한 방법이 적절 한지를 토의하라.
4. 직접적 수요관리와 간접적 수요관리의 장단점은 무엇인가?
5. 수요관리와 공급능력관리가 병행되어야 하는 이유는 무엇인가?
6. 선형계획모형이나 수리적 모형에 의한 총괄생산계획의 한계는 무엇인가?
7. 서비스프로세스행렬에 의한 서비스유형별 총괄생산계획의 전략에 대하여 토론하라.

참고문헌

김길선 등(2011), 생산시스템운영관리, 법문사.

Bowman, E. H.(1956), "Production Scheduling by the Transportation Method of Linear Programming," *Operations Research*, 4(1), pp.100~103.

Fitzsimmons, James A. & Mona A. Fitzsimmons(2011), *Service Management, Operations, Strategy, Information Technology*(7th ed.), McGraw-Hill.

Haksever, Cengiz, Barry Render, Roberta S. Russel & Robert G. Murdick(2000), *Service Management and Operations*(2nd ed.), Prentice-hall.

Holt, C. C., F. Modigliani, J. F. Muth, & H. A. Simmon(1960), *Planning Production,*

Inventory and Workforce, Prentice-Hall.
http://www.benihana-of-tokyo.com
http://www.altontowers.com

S.e.r.v.i.c.e.M.a.n.a.g.e.m.e.n.t

제 2 부

운영과 통제

제 4 장

서비스설계와 개발

학 습 목 표

본 장에서는 다음과 같은 내용의 이해를 목표로 한다.

- 서비스혁신과 신 서비스개발
- 서비스설계 및 개발단계
- 서비스설계의 접근과 기법
- 서비스설계와 개발과정에서의 관리적 고려사항

제 1 절 서비스혁신과 새로운 서비스개발

1. 서비스혁신

오늘날 기업활동에서 두드러지게 나타나는 현상 중 하나가 기술혁신과 이에 대응하는 기업의 자세이다. 기술의 급속한 발전은 제조분야뿐만 아니라 서비스부문에서도 큰 영향을 미쳐 서비스역할을 확대시키고 서비스영역을 넓혀나가고 있다. 모든 제조활동은 제품의 사후서비스를 전제로 하며 운송, 보존, 기술개발, 정보관리 등 제조활동을 지원하는 서비스도 다양화 되고 있다.

정보통신분야에서 스마트폰이라는 전자제품은 우리의 일상생활 환경까지도 바꾸어놓고 있다. 스마트폰을 통해 받을 수 있는 서비스는 얼마나 될까? 스마트폰은 서비스에 의해 운영되고 그 서비스의 부가가치는 하루가 다르게 확대되고 있다. 이와 같이 서비스는 제품의 수익모델 확대에도 기여하고 있는데 이것은 시장경쟁에서 이길 수 있는 가장 중요한 수단이라고 볼 수 있다.

한편 서비스프로세스행렬에서도 고객접점은 표준화를 지향하든가 고객화를 지향하든가 지속적으로 변화하고 있다. 이러한 변화는 서비스혁신을 가속화 하는 요인이 되고 있다. 서비스혁신은 [그림 4-1]에서와 같이 서비스성과, 서비스생산성, 서비스품질, 서비스기술, 고객 및 시장, 협력업체 등 기업의 내적, 외적인 면에서 혁신의 목표를 두고 있다. 이것은 서비스혁신에 의한 높은 성과, 생산성, 서비스품질을 달성함으로써 시장경쟁력을 기대한다는 의미이다.

Lovelock(1988)은 서비스설계와 개발의 문제와 관련하여 서비스혁신을 급진적 혁신(radical innovation)과 점진적 혁신(incremental innovation)으로 구분하여 설명하고 있다. 이 두 가지의 서비스혁신은

그림 4-1 서비스혁신의 목표

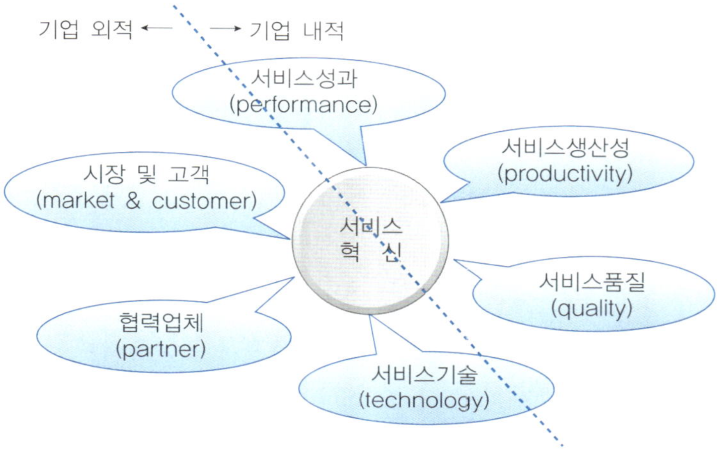

서비스내용의 본질적인 변화정도에 따라 나누어지는데 서비스의 급진적 혁신과 점진적 혁신은 다음의 서비스에서 찾아볼 수 있다.

- **급진적 혁신의 서비스**
  eBay, Priceline의 온라인 경매
  공항의 자동출입국심사
  스크린 골프
- **점진적 혁신의 서비스**
  자동응답시스템
  항공사의 ATM에 의한 탑승권 발급
  McDonald의 샌드위치 출시

이 두 가지 유형의 서비스혁신은 서비스설계 및 개발과정과 서비스 전달 및 이용과정에 많은 변화를 주고 있다. 급진적 혁신은 eBay나 Priceline의 온라인 경매에서와 같이 전세계의 다양한 고객을 상대로 서비스의 정확성과 편의성을 강조하고 있다. L. L. Bean의 서비스는 카탈로그나 우편판매 방식으로부터 정보기술에 의한 온라인판매 중심의 서비스로 진화하여 서비스제공자와 고객 모두에게 전면적인 변화를 가져다주었다. 인천공항이 세계공항서비스평가(ASQ)에서 8년 연속으로 1등을 한 것은 입출국심사의 평균소요시간이 12분이라는 최단 처리시간이 결정적 요인으로 작용한 것으로 평가되고 있다. 이는 정보시스템의 기술을 기반으로 하는 자동출입국심사시스템에 의한 것이라 할 수 있다.

점진적 혁신은 서비스의 본질은 그대로 두고 프로세스나 외형적인 변화로 고객의 인식, 태도에 영향을 미친다. 자동판매기에 의한 식음료판매, 은행의 현금입출금이나 항공사의 탑승권 발급과 같은 단순 · 반복적 업무는 ATM 등 자동화기기에 의존하는 서비스로 변화되고 있다.

서비스혁신은 고객에게 신뢰성을 높여주고 기업의 측면에서는 프로세스의 표준화로 높은 효율성을 얻을 수 있다. 따라서 서비스혁신은 기업이 서비스의 어느 부분에 투자를 집중하고 서비스를 차별화해야 하는지를 결정하는 기준이 된다. eBay나 L. L. Bean의 경우는 정보시스템에 대한 투자와 시스템개발에 노력을 집중하는 것을 볼 수 있다. McDonald의 샌드위치 출시는 단지 샌드위치의 조리방식, 시설, 식자재관리 등의 변화만이 아니라 기존의 햄버거에 대한 정크푸드(junk food) 공급자라는 소비자의 인식을 바꾸는 노력이라고 할 수 있다.

현실적으로 서비스와 관련된 기술혁신의 주기가 매우 빨라져 서비스의 수명주기를 더욱 단축시키고 있다. 서비스혁신은 기업의 효율성이나 성과향상만을 목적으로 하는 것이 아니라 고객의 욕구충족 수준이 높아지고 그 필요성이 점차 증가함에 따라 새로운 서비스의 수요를 촉진하고 있다.

사례 The Hotel Savoy, London

London의 Thames강변에 위치한 The Hotel Savoy는 2007년 12월부터 3년간의 리노베이션을 거쳐 2010년 10월 10일 재단장을 하여 개장했다. 118년만의 리노베이션은 소유주인 사우디아라비아의 Al Waleed 왕자가 이 호텔을 구입한 가격에 버금가는 2억2천만 파운드를 투입했다. 이 기간 동안 총지배인 Kearon McDonald는 리노베이션공사를 총지휘하는가하면 개장 일정에 맞추어 가구, 집기, 장식품 등의 구입, 인적자원의 충원과 교육, 새로운 서비스구상 등에 몰두하였다. 새로운 단장을 마친 이 호텔은 20세기 초 유럽과 디국에서 유행한 영국의 Edward시대 분위기와 Art Deco스타일의 건축양식을 그대로 재현하고 있다.

사보이호텔은 물리적 시설의 최고급화뿐만 아니라 호텔서비스에 대한 개념을 크게 바꾸어 놓았다. 과거 영국의 사교계를 대표했던 호텔의 명성과 외관에 비례하여 영국식 전통과 역사를 상품화하고 이를 호텔서비스에 최대한 적용하려는 시도를 곳곳에서 볼 수 있다.

"Thames Foyer"라는 40파운드짜리 Afternoon Tea는 3개월 이상 주문이 밀려있다. 왕족, 유명배우, 음악가, 정치인 등이 묵었던 방을 Signature Room으로 만들어 유명인사가 사용했던 비품이나 사진을 걸어 놓고 고객에게 특별한 서비스경험을 제공하고 있다. 이들이 즐겨 찾았던 식당이나 바의 좌석 하나하나도 상품화하고 있다.

무엇보다도 과거 영국의 상류층이 누렸던 집사(butler)제도를 호텔서비스에 도입하여 스위트룸에 투숙하는 고객에게 제공해 준다. 사보이아카데미에서 6주간의 집사교육을 이수한 26명의 버틀러들이 3교대로

그림 4-2 The Hotel Savoy

24시간 서비스를 하고 있다. 사보이호텔의 버틀러서비스는 사소한 심부름으로부터 관광, 여행, 연극관람, 음악회, 건강진단이나 의료서비스, 비즈니스회합, 쇼핑, 짐꾸리기 등 고객에게 제공할 수 있는 모든 서비스를 경험하게 해준다.

20여명의 숙련된 집사만이 아니라 도어맨, 엘리베이터, 주방의 요리사들까지 "I am Savoy!"를 외치고 있다. 서비스주제는 과거로 회귀하고 있지만 실제로 고객에게 제공되는 서비스는 최신의 기술과 탁월함과 완벽함을 지향하는 열정과 개성으로 최상의 서비스를 제공하고 있다.

총지배인 Kearen McDonald는 "나는 사보이다 – 진정한 사보이 서비스는 고객이 말하기 전에 고객이 무엇을 원하고 무엇을 하려는지 예견하고 실행하는 것이며 무대 위의 배우처럼 쇼맨십을 가지고 고객의 기대가 아무리 커도 반드시 충족시켜야 하는 것"이라고 강조하고 있다.

사보이호텔은 객실 268개의 9층 건물로 대형 호텔은 아니지만 영국을 대표하는 전통과 이미지를 새로운 개념의 서비스에 조화시켜 고객에게 서비스를 제공하는 럭셔리호텔의 명성을 쌓고 있다.

자료 : The Savoy, Fairmont Managed Hotel(2011)

2. 새로운 서비스개발

오늘날의 최신 프로세스 기술의 하나인 인터넷은 서비스의 점진적 혁신과 급진적 혁신의 모든 면에서 여러 가지 새로운 서비스제공을 가능하게 해주고 있다. 기술혁신은 고객접촉 수준, 산업화 수준, 표준화 정도 등은 새로운 서비스개발에 중요한 영향을 미친다. 이와 관련하여 Metters 등(2006)은 산업화 수준이 낮은 대면전달 서비스와 산업화 수준이 높은 기술의존형 서비스, 그리고 표준화 수준의 정도에 따라 네 가지 유형의 서비스특징을 설명하고 있다.

즉 서비스는 [그림 4-3]에서와 같이 산업화 수준과 표준화정도에 따라 산업화 수준이 낮고 표준화도 낮은 서비스, 산업화 수준이 높고 표준화가 낮은 서비스, 산업화수준이 낮고 표준화가 높은 서비스, 산업화수

그림 4-3 서비스혁신의 산업화와 표준화 수준

산업화 수준	저	고
저 (대면전달)	**현재서비스** shop at store 수리점에 컴퓨터를 가지고 감	**점진적 서비스혁신** trunk shows at home 컴퓨터 서비스 센터에 전화
고 (기술기반)	**기술 주도의 서비스혁신** body scanning technology 전화를 통해 컴퓨터를 진단	**급진적 서비스혁신** 의류의 온라인 주문, 맞춤제작

준이 높고 표준화도 높은 서비스로 나누어볼 수 있다.

고장이 난 컴퓨터를 직접 수리점에 가지고 가서 서비스를 받는 경우는 산업화 수준이 낮고 표준화도 낮은 서비스로서 일반적으로 수행되고 있는 서비스(shop at store)의 경우이다. 산업화 수준이 높고 표준화가 낮은 서비스는 기술이 주도하는 서비스혁신(body scanning technology)으로 전화나 인터넷을 통해 컴퓨터를 진단하여 서비스를 제공하는 경우이다. 산업화수준이 낮고 표준화가 높은 서비스는 컴퓨터센터에 전화를 하여 고장문제를 검토하고 수리전문가의 조언에 의해 고객이 수리하는 경우 (trunk show at home)로서 점진적 서비스혁신이 이루어지는 것이라 할 수 있다. 이에 비해 산업화 수준이 높고 표준화도 높은 서비스는 온라인 등에 의해 고객의 요구에 따라 주문을 받아 컴퓨터를 맞춤형으로 제작하는 형태의 서비스(shop on-line for made-to-order)로서 급진적 서비스혁신이 이루어지는 서비스이다.

서비스혁신에 의한 새로운 제품이나 서비스가 시장에서 얼마나 성공하고 있을까? 신제품의 연구개발에 있어서 특히 소비용품의 경우 실패율이 매우 높게 나타나 고 있다. 이와 같이 높은 실패위험에도 불구하고 기업의 신제품개발에 대한 시도는 경쟁우위와 새로운 기회창출을 위해 끊임없이 진행되고 있음을 볼 수 있다.

급진적이든, 점진적이든 서비스혁신에 입각한 새로운 서비스의 설계와 개발에는 많은 자원과 노력의 투자, 그리고 위험성이 따른다. 기업의 신제품개발 시도는 신중하고 면밀한 분석 하에 추진되어야 하며 오늘날과 같은 기술혁신의 시대에는 신제품개발에 소요되는 비용은 물론 시간과 자원의 절약이라는 과제도 함께 달성해야 한다.

서비스는 물리적 실체성이 없고 소유의 의미가 없지만 고객화의 비중이 높아 서비스개발에는 서비스가 제공되는 실행적 측면에서의 고려가 필요하다. 만일 인천공항의 자동출입국시스템의 정확성이 떨어져 오류가 발생한다면 어떤 결과가 나타날 것인가를 생각해보자. 이러한 점은 제품의 개발과는 다른 특징적 요인이 된다. 또한 새로운 서비스의 설계와 개발은 엔지니어링 기능만이 아니라 기업의 생산운영, 판매, 자원조달과 운영, 투자 등의 면에서 종합적으로 검토되어야 한다.

제 2 절 서비스설계 및 개발

1. 서비스설계의 접근

고객이 원하는 서비스는 무엇인가? 이러한 서비스를 설계하기 위하여 어떻게 해야 할 것인가? 시장에서 경쟁우위를 점하기 위해서 어떠한 서비스를 개발해야할 것인가? 이러한 서비스의 설계에는 다음의 요건을 충족시켜야 할 것이다.

첫째, 서비스에 고객의 요구를 담아 고객중심의 서비스를 운영할 수 있어야 한다. 서비스이익사슬은 고객만족과 고객충성도가 기업의 수익을 좌우하고 있음을 보여준다. 오늘날의 고객은 서비스에 대하여 만족을 하면서도 재구매를 행동으로 연결하지 않는 경우가 많다는 사실은 여러 연구에서 밝혀지고 있다. 서비스에 의한 새로운 경험제공을 확대함으로써 고객의 인식을 자극하여 유인하는 것이 필요하다.

둘째, 서비스설계 시 보다 진화된 서비스운영기술을 활용하는 것이 필요하다. 예를 들어 서비스프로세스 개선을 통해 서비스흐름의 불균형을 해소하면 고객의 대기시간을 단축시키고 서비스의 생산능력을 확대할 수 있다. 서비스프로세스 운영의 유연성을 높일 수 있다면 서비스수요의 변화나 다양한 고객의 요구에 신속히 대처할 수 있을 것이다. 우수한 서비스운영기술은 서비스제공자에게는 효율성의 목표를 달성하는 기회가 되며 서비스이용자인 고객에게는 서비스의 품질적 확신과 서비스의 가치를 높여준다.

셋째, 오늘날의 서비스는 고도화된 정보기술과 정보네트워크를 중심으로 혁신을 이루고 있다. 정보통신분야의 서비스는 물론이고 각종 상거래는 정보기술과 정보네트워크에 의해 처리된다. 정보기술에 의해 각종 서비스의 예약, 인터넷 쇼핑, 온라인 경매, 대금결제 등이 일상화되고 있다. 새로운 서비스의 설계에는 정확성, 편의성, 유용성을 높이기 위해 정보기술의 의존과 활용도가 더욱 높아질 것이다.

넷째, 새로운 서비스설계를 통해 부가적 서비스가 더욱 확대되고 있다. 전혀 새로운 서비스를 설계하는 것은 쉬운 일이 아니다. 기존의 서비스에 새로운 기능이나 보완적 기능을 추가하고, 서비스프로세스를 전면적으로 변화시키는 것만으로도 고객의 인식을 새롭게 할 수 있다. 서비스의 경우 고객의 새로운 인식과 경험은 제품보다 큰 효과를 얻을 수 있다.

사례 서비스개념을 어떻게 반영할 것인가?

어린이병원은 어린이환자를 치료만 하는 것이 아니라 어린이들의 병원치료의 공포를 즐거움과 유쾌함으로 바꾸어주고 지루한 대기시간을 놀이시간으로 느낄 수 있도록 다양한 서비스를 제공해 주고 있다.

아래 어린이병원의 사례들은 병원이 의료기능만을 수행하는 것이 아니라 보다 고객의 입장에서 고객욕구에 부응하는 서비스에 중점을 두고 있음을 보여준다.

1. The Royal London Children's Hospital

영국 London의 어린이병원은 어린이치료를 위한 새로운 공간을 만들었다. 하늘의 정원을 컨셉트로 병원 안에 "이상한 나라 앨리스"를 연상시키는 설계로 어린이 환자들을 환상적인 동화 속에 놀고, 즐기는 감흥을 주도록 실내를 장식하고 있다. 영상카메라와 컴퓨터로 조작하는 대형 스크린은 어린이 동작에 맞추어 무지개가 뜨거나 비오는 날씨를 연출하고 어린이환자들의 호기심을 자극하면서 즐겁게 진료를 받을 수 있게 해 준다. 이 병원은 치료시설을 동화 속의 공간으로 만들어 주고 있다.

2. The Royal Children's Hospital, Melbourne

호주 Melbourne의 왕립어린이병원은 환자에 대한 진료는 의료진보다 어린이가족 중심의 분위기를 제공하고 있다. 가족과 함께하는 어린이환자의 심리적 안정감을 주기 위해서이다. "올해의 건물상(賞)"을 받은 알록달록한 색상의 거대 조형물은 로비에 들어서는 어린이들의 마음을 사로잡는다. 유리창을 닦는 직원들조차 슈퍼맨, 배트맨, 스파이더맨 등의 의상을 차려입고 어린이 환자에게 공포감보다 즐거운 추억거리를 만들어 준다.

3. Walt Disney Pavilion, Children's Hospital

이 어린이병원에 들어서면 Disneyland의 테마파크처럼 만화캐릭터들이 반갑게 맞아준다. 어린이 환자들은 Disneyland에 구경 온 것처럼 따뜻하고 재미있고 행복감을 느낄 수 있다. 수술실의 벽면은 아프리카 초원의 풍경으로 둘러싸 만화 속의 주인공이 되기나 한 것처럼 착각을 준다. 세계적인 디자이너의 그림은 낯선 환경에 겁을 먹지 않도록 진료실 입구부터 검사실, 병원 곳곳에 재미있는 그림으로 표현하고 있다. 주사를 든 아기 새, 흰 가운을 입은 강아지는 어린 환자들의 긴장을 풀어준다.

그림 4-4 어린이병원의 서비스컨셉트는 바뀌고 있다

4. 서울아산병원-소아청소년병원

서울아산병원의 소아청소년병원은 20여개 세부 진료과와 6개 전문 진료센터로 구성되어 소아청소년 환자를 전문적으로 통합진료하는 병원이다. 이 병원은 협진시스템을 통해 빠른 진료와 치료기간 단축을 꾀하고 있다. 표현력이 부족한 어린이환자를 위해 외래상담 간호사제도를 운영하고 있으며 간호사의상에는 어린이들이 좋아하는 곰캐릭터를 그려놓았다. 병원의 벽면은 파스텔 톤의 색상으로 안정감과 편안함을 주고 있다. 이 병원에서는 2006년부터 장기 환자들이 치료를 통해 건강회복을 하면서 공부를 할 수 있는 "병원학교"를 개설하고 있다. 병원학교는 기본과목의 수업과 병행하여 미술치료, 문화체험, 창의력활동, 정기음악회, 마술쇼 등 다양한 프로그램을 운영하고 있다.

자료 : The Royal Children's Hospital, Walt Disney Pavilion, 아산병원
http://www.rch.org.com

2. 서비스개발의 단계

오늘날 과학기술의 발달은 제품이나 서비스의 개발속도와 수명주기를 단축시키는 요인이 되고 있다. 특히 IT분야의 기술집약적인 제품과 서비스에서 이러한 현상을 볼 수 있다. 즉 새로운 제품과 서비스의 빠른 출시는 다양한 기호를 가지고 있는 소비자 선택의 폭을 넓혀줌으로써

수명주기 단축을 촉진하고 있는 것이다.

신제품이나 새로운 서비스의 개발에서 설계와 개발에 대한 개념적 정의가 필요하다. 통상적인 새로운 서비스설계 및 개발은 설계준비, 분석, 개발, 그리고 추진단계의 과정으로 나누어볼 수 있다. 따라서 서비스설계는 개발의 한 단계로 보아야 할 것이다.

서비스의 개발과정은 아이디어 창출단계, 시장성 분석과 생산가능성 검증 등 타당성 검토단계, 필요기술의 선택과 개발단계, 원형(prototype)개발과 시험 및 최종설계 단계를 거쳐 본격적 생산운영단계로 이어진다. 아래에서는 [그림 4-5]와 같이 서비스설계와 개발의 다섯 가지 단계에 대하여 설명한다.

(1) 아이디어창출 단계

서비스설계의 첫 단계는 새로운 서비스개발에 대한 아이디어의 창출로부터 시작된다. 새로운 서비스개발에 대한 아이디어는 기업의 자체 연구개발능력과 기술을 통해 얻을 수 있지만 고객의 욕구, 경쟁자의 서비스상품 분석 등으로부터 유용한 아이디어를 찾아낼 수 있다. 고객이 현재의 서비스에 대하여 불만을 나타낸다면 이러한 불만을 해소하기 위해 기존 서비스의 일부를 간단하게 수정하거나 기능을 새로이 추가함으로써 새로운 서비스를 개발하게 된다. 기존의 서비스를 수정하거나 새로운 기능을 추가하는 경우도 서비스생산운영의 기술을 새로이 개발하여야할 필요가 있다.

새로운 서비스의 아이디어창출을 통해 어떠한 서비스를 설계할 것인가의 문제는 서비스개념을 확정하는 것이다. 서비스개념은 서비스가 발휘하는 고유의 기능과 특징을 나타내는 것이다. 새로운 서비스에 대한 아이디어에 따라 서비스의 개념을 확정한 다음 서비스개발의 목적과 전략을 체계화하여야 한다. 새로운 서비스의 필요성은 시장에서 고객의 욕구를 충족시키고 경쟁력을 높이기 위함이다. 또한 새로운 서비스개발의 성공을 위해 소요자원을 어떻게 조달 하여 사용하고 어떠한 기술을

그림 4-5 서비스설계 및 개발의 단계

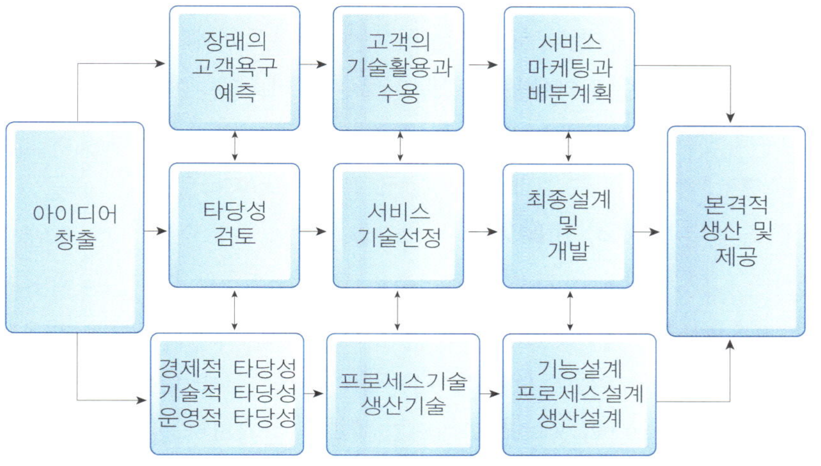

사용하며 일정계획은 어떻게 수립하고 실행할 것인가의 서비스개발 전략을 수립해야 한다.

(2) 타당성검토 단계

새로운 서비스개발의 프로젝트를 확정하기 위해서는 경제성에 대한 분석이 뒷받침되어야 한다. 경제성이란 비용과 수익의 단순한 평가로부터 자원의 활용, 자본투자와 회수, 가격과 수익, 기타 시계열적 재무자료에 대한 복잡한 재무적 평가를 통해 분석할 수 있다. 이러한 분석을 위해서는 새로운 서비스에 대한 경제적, 기술적, 운영적 타당성 분석으로 다음과 같은 문제에 대한 평가되어야 한다. 즉 새로운 서비스는 충분한 수요를 가지고 있는가? 시장에서 경쟁관계는 어떠한가? 적정한 서비스가격과 이익규모는 어느 수준인가? 결정된 서비스가격을 고객이 수용할 수 있는가? 책정된 비용으로 서비스생산의 운영관리가 가능한가? 서비스수요 증가 시 공급능력의 확대가 가능한가? 등의 문제이다.

이러한 재무성과에 대한 분석과 병행하여 마케팅부서를 중심으로 고객의 행동반응, 경쟁관계, 시장의 잠재력에 대한 분석이 이루어져야 한다. 특히 서비스는 이를 이용하는 고객의 경험적 속성이 그들의 만족수준에 영향을 주므로 새로운 서비스의 개발에는 마케팅부서의 고객 및 시장분석에 대한 정보가 매우 중요하다.

(3) 기술선정 단계

오늘날의 서비스생산과 운영은 정보통신, 자동화기술에 의해 이루어지는 정도가 매우 높아지고 있다. 급진적 기술혁신에 의해 서비스가 설계되고 고객에게 제공되며, 새로운 서비스를 개발하는 경우 그 수준과 범위가 더욱 확대되고 있음은 앞에서도 설명한 바 있다.

이 단계에서는 새로이 개발하는 서비스의 기술수준을 확정하기 위한 단계이다. 서비스를 생산하고 운영하기 위하여 필요한 기술이 무엇이고, 그 기술을 어떻게 확보하고 사용할 것인가의 검토가 있어야 하며 자원의 투입 등 서비스생산과 운영과정에서의 적합성검토가 따라야 한다.

새로운 서비스가 시장에서 성공을 거두려면 서비스생산을 위한 기술적 타당성을 보증해야 한다. 즉 서비스 설계단계에서 아무리 훌륭한 아이디어에 의해 서비스를 개발할지라도 이러한 기술적 조건을 만족하지 못하면 새로운 서비스상품으로 개발될 수 없을 것이다. 또한 이러한 기술이 고객의 측면에서도 충분히 활용할 수 있는 수준인가의 기술수용성에 대한 평가도 이루어져야 한다.

(4) 최종설계 및 개발 단계

서비스설계 단계에서 확정된 서비스의 개념에 따라 상품으로서의 기능과 특징이 발휘되는가의 시험(test)과정을 거쳐 서비스의 최종설계가 이루어진다. 최종설계는 기능설계(functional design), 프로세스설계(process design), 생산설계(operations design)에 의해 새로운 서비스의 원형(prototype)을 개발하고 서비스생산을 구체화한다.

기능설계는 서비스 고유의 기능과 특징이 무엇이며 성과와 관련하여 서비스의 신뢰성을 규정하는 것이다. 프로세스설계는 고객에게 제공되는 서비스의 기능이 어떠한 순서에 따라 어떻게 발휘되는가의 프로세스와 생산운영프로세스에 대한 설계기준을 명세화 하는 설계이다. 생산설계는 서비스생산운영의 작업방법, 서비스시설 및 서비스자재, 노동력 등 서비스자원의 운영에 대한 설계이다. 기능설계, 프로세스설계, 생산설계는 각각 독립적인 설계과정을 갖는 것이 아니라 상호보완적인 과정을 통해 서비스를 개발하게 된다.

서비스운영에 있어서는 표준화를 통해 효율성을 확보거나 유연성에 의해 고객화 수준을 높이는 것이 필요한 경우가 있다. 서비스 표준화에 대한 문제를 규정한다면 각각의 설계유형에서 표준화에 대한 내용과 특징, 표준화된 서비스의 프로세스, 운영방법 등의 기준이 서비스설계에 포함된다.

(5) 본격적 생산운영 단계

새로운 서비스설계 및 개발의 추진단계는 전면적으로 서비스의 생산과 운영이 이루어지는 단계이다. 이 단계에서는 서비스제공 프로세스나 고객이용에 대한 문제가 발생할 수 있어 이러한 문제를 종합하고 개선방안을 수립하여야 한다. 즉 이 단계에서는 새로운 서비스에 대한 고객의 반응을 피드백하고 사후검토가 필요한 단계이다. 서비스설계에 필요이상의 기능이나 프로세스가 포함되어 있다면 과다한 생산운영비용, 복잡성, 품질문제를 유발하게 된다. 반대로 서비스이용자의 요구를 만족하지 못하면 기능설계를 변경해야 하므로 재설계, 생산지연, 공급계획의 차질 등 불필요한 비용을 발생시켜 경쟁력을 약화시키는 문제를 가져올 수 있다.

또한 서비스개발의 추진단계에서는 최종개발계획에 따라 고객에게 서비스를 전달하는 과정, 마케팅 프로그램, 서비스접점의 인적자원의 확보와 배치, 교육훈련 등이 결정되어야 한다.

3. 서비스설계 요소

서비스설계에 있어서는 우선 서비스개념과 그 운영을 위한 전략개발을 체계화하는 것이 필요하다. 서비스개념은 서비스과정이나 전달체계의 설계와 관련되는 요소들에 대한 결정에 의해 만들어진다. 서비스설계에서 서비스과정과 서비스개념을 얼마나 구체적으로 나타내는가는 매우 중요한 사항이다. Metters 등(2006)은 웨이터나 웨이트리스의 팁 제공에 있어서 종업원의 자기소개, 미소, 주문 재확인, 접촉 등 고객접점 서비스설계의 변화가 큰 영향을 미치고 있음을 확인해주고 있다. 즉 모든 서비스설계 요소는 서비스전략과 서비스개념의 정의에 중요하게 작용하고 있다는 것을 의미한다.

이들은 입지, 시설배치, 서비스상품 디자인, 일정계획, 직원능력, 품질관리 및 척도, 서비스시간 표준, 수요 및 공급능력계획, 산업화 수준, 서비스제공의 표준화, 고객접촉 수준, 고객접점종업원의 판단, 매출기회, 고객참여 수준 등의 면에서 Borders와 같은 오프라인 서점과 Amazon.com 같은 온라인 서점의 예를 들어 각각의 서비스설계 요소의 특징을 설명하고 있다. 서비스설계 요소의 내용은 다음과 같다.

- **입지** : 목표시장, 소비자의 근접성
- **시설배치** : 서비스과업 수행의 기능적 효율성
- **서비스상품 디자인** : 서비스제공과 서비스 패키지의 유형, 무형의 요소
- **일정계획** : 서비스작업자 할당, 서비스시설 및 자원 이용의 효율성
- **종업원능력** : 서비스전략과 개념, 고객접촉 수준, 산업화 수준
- **품질관리 및 척도** : 고객의 욕구충족, 서비스품질 측정과 평가
- **서비스시간 표준** : 서비스제공 시간의 정확성, 효율성
- **수요 및 공급능력계획** : 서비스수요 변화에 맞추는 적시제공

- **산업화 수준** : 자동화, 기계화 등 기술이 작업자의 노력을 대체하는 수준
- **서비스제공의 표준화** : 서비스제공의 일관성
- **고객접촉 수준** : 서비스전략, 고객만족 수준, 대인관계 기술
- **접점직원의 판단** : 고객접촉의 융통성, 재량권
- **매출기회** : 추가적, 보조적 서비스를 통한 판매기회
- **고객참여 수준** : 서비스제공자의 노력을 고객에게 대체, 셀프서비스 수준

서비스설계 요소는 서비스제공시스템, 서비스시설 설계, 서비스시설 입지, 공급능력계획 등 서비스시스템의 구조적인 측면과 정보, 품질관리, 서비스인카운터, 공급 및 수요관리 등 관리적 측면에서 서비스의 특성이나 서비스기업의 전략에 따라 서비스를 설계하는데 영향을 준다. 이러한 서비스설계 요소의 경우도 서비스운영관리의 기능을 포괄적으로 대상을 하는 것으로 볼 수 있다.

Hill(1989)은 서비스가 시장에서의 경쟁우위 달성을 위한 요건을 충족해야 한다는 점을 강조하고 서비스설계 요소를 〈표 4-1〉에서와 같이

표 4-1 서비스설계 요소

서비스설계 요소	세부적 내용
기업목표	성장률, 경쟁력 수준, 이익, ROI, 기타 재무적 측정치
시장전략	시장분할, 서비스범위, 서비스믹스, 수요의 크기, 서비스 혁신수준, 표준화 vs. 고객화, 시장선도 vs. 시장추종
경쟁우위 요건	가격, 품질, 납품속도, 수요증가폭, 서비스특성과 성향, 서비스범위, 디자인 선도능력, 기술적 지원
생산운영전략	프로세스선택 : 대안적 프로세스, 프로세스 포지셔닝, 공급능력, 공급시기, 입지, 서비스프로세스에서의 재고 지원시설 : 기능적 지원, 서비스운영계획과 통제, 서비스품질경영, 시스템 엔지니어링, 작업구조 및 작업방식

기업목표, 시장전략, 경쟁우위 요건, 생산운영전략 등 네 가지 범주로 나누어 설명하고 있다. 그가 제시한 서비스설계 요소는 서비스운영과 시장경쟁 등 어디에 중점을 두는가의 차이는 있지만 세부적인 내용은 앞에서 열거한 서비스설계 요소를 포함하고 있다.

제 3 절 서비스설계의 접근과 기법

서비스설계가 혁신적인 새로운 서비스에 어떻게 기여하고 있는가? 앞에서 설명한 바와 같이 오늘날의 최신 프로세스기술의 하나인 인터넷은 서비스의 점진적 혁신과 급진적 혁신의 모든 면에서 영향을 미치고 여러 가지 새로운 서비스제공을 가능하게 해주고 있다. 서비스설계에 있어서 서비스프로세스, 고객접촉 수준, 서비스기술과 산업화 수준, 표준화 정도 등은 상호관련성을 갖고 새로운 서비스혁신에 중요한 영향을 미친다. 즉 효과적인 서비스설계를 위해서는 서비스전달 과정, 서비스혁신과 산업화 수준, 고객접촉 수준, 고객의 행동반응이 어떠한 영향을 미칠 것인가에 대한 체계적인 분석이 필요하다.

1. 서비스프로세스 구조와 포지셔닝

서비스프로세스는 서비스가 생산되어 고객에게 전달되는 과정을 나타낸다. 서비스프로세스는 서비스의 표준화 또는 다양화, 고객접촉 방식, 서비스의 대상고객, 서비스설비와 운영기술, 서비스공급능력과 수요특성 등 여러 가지 요인에 따라 영향을 받는다.

이러한 요인들의 영향관계를 분석하기 위해 서비스프로세스 구조에 대하여 전략적 포지셔닝을 통해 서비스설계방안을 모색할 수 있다. 서비스프로세스의 포지셔닝은 다양한 서비스제공에서 나타나는 복잡성의

표 4-2 외식서비스의 프로세스구조와 포지셔닝

패스트푸드 레스토랑 낮은 다양성-표준화	서비스설계요인	패밀리 레스토랑 높은 다양성-고객화
예약을 받지 않음	예약시스템	예약시스템 운영
좌석선택 없음	좌석 선택	특정좌석 지정
제한된 품목의 메뉴	메뉴 선택	개별적 메뉴설명, 추천메뉴
메뉴품목에 한정	주문 범위	단품, 세트메뉴 등 다양화
표준화된 조리	조리 방법	숙성정도, 주문에 의한 조리
제한된 범위 내에서 제공	주문 제공	다양한 샐러드, 음료
마일리지 적립	추가서비스	음료 및 와인 제공
현금 및 카드	대금 지불	현금 및 카드

문제를 프로세스의 특성에 따라 어떻게 포지셔닝할 것인가의 문제이다.

예를 들어 표준화가 높고 낮은 다양성을 요구하는 패스트푸드 레스토랑과 높은 다양성과 높은 고객화를 강조하는 패밀리 레스토랑은 프로세스의 포지셔닝이 상이할 것이다. 외식서비스에서의 주요 서비스설계 요인은 〈표 4-2〉와 같이 구분해 볼 수 있다. 레스토랑에서 예약시스템을 운영하는 경우 제한된 방법으로 예약을 받거나 예약을 받지 않으면 다양성과 복잡성을 낮출 수 있고, 반대로 예약을 통해 고객이 특정 좌석을 선택할 수 있다면 다양성과 복잡성은 높아지게 된다. 레스토랑의 서비스프로세스 포지셔닝의 문제는 예약시스템만이 아니라 좌석의 선택, 메뉴의 선택, 전채요리, 샐러드, 주 요리의 조리방법, 디저트나 음료, 주문방법, 추가서비스, 대금 지불방법 등의 다양성과 복잡성수준을 결정한다. 이러한 요인은 서비스의 개념을 정의하고 서비스프로세스의 구조적 대안을 제시해 준다.

서비스기업의 포지셔닝은 어느 한 쪽으로만 택하는 것 보다는 고객에 따라 다양성과 복잡성을 줄이거나 확대하는 전략을 동시에 사용할 수 있다. 항공서비스의 경우 일반석의 고객에게는 다양성과 복잡성을 줄여 보다 표준화된 서비스를 제공하고 일등석 고객에게는 다양성과 복잡성을 높여 차별화된 서비스를 제공함으로써 가격프레미엄의 효과를 얻을 수 있다. 이것은 저가항공사가 더욱 표준화된 기본적 서비스만을 제공하여 프로세스운영의 효율성을 높이는 서비스를 택하는 것과는 차별화된 전략이다.

은행의 금융서비스는 서비스프로세스의 포지셔닝을 통해 일상의 반복적인 서비스는 ATM등 기계화에 의해 표준화를 지향하고 주요고객에 대해서는 퍼스널뱅킹과 같이 전문화된 서비스로 다양한 고객요구를 우선하는 서비스를 제공하고 있다.

2. 서비스청사진

서비스프로세스의 설계와 관련하여 외식서비스의 문제를 생각해보자. 외식서비스는 고객이 도착하여 서비스를 받고 떠날 때까지 여러 가지 서비스가 단계적으로 수행된다. 이 때 서비스제공자는 어떠한 순서와 방법으로 서비스를 제공할 것인가? 각각의 서비스프로세스는 어느 부서에서 누가 담당할 것인가? 고객의 비용지출을 더 이끌어내기 위해 어떠한 서비스를 준비해야 할 것인가? 셀프서비스를 통한 고객의 참여를 높이거나 참여가능성이 있는 서비스는 무엇인가? 서비스제공에서의 실수가능성이 있는가? 등의 문제를 제기할 수 있다.

이러한 문제를 해결하고 새로운 서비스개념에 따라 서비스프로세스를 설계하기 위해서는 서비스청사진(service blueprint)기법을 사용하는 것이 효과적이다. 서비스청사진은 [그림 4-5]에서와 같이 핵심 서비스프로세스의 단계별 절차와 특성을 객관적으로 기술한 것으로 서비스제공과정에서의 서비스기업, 서비스제공자, 고객의 역할과 고객접점의 관계를 도시적으로 나타내고 있다. 서비스청사진의 구성에 대하여 외식서비스의 예를 들어 설명한다.

서비스청사진에는 서비스프로세스를 구성하는 모는 기능적 서비스 활동의 흐름과 순서, 고객접촉 및 서비스제공방법이 포함된다. 즉 서비

그림 4-6 서비스청사진 : 외식서비스의 예

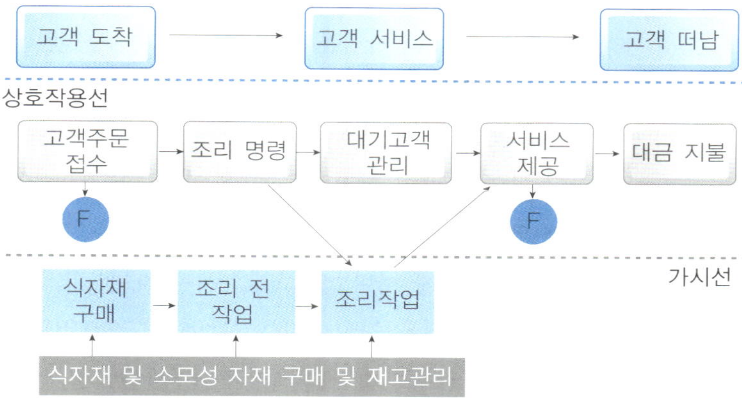

스청사진 맨 윗칸에 식당의 외관, 메뉴, 종업원의 용모, 식탁의 청결도 등 고객이 볼 수 있거나 좌석안내, 주문대기, 음식의 맛, 실내분위기 등 고객이 경험할 수 있는 요인에 대하여 프로세스 흐름의 순서에 따라 물리적 증거(physical evidence)를 열거한다. 서비스의 물리적 증거는 고객의 기대와 경험 및 서비스 이미지에 영향을 주는 요인이다.

서비스제공에서 고객접촉에 관한 사항은 상호작용선(line of interaction)에 의해 고객접점을 표시하고 가시선(line of visibility)으로 서비스접점과 이를 지원하는 조직의 상호관계를 나타낸다. 상호작용선은 고객이 서비스를 구매하고 소비, 경험, 평가하는 일련의 과정에 따라 서비스제공자와의 접촉관계를 나타낸다. 가시선은 서비스가 수행되는 모든 상황을 고객이 파악할 수 있는 영역으로 고객이 볼 수 있도록 설계되어 있다. 가시선 아랫부분에는 주방, 식음료창고, 예약정보시스템 등 서비스지원시스템과의 관련성을 나타낸다.

서비스설계에 서비스청사진을 이용하여 서비스표준을 설정한다. 이 서비스표준에 따라 서비스에 소요되는 시간, 서비스시설, 서비스제공에 부수되는 자재, 특정 단계에서 소요되는 비용 등을 결정한다. 서비스제공의 표준시간 설정은 서비스가 수행되는 경로와 서비스시간을 분석하여 서비스수익성의 판단기준이 되며 서비스 지연과 성과파악에 활용할 수 있다. 즉 서비스청사진은 서비스설계를 체계화함으로써 서비스개념을 명확하게 정의해주고 서비스에 대한 고객의 인식을 향상시키는 기회를 제공해 준다. 또한 서비스프로세스 중에 실수가 발생하는 과업(fail point)이 무엇이며 왜 이러한 실수가 일어나는지의 원인을 파악하여 실수방지를 위한 예방책(pokayoke)을 수립할 수 있다.

서비스청사진은 서비스프로세스에 따라 서비스가 전달되는 흐름을 가시적으로 나타냄으로써 서비스설계에 중요한 영향을 준다. 서비스청사진을 활용하여 서비스를 설계하는 경우 다음의 세 가지 면에서 관리적 요건에 대한 고려가 필요하다.

첫째, 서비스청사진에서 시간 및 비용절감요인이 있는가? 서비스설계 시 서비스프로세스에서 불필요한 활동이나 서비스 지연요인을 제거함으로써 비용을 절감할 수 있는 방안을 찾을 수 있다.

둘째, 고객서비스에서 실수가 발생할 가능성이 있는가? 서비스설계 시 고객접점에서 실수가능부분을 예상하고 이를 사전에 예방하기 위한 대처방안을 마련할 수 있도록 한다. 만일 서비스제공의 실수가 발생하면 적절한 회복방안을 통해 고객의 불만을 최소화한다.

셋째, 고객측면에서 서비스제공방법은 무엇인가? 서비스청사진이 제공하는 상호작용선과 가시선을 통해 고객이 직접 서비스를 확인할 수 있는 기회를 제공한다. 이는 고객이 어떤 서비스를 받기를 원하고, 어떻게 평가하는가에 따라 그들이 서비스를 선택하는 기준이 되기 때문이다.

3. 서비스프로세스와 고객화

Fitzsimmons 등(2011)은 서비스프로세스설계의 유형을 서비스의 표준화, 고객화 수준에 따라 다양성 정도, 서비스프로세스의 대상을 재화, 정보, 사람, 고객접촉의 형태를 고객접촉이 없는 서비스와 간접적, 직접적인 고객접촉이 이루어지는 서비스로 나누어 설명하고 있다.

첫째, 표준화된 서비스는 다양성이 낮은 서비스로서 일상적이며 반복적으로 제공되는 대량서비스이다. 서비스속성 상 수작업이 기계화, 자동화로 대체됨으로써 상대적으로 낮은 수준의 숙련을 필요로 하고 생산라인 방식의 프로세스 특징을 갖는다. 이에 비해 고객화된 서비스는 다양성이 높은 서비스로서 서비스작업 수행에 보다 많은 유연성과 판단력을 요구한다. 따라서 서비스제공자는 고객과의 많은 정보교환, 높은 수준의 숙련과 전문적 분석능력을 갖고 서비스제공의 높은 자율성과 재량권을 가져야 한다.

둘째, 서비스의 대상이 재화, 정보, 사람을 대상으로 이루어지는가에 따라 서비스프로세스의 유형은 달라진다. 즉 서비스프로세스의 대상이 고객이 소유한 재산을 대상으로 하는 서비스는 자동차의 수리, 의류의 드라이크리닝과 같은 서비스로서 재산의 보존에 유의해야 한다. 외식서비스에서 제공되는 식기류와 같이 서비스기업이 제공하는 주서비스의 보조적 용품인 경우는 적절한 재고와 품질유지를 위한 관리기능이 고려되어야 한다.

정보를 대상으로 하는 서비스는 은행의 금융서비스와 같이 거래를 통해 계좌이체, 잔액조회, 신용정보제공 등의 서비스를 제공하는 경우이다. 이러한 서비스에서는 정확한 고객요구의 파악과 고객과의 긴밀한 커뮤니케이션이 필요하다.

서비스프로세스의 대상이 사람일 경우는 의료서비스나 미용서비스와 같이 신체적 변화를 주는 서비스와 운송, 항공서비스와 같이 시간적, 지리적 효용성을 제공하는 서비스 등으로 나누어볼 수 있다. 이러한 서비스는 고객이 직접 참여하므로 고객접촉도가 높은 편이다. 따라서 서비스제공자의 대인관계능력과 고객의 서비스인식을 향상시킬 수 있는 입지, 시설의 디자인이 필요하다.

셋째, 서비스프로세스에서 나타나는 고객접촉의 형태는 고객접촉이 전혀 없이 서비스가 이루어지거나 전자매체 등을 이용한 간접적인 고객접촉, 그리고 고객이 참여하여 서비스제공자와 상호작용을 통해 서비스가 제공되는 직접적 고객접촉의 경우로 나누어진다. 은행의 대출업무는 고객이 은행원과 상담을 통해 직접적 고객접촉에 의해 서비스가 이루어지고 대출금상환은 전자적 자금이체에 의해 간접적으로 서비스가 수행된다. 대출서비스의 기록은 은행의 금융거래에 대한 정보시스템의 지원으로 이루어진다.

고객접촉이 전혀 없거나 간접적인 고객접촉으로 수행되는 서비스는 고객이 서비스프로세스에서 벗어나기 때문에 고객이 참여하는 서비스에서의 문제를 고려할 필요가 없다. 서비스 대상이 재화인 경우 자동차수리는 잡샵(job-shop)형태의 서비스프로세스, 의류의 드라이크리닝은 묶음(batch)방식의 서비스프로세스를 나타내므로 제품을 생산하는 프로세스의 특징과 유사하다고 할 수 있다.

직접적 고객접촉이 이루어지는 서비스에서는 서비스제공자와 상호작용이 없는 셀프서비스와 서비스제공자와 상호작용에 의해 제공되는 서비스로 구분된다. 셀프서비스는 고객이 필요한 시간에 필요한 노동력을 제공하는 경우가 많다. 자동화기기에 의한 서비스는 고객이 서비스기술과 상호작용으로 서비스를 받을 수 있으므로 고객이 이를 수용해야 한다. 고객이 서비스제공자와 직접적 접촉으로 상호작용에 의해 제공되는 서비스에서는 서비스제공자의 대인관계기술, 서비스시설의 입지와 디자인 등의 이슈들이 중요한 영향을 미친다.

이상의 서비스의 다양성, 서비스의 대상, 고객접촉방식 등은 서비스프로세스의 유형을 결정해준다. 서비스설계는 각각의 서비스프로세스 구조에 따라 전략적 포지셔닝의 위치를 결정하고 고유의 서비스시스템을 설계하는 것이다. 즉 서비스프로세스유형은 전략적 포지셔닝의 위치를 결정함으로써 서비스설계의 방향을 제시하는 기준점이 될 수 있다.

사례 Borders 와 Barnes & Noble

미국의 Borders 와 Barnes & Noble은 세계적인 대형서점이다. 이 두 서점의 매장에서는 잘 분류된 진열대, 깔끔한 실내장식, 편안하게 책을 읽을 수 있는 의자와 공간을 제공하며 신선한 커피와 쿠키의 판매 등 여유를 가지고 책을 고를 수 있는 분위기를 연출하고 있다. 그러나 이 두 회사의 매장을 찾는 고객들은 매우 다른 경험을 하게 된다.

Borders는 미국 내 450여 점포에서 3만 2천여명이 매장, 카운터 또는 백라인에서 일하고 있다. 대학 구내나 인근의 매장에서는 대학교재와 전문서적 위주로 판매하는 등 각 점포의 위치에 따라 서적의 구색과 판매를 위한 재고를 달리 유지하고 있다. 매장의 종업원은 고객에게 책을 쉽게 찾아주는 것보다 책의 제목과 주제에 따라 폭넓은 지식을 제공할 수 있는 능력을 필요로 한다. 즉 Borders는 특정한 음악, 예술, 교양에 이르기까지 대화를 나눌 수 있는 지식과 열정을 가진 종업원을 선호한다. Borders에서는 문신이나 보디페인팅을 하고 있는 종업원이 고객에게 서비스를 하는 것을 자주 볼 수 있으며 구성원의 자유로움과 다양성 느낄 수 있다.

Barnes & Noble은 800개의 매장에서 약 4만여명의 종업원이 근무하고 있다. Barnes & Noble의 종업원은 고객이 찾는 주제에 따라 가장 인기가 있는 책을 추천하고 있다. 이 회사는 Borders종업원과는 달리 깨끗하고 말쑥한 종업원을 원한다. 이러한 종업원들은 고객들의 눈에 책에 열정을 가진 사람으로 보다 교양이 있고 예의바른 서비스를 받을 수 있다고 느끼기 때문이다. 때때로 고객들은 깨끗한 컬러의 셔츠를 착용한 종업원이 그들의 손에 책을 직접 건네주는 친절함과 신속하게 대금지불과 정확하게 영수증을 발급해 주기를 원하기 때문이다.

자료 : http://www.borders.com
http://www.barnesandnobleinc.com

토의문제

1. 서비스설계 시 종업원외모와 역할을 고려해야 하는 이유는 무엇이며 서비스에 어떠한 영향을 미치는지 토의하자.

4. 서비스프로세스 설계의 접근

서비스설계의 접근은 서비스의 특성과 서비스생산운영의 프로세스 설계와 관련되는 내용이다. 서비스생산운영의 프로세스에 따라 표준화된 서비스와 고객화된 서비스가 구분되고 고객이 서비스에 얼마나 관여하는가에 따라 셀프서비스의 수준이 결정될 것이다. 또한 서비스설계에는 고객접촉 수준이 어느 정도인가에 따라 서비스제공의 효율성이 달라질 수 있다. 이하에서는 서비스설계의 접근방법에 대하여 설명한다(서비스설계의 접근방법에 대한 구체적인 내용은 제6장 서비스프로세스의 배치와 운영 참조).

(1) 생산라인 방식

생산라인 방식의 서비스는 표준화 수준이 높은 서비스로서 서비스작업자의 노력을 기술로 대체함으로써 작업의 분업화, 단순작업으로 세분화가 가능한 서비스이다. 따라서 생산라인 방식의 서비스는 종업원의 임의행동을 제한하여 한정된 범위 내에서 순서적, 일상적인 서비스프로세스를 수행하도록 하며 비교적 균일한 서비스품질수준을 유지할 수 있다.

생산라인 방식으로 운영되는 서비스는 서비스프로세스행렬에서 자동화수준이 높고 고객접촉수준이 낮은 서비스공장의 범주로 분류되는 서비스로서 단순, 반복적인 서비스프로세스를 자동화 할 수 있다. 은행서비스 중 현금입출금이나 계좌이체 등 ATM으로 받을 수 있는 서비스는 은행원의 재량으로 서비스를 좌우할 수 없다. 패스트푸드 서비스도 일정한 조리방식과 자재사용, 일관된 프로세스에 의해 수행되므로 종업원은 여기에 맞추어 서비스작업을 수행하는 생산라인 방식의 서비스이다.

(2) 고객의 참여

서비스생산에 고객이 직접 참여하는 셀프서비스는 고객이 공동생산자의 역할을 수행하는 것이다. 셀프서비스는 고객이 서비스제공자의 작업노력을 분담함으로써 서비스프로세스에 대한 이해와 서비스이용의 훈련이 필요하다. 패스트푸드 서비스에서 냅킨, 케첩 등을 고객이 직접 가져다 사용하거나 식사 후 식기반납, 식탁정리 등을 고객이 수행토록 하는 것은 서비스를 공동으로 생산하기 위해 서비스프로세스에 고객을 참여시키는 것이다.

오늘날의 서비스는 고객의 참여가 확대되고 있다. 호텔의 식당에서 운영하는 샐러드 바는 고객이 자신의 취향대로 음식을 선택하게 하며 공항의 자동 출입국심사대는 셀프서비스에 의해 운영하고 있다. 셀프서비스는 서비스제공자의 작업노력을 분담한다는 측면에서 생산성을 높일 수 있으며 성수기 서비스수요를 어느 정도 평준화할 수 있다. 또한 고객이 서비스프로세스와 서비스콘텐츠에 관여함으로써 고객의 기대에 긍정적인 영향을 미친다는 이점을 가지고 있다.

(3) 고객접촉 방식

서비스의 중요한 특징 중 하나는 고객접촉에 대한 문제이다. 서비스프로세스를 생산라인 방식으로 설계하는 경우는 고객접촉보다는 서비스운영의 효율성, 생산성에 중점을 두기 때문이다. 그러나 골프장의 캐디서비스, 중증 환자들의 의료서비스, 단체여행객의 안내서비스 등은 서비스프로세스에 높은 수준의 고객접촉을 요구한다. 앞에서 소개한 바 있는 London 사보이호텔의 버틀러서비스나 외식서비스에서도 고급식당의 서비스는 보다 고객접촉수준이 높은 서비스이다.

Chase와 Aquilano(1992)의 연구에서와 같이 서비스의 판매기회, 전달비용, 또는 정보화 수준에 따라 고객접촉 수준이 높은 서비스와 고객접촉이 낮은 서비스로 나누어 설계할 수 있다(제6장 [그림 6-7] 참조).

예를 들어 London 사보이호텔의 버틀러, 프론트직원, 도어맨, 식당이나 바의 웨이터 등은 유니폼을 착용하고 고객접점에서 훈련된 절차에 따라 서비스를 수행한다. 그러나 식당의 주방, 정보처리와 시스템운영직원, 시설관리직원 등은 고객접촉의 기회가 거의 없다. 서비스설계에서 고객접촉 방식의 차이는 서비스운영에 정보기술을 어느 정도 활용하고 서비스제공자에게 주어진 정보이용의 권한정도에 따라서도 달라진다.

웹사이트에 의한 서비스는 웹디자인의 설계가 중요한 요인이 되며 콜센터 상담직원의 서비스는 고객과의 대화능력, 신속한 문제해결능력이 주요 설계요인이 된다. 환자를 진료하는 의사에게는 환자에게 믿음을 줄 수 있는 뛰어난 의료경험과 진단능력, 대화능력을 요구한다. 금융서비스의 펀드매니저나 투자분석가의 서비스에서 이들의 고객접촉기술은 뛰어난 전문적 지식과 분석능력에 따라 영향을 받는다.

5. 서비스설계와 품질기능전개

1980년대 이후 기업의 주요 시장활동은 고객중심으로 초점이 맞추어지고 있다. 즉 제품이나 서비스시장은 생산자시장(producer's market)으로부터 구매자시장(buyer' s market)으로 변화했다. 따라서 기업은 고객의 요구와 취향에 맞는 제품이나 서비스를 생산하여 고객에게 제공해야 한다. 서비스설계 시 고객의 요구를 반영하기 위해서는 품질기능전개(quality function deployment; QFD)라는 기법을 사용하여 고객의 요구를 기술적 특성에 연결할 수 있다. QFD는 1970년대 초 일본 미쯔비시의 고베조선소에서 개발하여 자동차, 전자제품, 의류 및 서비스기업에서 제품과 서비스설계의 고객화에 널리 사용하고 있다.

QFD는 서비스설계 시 고객의 관점에서 중요시되는 서비스속성을 서비스에 반영함으로써 고객만족과 서비스개발기간을 단축시키는 것을 목적으로 한다. QFD는 제품과 서비스의 설계와 생산에 고객의 요구를 기술적 특성으로 변환하기 위해 품질의 집(house of quality)을 사용한다. 품질의 집은 [그림 4-6]과 같이 고객의 요구와 기술적 특성간의 관련성과 기술적 특성과 기술적 특성의 관계를 행렬의 형태로 표시하여 설계에 반영한다. 또한 품질의 집은 고객의 요구를 기술적 특성으로 나

그림 4-7 품질의 집 : 정보시스템의 예

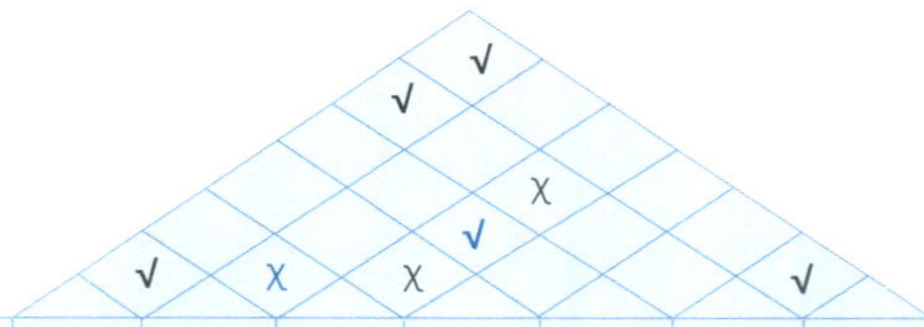

고객요구특성	중요도	용이성	신속성	대용량	보호성	충분성	호환성	확장성	고객 인지도 비교				
정확성	1			χ	√				1	2	3	**4**	5
신속성	2		√						1	2	3	4	**5**
접속성	3			χ			√		1	2	**3**	4	5
충분한 정보	4			√		√			1	2	3	**4**	5
이용 용이성	5	√							1	2	3	**4**	5
정보보호	6				√				1	2	**3**	4	5
저렴한 가격	7	√	χ		χ				1	2	3	**4**	5
시스템 호환	8						√		1	2	**3**	4	5
시스템 확장	9				χ			√	1	2	3	**4**	5
	비교치												
	중요도	0.5	0.6	0.7	0.8	0.5	0.7	0.6					
	목표치	0.9	0.8	0.9	0.9	0.7	0.9	0.7					

√ : 강한 정의 관계
√ : 중간정도 정의 관계
χ : 중간정도 부의 관계
χ : 강한 부의 관계

타낼 때 기술적 특성의 난이도, 중요도, 비용, 경쟁력 등을 분석하여 설계의 우선순위 결정에도 사용한다.

QFD는 새로운 서비스개념을 정립하고 서비스설계, 서비스프로세스 운영단계에 적용된다. 이하에서는 서비스설계와 운영을 위한 QFD의 단계에 대하여 품질의 집의 구조를 중심으로 하여 설명한다.

- **단계 1 : 고객요구속성 파악**

  서비스설계를 위해 VOC, 설문조사, 면담, 전시회, 개발운영 실험 등의 방법으로 고객의 요구속성(customer attribution)을 파악하는 단계이다.

- **단계 2 : 기술특성 결정**

  고객의 요구사항에 따라 서비스설계와 운영에 반영되는 기술적 특성

(engineering characteristics)으로 정량적 측정이 가능하고 고객의 지각에 직접적으로 영향을 주는 요인을 결정한다.

- **단계 3 : 고객요구속성과 기술특성과의 관계**
  고객의 요구속성과 기술특성과의 관련성을 행렬의 형태로 표시하여 품질의 집의 몸체에 해당한다. 고객의 요구속성과 기술특성과의 관련성은 적합수준에 따라 정(+), 부(−)로 나타내며 관련성의 정도에 따라 강, 중, 약으로 표시한다.
- **단계 4 : 기술특성간의 상호관계**
  기술특성간의 관련성 정도 및 상충관계를 표시하며 품질의 집의 지붕에 해당한다. 서비스설계와 운영의 기술특성간의 관련성과 상충관계는 실제로 서비스설계가 가능한지의 기준이 될 수 있다.
- **단계 5 : 고객의 인지도 비교**
  고객의 요구속성을 반영하여 설계한 서비스와 경쟁기업의 서비스의 인지도를 비교하는 단계이다. 고객의 인지도는 설문조사 등의 방법으로 측정하며(5점척도) 이를 그래프화 하여 서비스품질의 포지셔닝전략으로 활용할 수 있다.
- **단계 6 : 경쟁자와의 기술특성 비교**
  각각의 기술특성치에 대하여 경쟁기업과 비교하여 우위부문을 확인한다. 서비스설계와 운영의 기술특성치는 실제 측정치로 한다.
- **단계 7 : 기술특성 목표치 설정**
  새로운 서비스가 고객의 요구사항을 가장 잘 만족시키도록 기술특성의 목표치를 설정하여 품질의 집에 기록한다. 기술특성의 목표치는 고객의 요구속성과 기술특성과의 관련성 정도, 고객요구속성의 중요도, 또는 가중치, 기술특성간의 상호 관련성을 고려하여 설정한다. 가장 높은 수준의 목표치를 갖는 기술특성이 가장 중요한 목표수준이 된다.
- **단계 8 : 선택적 항목 추가**
  서비스특성과 고객에 따라 고객요구특성이나 기술특성 항목을 추가할 수 있다. 이러한 선택적 항목은 서비스유형, 기업의 서비스전략, 고객 및 시장환경, 기술적 환경 등에 따라 적용이 달라질 수 있으며 서비스운영의 기술적 난이도, 고객불만 등 마케팅정보에 의해 판단할 수 있다.

서비스설계에서 QFD의 적용은 품질의 집을 통해 고객의 요구가 무엇인지를 파악하여 기술적 특성과의 관계를 분석하고 각각의 기술적 특성에 대한 비교, 우선도와 목표치를 설정함으로써 보다 고객지향적인 서비스를 개발할 수 있다. 기술적 특성의 비교치는 사용하는 기술, 비용, 시간, 성과 등에 대한 우위를 판단하는 기준이 된다. 또한 각각의 기술적 특성에 대한 중요도에 따라 가중치를 부여하고 서비스운영의 목표치를 설정한다.

[그림 4-7]에서와 같이 정보시스템서비스에서 정보이용의 신속성에 대한 중요도는 0.6, 정보보호는 0.8로 나타나 있다. 이것은 정보이용의 신속성보다는 고객에 대한 정보보호의 중요성이 높다는 것을 의미한다. 또한 정보이용의 신속성에 대한 목표치는 0.8, 정보보호는 0.9로서 정보서비스의 기술적 특성에 대한 운영목표의 수준을 나타내는 것이다.

품질의 집에 나타난 결과는 경쟁기업의 서비스와 비교되어 새로운 서비스명세서에 확정함으로써 서비스생산과 운영특성으로 연결된다. 이 때 품질의 집은 서비스생산 및 운영단계에 따라 여러 단계로 전개할 수 있다. 즉 고객요구특성은 세부적인 서비스운영을 수행하는 고객접점으로 연결되고 고객접점의 서비스프로세스를 지원하는 시스템으로 연결되어 전체적인 서비스를 설계하게 된다. 따라서 서비스설계에 QFD 기법을 사용하는 것은 고객만족을 실현하기 위한 제품설계의 과정을 기업 내 관련부서와 기업외적으로 협력관계에 있는 공급업자와 연결하는 것으로 볼 수 있다.

제 4 절 서비스설계와 개발과정에서의 관리적 고려사항

서비스설계는 원가, 품질, 생산성 등 생산운영과 마케팅전략의 성패를 좌우한다.

제품의 경우 생산원가는 60~80%가 설계과정에서 결정된다는 관점에서 필요이상의 복잡한 설계나 설계변경 등은 원가를 높이고 품질, 설계일정에도 막대한 차질을 가져온다.

서비스설계와 관련하여 요구되는 관리기능은 새로운 서비스를 얼마나 빨리 시장에 출시하며 새로운 서비스설계에 참여하는 각 부문의 협동, 서비스개발의 각 단계에서 소요되는 자원의 배분, 서비스혁신에 소요되는 노력의 통합과 통제 등이다.

1. 서비스수명주기의 관리

서비스설계와 개발 및 재설계를 통한 개선의 성패는 [그림 4-8]에서와 같이 서비스의 수명주기에서의 시장도입기(introduction stage)부터 서비스생산운영 및 마케팅 전략과 노력에 따라 결정된다. 시장도입기에는 새로운 서비스를 시장에 출시하는 단계로 시장세분화가 명확하게 구분되지 못하여 경쟁도 낮은 편이다.

따라서 수요가 빠르게 신장하지 않고 판매가 낮은 수준에 머물러 낮은 마진을 보이는 단계이다. 서비스기업은 초기 서비스상품의 수용자 반응을 분석하고 광고 등 촉진활동을 통해 고객참여를 유도함으로써 수요확대에 집중하는 전략이 필요하다.

두 번째 단계인 성장기(growth stage)에는 서비스가 시장에서 넓게 수용되므로 소비자는 일상적으로 서비스를 구매하고 시장세분화가 이루어진다. 이 단계는 높은 이윤으로 신규 서비스기업의 진출이 늘어나

그림 4-8 서비스상품의 수명주기

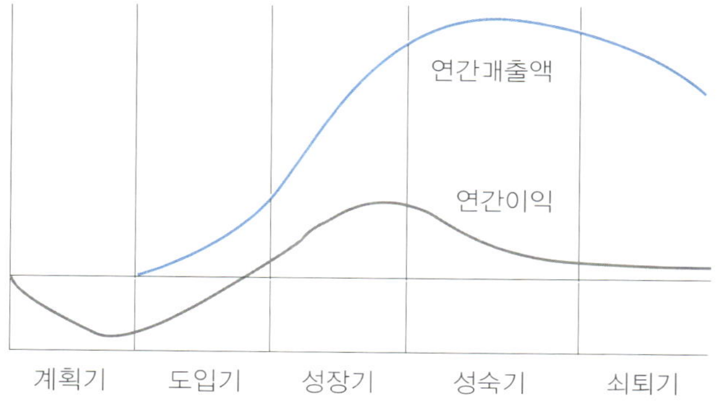

시장에서의 경쟁이 급격히 심화되므로 서비스기업은 경쟁우위전략의 개발이 요구된다. 특히 성장기에는 수요증가에 따라 비용절감을 통한 이익확대에 노력하고 고객의 브랜드 선호도를 높이고 와 충성도를 유도하는 마케팅전략이 필요하다.

세 번째 단계는 성숙기(maturity stage)로서 시장에서 서비스수요는 대체수요나 반복수요에 의존함으로써 수요의 증가가 둔화되고 극심한 경쟁 하에서 명확한 시장세분화가 이루어지는 포화기의 단계이다. 서비스기업은 특정 세분화시장을 목표로 집중화 전략을 수행하고 영업비용 축소에 역점을 두어야 한다. 한편으로는 기존의 서비스를 대체할 새로운 서비스개발을 착수하거나 기존서비스의 재설계, 또는 보조서비스를 추가하는 등의 노력으로 서비스의 수요확대나 경쟁력 강화를 위한 다양한 시도가 필요하다.

네 번째 단계는 수요의 쇠퇴기(decline stage)로서 성숙 안정기에 있던 수요가 현저하게 감소하는 경향을 나타내는 단계이다. 시장의 성장속도가 둔화됨에 따라 경쟁이 둔화되고 현금흐름이나 이윤폭이 감소한다. 서비스기업은 영업비용 축소의 노력과 함께 재활성화의 노력이 필요하다. 궁극적으로는 적절한 시장철수시기를 결정해야 한다.

서비스의 수명주기에서 시장도입기는 수요가 점차 증가하는 시기이므로 효과적인 자원투입 및 조정기능이 요구된다.

2. 서비스개발에서의 자원배분

새로운 서비스를 설계하고 개발하는데 소요되는 비용은 기업의 자본예산(capital budget)으로부터 조달할 수 있다. 재무적인 관점에서 볼 때 새로운 서비스의 개발로 얻을 수 있는 예상수익은 기업의 다른 계획의 최저수익을 초과해야 한다. 새로운 서비스에 대한 투자수익(return of investment)은 서비스생산운영에 대한 모든 인력, 시설, 기타 자원 확보와 연구개발에 소요된 비용과 기대수익을 비교하여 산정할 수 있다.

서비스설계와 개발은 다양한 프로젝트와 기능이 모여 이루어지므로 기업의 전략적 차원에서 수행되어야 한다. 서비스개발은 현재 서비스의 일부를 개선하는 단순한 것으로부터 첨단의 신기술에 의한 서비스에 이르기까지 매우 복잡하고 다양한 특성을 갖는다. 경우에 따라서는 새로운 서비스개발이 시장에서의 성공여부가 불확실하거나 실패에 이를 수도 있다.

새로운 서비스개발의 자원배분은 비용적인 측면에서의 분석만이 아니라 기술적 숙련(technical skill)이 서비스개발 기간을 통하여 얼마나 요구되고 어떠한 시점에 필요한가에 대한 적절한 배분기능이 필요하다. 기술적 숙련은 관련되는 인적, 기술적, 물리적 자원으로 이들 자원은 양적, 질적인 면에서 한정되어 있기 때문에 적절한 배분의 결정은 더욱 중요한 관리적 문제가 된다. 기술혁신의 사이클 내에서 기술적 자원은 계획, 설계, 모형화, 생산운영, 지원의 다섯 단계로 나누어 볼 수 있으며 서비스개발의 시간에 따른 기술적 숙련의 곡선은 [그림 4-9]에서와 같이 각각의 단계에서 소요되는 인적, 기술적 자원의 크기에 대한 함수로 정의된다.

자원배분의 문제는 계획된 시간 내에 새로운 서비스개발이라는 프

그림 4-9 서비스개발의 자원배분

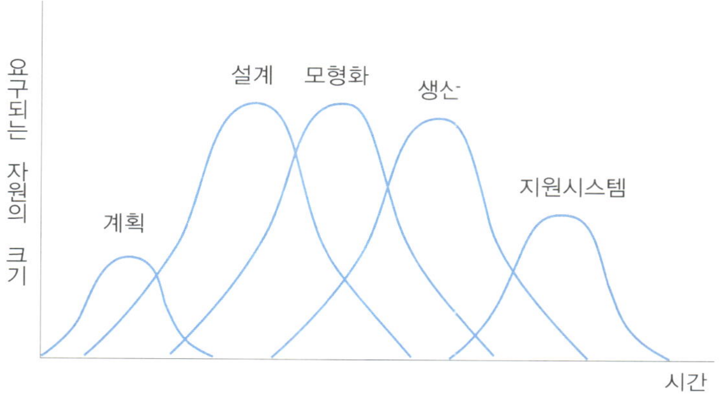

로젝트 수행에 소요되는 자원의 낭비적 요인을 제거하는데 목적을 두고 있다. 이러한 목적을 달성하기 위해 서비스개발에 대한 시간적, 비용적 표준을 설정하고 효과적인 자원배분을 위한 관리적 통제를 강화해야 한다.

3. 제조물책임

제조물책임(product liability)이란 제품의 생산, 유통, 판매 등 일련의 과정에 관여한 자가 그 제품의 결함에 의해 야기된 생명, 신체, 재산 및 기타 권리의 침해로 인해 생긴 손해에 대하여 최종소비자나 이용자 또는 제3자에 대해 배상할 의무를 부담하는 것을 의미한다. 제조물책임은 제품의 결함으로 인하여 신체상, 재산상의 손해가 발생한 경우 그 책임을 추구하는 문제이다. 이러한 제조물책임은 결함의 개념과 유형에 따라 설계상의 결함(design defects), 제조상의 결함(manufacturing defects) 및 경고상의 결함(warning defects)으로 구분된다.

제품설계와 관련된 결함은 설계상 결함으로 설계에 따라 제품이 제조되고 소비자가 적절히 사용하였다고 하더라도 잘못된 설계로 인하여 신체상, 재산상의 손해가 발생할 수 있는 구조적 결함이다. 제조상의 결함은 제조물의 제조과정에서 본래의 설계와 다르게 제조되어 발생하는 결함이다. 제조상의 결함은 제품의 품질검사 단계에서 발견될 수 있으나 이러한 결함이 검사단계에서 발견되지 않을 수 있다. 경고상의 결함은 제품 자체에는 위험을 내포하고 있지 않지만 그 사용방법에 대한 적절한 지시내용이 결여되어 있기 때문에 피해가 발생하는 경우의 결함유형이다.

제조물책임은 제품에만 한정되는 것이 아니라 서비스에도 동일한 기준이 적용된다. 테마파크에서의 놀이기구에 의한 사고는 서비스의 설계, 운영, 경고상의 결함이 발생한 경우이며 레스토랑에서의 식중독사고는 운영상의 결함으로 볼 수 있다. 금융기관, 정보통신회사의 개인정보 유출, 골프장 등 레저스포츠 서비스나 운송서비스에서의 사고 등 모든 서비스에서 제조물책임이 적용된다.

따라서 서비스기업은 서비스가 그 용도에 적합하도록 운영되거나 통상적 용도 이외의 방법으로 운영되어도 오류와 위험이 발생하지 않도록 서비스를 설계하여야 한다. 서비스가 무리하게 운영되고, 운영방법에 적합하지 않거나 또는 고객의 부주의한 운영을 고려하여 이에 대비할 수 있는 안전장치가 필요하다.

예를 들어 금융계좌 개설에 있어서 아이디와 비밀번호 설정에 2회 반복하여 입력하도록 하고 커피전문점의 종이컵홀더 제공은 고객이 뜨거운 커피에 데지 않도록 한다. 항공기운항 중 기류가 불규칙하여 항공기의 흔들림이 심할 때는 승객의 안전을 위해 기내표시등과 안내방송의 2중 경고와 승무원의 개별적 확인을 통해 좌석벨트 착용을 유도한다. 이러한 것은 서비스프로세스에 발생할 수 있는 오류나 사고를 예방하기 위한 서비스제공자의 안전장치라 할 수 있다.

종합사례 및 토의문제 TNT Express

TNT Express는 기업과 기업 간 급송우편물을 배달하는 택배분야의 선도기업으로 유럽 및 호주에 기반을 둔 네델랜드 기업이다. TNT는 200개 이상의 국가에서 2,600개의 물류센터와 분류센터의 네트워크를 사용하여 매주 470만건 이상의 화물을 처리하고 있다. TNT는 전 세계적으로 3만대의 차량과 50대의 항공기를 확보하여 세계에서 가장 큰 규모의 직송항공과 육상배달의 물류시설을 갖추고 있다.

TNT는 벨기에 중심에 위치한 Liege공항의 편리한 입지조건을 적극 활용해 항공과 육상네트워크와 연결하여 유럽 내 2/3에 달하는 고객들에게 4시간 이내에 택배서비스를 제공한다. 호주에서는 지역적인 특성으로 주로 항공편을 이용하여 도시간 및 국제배달서비스를 제공하고 있다. 이 회사는 항공운송 대비 비용 효율을 높여 저가특송(Economy Express)서비스를 제공함으로써 기업고객의 물류비 절감에 큰 기여를 하고 있다.

TNT는 온라인 및 모바일 서비스를 통해 배송시간 및 배송기일보장서비스, 스페셜서비스, 고객맞춤형서비스를 제공하고 있다. 고객은 온라인매체를 통해 배송 및 배송시간조회, 운임조회, 온라인 발송 및 픽업서비스를 받을 수 있다. 또한 TNT는 고객의 중요한 불평을 수용하고 처리하는 업무를 수행하는 시스템을 운영하고 있다. 이 시스템은 세계적 수준의 네트워크와 리포팅시스템을 통해 세계 각지에서 발생하는 모든 문제를 예외 없이 확인하고 고객불만요인을 근원적으로 해결하고 있다.

TNT는 전문화된 다양한 서비스와 리포팅시스템의 운영으로 적시 배달이 96% 개선되었고 고객으로부터의 화물수집에 대한 오류가 78%나 감소했다. 이러한 업무개선은 종업원 이직이나 결근율을 현저히 감소시키고 있으며 재무적 성과의 면에서도 지난 2년간 세전 수익률 81% 이상의 증가를 가져왔다.

자료 : Robert Johnston, Graham Clark, & Michael Shulver(2012), *Service Operations Management: Improving Service Delivery*(4th ed.), Pearson. p.353에서 요약.
http://www.tnt.com

토의문제

1. 택배서비스에서 고객이 원하는 서비스요인은 무엇인가?
2. TNT는 고객의 요구를 서비스에 어떻게 반영하고 있는가?
3. TNT의 차별화된 서비스는 무엇인가를 토의하자.

용어정리

서비스혁신 서비스성과, 서비스생산성, 서비스품질, 서비스기술, 고객 및 시장, 공급자네트워크 등의 면에서 경쟁력향상을 목표로 하여 서비스설계 및 개발과정, 서비스제공 및 이용과정에 변화 추구하는 혁신적 활동.

서비스프로세스 서비스가 생산되어 고객에게 전달되는 과정으로 서비스의 표준화 또는 다양화, 고객접촉 방식, 서비스의 대상, 서비스설비와 운영기술, 서비스공급능력과 수요특성 등에 영향을 받음.

기능설계 서비스 고유의 기능, 특징, 성과, 신뢰성에 대한 설계.

프로세스설계 고객에게 제공되는 서비스기능이 어떠한 순서에 따라 어떻게 발휘되는가의 프로세스와 생산운영프로세스에 대한 설계.

생산설계 서비스생산운영의 작업방법, 서비스시설 및 서비스자재, 노동력 등 서비스자원의 운영에 대한 설계.

서비스청사진 핵심 서비스프로세스의 단계별 절차와 특성을 객관적으로 기술한 서비스제공과정으로 서비스기업, 서비스제공자, 고객의 역할과 고객접점의 관계를 도시적으로 나타낸 것.

품질기능전개(QFD) 서비스설계 시 고객의 관점에서 중요시되는 고객의 요구를 기술적 특성으로 변환하여 서비스설계에 반영하는 기법.

품질의 집(house of quality) 고객의 요구와 기술적 특성간의 관련성과 기술적 특성의 난이도, 중요도, 비용, 경쟁력 등을 나타내는 QFD의 분석기법.

제조물책임(product liability) 제품 및 서비스의 생산, 유통, 판매과정에 관여한 자가 설계, 제조, 경고상 결함에 의해 야기된 생명, 신체, 재산 및 기타 권리의 침해로 인한 손해에 대하여 최종소비자, 이용자, 제3자에 대해 배상할 의무.

연습문제

1. 서비스기업과 고객이 원하는 서비스란 무엇인가?
2. 온라인서점과 오프라인서점의 서비스설계요소를 비교하라.
3. 서비스의 표준화와 고객화의 장단점은 무엇인가?
4. 고객화가 높은 서비스프로세스의 설계요건은 무엇인가?

참고문헌

Chase R. B. & A. J. Aquilano(1992), "A Matrix for Linking Marketing and Production Variables in Service System Design," In D. Richard eds. *Production and Operations Management(6th ed.)*, Irwin.

Fitzsimmons, James A. & Mona A. Fitzsimmons(2011), *Service Management, Operations, Strategy, Information Technology*(7th ed.), McGraw-Hill.

Hill, Terry(1989), *Manufacturing Strategy*, Irwin.

Johnston, Robert, Graham Clark, & Michael Shulver(2012), *Service Operations Management: Improving Service Delivery*(4th ed.), Pearson.

Lovelock, C. H.(1988), *Managing Service Marketing, Operations, and Human Resources*, Prentice-Hall.

Metters, Richard D., Katheryn H. King-Metters, Madelein Pullman, & Steve Walton(2006), *Service Operations Management*(2nd ed.), Thomson.

The Savoy, Fairmont Managed Hotel(2011).

http://www.rch.org.com

http://www.tnt.com

http://www.barnesandnobleinc.com

http://www.borders.com

제 5 장

서비스인카운터와 고객대기관리

학습목표

본 장에서는 다음과 같은 내용의 이해를 목표로 한다.

- 서비스인카운터의 의의와 특징
- 서비스인카운터의 관리
- 고객의 대기관리
- 대기행렬시스템의 특징과 대기행렬이론의 적용

제 1 절 서비스인카운터

사례 SAS의 15초의 결정적 순간

Scandinavian Airlines System(SAS)은 1946년 스웨덴, 덴마크, 노르웨이의 국영항공사 컨소시엄으로 창업하여 2009년 현재 유럽, 아시아, 북미 지역 노선에 매일 600여 편의 여객기를 운항하여 연간 2천만명 이상의 승객을 운송하고 있다. SAS는 상용고객 우대전략으로 '유로보너스' 서비스를 제공하는 등 인터넷을 통해 온라인 좌석예약, 체크인과 타임테이블 서비스, 렌터카, 호텔, 여행정보, 엔터테인먼트, 여객의 편의를 위한 카페운영, 판매서비스를 제공하고 있다.

1979년 석유파동으로 세계항공업계가 큰 위기를 맞았을 때 많은 항공사들이 불황극복을 위해 비행기를 처분하여 단기적 수익개선에 나섰다. SAS도 1979년부터 2년 동안 3,000만 달러의 적자가 누적되어 경영위기를 맞았다. SAS는 유럽의 주요 항공사와의 치열한 경쟁에서 노선확대나 증편과 같은 보다 공격적인 전략을 전개하였으나 오히려 경영위기를 가중시키는 결과를 초래하였다.

CEO에 취임한 Jan Carlzon은 과거 공격적인 경영으로 상실한 상용고객시장의 탈환을 위해 서비스전달시스템의 개선을 가져올 방안을 모색하였다.

1986년을 기준으로 하여 SAS는 1,000만명의 고객들에게 서비스를 제공하는 과정에 고객 당 5명의 직원과 접촉하며 1회 응대시간이 평균 15초 걸리는 것으로 분석되었다. 이것은 1년에 5,000만번씩 고객접점에서 고객의 마음속에 SAS의 서비스에 대한 인상을 새겨주는 순간이 있다는 것을 의미한다. Jan Carlzon은 이 15초 동안의 짧은 순간에 "고객이 SAS를 선택한 것이 최선의 선택임을 고객들에게 입증해야 한다."고 강조하였다.

고객들의 최선의 선택은 고객서비스프로그램인 "Businessman's Airline"을 통해 특별한 요구를 하고 고객들은 항공사로부터 기존의 요금으로 더 좋은 서비스를 제공받는 것이다. 고객에게 지속적으로 만족을 주려면 경직된 규칙과 지시에만 의존하는 것이 아니라 고객접점직원이 15초 동안 고객들의 요구에 적절히 대응할 수 있는 아이디어를 내고, 대책을 강구하는 권한의 행사가 중요하다.

고객접점에서 고객의 마음잡기는 최소한 15초 이내에 결정되어야 하며 이를 결정의 순간(moment of truth)이라 한다. 결국 고객과 접촉하는 고객접점의 한 순간의 결정이 SAS의 전체 서비스 이미지를 좌우하므로 항공사의 성패를 결정하는 요인이라 할 수 있다. 이러한 MOT 개념의 도입으로 SAS는 1년만에 800만 달러의 적자로부터 7,100만 달러의 이익을 내는 계기가 되었다. SAS는 비즈니스맨이라는 목표시장을 설정하여 고객 중심적 서비스로 시장점유율을 높이고 이익창출을 실현하고 있다.

자료 : Richard Normann(2001), *Service Management: Strategy and Leadership in Service Business*, John-Wiley. p.21.

1. 서비스인카운터의 의의

결정의 순간(moment of truth)이란 투우에서 유래된 용어로 서비스에서는 Normann(1984)에 의해 서비스제공자와 고객사이의 서비스인카운터 형성과 중요성에 대한 설명으로 인용한 것이 최초이다. Jan Carlzon이 강조한 15초간의 결정적인 순간(MOT)은 고객접점관리에서 다음과 같은 의미를 함축하고 있다.

- 서비스과정에서 고객과의 접촉은 MOT의 관계를 형성한다. 고객접촉이 이루어진 15초 이내에 고객만족과 같은 고객의 반응이 결정된다. MOT의 관계는 서비스제공자와 고객의 지속적인 관계를 유지시킨다.

- 서비스제공자는 고객이 SAS를 선택한 것이 최선의 선택임을 고객들에게 입증해야 한다. 이것은 고객의 요구에 맞는 최선의 서비스로서 가능하다.
- 서비스기업은 서비스접점직원이 최선의 서비스를 제공할 수 있도록 충분한 재량권을 부여해야 한다. 서비스제공자와 고객과의 관계를 어떻게 설정하고 관리하는가에 따라 고객접촉 정도 및 수준이 결정된다.
- 서비스기업은 업무중심으로부터 고객중심으로 관점을 전환함으로써 시장점유율을 높이고 이익창출을 지속할 수 있다.

Schmenner(1995)에 의하면 서비스인카운터란 고객과 서비스제공자의 접촉과 대면이 이루어지는 것으로 고객과 서비스제공자가 상호관련성을 가짐으로써 서비스가 제공되는 것이다. 서비스인카운터는 [그림 5-1]과 같이 서비스과업, 서비스표준, 서비스제공시스템의 요소들로 구성된다.

서비스과업(service task)이란 고객에게 제공하는 서비스의 핵심적

그림 5-1 서비스인카운터의 구성요소

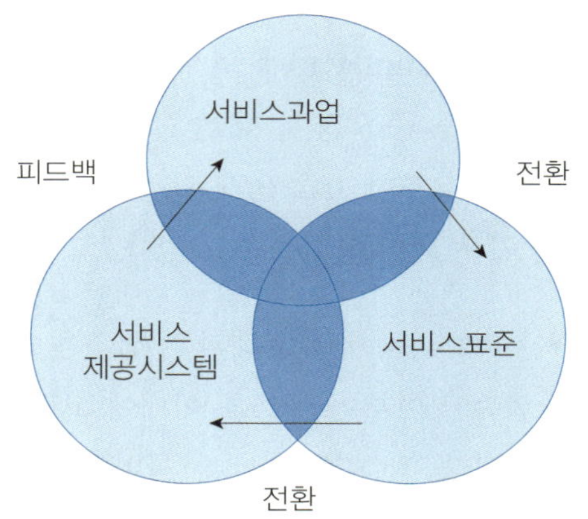

인 내용으로 고객이 서비스로부터 얻는 효용이나 느끼는 서비스의 가치(service value)를 의미한다. 따라서 서비스과업은 서비스제공자가 고객에게 서비스를 어떻게 전달할 것인가를 정의하는 기준이 된다.

서비스표준(service standard)이란 고객에게 서비스를 효과적으로 제공하기 위한 표준으로 서비스내용, 프로세스, 소요시간, 응대시간 등을 대상으로 한다. 서비스표준에 따라 서비스비용이나 서비스품질의 통제기준을 설정하며 측정 가능한 서비스표준을 설정하기 위해서는 체크리스트에 의해 표준을 유지할 수 있다.

서비스전달시스템(service delivery system)이란 서비스의 생산기능과 고객에게 전달하는 기능을 결합한 것으로 볼 수 있다. 서비스전달시스템에서는 서비스비용, 서비스품질 등의 면에서 서비스생산과 전달의 효율성을 높이는 것이 중요한 과제이다. 또한 서비스표준화가 높을수록 다양성이 낮아져 서비스제공자의 재량권이 낮아지고 고객만족에도 영향을 미칠 수 있다.

2. 서비스인카운터의 강화

서비스는 고객, 경쟁자, 서비스기술 등 외적인 영향에 민감하게 반응한다. 서비스가 고객으로부터 좋은 평가를 받기 위해서는 서비스의 내용을 명확히 정의하여야 하며 표준화에 따라 일관성을 유지해야 하고 정해진 프로세스에 따라 고객에게 제공되어야 한다. 이러한 서비스인카운터의 요소들은 서비스의 효율성을 보장한다.

서비스인카운터에 대한 강화는 이를 이해하는 것으로부터 출발한다. Schmenner(1995)는 서비스인카운터와 관련하여 서비스현장에서 볼 수 있는 사실과 그 의미에 대하여 다음과 같은 몇 가지 명제(proposition)를 제시하고 있다.

서비스의 과업을 50자 이내로 명확하게 설명할 수 있다면 돈을 벌 수 있고 20자 이내로 명확하게 설명할 수 있다면 더 많은 돈을 벌 수 있다.
☞ 서비스가 잘 정의되어 있으면 고객의 눈에 띄어 성공할 수 있다.

단골고객은 서비스기업에 가장 유리한 고객이다
☞ 반복적으로 찾는 고객은 서비스에 대한 이해가 높은 중요한 고객이다.

정당하지 않은 고객도 그들 스스로는 정당하다고 생각한다. 서비스전달시스템은 변덕스러운 고객에게 정중하게 대하는 것이 아니라 고객접점의 일선 서비스를 지원하는 것이다.
☞ 서비스는 친절성보다 서비스표준에 따라 서비스과업을 제공하는 것이다.

서비스의 한 부분을 변경하는 것은 서비스전달시스템 전체를 변경하는 것이다.
☞ 서비스전달시스템의 이해와 서비스제공은 일관성을 유지해야 한다.

서비스의 운영은 제품의 제조에 비해 능률적이다.
☞ 서비스운영은 제품의 제조에 비해 유연성이 높다는 것을 의미한다.

위의 명제들은 서비스접점에서 자주 나타나는 현상들이다. 서비스과업의 명확한 정의와 서비스표준의 설정과 일관된 적용, 서비스전달시스템의 효율적 운영은 서비스인카운터를 강화해 줄 수 있다. 서비스접점에서 일어나는 문제를 해결하는 것은 보다 개선된 서비스성과를 가져다준다.

서비스인카운터의 운영에 따라 서비스생산성, 서비스품질 등 서비스성과에 영향을 미치게 된다. 또한 서비스접점의 운영은 서비스기술수준의 결정이나 고객 및 시장상황에 대응하는 서비스수준의 결정에 영향을 준다. 따라서 서비스인카운터를 이해하는 것은 능률적인 서비스를 운영하는 것이다.

3. 서비스인카운터의 변화

SAS의 예에서 볼 수 있듯이 서비스인카운터를 어떻게 운영하는가에 따라 서비스기업의 이익규모가 달라진다. 따라서 서비스인카운터의 관리문제는 서비스기업의 경쟁우위의 요건이 된다. 경쟁우위를 목표로 하는 서비스인카운터의 운영을 다음과 같은 관점에서 고려해 보자.

- **서비스 생산성** : 서비스생산에 소요되는 투입자원을 최소화 하고 낭비적 요소를 줄임으로써 산출의 효과를 높인다.
- **서비스 대체성** : 수요변동, 서비스기술, 고객요구, 서비스제공 장소 등 환경에 따라 서비스를 변화시킨다.
- **낭비의 제거** : 서비스프로세스와 작업방법 개선, 서비스품질 향상, 서비스 규격화, 시간지향적 서비스운영 등으로 낭비적 요인을 제거한다.
- **서비스표준화** : 서비스과업, 서비스프로세스 운영의 표준화로 서비스제공의 일관성을 유지하고 다양성을 최소화 하여 효율성을 도모한다.
- **수요변동에 대응** : 성수기 및 비수기의 수요변동을 조정하며 지속적으로 증가 또는 감소하는 경우도 수요관리에 대응한다.
- **규모의 경제** : 경제적인 서비스운영을 위해 충분한 수요를 확보하고 수요변동에 대비하여 충분한 공급능력을 확보한다.
- **의문점 제거** : 명확한 서비스과업과 서비스표준에 의해 의문점을

제거한다.

이러한 문제들은 서비스인카운터 운영의 문제로 서비스과업, 서비스표준, 서비스전달시스템을 강화함으로써 얻을 수 있다.

한편 서비스인카운터는 서비스기술, 고객의 요구, 경쟁기업의 전략 등 서비스기업의 환경에 따라 변화하고 있다. 예를 들어 금융서비스의 경우 현금입출금과 같은 단순반복적인 서비스는 기계화, 자동화되어 ATM에 의해 서비스되고 있다. 반면에 우수고객에 대한 개인금융(personal banking)서비스는 고객화 수준을 높여 전문적인 투자나 고객의 자산관리를 지원하는 서비스를 수행하고 있다.

오늘날 서비스인카운터의 변화는 거의 모든 서비스에서 쉽게 찾아볼 수 있다. Schmenner(1995)가 제시한 서비스프로세스행렬에서의 서비스인카운터의 특징과 변화를 정리하면 다음과 같다.

(1) 서비스공장

항공서비스나 화물운송서비스는 고객접촉수준이 낮고 노동집약도가 낮은 서비스유형으로 서비스공장에 해당한다. 항공서비스는 고객화수준을 높여가는 면도 있지만 대체로 표준화, 단순화되어가는 경향을 보이고 있다. 특히 저가항공의 경우 서비스에 부수되는 서비스를 대폭 축소하는 "no frill" 서비스를 지향하고 있다. 화물운송서비스는 효율화를 위하여 화물의 크기와 포장을 규격화하고 프로세스 및 운송수단을 표준화하여 서비스를 제공한다.

서비스의 기계화, 자동화는 표준화를 촉진하는데 서비스샵에 해당하는 외식서비스에서 패스트푸드점의 서비스는 고객접촉 수준이 더욱 낮아져 표준화된 프로세스와 상품에 의해 서비스가 이루어지고 있다. 대량서비스인 은행의 금융서비스도 단순반복적인 프로세스는 기계화, 자동화가 이루어져 수작업에 의한 서비스를 대체하고 있다. 표준화수준이 높은 서비스나 자동화 등 기술의존도가 높은 서비스는 고객과의 접촉수준을 높이는 전략을 사용하기도 한다. 예를 들어 특급호텔의 서비스는 높은 고객관계와 접촉, 중간정도의 노동집약도를 나타내는 경향을 보이고 있다.

(2) 서비스샵

고객접촉수준이 높고 노동집약도가 낮은 서비스샵 유형의 서비스는 서비스운영의 효율을 위하여 최소한의 고객접촉을 지향하고 있다. 의료서비스를 제공하는 전통적 병원은 최소의 의료장비와 기술로 환자를 진단, 처치함으로써 고객접촉수준을 낮추고 있다. 새로운 대형병원은 높은 자본장비도를 유지하면서 반복적 처치에 의해 비용을 낮추어 고객의 만족도와 편의를 높이려는 노력을 하고 있다.

전통적인 외식서비스에서는 패스트푸드점과 같이 표준화를 지향하는 경우와 패밀리레스토랑과 같이 전문적 서비스를 지향하는 유형으로 나누어지고 있다. 이러한 현상은 표준화에 의한 대량서비스의 이점과 전문화에 의한 고객화의 이점을 지향하기 때문이다.

(3) 대량서비스

고객접촉수준이 낮고 노동집약도가 높은 대량서비스의 서비스유형은 도소매서비스, 은행서비스, 교육서비스 등이다. 도소매서비스는 비교적 간단한 프로세스에 의해 반복적으로 수행되므로 노동력 절감을 위해 자동화, 정보화를 추구하는 경향을 보이고 있다. L. L. Bean은 우편판매로부터 정보시스템에 의한 온라인판매로 서비스가 전환되어가고 있다. 뉴욕의 Time Square에 있는 Toy's R Us는 매장에 관람차를 운영할 정도의 규모를 가지고 있으나 낮은 노동집약도의 전략으로 백화점보다 낮은 수준의 고객접점서비스를 제공하고 있다. Wal Mart와 같은 대형 판매점의 경우 정보시스템을 활용하여 상품의 재고와 진열대의 위치 등의 정보서비스를 제공하고 있다.

이와 같이 대량서비스는 서비스규모의 확대에도 서비스프로세스는 단순반복적으로 수행되어 노동력 규모의 축소에 중점을 두고 있다. 그러나 판매서비스의 경우도 전문점, 명품점과 같이 서비스의 차별화를 지향하고 있으며 은행서비스에서는 단순반복적인 작업은 ATM 등 자동화기기에 의존하고 한편으로는 전문적인 개인금융서비스를 제공하고 있음을 볼 수 있다.

(4) 전문적 서비스

고객접촉수준과 노동집약도가 높은 전문적 서비스의 경우도 고객접점의 특성이 변화하고 있다. 일부 전문적 서비스에서는 노동력을 줄이거나 서비스의 효율화를 위해 자동화를 추구하고 있다. 예를 들어 변호사사무실에서는 소송의뢰인의 소송이나 변론에 대비하여 대법원 법률정보시스템의 판례집 또는 법률데이터베이스를 통해 사건의 유형이 비슷한 법률정보를 검색함으로써 신속하게 법률서비스를 제공하고 있다. 대법원 법률정보시스템에는 1961년 이후 각급 법원의 판례를 교육, 문화, 보건, 세제, 부동산, 상표 등 44개 분야로 나누어 수록되어 있다. 변호사사무실에서는 이러한 법률정보시스템을 활용하여 민형사분야의 서비스를 세분화하고 고객이 필요로하는 전문적 법률서비스를 제공한다.

또한 은행, 부동산중개, 도소매서비스의 전문화 등 고객요구나 시장상황의 변화, 또는 서비스의 효율화를 위해 서비스인카운터를 변화하고 개선하는 사례를 찾아볼 수 있다.

위에서 설명한 사례들은 서비스기업의 서비스인카운트가 변화하고 있음을 나타내고 있다. 즉 [그림 5-2]에서와 같이 서비스프로세스행렬에서 고객접촉수준과 노동집약도가 낮은 위치로 변화하는 추세를 나타내고 있다. 이러한 변화는 고객요구의 증대, 경쟁환경, 서비스운영의 효율화를 위한 노동력의 축소, 자동화, 정보화를 위한 서비스기술의 뒷받침에 의한 것으로 분석되고 있다.

그림 5-2 서비스인카운터의 변화

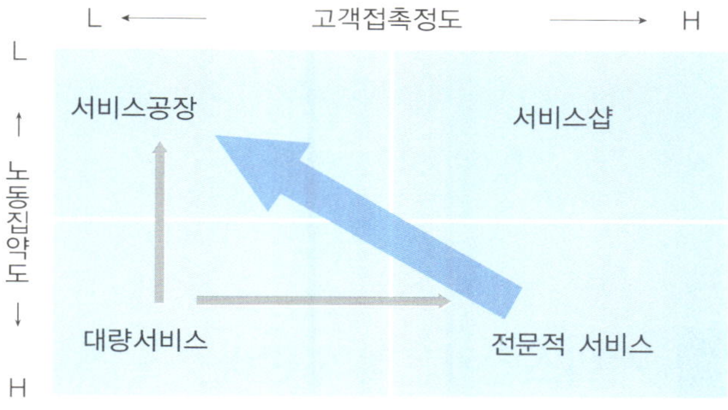

사례 Toy's R Us

1948년 어린이용품 슈퍼마켓으로 출발한 Toy's R Us는 현재 북미, 유럽, 아시아, 아프리카 등 36개국에 1500여개 이상의 세계최대의 장난감매장을 운영하고 있다. 1957년 아동용품 시장의 성장을 주목하여 아동용품전문매장을 개설하였는데 Toy's R Us는 장난감 Toy와 설립자 Charles Lazarus의 이름을 합성하여 만든 이름이다.

Toy's R Us는 장난감, 유아용품, 아동용품, 스포츠용품, 교육용품 게임용품 등을 플래그십 스토어(flagship store)형태로 운영하는 대형 장난감유통업체로 성장하였다. 1974년 47개 매장에서 1억3천만 달러의 매출을 시작으로 1990년대 중반 해외시장으로 진출하여 2004년 115억 달러의 매출을 달성하여 소매유통부문에서 Wal Mart에 이어 2위의 매출 을 기록하고 있다. 2010년에는 세계 1500여개 점포와 웹사이트, 카탈로그를 통해 판매채널을 다양화 하여 이들 제품을 판매하고 있다.

Toy's R Us의 이미지는 어린이들에게 장난감을 판매함으로써 즐거움만을 주는 것이 아니라 새로운 경험을 제공해 준다. 매장 곳곳에 "Try me!"라는 표지를 걸어 놓고 고객의 발걸음을 멈추게 한다. 물론 이것은 세일즈전략이지만 어린이 고객에게는 새로운 경험과 흥미를 제공해 주는 것이다.

서비스인카운터를 통해 고객에게 흥미와 호기심을 유발하는 것은 접점직원에 의해서만 이루어지는 것은 아니다. 대형할인점 형태의 Toy's R Us는 아주 짤막한 두 단어만으로 고객접점을 강화하고 있다.

자료 : http://www.toysrus.com

제 2 절 서비스인카운터의 관리

1. 서비스인카운터의 관리

서비스인카운터의 운영은 고객접점에서 어떻게 서비스제공이 이루어지는가에 따라 달라진다. 즉 고객접점의 형태에 따라 서비스기업, 접점직원 및 고객이 관리주체가 되는 서비스로 나누어 볼 수 있다.

첫째, 서비스기업이 주관하여 서비스를 제공하는 서비스는 항공서비스나 운송서비스에서와 같이 서비스제공의 주체는 기업이며 각각의 고객접점에서는 서비스제공자가 각각의 직능에 따라 서비스를 수행한다. 이러한 유형의 서비스에서는 서비스운영의 효율성을 강조하게 되며 고객접점에 위치한 서비스제공자는 서비스표준과 매뉴얼에 의해 고객에게 서비스를 제공한다.

둘째, 고객접점종업원이 주관하여 서비스를 제공하는 경우는 의사의 환자진료와 같은 의료서비스에서 볼 수 있다. 이러한 서비스에서는 접점직원에게 상당한 재량권을 부여해야 한다. 의료서비스는 의사의 판단에 따라 진료가 이루어지는데 의사가 고객접점에서 주요 서비스운영을 통제한다. 이 때 고객은 접점종업원의 서비스운영에 대하여 신뢰를 가져야 한다.

셋째, 고객이 서비스운영을 주관하는 경우는 고객이 서비스프로세스, 시간, 비용 등 서비스의 주된 부븐을 통제한다. 이러한 서비스는 법률서비스와 수리서비스와 같이 고객의 요구에 맞추어 서비스프로세스가 수행된다. ATM과 같이 표준화, 자동화수준이 높은 서비스는 접점직원의 개입이 없이 서비스가 제공됨으로써 서비스운영의 효율성을 높일 수 있다.

오늘날 제조기업이든 서비스기업이든 고객접점에서의 관리활동은 정보기술을 활용하고 있다. 고객접점에서 정보기술을 활용하는 것은 기업이 대규모의 고객을 대상으로 하고 신속성을 확보하기 위해 필수적인 방법이기 때문이다. 대부분의 서비스기업은 고객정보시스템을 이용하여 고객관계를 향상시키고 고객의 충성도를 높이는 성과를 얻고 있다. 고객접점에서 정보시스템을 활용하는 부문은 다음과 같다.

- **콜센터** : 콜센터는 고객접점에서 고객의 요구를 처리하고, 고객의 불만과 칭찬을 받아주는 주 채널이다. 항공사의 경우 콜센터를 통해 좌석예약이나 예약변경, 판매촉진 등 일상적 고객서비스활동을 수행하며 행정기관은 민원처리와 같은 행정서비스를 제공하는 종합고객센터의 기능을 수행한다.
- **웹사이트** : 고객요구에 따라 필요정보를 제공하고 서비스의 판매를 위한 창구역할을 수행한다. 개인별 차별화된 정보제공으로 재구매, 구전 등 고객충성도를 유도한다. 골프장에서는 웹사이트를 통해 회원들을 상대로 예약신청, 예약추첨을 하며 예약변경이나 예약취소, 판매촉진 등의 활동을 수행한다.
- **고객의 소리** : 고객의 소리(VOC)는 고객의 서비스에 대한 인식, 불만이나 시정을 위한 의견을 제시하는 창구역할을 한다. 고객의 소리는 고객이 판단하는 서비스수준의 기준이 되므로 서비스기업의 입장에서는 고객의 요구에 부합되는 서비스제공, 보다 개선된 서비스설계, 그리고 서비스보증의 기능으로 활용할 수 있다. 서비스설계나 개선에

고객의 요구를 반영하기 위해서는 고객의 소리를 품질기능전개(quality function deployment; QFD)와 연계하여 운영할 수 있다.

서비스의 유형에 따라 서비스인카운터는 변화하고 있다. 서비스인카운터의 변화는 고객의 요구나 서비스기술에 따라 더욱 크게 나타나고 있다. 오늘날의 서비스는 사람에 의한 접촉만이 아니라 기계설비나 정보시스템에 의해 비대면적으로 서비스를 제공하기도 한다. 서비스제공자와 고객의 접촉, 또는 상호작용에서 서비스수준을 높이고 서비스운영의 효율성과 생산성 향상을 위해 기계설비 및 서비스기술을 활용하고 있는데 이것은 서비스인카운터에 더 큰 영향을 미친다. Fitzsimmons 등(2011)은 서비스접점의 운영에 영향을 주는 성공요인에 대하여 〈표 5-1〉에서와 같이 사람과 기계에 의한 서비스운영의 관점으로 나누어 설명하고 있다.

표 5-1 서비스인카운터의 성공요인

고 객	서비스 제공자	
	사 람	기계
사 람	사려 깊은 종업원 선발 종업원의 훌륭한 대인접촉 능력 편리한 접근 적절한 환경 충분한 지원기술 종업원의 신뢰성	즉각적인 인터페이스 고객확인 서비스제공의 보안성과 정보보호 필요한 경우 인적 접촉
기 계	편리한 접근 신속한 대응 서비스기록의 조회와 확인 원거리 모니터링	하드웨어 및 소프트웨어 호환성 기록의 추적능력 자동확인 거래기록 서비스제공의 보안성 실패에 대한 회복과 안정

자료 : James A. Fitzsimmons & Mona A. Fitzsimmons(2011), *Service Management, Operations, Strategy, Information Technology*(7th ed.), McGraw-Hill. p.185.

2. 서비스인카운터와 디커플링

은행의 현금입출금, 온라인송금과 같은 반복적인 업무는 ATM에 의해 서비스가 이루어진다. 홈쇼핑, 인터넷경매. 인터넷좌석예약, 온라인교육 등의 서비스도 서비스제공자와 고객 간의 직접적인 대면접촉이 없이 서비스가 이루어진다. 국내에서 제공되는 서비스를 해외에 위치한 콜센터를 통해 처리하고 등록된 환자에게는 원격의료처치를 하고 있다. 항공서비스에서 예약서비스나 기내서비스는 높은 고객접촉을 통해 제공되지만 수하물 서비스는 특별한 경우가 아니고는 고객접촉이 거의 이루어지지 않는다.

이와 같이 오늘날의 서비스인카운터는 디커플링(decoupling)의 비중이 높아지고 있다. 서비스의 디커플링은 정보통신기술, 저렴한 비용, 언어장벽의 극복, 서비스의 유연성 확대와 신속한 처리가 가능해지기 때문이다.

서비스의 디커플링은 주로 서비스운영의 비용효율성을 높이기 위한 방법으로 사용된다. 서비스유형에 따라 고객접촉방식이 달라질 수 있지만 디커플링은 다음과 같은 서비스에서 찾아볼 수 있다.

- 고객접촉에 전문적 기술을 필요로 하지 않는 서비스
- 서비스제공에 개별적 작업자가 요구되지 않는 서비스
- 고객접촉기술과 전문적 서비스기술과 지식이 구분되는 서비스
- 전화 등 간접적 방법으로 고객과의 정보교환이 가능한 서비스
- 고객의 입장에서 고객화보다 서비스가격이 우선인 서비스

일반적으로 자동화 및 정보화 비중이 높은 서비스는 서비스의 편의성을 높이기 위해 디커플링이 필요하며 의료서비스, 수리서비스 등 전문적 서비스는 고객과의 긴밀한 정보교환을 해야 하므로 디커플링을 필요로 하지 않는다. 서비스의 디커플링을 보다 효율적으로 하기 위해서는 다음과 같은 문제가 해결되어야 한다.

첫째, 디커플링과 서비스비용의 문제로 디커플링 수준에 따라 서비스작업자, 기계설비 등 자원의 유휴시간, 업무중복, 작업자 및 서비스업무의 감축에 대한 분석이 필요하다.

둘째, 디커플링과 서비스품질에 대한 문제이다. 디커플링에 따라 고객과의 정보소통의 문제가 발생한다면 서비스품질의 저하를 초래할 수 있으며 고객의 비표준적 요구를 어느 정도 수용하는가의 문제도 해결해야 한다.

셋째, 디커플링과 서비스제공의 속도에 대한 문제이다. 서비스의 기계화, 자동화 등은 서비스제공자의 업무처리속도를 개선할 수 있다. 그러나 완전자동화가 되지 못한 경우에는 서비스프로세스에서 애로(bottleneck)가 발생할 수 있다.

넷째, 디커플링과 서비스의 유연성에 대한 문제이다. 디커플링은 서비스프로세스의 표준화가 높다는 것을 전제하므로 고객의 다양한 요구를 수용하기가 어려워 유연성의 문제를 가져온다.

Metters 등(2006)은 서비스기업의 디커플링전략을 서비스의 자동화로 원가우위를 강조하는 경우와 서비스 서비스기능의 전문성을 추구하는가에 따라 구분하여 설명하고 있는데 이를 정리하면 〈표 5-2〉와 같다.

표 5-2 서비스기업의 디커플링전략

차 원	원가우위 강조	서비스 강조
높은 수준의 디커플링	노동력의 자동화 대체로 비용절감 보험가입, 은행대출허가, 신용조회, 패스트푸드	서비스의 전문성 강조 고객접촉수준이 높은 서비스에는 지원업무를 집중화 증권, 부동산, 보험, 법률서비스
낮은 수준의 디커플링	저렴한 편의성 추구 고객편의를 위해 고객주변에 위치 편의점, 은행자동화 코너, 소액대출, 보험갱신	규모의 경제를 지향하는 서비스는 디커플링, 가급적 디커플링 최소화 은행 PB센터, 전문의료병원, 패밀리레스토랑

3. 서비스인카운터와 고객관계관리

서비스인카운터의 개선을 위해서는 고객지향적 관리활동을 강화할 필요가 있다. 기업의 고객지향적 관리활동은 고객가치를 극대화함으로써 기업가치를 극대화하는 데에서 얻을 수 있다. 과거의 일회성 마케팅전략을 추진하는 것과 비교하여 고객과의 지속적인 관계를 유지하면서 '한번 고객은 평생고객' 이 될 수 있는 기회를 만들어 평생고객화를 통한 고객의 가치를 극대화하는 노력이 필요하다. 기업은 모든 고객을 대상으로 하는 것보다 선별된 고객으로부터 수익을 창출하고 장기적으로 고객과의 우호적인 관계를 유지하는 것이 필요한데 이것은 고객관계관리(customer relationship management; CRM)에서 해답을 찾을 수 있다.

CRM은 고객관리프로세스를 자동화한 고객관리시스템으로 고객정보를 데이터베이스화하여 마케팅활동기능을 한 차원 발전시킨 통합마케팅 솔루션이다. CRM에서의 고객관리는 고객 정보를 종합적으로 분석하여 고객을 유형별, 등급별로 세분화하고 이들에 관한 각종 정보를 바탕으로 1대1로 집중적인 관리를 할 수 있다.

즉 CRM은 고객과 관련된 정보를 분석, 통합하여 고객과 관련되는 자원활동을 극대화하고 이를 토대로 고객특성에 맞게 효과적인 마케팅 전략과 활동을 계획, 지원, 평가한다. 또한 CRM에서는 고객유형을 세분화 하여 구매패턴, 취향 등 고객특성을 분석하고 고객 개개인의 구매행동을 예측하여 다양한 마케팅채널과 연계하여 고객관리를 한다. 이에 따라 신규고객 획득, 우수고객 유지, 고객가치 증진, 잠재고객 활성화, 평생고객화에 이르는 일련의 마케팅 사이클을 통하여 고객 설문조사, 테스트 마케팅을 통해 광고 및 판촉의 효과성 분석하는 등 고객을 적극적으로 관리하고 유도한다.

서비스인카운터의 관점에서 CRM의 운영은 다음의 세 가지의 목적을 가지고 있다. 첫째, 고객정보획득에 따라 고객유형별로 개선된 서비스를 제공하는 것을 목적으로 한다. 둘째, 고걱과의 1대1 대응방식으로 고객의 불만을 처리하고 예방적 차원에서 문제를 해결한다. 셋째, 서비스개선을 통해 매출 및 수익증가를 목적으로 한다.

과거 은행, 보험, 증권 등 금융서비스를 제공하는 기업들은 컴퓨터 응용에 의한 정보기술로 가입자 신상명세, 거래내역 등을 데이터화하여 콜센터를 운영했다. 그러나 현재는 거의 모든 서비스기업들이 고객정보시스템을 구축하여 종합적인 회원관리와 고객가치증대를 위해 CRM을 도입하고 있다.

서비스기업이 고객접점과 고객관계 강화를 위해 CRM을 운영되는 경우 구체적으로 다음과 같은 효과를 기대할 수 있다.

- 목표고객에 대한 마케팅의사결정 지원 및 마케팅 비용의 효율화
- 고객에 대한 프로파일 정보의 전략적 영업정보화
- 고객의 이익기여도에 따른 전략수립 가능
- 우량고객의 이탈방지, 휴면고객 활성화 등 집중적 고객관리
- Cross-sell, up-sell, resell을 통한 고객가치증대
- 광고 및 판촉 등과 관련된 전략적 의사결정 지원
- 마케팅 의사결정의 성과평가와 미래 마케팅의사결정을 위한 예측

CRM에서의 서비스인카운터의 개선은 서비스운영과 마케팅활동의 면으로 나누어 볼 수 있다. 서비스운영의 관점에서는 비용과 고객만족을 개선의 목표로 하며 마케팅활동의 관점에서는 매출이나 수익의 크기를 목표로 한다. 서비스인카운터의 개선은 전화조사(telephone contact), 포커스집단인터뷰(focus group interview), 고객서비스조사(customer service survey) 등 고객과의 직접적인 의사소통과 접근으로 가능하다. 이러한 과정을 [그림 5-3]에 나타낸다. 또한 CRM에서의 서비스인카운터의 개선은 다음의 과정으로 수행한다.

- 고객불만의 처리 : 고객으로부터의 불만을 해소하는 단계로서 설문, 정기적 조사, 비공식적 채널, 서면을 통한 불만제기 등을 분

그림 5-3 서비스인카운터개선의 접근

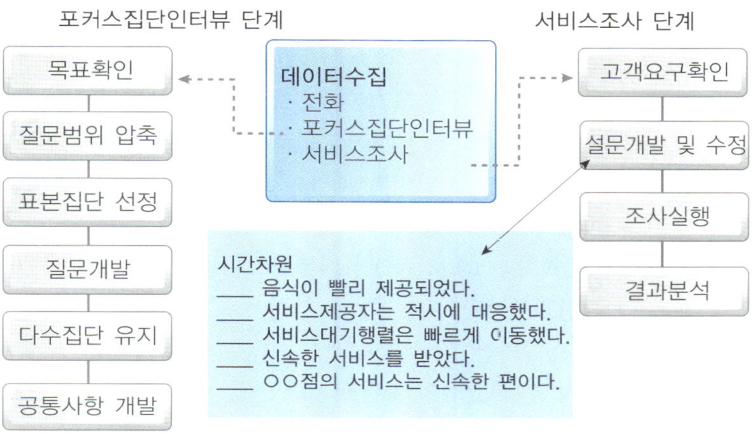

석, 처리하여 문서화 한다.

- 피드백 : 불만을 제기한 고객에게 처리결과를 직접 피드백하고 기업 내적으로는 서비스개선의 과정으로 활용한다.
- 서비스보장 : 고객의 정당한 권리를 위해 조건 없이 양해를 구하고 의미 있는 보장으로 고객의 이해와 의사소통의 기회로 활용한다.
- 시정조치 : 고객불만의 발생으로부터 서비스실패를 시정 및 회복하고 이 사례를 문서화 한다.

다음의 Travelco의 사례는 서비스인카운터 운영에서 고객관리 활동에 나타난 문제점의 발견과 개선성과를 보여주고 있다.

사례 Travelco의 고객관계관리

Travelco는 영국의 휴양관광전문회사로 세계적으로 유행했던 SARS로 어려움을 경험했다. 이 시기는 이라크전쟁으로 인해 국제경제상황이 악화된 경제적 불황기이기도 했다. Travelco의 고객유지율은 20%에서 10%대로 하락했다. 이 결과 회사는 획기적인 세일즈전략과 CRM운영에 주의를 기울였지만 보다 세심한 CRM 운영전략으로의 수정이 불가피했다.

회사는 CRM 운영상태를 세밀히 검토하기 시작했다. 이 검토에는 시장전략상황의 평가를 포함하여 기업문화와 조직분위기, 정보시스템의 운영여건 등이 포함되었다. CRM의 설계와 실행은 단지 고객관계업무의 수행만이 아니라 마케팅전략, 기업문화, 정보기술의 요인이 복합적으로 작용하고 있기 때문이다.

- 마케팅전략
  마케팅전략은 목표고객의 선정과 이들에 대한 가치제공의 집합으로 경영자가 정의하는 의사결정의 내용이다. CRM전략은 목표시장의 동질성에 따라 이를 세분하고 세분화된 시장 및 고객의 특성에 맞추어 고객관계기능을 수행하는 전략이다.
- 기업문화와 조직분위기
  기업문화의 가치는 시장, 고객과 연계되어야 하고 조직에 의해 일상적으로 유연성을 갖고 지속되어야 한다. 기업문화의 가치적 특성이 없이는 CRM의 실행이 어렵다. 좋은 CRM은 관행적 절차에 의해 실행되며 기업문화와 조직분위기가 연계되어야만 성공할 수 있다.
- 정보시스템
  CRM을 효율적으로 운영하는 기업은 소프트웨어, 하드웨어 등 정보기술을 기반으로 하여 서비스인카운터 및 고객관리를 수행하고 있다. 고객에 대한 정보처리는 내부 인트라넷 같은 정보시스템의 기술을 통해 CRM과 조직구조를 연결하고 지원한다.

Travelco는 이러한 검토를 통해 다음과 같은 결론을 얻었다.

- Travelco의 고객유지는 취약하였고 회사가 중앙집권적으로 수집하여 처리하는 고객정보는 고객세분화나 고객가치문제에 대한 확인이 소

홀하였다. 고객정보에 대한 분석은 고객 하나하나의 관점에서 그들의 요구가 무엇인지를 파악하여 의미 있는 고객세분화를 유도해야 하는 것이다.

- 기업문화와 조직분위기는 고객유지전략을 실행하기에 적합하지 않았다. 마케팅전략은 판매에 집중하는 전통적인 사고에서 벗어나지 못하였으며, 결과적으로 고객중심의 접근이 이루어지지 않았다.

이러한 문제점 발견은 기업문화를 재정립하는 기회가 되었고 종업원에 대한 훈련프로그램의 도입, 고객관계관리를 위한 마케팅전략의 수정 등으로 이어져 고객만족과 고객유지 수준을 높일 수 있었다.

결론적으로 완벽한 CRM시스템을 운영하는 기업은 없다. Travelco는 고객에게 더욱 집중하여 고객의 이익과 가치를 개발하고 그들을 만족시킴으로써 장기적으로 고객의 신뢰를 높여 고객유지의 개선을 추구할 수 있었다.

자료 : Robert Johnston, Graham Clark, & Michael Shulver(2012), *Service Operations Management: Improving Service Delivery*(4th ed.), Prentice-Hall. p.309에서 발췌

토의문제

1. Travelco의 서비스인카운터에 영향을 주는 요인은 무엇인가?
2. Travelco가 지향하는 서비스인카운터개선은 구체적으로 무엇인가?

제 3 절 고객의 대기관리

1. 서비스공급능력과 고객의 대기

서비스시스템에서 서비스를 받기 위해 고객은 기다리게 된다. 하루 동안 서비스를 받기 위해 기다리는 시간이 얼마나 될까? 출근하기 위해 지하철이나 버스를 기다리고, 출근한 뒤에도 출근확인을 위해, 업무 중

에도 결재를 위해, 점심식사를 위해 기다리며 커피를 주문하고, 물품을 구매할 때, 콜센터를 통해 예약을 할 때, 퇴근 이후에도 이런 저런 이유로 기다림은 연속된다. 외식, 은행, 병원, 극장, 운송, 도소매점, 법률서비스 등 서비스를 받거나 서비스를 제공하는 경우에도 기다림의 대기행렬은 지속된다.

이러한 고객의 대기는 서비스인카운터에서만 일어나는 것이 아니고 식당의 주방에서의 준비, 은행의 업무처리를 위한 준비, 병원의 진료준비, 화물의 운송처리, 항공기의 활주로 대기 등 서비스를 지원하는 백라인(back line)에서도 고객의 대기가 발생한다.

그런데 이러한 대기문제는 고객의 입장에서 다음과 같은 인식의 차이를 보이고 있다. 고객은 서비스를 받기 위해 대기하는 시간이 길어질수록 불만수준이 더 높아진다. 기다림을 좋아하는 고객은 없을 것이다. 반대로 서비스를 받기 위해 기다리는 고객이 없다면 서비스의 질적 수준이 낮은 것이 아닌가하는 의심을 가질 수 있다. 기다리는 고객이 많을수록 서비스는 인기가 높다고 생각할 수도 있다.

Disneyland에서는 Adventure Land 등 11개의 테마파크와 Mickey Mouse Show 등 14가지의 엔터테인먼트가 시간대별로 공연되는데 고객은 이를 선택하여 관람하거나 체험할 수 있도록 서비스를 제공받고 있다. 한 가지의 프로그램 관람은 평균 15~20분 정도 소요된다. 이 중 인기 있는 프로그램은 관람을 위해 2~3시간 이상 기다린 후에야 입장을 하는 경우도 있다. 그러면 아침에 입장한 고객이 하루 종일 몇 개의 공연을 관람할 수 있을까? 대기하는 고객이 없거나 대기행렬이 짧은 경우에는 인기가 없다고 느낀다. 테마파크뿐만 아니라 EXPO와 같은 박람회장에서도 인기 있는 관람장의 입장을 위해서는 오랜 시간동안 대기를 해야 한다.

서비스시스템에서 고객의 대기는 서비스공급능력이 충분히 크다면 발생하지 않을 수 있다. 서비스공급능력과 고객의 대기와의 관계에서는 다음의 식이 성립한다.

$$\text{서비스시설의 소요} = \text{고객의 수}(L) = \text{도착율}(\lambda) \times \text{평균 대기시간}(W)$$

$$\text{서비스기계설비의 소요} = \frac{\text{시간당 총 수요량}}{\text{시간당 총 공급량}}$$

$$\text{서비스작업자의 소요} = \frac{\text{시간당 총 수요량}}{\text{가용작업량}}$$

따라서 서비스공급능력을 고려한 대기행렬모형에서는 다음의 요인을 파악해야 한다.

- 고객의 평균 대기시간(average customer waiting time)
- 예상을 초과하는 대기발생에 대한 확률(probability of excessive waiting)
- 부적절한 대기에 의한 판매기회 상실의 확률(probability of sales lost)

이 때 최소비용모형은 고객의 대기시간비용과 서비스작업시간비용의 합이 최소일 때의 공급능력을 결정하는 모형으로 다음 식으로 정의된다.

$$\text{총 비용}(T_C) = C_S N + C_W L_S = C_S N + C_W \lambda W$$

여기서 C_S = 서비스작업자의 시간당 비용
C_W = 대기고객의 시간당 비용
N = 서비스작업자의 수
L_S = 대기고객의 수

2. 대기행렬의 의사결정

서비스제공자가 충분한 공급능력을 유지하면 고객의 대기행렬문제는 쉽게 해결된다. 그러나 충분한 공급능력을 유지하는 것은 서비스작

그림 5-4 대기행렬의 비용최소화모형

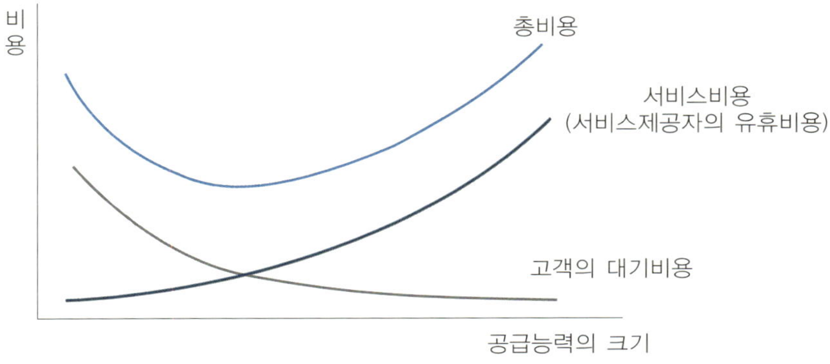

업자, 서비스공간, 서비스설비 등 추가적인 투자나 비용을 부담하게 하며 공급능력에 비해 수요가 작을 경우 유휴자원을 보유해야만 한다. 따라서 대기행렬에서의 의사결정은 서비스제공자의 예상유휴시간과 고객의 예상대기시간에 발생하는 비용최소화에 초점을 두고 있다.

이때 고려되어야할 비용은 서비스제공자의 비용과 고객의 대기로 인한 비용이다. 서비스제공자의 비용은 서비스수준과 비례하여 서비스제공활동에 소요되는 비용과 공급능력이 수요보다 클 경우 발생하는 서비스유휴비용으로 구성되며 고객의 대기비용은 공급능력이 수요보다 작을 경우 서비스수준과 반비례하여 발생한다. 대기행렬에서의 의사결정은 여러 가지 관점에서 비용최소화 접근을 할 수 있는데 가장 일반적인 모형은 [그림 5-4]에서와 같이 서비스제공자의 유휴시간에 대한 비용과 고객의 대기시간비용을 최소화 하는 접근방법이다. 이 접근방법에 의한 비용최소화모형은 다음의 식으로 나타낼 수 있다.

$$\text{minimize } E(C/S) = IC_1 + WC_2$$

여기서 $E(C/S)$ = 주어진 서비스수준 S에 대한 총 예상비용
I = 특정 시점의 서비스제공자의 총 예상유휴시간
C_1 = 서비스제공자의 단위시간당 유휴비용
W = 특정 시점의 도착고객의 총 예상대기시간
C_2 = 도착고객의 단위시간당 대기비용

3. 대기에 대한 고객의 반응

서비스의 수요가 일정하지 않고 고객의 도착시간이나 서비스에 소요되는 시간이 불규칙하면 고객의 대기는 피할 수 없다. 서비스제공자는 고객의 대기를 줄이거나 고객의 대기 중 고객의 반응을 파악하여 대응하는 전략이 필요하다. 고객이 서비스를 받기 위해 대기하는 행렬에서 나타나는 현상에 대하여 Schmenner(1995)는 다음의 몇 가지 명제(proposition)를 들어 설명하고 있다.

고객은 대기 중 서비스제공자가 그들을 고려하고 있지 않다고 생각하는 경우에 고려하고 있다고 생각하는 경우의 기다림보다 더 길게 느낀다.
☞ 고객이 대기하는 동안 무엇인가를 제공하는 것이 유리하다. 서비스와 직접 관련이 없는 활동이라도 주의를 분산할 수 있다.

고객은 서비스를 받기 이전(pre-process)에 기다리는 것을 프로세스 중 in-process) 에 기다리는 것보다 더 길게 느낀다.
☞ 고객에게 주문을 받고 기다리게 하는 것이 유리하다. 고객은 주문을 통해 서비스가 시작되었음을 느낄 수 있다.

불안감은 고객의 기다림을 더 길게 느껴지게 한다.
☞ 고객이 이미 서비스를 받고 있으며 잘못된 라인에서 대기하고 있는 것이 아니라는 점을 주지시키는 것이 필요하다.

설명 없이 기다리는 것은 설명을 듣고 기다리는 것보다 더 길게 느껴진다.
☞ 대기이유에 대한 설명은 고객의 불안감을 줄이고 친절한 방법이다.

불공정한 기다림은 공정한 기다림보다 더 길게 느껴진다.
☞ 공정하게 고객을 응대하고 있다는 인식은 고객의 불평을 줄인다.

서비스의 가치가 높다면 고객은 더 오래 기다릴 수 있다.
☞ 서비스품질과 가치는 고객의 행동을 좌우한다. 서비스의 가치를 높이는 시도가 필요하다.

혼자 기다리는 것은 여러 사람이 기다리는 것보다 더 길게 느껴진다.
☞ 서비스에 대한 고객의 불안감을 해소시키는 노력이 필요하다.

고객들은 서비스를 받기 위해 기다리는 것을 좋아하지 않는다.
그러나 대기하는 행렬의 길이가 길수록 서비스는 인기가 있다고 생각한다.
또한 서비스제공자는 가능하면 높은 생산능력을 유지하려 한다.
서비스제공자는 고객들이 기다리고 있다면 속임수를 쓸 수 없다.
☞ 고객의 대기시간은 서비스품질과 고객만족수준에 영향을 준다. 고객의 대기시간이 길어질수록 서비스수준은 낮아진다. 따라서 대기행렬과 수요의 불확실성, 고객의 대기시간과 서비스처리 속도, 서비스작업자의 규모

와 서비스인카운터수준을 고려하여 효과적으로 서비스를 제공하는 노력이 필요하다.

4. 고객의 대기관리

사례 병원의 대기고객의 관리

A병원의 종양내과는 주로 소화기 및 호흡기 암환자를 대상으로 진료를 하고 있다. 환자의 대부분은 이 병원에서 수술을 받고 지정된 의사로부터 정기적으로 체크하기 위해 방문하고 있다. 종양내과에서는 1일 평균 10명의 의사가 진료를 담당하고 있는데 20~30분 단위로 환자들의 예약을 받아 진료를 하고 있다.

외래환자는 예약시간 전에 도착하여 종양내과 앞의 대기실에서 대기하는데 [그림 5-5]에서와 같이 전광판에 환자이름이 나타나면 진료실 앞의 두 번째 대기장소에서 대기하다가 순서에 따라 진료를 받을 수 있다. 전광판에는 진료실별로 의사의 이름과 6명의 대기환자 이름이 나타나고 지연이 생기면 지연시간과 환자상담 등 지연사유를 알려주어 환자는 언제쯤 진료가 시작될지 예측할 수 있다.

의사의 진료가 끝나면 간호사는 컴퓨터화면을 통해 의사의 진료결과를 다시 설명해주고 필요한 처방 및 다음 진료를 예약해준다.

그림 5-5 A병원 진료대기실의 전광판

이 병원의 정보시스템은 다른 진료과목의 의사들과 정보공유를 가능하게 한다. 예를 들어 암수술환자의 경우 종양내과의 진료결과나 관련검사결과를 수술을 집도한 외과의사 등과 정보를 공유하여 환자의 치료수준을 높인다.

A병원은 고객대기 측면에서 예약시스템을 통해 고객의 대기시간을 줄이고 대기 중인 고객에게 충분한 정보를 제공함으로써 서비스수준을 높이고 있다. 또한 환자의 대기장소를 2원적으로 운영하여 고객대기의 혼잡성을 줄이기 위한 노력을 기우리고 있다. 이병원의 고객대기와 관련된 활동은 고객과의 다양한 커뮤니케이션을 통해 고객과의 인카운터를 강화함으로써 서비스향상에 기여하고 있다.

자료 : 아산병원

서비스에서는 수요가 일정하지 않고 고객의 도착시간도 불규칙하며 서비스 제공에 소요되는 시간도 고객에 따라 상이하므로 고객의 대기는 불가피하다. 고객이 서비스를 받기 위해 대기하는 행렬에서의 심리적 반응은 다양하게 나타나고 대기시간이 길어질수록 서비스수준은 낮게 평가된다.

Maister(1985)는 고객의 대기문제와 관련하여 서비스의 법칙(Laws of Service)을 발표하였는데 이 연구는 심리학적인 면에서 대기고객의 반응을 두 가지 로 분석한 것이다. 첫째는 고객의 기대와 인지에 관한 법칙으로 고객이 기대보다 높은 서비스를 받으면 고객은 행복감으로 만족하게 되어 주위 사람들에게 서비스를 칭찬할 것이고 그렇지 않으면 반대의 현상이 일어나게 된다. 둘째는 서비스에 대한 첫 인상이 나머지 서비스경험에 영향을 미친다는 것이다. 따라서 서비스를 기다리는 시간에는 즐거운 경험거리를 제공하는 노력이 중요하며 다음과 같은 대기심리학의 특성을 활용하는 것이 바람직하다.

(1) 공허한 감정 누그러뜨리기

고객들은 빈 시간(empty time)을 싫어한다. 이러한 시간은 고객들을 무기력하게 만들며 서비스를 받기 위해 대기하는 중 아무것도 하지 않고 기다리는 것은 더욱 길고 지루하게 느끼기 때문이다. 공항에서 다른 항공편으로 갈아타기 위해 대기하는 고객의 심리적 상태는 이러한 경우에 해당한다. 대기시간에 무엇인가 제공해 준다면 기다림의 지루함과 공허함은 어느 정도 누그러뜨릴 수 있을 것이다.

이와 같이 서비스제공자는 빈 시간을 싫어하는 고객에게 긍정적인 방법으로 이 시간을 채워주는 것이 바람직하다. 예를 들면 전화를 건 고객에게 기다리는 동안 음악을 들려주면 아직 통화가 계속되고 있다고 인식할 것이다. 레스토랑에서 대기하는 고객을 바(bar)로 안내하면 음료 판매의 기회를 얻게 되고 대기하는 고객끼리 대화도 하게 될 것이다.

(2) 서비스의 시작 알리기

레스토랑에서 순서를 기다리는 고객에게 메뉴판을 주거나 진료를 기다리는 환자에게 문진표를 작성하게 하고 진료기록표를 제공하는 것은 고객이 서비스가 시작되었음을 인식하게 해 준다. 서비스가 시작되었음을 인식하는 것은 고객이 기다림으로부터 벗어났음을 느끼게 해주는 주의분산의 전략이다.

서비스가 시작되었다는 것은 기다림의 지루함이나 불만족스러움을 해소해주고 편안한 느낌을 준다. A병원에서는 진료예약순서에 따라 진료실 앞 전광판에 6명씩 환자의 이름을 표시해줌으로써 서비스가 시작되었음을 알려준다. 전광판에 이름이 나타난 6명의 환자는 20분 내에 진료를 받을 수 있으나 길게는 30분 가까이 대기할 수도 있다. 그러나 서비스가 시작되었다는 안도감으로 더 긴 시간을 기다려도 불만을 나타내지 않는다.

(3) 터널의 끝이 보임을 알리기

A병원의 진료시간 예약시스템은 20~30분 단위로 예약시간대를 운영함으로써 환자의 대기시간을 획기적으로 줄여준다. 그러나 이러한 시간대별 진료예약의 경우도 환자에 따라 진료시간이 길어지면 서비스의 지연을 초래한다. 시간대별로 서비스시간을 예약하여도 불규칙하게 일어나는 지연으로 인하여 고객은 뜻하지 않게 대기하는 경우가 자주 발생한다.

Disneyland에서 인기 있는 테마파크는 입장하는데 수백명이 대기행렬을 이루는 경우가 하루에도 여러 차례 일어난다. 고객이 대기하는 행렬사이에는 예정 입장시간을 알려주는 표지판을 세워놓고 있다. 정기적으로 30~40명씩 입장한다고 하면 언제쯤 서비스를 받을 수 있을지 짐작할 수 있다. 이것은 고객이 아무런 정보도 없이 대기하는 것에 비해 불안감이나 지루한 감정을 해소할 수 있는 방안이 된다.

(4) 서비스 순서 알리기

많은 연구에서 밝혀진 바와 같이 서비스를 받기 위해 기다리는 시간이 길수록 고객의 불만은 높아지고 서비스품질수준에도 영향을 미친다. 늦게 도착한 고객이 먼저 서비스를 받는 불공정한 경우에는 고객의 불만이 더욱 커진다. 은행창구에서의 거래, 동사무소의 민원서비스, 병원의 입원 및 퇴원수속이나 치료비정산창구에서는 서비스를 받기 위해 기다리는 고객에게 번호표를 나누어 준다. 서비스창구가 여러 개일 때는 고객을 한 줄로 세우는 방법을 사용한다. 고객의 대기가 예상되는 경우 서비스제공자는 먼저 도착한 고객에게 먼저 서비스를 받게 하는 선입선출(first come first serve; FCFS)의 순서를 사용하는 것이 가장 최선의 방법이 될 것이다.

Disneyland의 FASTPASS, 롯데월드의 매직패스는 인기 있는 놀이기구의 대기행렬이 긴 경우 입장시간을 예약하는 방법을 사용하여 장시간 기다리는 고객의 불편을 줄여주고 있다. 이러한 대기행렬관리는 고객의 대기인식을 개선해주고 대기행렬이 짧은 다른 놀이기구를 먼저 이용하게 하여 혼잡성을 줄여준다. 뿐만 아니라 고객이 여러 매장을 돌아다니며 구매기회를 가짐으로써 서비스 제공자는 수익확대라는 부수적인 효과도 얻을 수 있다.

(5) 기다리는 고객에게 신경쓰기

병원에서는 대기하는 환자에게 진료가 시작되기 전 체온, 혈압을 재는 등 진료서비스를 위한 사전조치를 한다. 골프장에서는 티박스 뒤에서 앞팀의 티샷을 기다리는 동안 몇 가지 준비운동을 하거나 퍼팅연습장을 열어 기다리는 고객을 배려한다. 서비스제공자가 기다리는 고객에게 무엇인가 해주고 배려한다면 이를 느끼는 고객은 대기에 의한 불만이 줄어드는 것으로 조사되고 있다.

그러나 콜센터에 전화를 걸었을 때 자동응답장치에서 기다리라는 안내가 기계음으로 나오거나 대기 중임을 알리는 음악이 반복되는 경우 고객은 서비스를 포기하는 경우가 종종 있다. 고객의 기다림에 대한 불만과 불편을 줄이기 위해 서비스의 시작을 알리거나 순서를 알려주는 번호표를 나누어주는 경우도 대기고객이 너무 많은 경우에는 약 30%에 해당하는 고객이 서비스를 포기하고 떠나버리는 것으로 분석되고 있다.

서비스제공자는 이러한 고객대기의 문제를 최소화하고 기다림을 대체할 수 있는 고객대기전략이 필요하다. 서비스제공자는 고객의 대기시간을 최소로 줄이는 노력이 필요하며 만일 불가피하게 대기하여야 하는 경우에는 고객이 불만을 갖지 않고 더 기다릴 수 있도록 하는 방법이 무엇인가를 찾아야 한다.

서비스제공자는 기다림을 대체할 수 있는 볼거리 만들기, 단골고객이나 우량고객에 대한 서비스차별화, 고객확인프로세스의 자동화, 실제 기다림에 대한 인식을 다른데 돌리는 판단 흐리기 등의 방법을 사용할 수 있다.

고객대기관리와 관련하여 다음의 문제를 생각해보자. 고객접촉 시 어느 정도의 표준화, 자동화는 고객의 신뢰도를 높여준다. 그러나 고객은 과도한 자동화, 기계화에 대한 거부감도 높다. 고객응대가 많은 기업들은 비용절감을 위해 콜센터의 고객응대에 자동응답기를 사용하고 있다. 콜센터와의 대화에서 5~6개 단계나 그 이상의 단계에까지 연결되었다가 '상담통화 중' 이라는 메시지와 함께 다시 전화를 걸라는 메시지는 고객의 불만을 가져온다. 다음의 사례는 '사람이 직접 전화를 받는 고객센터' 의 광고가 미국에서 화제를 일으키고 있다는 뉴스보도이다.

사례 고객대기의 심리적 문제 : '사람이 직접 전화를 받는 고객센터'

〈앵커〉

미국에서 고객센터 전화를 사람이 직접 받는다는 광고가 큰 인기를 얻고 있습니다. 자동응답 시스템은 너무 길고, 복잡하기 때문입니다. 뉴욕 특파원의 보도입니다.

〈기자〉

한 주부가 신용카드에 문제가 생겨 급히 콜센터에 전화를 걸었습니다.
콜센터 "무엇을 도와드릴까요?"
콜센터 직원의 육성에 고객은 깜짝 놀라는 표정입니다.
고객 "당신 진짜 사람이에요?"
콜센터 "진짜 사람이죠."
사람이 전화를 받자 오히려 놀라서 용건마저 잊고 맙니다.
콜센터 "자 그럼 뭘 도와드려요?"
고객 "아이고 생각이 안 나요."

이 광고가 업계의 큰 화제로 떠오른 것은 현실의 정곡을 찔렀기 때문입니다. 지난 10여 년 동안 미국 기업들은 고객 콜센터를 자동응답기로 대체하거나, 인건비가 싼 외국으로 옮겼습니다. 소비자는 콜센터와 대화하기까지 입력정보가 너무 많아 정작 용건은 꺼내지도 못하는 경우가 많습니다.

뿐만 아니라 콜센터 지동응답 통화에서는 "고객님들의 전화가 너무 많아 모든 상담원이 통화 중입니다. 잠시만 기다려주십시오." 하는 멘트를 자주 들을 수 있습니다. 기계 대신 직원과 빨리 연결할 수 있는 요령이 잡지에 나올 정도입니다.

조엘/뉴욕 시민 : "미국에 있는 직원과 통화를 원한다면 추가 요금을 내야 하는 회사 도 있어요."

황당한 통화 경험을 담은 풍자 영상이 쏟아지는가 하면 무리한 해외 아웃소싱을 소재로 한 TV 드라마까지 나왔습니다. 사람이 전화를 받는다는 역설적인 광고의 성공은 비용절감에만 매달려 가장 중요한 고객을 잊고 있는 미국 기업들의 단면을 잘 보여주고 있습니다.

자료원 : SBS 뉴스- 2013. 8. 17 (http://www.sbs.co.kr)

제 4 절 대기행렬시스템

1. 대기행렬시스템의 특징과 체계

대기행렬(queue 또는 waiting line)이란 고객이 서비스를 받기 위해 대기하는 고객의 열을 의미한다. 대기행렬은 고객이 순서적으로 도착하여 순서적으로 서비스를 받는 것이 아니라 다음과 같은 형태로 대기행렬을 이룰 수도 있다.

첫째, 서비스는 한 번에 한 사람씩 서비스하도록 제한할 필요는 없다. 즉 버스, 항공기, 엘리베이터는 고객이 모여 일괄적으로 서비스를 받는 벌크(bulk)서비스의 형태를 나타낸다. 둘째, 고객은 항상 서비스를 받으러 서비스시설에 갈 필요가 없다. 공공서비스를 제공하는 소방차나 경찰의 출동은 서비스제공자가 고객을 찾아가서 서비스를 제공하는 경우이다. 셋째, 서비스는 일련의 대기행렬단계로 이루어질 수 있거나 보다 복잡한 네트워크구조를 나타낼 수도 있다. Disneyland와 같은 테마

그림 5-6 대기행렬시스템의 구조

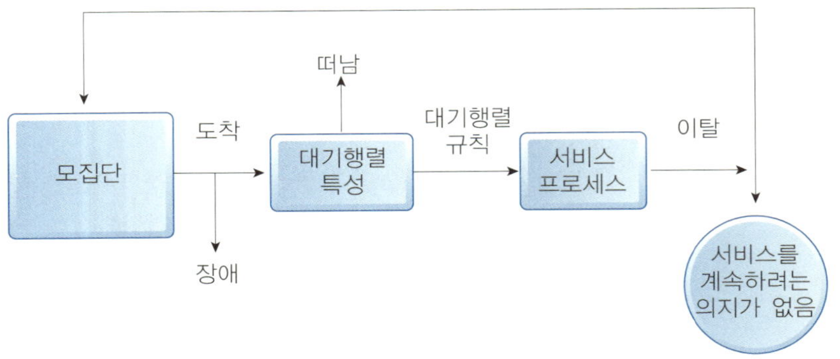

파크에서 고객은 도착순으로 대기행렬을 이루다가 시간에 경과하면 묶음(batch)형태로 서비스를 받는다.

일반적으로 대기행렬은 서비스수요가 서비스공급능력을 초과할 때 발생한다. 즉 고객의 도착을 서비스시스템이 따라가지 못하여 고객은 기다리게 되고 대기행렬이 발생한다. 슈퍼마켓의 계산대, 종합병원의 진료실, 은행창구, 공항의 보안검색대 등에서 고객들은 서비스를 받기 위해 대기행렬을 형성한다.

대기행렬시스템의 이론을 통해 고객의 대기문제에 대한 해답을 찾을 수 있다. 이에 따라 서비스시스템에서의 효율적인 관리를 위해서는 바람직한 서비스수준과 이때 발생하는 서비스비용의 균형화에 대한 의사결정이 필요하다.

대기행렬시스템은 [그림 5-6]에서와 같이 고객의 도착, 고객의 대기행렬(queue), 서비스시설, 고객의 떠남 등 일련의 서비스순서를 갖는 체계로 구성되어 있다.

고객의 도착은 서비스시스템에 투입되는 요소로서 고객의 도착시간, 도착시간 간격 등 확률적 특징을 나타낸다. 고객이 서비스를 받기 위해 기다리는 대기행렬은 서비스의 순서, 행렬의 길이 등의 특징에 따라 대기행렬모형을 구성한다. 서비스시설은 서비스를 제공하는 인적 자원과 서비스공간, 기계설비 등 서비스시설로서 서비스창구의 수, 규모와 서비스시간을 결정하는 요인이 된다.

2. 대기행렬모형

항공사의 공항서비스는 고객에게 좌석을 배정하여 탑승권을 발급해 주고 수하물을 접수하여 컨베이어시스템을 통해 비행기의 화물칸으로 보내는 작업을 수행한다. 공항서비스에서는 고객마다 예약을 확인하고 고객이 요구하는 좌석을 배정하고 수하물의 무게와 짐표를 부착하는 등 비교적 단순한 서비스프로세스가 반복적으로 수행된다. 항공사는 여러 개의 창구를 사용하여 공항서비스를 해도 예기치 않은 지연이 발생하고 고객의 기다림과 대기행렬이 발생한다.

고객의 대기행렬에 영향을 미치는 요인은 서비스를 받기 위해 도착하는 고객의 수, 도착시간의 간격, 서비스창구의 수, 서비스시간 등이다. 또한 고객이 서비스를 받기 위해 기다리는 시간이 길어질수록 고객의 불만이 높아지며 서비스수준에 영향을 준다. 항공사는 고객의 대기시간이나 고객의 대기행렬을 줄이려는 노력으로 서비스수준을 개선하려 하지만 용이한 일이 아니다. 서비스창구의 수를 확대하는 경우 새로운 투자비의 지출을 요구한다. 이러한 서비스공급능력의 확대는 수요가 줄어드는 시간대에는 유휴자원으로 인한 비용이 추가적으로 발생한다.

서비스기업에서 이러한 문제를 해결할 수 있는 방법은 무엇인가? 대기행렬이론의 적용을 고려해 보자.

고객의 도착은 대기행렬모형은 서비스시스템의 특성과 관련하여 다음의 가정을 전제로 한다.

- 모집단(calling population)은 서비스를 받는 고객의 원천으로 대규모이며 상호 독립적이며 서비스시스템의 영향을 받지 않는다.

- 도착프로세스(arrival process)에서 고객의 도착시간 간격은 지수분포, 도착률은 포아송분포를 따른다.
- 대기행렬 구성(queue configuration)은 길이에 제한이 없이 하나의 대기 행렬을 이룬다.
- 대기행렬은 FCFS의 규칙(queue discipline)을 나타낸다.
- 서비스프로세스(service process)에서 서비스시간은 지수분포를 따른다.

(1) 모집단

고객의 모집단(calling population)은 [그림 5-7]에서와 같이 서비스를 받는 고객의 도착원으로 동질적 집단이나 몇몇 하위집단으로 구성되고 무한 · 유한의 집단으로 구분된다. 항공서비스에서 고객의 도착은 1등석, 비즈니스석, 일반석 고객으로 구분되며 각각의 고객들에게는 다른 수준의 서비스를 제공하므로 각각의 서비스창구별로 별도의 대기행렬이 만들어진다. 또한 몇몇 서비스시스템의 모집단은 유한한 도착원을 갖는데 예를 들어 대학캠퍼스 내에 설치한 은행지점은 대부분 학생이나 교직원을 대상으로 서비스를 제공하므로 이 은행지점 고객의 모집단은 유한한 것으로 간주한다.

그림 5-7 고객집단

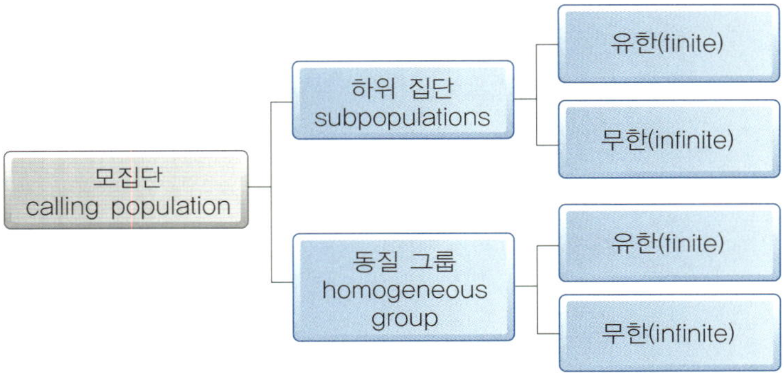

(2) 도착프로세스

도착프로세스(arrival process)는 대기행렬시스템의 투입요소로서 서비스를 받기 위해 도착하는 고객의 확률적 특징을 나타낸다. 고객도착프로세스에서는 고객의 도착과 도착의 시간간격과 고객의 평균도착률을 기초로 한다.

고객의 도착분포란 주어진 시간에 얼마나 많은 고객이 도착하는가에 대한 확률분포를 의미하며 포아송분포를 따른다. [그림 5-8]과 같이 대기행렬모형에서 고객의 도착에 대한 확률밀도함수는 이산형(discrete)분포로서 다음의 식으로 정의된다.

$$P(x) = \frac{\lambda^x e^{-\lambda}}{x!} \quad x = 0, 1, 2, \cdots$$

여기서 λ = 주어진 기간 내의 평균드착률
x = 주어진 시간 내 고객의 도착 수
e = 2.71828 자연대수의 밑

그림 5-8 고객의 도착률에 대한 확률 분포

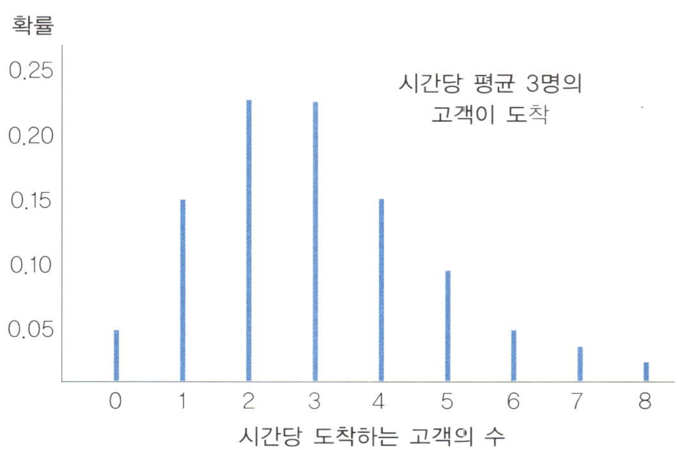

예를 들어 주어진 기간 내 고객의 평균도착률 $\lambda=3$이라 하면 각각의 확률은 다음과 같이 구한다.

$$P(x)=\frac{\lambda^X e^{-\lambda}}{x!}=\frac{3^0 e^{-3}}{0!}=e^{-3}=0.0498$$
$$P(x)=\frac{\lambda^X e^{-\lambda}}{x!}=\frac{3^1 e^{-3}}{1!}=3e^{-3}=0.1494$$
$$P(x)=\frac{\lambda^X e^{-\lambda}}{x!}=\frac{3^2 e^{-3}}{2!}=\frac{9}{2}e^{-3}=0.2241$$

고객의 도착과 도착의 시간간격은 [그림 5-9]와 같이 지수분포에 따른다. 즉 병원의 환자 도착은 시간이 지남에 따라 도착빈도가 떨어져 시간간격이 늘어날수록 감소하는 지수분포(exponential distribution)의 형태를 나타낸다. 이 때 지수분포의 평균과 표준편차는 $\frac{1}{\lambda}$로서 이론적으로 동일하다. 지수분포의 확률밀도함수는 다음과 같다.

그림 5-9 고객의 도착과 도착의 시간간격에 대한 분포

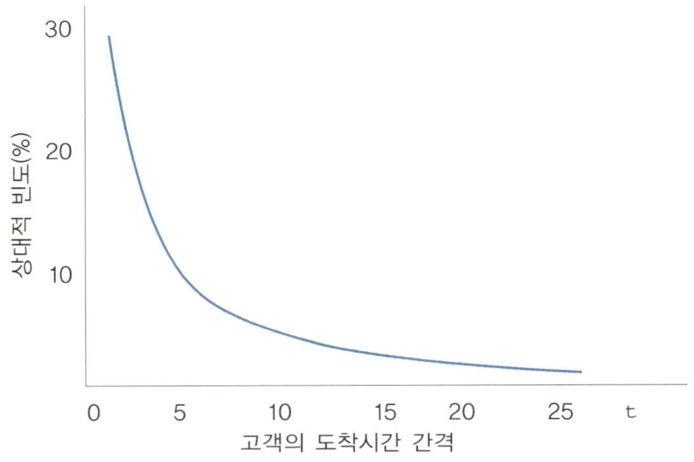

$$f(t) = \lambda e^{-\mu t} \qquad t \geq 0$$

여기서 λ = 주어진 기간 내의 평균도착률
t = 도착시간 간격
e = 2.71828 자연대수의 밑

고객의 도착과 도착의 시간간격에 대한 누적분포함수는 다음과 같다.

$$F(t) = 1 - e^{-\mu t} \qquad t \geq 0$$

여기서 누적분포함수는 도착시간 간격이 t보다 작거나 같을 확률이며 λ는 평균 도착시간 간격의 역수로 표시할 수 있다. 만일 고객의 도착시간 간격이 2.5분이라면 $\lambda = 1/2.5 = 0.4$(명/분)이 된다. 이때의 확률밀도함수와 누적분포함수는 다음과 같다

$$f(t) = (0.4)\ e^{-(0.4)t} \qquad t \geq 0$$
$$F(t) = 1 - e^{-(0.4)t} \qquad t \geq 0$$

다른 또 한사람의 고객이 5분 안에 도착할 확률을 구하기 위해서는 누적분포 함수에서 $t = 5$를 대입하여 구한다.

$$F(t) = 1 - e^{-(0.4)(5)} = 1 - 0.1353 = 0.8647$$

즉 다음의 고객이 5분 안에 도착할 확률은 86.47%이다.

(3) 대기행렬의 형성

대기행렬의 구성(queue configuration)은 단일의 대기행렬인가 또는 복수의 대기행렬인가의 고객의 대기방법, 복수의 대기행렬인 경우

줄바꿈의 허용 여부와 급행대기행렬 여부, 번호표시스템 등 대기행렬의 형태에 대한 요인을 포함한다. 대기행렬의 구성은 다음의 가정을 전제로 한다.

- 대기행렬은 단일경로(single channel)을 갖는다.
- 고객의 도착은 포아송분포를 나타낸다.
- 서비스시간은 지수분포를 나타낸다.
- 대기행렬의 규칙은 FCFS에 따른다.

대기행렬 구성의 원칙은 다음과 같다.

- 고객집단의 크기는 유한 도착원 또는 무한 도착원으로 한다.
- 대기행렬은 유한 대기행렬과 무한 대기행렬로 한다.
- 대기행렬은 지속적 대기행렬과 잠정적 대기행렬로 한다.
- 도착율(λ)과 서비스율(μ)을 사용한다.
- 서비스시스템 내에 체류할 수 있는 최대고객의 수를 제한한다.
- 서비스시스템의 창구의 수를 정한다.

(4) 대기행렬의 규칙

대기행렬의 규칙은 서비스제공의 순서를 정하는 방법을 의미한다. 일반적으로 고객의 도착순서에 따라 서비스를 제공하는 방법이 공정성을 보장하고 고객의 불만을 줄일 수 있다. 그러나 최단처리시간(shortest processing time; SPT)규칙은 고객이 서비스시스템에 체류하는 평균시간을 최소화 할 수 있다. 대기행렬모형에서 고객에게 제공되는 서비스우선순위의 규칙은 다음과 같다.

- FCFS(first come, first serve)의 우선순위를 적용할 수 있다.
- LCFS(last come, first serve)의 우선순위를 적용할 수 있다.
- random service의 우선순위를 적용할 수 있다.
- 경우에 따라 끼워넣기(preemption service)를 허용한다.

그림 5-10 서비스시간에 대한 분포

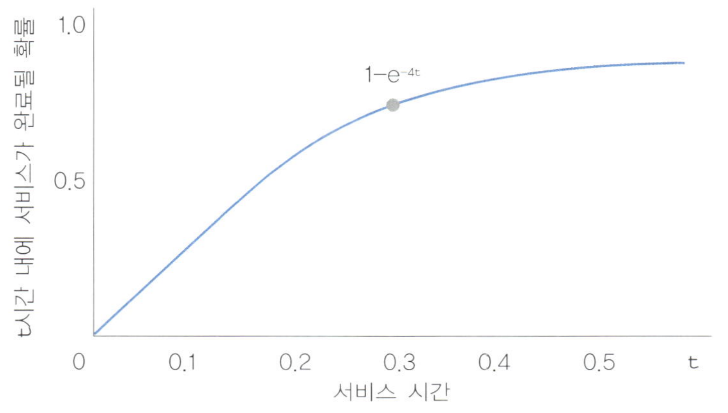

(5) 서비스프로세스

서비스프로세스(service process)에서의 분석은 서비스제공시간, 서비스시설 또는 창구의 배열, 서비스처리능력, 셀프서비스 수준 등을 대상으로 분석한다. 서비스프로세스는 서비스유형, 고객접촉도, 서비스수준에 따라 다양하게 나타난다. 서비스시간분포는 서비스시스템 내에서 고객이 서비스를 받는데 소요되는 시간의 확률분포로서 [그림 5-10]에서와 같이 지수분포(exponential distribution)를 나타낸다. 서비스시간에 대한 확률밀도함수는 다음의 식으로 정의된다.

$$P(\text{service time} \leq t) = 1 - e^{-\mu t} \qquad t \geq 0$$

여기서 μ= 주어진 기간 내의 평균고객의 수
e = 2.71828 자연대수의 밑

예를 들어 세차장에 주어진 시간동안 평균 4대의 자동차를 서비스할 수 있다면 각각의 확률은 다음과 같이 구한다.

$$P(\text{service time} \leq 0.1\ \text{hours}) = 1 - e^{-\mu t} = 1 - e^{-4(0.1)} = 1 - 0.6703 = 0.3297$$
$$P(\text{service time} \leq 0.3\ \text{hours}) = 1 - e^{-\mu t} = 1 - e^{-4(0.3)} = 1 - 0.3012 = 0.6988$$
$$P(\text{service time} \leq 0.5\ \text{hours}) = 1 - e^{-\mu t} = 1 - e^{-4(0.5)} = 1 - 0.1353 = 0.8647$$

3. 대기행렬모형의 적용 : Kendall의 모형

대기행렬모형에서의 의사결정은 다음의 문제를 대상으로 하여 분석한다.

- 대기행렬시스템에 특정고객의 수가 포함될 확률
- 평균(예상) 대기행렬의 길이
- 평균(예상) 대기시간
- 대기행렬 내에서 각각의 고객이 소비하는 평균시간
- 대기행렬 내의 평균 고객의 수
- 서비스시스템의 유휴시간이 발생할 확률

위의 대기행렬문제는 서비스기업의 대기행렬관리에 필요한 것으로 대기행렬 이론의 원리에 의해 구할 수 있다. 대기행렬문제를 정량적으로 접근하는 데에는 모형의 단순화를 위한 가정이 필요하다. 고객의 도착율(λ)과 서비스율(μ)을 측정하고 확률적 특성의 가정에 따라 대기행렬에서의 평균시간, 길이 등을 계산할 수 있다. 고객대기관리에 필요한 기본적인 대기행렬 문제를 다음과 같이 정의된다.

- 대기행렬시스템 내에 도착하는 평균고객의 수(λ)

  λ = 평균도착률 → 평균(예상) 대기행렬의 길이

- 일정시간 서비스를 받는 평균고객의 수(μ)

  μ = 평균서비스율 → 평균(예상) 대기시간

- 서비스시설 이용률(ρ)

  $P = \lambda / \mu$

- 대기행렬시스템 내에 대기하는 평균 고객의 수(L_q)

  $Lq = \lambda^2 / \mu(\mu - \lambda)$

- 대기행렬시스템 내에 체류하는 평균 고객의 수(L)

  $L = Lq + \lambda / \mu$

- 서비스시스템 내에 대기하는 고객 1인당 평균 대기시간(Wq)

  $Wq = Lq / \lambda$

- 서비스시스템 내에 체류하는 고객 1인당 평균 대기시간(W)

  $W = Wq + 1/\mu$

- 대기행렬시스템 내에 고객이 없을 확률(P_0 = 유휴시간 비율)

  $P_0 = (1 - \lambda / \mu)$

- 대기행렬시스템 내에 n명의 고객이 체류할 확률(P_n)

  $P_n = (\lambda / \mu) P_0$

대기행렬에 대한 문제는 비용, 시간, 서비스수준 등 결정기준에 따라 회사의 방침이나 고객요구수준 등을 고려하여 의사결정이 이루어진다. 대기행렬의 의사결정은 경영자의 판단에 따라 여러 가지 대안을 선택할 수 있다.

대기행렬모형의 적용을 일반화하기 위해 Kendall의 대기행렬모형을 적용할 수 있다. Kendall의 대기행렬모형은 [그림 5-11]과 같이 고객의 도착분포, 서비스시간분포, 서비스시설 또는 경로의 수, 서비스 원칙, 고객의 수, 요구집단의 크기 등 6개 요소를 체계적으로 배열한 모형이다.

고객의 도착분포는 도착시간의 특징에 따라 포아송분포(M), 확정적적 분포(D), Erlang분포(E), 일반적 분포(GI) 등으로 구분되어 표시한다. 서비스시간분포는 서비스가 제공되는 시간에 따라 포아송분포(M), 확정적적 분포(D), Erlang분포(E), 일반적 분포(G) 등으로 구분되어 표

그림 5-11 Kendall의 대기행렬모형

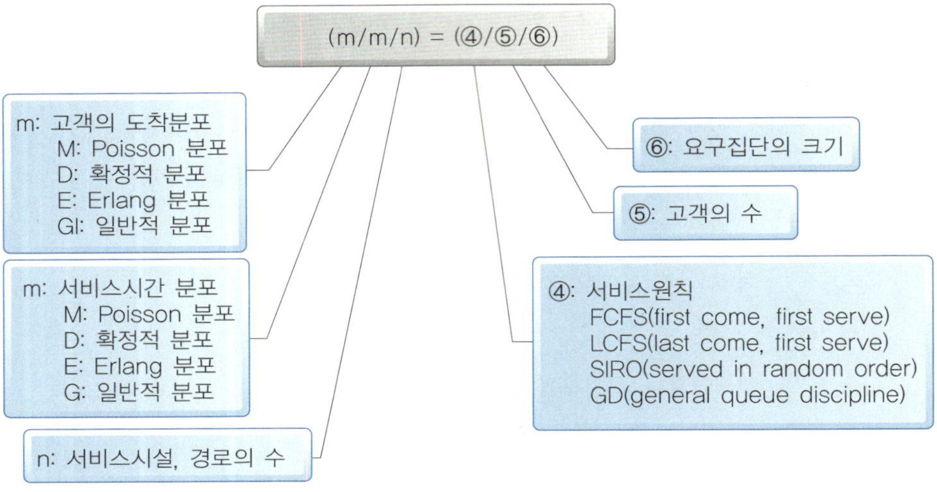

시한다. 서비스시설 또는 경로의 수는 단일 또는 복수의 서비스창구를 나타낸다.

서비스 원칙은 서비스제공의 순서를 나타내는 것으로 FCFS, LCFS(last come, first serve), SIRO(served in random order), 일반적인 규칙(GD) 등으로 표시한다. 고객의 수와 요구집단의 크기는 서비스 시스템을 방문하는 집단의 크기를 나타내는 것으로 유한 또는 무한집단으로 구분된다. Kendall의 모형의 유형과 서비스의 예는 다음과 같다.

(D / D / 1) : (FCFS / ∞ / ∞)	(예) 소매점포
(M / M / 1) : (FCFS / ∞ / ∞)	(예) 패스트푸드점
(M / D / 1) : (FCFS / ∞ / ∞)	(예) 세차장
(M / E / 1) : (FCFS / ∞ / ∞)	(예) 은행 대출창구

종합사례 및 토의문제 Club Med의 서비스인카운터

Disneyland의 아프리카 정글에는 중남미풍 용모의 젊은 사람을 선발하여 의상, 머리모양, 화장, 악세서리 등을 상세하게 기술해 놓은 대로 맞추어 무대 위의 배우역할을 하도록 훈련된 직원을 배치한다. Disneyland의 고객접점직원은 각각의 테마에 따라 특색 있게 배치한다. 그러나 고객들은 고객접점직원의 특징보다는 테마파크의 시설, 예를 들어 보트, 동물, 타는 기구, 공간 등의 기계적 움직임에 더 신경을 쓴다.

Disneyland의 서비스전달시스템에서 직원들이 무대 위의 배우역할을 하는 것은 곳곳에서 볼 수 있다. 직원들은 고객이 하루에도 수백번 같은 질문을 해도 미소로서 답하는 모습을 보인다. 이것은 끊임없는 훈련으로 얻은 결과이다

Disneyland와는 대조적으로 1950년 Gérard Blitz에 의해 설립된 Club Med를 볼 수 있다. Club Med는 다양한 레포츠 및 엔터테인먼트를 즐길 수 있는 종합휴양지로서 "모든 것을 포함하는 리조트(all-inclusive resort)"의 개념을 가지고 세계적으로 유명한 해변, 스키장 주위에 100여개의 체인으로 운영하고 있다.

Club Med는 직원의 용모보다는 "숫자"에 의해 고객에게 서비스를 제공한다. 서비스를 제공하는 직원의 번호, 몇 사람이 제공하는가를 중시한다. Club Med의 서비스목표는 고객이 복잡한 문명사회로부터 벗어나 적절한 비용으로 높은 서비스가치를 진정으로 느끼게 하는 것이다. 직원들의 노력으로 하루 종일 서비스의 편리성, 즐길거리를 만끽할 수 있도록 한다. 예를 들어 다양한 스포츠를 지도하고 고객을 참여시키고, 저녁시간에는 식사와 음악, 익살, 춤을 즐길 수 있도록 배려한다.

Club Med 직원은 리조트를 방문하는 고객이 즐기는 것을 즐기는 것이다. 이러한 서비스수행에는 훈련이 제한적이다. 서비스를 설명하는 매뉴얼보다는 직원 스스로가 경험하고 익혀서 얻은 결과이다. Club Med를 찾는 고객은 매일 같은 서비스인카운터를 경험하거나 이틀 연속으로 같은 서비스를 즐기려 하지 않는다. 같은 서비스에 열정을 다하는 고객은 많지 않으며 이들은 안정된 서비스인카운터를 원한다. 고객들은 물리적 서비스시설이 설계되어 매력적인 장소에 배치되고 숙련된 직원에 의해 잘 운영되기를 기대한다.

Club Med의 서비스는 정형화된 Disneyland 직원의 서비스에 비해 고객관리에 유연성을 보이고 있다. 일상적으로 반복하여 수행하는 서비스이지만 음악, 즐길거리, 디스코와 같은 그들의 서비스는 고객의 선택에 따라 이루어진다. 고객의 선택과 직원

의 판단에 따라 수행되는 서비스는 고객과의 접촉에서 최선의 방법을 제시하며 비교적 자유롭게 행해진다. 그러나 이러한 서비스활동도 실제로는 기록으로 남아 평가를 받는다.

Club Med 서비스프로세스의 중요한 특징은 서비스전달의 설계를 고객 스스로 통제할 수 있다는 점이다. 예를 들어 젊은 나홀로 고객이 침대와 방만을 빌리는 것이 아니라 다른 여행객이 동의하는 경우 이들과 같이 여가를 즐길 수 있다는 점이다. 짧은 시간에 별다른 목적도 없이 리조트에 머무르기보다는 같이 방을 사용함으로써 특별한 가치를 공유할 수 있는데 이는 여러 휴양지 중 Club Med에서만 경험할 수 있는 서비스이다.

자료 : James L. Heskett, W. Earl Sasser, & Leonard A. Schlesinger(1997), *The Service Profit Chain*, The Free Press, pp. 155~158에서 요약.
http://www.clubmed.com

토의문제

1. Club Med와 Disneyland 서비스인카운터의 차이점은 무엇이며 각각의 장단점에 대하여 토의하자.
2. Club Med 서비스인카운터의 강화가 필요한가? 서비스인카운터의 강화가 필요하다면 어떤 점에서 필요한지 토의하자.
3. 서비스운영의 효율성 면에서 Club Med의 서비스인카운터를 평가하라.

용어정리

서비스인카운터 고객과 서비스제공자의 접촉과 대면, 고객과 서비스제공자의 상호관련성으로 서비스가 제공됨.

서비스인카운터의 요소 서비스과업, 서비스표준, 서비스제공시스템으로 구성됨.

디커플링(decoupling) 서비스의 편의성과 서비스운영비용의 효율성을 높이기 위해 서비스제공자와 고객간의 직접적인 대면접촉이 없이 서비스가 이루어지는 것.

고객관계관리(CRM) 고객가치증대를 위해 고객과의 상호관계를 관리하고 고객이 지속적으로 충성도를 유지하면서 구매동기를 유발하는 비즈니스전략.

서비스의 법칙(Laws of Service) 대기고객이 기대보다 높은 서비스에 만족하면 주위 사람들에게 칭찬하며 서비스의 첫 인상은 나머지 서비스경험에 영향을 주므로 서비스의 대기시간에는 즐거운 경험거리를 제공하는 노력이 중요함.

대기심리학 고객의 대기에 대한 심리적 분석으로 공허한 감정 누그러뜨리기, 서비스의 시작 알리기, 터널의 끝이 보임을 알리기, 서비스순서 알리기, 기다리는 고객에게 신경쓰기 등의 방법으로 대응.

대기행렬(queue 또는 waiting line) 고객이 서비스를 받기 위해 대기하는 열.

대기행렬의 비용최소화모형 서비스제공자의 유휴시간에 대한 비용과 고객의 대기시간비용을 최소화 하는 모형.

대기행렬시스템 고객의 도착, 고객대기행렬, 서비스시설, 고객의 떠남 등 일련의 서비스순서를 갖는 체계.

고객의 도착 서비스시스템에 투입되는 요소로서 고객의 도착시간, 도착시간 간격 등 확률적 특징을 나타냄.

서비스시설 서비스를 제공하는 인적 자원과 서비스공간, 기계설비 등 서비스시설로 서비스창구의 수, 규모와 서비스시간을 결정하는 요인.

대기행렬모형 대기행렬 이론에 의해 고객의 도착율(λ), 서비스율(μ)을 측정하고 확률적 특성에 따라 대기행렬에서의 평균대기시간, 대기행렬의 길이 등을 계산하는 대기행렬 문제의 정량적 접근모형.

모집단(calling population) 서비스를 받는 대규모. 고객의 원천으로 상호 독립적이며 서비스시스템의 영향을 받지 않음.

도착프로세스(arrival process) 고객의 도착시간 간격은 지수분포, 도착률(λ)은 포아송분포.

대기행렬 구성(queue configuration) 길이에 제한이 없이 하나의 대기행렬을 구성.

대기행렬의 규칙(queue discipline) 고객의 도착순서 및 서비스제공순서.

서비스프로세스(service process) 서비스시간, 서비스율(μ)은 지수분포.

Kendall의 모형 고객도착분포, 서비스시간분포, 서비스시설 또는 경로 수, 서비스원칙, 고객 수, 요구집단의 크기 등 6개 요소를 체계적으로 배열한 모형.

연습문제

1. 서비스인카운터를 강화하기 위해 필요한 관리활동은 무엇인가?
2. 서비스프로세스행렬의 서비스유형별 서비스인카운터의 변화에 대하여 설명하라.
3. 항공서비스에서 디커플링전략은 어느 부문에서 필요하며 디커플링전략의 이점은 무엇인가?

4. 서비스인카운터에서 고객관계를 강화를 위해 CRM을 운영하는 경우 기대되는 효과는 무엇인가?
5. 고객대기관리에 필요한 기본적인 의사결정문제를 열거하라.
6. 고객의 도착시간분포는 포아송분포, 도착과 도착의 시간시간간격은 지수분포를 적용하는 근거는 무엇인가?

참고문헌

Fitzsimmons, James A. & Mona A. Fitzsimmons(2011), *Service Management, Operations, Strategy, Information Technology*(7th ed.), McGraw-Hill.

Heskett, James L., W. Earl Sasser, & Leonard A. Schlesinger(1997), *The Service Profit Chain*, The Free Press.

Johnston, Robert, Graham Clark, & Michael Shulver(2012), *Service Operations Management: Improving Service Delivery*(4th ed.), Prentice-Hall.

Maister, David H.(1985), " The Psychology of Waiting Lines," *In The Service Encounter*, eds. J. A. Czepiel, M. R. Solomon, & C. F. Surprenant, Lexington Press, pp.113~123.

Metters, Richard D., Katheryn H. King-Metters, Madelein Pullman, & Steve Walton(2006), *Service Operations Management*(2nd ed.), Thomson.

Normann, Richard(2001), *Service Management: Strategy and Leadership in Service Business*, John-Wiley.

Schmenner, Roger W.(1995), *Service Operations Management*, Prentice-Hall.

http://www.glaw.scourt.go.kr

http://www.toysrus.com

http://www.sbs.co.kr

http://www.clubmed.com

제 · 6 · 장

서비스프로세스의 배치와 운영

학 | 습 | 목 | 표

본 장에서는 다음과 같은 내용의 이해를 목표로 한다.

- 서비스프로세스의 유형
- 서비스프로세스의 운영과 특징
- 서비스프로세스와 설비배치
- 서비스프로세스의 개선
- 서비스프로세스 운영기술의 선택과 평가

제 1 절 서비스프로세스의 유형

모든 제품이나 서비스의 생산은 일정한 프로세스의 운영에 의해 이루어진다. 제품을 사용하는 고객은 그 제품의 생산프로세스가 어떻게 진행되는지 알 수 없으며 알아야할 필요도 없다. 그러나 서비스는 생산되는 과정에 고객이 참여하여 프로세스를 통해 서비스를 경험하고 품질수준도 인식하게 된다. 나아가 셀프서비스는 고객이 프로세스운영의 주체가 되기도 한다.

서비스프로세스를 설계하고 개선하기 위해서는 서비스가 가지고 있는 고유의 유형에 대한 검토가 필요하다. 서비스의 내용과 기능, 서비스프로세스, 서비스품질의 수준 등은 서비스를 사용하는 고객의 요구, 서비스 운영기술, 작업자, 서비스시장이나 경쟁자, 수익 등 서비스기업의 환경에 따라 바뀌어 질 수 있기 때문이다.

서비스유형은 Schmenner(1995)가 제시한 서비스프로세스행렬에서와 같이 고객접촉수준과 노동집약도 또는 자동화 수준에 따라 구분하는 것이 가장 일반적인 분류라 할 수 있다. Fitzsimmons 등(2011)은 서비스프로세스설계와 관련하여 서비스유형을 고객접촉 수준과 서비스의 다양성에 따라 분류하고 있다. 이 분류방법은 고객접촉 수준에 따라 서비스프로세스를 분류한 것으로 고객접촉이 없거나 간접적인 고객접촉, 직접적인 고객접촉 등 고객접촉 방식을 기준으로 하고 있다.

서비스프로세스의 유형은 서비스의 다양성 정도에 따라 표준화된 서비스 또는 고객화된 서비스로 나누어지며 고객의 재산, 정보 및 이미지, 사람의 신체 등 서비스의 대상에 따라 서비스의 유형을 분류할 수도 있다.

이상의 몇 가지 서비스 유형의 분류는 서비스운영의 관점에서 분류한 것으로 각각의 서비스프로세스의 특징은 다음과 같다.

• **서비스의 표준화와 다양성**

서비스의 다양성이 낮은 서비스는 표준화된 프로세스에 의해 운영되며 다양성이 높은 서비스는 프로세스운영이 고객에 의해 좌우되므로 고객화 수준이 높다. 표준화된 서비스프로세스에서는 서비스의 내용과 과업이 한정되어 서비스가 일정 범위 내에서 집중적으로 제공되므로 대량으로 제공되는 서비스가 여기에 속한다. 즉 서비스프로세스를 표준화함으로써 고객에게 일상적, 반복적으로 제공되는 서비스를 자동화하여 대량생산 할 수 있어 생산라인 접근(production line approach)의 관리적 특징을 나타낸다.

따라서 표준화된 서비스프로세스에서는 작업자의 숙련성이 낮아도 허용될 수 있다. 이에 비해 고객화가 높은 서비스프로세스는 보다 고객중심적 접촉(customer contact approach)이 이루어지는 서비스로서 서비스작업자의 숙련도가 높고 고객이나 서비스환경에 따라 서비스제공의 유연성, 높은 대인관계기술을 요구한다. 또한 고객화가 높은 서비스프로세스일수록 고객접점에서의 충분한 정보교환이 요구되며 서비스제공의 높은 판단력과 분석능력이 필요하다.

• **서비스의 대상**

서비스를 받는 대상이 고객의 재화, 정보나 이미지, 사람의 신체인가에 따라 서비스프로세스의 특징을 나누어 볼 수 있다. 서비스의 대상이 고객의 재화를 대상으로 하는 경우는 수리보존, 세탁, 부동산중개 등 고객의 재산을 처리하는 서비스이며 정보나 이미지를 대상으로 하는 서비스는 고객이 필요로 하는 정보의 수집, 분석, 처리 등의 정보서비스나 이미지 제공을 들 수 있다. 이러한 서비스프로세스는 특별한 서비스기술과 처리능력, 서비스시설 등이 요구된다.

서비스의 대상이 사람인 경우는 시간적, 공간적 편익이나 신체적인 변화를 가져오는 서비스이다. 고객을 대상으로 편익이나 변화를 제공하는 서비스의 경우도 서비스제공자의 서비스기술과 처리능력, 서비스시설 등이 요구된다.

이와 같이 서비스의 대상에 따라 서비스프로세스의 특징은 다르게 나타날 수 있다. 서비스의 대상에 따라 분류하는 경우 고객의 요구가 다양하게 나타날 수 있어 서비스프로세스는 표준화보다는 다양화수준이 높고 고객접촉 수준이 상이하다는 특징을 나타낸다.

- **고객접촉 방식**

서비스는 고객접촉 수준에 따라 고객접촉이 없는 서비스, 직접적 고객접촉에 의해 이루어지는 서비스, 간접적 고객접촉에 의해 이루어지는 서비스로 나누어 볼 수 있다. 고객접촉이 없는 서비스는 ATM, 자동발권 등 서비스 제공자와 고객이 직접적인 접촉이 없이 이루어지는 비대면 서비스이다. 이에 비해 간접적인 고객접촉서비스는 정보서비스와 같이 고객과 서비스제공자가 정보시스템이라는 중간매개체에 의해 이루어지며 대부분의 서비스는 직접적인 고객접촉에 의해 제공된다.

고객접촉 수준과 고객접촉 방식 등 서비스프로세스의 특징에 따라 서비스유형을 분류하면 〈표 6-1〉과 같다.

표 6-1 서비스프로세스의 유형과 특징

고객접촉 수준		표준화된 서비스	고객화된 서비스
고객접촉 없음		시설경비, 신용카드	자동차수리, 건축디자인
간접적 고객접촉		인터넷 계좌조회	정보서비스
직접적 고객접촉	셀프서비스	자동판매기, ATM, 헬스클럽	뷔페식당, 유료TV, 골프
	제공자서비스	레스토랑, 은행, 건강진단	해충구제, 초상화, 이발

제 2 절 서비스프로세스의 운영과 특징

서비스프로세스의 운영에 대한 문제는 서비스상품의 유형, 서비스 생산 및 제공방법, 서비스공급능력, 서비스기업의 입지, 서비스조직의 특성 등 여러 가지 측면으로부터 영향을 받는다. 또한 서비스프로세스의 운영특성을 파악하기 위해 다음의 요인이 분석되어야 한다.

- **서비스 작업의 흐름**
  서비스 유형과 프로세스흐름, 작업자, 고객, 서비스자재, 문서작업의 이동단계, 프로세스흐름의 지연 및 장애(bottleneck)
- **서비스 처리시간**
  서비스프로세스의 처리시간(processing time), 서비스제공에 소요되는 시간(throughput time), 지연 및 대기시간, 관련되는 비용
- **고객 및 작업자의 대기**
  서비스프로세스 흐름에서의 고객의 대기시간, 서비스지연, 작업자의 대기와 유휴시간, 대기에 관련되는 비용
- **자동화, 정보화 수준**
  서비스제공의 자동화, 정보화 기술 및 수준, 투자규모, 고객의 수용정도
- **표준화, 단순화**
  서비스프로세스 및 서비스작업의 표준화, 다른 프로세스와의 통합수준, 전문화 정도, 효율성
- **문서작업**
  서비스프로세스, 고객접점, 서비스성과에 대한 보고서, 문서작업
- **작업보조자**
  서비스수요 변화, 프로세스의 균형화, 추가비용

- **커뮤니케이션**

  고객과의 커뮤니케이션, 커뮤니케이션 유형, 네트워크, 조직 내 커뮤니케이션과 장애, 계층별 의사결정

- **작업자의 행동반응**

  작업환경, 숙련도, 작업의 난이도, 직무만족, 작업종료시간

표 6-2 서비스프로세스 운영의 예

프로세스 운영의 문제	항공서비스	호텔서비스
서비스작업의 흐름 처리시간 대기시간	승무원의 서비스프로세스 서비스흐름과 순서 등급별 상이한 서비스 식음료제공, 기타응대 지연	check-in/out, 고객응대시간 고객수요 불균형 서비스지연, 고객, 작업자대기 고객 대기장소, 유휴시간 서비스별, 객실별 시간차이
자동화, 정보화 수준	지루한 비행시간, 대신에 IFE 비행정보, 고객요구정보	회원정보, 고객요구정보
표준화, 단순화	표준화, 단순화와 고객화 서비스시설, 기물 공동이용	표준화, 단순화와 고객화 서비스시설, 기물의 공동이용
문서작성 작업보조자	각종 보고서, 문서작성 catering 비용증가	각종 보고서, 문서작성 작업자 수, 작업시간, 추가노무비
의사소통 작업자 행동반응	자율성 보장, 비상상황 대처 직무만족	자율성 보장, 비상상황 대처 직무만족

제 3 절 서비스프로세스와 설비배치

고객에게 제공되는 상품으로서 서비스를 설계하고 서비스인카운터 및 서비스 제공단계를 계획하면 서비스의 기능적 프로세스에 따라 물리적 설비를 배치하게 된다. 서비스의 기능적 프로세스와 물리적 설비의 배치는 서비스운영의 목적, 서비스제공의 순서와 흐름, 고객이나 자재

의 흐름, 주어진 서비스공간, 서비스설비, 작업자 및 작업부서 등을 배열하는 것을 의미한다.

관리적 관점에서 서비스프로세스의 배치는 서비스생산 및 제공의 효율성을 높이기 위한 활동이다. 서비스프로세스의 배치는 제품생산의 프로세스와 같이 작업장 및 서비스설비의 효율적 이용, 서비스자재 취급과 운영의 효율성, 인적자원의 작업환경 개선, 장래 프로세스 변경의 용이성 등을 목표로 한다. 서비스프로세스의 배치에 대한 분석방법은 서비스의 기능과 유형, 규모, 생산기술 등에 따라 다양하게 적용할 수 있도록 많은 연구자들에 의해 제시되고 있다.

그러나 서비스프로세스의 배치에 있어서 배치목표들 간의 우선순위나 목표치, 최종 배치안의 선택은 경영자의 의사결정사항이다. 서비스프로세스배치의 의사결정은 서비스상품, 서비스조직, 서비스생산, 서비스공급능력, 서비스기업의 입지 등과 관련된다. 즉 서비스프로세스 배치는 고객 및 작업자의 대기, 서비스시간, 작업내용과 작업의 흐름, 작업자의 행동반응, 조직 내 커뮤니케이션, 자동화 및 정보화 수준, 표준화나 단순화 수준 등 서비스프로세스의 운영 특성에 좌우된다. 따라서 서비스운영의 환경적 특성이 달라지면 서비스프로세스는 이러한 요인

그림 6-1 서비스프로세스 배치의 고려사항

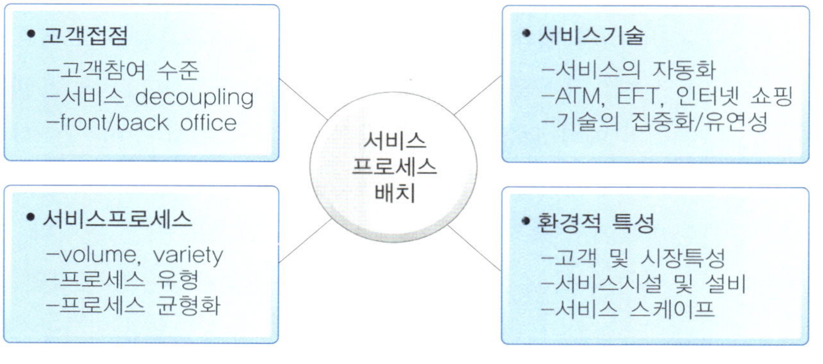

에 적응할 수 있도록 재설계되고 수정되어야 하기 때문이다.

서비스프로세스의 배치에는 [그림 6-1]에서와 같이 고객접점의 서비스 방식이나 고객참여 수준 등 고객접점특성, 서비스프로세스 및 처리능력 등 서비스프로세스 특성, 서비스의 정보화나 자동화 기술, 고객 및 시장특성과 서비스 스케이프(service scape) 등 환경적 특성을 고려하여야 한다.

서비스프로세스의 배치는 서비스의 성격이나 프로세스 및 기계설비의 유형에 따라 나누어 볼 수 있다. 즉 서비스프로세스의 배치방법은 제품생산 프로세스의 배치유형과 같이 기능별 배치, 제품별 배치, 고정형 배치, 셀화 배치 등으로 구분할 수 있다.

1. 기능별 배치

(1) 기능별 배치의 의의

기능별 배치(functional layout)는 작업기능의 내용에 따라 프로세스를 분류하고 같은 작업기능을 갖는 프로세스를 한곳에 모아 배치하는 방법으로 프로세스배치(process layout)라고도 한다. 제품의 생산에서 기능별 배치는 범용 기계설비에 의한 다품종 소량생산의 특징을 갖는데 서비스의 경우도 고객접촉 수준이 높고 다양한 서비스경로를 제공하는 서비스 샵(shop)이나 전문적 서비스프로세스의 배치결정에 적용된다. 이 배치방법은 작업자 및 기계나 설비를 한곳에 모아두는 잡샵(job shop)의 형태를 나타내므로 프로세스의 흐름은 고객요구가 개별적인 서비스의 흐름이나 작업순서에 따라 결정된다. 기능별 배치는 [그림 6-2]의 예와 같이 종합병원, 정비센터 등에서 수행하는 서비스에 적합한 배치형태이다. 이러한 서비스는 고객요구가 개별적인 서비스로서 수요발생이 연속적이지 못하며 수요의 크기도 작은 편이다. 그러나 기능별 배치에서는 각각의 작업장에서의 작업우선순위와 작업순서결정 등 서비스작업의 일정계획(scheduling)이 매우 중요한 의사결정 사항이다.

또한 기능별 배치에서는 동일한 작업기능을 수행하는 작업장 사이

그림 6-2 기능별 배치 : 의료서비스의 예

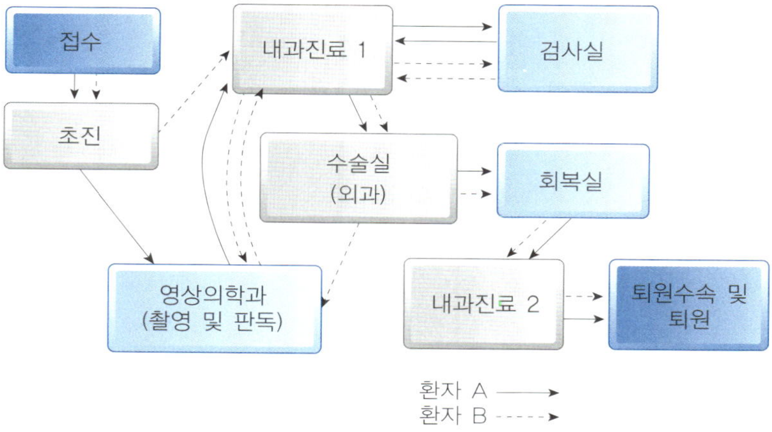

의 인적, 물적 부하량(load)의 이동거리 또는 소요되는 시간을 최소화 하여야 하는데 이를 수식화 하면 다음과 같다.

$$MH = \sum_{j=1}^{n} \sum_{i=1}^{m} a_{ij} x_{ij}$$

여기서 MH : 연간 총 자재 이동량 또는 소요시간
i, j : 서비스작업장 번호
a_{ij} : 작업장 사이의 자재 이동량 또는 소요시간
x_{ij} : 작업장 사이의 이동거리

기능별 배치방법을 분석하기 위해서는 다음의 도해법 및 체계적인 배치계획법을 들 수 있다.

(2) 기능별 배치방법

1) 도해법

도해법은 서비스작업을 수행하는 프로세스와 프로세스의 이동거리

또는 소요시간을 도표로 나타내고 가정되는 몇 가지 배치대안을 평가하여 가장 이상적인 배치방안을 선택하는 방법이다. 따라서 도해법은 고객이 요구하는 각각의 서비스프로세스 별 인적, 물적 작업부하량이나 이동거리, 소요시간이 최소가 되는 배치방안을 시행착오적으로 탐색하는 방법이다.

2) 체계적 배치계획법

Muther(1966)가 제시한 체계적 배치계획법(systematic layout planning)은 프로세스배치에 영향을 미치는 정량적, 정성적 요인들을 고려하여 배치대안을 결정하는 방법이다. 이 배치방법은 작업프로세스 및 자재의 흐름, 소요 공간, 배치결정요소 등을 고려하여 배치안을 선택하며 분석, 탐색, 선택의 단계로 체계화 하고 있는데 이를 도표로 나타내면 [그림 6-3]과 같다.

그림 6-3 체계적 배치계획법의 단계

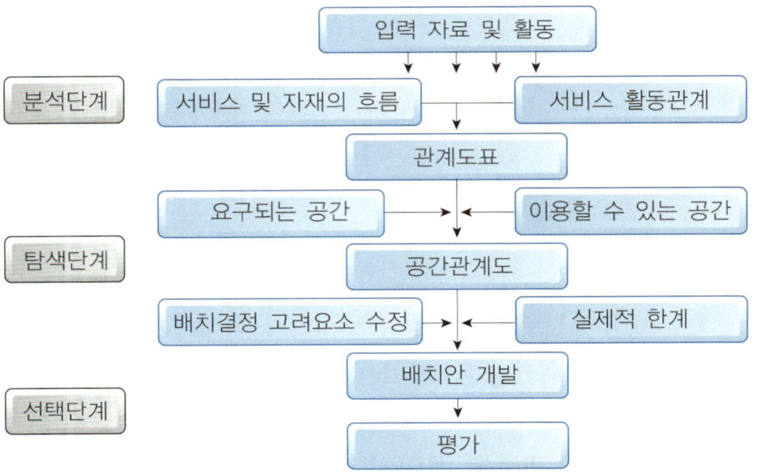

(3) 기능별 배치의 장단점

서비스의 기능별 배치는 같은 작업기능을 수행하는 작업자 및 서비스기계, 설비를 같은 장소에 모아둠으로써 서비스운영의 효율의 면에서 다음과 같은 장점을 가지고 있다.

① 작업자 및 서비스기계설비가 범용성을 나타내므로 이용률이 높다.
② 서비스설계 및 작업순서의 변경에 유연성이 높다.
③ 작업자 결근, 기계설비의 고장, 서비스자재의 재고부족 등의 문제에 유연하게 대처할 수 있고 서비스시스템의 유지가 용이하다.
④ 다양한 서비스의 소규모 생산에 유리하다.
⑤ 다양한 서비스의 경험과 다기능적 작업수행으로 작업자의 직무만족도가 높다.
⑥ 기능별 전문화된 감독과 통제가 유리하다.

그러나 기능별 배치는 작업순서에 따라 서비스프로세스를 배치하기가 어려워 작업의 흐름이 매우 복잡해진다. 기능별 배치는 다음과 같은 단점을 가지고 있다.

① 서비스작업 사이의 이동거리가 길고 복잡하여 비용이 발생하거나 프로세스의 진행 중 대기시간이 길어질 경우 고객의 불만을 야기할 수 있다.
② 서비스프로세스에서 재공품(WIP) 재고가 발생하므로 비용증가의 요인이 될 수 있다.
③ 고객의 다양한 요구로 작업일정계획의 수립과 통제가 필요하다.
④ 서비스제공에 소요되는 총생산시간이 늘어난다.
⑤ 서비스작업의 다양성으로 숙련된 작업자가 요구된다.

2. 제품별 배치

제품별 배치(product layout)는 서비스가 생산 및 제공되는 순서에 따라 프로세스와 기계설비를 배치하는 방법이다. 자동차나 가전제품 등의 조립라인에서의 배치와 같이 건강진단, 카페테리아 등의 서비스는 서비스 특성별로 프로세스가 연속적으로 이루어진다. 서비스특성에 따라 프로세스를 배치하는 경우 연속적으로 대량생산을 가능하게 하여 서비스작업의 표준화 수준이 높은 반면 서비스작업의 유연성 확보는 낮은 편이다.

(1) 프로세스의 균형화

서비스의 제품별 배치에서 작업이 연속적으로 동시에 진행되므로 작업순서에 따라 기계설비나 프로세스를 용이하게 배치할 수 있다. 그러나 각각의 프로세스에서 생산능력이 다르고 작업속도가 상이하여 [그림 6-4]와 같이 프로세스 흐름의 불균형이 발생할 수 있다. 프로세스 흐름의 불균형은 상대적으로 작업시간이 긴 프로세스에서는 서비스작업이 지연되는 병목(bottleneck)을 가져와 개별 프로세스에서 서비스작업자의 유휴시간이나 고객의 대기를 초래한다.

서비스프로세스의 불균형은 다음과 같은 이유로 발생한다.

• 서비스공급 및 수요의 불균형

그림 6-4 서비스프로세스의 불균형

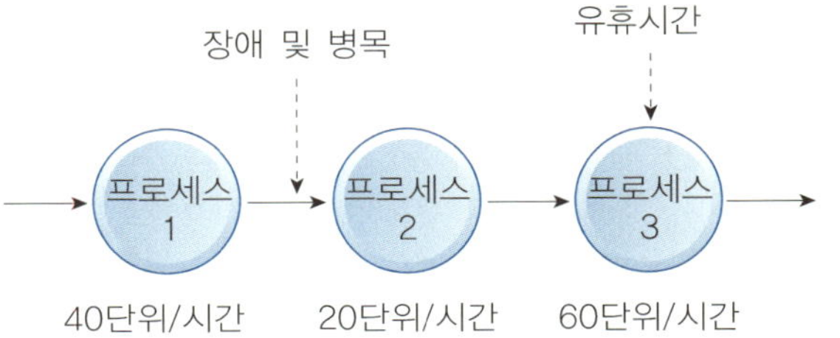

- 서비스프로세스 간 작업량 및 작업속도의 차이
- 서비스작업자의 숙련도 차이
- 기타 서비스프로세스 운영의 문제

서비스프로세스의 불균형 문제는 고객의 불필요한 대기시간을 발생시키고 서비스의 지연, 작업자의 유휴시간, 서비스 생산주기의 확대, 서비스의 품질적 문제를 초래한다. 고객의 대기시간이나 서비스의 지연을 해소하기 위해서는 보조적 작업자나 서비스시설의 추가 등 서비스제공능력의 확대가 필요하고 궁극적으로는 서비스프로세스 배치의 수정이 요구된다. 이러한 서비스작업자 및 시설의 추가, 서비스 생산주기의 단축, 서비스의 품질적 문제를 해결하기 위해서는 새로운 운영비용을 부담해야 한다.

서비스프로세스의 불균형을 해소하고 프로세스를 균형 있게 조정하는 문제를 라인균형화(line balancing)라 한다. 라인균형화는 프로세스별 작업시간의 균형을 이루어 작업자의 유휴시간을 최소화 하고 생산라인의 흐름을 원활하게 함으로써 작업효율을 극대화 하고 주어진 서비스 생산의 목표를 달성하는데 있다. 그러나 서비스는 프로세스의 단계와 작업의 수가 많아 복잡성이 커질수록 라인의 균형화문제를 쉽게 해결하기 어렵다. 라인균형화는 다음의 단계를 통해 프로세스의 불균형문제를 해결한다.

단계 1 : 서비스생산을 위한 작업을 결정하고 각 프로세스단계에서의 완료시간을 측정한다.

단계 2 : 서비스프로세스의 작업시간과 작업순서도표를 작성한다.

단계 3 : 서비스 생산주기(C)를 계산한다.

$$\text{생산주기}(C) = \frac{\text{1일 서비스 생산시간}}{\text{1일 서비스 생산량}}$$

단계 4 : 필요한 프로세스의 작업장 수(N)를 결정한다.

$$\text{작업장 수}(N) = \frac{\text{각 프로세스의 작업시간의 합}(\sum t_i)}{\text{생산주기}(C)}$$

단계 5 : 서비스작업을 점수화 하여 각각의 프로세스에 배정한다.

단계 6 : 수정된 서비스프로세스의 작업라인에 대하여 유효율을 평가한다.

$$\text{유효율}(E) = \frac{T(=\sum t_i)}{N \times C}$$

예제

서비스프로세스의 균형화

D 카페테리아에서는 고객에게 〈표 6-3〉과 같은 순서로 음식을 배열하여 서비스를 제공하고 있다. 관찰에 의하면 각각의 서비스단위에서 음식을 담아주는 시간이 상이하여 고객의 대기가 생기며 마지막 단계인 계산원의 처리시간이 오래 걸려 전체적인 서비스처리시간이 지연되고 서비스능률이 떨어지고 있다.

이 카페테리아에서는 시간당 240명의 고객에게 서비스하고 있는데 서비스 작업장의 음식배열이나 서비스시간을 조정하여 서비스프로세스 흐름의 균형화를 모색하고 있다. 〈그림 6-5〉에서와 같이 A, B, C, D의 네 가지 대안의 라인밸런싱(line balancing) 분석으로 프로세스의 균형화를 모색할 수 있다. 이 문제의 라인밸런싱 분석결과 모든 대안의 방법에서 프로세스의 불균형을 해소할 수 있으며 특히 D의 대안은 약 1.6배의 서비스능률을 개선할 수 있다.

표 6-3 카페테리아 서비스시간

배열 순서	서비스위치	소요시간
1	샐러드	20초
2	주요리	30초
3	수프	20초
4	디저트	15초
5	음료	10초
6	계산	60초

그림 6-5 서비스프로세스 불균형의 개선대안

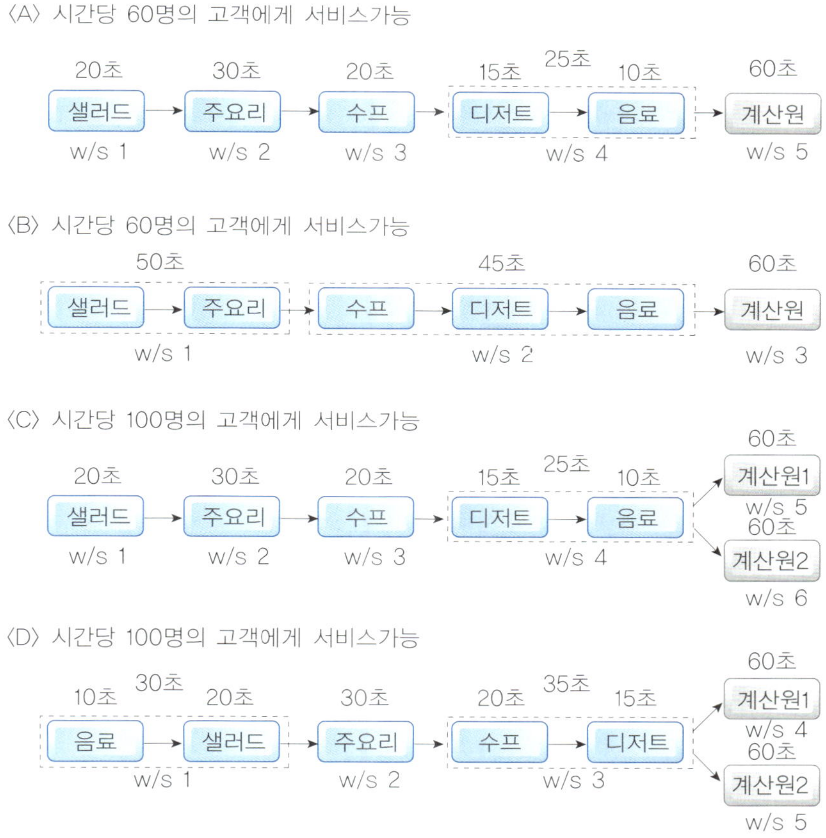

(2) 제품별 배치의 장단점

서비스프로세스의 작업순서에 따라 배치를 하는 제품별 배치의 장점은 다음과 같다.

① 서비스프로세스의 작업순서에 따라 배치가 이루어져 논리적이다.

② 서비스 작업흐름에 따라 배치가 이루어져 서비스자재의 운반거리가 짧고 고객 의 대기시간이 줄어든다.

③ 서비스자재의 재공품 재고수준이 낮고 보관면적이 적다.
④ 서비스의 표준화가 높고 반복적으로 생산함으로써 비용이 낮고 일정계획이 단순하여 관리가 용이하다.
⑤ 서비스작업이 단순하여 작업자의 감독과 훈련이 용이하다.

그러나 제품별 배치는 서비스제품의 종류가 적고 대량생산에 적합한 배치형태로 다음과 같은 단점을 가지고 있다.

① 서비스프로세스의 배치가 서비스 품목별로 이루어져 서비스기능이나 서비스방법을 변화시키는 경우 프로세스배치의 변경이 어렵다.
② 서비스 생산라인의 병목, 서비스설비 고장, 서비스자재 부족이 일어나는 경우 전체 서비스프로세스의 흐름에 영향을 준다.
③ 각각의 서비스프로세스에서의 작업이 단순, 반복적으로 수행되므로 작업자의 만족도가 떨어진다.
④ 서비스생산시간은 각각의 서비스프로세스 중 가장 느린 프로세스시간에 의해 결정된다.
⑤ 서비스프로세스가 라인형태를 이루므로 상대적으로 높은 투자가 요구된다.

3. 고정형 배치

서비스프로세스의 기능별 배치, 제품별 배치에서는 서비스가 주어진 작업프로세스를 통과하면서 생산되지만 고정형 배치(fixed position layout)에서는 한 장소에 서비스작업자, 서비스설비가 움직이며 서비스를 수행한다.

대부분의 전문적 서비스의 경우 한 장소에서 작업자가 서비스설비가 이용하여 프로젝트형태로 서비스작업을 수행하거나 고객에게 서비스를 제공한다. 예를 들어 법률서비스의 경우 서비스제공자는 법률정보시스템 또는 인쇄물 형태의 판례집, 기타 자료들을 참고하여 의뢰인에게 적합한 서비스를 제공하는데 이러한 서비스는 대표적인 고정형 프로세스의 서비스가 될 것이다.

고객접촉 수준이 높은 병원의 의료서비스는 의사, 간호사 중심으로 수행된다. 신속한 의료서비스를 수행하기 위해 이들이 빠른 대응능력을 갖도록 의료설비나 시설, 공간 등을 배치하는 것이 중요하다. 또한 고객접촉 수준이 낮은 은행의 금융서비스는 고객이 한 자리에서 은행원과 마주하여 경우에 따라 은행원의 이동으로 여러 가지의 서비스를 동시에 받을 수 있다. 소매점이나 창고시설의 경우 상품이나 저장품은 특정 장소에 보관되어 있고 작업자나 고객이 이동하여 작업을 하고 서비스를 받으므로 고정형 배치의 성격을 갖는다.

서비스프로세스의 배치는 서비스유형이나 성격에 따라 배치기준이 다를 수 있지만 서비스프로세스의 고정형 배치에서는 서비스작업자가 신속하고 작업이동을 하고 서비스활동이나 시설에 용이하게 접근할 수 있도록 설계되어야 한다.

4. 셀화 배치

(1) 셀화 배치

오늘날 기업의 생산활동은 대량생산의 목표를 달성하면서 동시에 고객화에 초점을 두고 있음을 볼 수 있다. 이것은 대량생산의 효율성과 고객화의 유연성을 통해 시장경쟁에서의 전략적 우위를 점하기 위한 방법이다.

서비스프로세스의 배치도 가능한 한 대량생산의 목표를 달성하면서 다양한 고객의 요구에 맞추고 시장상황에 적절히 조정할 수 있는 유연성을 가질 수 있도록 배치하는 것이 바람직하다.

셀화 배치(cellular layout)는 유사한 서비스작업의 기능이나 유사한 서비스설비를 이용하고 같은 서비스자재가 공급되는 프로세스를 몇 개의 그룹으로 나누고 이들 각 그룹 별로 서비스 셀(cell)을 구성하여 프로세스를 배치하는 방법이다. 셀화 배치에서 서비스작업, 서비스설비, 서비스자재의 유사성을 확보하기 위해 그룹테크널러지(group technology) 기법을 이용하고 이를 하나의 작업 셀로 그룹화 한다. 셀화 배치는 작업의 효율성을 높이기 위해 고도로 자동화된 기술을 이용하는데 서비스작업 및 자재의 이동을 위해 자동자재운반시스템(AG/VS)을 설치하고 효과적인 통제를 위해 컴퓨터통합생산(CIM)시스템과 연결하여 운용한다.

서비스 프로세스의 셀화 배치는 다음의 단계로 이루어진다.

단계 1 : 유사한 서비스기능과 프로세스흐름을 갖는 서비스작업을 찾는다.

단계 2 : 서비스프로세스흐름에 맞추어 서비스작업과 서비스설비를 그룹화 한다.

단계 3 : 서비스프로세스의 흐름이나 자재이동이 최소화 되도록 셀을 배열 한다.

단계 4 : 서비스 효율성을 고려하여 서비스프로세스 및 서비스설비를 배치한다.

셀화 배치는 [그림 6-6]에서와 같이 각각의 제품이나 서비스그룹별로 프로세스를 운영함으로써 각각의 단위프로세스의 흐름시간을 단축시키고 리드타임을 단축시켜 재고수준을 줄일 수 있다. 특히 제품이나 서비스유형별(family) 최적화를 통해 준비시간(set-up time)을 단축시키고 품질적 신뢰성을 높일 수 있다.

(2) 셀화 배치의 장단점

셀화 배치는 프로세스의 기능별 배치와 제품별 배치의 특성을 결합한 배치형태로 다음과 같은 장점을 가지고 있다.

그림 6-6 셀화 배치의 예

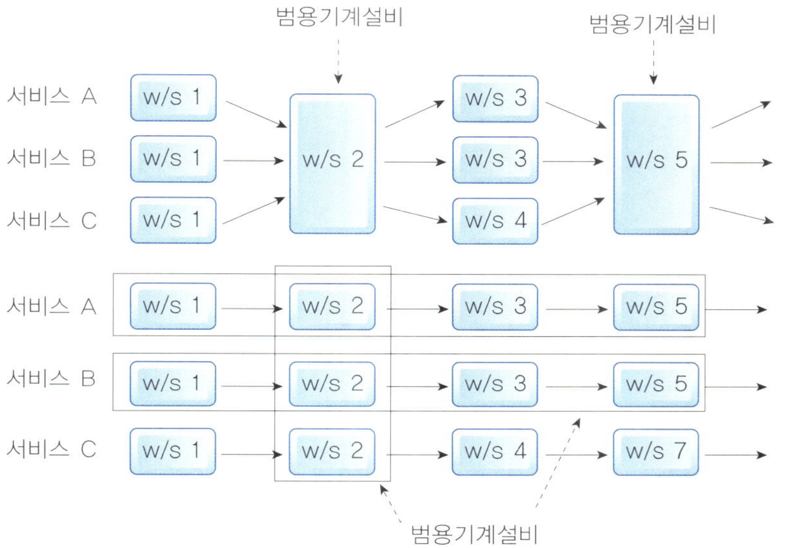

① 서비스프로세스의 자동화가 용이하여 표준화 및 효율적 통제가 가능하다.
② 기능별로 전문화된 서비스의 연속적 흐름작업형태가 가능하다.
③ 서비스작업의 준비시간과 대기시간을 줄일 수 있다.
④ 서비스작업자의 관리가 용이하고 인적자원의 활용도를 높일 수 있다.
⑤ 서비스자재관리 및 서비스프로세스에서의 재공품재고를 줄일 수 있다.

그러나 셀화 배치는 다른 형태의 배치방법에 비해 서비스프로세스의 계획과 운영이 어려운 편으로 다음과 같은 단점을 가지고 있다.

① 부적절한 서비스작업의 그룹화를 가져올 수 있다.
② 그룹화 된 셀 간의 균형화가 어렵다.

③ 서비스작업자의 훈련비용이 높고 일정계획 수립이 어렵다.

④ 서비스시설 및 설비의 투자비가 증가할 수 있다.

제 4 절 서비스프로세스의 개선

서비스프로세스는 기술의 변화, 서비스-제품의 변화, 시장경쟁의 변화, 그리고 고객요구의 변화에 따라 지속적으로 유지, 변경, 발전되고 있다. 서비스프로세스의 개선은 새로운 서비스창출을 위한 진화의 첫 단계이다.

서비스프로세스의 개선은 원가, 품질, 납기, 유연성, 지원서비스 등 경쟁우위의 목표를 달성할 수 있어야 한다. 제조활동의 경우 프로세스 개선은 자원의 투입, 투입요소를 산출물로 변환시키기 위한 운영작업의 모든 기능적 단계를 대상으로 한다. 서비스의 경우는 프로세스개선이 서비스가 고객에게 전달되는 고객접점에까지 이르기 때문에 보다 범위가 넓다고 할 수 있다.

서비스프로세스의 개선은 다음과 같은 이유에서 필요하다.

- 서비스 및 서비스운영의 새로운 기술의 적용이 필요한 경우
- 서비스프로세스의 불균형으로 효율성의 문제가 발생하는 경우
- 서비스의 품질적 문제가 발생하는 경우
- 서비스기능을 개선하여 제공하여야 할 경우
- 서비스자원의 획득과 활용가능성이 변화되는 경우
- 서비스의 경쟁우선순위가 바뀌거나 수요가 변화되는 경우

Schmenner의 서비스프로세스행렬은 서비스프로세스에서의 고객접촉 수준과 서비스제공의 노동집약도에 따라 서비스특징을 유형별로 구분하고 있다.(제1장 의 [그림 1-6] 참조: Schmenner가 제시한 서비스

유형별 관리자의 도전과제의 관리요점들은 주로 프로세스운영 및 관리에 대한 개선방향을 나타낸 것이다.)

서비스프로세스행렬의 각 서비스프로세스 유형은 관리적 특징에 따라 각각의 도전과제를 가지고 있다. 서비스공장(service factory)과 서비스샵(service shop)은 노동집약도가 낮아 기계설비와 같은 자본재의 투입과 자동화 등 프로세스기술의 선택이 중요한 결정사항이다. 대량서비스(mass service)와 전문적 서비스(professional service)는 노동집약도가 높아 양질의 노동력 확보와 훈련이 필요하다. 이러한 관리요인은 고객접촉 수준에서도 중요한 과제를 제공한다. 고객화의 상호관계에 대한 관리와 프로세스운영의 효율성, 품질적 문제의 해결이 요구된다. 서비스프로세스행렬의 각 서비스프로세스 유형에 따라 제기되는 이슈들은 서비스프로세스운영에서 나타나는 문제들로 프로세스의 개선에 의해 해소될 수 있다.

서비스프로세스를 효율적으로 운영하는 문제와 고객의 기대를 충족시키는 문제는 상충되는 목표이다. 어느 서비스기업이든 서비스프로세스의 효율화를 위해서는 표준화를 추구하고, 반면에 서비스에 대한 고객의 기대를 충족시키기 위해서는 고객화의 수연성을 확보해야 한다. 그러나 서비스프로세스의 개선을 위해서는 이 두 가지 문제 중 어느 하나를 간과해서는 아니 될 것이다. 이하에서는 서비스프로세스의 개선에 대하여 위의 두 가지 문제를 포함하여 고객접점의 운영, 정보이용의 권한 등 서비스설계의 관점에 따라 분석하기로 한다.

1. 서비스프로세스의 표준화

서비스프로세스의 개선에 생산라인 접근방법(production line approach)을 적용하는 것은 서비스운영의 효율성을 서비스의 표준화에서 찾을 수 있기 때문이다. 대부분의 패스트푸드점이나 저가항공서비스는 서비스과업, 서비스작업, 서비스프로세스 등을 표준화하여 운영하고 있다. 표준화를 통해 서비스프로세스를 운영하는 경우 작업자의 재량권은 일정 범위 내에서 제한되며, 분업에 의한 작업능률, 작업자의 노력을 자동화기술로 대체하는 등의 효율화를 추구하고 있다.

(1) 서비스 표준화

생산라인 형태의 프로세스에서 반복적 대량생산되는 서비스는 표준화가 높고 일상적으로 반복되는 서비스이다. 맥도날드의 서비스는 햄버거 등 불과 몇 가지의 제품을 표준적 프로세스에 따라 생산하여 고객에게 제공된다. 맥도날드를 찾는 고객도 명확히 정의되어 있는 작업 및 서비스흐름에 잘 적응하고 있다. 이는 제품, 작업방법, 작업프로세스, 작업환경 등이 고도로 표준화, 전문화, 단순화 되어 패스트푸드 서비스 특징을 생산라인의 성격에 잘 부합시키는 것이라 할 수 있다.

(2) 작업자의 임의행동 제한

표준화된 서비스는 생산라인의 작업흐름과 특성에 따라 운영되므로 작업자는 정해진 서비스의 내용과 과업, 서비스제공 시간 등의 운영요소를 일정 범위 내에서 한정적으로 수행한다. 이러한 형태의 프로세스에서는 서비스를 일상적으로 대량 생산한다. 따라서 고객화의 유연성을 강조하기 보다는 표준화 수준을 높이고 프로세스운영에 작업자의 재량권을 제한하여 작업자의 임의적인 행동을 시스템적으로 통제한다.

(3) 작업의 분업화

생상라인 접근방법에서는 프로세스의 흐름에 따라 서비스작업을 단순기능의 작업으로 세분화하여 표준화, 전문화, 단순화의 이점을 얻을 수 있다. 따라서 생산라인 방식으로 서비스프로세스를 운영하면 서비스작업을 단순작업으로 세분화되고 서비스작업의 분업화를 가능하게 한다. 현대적인 생산활동 이전부터 분업의 효과는 증명되었지만 분업이 효과적으로 수행되려면 작업방법, 기계설비, 자재, 작업환경 등의 표준화, 전문화, 단순화가 전제되어야 한다.

(4) 서비스인력의 기술대체

표준화된 생산라인 형태의 프로세스에서 작업자는 연속적 프로세스의 흐름에 따라 작업을 수행한다. 이 때 작업자의 작업기능은 범위가 좁고 높은 숙련도를 필요로 하지 않는다. 서비스작업이 일상적, 반복적으로 수행되는 단순한 작업일 경우 작업자의 작업은 기계화, 자동화로 쉽게 대체될 수 있다. 서비스프로세스의 표준화는 서비스작업자의 노동력을 기계설비 등 기술로 대체하기가 용이할 뿐 아니라 균일한 서비스품질을 유지할 수 있다.

2. 고객과의 공동생산

서비스제공에는 고객이 참여하고 고객이 관여하는 수준이 높다. 서비스프로세스 운영에 고객을 참여시키는 비중을 높여 서비스로부터 얻는 경험을 서비스촉진전략으로 사용하기도 한다. 서비스프로세스의 개선이라는 점에서도 고객의 참여수준을 높여 고객의 경험을 확대시키고 서비스제공자의 노력이나 서비스의 혼잡성을 줄일 수 있다. 셀프서비스의 경우 서비스를 고객과 공동으로 생산함으로써 서비스제공자의 작업노력을 고객에게 이전시켜 서비스수요를 평준화 할 수 있으며 작업자의 성과나 생산성을 높일 수 있다. 서비스생산과정에 고객의 참여도를 높이기 위해서는 고객이 직접 서비스 콘텐츠를 설계하는 등 고객화 수준을 높이는 방법을 사용할 수 있다.

(1) 셀프서비스

슈퍼마켓에서 고객이 상품을 구입하는 경우 스스로 상품을 선택한 다음 계산대까지 운반하여 계산한다. 슈퍼마켓에서의 상품구매는 고객 스스로가 서비스프로세스에 참여하여 셀프서비스의 공동의 노력으로 이루어진다. 일부 세차장에서는 화폐투입구에 소정 금액을 지불하여 물과 세제, 세차도구 등을 공급받아 고객 스스로가 세차를 한다. 패밀리레스토랑인 빕스(VIPS)는 샐러드바를 셀프서비스로 운영함으로써 같은 유형의 베니건스와 아웃백 스테이크와의 서비스를 차별화하고 있다. 이러한 셀프서비스는 슈퍼마켓뿐만 아니라 다임스토어(10센트 균일판매점), 세탁소, 카페테리아, 주유소, 모텔, 주차장 등 에서 볼 수 있다.

셀프서비스는 심한 인력난, 노무비의 증가 등으로 산업전반에 무인화, 자동화, 정보화가 확산되면서 서비스 분야에서도 급속도로 확산되는 추세를 나타내고 있다. 셀프서비스는 서비스프로세스 수행, 자원이용 등 고객의 자율성을 높이고 고객화가 높은 서비스에서는 차별화 전략으로 사용되기도 한다. 또한 서비스를 고객과 공동으로 생산함으로써 서비스제공자의 작업노력을 고객에게 일부 이전시켜 서비스수요를 평준화 한다. 이에 따라 서비스제공자는 작업성과나 생산성을 높일 수 있고 고객의 측면에서도 자신이 제공한 노력의 대가를 낮은 서비스비용의 지불이라는 혜택을 받을 수 있다.

(2) 서비스수요의 평준화

서비스시설에서의 수요변동은 시간대별로 지속적으로 발생하고 있다. 외식서비스는 점심시간이나 저녁시간에 수요가 급증하고 레저나 스포츠시설은 요일별 수요의 변동이 크다. 스키장이나 수영장의 경우는 계절별 수요변동의 크기가 매우 크게 나타난다. 서비스기업이 고객의 수요를 평준화할 수 있다면 서비스공급능력을 일정하게 유지할 수 있으며 성수기 수요에 대비하는 추가적인 공급능력도 줄일 수 있을 것이다.

서비스 수요변동의 현상은 장기간에 걸쳐 지속되기보다는 단기간의 시간대별 변동을 가져오는 경우가 많이 나타난다. 단기간의 시간대별 수요변동에 대해서는 서비스프로세스에 고객을 참여시키는 셀프서비스를 확대하는 것이 서비스프로세스 개선에 효과적인 대응수단이 된다.

성수기의 높은 수요를 평준화하기 위해서는 예약시스템과 서비스가격 인센티브전략을 사용할 수 있다. 예약시스템의 경우 예약방법이나 고객의 등급별 서비스우선순위에 따라 고객의 수요를 통제 또는 촉진시킬 수 있다. 영화관의 조조할인, 심야 전화요금 할인, 주중 골프요금 할인 등 가격인센티브를 통해 성수기 수요를 비수기로 분산시킬 수 있다.

(3) 서비스설계에 참여

서비스생산과정에 고객의 참여도를 높이는 경우 고객이 직접 서비스 콘텐츠를 설계하거나 서비스의 기능을 보완함으로써 서비스수준을 높일 수 있다. 작업설계에 작업자를 직접 참여시키는 경우 이들의 이해와 만족도가 높아지는 것과 같이 서비스설계에 고객을 참여시킴으로써 고객의 관심과 만족수준을 높일 수 있다. 그러나 인터넷이나 통신서비스에서와 같이 고객들의 서비스이용에 대한 적응과 훈련이 필요하다. 고객화가 높은 서비스일수록 서비스제공자는 고객과의 원활한 정보교환을 해야 하며 서비스에 대한 충분한 지식, 높은 판단력, 분석능력, 고객응대 기술 등 높은 숙련성과 유연성을 갖추어야 한다. 고객접촉수준이 높은 서비스는 표준화가 낮은 반면 서비스제공자의 재량권 등 유연성이 높다. 이러한 서비스는 고객중심의 접근방식(customer contact approach)으로 프로세스를 개선하여 고객화 수준을 높이 는 것이 효과적이다.

3. 서비스인카운터의 운영

제품생산의 경우 고객참여 없이 프로세스를 설계하고 효율적 운영을 목표로 한다. 따라서 제품생산의 프로세스는 고객수요의 변화에 따라 재고를 유지하는 것보다는 최대생산능력을 발휘할 수 있도록 일정계획을 수립하여 운영한다.

고객이 서비스프로세스에 접근하는 경우 서비스운영자는 제조업 수준의 효율성을 얻기 위해 서비스프로세스 및 서비스운영을 어떻게 설계해야 할 것인가? 이 문제에 대하여 Chase(1978)는 서비스제공시스템을 고접촉(high contact)과 저접촉(low contact) 운영으로 나누어 접근할 것을 제안하고 있다. 서비스인카운터의 고접촉 운영은 병원의 의료서비스나 전문적 서비스와 같이 고객화가 높은 서비스프로세스에서 찾아볼 수 있다. 서비스인카운터의 저접촉 운영은 호텔, 항공서비스와 같이 서비스 창출이 대량생산의 제품생산프로세스의 특성을 나타내는 방식으로 운영한다.

(1) 고객접촉 수준

Schmener(1995)의 서비스프로세스행렬에서와 같이 병원, 수리센터 등 서비스샵(service shop)이나 법률, 건축 디자인 등 전문적 서비스(professional service)는 고객접촉 수준이 높은 서비스이다. 고객접촉이란 서비스프로세스에 고객이 물리적으로 참여하는 것이다. 고객접촉 정도는 고객이 서비스시스템 내에서 소비하는 시간과 총 서비스 수행시간의 비율로 측정된다. 일반적으로 고객접촉 수준이 높은 서비스는 고객화가 높은 서비스이다.

고객접촉이 높은 서비스일수록 고객의 지각에 영향을 미쳐 서비스 품질수준을 결정하는 요인이 될 수도 있다. 그러나 고객접촉도가 높은 서비스에서도 주된 서비스를 지원하는 보조적 기능의 서비스는 고객과의 접촉이 낮거나 거의 접촉이 이루어지지 않는 경우도 있다. 예를 들어 비교적 고객접촉 수준이 높은 병원의 의료서비스인 경우에도 정보시스템이나 병리검사업무는 고객접촉도는 매우 낮아 프로세스의 운영은 생산라인방식으로 이루어지는 것이 효과적이다.

(2) 고객화와 디커플링

서비스프로세스는 고객접촉의 유형과 고객화 수준에 따라 운영과 개선방법이 달라질 수 있다. 고객접촉의 유형은 그 수준이 높고 낮음에 따라 결정되는데 서비스제공자와 고객 간의 서비스프로세스의 디커플링(decoupling)의 문제와 관련하여 볼 수 있다. 일반적인 정보서비스와 자동화가 높은 서비스는 디커플링이 효과적일 수 있으며 의료서비스, 수리서비스 및 대부분의 전문적 서비스는 프로세스의 디커플링을 필요로 하지 않는다. 서비스프로세스의 디커플링은 고객접촉 수준이나 편의성에 따라 결정된다. 그러나 디커플링은 서비스의 자동화에 의한 원가절감을 위해 원가우위를 강조하는 경우 또는 서비스의 지원업무의 전문성을 추구하기 위해 서비스의 기능을 강조하는가에 따라 구분된다.

동일한 항공서비스에서 예약서비스나 기내서비스는 높은 고객접촉을 통해 제공되지만 수하물서비스는 특별한 경우가 아니고는 고객접촉이 거의 이루어지 지 않으므로 디커플링이 필요하다. 의료서비스에서는 접점직원인 의사가 주요 의료서비스업무와 프로세스를 통제하는데 의료서비스수행에 대한 충분한 재량권 부여와 의사에 대한 고객의 신뢰가 중요하다. 서비스프로세스에서 고객화를 중시하는 경우 고객의 신뢰는 서비스제공자의 커뮤니케이션 등 높은 대인관계기술에 따라 영향을 받을 수도 있다(디커플링에 대한 구체적 내용은 제5장 서비스인카운터와 고객대기관리 참조).

(3) 판매기회와 서비스제공의 대안

Chase 등(1992)이 제시한 판매기회와 서비스 디자인행렬에서는 [그림 6-7]와 같이 서비스프로세스의 운영효율과 서비스의 판매기회의 관계를 나타내고 있다. 이 행렬에서 서비스의 판매기회가 높아질수록 서비스제공자의 업무능력, 고객의 서비스 수용능력이 높아지고 있음을 보여주고 있다. 이에 따라 서비스운영관리의 효율성에서 중요시 되는 디

그림 6-7 판매기회와 서비스설계

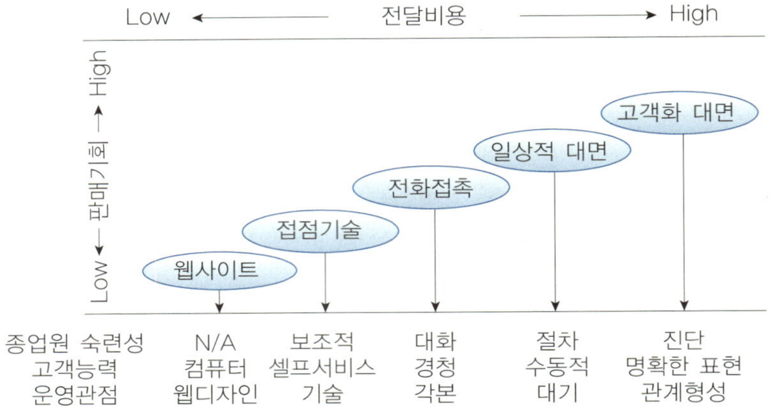

출처 : Chase R. B. & A. J. Aquilano(1992), "A Matrix for Linking Marketing and Production Variables in Service System Design," In D. Richard eds. *Production and Operations Management(6th ed.)*, Irwin.

자인, 기술, 표현방법, 관리목표 등의 요인도 프로세스설계에 필요한 비용수준이 높아지는 것으로 설명하고 있다.

웹사이트의 경우 특별한 업무기술이 필요하지 않으며 웹디자인 정도의 운영기술을 필요로 하고 상대적으로 판매기회는 매우 낮다. 이에 비해 전문적 서비스와 같이 직접적으로 면대면 고객화 서비스는 서비스 제공자의 높은 분석능력과 운영관점에서 고객관계관리를 필요로 하고 판매기회는 가장 높다.

고객접점의 운영에 있어서 서비스제공의 대안들은 한 가지 방법만으로 운영될 수는 없다. 은행의 경우 서비스제공의 유형은 오프라인 서비스로부터 ATM 등 자동화 서비스, 자동이체 등 온라인 서비스, 홈뱅킹 등 다양한 수단을 사용하고 있다. 서비스기업의 특성뿐만 아니라 서비스유형, 서비스기술, 서비스환경, 고객의 니즈, 시장이나 경쟁상황 등을 고려할 때 서비스제공방법의 대안은 다양한 방법과 채널을 사용할 수 있으며 이러한 사실은 서비스기술의 활용에 따라 더욱 다양하게 진화를 거듭하고 있다.

4. 정보이용의 권한

정보기술이 우리의 일상생활에 영향을 미치기 보다는 우리는 정보시스템 속에 살고 있다는 표현이 적절할 것이다. 정보기술은 우리의 생활양식, 지식과 사고의 체계를 바꿔놓고 있다. 오늘날 기술의 진보는 어느 하나라도 정보와 연관되지 않은 것이 없다. 항공, 운송, 병원, 도소매, 금융, 정보통신, 건축설계 등 고객화 수준이나 노동집약도의 수준이 높거나 낮거나를 불문하고 모든 서비스와 서비스프로세스가 정보기술과 밀접한 관계를 갖는다. 정보기술의 사용이 없이 서비스가 존재하지 못하는 이유가 여기에 있다. 서비스프로세스에서 서비스제공자와 고객이 정보기술을 얼마나 사용하고 관여하는가의 문제는 이들이 사용하는 정보기술에 대한 권한이라 할 수 있다.

(1) 작업자의 정보이용 권한위임

항공사, 병원, 백화점 등에서는 고객정보를 시스템화 하여 이를 서비스운영에 이용하고 있다. 항공사 고객의 탑승기록, 병원의 환자진료기록, 백화점의 고객 구매정보, 은행의 고객 금융거래 내역이나 자금상황 등은 이들 서비스기업의 서비스수행이나 마케팅 활동에 직접적으로 이용된다. 정보시스템의 핵심은 정보를 축적한 데이터베이스이다. 서비스작업자는 데이터베이스를 통해 서비스와 관련된 계획, 의사결정, 서비스운영 등 모든 관리활동과 현장업무를 처리한다. 경우에 따라서는 조직 내 부서의 경계를 넘어 실시간으로 고객과 상호작용을 하고 다른 조직과의 협력과 공동의 서비스를 처리 할 수 있다.

예를 들어 여행서비스를 통해 항공편과 호텔, 외식, 렌터카, 골프, 테마파크, 기타 엔터테인먼트 등의 예약을 하고 이와 병행하여 가격결정, 일정조정 등 일련의 서비스업무를 패키지화하여 수행할 수 있다. 이때 작업자가 정보시스템을 통해 얼마나 많은 권한을 가지고 있는가에 따라 업무내용과 업무수행 방법이 달라지고 나아가 서비스프로세스의 운영 및 개선에도 영향을 미칠 수 있다.

(2) 고객의 정보이용 권한위임

미국의 유명한 관광지인 Las Vegas로 여행을 하려 한다. 물론 여행사를 통해 여행을 할 수 있으나 보다 저렴한 여행경비와 자유로운 일정을 감안하면 고객 스스로가 인터넷을 통해 여행계획을 세울 수 있다. 서울에서 출발한다면 항공편의 선택에는 큰 유연성이 없지만 현지의 어떤 호텔이나 식당을 선택하고 인근의 관광은 어떻게 할 것인가에 대하여 인터넷을 통해 호텔, 관광 등의 여행정보를 얻을 수 있다. 호텔의 선택을 위해 예약담당자와 가격협상을 할 수도 있고 현지 여행사의 여행상품도 취향에 맞게 고를 수 있다. 여러 인터넷 사이트를 통해 유용한 정보를 충분히 얻을 수도 있다.

택배회사의 홈페이지를 통해 화물의 현재 위치와 배송여부, 언제 누가 수취했는지 등을 실시간으로 파악할 수 있다. 대형 할인점의 어느 판매대에 내가 원하는 품목이 있는지, 재고는 충분하고 가격은 얼마이며 만일 재고가 없다면 언제 입고가 될 것인지 등의 정보를 얻어 구매에 활용할 수 있다. 정보시스템을 통해 고객 스스로가 필요로 하는 정보를 얼마든지 얻을 수 있는 것이 현실이다. 이와 같이 고객이 활용할 수 있는 정보권한의 수준은 서비스프로세스의 설계와 운영, 개선에 영향을 준다.

제 5 절 서비스프로세스 운영기술과 개선

1. 서비스프로세스 운영기술

사례 인천공항의 서비스프로세스 개선

인천공항에서 해외 출국이나 입국을 위해서는 법무부의 출입국 심사를 받는다. 출입국 여행객이 많은 시간대에는 한 창구에 20~30명 정도의 대기행렬이 생긴다. 출입국 여행객이 많은 경우 여행객의 대기시간이 10여분 이상 소요된다. 해결방법은 출입국심사대를 확장하는 방법과 자동화를 하는 방법이 있다. 현재 인천공항에서는 자동화를 통해 여행객의 출입국 심사에 소요되는 시간을 줄이고 고객의 대기나 혼잡성을 개선하고 있다.

실제로 미국 국제공항의 입국심사장의 고객이 대기하는 열이나 대기시간은 세계에서 1위를 나타내고 있다. 이러한 현상은 911테러사건 이후 미국 내 각급 공항의 보안검색이 강화되고 입국심사가 엄격하게 수행되고 있기 때문이다. 미국 연방정부는 이러한 여행자의 불평을 해소하기 위해 2011년 연방정부 예산으로 3백명의 인력을 증원하여 각 공항에 추가 배치를 했다. 연간 6천만명의 승객이 이용하는 LA공항의 경우 4명이 지원되어 출입국심사를 담당하자 입국심사시간은 평균 20% 가까이 단축되는 효과를 보았다. 그러나 2013년 1월 연방정부의 예산이 감축되고 원래의 근무자들도 무급휴가를 받아 출입국심사 처리능력이 떨어지게 되었다. 여행객의 대기 시간은 종전보다 30%정도 늘어나게 되었다. 이에 따라 입국심사는 지연되고 여행객의 대기시간은 종전보다 더 길어져 미국 이민국의 출입국관리 서비스에 대한 불만의 수준은 더욱 높아지고 있다.

자료 : 인천공항(http://www.airport.com)
(http://www.lawa.org)

위의 인천공항이나 미국 LA공항의 예에서와 같이 여행객의 출입국 심사에는 많은 시간과 대기행렬이 생긴다. 이 문제를 해결하기 위한 방법은 출입국심사대를 확장하거나 자동화 기술을 사용하는 방법을 고려할 수 있다. 그러나 출입국심사대를 늘이는 경우 인적 자원, 기계설비, 공간 등이 추가로 소요되며 여행객이 적은 시간대에는 이들 자원의 유휴시간이 늘어나 또 다른 문제를 야기할 수 있다.

인천공항과 김포공항 등 우리나라의 주요 공항은 출입국심사의 자동화 기술을 도입했다. 자동출입국심사의 프로세스에는 여행객의 여권확인과 지문확인의 두 단계를 거친다. 여행객이 이 두 가지 확인절차를 받는데 2~3초의 시간으로 출입국심사가 종료된다. 자동출입국심사는 별도의 확인으로 여권의 유효기간이 만료될 때까지 사용할 수 있다.

사례 Amazon의 서비스프로세스 운영기술

온라인 서점인 Amazon이 운영하고 있는 데이터베이스에는 1,200만 종 이상의 서적정보가 수록되어 있으며 2000년에는 회원 수 7천만 명을 넘어서고 있다. 현재 300만 권 이상의 책을 보유하고 전 세계 220개국 3만개가 넘는 웹사이트와 전략적 제휴를 통해 2000만 명이 넘는 고객을 확보하고 있다.

또한 주력 분야인 서적 이외에 영화, 음악, 게임 등의 다운로드, 컴퓨터 하드웨어 및 소프트웨어시스템, 장난감, 의류, 보석, 건강 및 미용용품, 스포츠용품, 주방용품, 차량용품 등 다양한 유형의 제품과 서비스를 온라인으로 판매하여 사업을 확장하고 있다.

Amazon은 새로운 서비스사업의 확장과 서비스운영의 개선을 위해 서비스기술과 시스템개선에 지속적인 투자를 하고 있다. Amazon은 미국 내 17개 도시, 북미. 유럽 아시아 등 해외에 60여개 발송센터(fulfilling center)와 지역별 10여개 고객서비스센터, 데이터센터 및 기술개발센터를 운영하고 서비스와 기술의 융합을 시도하고 있다.

지난 2003년 이래 각 지역의 15개 거점 발송센터를 선정하여 각각의 발송센터창고에 5천만 달러 이상을 투자하고 있다. 각 발송센터의 창고는 Amazon 웹사이트와 접속하여 완벽한 정보네트워크를 갖추고 10마일의 컨베이어벨트, 서가, 창고 내 이동시스템, 네비게이터 그리고 서적분류시스템 등 하드웨어시스템을 구축하고 있다. Amazon은 이 시스템을 통해 전 세계의 고객의 주문을 배달센터의 창고로부터 발송에 이르기까지 자동화 하여 서비스를 제공하고 있다. 최근에는 20마일 이내에 위치한 고객을 대상으로 무인항공장치를 이용하여 30분 이내에 배송하는 시스템을 시험적으로 운영하고 있다.

Amazon의 서비스는 디지털 정보기술의 지원을 받는 전자책 플랫폼에 의해 수행되고 있다. Google, eBook이 안드로이드 기반의 다양한 단말기를 통해 주체들이 직접 운영하는 개방성과 확장성을 특징으로 하는데 비해 Amazon Kindle은 온라인 대형 서점으로 확장되어 단말기와 유무선 모바일 네트워크를 형성하여 개방성과 폐쇄성을 동시에 지닌 플랫폼을 운영하고 있다.

Amazon은 매출액도 해마다 증가해 2002년에 30억 달러의 매출로 인해 4분기 이래 흑자를 기록하고 2003년에 67억 달러, 2010년에는 267억 달러의 매출을 달성하고 있다.

Amazon의 성장요인으로는 첫째, 광범위한 데이터베이스 구축을 통해 유통비와 재고비용의 부담을 획기적으로 절감하고 있으며, 둘째, 다양한 고객서비스시스템을 구축하여 활용하고 있으며, 셋째, Amazon 웹사이트와 전 세계 3만여개 웹사이트와 연결하여 긴밀한 전략적 제휴를 하고 있다는 점 등을 들 수 있다.

그림 6-8 Amazon의 도서판매 서비스

자료 : http://www.amazon.com

인천공항을 비롯해 김포공항은 세계에서 서비스품질이 가장 우수한 공항의 하나로 선정되고 있다. 자동출입국심사는 정보기술을 사용한 서비스기술의 발전과 진화로 볼 수 있다.

(1) 서비스프로세스 운영기술

서비스프로세스기술은 기계화, 자동화 등 단순 반복적인 작업자의 노동력을 대체하는 기술로서 서비스생산 및 서비스제공에 사용되는 하드웨어와 그 절차와 관련되는 기술이다. 서비스기술은 서비스생산을 위한 서비스프로세스의 운영기술, 고객접점에서의 관리기술로 나누어 볼 수 있다.

서비스프로세스의 운영기술은 새로운 서비스사업과 새로운 서비스상품의 신속한 출시, 대량생산, 서비스생산과 운영의 효율성을 목적으로 한다.

예를 들어 온라인 서점인 Amazon은 새로운 서비스사업의 확장과 서비스운영의 확장을 위해 서비스기술과 시스템개선에 지속적인 투자를 하고 있다. Amazon은 국내외 60여개의 발송센터를 중심으로 전 세계 220여개국 3만개가 넘는 웹사이트와 접속하여 전략적 제휴를 통해 7천만명 이상의 고객에게 서비스를 제공하고 있다. Amazon의 서비스네트워크는 첨단 정보기술과 발송센터의 하드웨어 및 운영기술이 뒷받침되기 때문이다.

영국 London의 Heathrow국제공항은 2006년 고객정보시스템을 활용하여 체크인 서비스를 수행하기 위해 기술투자에 5억 달러를 투자했다. 이 투자는 X레이, CT검색, 3D검색시스템 등 보안검색과 중앙통제시스템, 자동 컨베이어벨트 시스템, 화물취급, 항공기 탑승교 등 고객편의를 위한 투자에 집중되어 있다. Heathrow국제공항은 시스템 및 시설개선을 위해 앞으로 10년마다 재투자를 계획하고 있다.

서비스기업은 보다 개선된 서비스프로세스의 운영기술을 이용함으로써 서비스생산과 운영의 효율성을 기대할 수 있다. 즉 서비스운영기술은 서비스비용을 감축시키고, 서비스제공시간을 단축할 수 있으며, 서비스품질향상 등의 이점을 얻을 수 있다. 또한 서비스운영기술은 서비스수명주기를 단축시켜 시장에서의 경쟁적 우위를 확보하고 마케팅능력, 브랜드이미지와 명성을 제고시키는 역할을 한다.

오늘날의 향상된 서비스운영기술은 관리적 효율성의 확보와 고객서비스향상이라는 관점에서 테마파크, 금융서비스, 물류서비스, 항구의 컨테이너 터미널 등에서도 널리 활용되고 있다.

(2) 서비스인카운터 관리와 운영기술

정보기술과 자동화기술은 서비스프로세스와 서비스제공자와 고객사이의 서비스인카운터의 기능을 변화시켜 왔다. 음악회나 연극, 항공기, 고속버스의 좌석예약으로부터 자동발권, 좌석선택, 대금결제가 인터넷에 의해 온라인서비스가 가능하다. 금융서비스는 ATM으로부터 인터넷에 의한 자동이체, 텔레뱅킹 등 각종 금융거래를 가능하게 하고 있다. 교육의 경우도 피교육자가 교육콘텐츠를 선정하여 언제, 어디서든지 질의응답을 통해 원거리 교육이 가능해 졌다.

이러한 서비스제공의 변화는 서비스제공자의 비용절감의 목표를 실현시켜주고 고객의 입장에서는 서비스를 받기 위한 이동이나 시간, 비용절감 등의 이점을 얻을 수 있다. 이러한 서비스접점의 변화는 서비스제공자와 고객의 필요성이 자동화 기술과 정보기술로 대체되었기 때문에 가능해진 것이다. 앞에서 나타낸 [그림 6-7]은 서비스접점에서의 기술의 적용과 변화를 보여주는 것이다.

서비스인카운터에서 필요로 하는 기술적 요인과 관련하여 Froehle와 Roth(2004)는 서비스인카운터의 운영기술이 어느 정도 활용하는가에 따라 [그림 6-9]와 같이 나누어 설명하고 있다.

즉 서비스인카운터에서의 서비스운영기술이 필요 없는 접점서비스, 기술지원형 접점서비스, 기술도움형 접점서비스, 기술연결형 접점서비스, 기술생성형 접점서비스 등 다섯 가지 유형으로 나누어진다. 기술이

그림 6-9 서비스접점과 기술적 요인

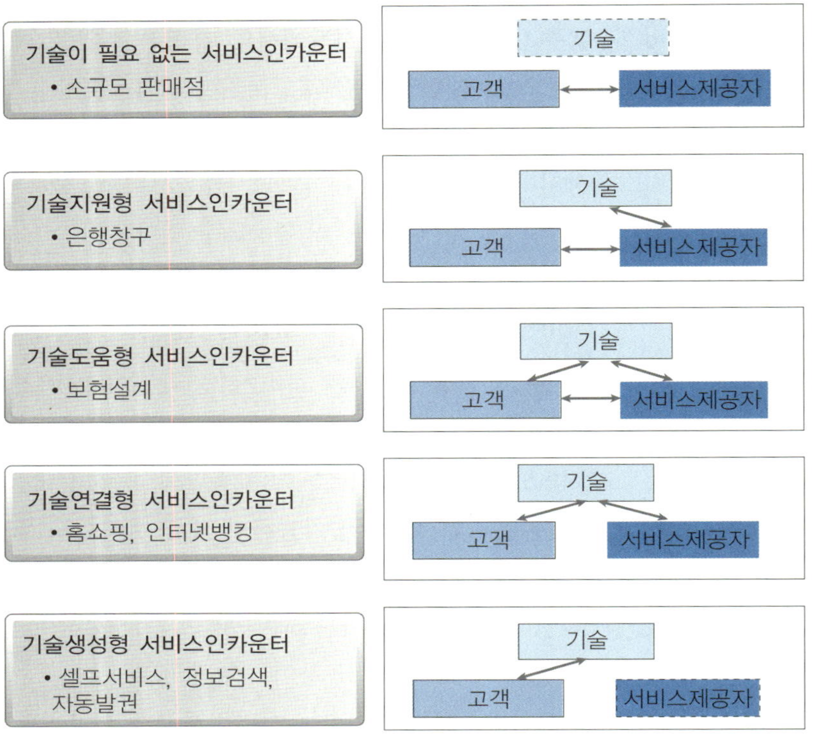

자료 : Craig M. Froehle & Aleda V. Roth(2004), "New Measurement Scales for Evaluating Perceptions of the Technology-Mediated Customer Service Experience," *Journal of Operations Management, 22(1)*, p.1~21.

필요 없는 접점서비스는 고객과 서비스제공자가 물리적으로는 상호작용을 하지만 접점운영에 기술이 직접적으로 작용을 하는 것은 아니다. 이러한 서비스는 전통적인 소규모 판매점, 이발, 세탁서비스, 또는 컨설팅 등 전통적인 서비스에서 볼 수 있다.

기술지원형 접점서비스는 서비스제공자가 서비스에 필요한 정보를 이용하고 서비스전달이 용이하도록 기술을 이용하는 서비스이다. 은행창구에서 은행원이 컴퓨터시스템을 이용하여 고객에게 서비스를 제공하는 것은 기술지원형 접점서비스이다. 이 때 고객은 은행원과의 대면접촉으로 서비스를 받지만 고객은 컴퓨터시스템을 직접 이용할 필요가 없다.

기술도움형 접점서비스는 고객과 서비스제공자가 기술을 통해 접점을 형성하며 기술지원형 접점서비스보다 기술이용의 수준이 한 단계 더 발전한 서비스이다. 보험설계사가 고객과 대면접촉을 하고 컴퓨터시스템 내의 정보를 활용하여 고객에게 맞춤서비스를 설계하여 제공하는 경우이다.

기술연결형 접점서비스는 고객과 서비스제공자의 직접적인 대면접촉이 없이 인터넷 등의 기술을 통해 서비스접점을 연결하여 서비스를 제공하는 경우이다. 인터넷 홈쇼핑, 인터넷 뱅킹서비스 등의 서비스는 기술연결형 서비스접점을 이룬다. 또한 컴퓨터와 같은 기기가 고장이 났을 때 인터넷이나 화상통신시스템 등을 통하여 수리센터 전문가의 진단과 지시에 따라 고객이 기기를 수리하는 서비스이다.

기술생성형 접점서비스는 서비스제공자의 관여가 없이 고객이 셀프서비스를 받는 방법이다. 고객이 정해진 프로세스에 따라 서비스를 받는 ATM, 정보시스템의 매뉴얼을 통해 컴퓨터와 같은 기기를 수리하거나 환자의 자가진단을 통해 일정한 프로세스에 따라 의료진단 및 처치를 하는 서비스이다.

2. 서비스프로세스 운영기술의 선택

서비스기업이 서비스프로세스 운영기술을 빠른 시간 내에 확보하는 것은 매우 어렵다. 또한 기술개발이나 확보로부터 실제 서비스운영에 적용하기까지는 많은 비용을 필요로 한다. 기술수준이 높을수록 소요되는 비용의 크기는 더욱 확대된다. 서비스프로세스 운영기술의 선택과 관련하여 다음과 같은 의사결정이 필요하다.

- 서비스프로세스 운영기술을 어떻게 확보할 것인가?

- 서비스프로세스의 기술혁신과 자동화 수준은 어느 정도 유지할 것인가?
- 서비스프로세스의 유연성을 어떻게 확보하고 어느 정도 유지할 것인가?
- 서비스프로세스 운영기술의 개발을 선도할 것인가, 추종할 것인가?
- 서비스프로세스 운영기술의 개발에 어떻게, 어느 정도 투자할 것인가?
- 서비스프로세스 운영기술을 내부에서 개발할 것인가, 외부에서 구입할 것인가?
- 서비스프로세스 운영기술을 어떻게 유지, 관리할 것인가?

서비스프로세스 운영기술의 선택은 [그림 6-10]에서와 같이 서비스프로세스 운영기술의 관리의 면에서 필요한 기능으로 서비스의 노동집약도와 자동화프로세스, 서비스프로세스의 유연성과 경직성, 서비스기술의 선도와 추종, 서비스기술의 기업 내 개발과 기업 외부로부터 구입

그림 6-10 서비스프로세스 운영기술의 관리

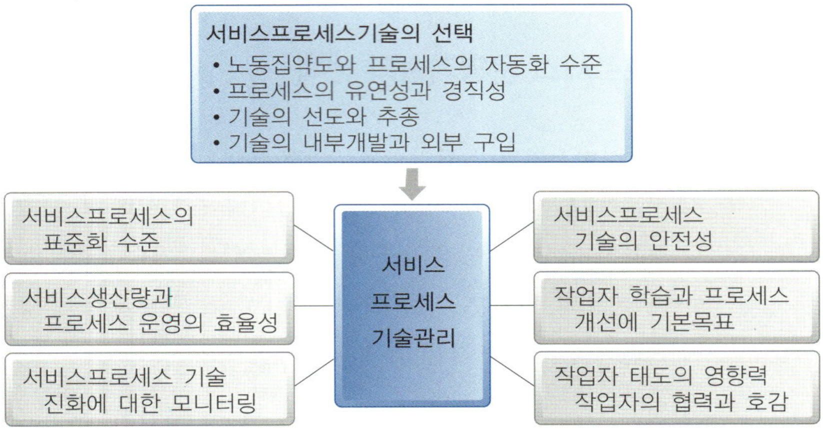

등의 요인에 따라 결정할 수 있다.

첫째, 서비스산업화의 수준에 대한 관점에서 볼 때 서비스프로세스 운영기술의 선택기준은 서비스의 노동집약도와 프로세스의 자동화 정도에 의해 결정할 수 있다. 이 선택기준에 의한 프로세스 운영기술은 기술투자의 규모, 환경요인에 대한 유연성, 적시성, 경쟁관계 등 사업적 이슈, 프로세스 운영기술의 비용, 품질, 유용성, 기술적 특성 등 운영적 이슈, 작업자의 태도와 반응, 기술력, 조직분위기 등 사회적, 조직적 이슈, 보건위생, 직무안전, 정보통신 환경과 이용 등 법적규제의 이슈 등의 요인에 영향을 받는다.

둘째, 서비스프로세스의 유연성과 경직성의 선택기준은 프로세스 운영기술과 서비스의 고객화 또는 표준화 수준에 대한 기준을 뜻한다. 서비스프로세스가 자동화, 표준화 되어 있으면 유연성이 떨어져 고객화 수준도 낮아진다. 유연생산시스템(flexible manufacturing system: FMS)의 기술적 이점은 서비스설계와 생산의 모듈화로 보다 용이한 서비스프로세스운영과 고객의 다양한 요구, 수요변화에 대한 유연성확보가 가능하다. 서비스프로세스운영의 비용 면에서도 준비 및 변환시간(set-up or changeover time)을 단축함으로써 비용절감이 가능하다. 또한 서비스생산의 모듈화는 공급사슬운영의 린(lean)화, 유연성을 가져와 낮은 비용의 실현이 가능하다.

셋째, 서비스프로세스 운영기술을 다른 기업에 앞서 선도할 것인가 또는 다른 기업의 개발과 이용결과를 검토하여 추종할 것인가의 결정이 필요하다. 서비스프로세스 기술의 선도와 추종의 결정은 기술투자의 위험성, 기술혁신의 속도와 수명주기, 기술이용의 연속성 등의 요인에 따라 좌우된다. 최근의 정보통신 이용기술의 급속한 발전은 다른 기업에 앞서 선도하는 전략이 필요하지만 이에 따른 위험성이나 빠른 혁신속도를 고려해야 한다.

넷째, 서비스프로세스 운영기술을 기업 내에서 자체적으로 개발할 것인가 또는 기업 외부에 개발을 의뢰하거나 구입할 것인가의 결정은 기술투자의 규모, 기술개발의 시간, 기술인력의 보유 등의 요인을 고려하여야 한다. 내부 또는 외부로부터의 확보가 유리한지에 대한 결정은 투자가능성 및 잠재적비용을 비교분석하는 방법을 시용할 수 있다.

서비스기업에서 프로세스운영기술의 선택에 대한 의사결정은 단기적으로 결정되는 것이 아니고 고객, 작업자, 시장경쟁, 비용, 서비스생산의 효율성 등 기업내외의 여러 요인으로부터 복합적인 영향을 받기 때문에 전략적으로 수행되어야 한다.

서비스프로세스 운영기술의 선택에는 제품(서비스)특성과 프로세스 유형에 따라 [그림 6-11]과 같은 서비스-프로세스행렬을 구성하여 결정할 수 있다. 이 행렬에서 서비스프로세스의 유형은 프로젝트 프로세스, 잡샵 프로세스, 묶음생산 프로세스, 반복적 흐름 프로세스, 연속적 흐름 프로세스 등으로 구분한다. 서비스제품의 특성은 단일서비스, 다수서비스의 소량생산, 다수서비스의 중규모생산, 다양한 서비스의 대량생산, 단일서비스의 대량생산 등 생산규모와 생산형태에 대한 특성이다.

그림 6-11 서비스프로세스 운영기술의 선택 : 서비스-프로세스 행렬

프로세스 유형	제품(서비스)특성				
	단일서비스	다수서비스 소량생산	다수서비스 중규모생산	다양한 서비스 대량생산	단일서비스 대량생산
프로젝트 프로세스	고객맞춤형 정보시스템				
잡샵 프로세스		병원의 응급실			
묶음 프로세스			대학의 학사관리		
반복적 흐름 프로세스				운전면허 신규발급	
연속적 흐름 프로세스					회계처리 시스템

서비스-프로세스행렬에서 서비스의 특성과 프로세스유형에 따라 서비스프로세스 운영기술을 포지셔닝을 할 수 있다. 예를 들어 대학의 학사관리서비스는 학과별, 과목별 수강학생 수가 일정 범위 내에 한정되어 있으므로 다수의 중규모 서비스로 분류되며 수강신청, 강의진행, 출석관리, 평가 등의 학사관리서비스의 프로세스는 묶음프로세스 유형에 해당되므로 이에 적합한 기술을 포지셔닝할 수 있다.

3. 서비스프로세스 운영기술의 평가와 경험곡선

사례 경험곡선의 개발과 활용

1. Boeing

Boeing은 대형항공기 제작에 경험곡선을 이용하여 새로운 기술의 적용을 평가하고 있으며 고객의 요구에 따른 부분적인 설계변경, 반복적인 항공기설계, 생산계획, 원가관리에 활용하고 있다. Boeing은 대형항공기산업의 특징인 복잡한 엔지니어링 프로세스의 관리, 고비용, 낮은 생산효율성을 개선하는 효과를 평가하기 위해 경험곡선을 사용하고 있다. Boeing의 경험곡선 효과에서 볼 때 대형항공기의 단위당 제조비용은 누적생산량이 증가함에 따라 일정 비율로 저하되는 것으로 나타났다. Boeing은 첫 번째 대형항공기제작에 5,000 시간을 소요하였으나 두 번째에는 4,000 시간, 네 번째에는 3,200 시간 등 점차적으로 20%의 절감이라는 경험효과를 얻는 것으로 분석되었다. 즉 누적생산량이 2배가 되면 비용은 20% 정도 떨어진다. 이것은 누적생산량이 늘어날수록 비용은 낮아지고 수익성은 높아지는 것이다. 누적생산량 또는 판매량은 학습 등에 의한 누적경험의 크기를 의미하며 경험곡선은 기업의 생산전략을 구상하는 데 기초가 된다.

2. McDonald

McDonald는 1990년대 시장경쟁의 우위를 지속하기 위해 기존의 서비스를 개선하고 여러 가지 서비스를 신규로 개발하는 조치를 취했다. 고객의 차량탑승(drivr-through)주문, 새로운 햄버거의 출시 등 새

로운 서비스상품의 개발과 서비스프로세스의 변경, 콜센터의 통합관리 등 관리적 문제에 대한 분석이 필요했다. McDonald는 새로운 서비스에 대한 개발초기의 효율성, 주문능률, 품질수준 등의 분석과 평가에 경험곡선을 이용한 바 있다.

3. 삼성전자

기업이 신제품을 개발하여 시장에 도입하는 초기에는 시장선점이 중요한 목표가 되지만 일정시간이 경과한 다음에는 경험곡선이 기업의 이익을 나타내고 있는가를 파악해야 한다. 1990년대 말 삼성전자가 64메가D램을 최초로 개발하여 양산체제를 갖추었는데 경쟁자들의 시장참여가 늘어나 1990년대 중반에 300달러하던 64메가D램 가격이 2000년대 초에는 10달러 미만으로 하락했다. 삼성전자는 생산규모와 가격결정을 위해 학습곡선을 활용하였다. 즉 학습곡선에 나타난 생산규모와 생산수율, 생산규모와 원가와의 관계 등을 분석하여 가장 큰 이익을 얻을 수 있는 생산규모 및 가격수준을 결정할 수 있다.

자료 : 삼성경제연구소 경제포럼(2008), "기업이익창출을 위한 전략"

서비스프로세스 운영기술은 비용과 작업성과의 관계를 나타내는 경험곡선 또는 학습곡선의 원리를 적용하여 평가할 수 있다. 서비스가 진행됨에 따라 서비스프로세스에서 수행되는 사이클타임 또는 리드타임이 줄어든다. 즉 서비스처리회수가 늘어남에 따라 작업에 숙련되기 때문이다. 경험곡선의 개념은 서비스프로세스에서의 작업수준이나 기술수준 등 효율성을 평가하는 기준을 제공해 준다.

경험곡선(experience curve)이란 서비스프로세스 운영에 소요되는 단위비용과 총 비용과의 관계를 나타내는 곡선이다. 이 때 단위당 비용은 1회 고객의 주문, 서비스제공, 또는 콜(call)에 소요되는 비용이며 총 비용은 시스템 전체에서의 고객의 주문, 서비스제공, 또는 콜(call)에 소요되는 비용이다. [그림 6-12]에서와 같이 경험곡선에서 총 생산량이 증

그림 6-12 경험곡선의 예

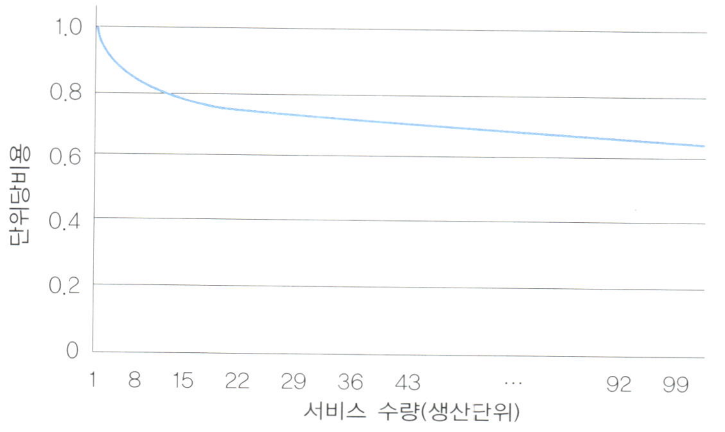

가하면 단위당 비용은 감소하는 경향을 나타낸다. 총 생산량의 증가는 서비스프로세스가 계속됨에 따라 작업수행의 경험, 학습, 숙련 등 기술 수준이 개선되는 것을 의미한다.

학습곡선(learning curve)은 협의의 경험곡선이라 할 수 있는데 단위당 작업시간과 총 생산량과의 관계를 나타내는 곡선이다. 노동집약도가 높은 서비스에서는 노무비의 비중이 커져 경험곡선을 학습곡선과 대체하여 사용(interchangeable)할 수 있다. 학습곡선을 이용하여 생산을 반복함으로써 작업시간 단축 등 낭비를 줄이고 서비스프로세스 운영성과 또는 작업성과를 개선하는 기준이 될 수 있다.

경험곡선은 다음의 세 가지 가정을 근거로 한다.

- 작업에 소요되는 시간은 같은 작업을 반복함에 따라 점차 줄어든다.
- 작업에 소요되는 단위당 소요시간이 줄어드는 비율은 감소한다.
- 작업에 소요되는 단위당 소요시간의 단축패턴은 예측이 가능하다.

경험곡선의 모형은 다음과 같이 나타낸다.

$$C_x = C_1 X^{-b}$$

여기서 C_x : X번째 생산 또는 전달되는 서비스의 비용
X : 서비스의 누적 생산량
b : 경험곡선 파라미터
C_1 : 첫번째 생산 또는 전달되는 서비스의 비용
$b = \dfrac{\log r}{\log 2}$
r : 경험 또는 학습율(rate of experience)

서비스프로세스 운영의 평가에 경험곡선이론을 적용하는 경우 서비스제공에 소요되는 시간과 비용을 추정할 수 있다. 즉 경험곡선은 누적생산량에 따라 단위당 서비스가격을 추정할 수 있는 근거를 제시해 준다. 서비스제공의 횟수가 늘어남에 따라 작업에 대한 숙련, 경험, 학습이 반복되고 이를 바탕으로 작업의 개선을 가져올 수 있다. 따라서 경험

그림 6-13 경험곡선의 활용

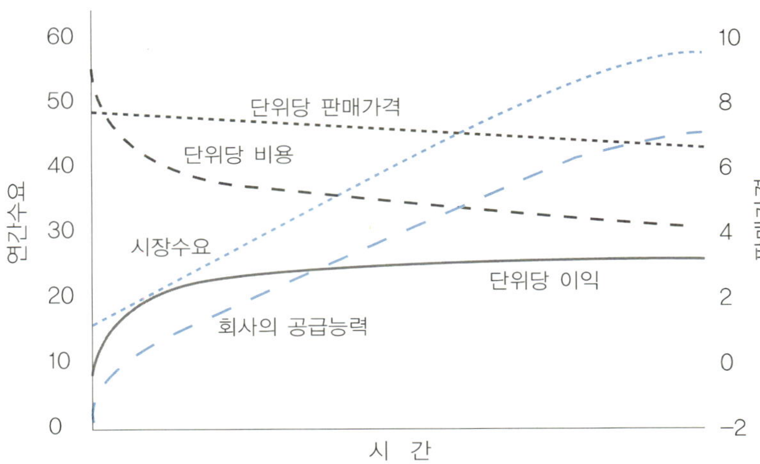

자료 : Sara L. Beckman & Donald B. Rosenfield(2008), *Operations Strategy, Competing in the 2/st Centry*, McGraw-Hill, p.79.

곡선이론은 서비스조직 전체를 대상으로 하거나 부문별, 서비스별로 적용이 가능하므로 서비스기술의 평가도 가능하다. 경험곡선은 [그림 6-13]과 같이 서비스에 투입되는 비용, 서비스가격, 종업원의 서비스성과, 자동화 등 기술수준의 평가에 활용할 수 있다.

경험곡선이론은 주기적으로 변화하는 새로운 서비스운영이나 서비스프로세스 기술에 대한 검토에 활용된다. 경험곡선의 효과는 서비스운영의 프로세스가 복잡하고 과업의 수가 많을수록 분석의 효과가 크게 나타나는데 Boeing의 예는 이를 의미하는 것이다. 경험곡선 적용으로 얻을 수 있는 이점에 대해 Boston Consulting Group이 분석한 결과는 다음과 같다.

- 경험, 학습, 숙련에 의한 작업오류 개선으로 노동생산성 및 능률 향상
- 서비스프로세스에서의 작업방법 개선, 기술향상으로 표준화, 전문화 확대
- 서비스프로세스의 자동화로 대량생산 및 작업효율 증대
- 지속적인 서비스의 재설계로 고객요구 반영, 경쟁우위 확보
- 생산규모 변경의 유연성으로 고정비 축소
- 작업공유효과 확대로 작업능률 및 작업공유효과 증대

종합사례 및 토의문제 Southwest Airlines의 프로세스 변화

미국 Dallas에 본부를 두고 있는 Southwest Airlines은 저렴한 가격, 믿을만한 서비스, 승무원이나 조종사의 유머감각으로 국내 단거리 항공노선의 점유율을 높이고 있다. 이 항공사의 서비스는 "No Meal, No Screen"을 원칙으로 땅콩, 음료 등 기본적인 서비스에 한정되어 있다. Southwest Airlines은 낮은 비용을 실현

하기 위해 게이트의 업무처리를 간소화 하여 도착지로부터의 신속한 회항으로 운항 회수를 늘이고 있다. 또한 B737의 단일 기종을 운항함으로써 항공기 유지보수 및 조종사배치의 효율성을 최대화 하고 있다. 또한 가급적 도심에 가까운 공항이나 덜 붐비는 공항을 운항하여 정체를 피하는 등 고객의 편의를 높이고 있다.

Southwest Airlines은 경쟁사들의 치열한 경쟁으로 저렴한 가격만으로는 시장유지가 어렵다고 판단하고 보다 차별화된 서비스를 제공하고 있다. 그러나 이 서비스는 추가적인 비용이 따르는 것은 아니다. Southwest Airlines은 고객에게 "재미를 주는 항공사"라는 이미지를 줌으로써 서비스를 차별화 하고 있다. 비행 중 조종사와 기내 승무원들의 익살스러운 설명과 대화가 계속된다.

Southwest Airlines은 고객의 수하물은 가급적 휴대토록 하고 고객들이 항공기에 탑승할 때 좌석표를 받는다. 고객들이 탑승하기 이전에 좌석배정을 하지 않고 일찍 오는 고객에게 먼저 좌석을 잡도록 하는 서비스를 하고 있다. 이러한 서비스를 대부분의 고객들은 호감을 갖는 것으로 조사되고 있다.

현재 이 회사는 미국 항공사 중 수익 면에서 5위를 하고 있는데 계속하여 성공할 것으로 예상되고 있다.

자료 : http://www.southwest.com

토의문제

1. Southwest Airlines의 서비스프로세스는 어떠한 흐름을 나타내는가? 일반 항공사와 비교하여 Southwest Airlines의 서비스프로세스의 차이점은 무엇인가?
2. Southwest Airlines 서비스의 강점과 약점을 비교해보자.
3. 저가항공으로서 Southwest Airlines의 서비스수준에 만족하는가?
4. 고객의 관점에서 Southwest Airlines의 서비스수준은 어느 정도이며 개선점이 무엇인가를 토론하자.

용어정리

서비스프로세스의 유형 서비스표준화의 정도, 대상고객, 고객접촉 수준에 따라 서비스프로세스를 분류.

기능별 배치(functional layout) 작업내용에 따라 같은 작업기능을 갖는 프로세스와 서비스설비를 한곳에 모아 배치하는 형태로 고객접촉 수준이 높고 다양한 서비스경로를 제공하는 서비스샵, 전문적 서비스에서의 프로세스배치형태.

제품별 배치(product layout) 서비스의 생산 및 제공순서에 따라 프로세스와 설비를 배치하는 방법으로 서비스 특성별로 프로세스가 연속적으로 대량생산을 가능하게 하여 서비스의 표준화 수준이 높은 반면 서비스의 유연성은 낮은 편임.

서비스프로세스의 균형화(line balancing) 서비스프로세스 진행의 불균형을 해소하고 프로세스별 작업시간의 균형을 이루어 작업자의 유휴시간 최소화, 생산라인의 흐름을 원활하게 하여 작업효율을 극대화하는 방법.

고정형 배치(fixed position layout) 전문적 서비스에서와 같이 한 장소에서 작업자가 서비스설비가 이용하여 프로젝트형태로 서비스작업을 수행하여 고객에게 서비스를 제공하는 배치형태.

셀화배치(cellular layout) 유사한 서비스작업 기능이나 서비스설비를 이용하여 같은 서비스프로세스를 몇 개의 그룹으로 나누고 이들 각 그룹별로 셀을 구성하여 프로세스를 배치하는 방법으로 서비스작업, 서비스설비, 서비스자재의 유사성을 확보하기 위해 그룹테크널러지기법을 이용함.

셀프서비스 서비스프로세스 수행, 자원이용 등 고객의 참여와 자율성을 높이고 서비스를 고객과 공동으로 생산함으로써 서비스제공자의 작업노력을 고객에게 일부 이전시켜 서비스수요를 평준화.

유연생산시스템(flexible manufacturing system) 고객의 다양한 요구, 수요변화에 대처하여 서비스프로세스운영의 유연성을 확보하는 생산시스템.

경험곡선(experience curve) 서비스프로세스 운영에 소요되는 단위비용과 총비용과의 관계를 나타내는 곡선으로 총 생산량의 증가(서비스프로세스가 반복)에 따라 작업수행의 경험, 학습, 숙련 등 기술수준이 개선됨.

학습곡선(learning curve) 협의의 경험곡선으로 단위당 작업시간과 총 생산량과의 관계를 나타내는 곡선으로 생산을 반복할수록 작업시간 단축 등 낭비를 줄이고 서비스프로세스 운영성과나 작업성과를 개선하는 기준이 됨.

연습문제

1. 고객접촉수준과 고객접촉방식에 따라 서비스프로세스는 어떻게 달라지는가?
2. 제품별배치와 같은 연속적 프로세스에서 나타나는 불균형의 문제에 대한 해결 방법은 무엇인가?

3. 서비스운영기술은 서비스인카운터 관리에 어떠한 변화를 가져오고 있는가?
4. 서비스-프로세스행렬을 이용하여 항공서비스에서 제공되는 각 고객접점에서 필요한 서비스프로세스 운영기술을 설명하라.
5. 서비스공장 및 전문적 서비스의 서비스프로세스 운영에 소요되는 단위비용과 총 비용과의 관계를 경험곡선에 나타내고 두 가지 서비스의 특징적 차이가 무엇인지 설명하라.

참고문헌

삼성경제연구소 경제포럼(2008), 기업이익창출을 위한 전략.

Beckman, Sara L. & Donald B. Rosenfield(2008), *Operatious Strategy: Competing in the 21st Centry*, McGraw-Hill.

Chase, R. B.(1978), "Where Does the Customer Fit in a Service Operation?" *Harvard Business Review*, 56(6), pp.137~142.

Chase R. B. & A. J. Aquilano(1992), "A Matrix for Linking Marketing and Production Variables in Service System Design," In D. Richard eds. *Production and Operations Management(6th ed.)*, Irwin.

Fitzsimmons, James A. & Mona A. Fitzsimmons(2011), *Service Management, Operations, Strategy, Information Technology*(7th ed.), McGraw-Hill.

Froehle, Craig M. & Aleda V. Roth(2004), "New Measurement Scales for Evaluating Perceptions of the Technology-Mediated Customer Service Experience," *Journal of Operations Management, 22(1),* p.1~21.

Lynn Shostack, G.(1984), " Designing Service That Deliver," *Harvard Business Review,* 62(1), pp.133~139.

Muther, R.(1966), *Systematic Layout Planning*, Industrial Education Institute.

Schmenner, Roger W.(1995), *Service Operations Management,* Prentice-Hall.

http://www.airport.com

http://www.lawa.org

http://www.amazon.com

http://www.southwest.com

제 • 7 • 장

서비스공급능력관리

학 | 습 | 목 | 표

본 장에서는 다음과 같은 내용의 이해를 목표로 한다.

- 서비스공급능력관리의 의의
- 서비스공급능력의 평가와 조정
- 서비스공급능력의 결정과 모형화
- 서비스공급능력과 전략

사례 Boeing사의 공급능력전략

Boeing사가 제작한 항공기 42,300대가 전세계에서 하루 300만명 이상의 여객을 수송하고 있다. Boeing사는 1999년 620대, 2003년 281대의 항공기를 생산 했는데 생산량이 줄어든 것은 항공사의 주문이 대형기종에 집중하였기 때문이다. 전세계의 항공기수요는 2024년까지 연 4.8%의 증가추세를 보일 것으로 전망되며 이 기간 중 지역 소형항공기 3,900대, 소형 단복도 항공기 15,300대, 중형항공기 5,600대, 대형항공기 900대 등의 수요가 있을 것으로 예측되고 있다.

Boeing사의 근로자는 1998년 117,950명에서 2004년 52,669명으로 줄어들었으며 이들은 약 1만개 작업부문에서 설계, 조립, 지원업무를 수행하고 있다. 기계설비, 생산프로세스, 정보기술의 향상으로 WIP 55%, 저장재고는 59% 감축되었다.

B 737 중형여객기 조립에는 11일이 소요되며 Boeing사는 기계설비 및 프로세스, 조립환경에서의 유연성이 매우 높은 것으로 평가되고 있다. 공급능력계획을 수립하기 위해 Boeing사는 다음과 같은 과제를 제기하고 있다

- Boeing사의 공급능력전략은 단기, 중기, 장기전략 중 어떤 전략이 효과적인가? 이 기간 중 수요증감의 변화추세는?
- Boeing사의 기대수요를 충족하기 위한 공급능력의 규모는? 서비스 수준은? Boeing사가 불규칙수요에 대비하여야 할 공급능력의 규모는?
- Boeing사는 수요증가 시 또는 이 기간 중 공급능력의 확장이 필요한가?
- Boeing사의 공급능력 확장방법은?
  인적자원, 프로세스, 정보기술, 기계설비 등을 조정해야 할 것인가?
  현재 자원을 이용하여 생산을 확대하는 것이 공급능력확장 방법인가?
  단기, 중기, 장기 공급능력확장 투자의 상쇄관계(tradeoff)는?
- Boeing사의 공급능력 확장 시 가치사슬은 기업내외 어디에 둘 것인가?

제 1 절 서비스공급능력관리

1. 서비스공급능력관리의 의의

기업이 이익을 창출하고 지속적으로 성장하기 위해서는 수요를 충족시킬 수 있는 공급능력(capacity)을 확보해야 한다. 공급능력은 제품이나 서비스생산에서의 최대산출률을 의미하는데 공급능력을 확보하기 위해서는 생산시설 설치, 작업자 확보 등 고정적 성격의 비용이 많이 소요되며 장기간에 걸쳐 수행된다. 일반적으로 공급능력을 확보하는 데에는 많은 자본적 투자가 필요할 뿐만 아니라 수요량이 감소하면 공급능력을 다 활용하지 못해 유휴비용의 발생 등 큰 손실을 초래할 수도 있다. 따라서 공급능력의 결정에는 신중한 의사결정이 요구된다.

서비스기업의 공급능력이란 일정기간 동안 산출할 수 있는 서비스 생산량으로 정의되며 서비스시설, 설비, 노동력 등 가용자원에 의해 결정된다. 공급능력의 정의는 산업, 업종에 따라 다양하게 나타난다. 호텔의 공급능력은 고객에게 제공할 수 있는 객실의 수, 극장의 공급능력은 좌석의 수가 된다. 그러나 항공사의 경우 비행기 대수, 좌석, 노선의 수 등 보다 복잡한 방법으로 공급능력이 결정된다. 이와 같이 공급능력의 개념은 서비스의 유형, 서비스의 산출방법 또는 공급능력의 측정방법에 따라 상이한 기준이 적용된다.

공급능력관리(capacity management)는 수요변동에 따라 공급능력을 어느 정도 유지하고 어떻게 관리할 것인가에 대한 의사결정이라 할 수 있다. 공급능력을 결정하기 위해서는 가용자원, 즉 생산설비, 노동력 등에 대한 전반적인 공급능력수준을 확정하게 된다. 공급능력은 기업의 자원이용, 비용구조, 마케팅활동에 중대한 영향을 미친다. 서비스기업에서의 공급능력과 관련되는 의사결정의 문제는 다음과 같이 나누어 볼 수 있다.

- 서비스공급능력을 어느 정도 유지하고 얼마나 활용할 것인가?
- 서비스공급능력의 유효성을 어떻게 확보할 것인가?
- 서비스공급능력의 확장이 필요한 경우 어느 정도로 언제까지 확장할 것인가?
- 서비스공급능력의 확장에 대한 대안은 무엇인가?

2. 서비스공급능력의 측정

공급능력은 산업, 업종에 따라 다양하게 정의되고 있으며 이에 따라 공급능력의 측정을 위해서는 다양한 척도를 사용한다. 다수품목을 생산하는 경우에는 공통적으로 사용하는 기준이 없기 때문에 공급능력을 측정하는데 어려움이 있다. 서비스기업의 공급능력측정은 서비스산출단위가 무엇인가에 따라 달라지므로 공급능력측정이 매우 복잡하다. 즉 서비스의 유형에 따라 서비스의 산출방법 또는 공급능력의 측정방법에 따라 상이한 기준이 적용된다.

단일의 서비스를 생산하는 경우 공급능력측정의 척도를 용이하게 결정할 수 있다. 그러나 다수 서비스를 생산하는 경우 시스템 전체의 공급능력측정의 척도를 결정하는 것은 용이한 일이 아니다. 다수의 서비스를 제공하는 경우 산출(output)척도의 적용이 어려워 투입(input)척도를 사용한다. 서비스를 산출하기 위해 투입되는 자원의 크기에 따라 공급능력을 측정하는 것은 같은 서비스유형끼리 상대적인 비교가 가능하기 때문이다. 예를 들어 극장, 식당, 항공사의 경우는 좌석 수에 의해 공급능력을 측정할 수 있다.

이러한 공급능력의 측정에도 다음과 같은 문제가 생기게 된다. 즉 저가항공사는 좌석의 등급을 일률적으로 하여 서비스를 제공하므로 단지 좌석 수에 의해 공급능력을 측정하면 된다. 그러나 일반 항공사는 일등석, 비즈니스석 및 일반석으로 좌석을 등급화 하여 서비스를 제공하므로 좌석의 수만으로는 공급능력을 측정하기 어렵다. 일반항공사의 좌석등급별 서비스에 투입되는 승무원 수, 서비스자재, 좌석의 공간 등 서비스수준이 상이하기 때문이다. 종합병원의 공급능력 측정을 위한 척도는 더욱 복잡하다. 의료서비스에 투입되는 가용자원으로는 병실 수, 병상 수, 의료인력, 보조인력, 치료기술 및 처치방법 등을 들 수 있는데 이러한 투입자원이나 환자의 수와 같은 산출에 대한 측정단위의 기준이 모두 다르다.

서비스기업에서 공급능력의 측정에 투입이나 산출척도 한 가지 방법만을 사용하는 것은 한계가 있다. 따라서 서비스기업의 공급능력을 측정하고 평가하기 위해서는 서비스제공에 소요되는 비용, 서비스시간, 서비스자재, 설비, 공간, 노동력 등 서비스자원의 소요, 서비스시스템 내에서의 고객의 대기시간 등을 종합적으로 고려하여 결정하는 것이 바람직하다.

제 2 절 서비스공급능력의 평가와 조정

사례 골프장의 수요관리와 공급능력관리

S골프클럽은 레이크, 마운틴, 밸리 등 3개 코스 27홀을 운영하고 있다. 각 경기 팀은 레이크→마운틴, 마운틴→밸리, 밸리→레이크 코스로 18홀의 경기를 진행하며 하절기에는 경기수요가 늘어나 06:00부터 1, 2, 3부로 나누어 7분 간격으로 티셧을 하며 마지막 팀은 14:20에 티셧을 할 수 있다.

S골프클럽은 평일에는 원만한 경기진행을 위해 각 코스별로 1부 18팀, 2부 10팀, 3부 12팀으로 하루에 40팀, 총 120팀을 배정하여 경기를

진행하고 있다. 그러나 주말이나 공휴일에는 각 코스별로 1부 24팀, 2부 10팀, 3부 14팀으로 하루에 48팀, 총 144팀의 경기가 가능한 것으로 판단하고 있다.

S골프클럽의 예측에 의하면 주말이나 공휴일에는 경기수요가 공급능력을 충분히 능가할 것으로 판단하고 있다. 그러나 골프경기의 특성상 예기치 못한 지연이나 예약취소 등이 발생할 수 있다. S골프클럽은 이러한 수요자료를 이용하여 최대수익을 얻을 수 있는 경기운영방안을 모색하고 있다.

또한 S골프클럽은 이러한 경기운영계획에 따라 캐디의 수, 락커룸의 소모성 자재의 규모 및 클럽하우스 식당의 식음료제공 등 공급능력계획을 결정하고 있다.

- S골프클럽의 수요패턴은 안정적인가 또는 불안정적인가?
- 주말 등 성수기수요에 대비하여 효과적인 수요관리방안은 무엇인가?
- 공급능력을 조정할 수 있다면 어떠한 방법으로 계획을 세울 것인가?
- 수요가 계속하여 늘어나는 경우 어떤 방법으로 공급능력을 조정할 것인가?

1. 공급능력 이용률

위의 S골프클럽의 사례에서와 같이 각 코스별로 1부 24팀, 2부 10팀, 3부 14팀으로 하루에 3개 코스에 144팀을 배정하여 경기를 운영하는 것은 골프장의 설계 시 계획한 최대공급능력이다. 최대공급능력을 설계공급능력(design capacity)이라 하며 가장 이상적인 조건에서 산출이 가능한 서비스시스템의 목표산출률을 의미한다.

또한 S골프클럽이 평일에는 원만한 경기진행을 위해 각 코스별로 하루에40팀, 총 120팀을 배정하여 경기를 운영하고 있다. 원만한 경기진행이란 경기자의 여유 있는 경기진행이나 예기치 못한 지연에 대비하여 충분한 경기시간을 갖도록 하는 것이다. 이러한 경기조건에서 120팀의 경기를 운영하는 것은 유효공급능력(effective capacity)에 해당한다. 실제로 서비스를 생산하는 경우 주어진 품질표준, 일정상의 제약, 서비스 시설이나 설비의 유지보수, 작업조건 등을 고려하여 달성 가능한 산출률로서 유효공급능력을 결정한다.

만일 강우나 기타 사정으로 인하여 120팀 중 40개 팀이 경기를 취소했다면 라운딩을 한 80개 팀은 이 골프클럽의 실제공급능력(actual capacity)으로 기록된다. 실제공급능력은 서비스시스템이 실제로 달성하는 공급능력으로 기계설비의 고장, 재공품재고의 부족, 작업자 문제 등 여러 가지 이유로 유효공급능력 이하의 수준에 머무르게 된다.

공급능력의 평가는 생산시스템의 효과성을 평가하는 척도가 될 수 있다. 위의 S골프클럽의 예에서 최대공급능력은 1일 144팀의 경기를 진행할 수 있으나 강우 등으로 80개 팀밖에 경기를 하지 못해 계획된 공급능력을 다 활용하지 못하여 이용률은 떨어지게 된다. 뿐만 아니라 실제공급능력은 유효공급능력 120팀에 해당하는 공급능력에도 미치지 못하고 있다. 서비스시스템의 효과성은 다음의 두 가지 척도로 나타낼 수 있다.

$$\text{공급능력 이용률(capacity utilization rate)} = \frac{\text{실제공급능력}}{\text{설계공급능력}}$$

$$\text{공급능력의 효율성(capacity efficiency)} = \frac{\text{실제공급능력}}{\text{유효공급능력}}$$

2. 공급능력과 규모의 경제

공급능력은 실제로 조업이 가능한 수준의 산출량을 의미하는데 이를 비용과 비교하여 최적조업도(best operating level)를 결정할 수 있다. 최적조업도란 단위당 생산에 소요되는 비용이 최소가 되는 산출량으로 공급능력을 설계하는 시점에서의 목표공급능력 수준이다.

그림 7-1 최적공급능력의 결정

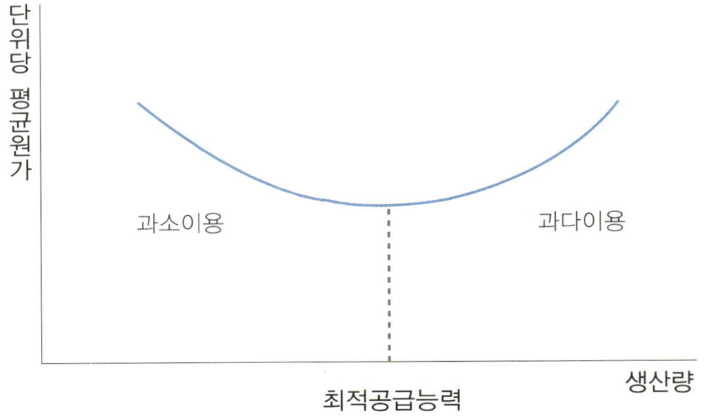

[그림 7-1]에서와 같이 단위당 생산비용은 생산량의 크기에 따라 감소하다가 일정 생산수준 이상이 되면 증가하기 시작한다. 이때의 생산수준은 최적조업수준이 되며 생산량이 최적조업수준 이하로 떨어지면 단위당 고정비가 증가하게 된다. 그러나 생산량이 최적조업수준 이상으로 증가하면 기계설비의 과다이용, 작업자의 초과작업, 불량률 증가 등으로 단위당 생산비용은 늘어나게 된다.

최적조업수준에서 공급능력을 결정하는 경우 규모의 경제(economies of scale)를 고려해야 한다. 즉 공급능력의 크기가 늘어남에 따라 생산시스템에서의 단위당 고정비, 자재조달비용이 줄어들고 프로세스운영의 효율화로 단위당 생산원가는 감소한다. 반대로 생산규모가 과다하게 커지면 규모의 비경제에 의한 설비나 프로세스의 복잡성, 초점의 상실 등 관리기능의 확대로 단위당 생산원가는 증가하게 된다. 공급능력의 결정은 수요예측을 전제로 하므로 예측된 수요의 크기를 고려하여 적절한 공급능력을 결정하는 것이 필요하다. 특히 규모의 경제를 고려하는 경우는 각각의 수요규모에 대응하는 최적공급능력수준을 결정하여 정확한 수요와 수요변동에 대한 분석이 따라야 한다.

사례 규모의 경제에 의한 이점 : Wal-Mart

Wal-Mart는 1969년 Sam Walton에 의해 설립되어 2007년 매출 1위의 기업으로 성장하였다. 현재 미국 식료품시장의 20%를 점유하고 있는 세계 최대의 유통기업이다.

전 세계 27개국에 10,800여 개의 점포를 갖고 있는 Wal-Mart는 매주 2억 4천5백만 명의 고객이 방문, 2013년의 매출액 4,660억 달러, 종업원 수 2백20만의 초대형 유통기업이다. Wal-Mart는 최근 10년간 중국에만 400여개의 신규 점포를 개설함으로써 시장을 더욱 확대하는 전략을 취하고 있다.

Wal-Mart의 전략은 충분한 공급능력과 대량판매를 통해 서비스운영의 효율성과 규모의 경제에 의한 비용절감의 효과를 최대화 하는데 있다. Wal-Mart의 규모의 경제에 의한 이점은 다음과 같은 면에서 찾아볼 수 있다.

- 대량판매에 의한 서비스수요의 경제성
- 점포의 대형화에 의한 서비스공급능력의 경제성
- 서비스시간과 수량결정의 경제성
- 자동화, 정보화 등 서비스기술에 의한 경제성
- 표준화에 의한 서비스프로세스운영의 경제성

자료 : http://www.walmartwatch.com

3. 공급능력의 확장과 전략

공급능력의 확장을 계획하는 경우 수요변동의 크기와 시점에 맞추어 공급능력을 조정하는 전략이 필요하다. Hayes와 Wheelwright(1984)는 공급능력을 수요변동에 맞추어 확장하는 전략으로 다음의 세 가지

방안을 제시하였다. 즉 이들이 제시한 전략방안은 수요변화를 예상하고 수요를 선도하는 전략, 수요변화에 추종하는 전략, 그리고 수요를 지연시키는 전략 등이다. 이들 세 가지 전략방안은 수요변동에 따라 공급능력을 어떻게, 어느 정도 유지할 것인가에 대한 계획으로 [그림 7-2]에서와 같이 도시된다.

수요를 예상하고 선도(lead)하는 전략은 공급능력의 확장을 자주 하지는 않지만 큰 규모로 확장하여 수요증가에 대비하는 전략이다. 이 전략은 수요의 지속적인 증가를 예측하여 여유공급능력을 유지하는 공격적인 전략이다. 전력회사의 경우 수요를 선도할 수 있는 충분한 전력의 공급능력을 유지함으로써 사전에 전력부족으로부터 초래될 수 있는 혼란을 방지하고 있다.

수요변화에 추종(chase)하는 전략은 공급능력을 수요변화에 연계하여 시간의 흐름에 따라 적절한 규모의 공급능력을 유지하는 전략이다. 수요변화에 추종하는 전략은 비교적 공급능력의 확대가 용이하고 투자비용의 규모가 크지 않은 산업부문에 효과적으로 적용된다. 대형할인점에서는 계산대 운영을 주중, 주말 또는 오전, 오후시간대의 고객 수요변

그림 7-2 공급능력의 확장전략

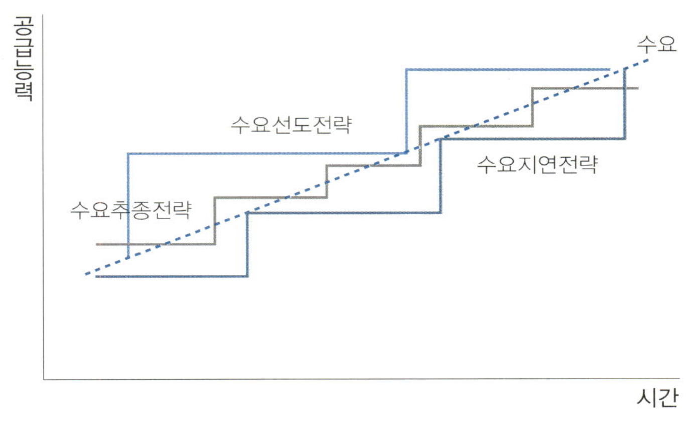

화에 맞추어 공급능력을 조정하여 서비스를 제공하고 있다. 서비스운영에서는 수요의 크기만큼 공급능력을 변화시키는 추종전략을 사용하거나 혹은 는 수요를 처리능력에 맞추는 일치전략을 사용하기도 한다.

수요를 지연(delay)시키는 전략은 수요의 변화에 추종하되 여유공급능력을 유지하지 않고 두고 보기식(wait-and-see)의 가장 소극적인 방법으로 공급능력을 보유하는 전략이다. 이 전략은 일시적인 수요증가, 장래의 수요가 매우 불확실하여 투자의 위험성이 크다고 판단될 경우, 공급능력의 확장에 많은 투자가 필요할 때 위험요소를 최소화시킬 수 있는 전략이다. 가끔은 외식서비스에서 브랜드명성을 유지하기 위해 이러한 공급능력전략을 사용하는 것을 볼 수 있다.

Beckman과 Rosenfield(2008)는 공급능력의 확장을 위한 세 가지 전략에 시장특성, 기술혁신, 가치사슬의 균형에 관련되는 영향요인들이 무엇이고 어떻게 영향을 미치는가를 분석하였다. 이들의 분석결과는 〈표 7-1〉에서와 같은데 수요를 선도하는 공급능력전략에 여러 가지 시장특성요인이 영향을 미치고 있다. 반면에 수요를 지연시키는 공급능력결정의 전략에서는 이들 요인에 의한 영향이 적은 것으로 나타나 수요변화에 대처하는 공급능력전략이 적극적일수록 이슈와 영향정도가 크다고 할 수 있다.

위의 세 가지 공급능력과 관련되는 전략은 용이하게 실행될 것으로 보인다. 그러나 서비스기업에서의 공급능력계획은 수요의 불균형이나 재고유지, 미납주문 등의 제약으로 제조업에 비해 훨씬 복잡하고 중요하다. 수요불균형에 대한 문제는 작업의 불균형, 유휴시간 발생, 판매기회의 상실 등을 초래하기 때문이다.

서비스공급능력의 확대방법으로서는 인적자원에 의한 확대, 설비투자에 의한 확대, 서비스프로세스 및 정보기술어 의한 확대, 그리고 공급자 하청에 의한 확대를 들 수 있다.

첫째, 인적자원에 의한 공급능력 확대는 노동집약도가 높은 서비스에서 빠른 수요변화에 대응하기 적합한 방법으로 수요증가 시 서비스작

표 7-1 서비스공급능력 결정의 영향요인

전략의 영향요인	선도전략 (lead)	추종전략 (stay-even)	지연전략 (lag)
시장 특성			
서비스 차별화의 영향	×	×	
시간에 민감한 고객	×		
고객의 높은 전환비용 부담	×	×	
다수 공급자	×	×	
공급자의 시장지배			×
Aftermarket 판매의 중요성	×	×	
혁신수준			
짧은 수명주기	×	×	
급속한 기술혁신			×
가치사슬의 균형화			
아웃소싱의 용이성		×*	×*
아웃소싱의 어려움	×*		

업자의 고용확대, 초과작업, 교차훈련을 통해 공급능력을 확보하는 방법이다. UPS, FedEx, DHL 등 물류서비스기업에서는 연휴, 크리스마스 휴가철 등 성수기 수요증가에 따라 임시직서비스인력의 고용을 확대하고 있다. 인적자원에 의한 공급능력 확대는 노동신축성, 인적자원 확대규모에 따라 비용, 서비스품질, 생산성의 효과가 상이하므로 이에 대한 검토가 필요하다.

둘째, 설비투자에 의한 공급능력 확대는 자본집약적 서비스프로세스에서 지속적으로 수요가 증가하는 경우 서비스생산을 위한 시설, 기계설비 및 장비의 투자를 확대하는 방법이다. Wal-Mart, E-Mart, Home Plus 등의 대형할인점의 신규점포 확대, Oshkosh 트럭터미널의 입지, Amazon의 새로운 입지투자는 서비스수요의 증가에 대비하여 시설 및 설비투자를 확대하여 공급능력을 확보하는 방법이다. 이 경우에도 인적자원의 생산성 및 비용구조와 비교분석, 서비스시설 및 설비투자의 이점 및 불리한 점에 대한 분석이 따라야 한다.

셋째, 서비스프로세스 및 정보기술에 의한 공급능력 확대는 자동화 및 정보화에 의해 수요증가에 대비하는 방법이다. Google, Yahoo 등은 뉴스, 정보검색, 위치정보, 번역, 음성검색 등 새로운 정보서비스를 통해 수요를 확장하는 방법을 사용하고 있는데 이는 새로운 정보기술이 뒷받침되기 때문이다. 정보서비스를 제공하는 기업은 새로운 서비스를 위해 기존의 서비스를 축소하는 등 어떤 서비스와 자원에 집중할 것인가에 대한 공급능력 조정에 대한 결정이 필요하다.

넷째, 공급자 하청에 의한 공급능력 확대는 수요증가 시 내부의 공급능력을 확장하는 대신 외부로 아웃소싱하는 방법이다. Solectron, Celestica 등은 소프트웨어개발을 위해 인도의 기업에 아웃소싱하고 있으며 비용절감, 시장확보를 위해 많은 기업이 외국에 아웃소싱이나 오프쇼어링(offshoring) 방법으로 콜센터를 운영하고 있다. 공급자 하청에 의한 공급능력 확대는 비용절감, 시장수요 및 자원확보의 안정화, 신규투자위험의 감소 등의 이점을 얻을 수 있으나 서비스품질유지, 신뢰성 확보, 노동력 이전에 따른 문제해결 등이 전제되어야 한다.

4. 공급능력의 조정과 전략

수요변동에 따라 서비스기업의 공급능력은 확장 또는 축소 등 조정활동이 필요하다. Crandall과 Markland(1996)는 수요변화에 따른 공급능력 조정전략에 대하여 서비스기업에서 취할 수 있는 몇 가지 전략방안을 제안하고 있다. 즉 서비스기업은 수요변화에 따라 다음과 같이 제공, 일치, 영향력, 통제 등 네 가지 전략을 사용할 수 있다.

- **제공(provide)**이란 시장의 최대수요를 충족시키기 위해 항상 충분한 공급능력을 확보하는 것을 의미한다. 서비스는 충분한 공급능력을 유지함으로써 고객서비스 수준을 높일 수 있고 전달속도와 가격경쟁 면

에서도 우위를 차지할 수 있다. 그러나 충분한 공급능력을 유지하기 위해서는 작업자, 기계설비, 서비스자재 등이 필요하며 만일 수요가 감소한다면 서비스공급능력의 유휴시간, 서비스자재의 재고유지로 높은 비용을 부담해야 한다.

- **일치(match)**란 서비스공급능력을 수요변화 크기에 맞추는 전략으로 수요가 늘어나면 작업자규모를 확대하거나 초과작업, 교대근무 등 인적자원을 조정하여 필요한 만큼 서비스를 생산하는 방법이다. 일치전략은 텔레마케팅, 콜센터 등 노동집약도가 높은 서비스에서 고객수요변화에 따라 가장 용이하게 공급능력을 조정할 수 있는 전략이 된다.
- **영향력(influence)**이란 수요의 형태를 서비스공급능력에 맞도록 변화시키는 전략이다. 항공사, 호텔, 골프장과 같이 자본집약도가 높은 서비스는 공급능력의 신축성이 낮아 수요변화에 따라 일시적인 공급능력을 조정하는 것이 매우 어렵다. 이러한 서비스는 가격정책이나 예약시스템을 통해 수요를 공급능력에 맞도록 조정하는 전략을 사용할 수 있다.
- **통제(control)**란 서비스기업이 확보하고 있는 공급능력을 최대한 활용하여 서비스를 제공하는 관리활동을 의미한다. 서비스기업이 비용면에서의 경쟁력을 얻기 위해서는 최소의 자원투입으로 낭비적 요인이 없이 서비스공급능력을 활용하는 것을 목표로 한다. 고급인력을 사용하는 병원의 의료서비스는 진료예약율을 높여 환자가 대기하는 시간이 매우 길어지는데 병원의 입장에서 볼 때 이것은 서비스공급능력을 최대한 활용하는 것이다.

서비스의 공급능력을 확대하거나 조정하는 전략은 수요의 변화에 따라 좌우된다. 따라서 위의 네 가지 전략을 실행함에는 공급능력과 수요관리의 면에서 다음의 구체적 방법을 사용할 수 있다.

공급능력관리 측면

- 교대작업 : 성수기 시간대에 작업자 투입확대
- 교차훈련 : 성수기 작업부서 지원을 위한 교차훈련
- 고객참여 증대 : 셀프서비스 등 고객참여 확대로 서비스노동력 대체
- 서비스공급능력 공유 : 부서간, 업체간 서비스공급능력 공유

수요관리 측면

- 수요분할 : 예약을 통해 비수기 시간대로 수요조정
- 비수기 수요촉진 : 가격할인에 의한 비수기 수요촉진
- 보완적 서비스 개발 : 계절적 수요변동에 따라 보완적 서비스제공
- 수율관리 : 초과예약, 시장분할, 가격차별화 등으로 매출 극대화

공급능력을 확대하거나 조정하는 전략은 수요의 변화에 따라 좌우된다. 이러한 공급능력 확대에 의한 조정은 서비스시스템의 전부 또는 일부를 대상으로 할 수 있다. 수요가 지속적으로 증가하는 경우는 서비스시설의 확장이 불가피하겠지만 시간대별로 수요의 패턴에 따라 공급능력의 크기를 조정할 수 있다. 예를 들어 대형 슈퍼마켓이나 할인점에서는 오후시간이나 주말 등 성수기에 시간대별로 계산대 수를 확대하여 운영하고 있으며 백화점은 바겐세일 기간 중 판매원의 수를 증원하여 서비스를 하고 있다. 또한 골프장에서는 주말 등 성수기 시간대에 티오프 시간간격을 줄여 경기를 진행하고 있는데 이러한 운영방법은 수요변화에 따라 서비스시스템의 일부를 조정하는 전략이라 할 수 있다.

제 3 절 서비스공급능력의 결정

서비스기업은 수요의 변화에 대비하여 충분한 공급능력을 유지하여 서비스를 제공하고, 수요에 일치시키고, 또는 공급능력에 맞추어 수요를 조정하는 등의 공급능력전략을 수행한다. 그러나 공급능력을 확대 또는 축소하는 것은 복잡한 의사결정과정을 거쳐 장기간에 걸쳐 이루어지게 된다. 공급능력의 결정과 관련하여 앞에서 제시한 몇 가지 문제를 생각해보자.

- 서비스공급능력의 활용
- 서비스공급능력의 확장규모
- 서비스공급능력의 확장방법
- 서비스공급능력의 확장대안

이러한 문제의 해답은 다음의 몇 가지 공급능력의 결정모형에서 찾을 수 있다.

1. 비용최소화에 의한 공급능력결정

비용최소화에 의한 공급능력결정모형은 장기적으로 수요가 증가하는 경우 규모의 경제에 이르는 수준에서 최소비용을 나타내는 점을 공급능력의 크기로 결정하는 모형이다. 비용최소화 모형은 공급능력 규모가 확대될수록 단위당 비용이 증가한다는 가정을 두고 있다. 즉 공급능력 확대에 따라 장비구입, 정보기술, 운영인력 등에 새로운 비용이 추가된다. 이 모형은 장기간에 걸쳐 수요변동이 일정한 패턴을 나타내는 경우에도 비교적 간단히 적용할 수 있다.

비용최소화모형의 비용구조는 규모의 경제와 관련하여 변동비와 고

그림 7-3 생산활동의 비용구조

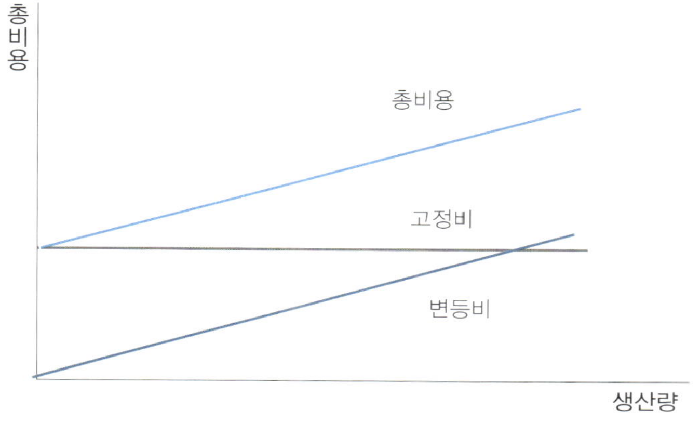

정비로 나누어진다. 변동비는 노무비, 자재비로 구성되며 [그림 7-3]에서와 같이 총 변동비는 생산수량 증가에 따라 선형적으로 증가한다. 고정비는 간접노무비, 설비 감가상각비, 보험료, 세금 등 고정적으로 지출되는 비용을 포함한다.

비용최소화모형은 수요의 변화가 확실성의 기지(known)인가 또는 불확실성의 미지(unknown)인가를 가정하여 모형화를 할 수 있다. 이때 비용함수는 다음 식으로 정의되며 단위당 비용함수는 [그림 7-4]와 같이 나타낼 수 있다.

$$F(X) = CX^a$$

여기서 X : 공급능력의 증가규모
C : 상수
a : 규모의 경제 수준 ($a \leq 1$)

이 모형에서 공급능력이 연도별로 증가하는 경우 할인율 및 현재가치의 개념을 적용한다.

$$PV = \frac{FV_N}{(1-r)^N}$$

여기서 PV : 현재가치
FV_N : N년 후의 미래가치
r : 할인율

따라서 총비용은 다음과 같이 나타낼 수 있으며 이모형에서 총비용이 최소가 되는 공급능력수준이 최적해가 된다.

$$Tc = \frac{DL}{1-e^{-rL}}$$

여기서 D : 수요증가율
L : 계획기간 중 공급능력 증가규모
r : 할인율

그림 7-4 규모의 경제와 공급능력결정모형의 비용구조

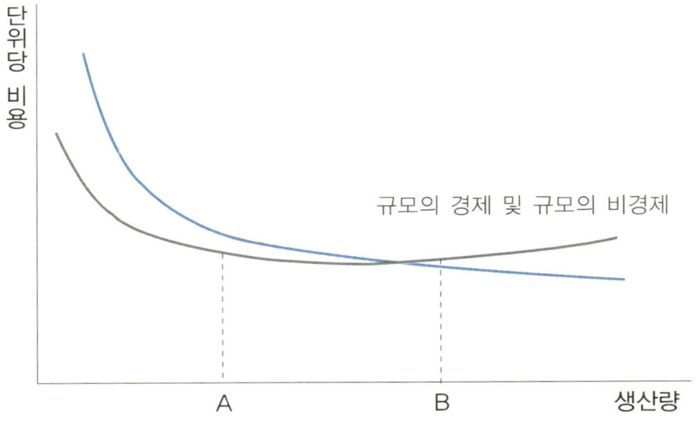

예제

A병원에서는 의료서비스의 수요가 증가하여 병상의 규모를 확대하고자 한다. 병상의 규모를 확대하는 방법으로는 외부에 하청을 주거나 내적으로 공급능력을 확대하는 방법을 고려할 수 있다. 외부에 하청을 주는 경우 700병상을 추가하는데 $5,000,000이 소요되며 1,400병상을 추가하는데 $8,000,000이 소요되는 것으로 분석되고 있다.

이 병원에서는 400병상 또는 800병상규모로 공급능력을 확대하기로 하였다. 이 400병상으로 확대하여 운영하는데 소요되는 비용은 $1,000,000이며 병상을 2배 증가시키는 경우 41.4%의 비용이 더 추가되는 것으로 분석되고 있다. 따라서 800병상으로 확대하여 운영하는데 소요되는 비용은 $1,414,000이 된다.

X	공급능력 비용 $F(X)$	단위당 공급능력 비용 C
1	100	100
2	141	71
4	200	50
8	283	35
16	400	25
32	566	18
64	800	13
128	1,131	9

만일 A병원이 수요증가에 따라 매년 20병상씩 증설한다면 400병상을 증설하는데 20년이 소요된다. 또한 800병상에서 400병상으로 할 때 규모의 경제수준 $a=0.5$, 공급능력 변화에 의한 단위당 비용이 $100 이라면 공급능력 증가에 따른 비용은 다음과 같이 구할 수 있다.

이 자료에 의해 계획기간별 공급능력 확대에 소요되는 총비용을 구하면 [그림 7-5]와 같은 곡선을 얻을 수 있다. 또한 공급능력의 확장계획기간별 총비용에 대하여 할인율을 적용하여 현가가치를 나타내면

그림 7-5 계획기간별 공급능력 확장비용

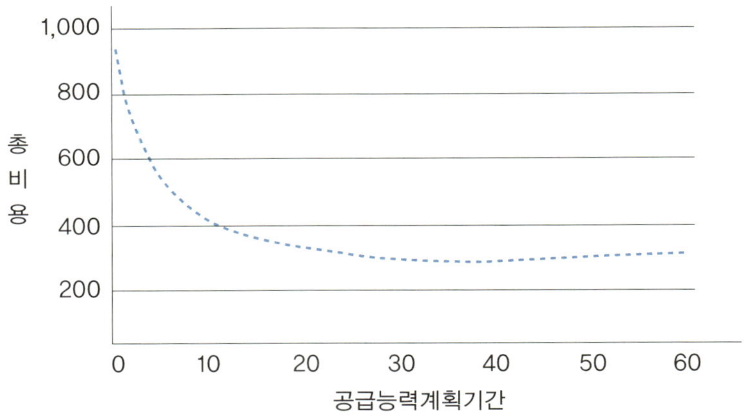

[그림 7-6]과 같이 증가하는 형태의 함수이다. 이것은 공급능력 확장에 의해 설비운영에 추가적으로 소요되는 비용이 증가하기 때문이다.

수요변동에 의해 공급능력을 확대하는 문제에 있어서 외부에 하청

그림 7-6 계획기간별 공급능력 비용과 할인율

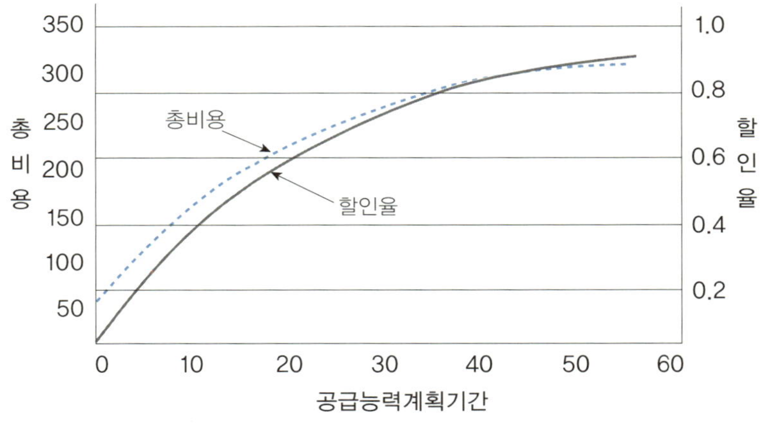

그림 7-7 최적공급능력의 결정

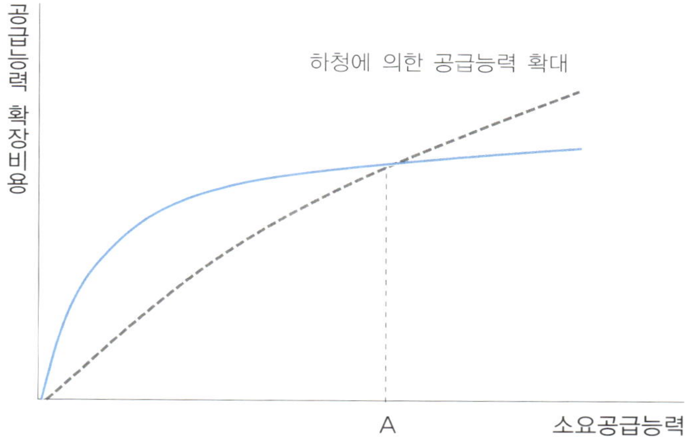

을 주는 경우의 비용과 공급능력을 확장하여 운영하는 경우의 비용을 비교하면 [그림 7-7]과 같다. 여기서 두 비용이 교차하는 A점은 공급능력 확장에 소요되는 비용이 최소가 되는 점으로 이 수준에서 공급능력을 확장하는 것이 가장 경제적이다.

2. 공급능력확장 경계모형

수요의 변화가 일정하고 수요의 규모가 주어지는 경우 공급능력의 확장에 대한 의사결정은 비교적 용이하게 이루어진다. 이러한 조건에서의 공급능력확장은 [그림 7-8]에서와 같이 기존의 공급능력에 수요의 변화요인만큼 추가하면 된다. 그러나 대부분의 경우 수요변동은 불확실성을 나타내므로 이러한 조건을 고려하여 공급능력을 결정하고 있다.

수요의 불확실성을 전제로 하여 공급능력을 변화시키는 경우 공급능력확장경계모형(hedging capacity expansion model)을 적용할 수 있다. 이모형은 수요변동이 불확실성을 나타내고 수요의 크기가 증가하

그림 7-8 수요가 일정한 경우 공급능력 확장모형

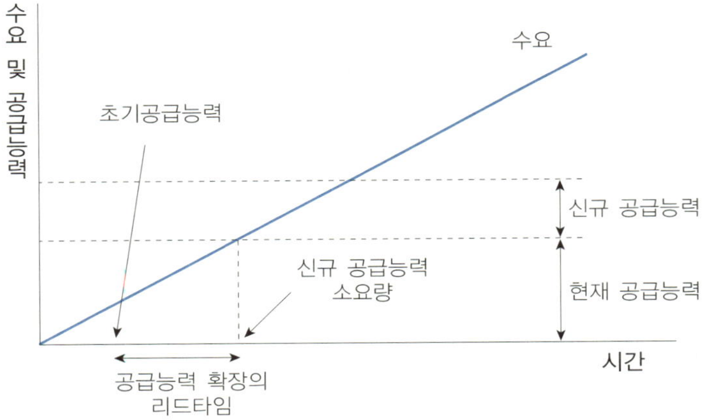

는 경우 적정 공급능력을 얼마나 보유해야할 것인가를 결정하는 모형으로 다음의 두 가지 면에서 접근할 수 있다.

첫 번째 접근은 단기적으로 변화하는 수요에 따라 적정 공급능력규모를 결정하는 것이다. 이 경우는 수요의 불확실성을 예측에 의존하여 평균수요에 충분히 대응할 수 있는 공급능력을 유지하는 방법이다. 두 번째 접근은 장기적으로 증가하는 수요변화에 대하여 예상수요와 표준편차, 공급능력 확장에 소요되는 기간(lead time)과 표준편차를 고려하여 공급능력을 결정하는 방법이다.

두 번째 접근방법에 의한 공급능력확장경계모형에 대하여 다음의 사례를 통해 설명한다.

예 제

S호텔의 한식, 일식, 중식, 양식 및 뷔페식당의 공급능력 결정의 사례를 통해 수요불확실성하에서 단기적 수요증가에 대비하여 적정 공급능력을 얼마나 보유해야할 것인가의 문제를 분석해보자. 각 식당별 수요예측치는 다음과 같다.

식 당	예측수요(고객 수)	표준편차
한식당	2,390	1,395
일식당	2,150	805
중식당	2,530	680
양식당	3,310	1,065
뷔페식당	4,120	1,129
계	14,500	

S호텔은 평균수요, 최대수요 또는 특정 시점의 수요와 99%의 서비스수준을 가정하여 공급능력계획을 수립하려 한다.

S호텔 식당의 공급능력을 결정하기 위해 예측수요의 규모가 비슷한 한식당과 중식당의 수요와 표준편차를 [그림 7-9]과 같이 비교해 보자. 한식당은 평균수요가 2,390명, 표준편차가 1,395명이며 중식당은 평균수요가 2,530명, 표준편차가 680명이다. S호텔은 각 식당의 평균수요,

그림 7-9 수요변화와 공급능력결정

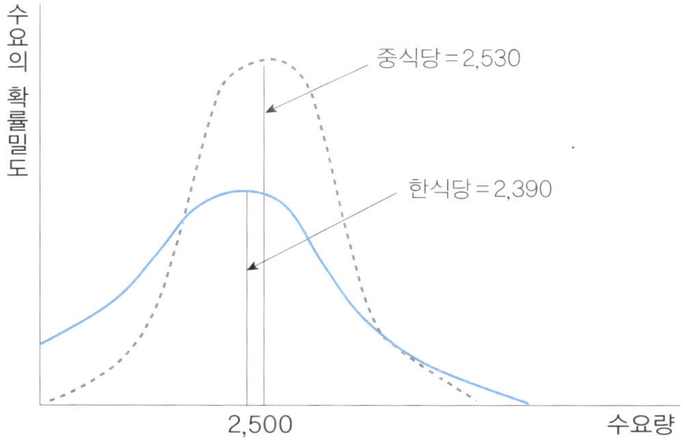

그림 7-10 최적공급능력의 결정

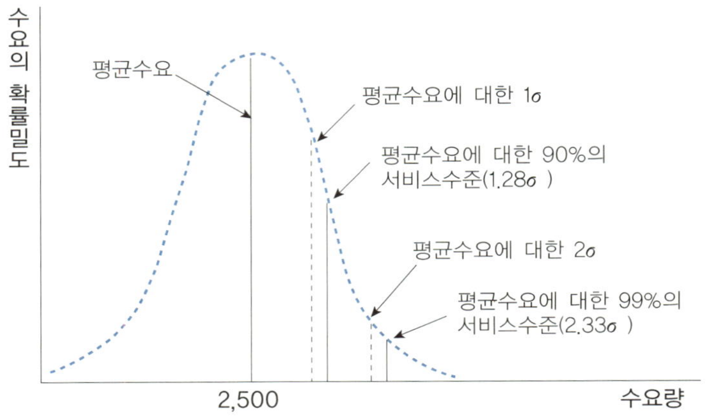

최대수요 또는 특정 시점의 수요와 99%의 서비스수준(service level)을 가정하여 공급능력계획을 수립하려 한다.

경계(hedging)모형은 [그림 7-10]에서와 같이 각각의 식당의 공급능력은 정해진 서비스수준에서의 수요와 표준편차를 사용하여 다음의 식으로 구할 수 있다.

공급능력규모 = 평균수요량 + ($Z\times$ 수요의 표준편차)

위의 식에서 Z는 표준화계수이며 ($Z\times$수요의 표준편차)는 수요변화에 의한 공급능력의 안전재고에 해당하는 것으로 볼 수 있다.

중식당의 서비스수준을 90%($Z=1.28$)로 할 때와 99%($Z = 2.33$)로 할 때 공급능력은 다음과 같이 구할 수 있다.

중식당의 공급능력 = 2,530명 + (1.28 × 680명) ≒ 3,400명

중식당의 공급능력 = 2,530명 + (2.33 × 680명) ≒ 4,114명

그림 7-11 서비스수준을 고려한 최적공급능력

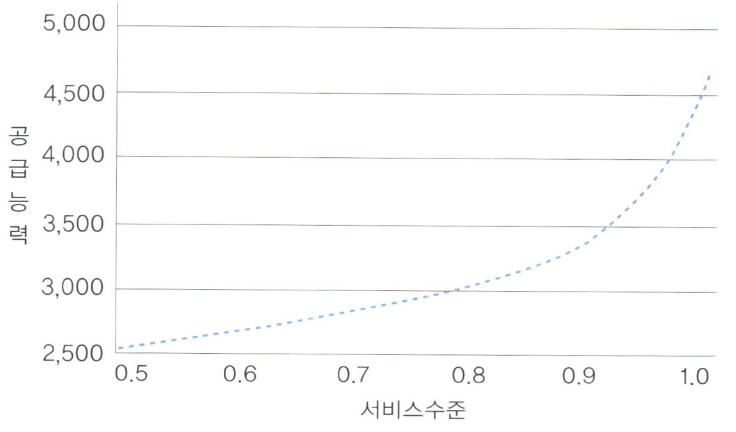

따라서 각각의 식당이 목표로 하고 있는 서비스수준에 따라 공급능력을 결정할 수 있는데 중식당의 공급능력은 [그림 7-11]의 그래프가 나타내는 값으로 결정된다.

3. 동적의사결정모형

동적의사결정모형(dynamic decision tree model)은 수요의 크기를 충당할 수 있는 공급능력 확장의 대안방법들에 대한 평가와 선택을 가능하게 하는 모형이다. 이 모형은 [그림 7-12]에서와 같이 의사결정나무(decision tree)의 구조를 이용하여 각각의 마디(node)에서 가지치기(branching)에 의해 전략적 대안과 각각의 대안에 대한 확률, 성과를 나열하여 의사결정의 해를 구할 수 있도록 설계되어 있다. 따라서 동적의사결정모형은 전략적 대안에 따라 실질적인 대안의 평가방법을 제시하고 의사결정에 사용되는 정보의 가치를 높여준다.

동적의사결정모형은 의사결정규칙(decision rule)을 나무구조로 도표화하여 각각의 전략대안을 계층별, 차원별로 나누어 단계적으로 평가하는가에 따라 단일단계 의사결정나무모형(single-stage decision tree model)과 다수단계 의사결정나무모형(multi-stage decision tree model)으로 구분된다.

단일단계 의사결정나무모형은 가능한 모든 전략대안들과 각 전략대안의 성과(outcomes)를 의사결정나무에 전개하여 기대되는 전략대안별 성과를 평가하고 기대가치가 가장 높은 전략대안을 선택하는 방법이다. 비용에 대한 평가를 대상으로 하는 경우 모든 전략대안들의 비용요소를 종합하여 비교할 수 있다.

$$\text{기대성과(대안 1)} = \sum(\text{대안 1의 성과 } i \times \text{성과 } i\text{의 확률})$$

$$\text{여기서 } i = 1, 2, \cdot \cdot \cdot, m$$

다수단계 의사결정나무모형은 전략대안의 실행에 따라 각각의 전략대안을 계층별, 차원별 구조로 나누어 의사결정나무에 전개하는 분석방

그림 7-12 단일단계 의사결정나무모형

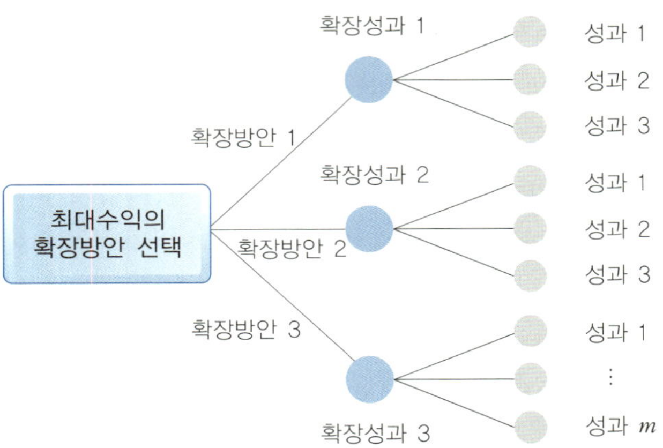

법이다. 즉 다수단계 의사결정나무모형에서는 전략대안, 기간, 주어진 상황별 실행의 성과를 단계별 차원에 따라 기대가치를 분석하여 전략대안으로 선택한다.

사례 UTC의 공급능력확장을 위한 투자

United Technologies Corporation(UTC)은 지난 40여년간 우주개발사업에 필요한 셀형태의 전력을 공급하는 회사로 1991년부터 200kW급의 PC25를 개발하여 상업적 목적으로 공급하고 있다. 2002년에는 PEM(proton exchange membrane)이란 고급기술을 이용하여 저비용, 대용량의 PC35를 개발하여 공급하고 있다.

UTC는 기술적 이점과 정부지원, 세계적 수요증가에 따라 차세대 전력상품에 주력하기로 하였다. 그러나 신규 사업에 대한 불확실성과 대규모 투자비 조달의 문제를 해결해야만 하는 복잡하고 어려운 의사결정의 문제가 남아 있었다.

UTC는 이 문제를 동적 전략계획(dynamic strategic planning)에 의존하기로 하고 다음과 같은 내용을 검토하여 분석하였다.

첫째, 신규 플랜트의 입지와 공급능력규모의 결정에 대한 문제이다. 신규 플랜트는 수요변화에 효과적으로 대응할 수 있고 최단시간 내에 건설되어야 한다. 이 회사는 여러 후보지 중 입지조건에 부합하는 Connecticut주의 South Windsor, Wisconsin주의 Milwaukee, Georgia주의 Columbus, Texas주의 San Antonio, California주의 City of Industry 등 5개 지역을 선정하였다.

둘째, 각각의 입지에 대한 비용분석을 한다. 후보 지역별로 원자재 조달비용, 생산비용, 설비 및 장비에 대한 자본비용 등을 비교하고 노무비, 에너지, 부지 및 건설비, 세금이나 사업지원, 인바운드 및 아웃바운드 물류비용 등을 분석하였다. 운송비용은 입지결정에 따라 주요공급자와 소비자 사이의 거리에 물동량을 곱하여 산정한다.

셋째, 시장규모와 공급능력의 크기는 수요의 불확실성을 고려하여 비용증가의 추세에 따라 분석한다. 시장에서의 수요증가나 규모의 경제 수준에 따라 비용은 비선형적으로 증가하는 것으로 파악되고 있다. 따

그림 7-13 UTC의 동적전략계획모형의 구조

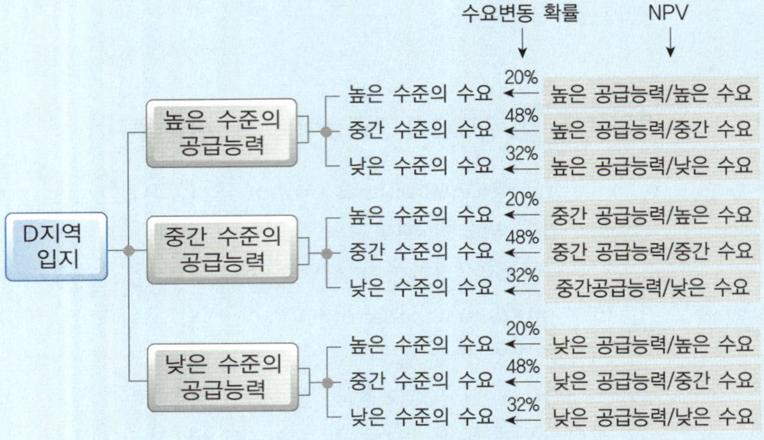

라서 공급능력은 생산라인의 크기, 생산량, 설비 및 시설의 기대수명, 관리지원 등 비생산공간의 크기, 합리적 비용구조 등을 고려하여 공급능력의 상, 중, 하의 수준을 가정하여 분석한다.

넷째, 각각 상이한 수준의 수요시나리오를 가정하여 수요를 분석한다. 불확실성을 전제로 하여 가정한 수요의 규모는 높은 규모의 수요가 20%, 중규모의 수요가 48%, 낮은 규모의 수요가 32%의 확률을 보이는 것으로 분석되고 있다.

UTC는 신규플랜트건설에 대한 문제를 동적 전략계획으로 순현재가치(net present value)에 의한 소요비용과 수익, 시설배치 및 최적입지, 공급능력의 크기를 결정하였는데 이 프로젝트는 [그림 7-13]과 같이 단일단계 의사결정나무모형으로 체계화 할 수 있다.

자료 : Sara L. Beckman & Donald B. Rosenfield(2008), *Operations Strategy, Competing in the 21st Century,* McGraw-Hil, pp.150~151.
http://www.utc.com

4. 게임이론 모형

일반적으로 공급능력에 대한 의사결정은 수요변동의 불확실성을 고려하여 공급능력의 크기, 공급능력의 확장 시점을 결정하는 것이다. 또한 공급능력을 통해 경쟁자를 앞지르기 위해서는 어떠한 방법으로 공급능력을 확장할 것인가를 결정하는 것이 중요하다. 이것은 공급능력 확장에 소요되는 비용에 영향을 미치기 때문이다. 특히 시장의 공급수준이 낮고 새로운 공급능력 기술이나 프로세스에 의해 공급이 이루어지는 경우 서비스기업은 불확실성을 극복하고 다른 기업과의 경쟁우위를 확보하기 위한 전략이 필요하다.

이러한 경우 공급능력의 규모를 결정하고 공급능력의 확장이 필요한 경우 확장시기와 방법에 대한 결정을 해야 한다. 이러한 공급능력의 결정은 수요변화 및 시장경쟁의 전략적 관점에서 게임이론(game theory)을 적용하여 해법을 얻을 수 있다. 즉 경쟁전략 방안에 따라 주요 경쟁자의 전략방안에 대한 이득과 손실을 이득행렬(payoff matrix)에 나타내고 이를 통해 적정한 공급능력결정의 전략방안을 찾아낼 수 있다.

이 때 공급능력결정에 대한 전략방안의 이득행렬을 작성하기 위해서는 총 시장규모, 시장성장성, 수요변동이나 불확실성요인을 고려하여야 하며 각각의 전략방안에 대한 성공(winning)확률에 따라 최적 공급능력을 결정하게 된다.

5. 서비스공급능력결정 모형의 비교

공급능력결정모형은 수요변동에 따라 공급능력을 어느 시점에 얼마나 확장할 것인가의 문제에 대하여 정성적 또는 정량적으로 접근할 수 있다. 공급능력의 결정을 정량적으로 접근하는 경우 투자 및 운영비용을 대상으로 한다. 여러 가지 공급능력 결정을 위한 모형의 특징을 비교하면 〈표 7-2〉와 같다.

표 7-2 공급능력결정 모형의 비교

분석모형	의사결정	접근방법	목 표
수요변동대응모형 (선도, 추종, 지연)	공급능력 확장시점	정성적	공급능력 확장시점 결정
비용최소화모형 (규모의 경제)	공급능력 확장 규모와 시점	정량적	공급능력 확장비용과 규모의 경제와의 균형화
경계(hedging)모형 (수요변화)	공급능력 확장규모	정량적	수요불확실성과 수요변화에 대응하는 공급능력규모 결정
경계(hedging)모형 (수요증가)	공급능력 확장규모	정량적	수요불확실성과 수요증가에 대응하는 공급능력규모 결정
동적의사결정모형	공급능력 확장 규모와 시점	정량적	공급능력 확장전략의 선택
경쟁적 게임모형	공급능력 확장 규모와 시점	정성적	공급능력 확장과 관련되는 경쟁우위

제 4 절 서비스공급능력전략의 개발

1. 서비스공급능력전략

서비스공급능력 결정은 수요변동에 대한 공급능력 규모와 시기를 결정하는데 있어서 투자 및 운영비용과 수익, 시장의 경쟁상황을 고려하여 결정한다. 따라서 서비스공급능력 결정은 기업의 전략적 의사결정의 문제로 볼 수 있다. 서비스공급능력전략의 개발은 다음과 같은 단계로 수행된다.

• **1단계 : 기업전략과 경쟁환경의 파악**

서비스공급능력전략의 개발의 첫 단계는 기업의 자원조달, 생산 및 운영, 마케팅 및 유통전략 등 기업의 기본적인 전략과 시장에서의 경쟁환경을 파악하는 단계이다. 즉 서비스공급능력의 확장에 소요되는 투자 및 운영비용, 품질수준의 유지, 기술혁신과 특징, 기타 환경적 요소에 대한 분석을 한다.

- **2단계 : 수요예측**

두 번째 단계는 수요예측의 단계로서 예측의 영역, 예측의 시간범위를 정하고 불확실성을 최소화 할 수 있는 예측방법을 결정한다. 수요예측의 대상은 수요량, 판매량, 매출규모, 기타 시장 및 경쟁적 요소 등으로 예측결과에 대한 변동추세, 예측치가 나타내는 특징에 대한 파악이 필요하다.

- **3단계 : 공급능력의 확장과 대안개발**

서비스공급능력의 확장이 필요한 경우 확장방법, 또는 사외 하청 등 공급능력 확장 대안을 개발한다. 단기적으로는 초과조업을 할 것인가, 중기적으로는 노동력수요의 크기에 따라 고용수준을 결정하며 장기적으로는 하청 및 공급능력 증설여부를 결정한다. 공급능력 크기에 따라 새로운 서비스생산라인과 설비 및 투자규모, 또는 프랜차이징에 의한 공급능력의 확장을 고려한다.

- **4단계 : 공급능력 결정모형과 적용**

공급능력결정의 모형화는 가장 경제적인 대안을 선택하는 단계로 정성적, 정량적 분석을 병행하는 것이다. 공급능력의 확장대안이 결정되면 각각의 대안에 따라 기업목표와 경쟁포지셔닝, 경쟁 및 수요전략, 수요불확실성과 규모의 경제, 서비스수준, 서비스시스템의 유용성 등을 고려하여 모형화를 하고 공급능력의 확장 시기, 규모, 확장방법을 결정한다.

- **5단계 : 공급능력의 유연성과 균형화**

수요변화에 따라 공급능력을 효과적으로 운영하기 위해서는 공급능력의 유용성을 높여야 한다. 이 단계에서는 공급능력의 규모와 투자의 균형화, 생산 및 운영의 균형화를 목표로 하여 수요의 불확실성과 수요변동에 대비하여 충분한 공급능력을 유지하는데 초점을 둔다. 설비 중심의 공급능력 유연성은 서비스유형이나 사용하는 서비스기술에 따라 다르겠지만 공급능력의 균형화는 프로세스 흐름으로부터 자재의 공급사슬에서의 문제까지도 포함한다.

• **6단계 : 공급능력전략의 실행**
이 단계에서는 공급능력전략을 어떻게 실행할 것인가의 문제를 결정한다. 즉 새로운 공급능력 확장에 따른 기계설비, 서비스시설, 인적자원의 확보, 외부 공급계약 등에 대한 구체적 실행계획을 의미한다. 또한 공급능력 실행과 관련되는 프로젝트와 전략수행계획의 이슈를 종합적으로 파악하고 해결할 수 있도록 프로젝트관리팀을 운영하는 것이 바람직하다.

• **7단계 : 공급능력전략의 성과측정과 평가**
마지막 단계는 공급능력전략의 실행에 대한 성과를 측정하고 평가하는 단계로서 비용, 품질, 유용성, 혁신적 특성, 환경 등의 면에서 목표달성여부를 평가한다. 또한 최초의 공급능력계획과 새로운 전략의 성과를 평가하고 기업 내 다른 운영전략과의 관련성, 기능적 지원, 지속화 여부를 판단한다.

2. 수율관리전략

[수율관리의 개념]

Metters 등(2006)은 수율관리의 개념에 대하여 다음과 같이 설명하고 있다.

"소비자들은 수율관리의 사례에 일상적으로 마주친다. 수율관리의 요인에 대한 약간의 지식만 있어도 생활이 편해지고 최소한 덜 비싸게 서비스를 이용할 수 있다. 자동차를 빌릴 때 확인이 없이 렌터카회사에 간다면 초과예약으로 대기하게 된다. 항공서비스에서도 어느 날 비행기를 이용하는가에 따라 몇 백달러 싼 티켓을 구입할 수 있다. 예약하고자 하는 비행편이 오늘은 만석이 될 수 있으나 인내를 가지고 꾸준히 시도하면 내일이라도 다른 승객의 예약취소로 한 자리가 나올 수 있다. 목요일 밤에 빈방이 없다는 호텔에서 금요일 밤까지 묵겠다고 하면 잠시 후 빈방이 나올 수도 있다."

이러한 상황들은 수율관리시스템 때문에 발생한다. 때때로 수율관리의 관행은 고객과 종업원을 헷갈리게 한다. 수율관리는 수입의 확대만을 목표로하는 것은 아니다. 수율관리는 올바른 고객에게 적정한 가격에 올바른 서비스능력을 제공하는 것이다.

자료 : Richard Metters, Katheryn King-Metters, Madeleine Pullman, & Steve Walton(2006), *Service Operations Management(2nd ed.)*, Thomson, pp.236~237.

수율관리(yield management)란 수요 및 공급관리의 여러 가지 전략을 고려하여 매출의 극대화를 추구하기 위한 전략이다.

예를 들어 공연기획사는 공연을 통해 최대의 수익을 목표로 한다. 이를 위해서는 공연표를 좌석 수만큼 판매해야 한다. 공연기획사의 좌석판매는 사전에 예매 또는 당일 공연장에서의 좌석판매를 할 수 있다. 일반적으로 좌석은 등급별로 특석, 일반석 A, B, C 등으로 구분하며 회원이나 비회원 또는 일반고객, 기업고객, 학생 등으로 나누어 판매한다. 예매기간별 요금조정을 통해 1개월 전, 2주 전, 1주 전, 3일 전, 2일 전, 당일 판매가격이 상이할 수 있다. 보완적 서비스로서 악보나 음악해설집, CD, 연주자 또는 지휘자 사인과 사진, 로비에서 음료를 판매한다. 수율관리는 이러한 공연서비스나 보완적 서비스를 통해 최대의 수익을 창출하려는 관리활동이다.

수율관리는 [그림 7-14]에서와 같이 수요 및 공급관리와 관련되는 여러 가지 전략을 종합하여 매출의 극대화를 추구하는 전략이다. 서비스기

그림 7-14 서비스수율관리의 개념

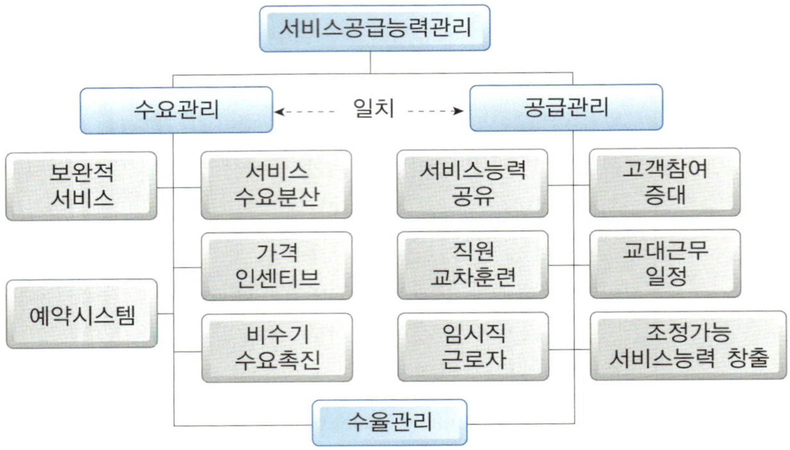

업의 경우 고객의 예약수요에 따라 시간대별, 고객 그룹별, 서비스가격대별로 구분하여 각 서비스의 활용도를 높여 매출을 극대화할 수 있다.

항공사는 빈 좌석이 항공기의 출발과 동시에 소멸되므로 좌석을 가급적 많이 채우기 위해 요금할인 등의 방법으로 좌석을 판매한다. 항공사의 수율관리는 일등석이나 일반석, 단체고객, 할인고객 등 의 세분화된 잠재적 수요를 대상으로 가장 높은 수익성을 확보하는 수요 및 공급관리 방법이다. 호텔에서는 수요패턴에 따라 예약 또는 예약 시간대별로 가격할인을 하여 빈 객실을 최소화 한다. 호텔의 수율관리는 예약시간대, 고객에 따라 차별적 가격을 책정하여 최대의 수익을 확보하는 방법을 사용한다.

수율관리는 수요와 공급능력을 일치시키는 전략이다. 즉 수요의 관점에서 보완적 서비스, 예약, 수요분산, 가격인센티브, 비수기 수요촉진 등 수요확대 전략으로 최대의 수요를 확보하는 전략이 필요하다. 반대로 최대의 수요를 만족시키기 위해서는 서비스공급능력을 공유하고, 조정가능한 서비스능력을 활용하고 임시 작업자 확대, 교차훈련 또는 고객참여 증대 등으로 공급능력을 최대화함으로써 최대의 수익을 얻을 수 있다.

Metters 등(2006)은 서비스공급의 수율관리를 위해 다음의 세 가지 기본요소를 전제로 해야 하는 것으로 설명하고 있다.

- **서비스의 초과예약**

  고객은 예약을 한 다음 나타나지 않을 수 있다. 만일 기업이 초과예약을 받지 않으면 이러한 노쇼우(no show)는 기업의 손실을 초래한다. 항공사는 15%, 레스토랑은 10% 정도의 노쇼우에 의한 손실이 발생하며 특히 크리스마스휴가 중에는 레스토랑의 노쇼우가 40%이상에 달하는 것으로 조사되고 있다.

- **서로 다른 고객집단별로 차별적 가격적용**

  항공기의 1등석 탑승객은 비용보다 고객화된 프리미엄 서비스에 중요성을 두지만 저가항공 고객들은 서비스가격에 민감하다. 서비스기업은 서비스가격에 민감하거나 덜 민감한 고객집단에 따라 차등가격을 적용하는 경우가 있다. 또는 예약시간대에 따라 고객을 세분화 하여 차등가격을 적용함으로써 수익을 확대할 수 있다. 항공서비스의 경우 고객은 예약시기, 인터넷예약 등에 따라 정상가보다 싼 항공요금을 적용받을 수 있다.

- **서로 다른 고객집단별에 서비스능력 배분**

  고객이 서비스를 받기 위해서는 예약이 필요한데 예약시점에 따라 서비스가격이 다르다. 서비스기업은 고객이 어느 시점에 예약을 할 것인가에 대한 분석이 필요하다. 이것은 수익에 직접적인 영향을 주기 때문이다. 오늘날의 항공사는 10 가지 정도의 서로 다른 고객에게 좌석을 판매하는데 각각의 좌석에 대한 서비스능력의 배분계획이 필요하다. Amtrack 수율관리의 사례는 시즌별 , 등급별 좌석을 배정하고 있는데 이것은 Amtrack의 서비스능력을 배분하는 수율관리의 사례이다.

종합사례 및 토의문제 The Kowloon Hotel의 수율관리

수율관리(yield management)는 수요가 클 때 높은 가격을 적용하고 수요가 작아질 때 가격할인 등 낮은 가격을 제시하여 수익을 최대로 확보하는 관리방법이다. 수율관리는 전통적으로 예약에 의해 서비스를 제공하는 항공, 호텔, 렌터카 등의 서비스산업에서 적절히 활용하고 있다.

Hong Kong의 Nathan가에 위치하고 있는 The Kowloon Hotel은 고가의 전일제 뷔페레스토랑을 운영하고 있는데 호텔경영자는 레스토랑 수익개선을 위하여 수율관리의 적용을 고려하고 있다. 뷔페레스토랑은 최상의 생선회, 굴, 샐러드, 디저트를 정선하여 정오부터 자정까지 영업을 하고 있다. 고객들은 그들이 편리한 시간에 이 레스토랑의 정찬을 즐기는데 오후와 저녁 늦은 시간에는 가끔 빈 좌석이 발생한다.

이러한 문제에 직면하여 The Kowloon Hotel의 경영자는 뷔페레스토랑의 단일가격시스템으로부터 고객의 도착시간에 따라 차등가격시스템을 결정하게 되었다. 고객이 레스토랑에 도착하면 "Buffet Zone Pass"카드를 받는다. 이 카드에는 고객이 도착한 시간이 기록되며 이 시간에 따라 차등가격시스템에 의한 식사비용이 결정된다.

정오에 도착한 고객은 HK $118, 오후 1시에는 $128, 2시에는 $118로 떨어지며, 3시에는 $108, 그리고 4시에는 다시 올라 $128, 5시에는 $168, 6시에는 $208, 7시에는 $248이며 이를 정점으로 10시에는 $138, 11시에는 가장 낮은 $98을 지불한다.

이러한 새로운 가격시스템은 호텔의 수익을 33%나 증가시켰을 뿐 아니라 레스토랑 공간이용의 효율성을 극대화 하는 결과를 가져왔다. 따라서 이용가능한 좌석시간을 최대로 활용함으로써 수익률을 증대시키고 고객들도 이에 호응하여 긍정적인 반응을 보이고 있다.

The Kowloon Hotel은 수율관리를 통해 하루의 시간대에 따라 정해지지 않은 수요를 대상으로 하여 차등적인 가격을 적용하여 뷔페레스토랑의 수익을 극대화 하는 효과를 얻고 있다.

자료 : Robert Johnston, Graham Clark, & Michael Shulver(2012), *Service Operations Management: Improving Service Delivery(4th ed.)*, Pearson. p.309에서 발췌.

토의문제

1. The Kowloon Hotel의 뷔페레스토랑에서 수행하고 있는 수율관리의 목표와 방법에 대하여 토의하자.
2. The Kowloon Hotel의 다른 부문에서도 수율관리를 적용할 수 있는가에 대하여 토의하자.

용어정리

공급능력(capacity) 일정기간 동안 산출할 수 있는 서비스생산량으로 서비스시설, 설비, 노동력 등 가용자원에 의해 결정.

공급능력 이용률(capacity utilization rate) 실제공급능력과 설계공급능력의 비율.

공급능력의 효율성(capacity efficiency) 실제공급능력과 유효공급능력의 비율.

규모의 경제(economies of scale) 공급능력이 늘어남에 따라 단위당 고정비, 자재 조달비용이 줄어들고 프로세스운영의 효율화로 단위당 생산원가는 감소.

규모의 비경제(non-economies of scale) 생산규모가 과다하게 커지면 설비 및 프로세스의 복잡성, 초점의 상실 등 관리기능이 늘어나 단위당 생산원가는 증가.

공급능력 조정전략 수요변동에 따라 서비스기업의 공급능력을 확장 또는 축소하는 조정활동에 대하여 제공, 일치, 영향력, 통제 등 네 가지 전략을 수행.

비용최소화모형 공급능력이 확대될수록 단위당 비용이 증가한다는 가정 하에 장기적으로 수요가 증가하는 경우 규모의 경제수준에서 최소비용을 나타내는 점을 공급능력의 크기로 결정하는 모형.

공급능력확장경계모형(hedging capacity expansion model) 수요변동이 불확실성을 나타내고 수요의 크기가 증가하는 경우 적정공급능력수준을 결정하는 모형.

동적의사결정모형(dynamic decision tree model) 수요의 크기를 충당할 수 있는 공급능력확장 대안을 평가하는 모형으로 의사결정나무(decision tree)의 구조를 이용하여 각각의 마디(node)에서 가지치기(branching)한 전략대안에 대한 확률, 성과를 비교하여 해를 구함.

수율관리(yield management) 수요 및 공급관리의 여러 가지 전략을 고려하여 매출의 극대화를 추구하기 위한 전략으로 서비스기업의 경우 고객의 예약수요에 따라 시간대별, 고객 그룹별, 서비스가격대별로 구분하여 각 서비스의 활용도를 높여 매출을 극대화하는 전략.

연습문제

1. 서비스기업은 수요변동에 대비하여 수요관리 및 공급능력관리전략은 어떻게 수행할 수 있는가?
2. 공급능력이용률과 공급능력의 효율성에 대한 차이는 무엇인가?
3. 수요변동이 심하고 공급능력조정에 대한 비용이 클 때 규모의 경제 또는 규모의 비경제에 대한 장단점은 무엇인가?
4. 공급능력결정을 위한 모형의 적용상 특징을 비교하여 설명하라.
5. 항공사 및 호텔의 수율관리에 대한 전략을 설명하라.

참고문헌

Hayse, Robert. H. & Steven, C. Wheelwright(1984), *Restoring Our Competitive Edge, Competing through Manufacturing,* John-Wiley.

Beckman, Sara L. & Donald B. Rosenfield(2008), *Operations Strategy, Competing in the 21st Century,* McGraw-Hill.

Crandall, Richard E. & Robert E. Markland(1996), " Demand Management? -Today's Challenge for Service Industries," *Production and Operations Management,* 5(2), pp.106~120.

Johnston, Robert, Graham Clark, & Michael Shulver(2012), *Service Operations Management: Improving Service Delivery*(4th ed.), Pearson.

Johnston, Robert, & Graham Clark,(2008), *Service Operations Management: Improving Service Delivery*(3rd ed.), Prentice-Hall.

Metters, Richard, Katheryn King-Metters, Madeleine Pullman, & Steve Walton(2006), *Service Operations Management(2nd ed.)*, Thomson.

http://www.walmartwatch.com

http://www.utc.com

제 8 장

서비스품질의 측정과 품질경영

학 습 목 표

본 장에서는 다음과 같은 내용의 이해를 목표로 한다.

- 서비스품질의 의의와 품질차원
- 서비스품질의 측정과 평가
- 서비스품질의 측정모형
- 서비스품질의 설계와 개선 및 기법
- 서비스품질경영의 접근과 전개
- 서비스품질과 서비스이익사슬

제 1 절 서비스품질의 접근

1. 품질의 중요성

기업활동을 수행하는데 있어서 제품 및 서비스품질은 왜 중요한가? Thomas Foster(2001)는 품질의 중요성을 기업이 지녀야할 경쟁력의 관점에서 다음과 같이 설명하고 있다.

- **고객충성도 향상** : 고객에게 높은 품질의 제품과 서비스를 제공함으로써 이를 사용하는 고객들은 만족도가 높아지며 반복구매, 구전 등 고객충성도를 높여준다.
- **시장 점유율 제고** : 높은 품질의 제품 및 서비스를 사용하는 고객들의 구전에 의한 새로운 고객을 창출하고 시장활동의 영역을 넓혀 준다.
- **투자수익률 개선** : 높은 품질의 제품 및 서비스는 기업의 이익구조와 투자수익률을 개선하고 투자자들의 투자의욕을 고취시킨다.
- **종업원충성도 향상** : 종업원들에게 높은 품질의 제품과 서비스를 생산한다는 자부심을 줌으로써 종업원만족도를 향상시키고 이들의 생산성을 향상시킨다.
- **원가절감** : 제품과 서비스의 높은 품질수준은 오류제거, 재작업 등의 노력을 감소시키고, 폐기물 축소에 따라 원가절감의 효과를 올릴 수 있다.
- **취약성 극복** : 품질우위로 제품 및 서비스를 바람직한 가격으로 판매함으로써 이익개선의 기회를 얻어 높은 생산성과 시장에서의 경쟁력을 높일 수 있다.

또한 품질은 기업 활동의 목적, 기능, 분야 등 다양한 관점에서 접근할 수 있다. Thomas Foster는 [그림 8-1]에서와 같이 엔지니어링, 생산

그림 8-1 품질개념의 접근

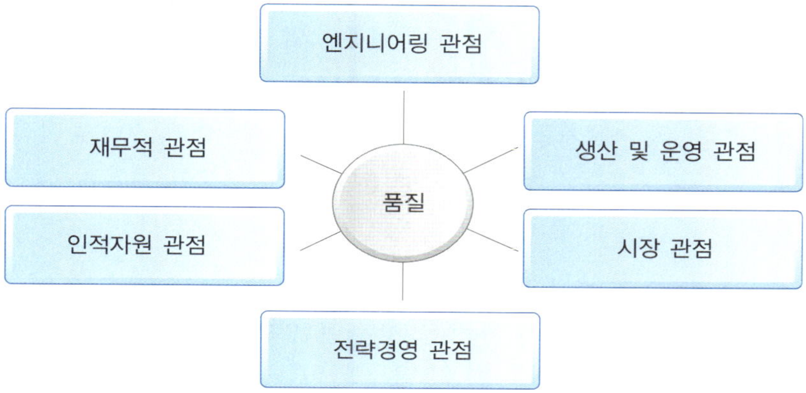

및 운영, 마케팅, 재무, 인적자원, 전략적 경영 등 기업의 내외적인 관점에서 품질적 접근을 나열하고 있다. 따라서 품질은 기업의 생산 및 운영 활동의 중심적 위치에 있다고 할 수 있다.

2. 품질의 정의

기업이 지속적으로 경쟁력을 갖기 위해서는 보다 향상된 품질의 제품이나 서비스를 생산하여 소비자에게 제공해야 한다. 품질은 기업의 경쟁전략과 목표달성을 위한 생산과업 중 가장 중요한 요소이다. 품질은 기업 내 여러 기능적 부서의 다양한 관점에서 상이한 접근이 가능하다. 또한 품질은 생산자 관점에서 설계나 규격에 대한 적합성이나 소비자 관점에서 사용의 적합성으로 정의를 할 수 있으며 제품이나 재화의 관점에서 가치의 적합성으로 정의를 하기도 한다. Garvin(1988)이 정리한 여러 학자들의 품질에 대한 정의는 다음과 같다.

- **탁월성의 품질(transcendent quality)**

탁월성의 품질이란 제품이나 서비스의 품질은 본질적으로 탁월성에 기초하여 최고 최선의 표준이 되는 것이라는 관점이다. 이러한 품질은 "아름답다" 또는 "사랑스럽다"와 같이 소비자의 경험에 의해서만 인지할 수 있고 또한 품질의 탁월성은 품질을 인지할 때 결정된다.

- **제품지향적 품질(product-based quality)**
  제품지향적 품질이란 제품이나 서비스가 지닌 품질적 특성으로 측정 가능한 속성에 기초하는 것이다. 제품의 경우 적절한 함량, 유효수명 등의 특성치, 서비스의 경우 서비스제공시간, 고객의 대기시간 등으로 나타난다.
- **사용자지향적 품질(user-based quality)**
  사용자지향적 품질은 제품이나 서비스를 사용하는 고객 개개인의 관점에 의해 품질이 결정된다는 견해이다. 따라서 품질은 용도에의 적합성으로 사용자, 소비자, 시장에서의 적합성을 갖는다.
- **제조지향적 품질(manufacturing-based quality)**
  제조지향적 품질이란 제품이나 서비스의 품질을 설계 및 생산과정의 결과로 보는 견해이다. 즉 품질은 제조를 위한 설계요건에의 적합성, 실제 표준에의 일치에 따라 정의된다.
- **가치지향적 품질(value-based quality)**
  가치지향적 품질은 제품이나 서비스의 가격과 가치를 품질의 정의에 포함시키는 견해이다. 즉 품질은 소비자가 받아들일 수 있는 가격에서의 성능, 소비자가 받아들일 수 있는 가격에서의 일치 정도에 따라 결정된다.

3. 품질의 차원

이와 같이 품질은 기업 내외의 환경이나 영향요인의 복잡성에 따라 한 마디로 정의하기는 어렵다. Garvin(1987)에 의하면 "품질은 단순히 생산과정의 통제를 위한 수단으로 좁게 보지 말고 소비자의 요구와 선호도를 평가하는 기준"이라는 넓은 개념으로 설명하고 있다. 이에 따라

그림 8-2 품질의 차원

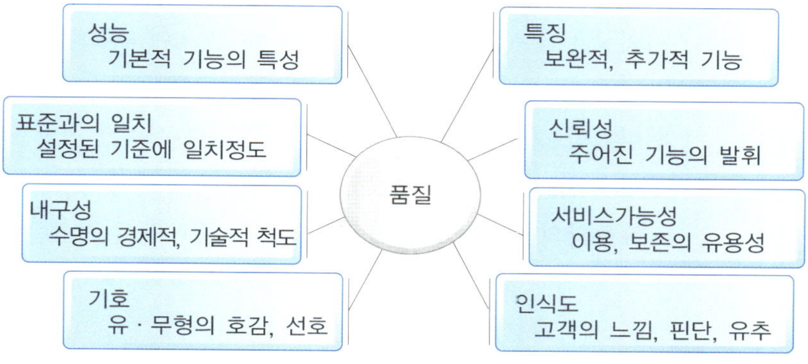

품질은 [그림 8-2]와 같이 성능, 특징, 신뢰성, 표준과의 일치, 내구성, 서비스가능성, 기호, 인식도 등 여덟 가지 요인의 차원으로 구성되는 것으로 설명하고 있다.

- **성능(performance)** : 성능이란 제품이나 서비스가 지닌 기본적 특징을 의미한다. 승용차와 같은 제품인 경우 주행속도, 가속능력, 승차감 등이며 의료서비스인 경우 신속한 치료, 수술기술, 완쾌율 등이 성능이 될 것이다. 이러한 품질요인은 대부분 객관적인 측정에 따라 나타낼 수 있다. 품질차원으로서 성능은 제품이나 서비스가 지닌 기본적 기능으로서 고객의 요구와 생산운영특성의 수준에 따라 변화 할 수도 있다.
- **특징(feature)** : 특징이란 제품과 서비스의 기본적 기능을 추가적으로 보완해 주는 기능을 의미한다. 백화점의 무료 배달, 호텔 투숙객을 대상으로 하는 무료 셔틀버스 운행은 품질차원의 특징이라 할 수 있다. 그러나 제품이나 서비스에 대한 기술적 개선의 노력과 고객요구의 확대, 경쟁환경의 변화 등은 기본적 성능과 기능의 추가와 보완과 같은 특징을 구별하기 어렵게 하고 있다.

- **신뢰성(reliability)** : 신뢰성은 일정기간동안 필요한 보존활동을 하였음에도 고장이나 제대로 기능을 수행하지 못할 확률과 관련된다. 즉 신뢰성은 (1 – 고장확률)로 나타낼 수 있으며 최초의 고장발생시간, 고장과 고장 사이의 간격, 단위시간당 고장률 등을 기준으로 할 수 있다. 서비스의 경우 신뢰성은 시스템의 장애로 서비스지연, 약속 불이행 등 주어진 서비스기능을 수행하지 못한 확률로 볼 수 있다.
- **표준과의 일치(conformance)** : 표준과의 일치성은 제품이나 서비스 설계에 포함된 기능이 어느 정도 일치되는가에 따라 결정된다. 모든 제품과 서비스는 일정한 규격을 가지고 있으며 이 규격은 일정 범위 내에서 오차가 허용된다. 제품의 경우는 크기, 무게, 순도, 용량 등의 일치를 기준으로 하며 서비스의 경우 서비스시간, 정확성 등을 대상으로 할 수 있다.
- **내구성(durability)** : 제품의 내구성은 제품의 사용연한 등 수명주기의 경제적, 기술적 척도를 나타내는 기준이 된다. 제품의 경우 타이어의 내구성, 건전지의 사용수명 등이 내구성과 관련되며 이는 제품의 일부 기능을 교체하는 경우이며 서비스의 경우 수술이나 치료 후 재발가능성이 내구성에 해당된다. 내구성은 신뢰성과 관련되어 제품의 폐기, 친환경적 규제와 관련되어 품질적 접근의 중요도가 높다고 볼 수 있다.
- **서비스가능성(serviceability)** : 서비스가능성은 제품 및 서비스의 사용이나 보존활동과 관련하여 용이성, 편이성, 신속성이 어느 정도 확보되는가에 좌우된다. 제품의 경우 수리의 용이성, 수리시간 등이 서비스가능성의 척도가 되며 정보서비스의 경우 정보의 수정 등 이용가능성이나 항공티켓의 유효사용기간 등이 그 기준이 된다. 서비스가능성은 이용자의 개인적 차이나 기업의 고객화 정책 등의 수준에 따라 달라질 수 있다.
- **기호(aesthetics)** : 기호는 고객의 주관적 판단에 따라 달라지는 품질요소이다. 특히 정보통신서비스나 골프 등의 스포츠와 레저서비스의

경우 소비자의 기호는 서비스선택에 결정적인 영향을 미친다. 그러므로 서비스기업은 모든 소비자의 기호를 맞추기 어려우므로 서비스프로세스나 인적, 물리적 요인의 차별화를 통해 품질의 우위를 추구하는 것이 바람직하다.

- **인식도(perceived quality)** : 제품과 서비스에는 숨겨진 품질(hidden quality)로 인하여 소비자가 품질적 특성을 파악하기란 쉬운 일이 아니다. 이 경우 소비자는 상표의 명성이나 과거의 경험 등 인지도에 의해 제품이나 서비스에 담겨진 품질을 간접적으로 파악할 수 있다.

Garvin이 설명한 품질차원은 생산자나 고객측면에서의 단순한 품질정의보다 훨씬 다양하고 포괄적인 내용을 포함하고 있는데 이는 기업의 품질전략 수립에 새로운 접근방향을 제시해 준다.

4. 서비스품질의 정의

제품은 크기, 무게, 용량 등 측정 가능한 규격과 유형성을 가지므로 무형의 서비스에 비해 품질의 정의가 용이하다. 제품의 품질은 설계 시의 표준적 규격과 비교함으로써 품질수준을 측정할 수 있으나 서비스는 그렇지 못하다.

Feigenbaum(1991)은 품질에 영향을 미치는 요인을 기업의 내외적 환경을 통해 설명하고 있다. 즉 품질에 영향을 미치는 요인으로 시장과 고객의 욕구, 경쟁력을 위한 투자, 품질에 대한 관리적 책임, 신기술과 높은 숙련도, 동기부여에 의한 종업원 지원, 자재의 규격화와 표준화, 대량생산과 고품질을 위한 기계설비, 의사결정에 필요한 정확한 정보, 작업환경의 개선 등이다.

그러나 서비스는 제품의 품질과 다르게 고객의 기대에 얼마나 부합하고 고객을 만족시키는가에 따라 평가된다. 즉 서비스품질은 고객에게

그림 8-3 인지된 서비스품질

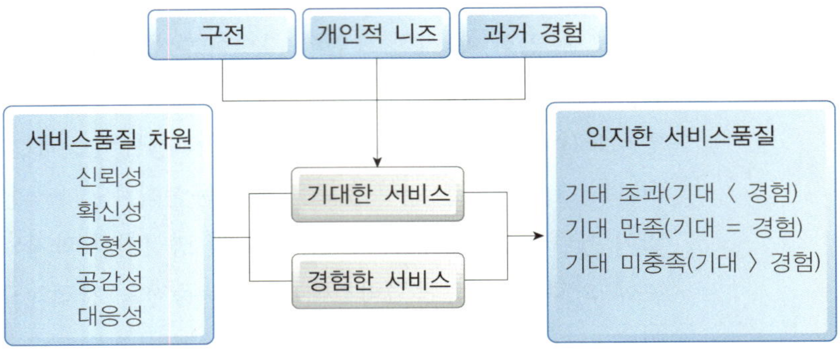

서비스가 제공되는 전달과정에서 고객의 기대와 고객이 인지한 서비스 수준에 따라 평가된다.

Heskett 등(1997)은 서비스품질의 특성을 다음과 같이 설명하고 있다.

- 서비스품질은 절대적이기 보다 상대적이다.
- 서비스품질은 서비스제공자의 판단이 아니라 고객이 결정한다.
- 서비스품질은 고객에 따라 다양하게 인식된다.
- 서비스품질은 고객의 기대를 충족하거나 기대를 넘어야 한다.

Zeithaml(1988)의 서비스품질에 대한 정의는 보다 광범위한 개념을 포함하고 있다. 이 정의에 의하면 서비스품질은 다음의 개념적 요건에 따라 결정되는 것으로 설명하고 있다.

- 서비스품질은 고객의 인지와 관련된 고객지향적 개념이다.
- 서비스품질은 지속적 판단과 태도 및 이와 유사한 개념이다.
- 서비스품질은 서비스제공의 과정 및 결과에 대한 평가이다.
- 서비스품질은 탐색적 품질보다 경험적 품질의 특성을 갖는다.
- 서비스품질은 고객의 기대와 인지의 비교에 의해 결정된다.

Parasuraman 등(1985)은 서비스품질 연구를 통해 "훌륭한 서비스품질은 고객의 기대를 충족시키거나 기대 이상의 서비스를 제공하는 것"이라고 정의하였다. 또한 고객이 인지하는 서비스품질은 고객의 기대수준 및 욕구수준과 고객이 인지한 서비스의 차이(gap)로 나타낼 수 있다고 하였다. [그림 8-3]에서와 같이 고객이 인지한 서비스수준이 기대수준보다 높으면 서비스품질은 높다고 할 수 있으며 반대로 기대수준에 미치지 못할 경우 서비스품질은 낮은 것으로 평가된다. 고객의 기대수준은 구전, 개인적 욕구 및 과거의 경험으로부터 영향을 받는다.

여러 학자들의 품질에 대한 견해와 Garvin의 품질차원에 대한 정의, 그리고 서비스의 특성에 따라 서비스품질을 정의하면 다음과 같다.

서비스품질의 정의

- 서비스품질이란 고객이 요구하는 서비스속성이 특정 서비스에 정의 되어 이에 부합하는 정도
- 서비스 속성에 대한 고객의 요구수준이 성취되어 고객이 인식하는 정도

제 2 절 서비스품질의 측정과 평가

1. 서비스품질의 측정과 평가

서비스품질의 측정이유는 무엇인가? 서비스품질을 측정하는 것은 서비스품질 개선을 통해 서비스기업의 구성원이 갖는 품질인식의 중요성을 강조하고 기업의 경쟁우위를 확보하기 위함이다. 보다 구체적으로는 Thomas Foster(2001)가 제시한 품질의 중요성이 의미하는 바와 같이 고객만족과 종업원만족, 시장점유율 향상, 투자수익률 개선, 취약성 극

복과 같은 목표를 실현하는 첫 단계가 될 수 있다. 동시에 서비스품질의 측정은 서비스품질의 향상, 서비스의 개선을 위한 서비스 재설계의 출발점이 된다.

서비스품질은 물리적 특성을 지닌 제품과 달리 무형적 기능으로서 작용하며 고객의 심리적 요인에 영향을 미치므로 고객의 주관적 의지에 따라 결정된다. 또한 서비스품질은 Zeithaml이 정의한 바와 같이 서비스의 과정만이 아니라 결과에 대한 평가도 필요하다. 이러한 관점은 서비스품질은 서비스접점이나 서비스제공의 과정에서만 평가되는 것이 아니라 서비스가 제공된 결과에서도 평가되는 것을 의미한다. 홈쇼핑에 의해 상품을 구입하는 경우 고객은 구매과정보다 구매결과를 더 중요시한다. 의료서비스의 경우 환자의 치료과정도 중요하지만 치료 후 재발 등의 염려 없이 완쾌되어 정상적인 생활을 하는 것이 더욱 중요하다. 따라서 서비스품질의 측정은 제품의 품질측정과는 다른 접근을 해야 한다.

서비스품질의 측정이 어려운 이유는 서비스가 지니고 있는 특징에 영향을 받는다. 첫째, 서비스는 고객의 주관적 개념에 좌우되므로 서비스에 대한 평가가 개인에 따라 다르게 나타난다. 둘째, 서비스는 생산과 동시에 소비가 되므로 서비스를 경험하기 이전에는 품질수준의 평가가 어렵다. 셋째, 서비스는 평가요인과 판단기준이 추상적이고 고객의 정확한 평가가 어려워 서비스품질 자료의 확보가 어렵다. 넷째, 서비스환경, 서비스에 부수되는 자원의 흐름이 서비스품질 측정의 객관성을 저해한다. 다섯째, 고객이 서비스프로세스에 참여하고 프로세스의 일부로 작용하므로 품질적 변화 가능성을 높여준다.

서비스품질은 Parasuraman 등(1988)이 개발한 갭(gap)모형에 의해 서비스에 대한 고객의 기대수준과 인지수준의 차이(gap)로 측정할 수 있다.

2. 서비스품질의 갭(gap)모형

서비스품질 평가의 척도로서 갭(gap)이론은 고객이 기대한 서비스와 인지한 서비스의 차이를 설명한 것이다. [그림 8-4]에서와 같이 서비스를 제공하는 조직 내부요인 사이의 차이를 갭 1～갭 4로 나타내고 서비스제공자와 고객 간의 차이를 갭 5로 나타내고 있다.

- **갭 1** : 갭 1은 고객의 기대수준과 경영자 인식 간의 격차로서 고객이 서비스에 대한 인식을 어떻게 하고 무엇을 요구하는지를 이해하지 못하여 발생한다. 고객이 필요로 하는 서비스속성이 무엇이고 서비스에 이들 속성을 어느 정도 충족시킬 것인가를 결정하기 위해서는 시장조사, 고객접촉 종업원과 경영자 간의 의사소통 개선 등이 필요하다.
- **갭 2** : 갭 2는 경영자의 인식과 서비스품질 규격의 명세와의 사이에 나타나는 격차로서 고객의 기대에 부응하기 위해 서비스품질 목표를 설정하고 서비스제공 프로세스를 구체화 하는 경영자의 인식부족으로 나타날 수 있다. 이러한 고객기대에 대한 경영자의 인식과 설정된 서비스규격과의 차이는 명확한 서비스목표 설정과 품질규격을 표준화함으로써 어느 정도 해소할 수 있다.

그림 8-4 서비스품질의 갭(gap)모형

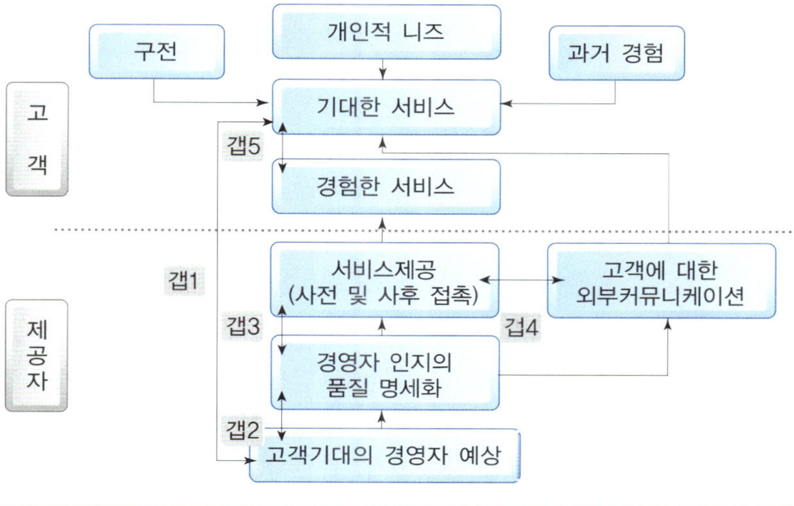

- **갭 3** : 갭 3은 서비스품질 규격의 명세와 실제 서비스제공과정에서의 불일치에 의해서 발생한다. 즉 갭 3은 서비스제공과정에서 부적절한 종업원의 선발과 배치, 훈련부족 등으로 설정된 서비스절차, 기준, 규격을 충족시키지 못하여 발생하므로 서비스제공과 관련된 직무설계, 효율적인 인적자원관리에 대한 고려가 필요하다.
- **갭 4** : 갭 4는 고객에 대한 서비스제공과 외부 의사소통 간의 격차에 의해 발생한다. 서비스에 대한 고객의 기대는 광고나 외부 의사소통 등에 의해 형성되는데 외부 의사소통에 의한 과대정보 또는 정보부족 등으로 실제로 고객에게 전달된 서비스가 고객의 인지에 일치되지 못하여 이러한 격차가 일어난다.
- **갭 5** : 갭 5는 서비스에 대한 고객의 기대수준과 인지수준의 차이에 의해 나타난다. 갭 5는 서비스제공자가 제공한 서비스를 고객이 어떻게 인지하고 고객의 기대에 얼마나 충족되었는가를 나타내는 지표가 된다. 즉 고객이 서비스를 통해 서비스의 성과를 어떻게 인지하는가에 따라 서비스품질 수준이 결정된다.

갭 1부터 갭 5까지의 번호 매김은 서비스프로세스 설계의 순서에 따라 고객요구 조사, 서비스내역 설계, 서비스제공의 적합성, 외부 의사소통, 고객만족의 과정에서 나타나는 불일치성을 나타낸 것이다.

3. 서비스품질의 측정 : SERVQUAL

Parasuraman 등(1985)의 연구는 수리서비스, 은행, 장거리전화, 증권, 신용카드 등 서비스회사를 대상으로 97개 문항, 10개 차원으로 나누어 탐색적 품질연구를 하였다. 이 연구를 바탕으로 서비스에 대한 고객의 기대와 평가를 이해하는데 활용할 수 있는 다항목의 품질측정척도로서 SERVQUAL을 개발하였다. SERVQUAL은 고객의 기대와 인지수준을 평가하기 위하여 각각의 22개 문항에 대하여 측정되며 각각의 문항은 5

개 서비스품질의 차원으로 구성된다.

이들의 서비스품질 측정모형은 신뢰성, 대응성, 확신성, 공감성, 유형성 등 서비스품질의 5개 차원에 따라 고객의 기대와 인지수준의 차이(gap)로서 서비스품질의 수준을 평가하고 있다. SERVQUAL의 다섯 가지 서비스품질차원의 내용은 다음과 같다.

- **신뢰성(reliability)** : 신뢰성은 고객과의 약속된 서비스를 일관성 있고 정확하게 제공할 수 있는 능력과 관계된다. 장기 입원환자에 대한 의료서비스의 경우 매일 일정시간에 회진하며 적시에 투약하고 진료기록을 정확하게 작성하여 관리하는 것은 신뢰성이 높은 의료서비스이다.
- **대응성(responsiveness)** : 대응성은 고객의 요구에 따라 신속한 서비스를 제공하는 능력이다. 이것은 서비스를 제공하는 직원의 의지로서 서비스실패 시 신속한 복구처리 능력이 요구된다. 항공기 출발이 지연되는 경우 대합실에 기다리는 고객에게 무료 식권을 제공함으로써 고객의 불만을 어느 정도 해소시킬 수 있다.
- **확신성(assurance)** : 확신성은 서비스제공 능력, 고객에 대한 정중함, 고객과의 원만한 의사소통, 서비스제공자의 진심어린 관심 등 서비스제공자의 개인적 능력과 관계된다. 즉 서비스제공에 대한 지식과 대인관계기술이 충분한 직원은 고객으로 부터 서비스에 대한 믿음이 높아진다.
- **공감성(empathy)** : 공감성은 고객을 기꺼이 돕고 충분한 배려와 관심을 보이는 자세이다. 공감성은 고객의 요구를 이해하기 위해 고객의 입장에서 생각할 수 있는 자세와 고객의 문제를 해결하려는 성실한 노력으로 인터넷 쇼핑을 통해 고객이 주문을 잘못했을 경우 고객의 입장에서 이를 해결해 주려는 노력 등이다.
- **유형성(tangibles)** : 유형성은 서비스제공을 위한 물리적 시설, 장비 등 물리적환경의 상태와 청결도, 서비스제공자의 외모, 서비스시설 내에 있는 다른 고객 등을 포함한다. 서비스는 무형의 기능이지만 서

비스에 부수되는 유형적 증거는 서비스의 수준을 인지하는 고객에게 영향을 준다.

SERVQUAL에서의 서비스품질측정은 고객의 기대에 대한 22개 질문항목과 이에 대응하는 인지에 대한 질문항목으로 구성되며 다섯 가지 서비스품질차원의 상대적 중요도 측정을 위한 질문이 포함된다. SERVQUAL의 점수는 고객이 인지한 서비스품질과 기대한 서비스품질의 차이(gap)로서 평가되며 각각의 질문문항은 7점 리커트(Likert) 척도로 측정된다. 서비스품질에 대한 고객의 기대와 인지수준은 전혀 그렇지 않다(1) ~ 정말 그렇다(7)의 순으로 점수화 되며 22개 문항별, 5개 서비스품질 차원별, 전체 평균으로 서비스품질의 수준이 결정된다. 〈표 8-1〉은 항공사 기내서비스품질에 대한 SERVQUAL 질문문항의 예를 나타낸 것이다.

SERVQUAL의 서비스품질측정 결과 고객이 인지한 서비스수준이 기대한 서비스보다 높다고 하면 고객은 서비스에 대하여 만족하며 그 반대의 경우는 불만을 나타낸다. 따라서 고객이 기대한 서비스와 인지한 서비스의 차이는 서비스품질 평가의 척도가 된다.

서비스품질에 대한 고객의 기대와 인지의 차이(gap)가 클수록 서비스품질의 문제가 있음을 의미한다. 즉 측정된 SERVQUAL 점수가 부(−)의 값을 나타내면 서비스품질은 부정적이라 할 수 있다. 실제로 서비스품질측정에 SERVQUAL 모형을 적용하는 경우 각각의 질문항목이나 서비스품질 차원별 가중치를 부여함으로써 서비스품질에 대한 중요도를 반영하여 평가 할 수 있다.

Parasuraman 등(1988)의 연구에서 입증된 바와 같이 SERVQUAL은 다양한 고객접점에서의 서비스품질측정에 유효하게 적용할 수 있다. SERVQUAL이 서비스품질측정에 여러 유형의 서비스기업 또는 고객접점에 활용되고 있음은 많은 사례연구에서도 찾아볼 수 있다. SERVQUAL은 서비스품질의 수준을 나타낼 뿐 아니라 지속적인 측정을

표 8-1 SERVQUAL 질문문항 : 항공사 기내서비스품질의 예

기대 전혀 아니다 ... 매우 그렇다	질문 문항	지각(인지) 전혀 아니다 ... 매우 그렇다
1 2 3 4 5 6 7	1. 항공기 및 실내장식의 외관	1 2 3 4 5 6 7
1 2 3 4 5 6 7	2. 좌석, 집기, 설비기기의 외관	1 2 3 4 5 6 7
1 2 3 4 5 6 7	3. 승무원 용모 및 복장의 청결성	1 2 3 4 5 6 7
1 2 3 4 5 6 7	4. 안내책자, 서식의 외양	1 2 3 4 5 6 7
1 2 3 4 5 6 7	5. 출발 및 도착시간 준수	1 2 3 4 5 6 7
1 2 3 4 5 6 7	6. 고객들의 문제해결을 위한 자세	1 2 3 4 5 6 7
1 2 3 4 5 6 7	7. 한번에 완벽한 서비스수행	1 2 3 4 5 6 7
1 2 3 4 5 6 7	8. 약속한 서비스제공의 적합성	1 2 3 4 5 6 7
1 2 3 4 5 6 7	9. 서비스제공의 실수에 대한 회복	1 2 3 4 5 6 7
1 2 3 4 5 6 7	10. 정확한 서비스시간 약속	1 2 3 4 5 6 7
1 2 3 4 5 6 7	11. 신속한 대응과 서비스	1 2 3 4 5 6 7
1 2 3 4 5 6 7	12. 고객서비스에 대한 자발성	1 2 3 4 5 6 7
1 2 3 4 5 6 7	13. 고객요청에 대한 기꺼운 응대	1 2 3 4 5 6 7
1 2 3 4 5 6 7	14. 승무원에 대한 고객의 확신	1 2 3 4 5 6 7
1 2 3 4 5 6 7	15. 고객들의 안정감	1 2 3 4 5 6 7
1 2 3 4 5 6 7	16. 승무원의 친절정도	1 2 3 4 5 6 7
1 2 3 4 5 6 7	17. 승무원의 업무지식과 숙련성	1 2 3 4 5 6 7
1 2 3 4 5 6 7	18. 고객 개개인에 대한 배려	1 2 3 4 5 6 7
1 2 3 4 5 6 7	19. 고객이 편리한 시간대 조정	1 2 3 4 5 6 7
1 2 3 4 5 6 7	20. 고객에 대한 개인적 관심	1 2 3 4 5 6 7
1 2 3 4 5 6 7	21. 고객편의 우선	1 2 3 4 5 6 7
1 2 3 4 5 6 7	22. 고객요구에 대한 이해	1 2 3 4 5 6 7

통해 품질수준의 변화추이를 파악할 수 있고 경쟁기업과 서비스품질수준을 비교함으로써 경쟁우위영역이나 취약한 영역을 확인할 수 있다. 이에 따라 서비스품질활동에 있어서 집중적으로 개선할 요인이 무엇인가를 파악하여 경쟁기업과의 품질적 우위전략을 전개할 수 있다.

따라서 SERVQUAL은 서비스에 대한 고객의 기대와 인지수준 및 그

변화추이를 파악함으로써 기업 외적으로는 고객만족도의 변화에 대응하고 고객세분화전략 수립에 활용할 수 있다. 또한 Heskett 등(1997)이 제시한 서비스이익사슬(service profit chain)에서와 같이 기업 내적으로는 종업원만족도 측정에 활용하거나 종업원의 생산성 및 성과개선을 위한 동기부여방법으로 활용할 수 있다.

제 3 절 서비스품질의 설계와 개선

서비스품질은 고객에게 제공되는 서비스가 지니고 있는 모든 품질적 특성이다. 서비스품질의 설계에서 중요한 점은 서비스에 포함되는 품질적 특성이 무엇이고, 이것을 서비스에 어떻게 반영하고, 어느 정도 반영시킬 것인가 하는 점이다.

또한 서비스품질설계의 접근에 대하여 Juran의 고객지향적 관점의 품질, Crosby의 설계지향적 관점의 품질, Feigenbaum의 가치지향적 관점의 품질 등 품질학자들의 어떠한 품질견해를 중심으로 설계할 것인가의 판단이 필요하다. 경우에 따라서는 Garvin의 품질차원을 중심으로 서비스품질을 설계할 것인가의 결정이 요구된다. 품질학자들의 품질견해나 품질차원을 종합적으로 포괄할 수 있는 서비스품질을 설계하는 것은 불가능할 것이다. 왜냐하면 서비스품질은 서비스유형이나 고객의 요구, 경쟁, 기술수준, 기업의 능력과 전략 등 서비스환경에 따라 다르기 때문이다.

서비스품질의 설계에 대하여 Thomas Foster(2001)의 품질경영의 체계를 중심으로 살펴보자. Thomas Foster가 제시한 품질경영의 틀은 [그림 8-5]에서와 같이 품질철학 개발, 종업원 역량개선, 품질확신의 세 가지 면에서 품질의 기능을 체계화 하고 있다. 서비스기업의 품질문화와 품질부서의 역할에 따라 서비스품질철학과 품질확신(quality

그림 8-5 서비스품질과 품질경영체계

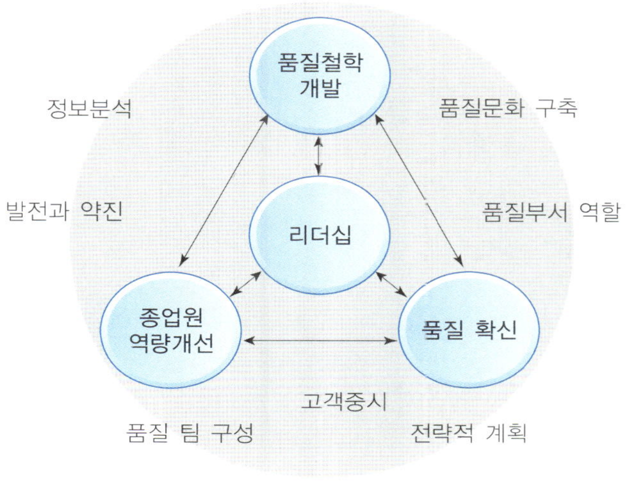

assurance)의 관계가 형성되고 고객요구사항 등 정보분석과 발전적 약진(breakthrough)을 하려는 노력에 의해 서비스품질철학과 종업원역량개선의 영향관계가 나타난다. 서비스품질목표 달성을 위한 전략개발과 품질전담 팀의 활동은 종업원역량개선과 품질확신과의 관계를 형성한다. 이러한 모든 기능적 활동과 영향관계는 고객중심으로 운영되며 경영층의 리더십에 의해 계획되고 통제된다.

Thomas Foster가 제시한 품질경영의 체계는 서비스에 포함시킬 품질적 특성의 원칙을 제시해준다. 서비스품질과 서비스가치, 고객지향적 서비스품질활동의 방향을 찾을 수 있을 것이다. 따라서 이하에서는 서비스품질을 구체화하기 위하여 서비스패키지와 품질의 통합, 서비스의 견고성설계(robust design), 서비스실수방지, 품질기능전개에 의한 서비스설계에 대하여 설명한다.

그림 8-6 서비스품질의 설계와 개선프로세스

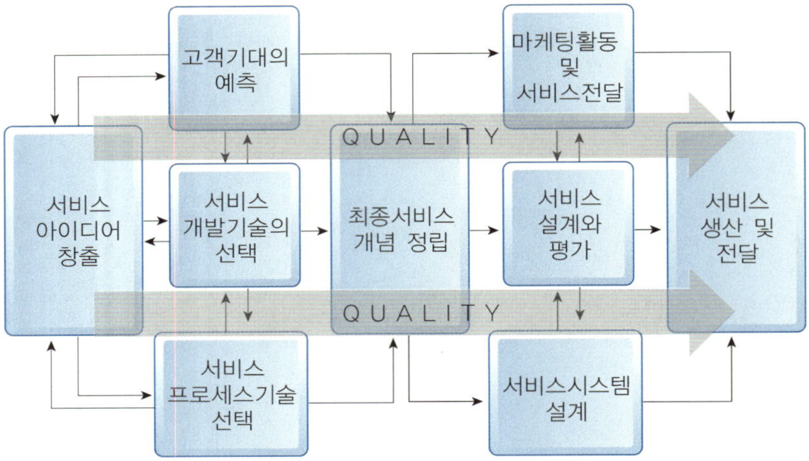

1. 서비스 패키지와 품질의 통합

서비스품질의 설계는 서비스제공시스템의 설계로부터 시작된다. 서비스제공시스템은 고객의 서비스기대와 경험을 창출하는 과정이며 서비스품질은 이 과정을 통해인식하게 된다. 서비스가 고객에게 전달되는 것은 서비스 패키지(service package)라는 서비스기능의 묶음이 형성됨

표 8-2 서비스 패키지의 품질적 요건: 항공서비스의 예

서비스 패키지 차원	품질적 요건
지원시설	항공기의 기종, 특징, 외관 및 내부시설의 배치, 고객이용 정보기기 등 물리적 자원의 품질적 특성
촉진제품	기내제공 음료, 식사, 면세품 판매
정보	좌석예약, 요금체계, 목적지 여행정보
명시적 서비스	정시 출발 및 도착, 안전, 쾌적한 탑승
묵시적 서비스	친절한 응대, 서비스의 일관성

으로써 서비스가치를 경험하게 되는 것이다.

서비스 패키지는 어떠한 환경에서 제공되는 제품과 서비스의 묶음으로 정의된다. 서비스품질의 설계와 관련하여 서비스 패키지를 구성하는 다음의 다섯 가지 요인에 대하여 항공회사 기내서비스의 예를 〈표 8-2〉에 나타낸다.

2. 서비스설계의 견고성 : Taguchi Method

Taguchi는 손실함수(loss function)의 개념을 통해 제품이나 서비스 설계에서의 품질적 문제를 설명하고 있다. 손실함수의 개념에 따르면 손실이란 제품이나 서비스가 완벽하지 못해 발생하는 낭비, 비용 및 잠재적 손해이다. 따라서 품질이란 제품이나 서비스가 소비자에게 제공된 다음 소비자나 사회에 주는 손실로 나타나며 다만 제품이나 서비스의 기능자체에 따른 손실은 제외한다.

전통적 관점의 손실함수는 [그림 8-7]에서와 같이 규격상한이나 하한을 벗어나면 벗어난 정도에 관계없이 일정한 손실이 발생하는 것으로 본다. 규격 상한과 하한 내에 들어가는 제품이나 서비스는 양품으로서 비용의 발생이 없으며 불량품은 폐기 및 재작업비용 등 생산자의 손실

그림 8-7 전통적 관점의 손실함수와 Taguchi 손실함수

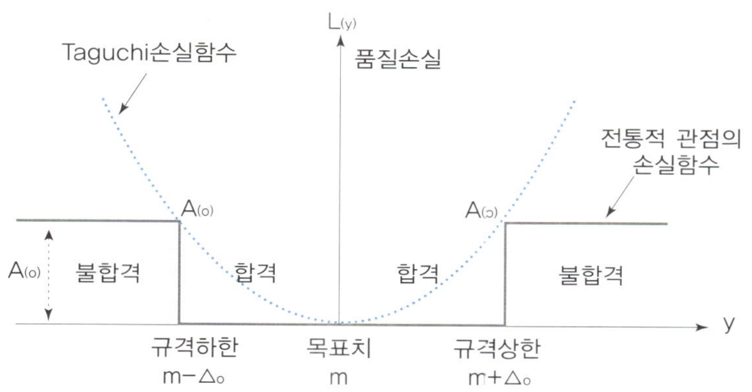

로 간주한다.

Taguchi의 손실함수는 제품이나 서비스가 목표치에 정확하게 충족시키지 못하면 손실이 발생하며 이러한 손실은 생산자 이외에도 소비자에게 불편 등 손실을 끼치게 된다. Taguchi의 손실함수는 [그림 8-7]에서와 같이 제품이나 서비스의 품질특성치가 목표치를 만족하는 수준에서 손실은 0이 된다. 반대로 품질특성치가 목표치로부터 멀어질수록 손실은 2차함수의 형태로 증가폭이 커진다. Taguchi의 손실함수는 전통적 관점의 손실함수에 비해 규격의 상 · 하한 내에 있어도 요구와 완전히 일치하지 않으면 손실이 발생하는 것으로 간주한다. Taguchi의 손실함수는 다음의 식으로 정의된다.

$$L(y) = k(y - m)^2$$

여기서 k = 품질에 대한 손실계수(상수)
y = 제품이나 서비스의 품질특성치
m = 제품이나 서비스의 품질특성에 대한 목표치

Taguchi의 손실함수에서 제품이나 서비스의 품질특성치는 그 값이 작으면 작을수록 좋은 특성(less the better), 크면 클수록 좋은 특성(more the better), 목표값에 가까우면 가까울수록 좋은 특성(nominal is best) 등의 기준으로 나누어진다. 품질특성치가 서비스운영 및 처리시간이라면 짧으면 짧을수록 좋은 서비스가 될 것이며 품질특성치가 고객에 대한 혜택이라면 크면 클수록 좋은 서비스라 할 수 있다. 목표값에 가까우면 가까울수록 좋은 특성이란 서비스시스템의 운영시간과 같이 주어진 목표시간에 접근할수록 시스템의 효율성은 높아진다.

Taguchi는 손실함수의 개념을 기초로 하여 견고성설계(robust design)를 제안하였다. 고객에게 서비스를 제공하는 경우 작업자의 습관과 실수, 기계설비의 노후, 서비스기술, 서비스환경 등에 따라 목표의 변동요인이 나타나는데 이를 혼선(noise)이라 한다. 견고성설계는 혼선에 민감하지 않거나 혼선의 영향을 덜 받도록 서비스를 설계하는 것을 의미한다. 혼선에 대한 기존의 접근은 이를 원천적으로 차단하여 제거하기 위해 재설계를 했으나 이러한 접근은 혼선의 원인제거를 위해서는 바람직하다고 판단되나 고비용을 유발한다. Taguchi는 혼선의 차단과 제거가 어려울 경우 혼선의 영향을 없애거나 줄이는 방법의 모색이 효과적이라는 견해를 밝히고 있다. 따라서 견고성설계의 핵심은 혼선은 그대로 두고 혼선에 민감하지 않은 서비스의 설계가 기존의 방법보다 비용을 낮게 할 수 있다고 하였다.

서비스에 있어서 견고성설계는 패스트푸드서비스와 같이 표준화된 상품을 제공함으로써 고객의 다양한 요구에 대하여 가능한 한 영향을 받지 아니하고 일관된 서비스를 제공하여 효율성을 높이도록 설계하는 것이다. 견고성설계의 과정은 개념설계(concept design), 파라미터설계(parameter design), 허용치설계(tolerance design)의 단계로 수행된다.

사례 서비스설계의 견고성

소비자는 와이셔츠 한 벌을 50,000원에 구매하고 약 50회 세탁하여 입으면 버린다. 1회 세탁비가 3,500원이라면 총 세탁비는 3,500원 × 50회 = 175,000원이 소요된다. 만일 오염이나 구김을 반으로 줄일 수 있는 와이셔츠를 개발하여 판매한다면 소비자의 세탁비부담을 100,000원 줄일 수 있다. 와이셔츠 한 벌의 원가가 20,000원 높더라도 30,000원 더 비싸게 팔면 기업은 10,000원의 이익을 얻을 수 있고 소비자는 와이셔츠 구입비 80,000을 부담하여도 세탁비에서 100,000원을 절감하므로 75,000원의 이익을 볼 수 있다. 또한 세탁으로 인한 물, 세제 등 자원의 절감과 오수 소음 등의 공해도 줄일 수 있다.

의료서비스, 수리서비스, 운송서비스에서 서비스제공자와 고객이 이익을 얻을 수 있는 경우를 찾아볼 수 있다. 철도서비스와 같이 급행과 완행열차를 운행하고 열차표 매수에 따라 할인혜택을 제공하는 서비스에서는 각각의 대안에 따라 비용을 차등화 하여 적용한다. 고객은 한

번에 높은 비용을 지불하여도 궁극적으로 편안하고 높은 안전성이 보장된다면 이 서비스대안을 선택할 것이며 서비스기업에도 이익의 기회가 될 수 있다.

3. 서비스의 실수방지 : Pokayoke

고객에게 서비스를 제공하는 경우 실수가 발생할 수 있다. 서비스제공자의 미숙련이나 서비스프로세스, 서비스시설, 자재 등에서도 오류가 생길 수 있다. Shigeo Shingo는 제품이나 서비스제공의 실수방지(pokayoke)의 필요성에 대하여 연구하였다.

서비스에 있어서 실수방지의 예는 여러 유형의 서비스에서 찾아볼 수 있다. 서비스제공자는 고객에게 서비스를 제공할 때 항상 단정함을 유지해야 한다. 이를 위해 직원휴게실 입구에 거울을 부착하는 것은 실수방지를 위한 조치로 볼 수 있다. 고객이 정보시스템을 통해 서비스를 받을 때 고객의 아이디나 비밀번호를 입력해야 하는데 이 때 오류방지를 위해 2회 반복하여 입력하게 함으로써 오류를 방지할 수 있다. 놀이기구의 높이를 제한하는 경우 바(bar)를 설치하여 안전을 유지하게 하는 것 등은 실수방지의 예라 할 수 있다.

사례 다섯 가지의 왜?

JIT시스템의 창시자이자 Toyota부사장을 지낸 Taiichi Ohno(大野耐一)는 "다섯 번의 왜"라는 순차적 탐색기법을 통해 문제의 해결방안을 찾을 수 있다고 하였다. Toyota직원들은 아래와 같이 다섯 가지 질문을 한다.

- 첫째, 왜 그런가?
- 둘째, 이정도로 괜찮은가?
- 셋째, 무언가 빠뜨린 것은 없는가?

- 넷째, 당연하게 생각하는 것들이 정말 당연한가?
- 다섯째, 좀 더 다른 방법은 없는가?

다섯 번의 왜라는 질문을 진지하게 고민하고 답을 찾으면 웬만한 문제는 그 본질을 파악하고 해답을 찾을 수 있다. 어떤 문제의 근본원인을 찾을 때까지 반복적인 질문을 하는 것은 아무나 쉽게 따라올 수 없는 초일류를 만드는 것이다.

품질활동에서 다섯 번의 왜라는 질문은 실수방지를 위한 실수방지(pokayoke)의 수단이 될 수 있다. 항공기 조종사가 비행 전 시동을 걸고 운항준비를 할 때 매뉴얼에 맞추어 계기판 하나하나를 반복적으로 조작하는 것도 만일의 실수를 사전에 예방하는 방법의 하나이다.

4. 품질기능전개

오늘날 고객만족을 목표로 하는 서비스기업은 고객의 요구를 수용하여 고객의 취향에 맞는 서비스를 생산하여 제공해야 한다. 서비스설계 시 고객의 요구를 반영하기 위해서는 품질기능전개(quality function deployment; QFD)라는 기법을 사용하여 고객의 요구를 기술적 특성에 연결할 수 있다. QFD는 서비스설계 시 고객의 관점에서 중요시되는 서비스속성을 서비스에 반영함으로써 고객만족과 서비스개발기간을 단축시키는 것을 목적으로 한다.

QFD는 제품과 서비스의 설계와 생산에 고객의 요구를 기술적 특성으로 변환하기 위해 품질의 집(house of quality)을 사용한다. 품질의 집은 [그림 8-8]과 같이 고객의 요구와 기술적 특성간의 관련성과 기술적 특성과 기술적 특성의 관계를 행렬의 형태로 표시하여 설계에 반영한다. 또한 품질의 집은 고객의 요구를 기술적 특성으로 나타낼 때 기술적 특성의 난이도, 중요도, 비용, 경쟁력 등을 분석하여 서비스설계의 우선순위 결정에도 사용한다.

품질의 집을 통해 경쟁기업의 서비스와 비교하고 새로운 서비스명

그림 8-8 품질의 집

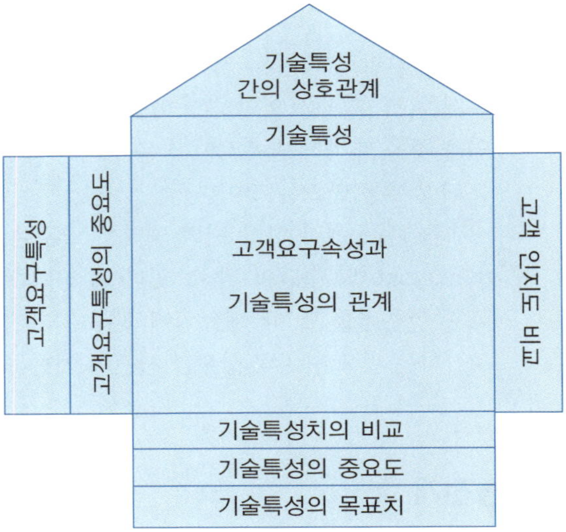

세서에 확정함으로써 서비스생산과 운영특성으로 연결된다. 이 때 품질의 집은 서비스생산 및 운영단계에 따라 여러 단계로 전개할 수 있다. 즉 고객요구특성은 세부적인 서비스운영을 수행하는 고객접점으로 연결되고 고객접점의 서비스프로세스를 지원하는 시스템으로 연결되어 전체적인 서비스를 설계하게 된다. 따라서 서비스설계에 QFD기법을 사용하는 것은 고객만족을 실현하기 위한 제품설계의 과정을 기업 내 관련부서와 기업외적으로 협력관계에 있는 공급업자와 연결하는 것으로 볼 수 있다(QFD에 대한 자세한 내용은 제4장 서비스설계와 개발 참조).

제 4 절 서비스품질경영의 전개

1. 서비스품질경영의 접근

기업의 품질활동과 관련하여 품질통제(quality control), 품질관리 또는 품질경영 (quality management), 전사적 품질경영(total quality management) 등의 용어를 자주 사용한다. 그러나 이러한 용어에 대한 명확한 정의 없이 사용함으로써 혼란스러움을 주고 있다. 이것은 우리나라의 초기 품질활동이 일본식 품질관리에 많은 영향을 받았기 때문으로 판단된다.

1987년 국제표준화기구에서는 ISO 9000 시리즈를 제정함으로써 많은 국가들이 품질규격을 채택하여 품질시스템 인증제도를 운영하고 있다. 2008년 현재 170여개 나라의 1백만개 이상의 기업과 기관이 ISO

그림 8-9 TQM의 체계

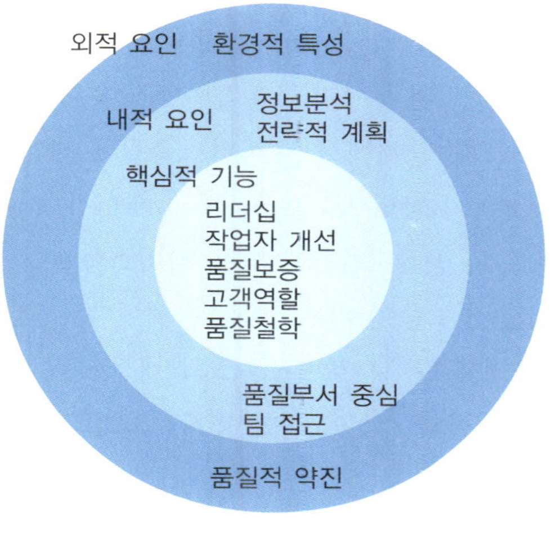

9000 시리즈와 관련된 품질인증을 받고 있다. ISO 9000 시리즈에 따르면 품질경영은 품질방침을 결정하고 적용하는 전반적인 관리기능으로 고객중심, 최고경영자의 동기부여와 영향, 프로세스 접근과 지속적 개선에 기초하는 것이라고 정의하고 있다.

> "The standard is based on a number of quality management principles including a strong customer focus, the motivation and implication of top management, the process approach and continual improvement."

최근에는 서비스기업에서도 품질경영을 전사적 측면에서 접근하고 있다. 전사적 품질경영(total quality management; TQM)은 품질경영의 활동을 조직의 모든 부서, 모든 계층을 망라하여 추진하는 경영의 접근이라고 할 수 있다. 전사적 품질경영은 [그림 8-9]와 같은 체계를 구성하여 고객에 의한 품질정의와 재화생산의 프로세스와 작업자를 중시하는 인간중심의 경영시스템을 지향하고 있다.

기업에서의 품질활동에 대한 노력과 품질환경, 그리고 품질경영에 대한 여러 학자들의 견해를 종합해 볼 때 서비스기업의 품질경영은 [그림 8-10]과 같이 네 단계로 접근할 수 있다.

첫째 단계는 서비스품질에 대한 관점을 정립하고 품질이론과 품질활동의 범위 등 서비스품질의 개념을 정의하는 단계이다.

둘째 단계에서는 서비스품질에 대한 전략적 계획, 고객의 소리(VOC), 시장의 소리(voice of market), 서비스프로세스 설계, 서비스품질설계, 공급자품질관리 등 서비스품질이 설계되고 서비스품질에 대한 확신 및 보증이 이루어지는 단계이다.

셋째 단계는서비스품질의 개선도구, 서비스품질 개선팀의 운영, 서비스품질의 개선을 위한 통계적 방법의 적용 등 서비스품질을 구현하는 단계이다.

넷째 단계는 서비스품질시스템을 지속적으로 유지하는 단계로 서비

그림 8-10 서비스품질경영의 접근

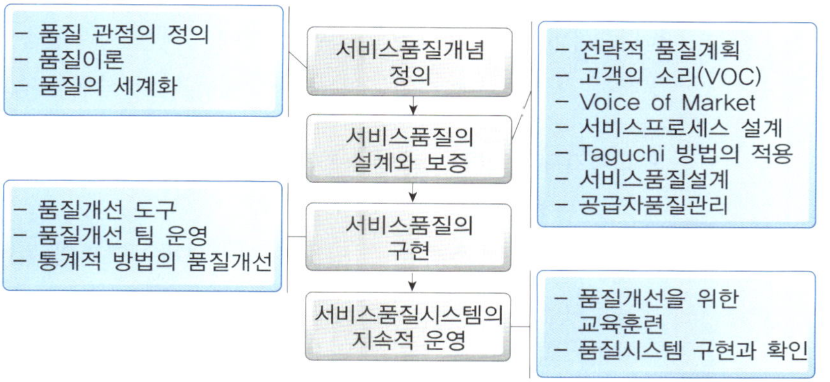

스품질개선을 위한 교육훈련, 서비스품질시스템의 구현과 확인이 이루어진다.

서비스품질경영의 전개에 대하여 다음의 관리적 기능을 중심으로 설명한다.

- 품질계획(quality planning) : 서비스품질계획과 품질방침 수립
- 품질확신(quality assurance) : 서비스품질의 확신과 제3자 보증
- 품질개선(quality improvement) : 서비스품질의 지속적 개선
- 품질통제(quality control) : 서비스품질활동 결과의 검토, 수정 및 추구

2. 서비스품질계획

일반적으로 서비스품질계획은 고객의 기대에 따라 품질방침을 수립하고 서비스프로세스설계, 서비스인적자원계획, 서비스평가계획의 수립을 포함한다. 보다 구체적으로는 서비스품질개선에 대한 계획, 조직의 품질문화 창조와 확산에 대한 계획, 품질활동을 지원하는 리더십에

대한 계획, 품질부서의 기능과 조직설계, 종업원의 품질인식 고취계획, 품질활동의 지원을 위한 의사소통 네트워크계획 등의 계획활동을 수행한다. 서비스품질계획은 기업이 장래에 수행할 품질활동에 대한 방향을 정하는 것으로 수립절차는 다음의 단계에 따라 진행한다.

- **고객기대의 발견** : 고객표본에 의한 설문조사, 면접, 고객의 제안카드 등을 통해 고객의 기대를 확보한다.
- **고객기대를 충족시킬 수 있는 서비스설계** : 고객의 기대에 부응할 수 있는 고객화 수준과 고객의 참여정도를 결정하여 서비스를 설계한다. 서비스의 효율적 운영을 위하여 표준화 수준을 결정한다.
- **서비스품질 평가프로그램 개발과 적용** : 고객의 기대를 어느 정도 충족시키는가에 대한 평가를 위해 평가프로그램을 개발하여 적용한다.
- **서비스품질 훈련프로그램 설계와 실행** : 서비스를 제공하는 고객접점 직원의 대인관계기술과 능력을 개발하고 서비스품질의 향상을 위한 교육훈련계획을 수립하고 실행한다.
- **서비스품질 통제프로그램 설계와 실행** : 서비스 및 서비스프로세스의 측정과 통제기능을 발휘하기 위한 프로그램을 수립한다.

3. 서비스품질확신

서비스품질의 확신은 경쟁자보다 뛰어난 품질로 시장경쟁의 우위를 확보하기 위한 전략이다. 고객의 마음을 사로잡고 시장에 진입하기 위해서는 품질경쟁을 통해서만 가능하다. 서비스제공에서 품질적 문제가 발생하였을 때 가장 신속하게 대처할 수 있는 서비스회복의 방법은 무엇인가? 실패한 서비스를 대체하기 위해 다른 서비스를 제공하는 것만으로 가능한가? 이러한 문제에 대한 정확한 해답은 매우 어렵다.

서비스기업은 고객에게 제공하는 서비스에 대하여 품질의 확신을 가져야 한다. 품질의 확신은 서비스에 담겨있는 품질의 기준과 특성, 우

그림 8-11 ISO 9000시리즈의 체계

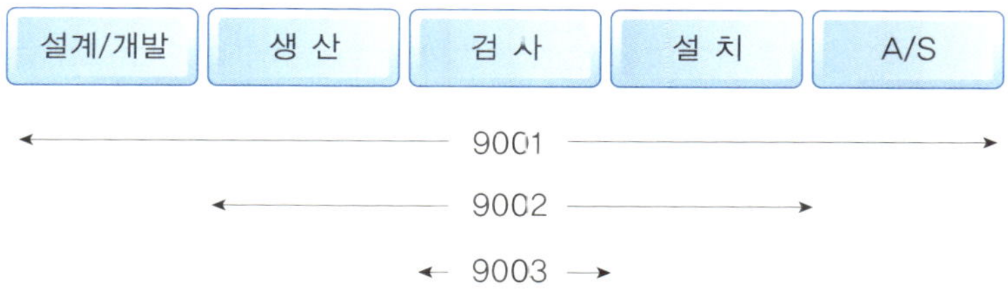

수성에 대한 선언적 의미를 갖는다. 제품이나 서비스품질의 기준과 특성, 우수성에 대한 선언을 보장하는 것이 제3자에 의한 품질인증제도이다. 현재 우리나라에서 시행되고 있는 제3자에 의한 서비스부문의 품질인증은 ISO 9000시리즈에 의한 품질인증, 정부의 서비스품질우수기업 인증, KS(서비스)인증 등이 있다.

ISO 9000시리즈에 의한 품질인증제도는 국가별, 산업별로 품질인증에 대한 요구사항을 통일하여 시행하는 품질규격에 의한 품질시스템을 인증하는 제도이다. 1979년 국제표준화기구에 ISO TC-176이 구성되어 품질경영의 정의와 품질보증에 대한 규정을 연구하여 1987년에 ISO 9000시리즈를 제정하였다. ISO 9000시리즈는 ISO 9001~9003의 구입자를 위한 품질규격과 ISO 9004의 공급자를 위한 품질규격을 정하고 있다. [그림 8-11]에 ISO 9000시리즈의 체계를 나타낸다.

4. 서비스품질개선

오늘날의 고객은 시간이 지날수록 보다 개선된 품질의 제품이나 서비스를 찾는다. 이러한 경향은 정보통신과 같이 기술혁신이 빠른 분야에서 쉽게 찾아볼 수 있다. Schmenner(1995)는 다음의 명제(proposition)를 통해 서비스품질의 지속적인 개선의 중요성을 설명하고 있다.

서비스품질은 쉽게 달성할 수 있다. 그러나 고객이 서비스를 만족하여 다시 찾는 것은 아니다.
☞ 좋은 서비스라고해서 고객이 만족하는 것은 아니다. 지속적인 품질개선은 비용을 낮출 수 있다.

Crosby(1979)는 "Quality is Free"라는 저서를 통해 무결점은 지속적인 개선활동으로 이룰 수 있으며 무결점을 목표로 하는 품질의 개선은 기업이익의 원천이 된다. 즉 검사보다는 예방과 같은 품질개선의 지속화는 낮은 비용으로 가능하다는 점을 강조하고 있다.

품질의 지속적인 개선에는 다음과 같은 원칙을 두고 있다. 첫째, 품질의 지속적인 개선을 위해서는 품질요건을 표준화해야 한다. 서비스품질요건의 표준은 서비스품질활동의 목표로서 표준에 의한 서비스운영은 오류발생의 원인을 제거하는 것과 같으므로 완벽한 무결점의 서비스를 제공할 수 있다. 전통적인 관점에서는 총 품질비용이 최소가 되는 수준에서 품질활동을 수행하는 것으로 보고 있으나 무결점의 관점에서는 무결점의 표준이 최소의 총 품질비용을 실현하는 수준이 된다.

둘째, 지속적인 품질개선활동을 효과적으로 수행하기 위해서는 plan-do-check-act의 사이클(Deming's Wheel)을 반복적으로 유지하는 것이 바람직하다. [그림 8-12]에서와 같이 지속적인 품질개선활동은 시간의 흐름에 따라 품질수준이 높아지는 것을 의미한다.

셋째, 지속적인 품질개선활동은 품질관리기법과 품질통제도구(quality cotrol tool)의 활용으로 체계적인 접근이 가능하다. 특히 통계적 품질관리는 품질활동을 과학적, 계량적으로 분석할 수 있는 기초가 된다.

Crosby는 품질개선을 위한 지속적인 노력은 품질에 대한 경영자의 인식에 좌우된다는 점을 지적하고 있다. 그는 품질인식은 제품의 제조자 또는 서비스제공자와 고객 간의 관계로 형성되는 것이므로 품질인식에 대한 경영자의 태도의 중요성을 강조하고 있다. 즉 경영자 스스로가

그림 8-12 지속적인 개선의 개념

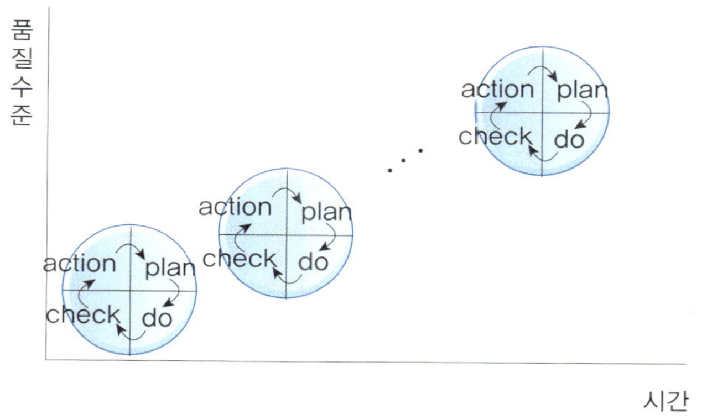

품질문제를 확인하고 치유할 때 제품이나 서비스수준이 개선되고 비용을 낮출 수 있으며 따라서 품질개선을 위한 지속적 노력이 필요하다는 것이다.

5. 서비스품질통제

서비스품질통제는 품질관리활동을 실행하고 그 결과가 목표에 부합하였는가를 검토하여 필요에 따라 수정하고 이를 종합적으로 추구하는 품질활동을 의미한다. 품질통제는 주로 통계적학 품질관리(statistical quality control)기법을 사용하는데 이하에서는 7가지 품질통제도구(QC 7 tools), 관리도(control chart), 6시그마활동에 대하여 설명하기로 한다.

(1) 7가지 품질통제도구

7가지 품질통제도구(QC 7 tools)는 제조 및 서비스현장의 품질문제를 분석하기위한 방법으로서 체크시트, 히스토그램, Pareto도표, 원인결과도표, 산점도, 층별화 기법, 흐름도 등의 방법을 사용한다. 〈표 8-3〉에

표 8-3 7가지 품질통제도구

7가지 도구	내 용
체크시트	불량, 결점의 위치와 수 등 품질문제를 체계적으로 수집
히스토그램	결점발생의 빈도를 도시화 : 막대그림표, 꺾은금그림표
Pareto도표	불량의 현상, 원인에 대한 자료를 분류, 크기순으로 표시한 도표
원인결과도표	품질적 결과에 영향을 주는 원인과의 관련성, 특성요인의 규명
산점도	원인과 결과의 자료에 대한 상관관계 파악
층별화 기법	자료를 몇 가지 범주로 구분하여 특성을 파악
흐름도	업무, 작업, 정보, 프로세스의 흐름을 표시

7가지 품질통제도구의 내용을 설명한다.

다음의 예제를 통해 7가지 품질통제도구의 작성과 분석에 대하여 설명한다.

예제

A항공사의 콜센터에서는 고객의 예약업무를 취급하고 있는데 지난 1개월간 콜센터 직원별 예약 오류는 아래 표와 같다. 이 자료에 의해 품질관리도구의 몇 가지 방법을 적용해보자.

직원	날짜입력 오류	잔여좌석 확인 오류	상담 후 예약미확인	기타입력 정보오류	기 타	합 계
A	////	//				6
B		///				3
C	/	///	/			5
D		/				1
E		/	//	/		4
F	//	//	//	/	/	8
합계	7	12	5	2	1	27

그림 8-13 오류유형별 히스토그램

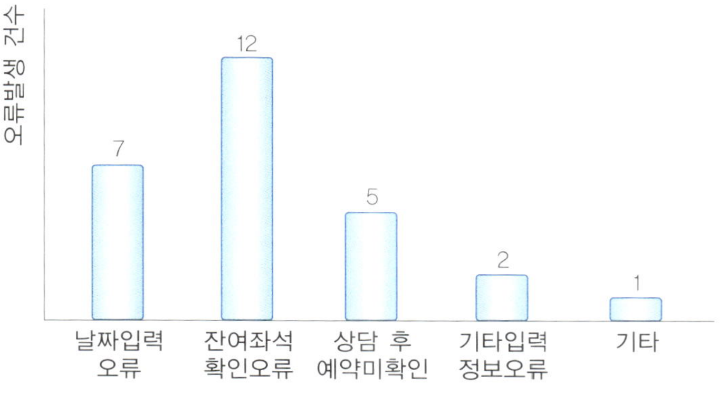

〈히스토그램〉

위의 표는 직원별 고객응대의 오류가 발생한 자료로서 체크시트로 활용할 수 있다. 이 자료에 의해 직원별, 오류의 유형별 히스토그램을 작성할 수 있는데 오류의 유형별 히스토그램은 [그림 8-13]과 같다.

〈Pareto도표〉

Pareto도표는 총 발생빈도에 대하여 높은 비율을 차지하는 몇 가지의 요인을 찾아내는 분석도구로 사용한다. 즉 그 기준은 80-20법칙으로 사소한 다수와 중요한 소수(trivial many, vital few)의 법칙을 적용한다. 주요 오류나 결점요인은 찾아내기 위하여 오류의 형태나 원인에 따라 나타나는 결점요인을 크기순으로 나열하고 누적 상대도수를 나타내면 품질문제의 주요 요인을 찾을 수 있다. 위의 A항공사 콜센터의 오류발생자료에 대하여 오류발생유형에 따라 Pareto도표를 작성하면 [그림 8-14]와 같다.

〈원인결과도표〉

Pareto도표는 오류나 결점발생 등 품질적 둔제의 원인을 밝힐 수는 있으나 해결방안이 무엇인지를 찾을 수는 없다. 원인결과도표(cause-

그림 8-14 Pareto 도표

오류유형	오류발생 건수	도수	누적 상대도수
잔여좌석	12	0.44	0.44
날짜입력	7	0.26	0.70
예약 미확인	5	0.19	0.89
입력정보	2	0.07	0.96
기타	1	0.04	1.00
계	27	1.00	

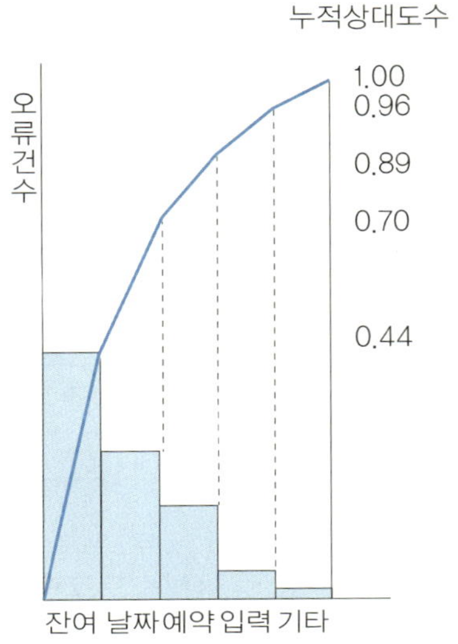

and-effect diagram)는 결점발생이라는 품질문제의 결과에 영향을 주는 여러 가지 요인과 원인을 찾아낼 수 있다. 원인결과도표에서는 품질문제에 영향을 주는 여러 가지 요인과 원인을 규명함으로써 불량이나 결점을 제거할 수 있다. 제조활동에서 품질에 영향을 주는 원인은 사람(man), 기계설비(machine), 작업방법(method), 자재(materials) 등 4M의 요인으로부터 발생하는 것으로 간주한다.

서비스의 경우도 이러한 요인에 따라 원인결과도표를 작성할 수 있으나 문제의 성격에 따라 서비스시스템이나 고객 등 환경적 요인으로부터 품질문제가 발생할 수 있으며 상황에 따라 다양한 접근을 할 수 있다. A항공사의 문제에서 상담 후 예약 미확인의 오류는 상담원의 실수로 발생하는 것으로 볼 수 있으며 잔여좌석확인의 오류는 실시간 정보확인이 어렵다는 시스템의 문제로 볼 수 있다. 또한 날짜입력의 오류는 입력순서를 혼동할 여지가 있다고 가정하면 작업방법 상 문제가 될 수

그림 8-15 원인결과도표

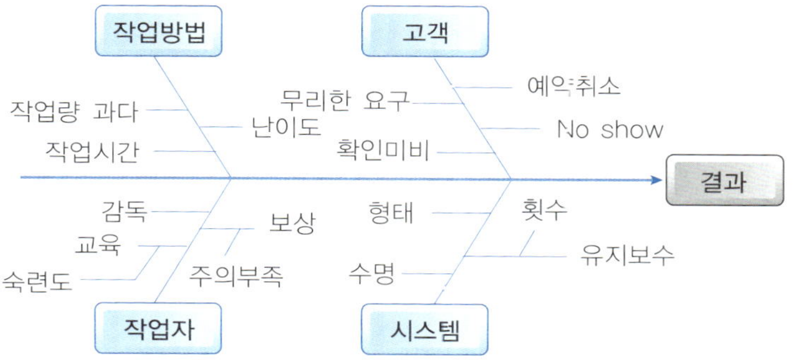

있고 기타 입력정보의 오류는 정보오류는 주로 고객의 확인이 미비하다고 가정하면 고객측면의 문제로 볼 수 있다. 이러한 가정에 의해 A항공사의 품질문제 에 대한 원인결과도표를 작성하면 [그림 8-15]와 같다.

〈산점도〉

산점도(scatter diagram)은 두 종류의 자료 간의 관계를 나타내는 도표로서 [그림 8-16]에서와 같이 원인과 결과와의 관계의 정도를 파악할

그림 8-16 산점도

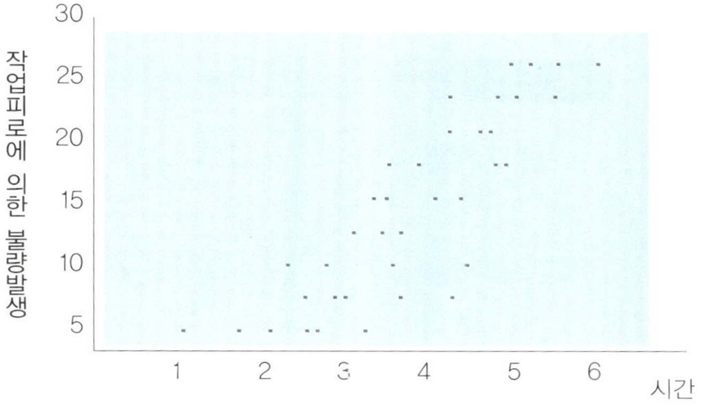

수 있다. 예를 들어 작업자의 근무연한이 길수록 오류발생이 줄어든다면 두 특성요인 간에는 부(−)의 상관관계가 성립하고 오류발생이 오전보다 오후에 많이 발생한다면 작업피로도에 따라 오류발생이 늘어나는 정(+)의 상관관계가 있다고 해석할 수 있다. 산점도를 작성하는 경우는 두 변수간의 의존관계의 정도와 방향성을 파악하기 위해 상관계수를 구하고 원인에 해당하는 독립변수의 특정치에 상응하는 결과를 나타내는 종속변수의 값을 추정하기 위해 회귀방정식을 구해야 한다.

(2) 관리도

제품이나 서비스에 대한 품질통제에 있어서 관리도(control chart) 기법은 생산프로세스에서 불량 또는 결점이 발생하는 것을 사전에 예방하는 프로세스관리 활동의 하나이다. 생산프로세스가 제대로 관리되어도 품질 상 변동(variation)이 발생하는데 이를 우연요인이라 한다. 이러한 우연요인에 의한 변동은 통계적인 관리상태에 있는 것으로 본다. 이에 비해 작업자나 기계설비 등 이상요인에 의한 변동을 이상상태라 하며 관리도에서 이러한 이상상태를 포착하여 적절한 조치를 취함으로써 생산프로세스를 개선할 수 있다. 즉 관리도란 프로세스상태를 나타내는 품질특성치를 이용하여 품질변동의 원인을 판별하고 이상원인을 조치함으로써 생산프로세스를 관리상태로 유지하는 통계적 방법이다. 관리

그림 8-17 관리도

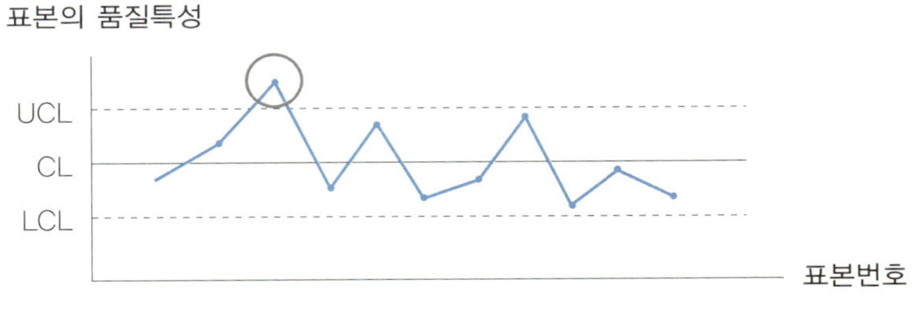

표 8-4 관리도의 유형

	자 료	관 리 도	분 포
계량형관리도	길이 무게, 강도, 시간, 압력, 비율, 원단위	$\overline{x}-R$ 관리도(평균치와 범위) $\overline{x}-\sigma$ 관리도(평균치와 표준편차) $\tilde{x}-R$ 관리도(중앙치와 범위) x 관리도(개별 데이터)	정규분포
계수형관리도	불량률 불량 개수 결점 수 단위당 결점 수	p 관리도(proportion defectives) p_n 관리도(number defectives) c 관리도(number of defects) u 관리도(defects per unit)	이항분포 포아송분포

도는 평균, 표준편차를 사용하여 [그림 8-17]에서와 같이 관리상한(upper control limit; UCL), 관리하한(lower control limit; LCL), 중심선(center line; CL)을 설정하고 표본의 크기결정을 통계학에 두고 있기 때문이다.

관리도의 판단은 다음의 기준에 따른다.

- 타점이 관리한계선을 벗어났을 때 프로세스는 이상원인으로 조치가 필요
- 타점이 관리한계선내에 있으면 프로세스는 관리상태
- 타점이 중심선(CL)을 기준으로 연속해서 나타나면 런(run)
  런이 7개 이상 또는 11개 중 10개가 한쪽에 나타나면 이상원인
- 타점이 상승 또는 하강, 주기적 변동을 나타내면 이상원인
- 타점이 반 이상 관리한계선을 벗어나거나 중심선 부근에 몰려 있으면 이상원인 이라기보다 관리도 작성방법(군별, 층별화)에 문제가 있으므로 재작성이 필요

관리도의 유형은 〈표 8-4〉에서와 같이 계량형 관리도와 계수형 관리도로 구분된다. 슈퍼마켓 계산대의 직원이 처리하는 정상적인 시간은 고객이 구입한 상품의 종류와 수량에 따라 달라지지만 사전에 설정한

표준시간이나 평균적인 처리시간을 기준으로 상한과 하한의 범위 내에서 작업을 수행한다. 서비스시간, 처리시간 등에 대한 관리를 위해서는 계량형 관리도를 사용할 수 있다. 또한 서비스기업의 고객센터에 접수되는 고객의 불만이나 클레임에 대한 관리는 불량률, 불량개수, 단위시간당 결점수를 대상으로 하는 계수형관리도를 사용할 수 있다.

(3) 6시그마활동

오늘날 기업의 품질목표는 세계적 수준(worldwide class)을 지향하고 있다. 평균적인 기업과 세계적인 기업의 차이는 불량률을 나타내는 시그마(σ)수준에서 확연히 차이가 나타나고 있다. 즉 평균적인 기업은 3~4시그마 수준인데 비해 세계적인 기업은 불량률 3.4ppm(parts per million)인 6시그마를 목표로 하고 있다. 시그마 수준의 개선은 [그림 8-18]에서와 같이 각 단계별로 보다 높은 개선성과를 요구한다.

즉 4시그마 수준에서 5시그마 수준으로의 개선은 27배, 5시그마 수준에서 6시그마 수준으로의 개선은 68배의 개선노력이 필요하다. 이러

그림 8-18 6시그마의 목표치

σ 수준	목표치를 벗어나지 않을 경우	목표치로부터 1.5σ 이탈
1	317,400	697,700
2	45,400	308,537
3	2,700	66,807
4	63	6,210
5	0.57	233
6	0.02	3.4

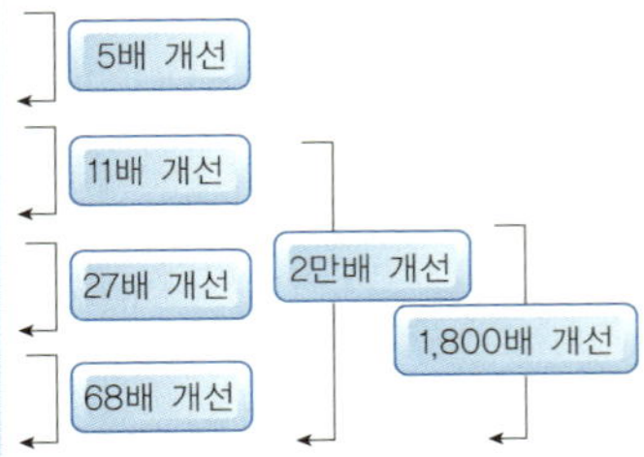

한 계산에 의하면 3시그마 수준에서 6시그마 수준으로의 개선은 약 2만배의 개선이 이루어져야 한다.

6시그마의 측정은 프로세스의 불량수준 및 프로세스의 품질능력을 비교하는 기준이 된다. 불량기회당 결함의 수는 불량기회의 수(defect per opportunity)에 대한 총 불량수를 의미한다. 따라서 6시그마는 불량기회 100만건 당 발생하는 결함수를 나타내므로 ppm의 경우보다 훨씬 높고 엄격한 기준이 적용된다.

6시그마 프로젝트운영의 특징은 품질향상과 비용절감을 통해 고객만족을 달성하기 위해 통계적 목표치를 가지고 혁신을 위한 노력과 품질문화를 정착시키는 경영철학이라는데 있다. 6시그마는 품질경영을 추진하는 기업전략으로 모든 프로세스에 대하여 6시그마 수준의 품질목표와 혁신적 품질개선 활동을 수행하는 수단과 방법이라고 할 수 있다.

6시그마 프로젝트운영은 측정과 분석을 위한 문제점을 발견, 문제점 해결방안을 찾아 개선작업을 수행하고 이러한 과정을 유지한다는 점에서는 TQM 등 다른 품질개선활동과는 차이가 없다. 다른 품질개선활동에서는 결과를 중시하고 부분적 최적화, 현장중심의 품질에 중점을 두는데 비해 6시그마 프로젝트에서는 프로세스를 대상으로 하며 전체적 최적화, 경영품질에 중점을 두고 있다.

6시그마 프로젝트를 운영함으로써 프로세스 면에서 불량감축, 사이클타임 단축, 생산능력 향상, 비용절감 등의 효과를 얻을 수 있다. 또한 제품이나 서비스 면에서 품질향상, 원가절감, 고객요구의 수용, 인적, 조직적 면에서는 과학적 사고에 의한 합리적 의사결정, 혁신적 기업문화 확산, 창의적 인적자원을 확보 등의 이점을 얻을 수 있다.

6시그마 프로젝트운영은 〈표 8-5〉에서와 같이 문제의 정의→측정→분석→개선→통제의 단계로 수행된다. 6시그마 프로젝트를 수행하는 데에는 추진요원의 역할이 중요하게 작용한다. 6시그마 추진요원은 그린벨트, 블랙벨트, 마스터 블랙벨트, 챔피언 등으로 나누어지며 혁신활동만을 전담하는 블랙벨트와 마스터 블랙벨트를 둔다. 챔피언과 그린

표 8-5 6시그마 프로젝트의 운영

단 계	수 행 방 법
정의(define)	고객요구 정의, 핵심적 품질특성(critical to quality)을 파악, 개선프로젝트 선정, 프로젝트팀 구성, 개선일정 수립
측정(measure)	측정시스템과 측정방법 확인, 현재의 충족정도와 검증결과 측정, 목표수립
분석(analysis)	잠재적 원인과 영향요인 파악, 인과관계 파악, 핵심요인 선정
개선(improve)	CTQ의 충족정도를 높이기 위한 방법과 조건의 탐색, 개선안 도출, 개선결과 검증, 최적조건 선정
통제(control)	관리계획 수립, 개선된 상태가 유지될 수 있도록 관리, 프로세스통합 및 조정

벨트는 현업을 수행하면서 혁신활동에 참여한다. 그린벨트 블랙벨트, 마스터 블랙벨트, 챔피언 등 추진요원의 양성에는 블랙벨트인 경우 6시그마 프로젝트의 운영단계별로 1~3주간의 교육과 실습으로 4개월 정도의 교육이 필요하다.

사례 GE의 6시그마

"우리는 언제 6시그마의 혜택을 받을 수 있나요?"

GE의 최고경영자 Jack Welch는 그의 저서 "Winning"에서 6시그마는 고객이 원하는 것을 고객이 원하는 시간에 제공될 수 있도록 제품과 내부절차를 설계하고 낭비와 비효율성을 줄임으로서 그 목적을 달성하는 것이라고 하였다.

GE는 신제품과 서비스 개발에 있어 6시그마를 위한 디자인(Design for Six Sigma: DFSS)을 적용하면서 고객들과 함께 성공을 맛보았다. 그러나 초창기 고객들은 Jack Welch와 GE의 6시그마에 대해 수많은 의문을 가질 수밖에 없었다. GE의 성공비법을 궁금하게 여기는 내용의 질문만이 아니라 "우리는 언제 6시그마의 혜택을 받을 수 있나요?", "우리 회사는 언제 GE의 연차보고서에 나오는 성공적인 6시그마의 수치를 느낄 수 있을까요?"와 같은 불만 섞인 질문도 있었다. GE는 '주문에서 납품까지', '내부처리 소요시간'과 같은 내부 프로세스의 역량을 향상시키는 데 주력해 왔다. 1990년대 초까지만 해도 GE는 6시그마를 적용해 평균목표치를 개선시키는 데 주력하였다. 수주간 소요되었던 납품기일을 평균 7일까지 단축시키는 개선방안을 수천 개의 내부 프로세스를 통해 반복하여 실시했다. 그 결과 평균납품기일은 7일 이내로 줄일 수 있었고 재가공률도 현저히 감소되었고 현금유동성은 크게 개선되었다. 그러나 내부 프로세스에서의 평균납품기일은 목표치를 달성했으나 실제 고객에 대한 배달에는 편차가 컸다. 어떤 제품은 4일 만에 배달되었고 어떤 제품은 20일 이상 배달시간이 소요되었다.

고객들은 이러한 일관성 없는 편차를 보면서 아무것도 달라진 것이 없다고 느꼈다. GE의 연차보고서에 나오는 성공적인 6시그마의 수치는 고객에게는 아무런 의미가 없었다. GE는 6시그마 효과를 고객들과 함께 공유할 필요성이 생겼다. 고객의 욕구와 내부 프로세스 사이에 존재하는 변수를 측정하여 고객에게 서비스하는 데 나타나는 편차를 완전히 제거해야만 했다. 고객측면에서는 평균납기일은 아무런 의미가 없다. 고객들은 내부 프로세스 향상과 GE 경영수치에는 별다른 관심이 없기 때문이다.

이에 대한 해답은 자재의 공급라인으로부터 생산, 유통프로세스의 개선에 있지만 결국 사람의 문제가 가장 컸다. GE는 전 세계에 근무하는 모든 직원들에 대해 6시그마 추진을 위해 그린벨트를 보유하도록 했으며 나아가 블랙벨트와 고급 수준인 마스터 블랙벨트자격을 갖추도록 독려하고 훈련을 시켰다.

자료: http://www.ge.com

제 5 절 서비스품질과 서비스이익사슬

1. 서비스품질과 고객만족

K서비스기업의 로비에는 "우리 회사는 고객만족을 최우선으로 합니다."라는 문구를 크게 걸어놓고 있다. 이 회사뿐만 아니라 여러 곳에서 비슷한 문구를 자주 볼 수 있다. 그러면 많은 회사에서 슬로건으로 내걸고 있는 고객만족이란 무엇인가?

Heskett 등(1997)은 [그림 8-19]와 같이 서비스품질을 중심으로 내적 구성원의 역할과 목표시장에서의 고객만족과 충성도 통해 서비스이익사슬을 설명하고 있다. 서비스이익사슬은 서비스기업의 내적 서비스 전달시스템, 품질에 의한 서비스가치, 고객만족, 고객충성도 및 이익요소 간의 개념적 흐름을 연결시킨 것이다. 여기서 고객만족은 서비스의

그림 8-19 서비스이익사슬의 구조

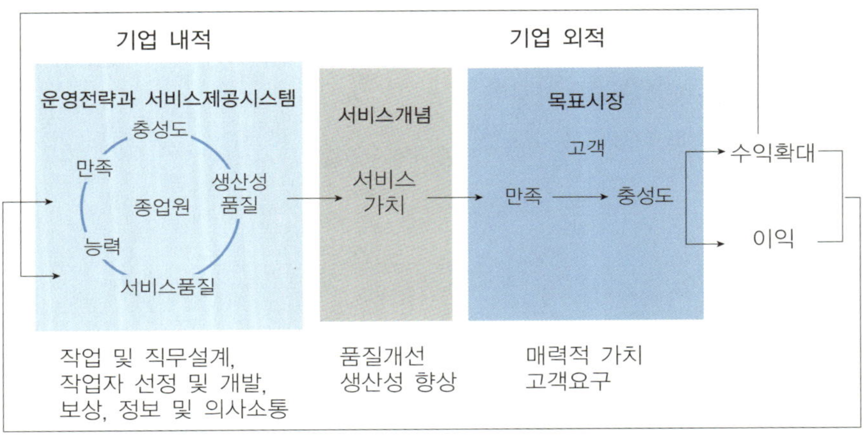

품질적 가치의 결과이며 고객충성도는 고객만족에 의해 결정되는 일련의 관계를 나타내고 있다.

고객이 지각한 서비스품질 수준이 높으면 고객만족도가 높아지고 서비스품질 수준이 낮아지면 고객의 불평 등 불만의 수준은 높아진다. 그러나 이러한 서비스품질과 고객만족 간의 비례적인 관계가 항상 나타내는 것은 아니다. 최창복 등(2012) 등에 의하면 서비스품질과 고객만족에 대한 고객의 지각 차에 의해 달라질 수 있다고 설명하고 있다. 즉 고객만족의 판단기준이 평균적인 서비스품질 수준보다 낮은 경우에는 그 수준이 낮다고 해도 고객이 만족하는 구간이 나타난다. 반대로 고객만족의 판단기준이 평균적인 서비스품질 수준보다 높은 경우에는 서비스품질 수준이 높다고 해도 고객이 만족하지 못하는 구간이 나타난다. 서비스품질과 고객만족의 판단기준과의 관계를 그림으로 나타내면 [그림 8-20]과 같다.

그림 8-20 서비스품질 수준과 고객만족 판단기준

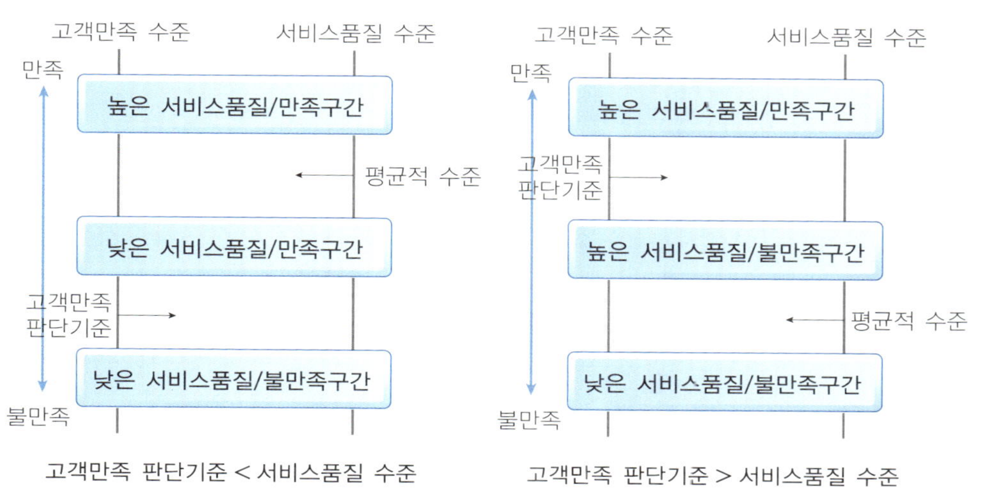

자료 : 최창복, 홍성태(2012), 고객중시 마케팅, 청람, p.108

표 8-6 서비스품질과 고객만족의 개념차이 비교

	서비스품질	고객만족
경험의존성	불필요 : 외부적, 매개적	필요
속성/차원	구체적 특성, 속성에 의존	잠재적 속성, 차원
기대/기준	이상적, 우월성	예측, 규범, 욕구
지각/감정	지각에 의함	지각적, 감정적
개념적 선행요인	외부적 단서 : 가격, 명성, 다양한 의사소통이 원천	개념적 결정요인 : 공평, 후회 감정, 귀인 요소
시간적 요인	장기적 : 전반적, 요약된 것	단기적 : 거래, 접촉과 관련

자료원 : R. L. Oliver(1997), *Satisfaction : A Behavioral Perspective on the Consumer*, McGraw-Hill, pp.117

Oliver(1997)는 서비스품질과 고객만족과의 개념적 차이를 〈표 8-6〉에서와 같이 고객의 경험, 서비스와 고객만족의 특성, 기대 및 지각, 선행의 영향요인 등에서 찾고 있다.

사례 Sears, Reobuck & Co.

1886년 Minneapolis에서 Richard Sears가 창업한 이 회사는 미국에서 가장 큰 우편판매 및 소매기업이다. 1997년 Sears는 833개 백화점, 1325개의 가구점과 자동차부품점을 운영하고 있으며 이와 별도의 가전, 자동차부품을 대상으로 홈쇼핑, 기타 홈서비스를 제공하여 1998년에는 410억 달러의 매출을 기록하였다.

이 회사는 그들의 혁신과 창조성을 이해하고 있다. 1906년 Sears는 그 당시 세계최대의 상업시설로 3백만 평방피트의 새로운 우편판매시설을 개장했으나 운영관리의 어려움에 직면하게 되었다. 그 후 우편주문업무는 개별 주문에 대한 일정계획을 주문품 배송시스템에 도입하여 좋은 결과를 얻었다. 이 시스템은 배송품 이동 벨트와 슈트로 구성된 설비로서 시스템 통제방법을 개선함으로써 배송품 취급량 및 운송능력을 10배나 증가시킬 수 있었다.

당시 이 우편판매시설을 방문한 Henry Ford는 배송품 취급시스템의 운영은 "산업계에서 7대 불가사의"의 하나라고 평가하면서 Ford공장의 조립라인기술에 사용하겠다고 기록했을 정도이다.

보다 최근에는 이 회사는 창조적 사고를 종업원 정책과 이익을 연결시키는 데 적용하고 있다. 부사장인 Rucci와 Firn, 그리고 전 부사장 Quinn은 "종업원-고객-이익사슬모형의 기본 원리를 이해하는 것은 어려운 일이 아니다. 누구든지 소매판매의 구조를 조금만 이해한다면 종업원 행동으로부터 고객행동, 고객행동으로부터 이익에 어떠한 영향을 미치는 가의 고리를 알 수 있다."고 설명하고 있다. 많은 기업들은 이러한 관계를 파악하려 하지 않는다. 그러나 Sears는 고객으로부터의 자료수집과 분석, 모형화 결과의 실행을 강조하고 있다.

Rucci와 Firn, 그리고 Quinn 등은 "종업원 태도를 자극할 수 있는 몇 가지 방법에 따라 어떤 태도가 종업원유지에 영향을 주고, 어떻게 종업원을 유지하는 것이 고객만족을 높이고, 고객만족은 기업의 재무성과나 거래에 어떤 영향을 미치는지 파악하는 것이 중요하다. 우리는 종업원-고객-재무성과의 연결고리에서 성과보다는 종업원 태도로부터 매트릭스와 상호작용의 변화에 대한 분석을 함으로써 우리의 관점을 전환시킨다."라고 서비스이익사슬의 관점을 설명하고 있다.

자료 : Anthony J. Rucci, Steven P. Kirn, & Richard T. Quinn(1998), "The Employee-Customer-Profit Chain at Sears," *Harvard Business Review*, 76(1), pp.83–97.

토의문제

1. Sears의 사례에서 종업원-고객-재무성과의 사슬에서 서비스품질요인은 어떤 역할을 하고 있는가?
2. Sears의 종업원-고객-재무성과의 사슬과 J. L. Heskett 등(1997)의 서비스이익사슬의 차이점은 무엇인가?

2. 고객만족경영

Anderson(1994)은 고객만족과 고객충성도의 관계를 통해 수익성 및 제품 및 서비스성과와 구성원의 성과를 나타내는 고객만족과 수익성간의 사슬모형을 제시하고 있다. Heskett과 Anderson의 연구는 서비스품질과 고객만족이라는 관점의 차이는 있지만 종업원만족→서비스품질→고객만족과 충성도→수익성의 연결고리를 같은 개념으로 설명하고 있다.

고객만족(customer satisfaction)에 대하여 Oliver(1981)는 고객의 기대와 실제 경험 간의 불일치에 따라 나타나는 감정으로 고객의 인지적 감정에 의해 충족상태를 느끼는 정서적 감정이라 정의하고 있다. 즉 고객만족이란 소비경험의 유쾌한 충족상태를 나타내는 것이다.

이와 같이 고객만족이란 제품 및 서비스 사용 후 고객이 느끼는 기쁨, 실망감 등의 심리적 반응으로 고객의 욕구나 기대의 충족 정도를 나타내는 것이다. 이때 고객이 느끼는 충족상태의 비교기준은 고객의 사전 만족도, 경쟁기업에 대한 비교 만족도에 좌우된다.

고객만족에 대한 고객의 표현은 제품이나 서비스의 사용으로부터 지각한 긍정적 반응과 부정적 반응에서 찾아 볼 수 있다. 한 조사에 의하면 고객의 긍정적 감정 반응은 그 정도에 따라 기쁘다(delight), 즐겁다(enjoy), 행복하다(happy), 흥겹다(merry), 유쾌하다(cheerful), 행운이다(fortunate) 등의 감정적 반응을 보이는 것으로 나타나고 있다. 기업이 목표로 하는 고객만족 수준은 이러한 고객의 반응에 따라 그들의 욕구나 기대의 충족 정도를 측정할 수 있다.

고객은 일정한 기대치를 가지고 제품이나 서비스를 구매하고 이용한다. 이때 고객이 가진 기대치 이상으로 고객의 만족을 충족시켜 고객에게 감동을 줌으로써 다시 고객이 이용한 제품이나 서비스를 찾도록 하는 것을 고객만족경영이라고 한다. 현대 사회에서 고객만족이 기업의 이익을 창출하는 가장 중요한 수단임을 인식함으로써 기업은 경영활동의 초점을 고객만족에 맞추고 있다. 이 경영방법은 시장점유율증대나 원가절감 등의 단기적인 관점이 아닌, 장기적으로 고객을 만족시킴으로써 수익을 극대화하는 구조를 구축하는 데 목적을 두고 있다.

그러나 고객만족과 고객충성도의 관계는 비례적인 관계를 나타내지만 영향관계의 강도는 서비스유형에 따라 고객의 구매행동이 상이한 것으로 연구되고 있다. Jones 등(1995)이 연구한 고객만족과 고객충성도 간의 영향관계에 대한 분석에서는 이를 입증해주고 있다. 이 분석에 따르면 만족(satisfied)하는 고객과 전반적으로 충분히 만족(totally satisfied)하는 고객 사이에는 고객행동의 차이가 나타나고 있다. 또한 고객은 고객만족 수준이 높아도 고객충성도가 낮아 재구매 등 구매행동으로 이어가지 않는 서비스유형이 있는가 하면 반대로 고객만족 수준이 낮아도 충성도가 높은 서비스유형이 있다. 이러한 고객행동의 결과는 5개 서비스산업에서 30여개 기업을 대상으로 고객만족과 고객충성도 간의 영향관계에 대한 분석에서 실증적으로 분석된 결과이다. 시장경쟁이 심한 경우 불만수준이 높은 고객은 다른 브랜드에 대한 전환비

그림 8-21 고객만족과 고객충성도 관계와의 고객행동의 차이

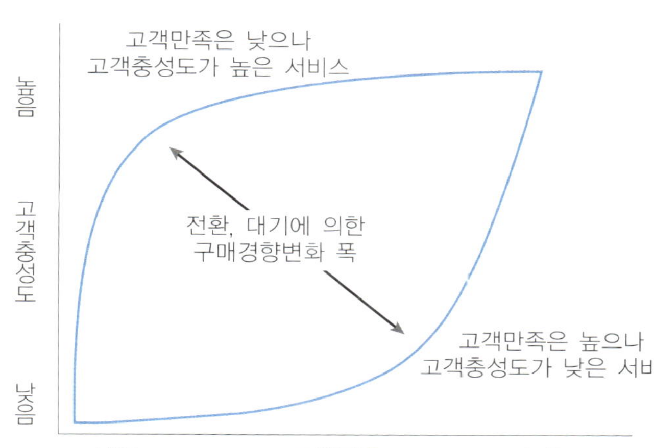

용 또는 대체품 등에 관심을 갖고 있다. Xerox제품에 전반적으로 만족하고 있는 고객 중에는 18개월 동안 6차례 이상 반복적으로 Xerox제품을 구매한 경우도 있다. 고객만족과 고객충성도 간의 고객행동의 차이는 서비스유형에 따른 서비스특성, 가격, 경쟁상태 등에 따라 나타나지만 서비스브랜드의 전환, 새로운 서비스에 대한 시장도입기의 위험회피를 위한 대기 등 고객행동에 기인한 것으로 보인다. [그림 8-21]에 고객들의 구매경향의 변화 폭을 나타낸다.

Johnston 등(2012)은 서비스이익사슬의 원인과 결과요인의 관계를 다음과 같이 나열하고 서비스기업은 이러한 네트워크의 이해가 필요함을 강조하고 있다. 또한 서비스이익사슬의 네트워크를 추진하기 위해 프로세스, 서비스의 인적 요인, 자원 및 정보시스템 운영의 중요성과 이해는 고객만족경영의 틀에서 이루어지는 것이라고 설명하고 있다.

- 서비스전달 → 재무적 성과
- 서비스전달 → 고객만족
- 고객만족 → 재무적 성과
- 고객만족 → 고객유지와 고객충성도
- 고객유지와 고객충성도 → 재무적 성과
- 고객만족 → 매력(attraction)
- 서비스전달 → 매력
- 매력 → 재무적 성과
- 서비스전달 → 종업원만족
- 고객만족 → 종업원만족
- 종업원만족 → 고객유지와 고객충성도
- 종업원만족 → 재무적 성과
- 종업원만족 → 매력

결론적으로 고객만족경영은 경영의 모든 부문을 고객의 입장에서 생각하고 진정한 의미에서 고객을 만족시켜 기업의 생존을 유지하고자 하는 경영전략이다. 고객만족경영은 고객이 추구하는 가치와 높은 서비스품질의 바탕위에 고객들의 반응과 행동 등 고객충성도를 유인할 수 있는 요인을 찾아내는 것이 오늘날 서비스기업의 중요한 과제이다.

3. 서비스실패와 회복

(1) 서비스실패의 유형

고객접점에서 서비스실패는 가끔 일어난다. 공항, 슈퍼마켓, 호텔, 식당 등 고객이 많이 찾는 서비스일수록 서비스실패의 발생빈도는 높다. 서비스실패는 서비스제공자의 능력보다는 주의부족과 서비스작업의 방해요인에 의해 발생한다. 서비스작업의 방해요인으로는 예기치 못한 지연, 서비스자재의 부족이나 품질문제, 서비스설비의 고장 등으로 서비스프로세스의 중단을 가져오기 때문이다.

서비스실패의 유형은 〈표 8-7〉에서와 같이 서비스제공자 측면의 실

표 8-7 서비스실패의 유형

서비스제공자		고 객	
과업	부정확한 업무처리 불필요한 업무처리 부적절한 업무처리 업무처리 지연	준비	필요한 자료를 구비하지 않음 서비스제공, 역할의 이해부족 올바른 서비스를 찾지 못함
처리	고객을 인지하지 못함 VOC를 이해하지 못함 적절하게 대응하지 못함	접점	프로세스절차의 혼동 시스템흐름을 따르지 않음 서비스에 대한 설명이 불충분 지시를 따르지 않음
외양	서비스시설이 불결함 제복이 깨끗하지 못함 서류교정의 보완이 미비함	마무리	실패의 징후를 인식하지 못함 경험을 활용하지 못함 고객기대를 조정하지 못함 실패에 대한 수정이 없음

패와 고객 측면의 실패로 나누어볼 수 있다. 서비스제공자 측면에서의 실패는 서비스과업과 과업의 처리과정, 서비스시설, 서비스제공자 등 서비스환경으로부터 발생하며 고객 측면의 실패는 서비스준비과정, 고객접점 및 서비스의 마무리과정에서의 부주의에 기인한다.

(2) 서비스회복

서비스제공에 있어서 서비스실패가 필연적이라고는 하지만 서비스기업은 서비스실패에 대한 회복방안과 절차를 가지고 있어야 한다. Miller 등(2000)은 서비스실패와 회복(service recovery)에 대하여 실증적 분석을 하였는데 이들이 제시한 서비스실패와 회복프로세스의 구조는 [그림 8-22]와 같다.

Hart 등(1992)의 분석에 의하면 서비스실패에 대한 회복은 일상적인 서비스에서보다 전문적인 서비스에서 더욱 중요한 비중을 차지하고 있

그림 8-22 서비스실패와 회복프로세스의 구조

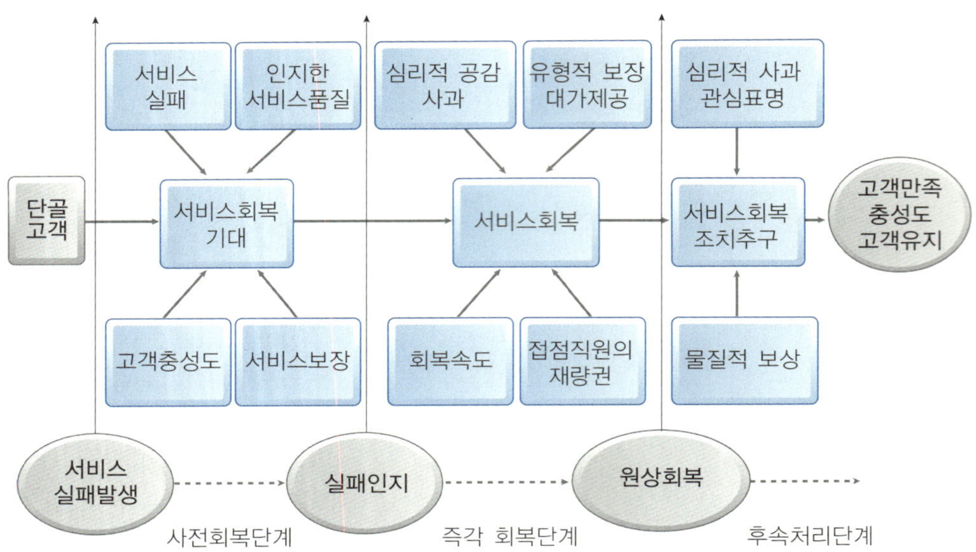

다. 서비스회복을 위해서는 고객의 불만에 대하여 사안별(case-by-case)로 개별고객에게 대응하는 방법, 일정한 처리기준에 따라 시스템적(systematic response)으로 처리하는 방법, 고객이 인지하거나 영향을 주기 전에 조기개입(early intervention)하는 방법, 대체서비스(substitute service)를 제공하는 방법 등을 고려할 수 있다.

서비스실패를 사전에 방지하기 위해서는 서비스프로세스설계 시 안전장치를 마련하거나 만일 서비스실패가 발생한다면 회복을 위해 환불 등의 방법을 사용한다.

서비스프로세스에 안전장치를 두는 경우는 다음의 예에서 볼 수 있다. 즉 패스트푸드점에서 주문담당 직원이 고객의 주문을 복창하는 것은 주문오류를 방지하기 위해서이고 프렌치프라이용 주걱은 일정량을 신속하게 담을 수 있지만 고객에게 위생상태를 보여주는 안전장치의 역할을 한다. 은행의 거래계좌를 개설할 때 패스워드설정에 2회 반복하여 입력하는 것은 고객의 예기치 못한 실수를 방지하기 위한 수단이다.

서비스실패에 대한 환불의 방법은 서비스가 고객의 기대를 미치지 못하거나 고객의 불만을 가져오는 경우 가능한 한 신속하게 시정하고 환불, 보상금 등을 주는 방법이다. 항공서비스에서 탑승권을 발급한 다음 예기치 못한 지연이 발생하면 식사쿠폰을 주거나 초과예약으로 탑승하지 못하는 고객에게는 다음 항공편의 좌석등급을 높여주고 호텔 숙박을 제공하는 것은 서비스회복의 대안 금전적 대안의 방법이다.

서비스프로세스에 사전에 안전장치를 마련하는 것은 사전적 예방조치로서 환불, 금전적 보상과 같은 서비스실패에 대한 회복보다 중요하다. 사전적 예방조치는 Taguchi의 견고성설계(robust design)나 Shingo의 실수방지(pokayoke)의 방법을 적용하는 것이 효율적이다.

종합사례 및 토의문제 서비스실패와 회복

2013년 10월 어느 일요일 12시경 고속터미널에 위치한 M호텔을 찾은 A씨는 주차를 위해 주차요원에게 발레파킹을 부탁했다. 그러나 주차요원은 손으로 X자를 그리며 일반주차장으로 가라며 안내했다. 발레파킹이 만차라는 이유였다. 호텔, 백화점, 결혼식장 등을 찾는 방문객으로 일반주차장은 입구부터 차량이 밀려 있었다. 곳곳에 주차안내요원이 있었으나 계속하여 지하로 안내했다. 앞차를 따라 지하 3층까지 내려갔으나 주차할 장소를 찾지 못해 몇 바퀴 돌다가 겨우 구석진 곳에 한자리를 발견했다. 주차를 한 다음에도 호텔입구가 어디이고 엘리베이터 타는 곳이 어딘지 방향조차 찾기가 어려웠다. 주차안내원에게 물어보았으나 "저쪽으로 가세요."라는 한 마디 뿐이었다. 30분이 훨씬 지난 다음에야 호텔로비에 도착하여 약속시간을 맞추지 못했다.

같은 시간에 호텔을 찾은 B씨는 파빌리온주차장으로 들어갔으나 주차장 끝까지 가서야 빈자리에 주차할 수 있었다. 호텔입구 쪽으로는 무빙워크가 설치되어 있었으나 호텔로비까지만 6~7분 이상이 소요되었다. 호텔 쪽으로 3분의 1 정도의 주차공간을 발레파킹지역으로 만들어 빈 공간도 있었으나 일반차량의 주차를 막고 있었다. 호텔입구의 안내직원에게 "발레파킹지역 때문에 고객을 그렇게 걷게 할 수 있느냐? 고객의 편의를 위해 일반 주차지역을 가까이 두어야 하는 게 아닌가?" 하니까 J씨는 "죄송합니다. 호텔의 방침입니다."라는 한 마디 뿐 더 이상의 설명은 없었다.

호텔에서 식사 등 몇 시간 보내고 주차장을 나왔으나 주차장관리의 편의를 위해 입차 시 자동번호인식시스템을 설치하여 운영하고 있었다. 사전에 충분한 안내가 없어 주차비 정산에 또 오랜 시간을 허비해야만 했다.

위의 사실을 M호텔 VOC에 접수하였는데 약 20시간이 지난 후 호텔 담당자는 다음과 같은 답변을 보내왔다.

안녕하십니까? 고객님.

우선 고객님의 소중한 시간 내시어 저희 M호텔에서 운영하고 있는 고객의 소리를 통해 글 남겨 주신 점 또한 저희 M호텔을 방문 이용해 주신 점 진심으로 감사드립니다.

고객의 소리를 통해 접수된 고객님의 불편 사항에 대하여 남겨 주신 연락처로 직접 전화드려 사과 드리려 통화 시도 했으나 연결이 되지 못 해 늦게나마 이 메일을 통해 지난 6일 고객님 포함 함께 방문해 주신 지인분들께서 저희 M호텔 서울 방문길에 겪으셨던 불편함에 대해 호텔을 대표하여 사과드리게 된 점 너그러이 양해 부탁드립니다.

고객님을 통해 접수된 소중한 내용 – 지하 주차장 내 호텔 시설 방향 이동 안내문 부족으로 인한 불편, 주차 안내원의 부적절한 응대 및 주차장 시설 이용에 관한 설명 그리고 주차 정산 시스템 운영에 대한 사전 안내 부재 – 중 안내문 부족건은 지하 주차장 내 시설 관리 회사와 논의 및 개선점을 찾아 지하 주차장을 이용하신 후 호텔로 방문하시는 고객분들의 이용 편의를 도모 할 예정이며 그 외 고객 응대 직원으로 인한 사항은 관련 부서 부서장 및 호텔 내 대 고객 응대 직원, 지하 주차장 내 근무 신세계 백화점 직원들과 내용 공유하여 당 호텔을 찾아 주시는 모든 고객 한 분 한 분께 호텔 직원으로서 보여드릴 수 있는 책임 있는 언행을 보여 드릴 수 있도록 교육 후 개선해 나아가겠습니다.

고객님께서 겪으신 큰 고충에 상기 저의 짧은 글로는 진심어린 사과가 전달 될 수 없음을 알기게 더욱더 죄송스러움 금할 길 없으며 혹 통화 가능한 시간 알려 주시면 연락 드려 다시 한 번 사과드리려 합니다.

언급해 주신 긴 장문의 글귀 소중히 여기고 시간 내어 말씀해 주심에 거듭 감사드리며 답변 기다려 봅니다.

가을비와 함께 더욱더 쌀쌀해지는 날씨에 가족 모두의 건강 챙기시며 즐거운 한 주 보내시길 빌겠습니다. 감사드립니다.

객실부 과장 배상

토의문제

1. 호텔의 접근성 또는 주차시설은 서비스품질에 어떠한 영향을 미치는가?
2. 이러한 문제를 개선하기 위한 방안에 대하여 토의하자.
3. 서비스회복의 관점에서 호텔 측의 사과 등 일련의 조치는 적절하였는가에 대하여 평가하자.

용어정리

탁월성의 품질(transcendent quality) 제품이나 서비스의 품질은 본질적으로 탁월성에 기초하여 최고 최선의 표준이 되는 것이라는 관점의 품질로 소비자의 경험에 의해 인지할 때 결정.

제품지향적 품질(product-based quality) 제품이나 서비스가 지닌 품질적 특성으로 측정 가능한 속성에 기초하는 품질.

사용자지향적 품질(user-based quality) 제품이나 서비스를 사용하는 고객 개개인의 관점에 의해 결정되는 품질로 용도에의 적합성으로 사용자, 소비자, 시장에서의 적합성을 나타냄.

제조지향적 품질(manufacturing-based quality) 제품이나 서비스의 품질을 설계 및 생산과정의 결과로 품질은 제조를 위한 설계요건에의 적합성, 실제 표준에의 일치에 따라 정의됨.

가치지향적 품질(value-based quality) 제품이나 서비스의 가격과 가치를 품질의 정의에 포함시켜 소비자가 받아들일 수 있는 가격에서의 성능, 소비자가 받아들일 수 있는 가격에서의 일치 정도에 따라 결정됨.

Garvin의 품질차원 품질은 생산과정의 통제를 위한 수단만이 아니라 소비자의 요구와 선호도를 평가하는 기준으로서 성능, 특징, 신뢰성, 표준과의 일치, 내구성, 서비스가능성, 기호, 인식도 등의 차원으로 구성됨.

서비스품질 서비스품질이란 고객이 요구하는 서비스속성이 특정 서비스에 정의되어 이에 부합하는 정도로서 고객이 인식하는 정도.

갭(gap)이론 고객이 기대한 서비스와 고객이 인지한 서비스의 차로서 서비스품질 평가의 척도가 됨.

SERVQUAL 신뢰성, 대응성, 확신성, 공감성, 유형성 등 서비스품질의 5개 차원 22개 문항에 대하여 고객의 기대와 인지수준의 차이(gap)를 분석하여 서비스품질수준을 평가하는 서비스품질측정모델.

Taguchi의 손실함수(loss function) 제품이나 서비스설계에서의 품질적 문제를 설명하는 함수로서 손실이란 제품이나 서비스가 완벽하지 못해 발생하는 낭비, 비용 및 잠재적 손해이며 품질문제란 제품이나 서비스가 소비자에게 제공된 다음 소비자나 사회에 주는 손실을 의미함.

실수방지(pokayoke) 서비스제공자의 미숙련, 서비스프로세스, 서비스시설, 자재 등에서 발생하는 실수를 사전에 방지하는 조치.

전사적 품질경영(TQM) 품질활동을 조직의 모든 부서, 모든 계층을 망라하여 추진하는 접근방법으로 고객에 의한 품질정의와 재화생산의 프로세스와 작업자를 중시하는 인간중심의 경영시스템을 지향함.

품질경영 품질계획과 품질방침을 수립하는 품질계획(quality planning), 품질의 확신과 제

3자 보증의 품질확신(quality assurance), 품질의 지속적 개선(quality improvement), 품질활동결과의 검토, 수정, 추구 등 품질통제(quality control)의 관리적 기능.

ISO 9000시리즈 국가별, 산업별 품질규격의 요구사항을 통일하여 시행하는 품질시스템의 인증제도로 ISO 9001～9003은 구입자를 위한 품질규격, ISO 9004는 공급자를 위한 품질규격.

7가지 품질통제도구(QC 7 tools) 제조 및 서비스현장의 품질문제를 분석하기 위한 방법으로서 체크시트, 히스토그램, Pareto도표, 원인결과도표, 산점도, 층별화, 흐름도 등의 7가지 품질통제기법.

관리도(control chart) 프로세스상태를 나타내는 품질특성치를 이용하여 품질변동의 원인을 판별하고 이상원인을 조처함으로써 생산프로세스를 관리상태로 유지하는 통계적 방법.

6시그마 프로세스에서의 불량률 3.4ppm인 6시그마를 목표로 문제의 정의→측정→분석→개선→통제의 단계를 통해 불량감축, 사이클타임단축, 생산능력향상, 비용절감을 실현하는 경영품질활동.

서비스이익사슬 서비스기업의 내적 서비스전달시스템, 품질에 의한 서비스가치, 고객만족, 고객충성도 및 이익요소 간의 개념적 흐름을 연결시킨 일련의 가치체계.

서비스회복 고객불만에 대하여 일정한 처리기준에 따라 사안별로 개별고객에게 대응하며 고객의 인지 이전에 조기개입 또는 대체서비스를 제공하는 방법.

연습문제

1. Garvin이 제시한 8가지 품질차원이 서비스품질에도 부합되는가? 부합된다면 은행서비스의 예를 들어 설명하라.
2. 우수한 서비스를 제공하는 기업의 서비스가치와 가치지향적 품질의 차이점은 무엇인가?
3. SERVQUAL에 의한 서비스품질의 측정방법과 측정 상 문제를 설명하고 서비스품질개선에 어떻게 활용할 수 있는지에 대하여 기술하라.
4. 서비스기업에서의 6시그마개념의 적용에 대하여 설명하라.
5. 서비스제공에 관리도의 적용이 가능한가? 예를 들어 설명하라.
6. 포카요케에 의해 서비스품질을 개선할 수 있는 방법이 있는가? 예를 들어 설명하라.
7. 서비스회복의 관점에서 고객불만에 대응하는 방법은 무엇인가?

참고문헌

최창복, 홍성태(2012), 고객중시 마케팅, 청람

Crosby, P. B.(1979), *Quality is Free,* McGraw-Hill.

Feigenbaum, A. V.(1991), *Total Quality Control,* McGraw-Hill.

Garvin, D. A.(1984), "What Does 'Product Quality' Really Mean?" *Sloan Management Review,* 25(5), pp.25~43.

Garvin, D. A.(1987), "Competing on the Eight Dimensions of Quality," *Harvard Business Review,* 65(6), pp.101~109.

Garvin, D. A.(1988), *Managing Quality,* The Free Press.

Hart, Christopher W. L., Leonard A. Schleginger & Dan Maher(1992), "Guarantees Come to Professional Service Firms," *Sloan Management Review,* 32(1), pp.19~30.

Heskett, James L., W. Earl Sasser, & Leonard A. Schlesinger(1997), *The Service Profit Chain,* The Free Press.

Jones, Thomas O., & W. Earl Sasser Jr.(1995), "Why Satisfied Customers Defect," *Harvard Business Review,* 73(6), pp.88~91.

Johnston, Robert, & Graham Clark & Michael Shulver(2012), *Service Operations Management: Improving Service Delivery*(4th ed.), Pearson.

Miller, J. L., C. W. Craghead, & K. R. Karwan(2000), "Service Recovery: A Framework and Empirical Investigation," *Journal of Operations Management,* 18(2), pp.387~400.

Oliver, R. L.(1981), "Measurement and Evaluation of Satisfaction Process in Retail Setting," *Journal of Retailing,* 57(Fall), pp.25~48.

Oliver, R. L.(1997), *Satisfaction : A Behavioral Perspective on the Consumer,* McGraw-Hill.

Parasuraman, A. V. A. Zeithaml, L. L. Berry(1985), "A Conceptual Model of Service Quality and Its Implications for Future Research," *Journal of Marketing,* 49(3), pp.41~50.

Shigeo Shingo(1986), *Zero Quality Control: Source Inspection and the Pokayoke System,* Productivity Press.

Thomas Foster, S.(2001), *Managing Quality: An Integrative Approach,* Prentice-Hall.

Thomas Foster, S.(1983), " Designing and Initiating a Taguchi Experiment in a Services Setting," *Operations Management Review*, 9(3), pp.37~50.

Zeithaml, V. A.(1988), "Consumer Perception of Price, Quality and Value: a Means–end Model and Synthesis of Evidence," *Journal of Marketing*, 52(3), pp.2~22.

http://www.ge.com

제 9 장

서비스자재의 재고와 공급사슬경영

학 | 습 | 목 | 표

본 장에서는 다음과 같은 내용의 이해를 목표로 한다.

- 서비스재고의 개념
- 서비스재고비용과 재고모형
- 서비스재고관리시스템
- 공급사슬경영의 개념
- 공급사슬경영의 운영

서비스에서 재고가 필요한가?

항공사는 전형적인 서비스기업으로 이 회사의 서비스상품은 비행기의 좌석이다. 300개의 좌석을 가지고 있는 비행기에 250명의 승객이 탑승했다고 가정하면 출발과 동시에 50개의 좌석은 재화로서의 가치를 상실한다. 제품과는 달리 서비스는 시한성이라는 특성을 가지므로 재고를 유지할 수 없다. 그러면 이 항공사에서는 재고관리가 필요 없는가?

항공사는 물론 호텔, 은행, 병원 등 거의 모든 서비스기업에서는 서비스에 이용되는 보조자재를 재고로 보유하고 있으며 따라서 보유하고 있는 자재에 대한 수량관리와 재고시스템의 운영전략이 필요하다.

항공사의 경우 승객을 위한 식사, 음료, 냅킨, 종이컵 등 소모품이나 담요, 베개, 화장실의 휴지, 치약, 칫솔, 화장품 등 다양한 서비스관련 자재가 필요하다. 특히 장거리노선에는 충분히 많은 량의 자재를 준비하여 운항 중 승객에 대한 서비스를 수행하고 있다.

어떤 품목은 승객의 요구가 많아 빨리 소모되어 비행 중 서비스가 중단될 수도 있다. 이와 같이 수요가 많은 품목은 품절로 인하여 서비스를 불가능하게 만든다. 물론 품절로 인한 서비스의 중단은 승객의 기대를 충족시키지 못하여 불만의 요인으로 작용할 수 있다. 반대로 거의 사용되지 않거나 수요가 적은 품목은 불필요한 재고를 유지해야 한다. 품목에 따라서는 다음번 비행에 사용할 수 있는 품목이 있는가 하면 일회성으로 한 번의 비행으로 폐기해야 하는 품목도 있다. 불필요한 재고, 과다한 재고는 재고품을 조달하고 보관, 취급하는데 노력과 비용이 소요되며 폐기하는 경우에도 비용을 발생시킨다.

각각의 품목은 탑승한 승객의 수만큼 필요할 수도 그 이상 또는 그 이하만큼 필요할 수도 있다. 그러나 이러한 품목들의 소요량은 탑승한 승객의 요구에 따라 달라질 수 있다. 많은 노선을 운항하는 항공사로서는 서비스자재의 재고문제를 해결하여 재고로부터 발생하는 비용을 줄여야 한다.

그러면 항공사는 승객서비스를 위해 각각의 품목에 대하여 얼마나 준비해야 할 것인가? 이것은 재고관리의 문제로서 항공사의 서비스수준에 중대한 영향을 미친다.

제 1 절 서비스재고의 개념

서비스는 형체가 없는 무형의 재화로서 그 특성상 생산과 동시에 소비됨으로써 재고를 유지할 수 없다. 따라서 서비스에서는 재고의 기능이 필요 없다고 생각할 수 있다. 그러나 도 · 소매업은 전형적인 서비스업으로 취급하는 모든 상품을 대상으로 재고를 관리하는 것이 매우 중요한 업무 중 하나이다.

위에서의 예와 같이 항공사는 물론 호텔, 은행, 병원 등 거의 모든 서비스기업에서는 서비스에 이용되는 보조재화를 재고로 보유하고 있으며 따라서 보유하고 있는 재고품목에 대한 수량관리와 재고시스템의 운영전략이 필요하다.

재고(inventory, stock)란 무엇이며 어더한 기능을 갖는가? Riggs(1981)의 정의에 의하면 재고는 장래의 수요에 대비하여 보유하는 유휴자원(idle resource)으로 일정기간 동안 보유하고(holding), 저장하고(storage), 기록유지(inventory)되는 것이다. 재고의 대상은 자재, 부품, 구성품 및 프로세스 중에 있는 재공품이나 완성품 등이며 광의의 개념으로는 토지, 현금, 인적자원, 기계설비, 정보 및 서비스 등 기업이 보유하는 각종 자원을 대상으로 한다.

재고는 구매, 제조, 판매 또는 프로세스 내어서 조업과 조업을 연결해주는 기능을 수행하며 고객의 필요 시 자재를 제공해 주는 서비스기능을 수행한다.

Tersine(1994)은 재고의 기능에 대하여 구매, 제조, 판매에 소요되는 시간적 갭을 연결해 주는 기능, 구매, 제조, 판매활동의 불연속성(discontinuity)을 해소하는 기능, 예측오차, 고장, 파업, 지연 등 생산차질과 같은 불확실성에 대처하는 기능, 그리고 경제적 주문량, 수량할인 등 비용적 이유로 유지하는 재고 등 네 가지 면으로 설명하고 있다.

서비스는 재고를 유지할 수 없으나 서비스제공에 부수되는 자재나 서비스시설 등은 서비스프로세스가 진행되는 단계에서 재고를 필요로 한다. 따라서 서비스자재나 시설은 서비스가 수행되는 동안에만 필요로 하므로 서비스재고는 시한성을 갖는다. 특히 가판대에서 판매되는 신문, 신선도를 유지해야 하는 식품이나 의약품, 혈액과 같이 한정된 사용기간을 갖는 품목에 대해서는 특별한 재고관리가 필요하다.

제 2 절 재고의 유형

1. 종속수요와 독립수요

재고대상품목의 수요가 종속수요, 또는 독립수요의 성격을 갖는가에 따라 재고관리시스템은 구분된다. 종속수요는 완제품의 조립이나 생산에 사용되는 하위부품 또는 구성품의 수요를 의미한다. 하위부품이나 구성품의 수요는 최종제품이나 완제품의 수요에 따라 결정된다. 예를 들어 자동차 타이어의 수요는 완제품인 자동차의 수요에 종속적이다. 승용차의 수요예측치가 500대일 때 타이어의 소요량은 스페어타이어를 합쳐 2,500개가 된다. 종속수요 유형의 재고관리 개념은 자재소요계획(material requirements planning)의 전개논리에 대한 기초가 된다.

완제품과 같은 최종제품의 수요는 독립수요의 특징을 갖는다. 독립수요의 품목은 다른 프로세스에 투입되는 것이 아니라 최종 소비자의 수요를 위해 생산되거나 판매되므로 정확한 수요예측이 이루어져야 한다. 그러나 수요의 불확실성으로 정확한 예측이 어려워 적절한 재고관리시스템을 통해 적정한 재고수준을 유지하는 노력을 기우려야 한다.

2. 재고의 기능별 유형

재고의 기능적 요인에 따라 재고의 유형은 다음과 같이 분류할 수 있다.

(1) 프로세스 재고

일반적으로 주문이나 생산의 시작과 동시에 필요한 재고를 확보할 수는 없다. 일련의 프로세스가 계속적으로 과업을 수행하기 위해서는 리드타임 중에도 자재를 소요하게 되는데 이를 위한 재고가 프로세스재고(process inventory)이다. 프로세스재고는 생산과정의 흐름에 따라 프로세스와 프로세스를 연결해 주는 재고로서 파이프라인 재고(pipeline inventory)라고도 한다.

프로세스재고의 크기는 프로세스에서의 단위시간당 소요량 × 프로세스 연결시간으로 결정된다. 예를 들어 어떤 프로세스에서의 단위시간당 소요량이 30단위이고 프로세스 연결시간이 5일 이라면 이 프로세스에서의 재고는 30단위 × 5일 = 150단위이다.

(2) 럿사이즈 재고

기업은 제품이나 서비스의 지속적인 생산을 통해 시장활동을 수행하는데 이러한 일상수요에 대처하기 위해 자재의 주문 또는 완제품의 생산을 반복하게 된다. 럿사이즈 재고(lot-size inventory)는 한 번에 주문하는 량이나 생산하는 량에 따라 일정 사이클동안 보유하는 재고이다. [그림 9-1]은 럿사이즈 재고를 나타내고 있는데 반복적인 주문 또는 생산으로 럿사이즈 재고가 발생하므로 이를 순환재고(cycle stock)라 한다.

그림 9-1 럿 사이즈 재고

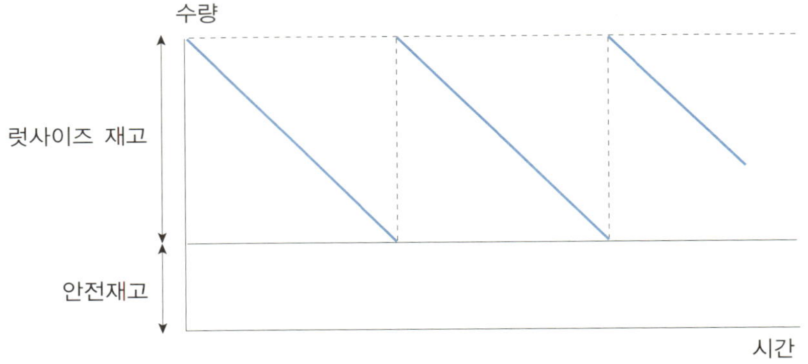

(3) 변동재고

재고는 끊임없는 수요변동에 대비하여 필요한 경우 즉시 사용할 수 있어야 한다. 아무리 완벽한 방법으로 수요예측을 하여도 수요변동에 따라 오차가 발생하며 보유하고 있는 재고수준에 비해 수요가 클 경우는 고객에 대한 서비스문제가 일어날 수 있다. 변동재고(fluctuation stock)는 불확실한 수요변동에 대비하여 보유하는 재고로서 안전재고가 여기에 해당된다.

(4) 안전재고

일상적인 기업활동에서는 반복적인 주문이나 새로운 소요량이 발생한다. 이 소요량을 충족시키기 위해서는 구매, 생산, 운송에 일정 기간이 필요한데 이러한 조업활동에 소요되는 시간을 리드타임(lead time)이라 한다. 안전재고(safety stock)는 리드타임 동안 최대수요가 발생하는 경우 이에 대비하기 위해 보유하는 재고이다. [그림 9-2]에서는 안전재고의 개념을 나타내고 있다.

그림 9-2 안전재고

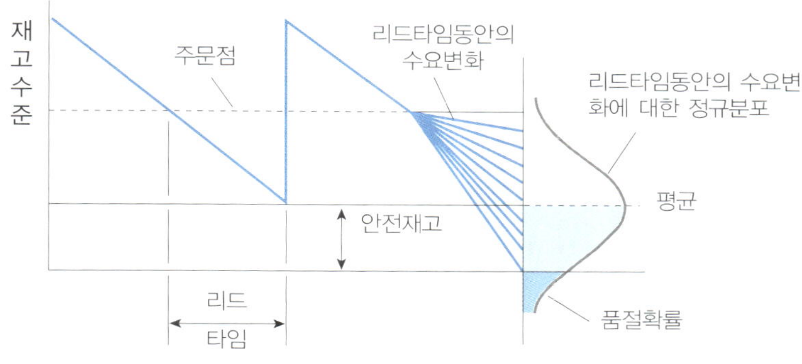

제 3 절 재고모형

기업이 고객서비스를 위해 충분한 재고를 유지하는 경우 재고보유에 따른 여러 가지 비용이 소요되며 수요에 미치지 못하는 과소한 재고는 재고부족으로 인한 비용을 부담해야 한다. 재고모형은 이 두 가지의 비용요소를 통해 적정 수량을 결정하는 모형이다. 즉 재고모형은 재고비용을 최소화 하는 재고수량을 유지하고 주문시기를 결정하기 위한 의사결정방법이다.

1. 재고비용분석

재고비용을 최소화 하는 재고수량을 결정하는 것은 재고비용의 분석으로부터 출발한다. 재고모형에서 고려되는 재고비용은 자재를 구매하는 경우와 직접 제조하는 경우로 구분되지만 그 성격은 유사한 개념이다. 자재의 구매와 관련되는 재고비용은 주문비용, 재고보유비용, 재고품가액, 재고부족비용 등이며 제조하는 경우에는 제조준비비, 재고보유비용, 제조비, 재고부족비용을 들 수 있다.

자재의 구매에서 경제적 주문량결정모형에는 다음의 재고비용을 고려한다.

(1) 주문비용

주문비용(ordering cost)은 자재의 주문과 관련되는 시장조사, 송장준비 등의 주문활동에서의 사무비와 운송 및 검수비용 등이다. 주문비용은 주문량의 크기에 관계없이 매 주문당 일정하게 소요되는 것으로 가정한다. 따라서 일정 수요를 가정할 때 주문량의 크기가 늘어날수록 매 주문당 주문비용은 감소한다.

재고품을 기업 내에서 생산하는 경우 계기조정, 공구교체, 생산설비 준비 등의 품목변환비용과 같은 준비비용(set-up cost)이 소요된다. 준비비용은 자재구매에서의 주문비와 같이 생산량의 크기와 관계없이 매 럿당 일정하게 소요된다.

(2) 재고보유비용

재고보유비용(inventory holding cost)은 재고를 보유함으로써 발생하는 비용으로 재고품에 대한 자본비용, 보관 및 취급비용, 손실 및 부족비용 등으로 나누어진다. 재고품에 대한 자본비용에는 이자 및 기회비용, 보관 및 취급비용으로는 보험료, 세금, 창고비, 창고 내 운반비용 등이 있다. 손실 및 부족비용은 파손, 감모, 도난, 진부화 비용 등이다. 재고보유비용은 재고보유량의 크기에 따라 비례하여 증가하는데 재고모형의 적용에는 단위당 재고보유비용이나 재고품가격에 대한 재고보유비 비율로 산정한다.

그림 9-3 재고비용선의 변화

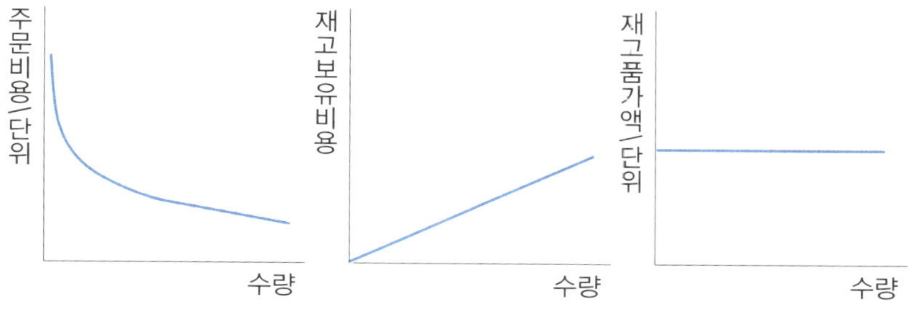

(3) 재고품가액

이 비용은 재고를 위해 자재를 구매하는 경우 실제로 지불하는 구매가격에 대하여 비용화한 것으로 총 구매비용은 구매수량에 비례한다. 재고품을 기업 내에서 생산하는 경우 제조비에 해당하며 제조비는 직접재료비, 직접노무비, 기타 간접비로 구성된다.

(4) 재고부족비용

재고부족비용은 수요량이 공급량을 초과하거나 생산이 중단됨으로써 발생하는 비용이다. 재고부족으로 수요를 충족시키지 못해 판매기회를 상실하게 되면 기회비용이 발생함은 물론 공급지연으로 인한 지체비용, 신용하락 등의 비용이 발생한다. 사내 제조의 경우 재고부족으로 인해 프로세스에 자재가 공급되지 않아 작업 및 생산중단이 일어날 수 있다.

재고비용의 특징을 도시화 하면 [그림 9-3]과 같다.

2. 경제적 주문량결정 모형

재고를 위해 얼마나 주문하는가의 문제는 재고비용을 최소화 하여 재고수량을 결정하기 위한 의사결정의 문제이다. 재고비용을 최소화 하는 주문량은 1913년 F. W. Harris에 의해 제안된 경제적 주문량(economic order quantity; EOQ)모형에 의해 결정할 수 있다. 경제적 주문량모형은 주문비용, 재고보유비용, 재고품가액 등 재고비용을 대상으로 구성한 총 재고비용방정식을 최소화함으로써 구할 수 있다.

이 모형을 유도하기 위해서는 다음과 같은 가정이 필요하다. 이 가정들은 재고모형에 어떠한 변수를 사용하고 재고기능의 상황을 단순화하기 위함이다.

〈모형화를 위한 가정〉

- 연간 수요는 알려져 있고 일정하다.
- 보유하고 있는 재고가 0일 때 새로운 주문에 의한 입고가 가능하다.
- 조달기간은 일정하고 주문량은 일시에 배달된다.
- 수량할인은 고려하지 않는다.

주문비용은 매 주문당 주문비용과 연간 재고를 기준으로 몇 회 주문할 것인가에 따라 총 주문비용을 결정한다. 재고보유비용은 단위당 재고보유비용과 주문수량에 따라 평균적으로 유지하는 재고량에 따라 총 재고보유비용을 산정하고 총 구매품가액에 대한 비용은 단위당 구매품가격 과 연간 수요량으로 산정한다.

다음의 기호를 사용하여 경제적 주문량결정모형을 유도한다.

〈모형화를 위한 기호〉

연간 수요 : D
럿 사이즈 : Q
주문비용/럿 : S
재고보유비용/단위 : H
재고품 가액/단위 : P

총 재고비용(C) = 총 주문비용 + 총 재고보유비용 + 총 구매품가액

$$C = S \cdot \frac{D}{Q} + H \cdot \frac{Q}{2} + P \cdot D$$

총 재고비용(C)을 최소로 하는 Q를 구하기 위해서는 다음 식과 같이 총재고비용방정식을 미분하여 구할 수 있다.

$$\frac{dC}{dQ} = -S \cdot \frac{D}{Q^2} + \frac{H}{2} = 0$$

$$Q^* = \sqrt{\frac{2S \cdot D}{H}}$$

이상의 경제적 주문량결정공식을 그래프로 나타내면 [그림 9-4]와 같다.

경제적 주문량결정모형은 모형화를 위해 비현실적인 가정을 전제로 하였음은 이 모형의 가장 큰 한계가 아닐 수 없다. 또한 재고비용의 적용에 위에서 분석한 주문비용, 재고보유비용, 구매품가액 등 세 가지 비용요소만 고려하였다는 점도 약점이 된다. 또 하나의 한계로 지적되는 것은 [그림 9-4]에서와 같이 총 비용선의 변화는 럿사이즈의 변화에 따라 민감도가 낮다는 점이다. 특히 최적 럿사이즈 부근에서는 총 비용선이 매우 평탄하므로 주문량의 크기가 재고비용의 변화에 영향을 미치는 정도가 매우 낮다고 하겠다. 이러한 점은 개략적인 럿사이즈를 산정하더라도 의사결정에 무리가 없다는 것을 의미한다.

경제적 주문량결정모형은 최적 럿사이즈 결정에 매우 유용한 방법으로 광범위하게 적용되고 있다. 이 모형을 이용하여 보다 발전된 재고모형을 유도함으로써 재고분석의 기초가 되고 있다. 특히 이 모형은 총 재고비용함수를 미분함으로써 재고비용이 최소가 되는 주문량을 구한다는 점에서 수학적으로도 가장 최선의 방법이다.

그림 9-4 재고비용선과 경제적 주문량의 결정

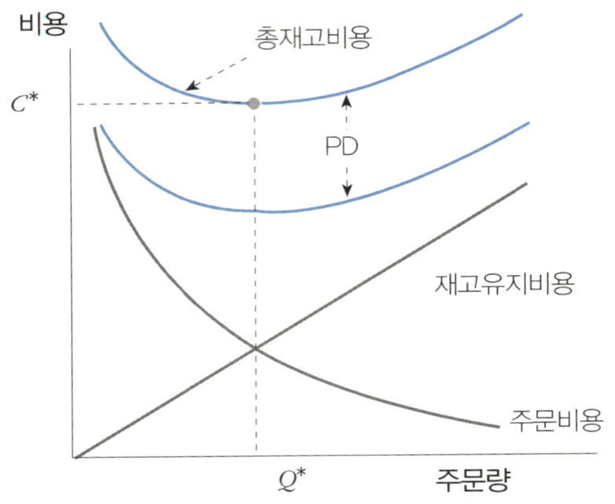

이와 같이 경제적 주문량결정모형의 한계를 논할 수 있으나 수학적 최적화라는 의미에서 이 모형은 의사결정의 합리성을 보장하고 의사결정범위를 압축한다는 점에서도 의의를 찾을 수 있다. 따라서 재고문제를 대상으로 하는 의사결정에 이 모형의 적용은 적절한 해석이 필요하다.

예 제

경제적 주문량의 결정

A항공사에서는 연간 40,000명의 어린이 고객에게 탑승기념 선물로 모형비행기를 제공하고 있다. 이 모형비행기의 1회 주문비용은 7,500원이고, 개당 재고유지비용은 연간 600원이 소요되는 것으로 예상하고 있다. 또한 이 모형비행기의 1대 가격은 2,000원 이다.

- 모형비행기의 경제적 주문량은?
- 최적 주문횟수는?
- 주문과 주문 사이의 주기는?
- 이 때 총 재고비용은?

〈풀이〉

연간 수요 : $D = 40,000$개

주문비용/럿 : $S = 7,500$원

재고보유비용/단위 : $H = 600$원

$$Q^* = \sqrt{\frac{2S \cdot D}{H}} = \sqrt{\frac{2 \times 7,500\text{원} \times 40,000\text{개}}{600\text{원}}}$$
$$= 1,000\text{개}$$

$$\text{최적주문횟수} = \frac{40,000\text{개}}{1,000\text{개}} = 40\text{회}$$

$$\text{주문과 주문사이의 주기} = \frac{365\text{일}}{40\text{회}} \fallingdotseq 9\text{일}$$

총 재고비용 = 총 주문비용 + 총 재고보유비용 + 총 구매품가액

= 7,500원 × 40회 + 600원 × 500개 + 2,000원 × 40,000개

= 300,000원 + 300,000원 + 80,000,000원 = 80,600,000원

= 80,600,000원

총 재고보유비용의 산정은 단위당 재고보유비용 × 평균재고로 나타내는데 위의 계산에서 산정된 럿사이즈가 1,000개이므로 평균재고는 500개이다.

3. 경제적 생산량결정 모형

경제적 주문량모형에서는 주문량이 일시에 모두 입고되는 것을 묵시적으로 가정한 재고비용최소화 모형이다. 그러나 현실적으로 주문과 동시에 구매, 또는 생산이 이루어지는 것은 불가능하다. 즉 재화의 구매와 생산에는 일정한 시간이 소요되는데 구매의 경우 발주로부터 입고까지의 시간, 생산의 경우 생산에 소요되는 시간과 같은 리드타임이 필요하다.

재고문제에 있어서 이러한 리드타임을 고려하면 재고비용의 변화가 나타날 것이며 따라서 경제적 럿사이즈 결정에도 영향을 미칠 것이다. 리드타임 동안에도 조업이 지속되기 위해서는 보유하고 있는 재고가 0이 되기 이전에 주문이 이루어져야 한다. 재고를 주어진 전 기간 준비하여 수요에 충당하는 생산활동에서 리드타임을 고려한 수량통제는 다음의 두 가지를 고려할 수 있다.

- 생산율이 수요율보다 클 때(생산율>수요율)
  일정 재고수준까지는 생산을 계속하고 그 후에는 재고를 통해 수요에 충당 한다. 이 기간에는 재고의 축적과 수요가 동시에 발생하지만 재고는 계속 증가 한다.

- 생산율이 수요율보다 작을 때(생산율<수요율)
  재고가 소진될 때까지 소극적인 생산 또는 생산을 중단한다. 이 기간에는 이미 축적된 재고를 수요에 사용하므로 재고가 계속 감소하고 재고가 모두 소진되면 이러한 사이클을 반복한다.

생산율은 단위시간당 생산량, 수요율은 단위시간당 수요량을 의미한다.

리드타임을 고려하고 생산량과 수요량의 관계에 따라 이러한 두 가지의 재고변화를 나타내면 [그림 9-5]와 같다.

그림 9-5 리드타임을 고려한 경우의 재고변화

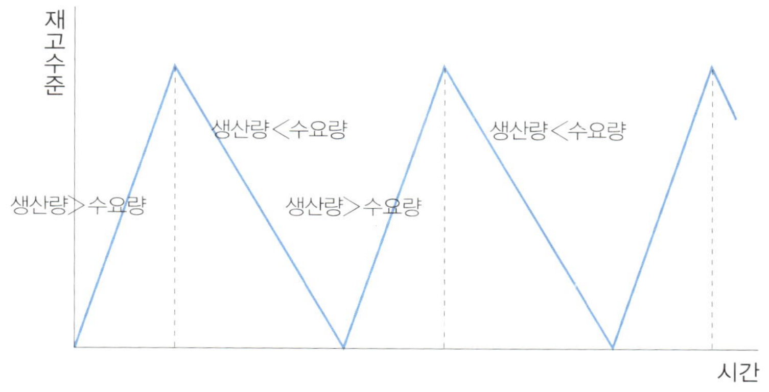

이와 같이 생산과 수요가 동시에 이루어지는 경우의 재고비용을 최소화하는 모형을 경제적 생산량(economic production quantity: EPQ) 모형이라 한다. 아래에서는 경제적 생산량결정모형에 대하여 설명한다.

〈모형화를 위한 기호〉
연간 수요 : D
럿 사이즈 : Q
생산량/시간(생산율) : p
수요량/시간(수요율) : f
주문비용/럿 : S
재고보유비용/단위 : H
Q를 생산하는데 소요되는 시간 : $t_1 = \frac{Q}{p}$

t_1 기간의 재고 : $p - f$

t_1 기말의 최대재고 : $(p - f) \cdot t_1$

$$t_1 \text{ 기말의 평균재고}: \frac{(p-f)\cdot t_1}{2} = \frac{(p-f)\cdot Q}{2p} = \frac{Q}{2(1-\frac{f}{p})}$$

총 재고비용(C) = 총 생산준비비용 + 총 재고보유비용 + 총 제조비

$$C = \frac{S \cdot D}{Q} + \frac{Q \cdot H}{2(1-\frac{f}{p})}$$

경제적 주문량모형에서 총 구매품가액은 총 재고비용식의 미분과정에서 0이 되어 이모형에서도 0으로 취급하였다. 총 재고비용(C)을 최소로 하는 Q를 구하기 위해서는 총재고비용방정식을 미분하여 구할 수 있다.

$$\frac{dC}{dQ} = -\frac{S \cdot D}{Q^2} + \frac{H}{2(1-\frac{f}{p})}$$

$$Q^* = \sqrt{\frac{2S \cdot D}{H(1-\frac{f}{p})}}$$

경제적 생산량모형을 통해 생산횟수와 생산주기를 구할 수 있다.

예제

경제적 생산량의 결정

A커피전문점에서는 연간 25,000개의 쿠키를 만들어 커피를 주문하는 고객에게 제공하고 있다. 이 커피전문점의 쿠키생산량은 1일 800개, 수요량은 1일 600개로 예상하고 있다. 쿠키의 1회 생산준비비용은 800원이고, 개당 재고유지비용은 연간 40원이 소요된다. 이 쿠키의 가격은 개당 500원이다.

- 쿠키의 경제적 생산량은?
- 최적 생산횟수는?
- 쿠키의 생산주기는?
- 이 때 총재고비용은?

〈풀이〉

연간 수요 : $D=25{,}000$개

생산량/시간(생산율) : $p=800$개

수요량/시간(수요율) : $f=600$개

생산준비비용/런 : $S=800$원

재고보유비용/단위 : $H=40$원

쿠키 가격/개 : 500원

$$Q^* = \sqrt{\frac{2S \cdot D}{H(1-\frac{f}{p})}}$$

$$= \sqrt{\frac{2 \times 800\text{원} \times 25{,}000\text{개}}{40\text{원}(1-\frac{600\text{개}}{800\text{개}})}}$$

$$= \ 2{,}000\text{개}$$

최적생산횟수 = 25,000개 / 2,000개 = 12.5회

생산주기 = 250일 / 12.5회 = 20일

총 재고비용 = 총 생산준비비용 + 총 재고보유비용 + 총 구매품가액
= 800원 × 12.5회 + 40원 × 1,000개 + 500원 × 25,000개
= 10,000원 + 40,000원 + 12,500,000원
= 12,550,000원

제 4 절 재고관리시스템

재고관리시스템은 주문량과 주문시간의 두 가지 관점에 따라 고정주문량시스템과 고정주문간격시스템으로 나누어진다. 고정주문량시스

템은 재고수준이 특정의 재주문점에 도달하면 일정량을 주문하는 재고관리시스템이며 고정주문간격시스템은 사전에 정해진 기간이 되면 수요변화의 크기만큼 주문하는 재고시스템이다.

1. 고정주문량시스템

고정주문량시스템(fixed order quantity system)은 경제적 주문량과 재주문점(reorder point)에 기초를 둔 재고관리시스템으로 매 주문량의 크기를 일정수준으로 유지한다. 고정주문량시스템은 [그림 9-6]에서와 같이 일정 재고수준을 주문점(order point)으로 설정하고 재고수준이 주문점에 이르면 일정량을 주문하는 재고관리시스템이다. 따라서 고정주문량시스템은 수요변화에 따라 주문시점이 상이하게 나타난다. 일반적으로 주문활동이 반복적으로 수행되므로 주문점을 재주문점(reorder point) 이라 하는데 재주문점의 수준은 수요율, 리드타임, 수요와 리드타임의 변동, 재고부족의 위험 등에 따라 결정된다. 수요와 리드타임이 일정한 경우 재주문점은 리드타임 동안의 수요의 크기로 정할 수 있다.

그림 9-6 고정주문량시스템

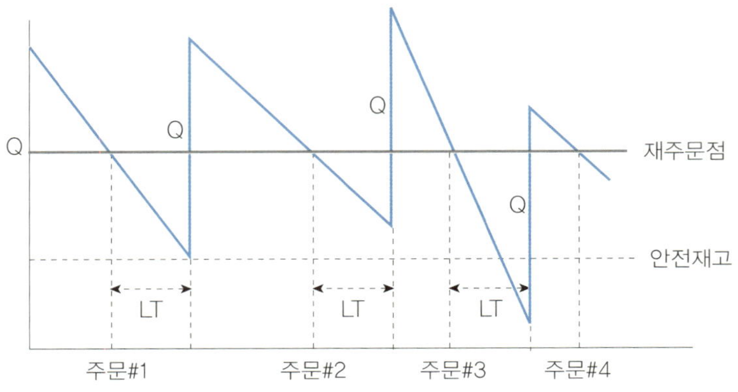

그러나 수요와 리드타임은 상황에 따라 변화할 수 있으며 실제수요가 평균수요를 초과하는 경우에는 리드타임 동안 재고부족의 위험이 발생할 수 있다. 이러한 경우 재주문점은 리드타임 동안의 평균수요와 안전재고의 합으로 나타낼 수 있다. 예를 들어 리드타임 동안의 평균수요가 100단위이고 안전재고가 20단위라면 재주문점은 120단위가 된다.

리드타임 동안 수요가 공급을 초과하지 않을 가능성을 서비스수준(service level)이라 한다. 즉 서비스수준은 수요를 만족시키기에 충분히 보유하고 있는 재고로서 서비스수준이 95%라는 것은 리드타임 동안 수요가 공급을 초과하지 않을 가능성이 95%이고 재고부족의 위험은 5%라는 의미이다.

수요율이나 리드타임의 변동이 클수록 고객에 대한 서비스수준을 높이기 위해 더 많은 안전재고를 유지해야 하는데 안전재고는 리드타임 동안의 최대수요와 평균수요의 차로서 결정한다. 고정주문량시스템에서는 재고부족의 가능성이 리드타임 내에서만 발생하므로 고정주문간격시스템에 비해 상대적으로 낮은 수준의 안전재고를 유지한다.

고정주문량시스템의 운영을 위해 주문량, 안전재고, 재주문점 등 재고요인을 다음과 같이 정의한다.

재주문점 = $\bar{d} \times LT$ 또는 $\bar{d} + B$ ($\bar{d}$는 수요율)
주문량 = 경제적 주문량(EOQ)
안전재고(B) = $\mathrm{D}_{max} - D$ (D는 재고사이클 동안의 평균수요)
서비스수준 = 100% − 재고부족 위험
재고부족 위험 = 재고부족에 대한 확률

2. 고정주문간격시스템

고정주문간격시스템(fixed order interval system)은 검토기간을 정하고 기간이 되면 수요변화에 따라 주문하는 재고관리시스템이다. 즉

그림 9-7 고정주문간격시스템

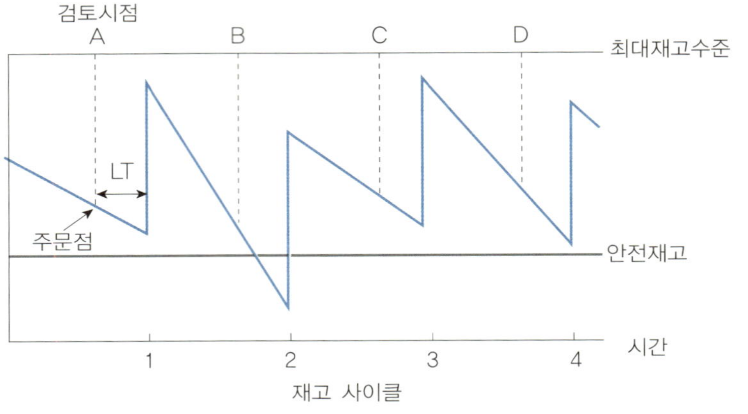

이 시스템에서는 검토시점에 따라 주문이 정기적으로 이루어지기 때문에 주문량은 수요의 크기에 따라 결정된다. 일반적으로 고정주문간격시스템에서는 검토기간을 주(week)단위로 설정하며 리드타임이 검토기간보다 짧다. [그림 9-7]에서와 같이 주문은 검토기간의 수요와 같은 량을 주문하는데 주문량의 크기는 사전에 결정한 최대재고수준과 검토시점의 보유재고량의 차이로 결정한다.

고정주문간격시스템에서 검토기간(R)과 최대재고수준(M)은 검토의 빈도와 주문의 빈도에 따라 결정된다. 즉 검토기간은 검토에 소요되는 시간과 주문 후 입고를 위한 운송이 충분한 수량이 되도록 가능한 한 일정시점에 모으는데 필요한 시간을 고려하여 결정한다. 경제적 주문량(EOQ)의 크기가 클수록 재고를 사용할 수 있는 기간이 늘어나 검토기간은 길어지며 최대재고수준은 높아진다.

이 시스템에서 최대재고수준은 재고사이클의 전 기간에 걸쳐 발생하는 수요의 크기에 따라 결정된다. 이 때 안전재고는 재고사이클 전 기간 동안의 수요변화에 대처할 수 있도록 충분히 높은 수준을 유지해야 하므로 고정주문량시스템에 비해 재고부족의 위험은 상대적으로 낮은 편이다. 최대재고수준의 결정에 있어서 재고부족(stock-out)의 가능성은 주문이 이루어졌으나 아직 받지 못한 경우와 예정된 리드타임이 경과되어도 주문이 도착하지 않은 경우에 일어난다. 고정주문간격시스템에서 최대재고수준을 나타내는 시점은 방금 주문량을 받았을 때이며 최저재고수준을 나타내는 시점은 주문량이 도착하기 직전이다. 최대재고수준과 최소재고수준의 차이는 검토기간 동안의 수요율에 의해 결정되며 주문량은 리드타임이 검토기간보다 짧은 경우와 긴 경우에 따라 달라질 수 있다.

고정주문간격시스템의 운영을 위해 주문량, 안전재고 및 최대재고수준은 다음과 같이 정의한다.

주문량(Q) $= M - I - O$ (O는 미납주문)
안전재고(B) $= D_{max} - D$ (D는 재고사이클 동안의 평균수요)
최대재고수준(M) $= B + \overline{d}(R = L)$ ($\overline{d}$는 수요율)
평균재고수준($\overline{I}$) $= B + 1/2\ (\overline{d} \cdot R)$ 또는 $M - \overline{d}\ (R/2 + L)$
재고부족 위험 = 재고부족에 대한 확률

3. 재고관리시스템의 비교

재고관리시스템은 모든 경우에 적합하게 사용할 수 있는 것이 아니라 주문량, 주문시기 등 재고시스템 운영방식과 재고관리 대상품목의 성질에 따라 어떤 유형의 시스템을 선택할 지 결정해야 한다.

일반적으로 고정주문량시스템은 재고품목의 가치가 낮은 품목을 대상으로 하므로 통제의 정도가 덜 필요한 경우에 적용하는 것이 유리하다. 주문량의 결정은 경제적 주문량에 의존하므로 비교적 용이하게 결정할 수 있으나 재주문점의 결정에는 정확한 자료를 필요로 한다. 또한 이 시스템은 모든 품목에 대하여 개별적인 주문을 함으로써 운송과 검사 등의 노력과 비용이 필요하므로 주문비가 높아진다.

고정주문간격시스템은 재고부족의 가능성이 리드타임과 검토기간으로 확대되므로 안전재고 수준을 높게 유지해야 하는 약점을 가지고 있다. 그러나 개별품목의 주문을 하나의 시점이나 한 공급자에게 집중할 수 있어 주문활동에서의 노력과 비용을 낮출 수 있다. 〈표 9-1〉에 고정주문량시스템과 고정주문간격시스템의 특징적 차이점을 비교하여 나타낸다. 고정주문량시스템과 고정주문간격시스템은 수요가 지속되는 한 재고품목의 주문과 사용이 반복된다. 이러한 시스템은 다음의 단일기간 재고관리시스템과 구분하여 볼 수 있다.

표 9-1 재고관리시스템의 비교

	고정주문량시스템	고정주문간격시스템
주문량	일정량 주문	주문량이 변동적
주문시기	재고수준이 주문점 이하일 때	정해진 검토시점에 따라 주문
자료경신	재고보충 시 자료경신	검토주기마다 경신
재고수준	고정주문간격시스템보다 낮음	고정주문량시스템보다 높음
재고의 특징	재고품목 가격이 상대적으로 높음	재고품목 가격이 상대적으로 낮음
관리적 노력	매 품목마다 주문, 수송, 검수하므로 관리적 부담이 상대적으로 높음	주문을 일정 시점에 집중하므로 수송, 검수 등 관리적 부담이 낮음

4. 단일기간 재고관리시스템

일반적으로 재고의 문제는 생산에 소요되는 자재나 완제품 등 물리적 실체가 있는 재화를 대상으로 하는 관리적 문제이다. 대부분의 경우 이러한 품목들은 수요가 없으면 다음 기간으로 이월되어 새로운 수요가 발생하면 사용될 수 있다. 그런데 생선, 채소 등 식품이나 꽃, 혈액과 같은 부패성 상품, 그리고 신문, 잡지 등은 주어진 사용기간이 지나면 재화로서의 기능을 발휘할 수 없다. 이러한 특성은 일상적 서비스에서도 볼 수 있는데 항공서비스의 비행기 좌석, 극장의 좌석은 주어진 기간 내에 수요가 없으면 다음 기간으로 이월되지 못하고 재화로서의 가치를 상실한다.

이와 같이 사용기간이 한정된 재화나 서비스의 재고는 단일기간 재고모형(single period inventory model)에 의해 관리될 수 있다. 단일기간 재고모형에서는 재고잉여비용과 재고부족비용에 의해 이들 비용이 최소화되는 주문량과 재고수준을 결정하는 모형이다. 재고잉여비용은 주어진 기간 내에 팔리지 않거나 사용되지 못한 품목에 대한 재고비용으로 이 재고품목은 다음 기로 이월되지 못하여 경제적 가치가 하락되는 것이다. 반대로 재고부족비용은 보유한 재고가 없어 판매기회를 상실하고 신용하락 등 기회비용의 발생으로 나타나는 비용이다. 각각의 비용은 다음과 같이 정의된다.

재고잉여비용(C_e) = 단위당 구매비용 − 단위당 잔여가치
재고부족비용(C_S) = 단위당 수익 − 단위당 비용

단일기간 재고모형에서 재고수준의 결정은 이 두 가지 비용의 균형점에서 결정할 수 있는데 이 균형점은 최적재고수준을 실현하는 점이다. 따라서 실제수요가 최적재고수준보다 적으면 재고잉여가 발생하고 실제수요가 최적재고수준을 초과하면 재고부족이 발생한다.

서비스수준은 최적재고수준을 결정하는데 중요한 요인이다. 서비스수준은 수요가 재고수준을 초과하지 않고 재고잉여의 상태를 나타내는 가능성을 의미하는 것으로 다음과 같이 정식화 할 수 있다.

$$\text{서비스수준} = \frac{C_S}{(C_e + C_S)}$$

여기서 C_e : 단위당 재고잉여비용
C_S : 단위당 재고부족비용

단일기간 재고관리시스템의 예

가판대에 신문을 몇 부 비치할 것인가의 결정은 단일기간 재고관리시스템의 문제이다. 가판대에 신문의 재고가 충분하지 않으면 판매기회를 잃게 되어 기회비용이 발생하며 반대로 너무 많으면 재고가 쌓여 손실이 발생한다.

가장 적정한 수준의 신문을 비치함으로써 손실을 줄일 수 있는 방법을 모색해 보자.

가판대 판매원이 기대할 수 있는 한계비용은 신문이 팔릴 확률이 팔리지 않을 확률보다 같거나 작은 수준으로 이 때 기회비용이 발생하지 않는다. 따라서 신문이 팔릴 확률을 P, 팔리지 않을 확률을 $(1-P)$라 하면 다음의 관계가 성립한다.

$$\mathrm{P}(C_S) \le (1-\mathrm{P})C_S$$

$$\mathrm{P} \le \frac{C_S}{(C_e + C_S)}$$

주문량의 결정은 신문이 팔릴 확률 P보다 같거나 작을 때 까지 주문량을 계속하여 확대하는 방법을 고려할 수 있다.

신문의 품절로 인한 한계비용은 판매비와 구매비의 차로서 구할 수 있다. 만일 재고부족으로 인한 품절의 위험에 대비하여 여분의 신문을 추가로 주문하는 경우는 정규분포표의 Z값으로부터 편차를 구할 수 있다.

단일기간 재고관리시스템은 서비스기업의 재고문제와 관련시켜 볼 수 있다. 즉, 이 문제는 성수기 항공사의 비행기좌석, 호텔객실의 초과예약 수준을 결정하는 문제에 적용할 수 있다. 이 때 초과예약에 의한 재고잉여비용은 자본비용 및 시설의 보존활동비용이 큰 비중을 차지한다.

5. 서비스부문의 재고관리

재고의 문제는 주로 제품을 생산하는 제조현장에서의 관리적 의사결정의 문제이다. 이러한 관점은 서비스는 재고를 유지할 수 없다는 특징을 가지고 있기 때문이다. 그러나 서비스의 경우도 한정된 시간에 재고를 유지하거나 생산능력을 초과한 수요가 발생하는 경우 공급능력부족에 의한 미납주문 형식의 재고의 특성을 갖는다. 또한 거의 모든 서비스는 부수되는 자재와 함께 고객에게 제공되며 서비스에 관련되는 시설, 설비, 공간 등이 재고관리의 대상이 된다.

호텔의 객실서비스나 항공사의 기내서비스에서 볼 수 있듯이 고객에게 이러한 서비스를 제공하는 데에는 여러 가지 종류의 자재가 소요된다. 이들 품목들은 외부의 공급자로부터 주문, 입고, 보관되고 수요가 발생하면 소비하게 된다. 이 과정에서 자재들의 품목 수, 각각의 품목별 수량, 주문, 운송, 저장공간, 비용 등의 재고문제가 생기게 된다.

아래의 Trader Joe's의 사례와 같이 식품의 공급사슬은 생산, 재배, 가공, 포장, 운송, 배달 등의 과정을 거치면서 매우 복잡한 네트워크를 형성한다. 이 회사는 다른 식품판매회사와는 달리 판매하는 식품의 품목 수를 최소로 유지하여 식품의 공급 및 재고비용을 최소화 하는 전략을 구사하고 있다. 즉 공급사슬관리를 효율적으로 수행하기 위해서는 공급사슬의 각 단계를 축소하고 대상 품목의 수를 최소로 유지하는 것이 바람직한 방법이 된다.

(1) 품목 수와 수량

특급호텔의 외식서비스에 필요한 자재는 식음료 자재, 설비 및 식기류, 소모성 자재 등으로 구분되며 서비스에 제공되는 품목 수는 약 6천종에 이르는 것으로 파악되고 있다. Barnes & Noble 에서 판매되는 서적의 종류는 40여개 분야 약 17만종으로 백화점이나 대형 할인점보다 훨씬 많은 품목을 취급하고 있다. 이 서점에서는 도서 이외에도 영화, TV프로, 음악, 기프트카드, 어린이용 장난감 등 다양한 품목을 판매하고 있는데 최근 70만종의 디지털서적 판매도 시작하고 있다. 이것은 200만종의 온라인 판매를 하는 Amazon에 대응하기 위한 전략이다.

서비스의 유형이나 규모에 따라 차이는 있지만 서비스제공의 대상이나 서비스에 부수되는 자재, 상품 등의 품목 수는 주문활동에 영향을 미치는 요인이다. 즉 매 주문 시 주문비용이나 준비비용을 발생시키고 어떻게 주문하는가에 따라 이들 비용은 달라진다. Barnes & Noble 의 예에서와 같이 많은 품목 수와 품목별 수량은 재고품 저장을 위한 충분한 저장공간과 관리적 노력에 필요한 비용을 발생시킨다.

(2) 재고비용

서비스제공에 부수되는 품목은 제조부문에 비해 시한성을 갖는 품목이 많이 있다. 외식서비스에서 제공되는 식품류의 수명은 매우 짧으며 신문, 잡지 등의 품목도 재고유지의 특성 상 시한성을 갖는 단일기간 재고모형에 의해 관리된다. 이러한 품목들은 잦은 주문빈도에 따라 주문비용이나 준비비용의 크기가 높은 편이다. 청과물, 육류 등 식품류와 같은 부패성품목(perishable item)은 특수 보관시설을 필요로 하고 품목 수와 주문량의 크기가 커질수록 재고를 유지하기 위해서는 충분한 저장공간을 필요로 하므로 재고보유비의 부담을 높이는 요인이 된다.

고객화 수준이 높은 서비스는 표준화된 서비스보다 서비스자재의 다양성을 높여야 하므로 재고준비비용과 재고보유비용을 증가시킨다. 고객화가 높은 패션품목은 짧은 수명주기를 나타내는데 이때는 진부화로 인한 비용이 발생한다. 높은 다양성과 짧은 수명주기를 갖는 품목은 높은 재고보유비용을 발생시킨다.

(3) 수요변동

제품 및 서비스의 생산량과 수요량의 차이는 수요의 불확실성이나 수요예측의 부정확성에 기인한다. 공급능력이 수요규모를 초과할 때 제품의 경우는 그 차이만큼 재고로 이월되어 차기의 수요를 충당할 수 있지만 서비스는 재고유지가 불가능하여 수요불확실성에 의한 손실비용이 더욱 크게 발생한다. 반대로 수요규모가 공급능력보다 커지면 제품과 서비스는 판매기회를 잃게 되어 기회비용이 발생한다. 수요변동에 따라 공급능력을 확대하기 위해서는 초과조업, 교대근무, 하청 등의 방법을 사용할 수 있다. 공급능력을 확대하는 경우 어떠한 방법이든 추가적인 비용을 부담해야 한다.

서비스에 있어서 수요량의 변동에 따른 공급능력의 확대는 추가비용을 발생시킬 뿐만 아니라 재고관리를 위한 몇 가지의 새로운 의사결정을 요구한다. 즉 서비스수요가 공급능력보다 클 경우 서비스제공능력의 확대 여부를 결정해야 한다. 서비스공급능력을 확대한다면 어떠한 방법으로 어느 정도 확대할 것인가의 문제와 서비스공급능력을 확대하지 않는다면 납품지연(back ordering)의 문제를 결정해야 한다. 서비스공급능력을 확대하는 경우 확대방법이나 규모 이외에도 입지, 서비스자재의 공급자 확보에 대한 결정이 필요하다.

(4) 정보의 정확성

제품이나 서비스의 경우 재고추적과 재고관리시스템 유지에 많은 비용을 투자한다. 단순한 재고관리시스템으로부터 자재소요계획(MRP), 전사적 자원관리(ERP) 등의 운영은 높은 기술적 숙련과 시스템 운영비용을 수반한다. 서비스기업에서는 고객과의 접촉수준이 제조기업보다 높아 보다 정교한 정보시스템을 필요로 한다.

대형할인점에서는 4만~6만 가지의 품목을 취급하고 있는데 이를 모두 정보화하여 고객이 구입한 품목을 계산할 때 바코드를 사용하여 매 품목마다 자동계산처리를 할 수 있다. 정보시스템은 모든 거래발생에 의해 매출액, 품목별 재고, 주문시기 등을 자동적으로 처리할 수 있다. 그러나 정보시스템의 우수한 기능에도 불구하고 상품진열대의 현물재고는 진열오류, 도난 등으로 정보시스템 상의 재고와 상이할 수 있다. 이러한 문제는 취급대상 품목이 많은 대형할인점, 대형서점, 특급호텔 등에서 나타날 수 있으며 고객서비스수준에 영향을 미칠 수 있다.

사례 Trader Joe's 재고전략

미국 LA에 기반을 둔 Trader Joe's는 1967년 식품 및 주방요리기구 등을 판매하는 편의점으로 창업하여 현재 미주, 유럽, 아시아, 아프리카 등 60여개국, 700여개 점포가 웰빙붐을 타고 소비자의 틈새시장을 공략하고 있다. Trader Joe's는 1차 공급자로부터 식품을 직접 구매하고 중간상을 배제함으로써 고객에게 저렴한 가격으로 상품을 판매한다. 또한 항상 충분한 량을 확보하여 공급자비용을 낮추는 노력으로 저렴한 가격을 지속적으로 유지하고 있다. 즉 "좋은 식품을 더 낮은 가격으로 더 많이 판다"라는 이미지를 보여주고 있다.

Trader Joe's의 매장에서는 인공감미료, 인공색소, 유전자조작, 유지방 식품을 취급하지 않고 식품의 생산, 재배, 가공, 포장, 운송, 배달 등의 과정에서 연방, 주 및 지역의 법률에 저촉되는지를 모니터링하고 있다. 또한 각 매장에서는 평균 이하의 가격으로 공급되는 식품과 포도주를 상시 판매하여 "미식가용 식품할인창고"라는 별칭으로 불리고 있다.

Trader Joe's의 매장에서 판매하는 상품의 80% 이상에 생산자의 이름을 표찰로 붙이고 있다. 다른 대형슈퍼마켓에서는 생산자의 이름을 나타내는 비율이 20% 미만에 불과한 것과는 대조적이다. 일반 대형슈퍼마켓에서 진열하는 상품의 수가 2만 5천종에 달하지만 Trader Joe's에서는 2천 5백여 종의 품목을 취급하고 있다. 이 회사에서 취급하는 품목 수가 적은 것은 유기농 중심으로 엄선한 우량식품을 대상으로 하기 때문이다. 또한 식품의 공급, 물류, 재고관리의 노력과 비용을 절감하기 위해서는 너무나 많은 품목을 취급하는 것이 불리하기 때문이다. 식품공급업자로부터 직접구매를 통해 공급단계를 축소하고 적은 품목을 취급하는 것은 물류비용과 재고비용의 절감을 가져와 소비자에게 저렴한 가격으로 공급할 수 있는 단서가 된다.

특히 Trader Joe's의 전문 구매팀은 평균 주당 1회씩 미국 국내 및 해외의 수백개 공급업자로부터 식품을 직접구매를 한다. 가격이 하락하면 구매수량이 늘어날 수도 있지만 각 매장에서 판매할 수 있는 수량만큼 구매하여 과다한 재고를 피한다. 회사가 직접 구매관계를 맺고 있는 공급업자의 20~25% 정도는 해외 공급업자이므로 다른 회사보다 경쟁력 있는 공급체계를 유지하고 있다.

회사는 식품의 맛, 신선도, 품질 등을 테스트하는 패널을 운영하고 있다. 이들은 지역의 취향을 반영하고 이벤트성 맛보기행사를 열기도 한다. 이들의 동의에 의해 식품의 구입을 결정하면 각 매장에 진열되지만 소비자에 의해 그 품목의 인기를 보장받기란 쉽지 않다. 매주 20개 이상의 비인기품목은 새로운 품목으로 대체되어 진열대에서 사라지고 있다.

그림 9-8 Trader Joe' s의 매장과 조리사이트

자료 : www.tradejoes.com

토의문제

1. Trader Joe' s의 재고 및 공급사슬전략의 내용과 이점은 무엇인가?
2. Trader Joe' s의 취급품목 수는 다른 식품점에 비해 매우 낮다. 고객서비스 측면에서 어떠한 문제가 있는지 토의하자.

제 5 절 공급사슬경영

1. 가치사슬과 공급사슬

모든 기업은 제품이나 서비스를 생산하기 위해 자재, 기술 등 자원을 조달하고 기업의 내적, 외적으로 연계하여 네트워크를 형성하고 있다. 이러한 연계나 네트워크는 자원조달의 면에서만이 아니라 기업이 생산한 재화를 소비자에게 판매하는 과정에서도 필요한 것이다. 즉 자재의 공급자로부터 생산자, 고객에 이르기까지 재화의 흐름에 의한 가치전달 시스템이 존재한다. 이를 가치사슬(value chain)이라 하는데 기업은 이 가치사슬을 통해 가치의 흐름을 유지하고 피드백함으로써 생산활동을 지속한다.

오늘날의 기업활동은 자원의 조달과 소비자시장이 글로벌화 되고 세분화됨으로써 가치사슬의 네트워크는 더욱 복잡해지고 있다. 제품 및 서비스 생산기술의 발달, 시장의 치열한 경쟁, 고객요구의 증대 등에 따라 기업은 더욱 어려운 도전적 과제를 안고 있다. 이러한 과제를 해결하기 위해서는 가격, 품질적 개선만이 아니라 자원의 조달과 제품 및 서비스의 전달 과정에서도 혁신적인 노력이 필요하다.

Porter(1998)가 지적한대로 오늘날의 가치사슬활동은 자원의 조달을 위한 안쪽 물류(inbound logistics), 재화의 생산, 이를 고객에게 전달하기 위한 바깥쪽 물류(outbound logistics), 마케팅활동으로 연결되고 있다. 그가 설명하고 있는 가치사슬 개념은 [그림 9-9]에서와 같이 핵심적인 가치활동과 이를 지원하는 숨겨진 공장(hidden factory)에서의 지원활동을 포함하고 있다. 즉 기업의 생산현장에서 가시적으로 나타나는 가치사슬은 핵심적 가치활동과 생산기반시설의 관리, 인적자원의 관리, 기술개발과 관리 등 숨겨진 공장에서의 지원활동이 필요하다. 또한 기

그림 9-9 가치사슬의 개념

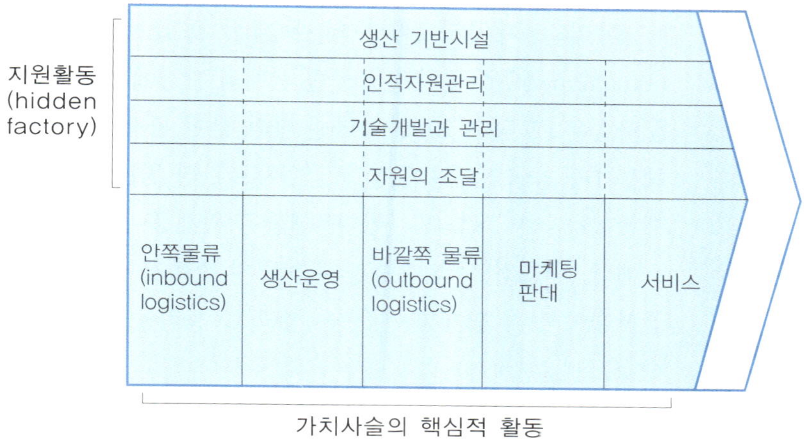

업 외적으로는 가치사슬의 활동과정에 운송, 보관 등 많은 기능적 역할이 필요한데 이는 기업 스스로가 단독으로 감당하기 어렵다. 따라서 가치사슬 내에 참여하고 있는 모든 기능이 협력하여 가치사슬시스템을 효율적으로 운영하는 것이 필요하다.

서점의 가치사슬흐름의 예를 들어보자. 서점의 도서 판매활동은 각 출판사로부터 서적을 사들여 이를 소비자에게 판매하는 매우 단순한 기능을 수행한다. 출판사는 서적의 제작을 위해 자재공급자와 인쇄업자, 그리고 저자와 일련의 연계가 필요하다. 가치사슬 내의 판매업자의 경우도 각종분야에 따라 저자, 출판사 등의 서적에 대한 정보, 서가의 배치, 재고관련 정보, 고객의 주문형태, 고객정보, 매장에서의 판매와 온라인 판매 등 판매방법, 그리고 주문과 배송 등에 대한 효율적인 관리가 요구된다. 공급사슬이 길어질수록 재고의 문제, 품질적 문제, 고객서비스의 문제가 일어난다. 이와 같이 서적의 생산, 판매에 대한 가치사슬은 매우 복잡한 과정을 거치게 되는데 이 과정에서의 효율적인 관리란 무엇인가? 가치사슬 내의 서적 생산을 위한 자재의 공급과 최종적으로 생산된 서적을 소비자에 대한 전달과정에서의 네트워크관리의 문제를 해결해야 한다.

이러한 가치사슬활동의 문제는 공급사슬경영(supply chain management)을 통해 공급사슬 전체의 관점에서 최적화 할 수 있다. 공급사슬은 [그림 9-10]에 나타낸 바와 같이 완제품이나 서비스의 생산업체는 1차 공급업체나 중간 공급업체로부터 원료 및 자재를 공급받아 완제품이나 서비스를 생산한다. 생산된 완제품이나 서비스는 도매상이나 소매상, 대리점 등의 유통단계를 거쳐 소비자에게 전달된다. 이러한 공급사슬에서 각 단계별로 운송, 창고, 유통기능을 담당하는 업체가 관여한다.

공급사슬경영은 원재료 공급업체로부터 소비자에 이르기까지 상품, 정보, 서비스의 흐름을 통합적으로 관리함으로써 각 단계에서 최적한 재고를 유지하고, 리드타임을 단축시키고, 높은 품질의 제품과 서비스를 제공하는 경영시스템이다. 따라서 공급사슬경영은 공급사슬 내의 각

그림 9-10 제품과 서비스의 공급사슬 체계

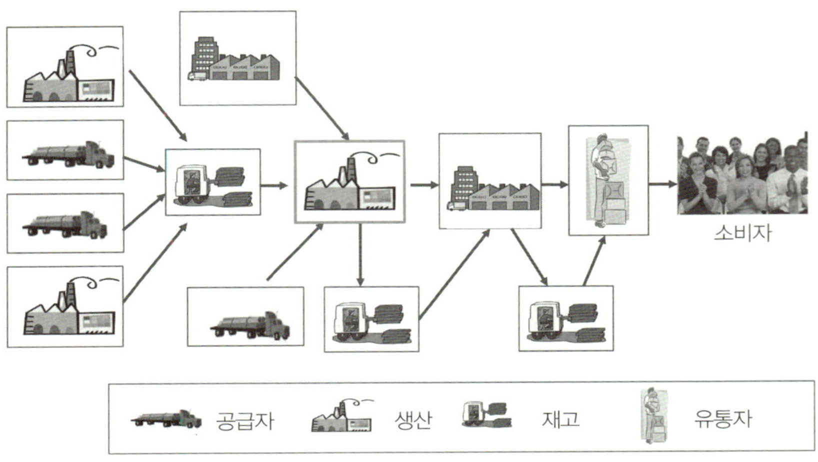

부문별, 기업별 최적화 노력을 공급사슬 전체적인 관점에서 정보를 공유하고 통제기능을 통합적으로 운영함으로써 공급사슬의 흐름을 개선하고 효율성을 기하고자 하는 시스템으로 정의할 수 있다. 공급사슬경영을 통해 자재, 완제품 및 서비스의 흐름을 원활히 하여 생산의 유연성을 확보하고 납기준수 등 효율성을 꾀하는 것은 비용절감의 수단이 된다.

2. 공급사슬경영의 계획과 접근

공급사슬경영은 공급자로부터 생산자, 최종 소비자에 이르기까지 복잡한 공급네트워크를 통합적으로 관리하는 수단이다. 시장경쟁은 더욱 심화되고 수요의 불확실성이 높아지는가 하면 공급사슬의 구조는 더욱 복잡해지고 있다.

수요의 변동과 불확실성의 문제는 채찍효과(bullwhip effect)에서 찾아볼 수 있다. Lee 등(1997)의 연구는 공급사슬 내에서 고객의 작은 수요변동도 유통업자, 생산자로 갈수록 수요변동 폭이 커지는 현상을 보여주고 있다. 채찍효과는 수요예측의 수정, 묶음식 주문, 가격변동, 구매방법의 순환 등의 요인으로 인해 나타난다. 예를 들어 고객이 수요예측치의 크기를 수정하여 주문량을 약간 늘인다면 공급사슬의 전 단계에서는 구매방법이 달라져 변동폭이 확대되고 [그림 9-11]에서와 같이 공급사슬의 전 단계로 갈수록 그 영향은 더욱 크게 나타난다.

수요변동의 불확실성, 공급체계의 복잡성 등의 상황 하에서 기업에서의 공급네트워크는 어떻게 구축하고 어떻게 운영할 것인가? 제품과 서비스부문에서의 공급사슬경영은 어떻게 할 것인가? 공급사슬경영과 관련하여 여러 가지 새롭게 이슈가 대두되고 있다. 이러한 문제를 공급사슬경영의 관리적 측면에서 살펴보자. 공급사슬경영의 관리적 문제는 공급사슬경영 프로세스의 흐름과 이를 체계화를 위한 접근단계의 두 가지 면으로 나누어 볼 수 있다.

그림 9-11 공급사슬 내에서의 채찍효과

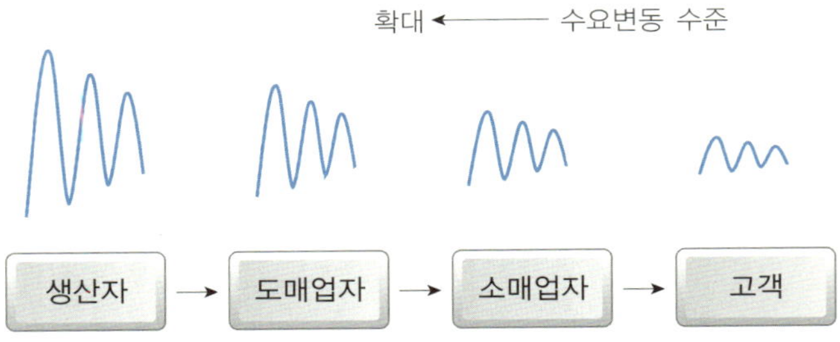

공급사슬경영 프로세스흐름에 따라서는 공급업체, 생산업체, 고객 및 구매업체에 대한 관리활동으로 나누어 볼 수 있다. 공급업체에 대해서는 원재료 및 부품의 공급계획과 관리, 재고, 품질, 물류 및 운송 등의 관리적 문제의 검토가 필요하다. 생산업체에서는 공급사슬경영을 통해 효율적인 제품 및 서비스의 생산 및 운영관리활동을 수행한다. 제품 및 서비스의 개발, 생산의 표준화나 고객화, 신축성, 친환경성, 제조용이성과 운송의 편리성 등 생산운영의 특징적 요인이 관리적 문제에 포함된다. 재고문제와 관련해서는 생산프로세스의 유형과 흐름, 생산방법과 일정계획, 재고시스템 등의 문제를 고려하여야 한다. 고객 및 구매업체 및 고객에 대한 관리에는 물류센터와 창고의 수, 위치, 유통방법과 단계, 운송수단, 고객의 주문관리, 고객관계관리 등이 주요 과제이다.

공급사슬경영의 체계화를 위한 접근은 공급사슬경영의 계획, 공급사슬의 네트워킹, 공급사슬경영의 성과측정 및 분석의 단계로 나누어 볼 수 있다. [그림 9-12]에서는 공급사슬경영의 계획과 공급사슬의 네트워킹, 공급사슬경영의 성과측정의 단계에 따라 관리적 문제를 나타내고 있다.

그림 9-12 공급사슬경영의 관리적 요소

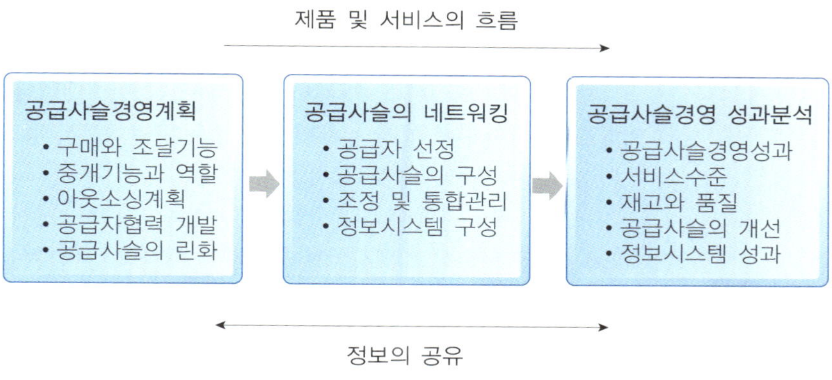

3. 공급사슬경영의 운영

사례 Dell 컴퓨터의 SCM

Dell은 여러 공급업자로부터 부품을 공급받아 고객의 주문에 의해 컴퓨터를 생산하고 유통업자(distributor)를 거치지 않고 고객에게 직접 전달하는 가치사슬의 흐름을 가지고 있다. 이 회사는 부품조달 및 제품 유통의 중요성이 제조기능보다 더욱 강조되는 패러다임의 변화에 기인한 것이다. 1984년 Michael Dell이 창업한 이 컴퓨터회사는 다음과 같은 다섯 가지 사업이념을 바탕으로 출발했다.

- 중간상을 거치지 않고 고객과 직접적인 거래로 가장 효율적인 관계를 갖는다.
- 고객이 원하면 Dell의 모든 부품 공급업자와 관계를 가질 수 있도록 한다.
- 고객의 주문에 의한 생산시스템은 최소의 재고와 리드타임을 달성한다.
- 지속적 개선을 위한 투자와 공급사슬의 효율성을 높여 저비용을 지향한다.

– 저비용기술, 모듈러 부품으로 제품의 표준화를 높인다.

Dell의 가치사슬은 기존의 컴퓨터제조회사와는 달리 중간대리점 등 오프라인판매망을 배제하고 웹사이트를 이용한 소비자와 직거래 방식의 판매채널을 도입했다. 당시만 해도 Dell이 인터넷이나 전화주문에 의해 고객의 요구에 따라 컴퓨터를 제조하여 판매하는 방식은 업계 최초의 새로운 개념의 판매방식이었다.

Dell은 공급사슬에서 중간유통단계를 생략한 직접판매(direct sales)모델을 구축하고 웹사이트를 통해 구매사양 선택, 주문, 주문처리 상황 확인, 고객지원서비스를 제공하고 있다. Dell은 소비자와 소기업을 대상으로 판매하는 사업부와 자사의 거래기업과 판매하는 사업부의 2개 직접판매 사업부를 두고 Fortune 선정 500대 기업, 501~2,000의 다국적 기업 및 중규모의 선호기업의 3개 목표시장을 타깃으로 하였다. Dell의 직접판매체계는 [그림 9-13]에서와 같이 고객이 인터넷으로 컴퓨터를 주문하면 주문정보가 제조공장으로 전달되어 컴퓨터를 생산하고 전담 배달업체인 FedEx를 통해 고객에게 배달된다. 예를 들어 월요일 아침 9시 Dell의 웹사이트를 통해 주문한 컴퓨터는 부품 공급업체에 전자적으로 주문하고 부품을 공급받아 고객의 요구에 맞추어 제작되어 화요일 저녁 9시경이면 고객에게 배송된다.

Dell의 직접판매모델은 부품 공급업체와 배달업체 등 각 공급사슬의 주체간의 정보흐름을 적시에 원활하게 수행함으로써 사업의 성공을 거두었다. Dell은 부품 공급업체를 공장인근에 위치시켜 필요부품을 적시에 공급할 수 있게 하고 이들과 장기계약으로 부품의 높은 품질수준, 공급의 정확성을 높이는 노력을 기우려 공급업자와 협력관계를 유지하고 있다.

Dell은 고객요구로부터 부품공급자, 제품을 생산하고 고객에게 전달하는 일련의 정보흐름을 Dell's Shared Logistics Center(SLCs)를 중심으로 체계적으로 연결하였다. SLCs는 각 유통단계에서의 정보지연으로부터 발생하는 리드타임을 단축시키고 물류시스템의 원가를 낮추는데 기여하였다. 뿐만 아니라 Dell은 컴퓨터 판매대금을 고객으로부터 24시간 이내에 수령함으로써 30~40일이 걸리는 다른 컴퓨터회사들보다 빠른 현금회전율을 실현했다. Dell의 생산방식은 차별화된 고객집단을 위한 제품군을 만들고 주문을 받으면 쉽게 조립하는 제조용이성을 추구하였다. 또한 고객요구에 맞추어 부품을 수급하여 부품 및 완제품의 재고수준을 낮추는데 초점을 맞추었다.

1990년대 후반까지 Dell은 세계적인 PC붐과 차별화된 물류모델로 연간 40~50% 이상의 매출 신장을 가져왔다. 고객의 주문으로부터 부품의 조달, 생산, 배달 등 새로운 가치사슬 및 고객화의 Dell 신화는 DM, SCM 및 고객화에 대한 사례분석의 대상이 되었다. 그러나 Dell 신화는 시장 등 외부환경으로부터 제동이 걸리기 시작했다. 이 당시 Dell은 시장점유율 확장에 치중하는 전략으로 제품가격을 낮추고, 이에 따라 이익률은 떨어졌다. 2000년대 초기 미국의 경기하락으로 Dell의 성장세는 둔화되고 2002년에는 마이너스 성장을 기록하게 된다. Dell은 매출확대전략을 포기하고 이익률을 높이는 전략을 세웠다. 해외시장 개척, 서버, 프린터, 평면 TV 시장으로 사업다각화를 시도하는 등 조직역량을 집중하고 있으나 변화의 바람을 극복하지 못하고 있다.

그림 9-13 Dell의 직접판매의 체계

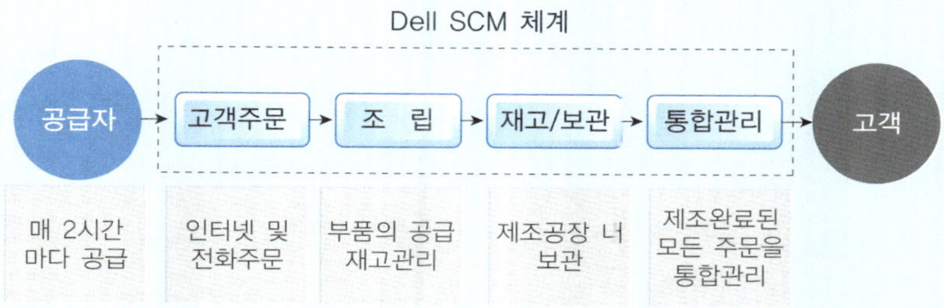

자료 : http://www.dell.com

서비스기업의 공급사슬경영은 서비스를 수행하는 동안에 부수적으로 소요되는 자재에 대한 관리활동을 기능적으로 조정하는 행위이다. 이러한 활동이 효율적으로 이루어지는 경우 서비스품질이나 고객만족에 긍정적인 영향을 미치게 된다. Wisner 등(2002)은 서비스기업의 공급사슬경영은 서비스제공능력, 고객의 대기시간, 유통채널, 서비스품질에 영향을 미치는 것으로 이 문제를 해결하는 것이 공급사슬경영의 핵심이라고 지적하였다.

공급사슬의 계획단계에서는 자원의 구매와 조달기능의 정의, 중개기능과 역할, 아웃소싱, 공급자협력 개발, 공급사슬의 린(lean)화 등의 공급사슬 운영계획에 대한 관리적 활동을 전개한다. 공급사슬 네트워킹 단계에서는 공급자를 선정하고 공급사슬을 체계화하는 단계로서 공급사슬의 각 단계에 대한 기능의 통합과 조정이 필요하다. 즉 공급사슬의 각 단계에 대한 기능의 통합과 조정은 정보시스템에 의해 가능할 것이다. 또한 공급사슬경영의 성과측정의 단계에서는 공급사슬경영의 성과측정 방법, 각 단계에서의 서비스수준, 재고와 품질주준, 정보시스템의 성과, 공급사슬경영의 개선 등에 대한 검토가 이루어져야 한다.

(1) 공급사슬경영의 접근

공급사슬경영을 어떻게 체계화 할 것인가? 이것은 공급사슬경영의 계획, 공급사슬 네트워킹 단계, 공급사슬경영의 성과측정의 단계에서의 접근에 대한 문제이다. 공급사슬경영의 접근방법은 자재의 흐름, 재고, 품질, 정보의 활용, 공급자와의 협력관계, 고객만족, 공급사슬경영의 운영성과, 비용 등 관리적 면에서 어떠한 점을 중시할 것인가에 따라 결정하게 된다.

(2) 공급사슬경영의 이슈

공급사슬경영에서는 복잡한 공급네트워크의 각 단계에서 조정의 문제를 명확하게 하고 정보, 자재 및 서비스기능의 흐름에 대한 적시성을 어떻게 유지할 것인가를 결정해야 한다. 예를 들어 재고수준을 최소화하면서 서비스수준을 최대화 하는 것은 비용을 줄일 수 있다. 고객의 입장에서 복수의 공급네트워크를 유지하는 것은 보다 상호연계성과 복잡성을 높인다. 품질의 관점에서는 공급사슬에 많은 공급자를 참여시키면 복잡성이 높아진다.

(3) 정보시스템의 역할

공급사슬경영은 정보와 재고의 역할에 대한 고려가 필요하다. 공급사슬경영은 공급사슬의 각 단계에서의 정보교환의 구조에 의해 운영된다. 효율적인 정보교환에 대한 신뢰성은 비용, 정보량, 정보전달 시점 및 위치에 따라 결정된다. 공급사슬의 운영효과는 정보시스템의 적시성과 정확성에 바탕을 두고 복잡한 각 단계의 협력관계를 어느 정도 유지하는가에 달려있다.

(4) 재고의 역할

공급사슬경영의 역할은 원재료 등 자재의 공급으로부터 완제품을 고객에게 전달하기까지의 프로세스흐름을 통합적으로 관리하는데 있다. 이러한 일련의 프로세스흐름에 따라 공급되는 재공품(WIP)재고에 대한 공급과 조달, 완제품을 고객에게 어떻게 전달하는가의 문제는 공급사슬경영의 핵심이다. 공급사슬에서는 정확한 수요예측에 의해 각 단계에서 필요한 재고를 보유해야 하며 충분한 안전재고를 유지함으로써 고객만족수준을 높여준다. 공급사슬경영은 정확한 정보에 의해 각각의 자재흐름 단계에서의 자재흐름을 통합적으로 관리함으로써 재고감축의 목표를 이룰 수 있다.

(5) 공급자개발

공급자를 개발하는 것은 공급자의 수, 공급자 평가 및 선정, 공급자 감사 및 구매활동으로 이어지는 일련의 협력체계를 구축하는 것이다. 즉 자원시장이나 거래의 특성에 따라 단일 구매원(sole sourcing)을 할 것인가 또는 다수의 구매원을 대상으로 할 것인가의 결정이 이루어지면 차별성에 따라 공급자를 평가하고 선정하게 된다. 공급자선정에는 재무상태, 인적 숙련성, 생산성, 품질활동, 지속적 개선노력, 가치공유 인식 등에 대한 정성적, 정량적 기준을 적용하는 것이 바람직하다. 공급자개발에는 공급능력을 개선하기 위해 장기간에 걸친 교육훈련과 지원, 품질 등 구매요건에 대한 감사가 요구되며 이에 따라 공급계약 및 구매활동을 수행한다.

(6) 공급자협력관계 강화

공급자와의 협력관계(partnership)를 유지하는 것은 공급자를 개발하고 이들과의 네트워크를 형성하는 전제가 된다. 공급자와의 협력관계를 통해 고객에의 접근성, 지역적 협력관계, 전문성 확보, 서비스수익성 개선, 공급능력 부족의 극복 등의 효과를 얻을 수 있다. 공급자 협력관계에서는 공급자 및 고객 간의 협력의 범위와 수준, 불만에 대한 효율적인 대처, 제한된 자원공급의 조건 등이 주요한 이슈가 된다. 공급사슬경영에서 협력관계는 자재 등의 공급자만이 아니라 운송업자, 창고업자, 도소매와 같은 판매업자 등 공급네트워크 상에서의 중개자(intermediary) 역할을 하는 기능과의 협력관계도 포함된다.

(7) 공급네트워크의 린화

린(lean)사고의 원리는 효과적인 재고수준을 보유하기 위한 의사결정으로부터 출발한다. 린 사고는 고객에게 제공되는 제품이나 서비스생산의 흐름에서 불필요한 요소를 제거한 완벽성의 노력으로 이루어지는 창조적 활동이다. 따라서 린 사고는 궁극적으로 고객에 의해 정의되는 특정한 가치이며 지속적인 가치활동 창조의 흐름이다. 공급네트워크의 린화란 불필요한 재고보유의 낭비적 요인을 제거하는 효과를 나타낸다. 즉 수요에 의한 풀(pull)시스템은 밀어내기식 생산방식의 푸쉬(push)시스템에 비해 필요한 수요의 크기 만큼을 생산함으로써 과다한 생산작업

그림 9-14 서비스부문 공급사슬의 린(lean)화

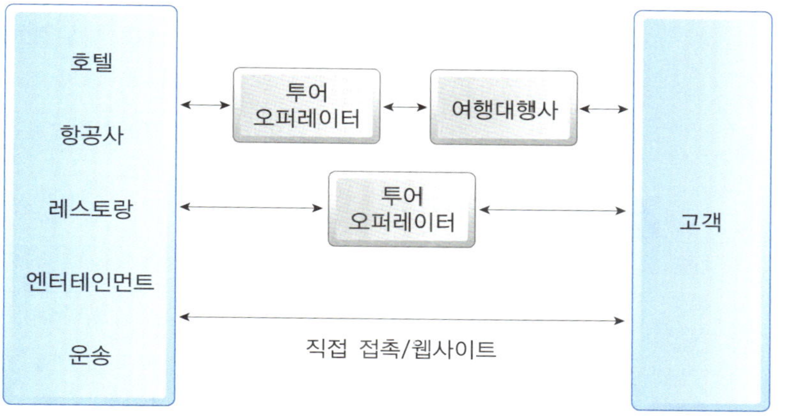

과 재고보유의 낭비적 요인을 예방할 수 있다.

오늘날의 정보기술의 발달은 SCM 내 각각의 객체 간 정보소통을 원활하게 하여 공급네트워크에서의 린화를 촉진하는 계기가 되고 있다.

[그림 9-14]에서와 같이 서비스기업의 고객접점은 직접적인 접촉보다는 정보시스템 등에 의해 간접적 또는 비대면 서비스수준이 높아지고 있음을 볼 수 있다.

4. 공급사슬경영의 성과측정

공급사슬경영이 효과적으로 운영되기 위해서는 공급업체, 생산업체, 유통업체 및 운송, 창고와 같은 아웃소싱업체 등 공급사슬 전체적인 면에서 성과측정이 이루어져야 한다. 공급사슬경영의 성과측정은 프로세스 흐름의 불합리적 요소를 제거하고 낭비적 요인을 줄이는데 있다. 성과측정에는 주요 비용절감요인, 재고수준, 생산성, 품질요인, 공급자 협력관계, 시장변화에 대한 대응수준, 고객서비스수준 등 정성적 요인과 계량적 지표를 활용한다.

공급사슬경영의 성과측정을 위한 지표는 기업의 유형에 따라 차이는 있겠지만 공급사슬을 형성하는 기업을 대상으로 재무지표, 생산운영지표, 프로세스운영지표, BSC성과지표 등을 사용하여 광범위하게 측정한다. 공급사슬경영의 주요 성과측정지표와 내용을 정리하면 〈표 9-2〉와 같다.

표 9-2 공급사슬경영의 성과측정지표

성과측정지표	내 용
재무지표	매출액, 수익률, 시장점유율, 성장성지표
생산운영지표	생산원가, 재고비용, 재고수준, 주문처리 등 리드타임, 생산주기시간, 생산성, 유연성, 품질수준, 개선활동수준, 납품성과, 고객서비스수준, 시장변화에 대한 대응수준, 시장경쟁력, 공급자협력관계
프로세스운영지표	공급사슬의 각 단계에서의 재고수준, 생산성, 유연성, 생산주기시간, 주문처리 등 리드타임, 고객서비스수준
BSC성과지표	재무성과지표, 프로세스성과지표, 인적자원성과지표, 고객활동성과지표

종합사례 및 토의문제 Starbucks의 공급사슬

'Starbucks effect' 라는 새로운 용어를 창출하며 고급 커피업체의 이미지를 대변하는 브랜드로 성장한 Starbucks는 세계 최고의 커피전문회사이다. 1987년 11개의 점포로 시작하여 8년 연속 60%이상의 성장을 이루어 현재 전 세계 60여 개국 1만8천여 매장에서 20만여 명의 직원들이 근무하고 있다.

Starbucks의 성장전략은 관리기술의 지원을 바탕으로 하고 있다. Starbucks는 전 세계적인 커피유통망을 보유하고 있는데 여기서 가장 큰 문제는 물적 유통체계와 유통기간 및 재고에 대한 문제이다. 재고에 대한 문제는 원두, 볶은 커피, 그리고 각 매장에서 판매하는 커피관련 기기나 비품을 대상으로 한다.

Starbucks는 이용고객이 신용카드로 결재를 하는 경우 포인트 혜택을 받을 수 있도록 Starbucks Duetto Visa카드결재와 T모바일처리를 위해 고속무선인터넷접근을 가능하게 하고 있다. 이것은 고객들의 편의성과 구매회수를 늘이는 역할을 한다. 고객의 다양한 요구에 대응하여 Starbucks는 푸라푸치노음료, 아이스크림, 티(tea)소매점인 Tazo Tea의 매수 등 제품 다각화와 새로운 제품개발에 많은 노력을 기우리고 있다. 제품이나 서비스가 늘어날 때마다 재고와 공급사슬의 문제는 더욱 확대되고 있다.

Starbucks의 공급사슬은 전문성, 고객과의 직접 연결, 소매 및 벤처의 활용이라는 세 가지 요소로 구성되어 있다. 즉 Starbucks는 United Airline이나 Nordstrom' s와 같은 전문 소매점과 제휴관계를 맺고 있으며, 직접 판매를 위해 DM을 적극적으로 활용함으로써 고객과 긴밀한 접촉을 하고 있다. 또한 벤처 기업을 활용하여 자사의 브랜드를 혁신적인 제품 출시로 연결하고 있다. Starbucks는 공급사슬을 유기적으로 연결하는 통합된 SCM 운영체계를 유지하고 있다.

또한 Starbucks는 커피라는 아이덴티티를 유지하기 위해서는 커피의 보관, 분쇄, 추출에서 물의 온도와 양까지 엄격한 관리를 하고 있으며 1주일이 경과한 커피는 폐기하고 미리 만들어진 커피는 절대로 팔지 않고 있다. 제대로 된 커피의 맛을 유지하기 위해 직영점판매체제를 고수하고 있다.

Starbucks는 공급사슬을 통해 원재료 재고, 공장의 생산 및 안전재고 현황 등을 리얼타임으로 파악하고 있으며 원재료 구매의 적절성을 위해 각 점포의 일일 매출 및 보유재고 현황을 온라인으로 관리하고 있다. 또한 정확한 수요예측을 위하여 고객이 원하는 모든 유형의 수요에 대응하는 방법보다는 Starbucks가 고객에게 직접 제공하는 제품위주의 공급계획을 수행하고 있다. 이러한 전략을 통해 커피제조 프로세스를 완벽하게 제어할 수 있는 시스템을 갖추게 되었으며 제품의 품질을 향상시키고 효율적인 자원 이용과 불필요한 재료비, 제조간접비 등의 절감을 도모하고 있다.

자료 : http://www.starbucks.com

토의문제

1. Starbucks와 같은 서비스기업에서 재고와 SCM의 중요성은 무엇인가?
2. Starbucks의 재고관리와 SCM의 필요성에 대하여 토론하자.
3. Starbucks의 판매전략에 커피 등 제품원료의 재고와 SCM은 어떠한 영향을 미치는지 토론하자.

용어정리

재고(inventory, stock) 재고는 장래의 수요에 대비하여 보유하는 유휴자원으로 일정기간 동안 보유, 저장, 기록유지되며 자재, 부품, 구성품, 재공품, 완성품, 또는 토지, 현금, 인적자원, 기계설비, 정보 및 서비스 등 기업이 보유하는 각종 자원을 대상으로 함.

재고의 기능 구매, 제조, 판매 또는 프로세스 내에서 조업과 조업을 연결해주는 기능, 고객의 필요 시 자재를 제공해 주는 서비스기능을 수행.

종속수요 하위부품, 구성품의 수요는 최종제품이나 완제품의 수요에 따라 결정됨.

독립수요 최종소비자의 수요를 위해 생산, 판매되는 완제품, 최종제품의 수요.

프로세스재고(process inventory) 생산과정의 흐름에 따라 프로세스와 프로세스를 연결해 주는 재고로서 파이프라인 재고의 의미를 가짐.

럿사이즈 재고(lot-size inventory) 한 번에 주문, 생산하는 량에 따라 일정 사이클 동안 보유하는 재고로서 반복적인 주문과 생산으로 순환재고의 의미를 가짐.

변동재고(fluctuation stock) 불확실한 수요변동에 대비하여 보유하는 재고.

안전재고(safety stock) 리드타임 동안의 최대수요에 대비하여 보유하는 재고.

재고비용 자재의 구매 시 주문비용, 재고보유비용, 재고품가액, 재고부족비용, 제조하는 경우 제조준비비, 재고보유비용, 제조비, 재고부족비용으로 구성.

경제적 주문량(EOQ)모형 재고비용을 최소화 하는 주문량결정모형.

경제적 생산량(EPQ)모형 리드타임을 고려하여 생산량과 수요량의 관계에 따라 재고비용을 최소화하는 생산량결정모형.

고정주문량시스템(fixed order quantity system) 경제적 주문량과 재주문점에 기초를 두고 재고수준이 주문점에 이르면 일정량을 주문하는 재고관리시스템.

고정주문간격시스템(fixed order interval system) 일정 검토시점에 수요변화에 따라 사전에 정해진 최대재고수준과 검토시점의 보유재고량의 차이로 주문량을 결정하는 재고관리시스템.

단일기간 재고모형(single period inventory model) 재고잉여비용과 재고부족비용에 의해 이들 비용이 최소화되는 주문량과 재고수준을 결정하는 모형.

가치사슬(value chain) 자재의 공급자로부터 생산자, 고객에 이르기까지 재화의 흐름에 의한 가치전달 시스템.

공급사슬경영(SCM) 가치사슬활동의 관점에서 원재료 공급업체로부터 소비자에 이르기까지 상품, 정보, 서비스의 흐름을 통합적으로 관리함으로써 공급사슬의 흐름을 개선하여 각 단계에서 최적한 재고를 유지하고, 리드타임을 단축시키고, 높은 품질의 제품과 서비스를 제공하는 경영시스템.

공급사슬경영의 성과측정지표 공급사슬을 형성하는 기업을 대상으로 재무지표, 생산운영지표, 프로세스운영지표, BSC성과지표 등을 사용하여 측정.

연습문제

1. 서비스는 재고를 유지하지 못하지만 서비스기업에서 재고관리가 필요한 이유는 무엇인가?
2. 경제적 주문량 및 경제적 생산량 결정을 위한 모형화에는 어떠한 가정을 전제 하는가?
3. 대형할인점은 약 4만종의 상품을 취급한다. 어떠한 재고관리시스템을 적용하는 것이 효율적인가에 대하여 토의하자.
4. 서비스기업에서 공급사슬경영을 적용하는 경우 어떠한 이점을 기대할 수 있는가?
5. 공급사슬경영에서 성과측정지표는 왜 필요한가?

참고문헌

김길선 외(2011), 생산시스템운영관리, 법문사.

Lee, H. L., V. Padmanabhan & S. Whang(1997), "The Bullwhip Effect in Supply Chains," *Sloan Management Review*, 38(3), pp.93~102.

Porter, M. E.(1998), *Competitive Strategy: Techniques for Analyzing Industries and Competitors*, The Free Press.

Riggs, James L.(1981), *Production Systems: Planning, Analysis, and Control* (3rd ed.), McGraw-Hill.

Tersine, Richard J.(1994), *Principles of Inventory and Materials Management*(4th ed.) Prentice-Hall.

Wisner, Joel D., G. Keong Leong, & Keah-Choon Tan(2002), *Principles of Supply Chain Management*, Thomson.

http://www.dell.com

http://www.starbucks.com

http://www.tradejoes.com

제 · 1 0 · 장

서비스로지스틱스와 서비스시설의 입지선정

학 | 습 | 목 | 표

본 장에서는 다음과 같은 내용의 이해를 목표로 한다.

- 서비스로지스틱스의 의의
- 서비스로지스틱스운영과 최적화
- 서비스시설의 입지선정
- 서비스시설의 입지요인과 입지선정
- 서비스시설의 입지의 특징과 경향

사례 커피전문점의 성장과 입지의 특징

커피전문점은 최근 몇 년간 외식·창업계에서 가장 호황을 누린 업종의 하나이다. 삼성경제연구소에 따르면 국내 커피전문점 매장 수는 2008년 6000여개에서 2011년 말 현재 9400여개로 4년 만에 1.5배 이상 증가했다. 커피전문점의 성장은 원두커피에 대한 수요가 높아졌기 때문이다. 식품의약품안전청 자료에 의하면 원두 수입량은 2001년 7만 6757t에서 2011년 10만 8918t으로 1.4배, 금액 기준으로는 2001년 6,415만달러에서 2011년 4억 8,906만달러로 7.6배 증가했다. 국내 커피 시장도 2005년 이전만 해도 인스턴트커피와 원두커피의 비율이 95대 5 수준이었으나 최근에는 80대 20 수준으로까지 높아졌다.

커피전문점은 비교적 운영이 용이하고 수익성이 높다고 알려진 것도 창업을 부추키는 요인이 되고 있다. 여기에 카페베네, 엔제리너스, 할리스, 탐앤탐스 등 커피브랜드들이 적극적인 매장 확장을 통해 커피전문점의 창업 수요층을 끌어들였다. 특히 카페베네는 연예인을 CF모델로 기용하여 지속적인 간접광고(product placement) 등 스타 마케팅을 전개하여 인지도를 끌어올리며 2008년 매장 17개에서 2012년 900개 이상으로 급성장하였으며 국내 커피브랜드로 미국, 중국 등 해외 커피시장을 공략하고 있다. 중국, 동남아, 중동 등 해외진출은 탐앤탐스 등 커피브랜드에서도 적극 추진하고 있는 것으로 알려지고 있다.

그러나 커피전문점의 성장은 포화기를 넘어 쇠퇴기에 들어가고 있다는 우려도 있다. 실제로 카페베네의 매출증가세가 둔화된 것이나 엔제리너스, 할리스커피 등의 주요 브랜드들의 영업실적도 호황이 아닌 것으로 분석되고 있다. 시장의 외부환경 면에서도 가맹점의 상권침해 논란, 매장 임차료부담의 증가, 캡슐커피 시장의 성장, 에스프레소 커피머신 보급, 인스턴트 원두커피 등 원두커피를 접할 수 있는 방법이 다양해지는 것도 커피전문점에게는 부담으로 작용하고 있어 지속적인 매장 확대가 어려워질 전망이다. 앞으로 커피전문점의 성장은 입지선정에 좌우될 것으로 보는 견해가 지배적이다. 예를 들어 스타벅스는 지난해부터 입지에 따라 특성화 매장을 도입, 객단가를 높이는데 주력하고 있다. 서울 시청플러스점과 동부이촌동점을 식사대용 메뉴들을 출시하여 식품강화 매장으로 리뉴얼했다. 분당 서울대병원점은 상권 특성에 맞게 죽을 판매하고 있다.

커피전문점의 성장과 관련하여 개개 점포의 운영관리의 문제 이외에도 유통과 관련하여 커피 및 자재의 유통과 관련되는 문제, 커피전문점의 프랜차이징에 관한 문제, 커피전문점 입지선정에 대한 문제 등을 안고 있는 것으로 분석되고 있다.

제 1 절 서비스로지스틱스

1. 서비스로지스틱스의 의의

어의적 의미로 로지스틱스(logistics)란 원료로부터 완제품에 이르기까지 재화의 흐름을 관리하는 기능을 뜻한다. 서비스로지스틱스란 서비스 생산자로부터 이를 이용하는 고객이나 시장으로 전달하는 서비스배분시스템(distribution system)의 체계와 기능을 의미한다. 또한 넓은 의미에서는 서비스에 사용되는 자재가 공급자로부터 서비스시설, 서비스 생산자로 이동하는 기능을 포함한다. 또한 서비스로지스틱스에서 중요하게 고려되는 사항은 서비스시설을 어디에 위치시킬 것인가의 결정이다. 서비스시설의 입지결정문제는 서비스운영으로 발생하는 비용과 이익에 직접적으로 영향을 미치기 때문이다.

서비스로지스틱스의 체계에 대하여 미국 내 GM의 부품판매망의 예를 들어 보자. GM의 부품판매는 [그림 10-1]에서와 같이 Flint에 위치한 전국적 배분통제센터에서 Baltimore, Lancing, Fremont 등 동부, 중부, 서부 등 권역별 배분센터로 이동되고, 각 권역별 배분센터에서는 인접한 도시에 위치한 지역별 최종소비지의 배분센터를 통해 고객에게 공급된다. GM의 부품판매망에서는 자동차부품과 같은 자재의 이동만이 아니라 중앙의 전국적 배분통제센터에서 통합된 재고통제기능을 수행한다. 즉 전국적 배분통제센터로부터 권역별, 지역별 배분센터로 이어지는 로지스틱스체계는 전반적인 자재의 흐름과 각 단계에서의 재고파악을 할 수 있다. 이에 따라 GM의 부품판매망은 부품의 공급을 담당하는 협력업자로부터 소비자에 이르기까지 원활한 공급사슬경영(SCM)의 역할을 수행한다.

GM 부품판매망의 예에서 볼 수 있듯이 서비스로지스틱스를 효율적으로 운영하기 위해서는 각각의 배분센터를 어느 지역에 위치시킬 것인가, 부품의 재고수준이나 주문시점의 결정, 부품의 수송방법과 수송수단을 결정하고 로지스틱스 비용을 분석하여야 한다. 서비스로지스틱스의 운영에서는 다음과 같은 내용을 포함한다.

그림 10-1 서비스로지스틱스의 체계 : GM의 부품판매망

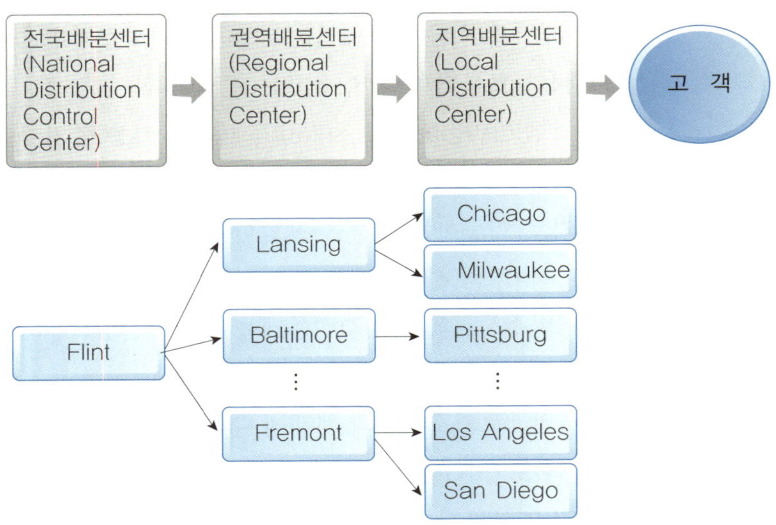

- 서비스전달방식 : 고객접촉과 형태
- 서비스배분시스템의 구조 : 서비스유통경로와 단계
- 서비스시설의 입지 : 서비스창출과 서비스자재의 저장을 위한 입지
- 서비스시설에서의 재고 : 서비스자재의 취급과 재고시스템 운영
- 서비스배분시스템에서의 서비스기능과 자재흐름의 조화
- 서비스배분시스템의 비용분석

2. 서비스배분시스템의 운영

사례 COSTCO의 물류체계

1976년 미국 San Diego 인근에서 창고형 대형할인점으로 창업한 Price Club은 1983년 Seattle에서 창업한 COSTCO와 합병하여 전국적인 네트워크를 갖는 대기업으로 성장하였다.

1993년 영국에 진출을 한 이후 일본, 캐나다, 멕시코, 한국 등으로 매장을 확대하여 2010년 현재 8개국에 573개의 매장을 보유하고 있다. 2001년 코스트코 온라인(Costco Online)을 개설하였다. 미국에서 코스트코의 경쟁업체로는 샘스 클럽(Sam's Club)과 비제이스 홀세일 클럽(BJ's Wholesale Club)이다. 샘스 클럽이 코스트코보다 더 많은 유통창고를 가지고 있지만, 전체 매출액규모에서는 코스트코가 더 크다.

2013년 현재 전 세계 630여 점포에서 640억 달러의 매출을 올리고 있다. COSTCO는 미국 내 12개 물류센터를 중심으로 450여개 점포에 상품을 공급하는 로지스틱스 체계를 유지하고 있으며 일부 품목은 해외의 180여개 점포에도 공급하고 있다. 각 물류센터는 1,500㎞ 범위 내의

지역점포에 상품을 공급하고 있으며 상품의 수송은 주로 트럭에 의존하고 있는데 상품에 따라서는 항공수송도 하고 있다.

COSTCO의 시장확대는 저렴한 비용으로 대량구매를 원하는 개인 고객을 대상으로 하지만 창고와 점포간의 물류문제를 초래하고 있다. 즉 각 지역별 물류센터로부터 각 도시에 산재하고 있는 점포에 상품공급을 위한 로지스틱스 운영에는 다음의 문제가 나타나고 있다.

- 로지스틱스 체계의 운영방법
- 물류센터의 입지
- 다양한 상품의 수송방법
- 물류센터 및 점포별 상품의 재고유지
- 고객서비스수준

자료 : http://costco.com

위의 COSTCO의 로지스틱스 운영의 문제는 Wal Mart, Tesco, Toys R Us, 우리나라의 E-마트, 홈플러스, 롯데마트 등에서도 같은 문제가 나타날 수 있다. 대형판매점의 로지스틱스 운영의 문제는 서비스배분시스템의 운영의 문제와 동일하다. 서비스배분시스템의 운영은 배분시스템의 운영체계, 서비스자재의 수송, 서비스자재의 재고에 대한 문제가 중요한 요인이 된다.

첫째, 서비스배분시스템의 운영체계에 대한 문제는 집중화 된 서비스시스템인가, 분산적으로 운영되는 시스템인가의 유형으로 나누어진다. 분산적으로 운영되는 배분시스템은 서비스에 관련되는 자재의 재고 추적이 복잡하며 특히 수요의 변화에 따라 최적 재고를 보유하는 문제는 매우 어렵다. 경우에 따라서는 개별배분센터의 이익을 위한 매점적 재고보유의 우려도 나타난다. 이에 비해 집권적 서비스배분시스템의 운영은 수요변화에 즉각적으로 대응하기가 어렵다는 문제가 발생할 수 있다.

둘째, 서비스자재의 수송에 대한 문제에는 수송방법과 수송에 소요되는 비용이 고려되어야 한다. 수송비용의 문제에서는 대량수송, 고객에게 직접적으로 하는 수송, 집중적인 수송, 그리고 배분시스템의 단계가 적을수록 수송비의 소요가 적다는 것이 일반적인 견해이다. 이것은 배분시스템의 단계가 이동함에 따라 자재취급비용이 추가되기 때문인데 서비스자재의 수송방법은 배분시스템의 위치와 서비스자재의 특성에 따라 달라진다. 즉 광범위한 지역의 수요를 포함하거나 수명주기가 짧은 상품의 경우 수송 및 취급의 문제가 자재의 수송비에 큰 영향을 미칠 수 있다. 또한 수송비는 트럭, 철도 등 육상운송, 선박을 이용하는 해상운송, 항공운송 등 운송수단과 수송거리, 물동량 등의 요인에 의해 결정된다.

셋째, 서비스자재의 수요와 관련하여 수요가 안정적이지 못할 경우 또 다른 관리적 문제가 나타난다. 일반적으로 도시나 지역의 수요는 기업 전체의 수요에 비해 불규칙적인 형태를 나타낸다. 즉 한 지역의 서비스수요가 평균 이상으로 나타나면 다른 지역의 수요는 평균 이하의 수준을 나타내게 된다. 이것은 기업전체의 수요가 일정한 수준으로 안정되어 있다고 해도 지역별 배분센터 간의 수요는 차이가 있음을 의미하는 것이다. 이에 따라 수요변동에 대비하여 보유하는 안전재고수준은 분산적 서비스시설의 경우 집중적 서비스시설의 안전재고보다 높게 유지해야 한다.

3. 서비스배분시스템과 재고관리

서비스배분시스템에서의 서비스자재에 대한 재고관리는 공급사슬경영(SCM)의 원리를 적용하는 것이 효과적이라 할 수 있다. 즉 서비스운영에서 관련되는 서비스자재의 공급과 서비스생산 및 고객에게 전달하는 각각의 단계를 공급사슬경영의 단계로 하여 관리할 수 있다. 서비스배분시스템에서 공급사슬경영의 원리를 적용하는 데에는 다음의 요인이 정의되어야 한다.

- 서비스배분시스템에서의 재고기능 : 공급사슬경영의 상위단계에서는 하위단계의 재고를 포함한다. 즉 전국적 배분센터의 재고는 권역별 배분센터의 재고를 포함하고 권역별 배분센터의 재고는 지역과 도시의 재고를 포함한다.
- 서비스자재의 재고수준 : 서비스배분시스템의 각 단계에서 수요예측에 의해 적정 재고수준을 유지한다. 이에 따라 주문시점 및 주문량을 결정한다.
- 서비스자재의 수요변동과 불규칙적인 주문 : 수요변동에 따라 서비스배분시스템의 각 단계에서 주문량을 결정하여 적정재고수준을 유지한다. 필요에 따라 적정한 안전재고를 유지한다.
- 서비스자재의 주문량과 재주문점 : 수요의 크기 및 변화패턴, 조달기간 및 안전재고 등을 고려하여 적정한 주문량을 결정하고 재고관리시스템 및 주문방법을 결정한다.
- 리드타임 : 주문품목의 조달기간 및 보유재고의 사용기간 등을 결정한다. 리드타임은 안전재고의 크기, 주문시점의 결정에 영향을 미친다.
- 서비스재고관리시스템 : 자재의 특성과 주문환경에 따라 주문량과 주문시간의 두 가지 면에서 고정주문량시스템과 고정주문간격시스템을 선택하여 적합한 재고관리시스템을 운영한다.

서비스배분시스템에서는 자재흐름의 각 단계를 구분할 수 있으며 각 단계에 따라 수요의 크기와 수송시간이 결정된다. 만일 자재흐름의 각 단계에서 수요의 크기를 기간별로 파악할 수 있다면 자재소요계획(MRP)의 원리를 적용할 수 있다. 즉 시간의 경과에 따라 서비스자재의 로지스틱스 단계에서의 수요의 크기와 수송시간이 결정된다면 배분소요계획(distribution requirements planning; DRP)에 의한 서비스자재의 관리가 가능하다.

자재소요계획은 하위의 부품으로부터 완제품으로 제품화 되어나가는 단계로 계획이 전개되는데 비하여 배분소요계획은 자재의 공급지로부터 수요지로 자재이동이 전개된다. 배분소요계획은 다음의 시점관행을 전제로 한다.

- 주문은 계획기간 초기에 발생한다.
- 주문한 자재의 입고는 계획기간 초기에 이루어진다.
- 소요량은 계획기간 기말까지의 수요의 크기를 나타낸다.

예 제

배분소요계획(DRP)의 전개

GM의 부품판매망에서 각 단계별 배분소요계획을 수립하기 위해 DRP표를 나타내면 〈표 10-1〉과 같다. 이 표에서 계획기간의 시간대는 주(week)단위이며 배분소요계획의 단계는 전국배분센터 Flint로부터 권역별 배분센터 Baltimore, Lansing, Fremont로 자재이동이 이루어지며 권역별 배분센터 Lansing에서 지역 및 배분센터 Chicago 등 각 도시의 배분센터를 통해 최종 소비자에게 자재이동이 단계적으로 이루어진다.

① 전국배분센터 Flint의 EOQ는 200단위, 리드타임은 1주이며, 권역별 배분센터 Baltimore, Lansing, Fremont의 EOQ는 각각 40단위, 80단위, 50단위이며 리드타임은 각각 1주, 1주, 2주이며 지역배분센터인 Chicago는 EOQ가 50단위, 리드타임은 1주이다.
② 계획기간 이전에 전국배분센터 Flint의 재고보유량은 190단위, 권역별 배분센터 Baltimore, Lansing, Fremcnt는 각각 100단위, 60단위, 50단위, 지역배분센터 Chicago는 50단위의 재고를 유지하고 있다.
③ 전국배분센터 Flint의 소요량(requirements)은 권역별 배분센터 Baltimore, Lansing, Fremont의 주문발주량을 합한 수량이며 권역별

배분센터 Lansing의 소요량은 Chicago의 주문발주량과 Chicago 이외 지역의 수요를 합한 수량이다.

④ 권역별 배분센터와 지역배분센터의 주문발주량(order placement)은 EOQ의 크기만큼 주문되며 각각의 리드타임에 소요되는 기간 이전에 주문발주가 이루어진다.

⑤ 예정입고량(scheduled receipts)은 주문발주가 이루어진 이후 리드타임이 경과한 다음에 입고된다.

⑥ 계획기간별 재고량은 소요량을 뺀 수량이다.

표 10-1 배분소요계획(DRP)의 전개

전국적 배분센터 (Flint)		1	2	3	4	5	6	7	8주
품목:A LT:1주 EOQ:200	소요량	40	130	80	50		120		
	주문발주		200			200			
	입고량			200			200		
	재고량	150	20	140	90	90	170	170	170

권역별 배분센터 (Baltimore)		1	2	3	4	5	6	7	8주
품목:A LT:1주 EOQ:40	소요량		60		50			50	
	주문발주	40					40		
	입고량		40					40	
	재고량	100	80	80	30	30	30	20	20

권역별 배분센터 (Lansing)		1	2	3	4	5	6	7	8주
품목:A LT:1주 EOQ:80	소요량	10	10	80	50	50		30	
	주문발주		80	80			80		
	입고량			80	80			80	
	재고량	50	40	40	70	70	20	70	70

권역별 배분센터 (Fremont)		1	2	3	4	5	6	7	8주
품목:A LT:2주 EOQ:50	소요량			20	70		60		
	주문발주		50		50				
	입고량				50		50		
	재고량	80	80	60	40	40	30	30	30

지역별 배분센터 (Chicago)		1	2	3	4	5	6	7	8주
품목:A LT:1주 EOQ:50	소요량	10	20	10	15	20	30		15
	주문발주			50		50			
	입고량				50		50		
	재고량	40	20	10	45	25	45	45	30

4 서비스로지스틱스운영의 최적화

(1) 서비스로지스틱스의 변화

오늘날 웹사이트와 인터넷 등 정보통신기술의 발달과 정보통신서비스의 일반화는 서비스로지스틱스의 변화에 가장 큰 영향을 미치고 있다. 예를 들어 소비자의 일상적인 상품구입에 있어서도 오프라인쇼핑으로부터 온라인쇼핑, 인터넷쇼핑으로부터 모바일쇼핑으로 변화하고 있음을 볼 수 있다. 같은 정보통신서비스의 환경 하에서 인터넷쇼핑은 컴퓨터 앞에 앉아 상품을 구입하고, 인터넷시장을 볼 수 있지만 모바일 쇼핑은 고객이 이동 중 어디서나 쇼핑이 가능하다. 이것은 불과 몇 년 사이에 스마트폰의 대량보급에 따라 쇼핑의 변화, 나아가 로지스틱스의 변화를 가져온 것이라 할 수 있다.

예를 들어 프랜차이징에 의해 운영되는 외식서비스의 경우 인터넷에 의한 식자재의 주문이 이루어지면 식자재 공급센터에서는 24시간 이내에 각 매장에 식자재를 공급하는데 여기서 가장 최적한 수송경로, 수송시간, 수송방법, 식자재 공급센터의 입지에 대한 문제 등이 나타난다. 서비스로지스틱스와 유통센터 등의 입지문제는 대형할인점, 택배서비스, 인터넷쇼핑몰 등의 서비스 등에서 관심의 대상이 되고 있다.

Heskett(1996)에 의하면 서비스기업의 글로벌화에 따라 다수지역(multi-site)으로 서비스네트워크가 확장되고 이것은 서비스로지스틱스에 가장 큰 영향을 미치는 것으로 보고 있다. 서비스로지스틱스의 변화는 서비스시설의 입지에까지 영향을 미치고 있을 뿐 아니라 서비스기술의 발달에 의해 서비스인카운터를 변화시키고 서비스비용의 저렴화를 촉진시키고 있다. 오프라인에 의한 고객접촉은 웹사이트, 이메일, 온라인 대화, GPS와 같은 정보기술에 의해 서비스제공자와 고객이 직접적으로 접촉할 수 있도록 진화되고 있으며 경우에 따라서는 고객의 편의에 의해 고객이 이를 통제할 수 있도록 운영되고 있다. 이러한 운영사례는 Benneton, Amazon, L. L. Bean과 같은 유통기업의 물류시스템에서 찾아볼 수 있다.

그러나 몇몇 연구에서는 서비스운영기능을 정보시스템의 기술적 발전에 적절하게 적용하는데 한계를 보이고 있다고 지적하고 있다. 개별 온라인주문에 대한 일괄처리방식(batch)의 수송방법, 재고유지와 자재의 운송비용, 정보시스템에 의한 서비스와 종래의 오프라인서비스의 병행 등은 서비스제공자가 해결해야 할 과제들이다.

(2) 서비스로지스틱스운영의 최적화와 수송모형의 적용

수송법(transportation method)은 다수의 공급지로부터 다수의 수요지로 이동되는 로지스틱스 상의 수송문제를 분석하는 방법이다. 수송법은 각 공급지에서의 공급량을 수요지의 수요량에 맞추어 총 수송비를 최소화하는 수송량 결정방법으로 이를 입지결정에 활용할 수 있다.

예를 들어 전국 각 도시에 산재해 있는 대형마트에 공급할 상품의 유통네트워크를 효율적으로 운영하기 위해서는 전국을 몇 개 권역으로 나누어 권역별 유통창고를 입지한다. 이 때 권역별 유통창고후보지에서

표 10-2 수송표

까지 부터	Ⅰ 매장	Ⅱ 매장	Ⅲ 매장	공급량
A창고	8 X_{11}	5 X_{12}	6 X_{13}	120
B창고	15 X_{21}	10 X_{22}	12 X_{23}	80
C창고	3 X_{31}	9 X_{32}	10 X_{33}	80
수요량	150	70	60	280

각각의 매장점포로 수송되는 물동량과 단위당 수송비를 분석하여 〈표 10-2〉와 같은 수송표를 만들고 이를 통해 최소의 수송비용을 실현하는 수송방법을 찾아낼 수 있으며 입지의 최적성을 평가할 수 있다.

위의 수송표 자료에 의한 선형계획모형은 다음과 같다. 수송문제를 선형계획법으로 모형화 하는 경우 목적함수는 각각의 공급지(창고)로부터 수요지(매장)로 이동하는 물동량의 총 수송비를 최소화 하는데 있다. 제약조건은 각각의 공급지의 공급량과 각각의 수요지의 수요량으로 나타낸다. 위의 수송표에 의해 선형계획모형을 구성하면 다음과 같다.

minimize $Z = 8X_{11} + 5X_{12} + 6X_{13} + 15X_{21} + 10X_{22} + 12X_{23} + 3X_{31} + 9X_{32} + 10X_{33}$

subject to $X_{11} + X_{12} + X_{13} = 120$ (공급량에 대한 제약조건)

$X_{21} + X_{22} + X_{23} = 80$

$X_{31} + X_{32} + X_{33} = 80$

$X_{11} + X_{21} + X_{31} = 150$ (수요량에 대한 제약조건)

$X_{12} + X_{22} + X_{32} = 70$

$X_{13} + X_{23} + X_{33} = 60$

$X_{ij} \geq 0$

표 10-3 northwest corner 법에 의한 최초해

부터 \ 까지	Ⅰ매장	Ⅱ매장	Ⅲ매장	공급량
A창고	8 (120)	5	6	120
B창고	15 (30)	10 (50)	12	80
C창고	3	9 (20)	10 (60)	80
수요량	150	70	60	280

그러나 이 수송문제의 선형계획모형은 의사결정변수가 9개인데 비해 제약조건식이 6개이므로 선형계획법으로 해를 구할 수 없다. 따라서 최초의 해를 구하고 이를 통해 총 수송비가 최소가 되는 수송방안을 찾아나가는 과정을 반복하여 최적해를 구한다. 수송법은 다음의 단계로 최적해를 유도한다.

• **단계 1**

수송표를 작성한다. 수송표는 각 창고에서 각 매장으로 수송되는 물동량을 공급량과 수요량으로 하여 단위당 수송비를 나타낸다.

• **단계 2**

최초해(initial solution)를 구한다. 최초해는 northwest corner 방법, minimum cell-cost 방법, Vogel의 접근법 등으로 구할 수 있다.

northwest corner 방법에 의해 최초해를 구하는 경우 〈표 10-3〉과 같이 A창고로부터 Ⅰ매장에 120단위의 물량을 최대로 수송하고 Ⅰ매장의 나머지 수요 30단위는 B창고로부터 공급받는다. B창고의 나머지 공급량 50단위는 Ⅱ매장에 수송하고 Ⅱ매장의 나머지 수요 20단위는 C창고로부터 공급받고 C창고의 나머지 공급량 60단위는 Ⅲ매장에 수송한다. 최초해는 이와 같은 방법으로 공급량과 수요량에 맞추어 각 창고에서

각 매장에 수송량을 할당한다.

• **단계** 3

최초해로부터 각 창고에서 각 매장에 수송되는 비용을 산정하고 총 수송비를 최소화하는 비용개선의 대안을 찾아 수송비용을 평가하고 수송표를 수정한다. 수송표에서 수송비용의 개선은 단계법(stepping stone method)이나 수정배분법 (modified distribution method)을 사용한다.

단계법은 최초해에 의해 배정된 수송량을 배정이 안 된 수송지역에 배정할 때 수송비가 감소하는가의 여부를 비용개선지수를 통해 평가해 나가는 방법이다. 이 때 배정이 안 된 수송지역의 비용개선지수가 가장 큰 수송지역에 최대량을 배정하며 수송비의 개선이 될 때까지 이 과정을 반복한다.

수정배분법은 최초해에서 배정이 안 된 수송지역의 비용개선지수를 구해 수송비의 최소화(비용개선)가 큰 수송지역에 최대량을 배정하여 총 수송비를 최소화해 나가는 방법으로 총 수송비가 개선이 될 때까지 이 과정을 반복한다.

• **단계** 4

총 수송비용이 최소가 되는 최적허를 찾을 때까지 이 단계를 반복한다.

5. 서비스로지스틱스와 프랜차이징

서비스로지스틱스의 효율적인 운영은 서비스시장을 확대하는 수단이 될 수 있다. 단순하게 서비스시장을 확대하려는 노력보다는 서비스로지스틱스의 경로를 다양하게 하는 것이 보다 높은 성과를 얻을 수 있다. 서비스시장을 확대하는 방법은 많은 고객을 확보하기 위해 지점을 설치하고 프랜차이징을 통해 영업망을 넓혀나가거나 판매의 자동화, 오프라인 판매로부터 온라인 판매와의 병행 등 판매채널을 다양화 하는 방법을 고려할 수 있다.

오늘날 호텔, 외식, 커피전문점, 주유소, 편의점 등 다양한 서비스에서 서비스시장을 확장하기 위해 프랜차이징(franchising)의 방법을 사용한다. 프랜차이징은 가장 빠른 시간 내에 서비스시장을 확장할 수 있으며 시장경쟁 면에서 시장선점전략이라고 할 수 있다.

프랜차이징은 프랜차이저(franchiser)의 서비스 및 서비스시스템, 서비스표준 및 기법, 서비스브랜드 등을 프랜차이지(franchisee)에게 일정한 협약에 의해 제공하는 것을 의미한다. 따라서 프랜차이저는 지역적으로 서비스시장의 확대가 어려울 때 프랜차이지의 시설투자와 자본으로 서비스판매를 대행시킬 수 있다. 상대적으로 프랜차이지는 프랜차이저가 개발한 서비스, 서비스규격, 서비스품질, 광고 및 판매촉진, 교육을 공유할 수 있어 이에 소요되는 노력과 시간을 경감할 수 있다.

프랜차이징의 이점은 다음과 같다.

- 프랜차이저의 자본투자위험 감소
- 서비스내용, 서비스업무, 서비스제공시스템의 표준화
- 공동의 교육자료, 공동교육에 의한 프랜차이지의 교육
- 공동의 브랜드사용으로 서비스시장 확장이 용이
- 프랜차이저 입장에서 업무의 경감, 간소화
- 프랜차이지의 인건비, 자재비 부담으로 프랜차이저의 고정적 경비 절감
- 규모의 경제에 의한 광고, 프로모션
- 프랜차이지가 사업장 비용통제 및 경영책임을 가짐
- 사업의 지속성이 높고 위험성의 분산이 가능

그러나 프랜차이징의 양자 간의 계약관계에서는 많은 분쟁이 발생하고 있다. 소비자원에 제소된 프랜차이징의 분쟁은 연간 300~500건에

달하고 있다. 정부에서는 2013년 기존의 가맹점법을 강화하여 프랜차이지의 권익보호에 치중하고 있다. 프랜차이징에서의 분쟁을 최소화하기 위해서는 프랜차이저와 프랜차이지의 이해조정이 필요하다. 즉 서비스 프랜차이징에 대한 협조와 계약준수, 계약기간, 로열티, 광고, 직원교육, 자재조달의 협력과 지속성, 그리고 사업성과를 높이기 위한 상호노력이 따라야 한다.

제 2 절 서비스시설의 입지선정

서비스시설의 입지(location)란 서비스시스템의 고객접점, 기계설비 등 시설을 위치시킬 장소를 결정하는 것이다. 서비스시설의 입지는 서비스기업의 확장 또는 이전이 필요할 때 이루어진다. 따라서 새로운 서비스시설의 입지는 시장, 자원의 확보, 공급자, 고객에게 영향을 준다.

서비스시설의 입지선정은 서비스시설의 성격이나 입지결정에 미치는 영향요인에 따라 결정한다. 백화점, 은행, 레스토랑, 커피전문점 등의 입지에서 볼 수 있듯이 대부분의 서비스기업은 고객의 접근성에 따라 입지를 한다. 종합병원과 같은 응급시설의 입지는 가급적 한 지역의 많은 인구를 포괄하는 범위 내에서 결정하고 대형 창고와 같은 물류시설은 유통네트워크를 고려하여 입지를 결정한다.

1. 서비스시설의 입지선정절차

서비스시설의 입지선정은 [그림 10-2]에서와 같이 서비스기업의 특징과 전략적 계획에 따라 타당성분석, 입지요인의 분석과 평가, 입지대안의 개발과 선정의 단계를 거쳐 결정된다.

그림 10-2 서비스시설의 입지선정 절차

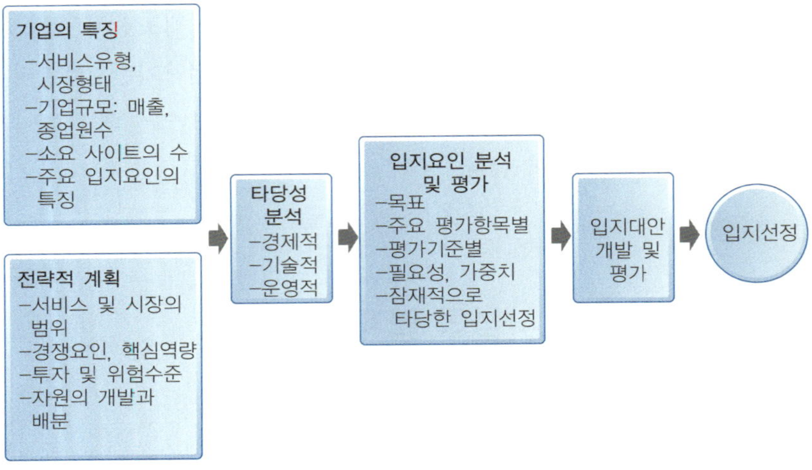

(1) 서비스기업의 특징과 전략적 계획분석

서비스시설의 입지선정의 첫째 단계는 서비스기업의 특징과 전략적 계획을 분석하는 단계로서 현재의 서비스로부터 새로운 서비스시설의 필요성을 발견하기 위해 수행된다. 서비스기업의 특징으로는 서비스의 유형, 시장의 형태, 매출규모, 종업원의 수, 소요 사이트의 수, 주요 입지요인의 특징 등을 포함한다. 또한 서비스수요의 증가, 서비스 및 시장의 범위, 경쟁요인, 핵심역량, 투자 및 위험수준, 자원의 확보와 배분 등 서비스기업의 전략적 계획을 검토한다.

이러한 서비스기업의 특징과 전략적 계획의 분석은 서비스기업에 따라 적절한 요인을 대상으로 한다. 호텔의 입지선정에서는 서비스수준, 매출규모, 종업원의 수, 현재의 입지환경, 핵심역량과 경쟁전략, 투자 및 자원확보 등에 대한 검토가 필요하다. 신규로 은행의 지점을 개설하는 경우 주요 경쟁관계, 고객, 교통요인 등 상권분석에 따라 입지를 결정한다.

(2) 타당성분석

새로운 서비스시설의 필요성이 인정되는 경우 예비적 타당성분석에 따라 구체적인 입지타당성을 검토한다. 구체적인 입지타당성분석이란 새로운 서비스 및 시설의 경제적, 기술적, 운영적 타당성분석을 의미한다. 입지문제는 막대한 투자가 요구되고 장기적인 면에서 고려되어야 하므로 투자와 수익에 대한 경제적 타당성분석이 이루어져야 한다. 경제적 타당성분석에는 장기적 투자에 대한 미래의 불확실성과 위험성분석이 필요하다. 또한 기존 서비스시설의 확장이나 새로운 시설에서의 서비스제공에 필요한 서비스기술의 적용과 운영에 대한 타당성검토를 병행함으로써 실제 서비스운영의 가능성을 보장할 수 있다.

(3) 입지요인 분석 및 평가

입지요인의 분석 및 평가단계는 입지선정의 목표, 주요 입지요인, 입지평가기준, 입지요인 등을 분석하고 평가하는 단계이다. 입지선정의 목표가 기존의 서비스공급능력을 확대하기 위해서인가, 기존의 서비스시장을 확대하기 위해서인가, 서비스에 소요되는 자원을 확보하기 위해서인가, 또는 새로운 서비스를 출시하기 위해서 새로운 입지가 필요한가에 따라 입지성격이 달라질 수 있다.

입지결정에 미치는 주요 입지요인으로는 고객과 시장, 서비스운영, 기타 관리적 요인이 있는데 입지결정에 결정적 영향을 미친다. 실제로 입지요인을 분석할 때는 각 입지요인별 중요도에 따라 가중치를 부여할 수 있다. 대부분의 서비스기업은 수요변화에 따라 공급능력의 확장을 위한 새로운 입지를 물색하게 되는데 이것은 고객 및 시장환경의 변화 때문이라고 할 수 있다.

(4) 입지대안의 개발과 선정

입지요인의 분석 및 평가에 따라 몇 가지의 입지대안을 개발할 수 있다. 입지대안의 개발은 입지의 목적, 서비스의 유형, 고객 및 시장상황 등 여러 가지 요인에 따라 대안을 모색할 수 있다.

온라인에 의한 정보서비스는 고객의 접근성이나 소비시장과 관련되는 입지의 중요성이 거의 없을 것이다. 그러나 우수작업자의 확보, 세금 및 보조금의 혜택을 주는 지역, 또는 건물의 임대료나 구입비가 저렴한 지역이 고려의 대상이 될 수 있다. 은행의 지점의 입지는 금융거래가 많고 고객의 접근이 용이한 지역을 선호할 것이다. 즉 상가나 회사가 많은 도심지역은 금융수요를 중시하는 입지대안이며 아파트 밀집지역은 고객의 편의성에 중요도를 두는 입지대안이 될 수 있다.

2. 서비스시설의 입지요인

입지요인이란 입지선정에 영향을 주는 요인들을 의미한다. 서비스기업이 새로운 서비스시설을 신설하거나 기존의 서비스시설로부터 이전하는 경우 도로, 전력, 공공 서비스 등 기본적 서비스환경, 고객의 접근성, 우수한 노동력의 확보, 지역의 문화적 심미적 속성을 고려하여 입지를 결정한다. 특히 도소매점 등 판매시설의 입지는 주차시설이 구비되어 고객의 접근이 용이하고 인구가 밀집한 지역이 유리하다. 극장이나 전시장은 충분한 주차시설이나 대중교통수단을 이용할 수 있는 지역이 유리하다. 서비스시설의 입지선정에 영향을 미치는 요인은 〈표 10-4〉와 같다.

고객의 접근성이라는 면에서 대중교통수단, 주차시설, 도로의 조건 등 접근의 용이성과 고객이 서비스를 통해 얻는 경험은 입지선정의 중요한 요인이 된다. 또한 고객은 서비스를 통해 새로운 경험을 다양하게 얻으려는 욕구를 가지고 있으며 이러한 요인이 서비스입지에 영향을 미친다. 반면에 서비스기업은 입지결정에 비용적인 면을 보다 중요하게 고려한다. 즉 서비스자재확보를 위한 수송비, 수송수단, 에너지와 용수, 행정적 지원과 공공시설 등이 서비스운영비용에 영향을 준다.

표 10-4 서비스시설의 입지요인

입지요인	내 용
소비시장	소비시장의 규모, 경쟁관계
인구	노동력 공급, 소비시장에 영향
노동력	양질의 노동력 확보, 노동생산성, 호의적 노동여건
시설부지	시설부지의 이용가능성, 확장성, 임차료
고객의 접근성	대중교통, 주차장
수송수단	지하철, 버스, 철도, 항공 등 고객의 접근과 서비스자재 수송
수송비	서비스자재의 조달과 배분의 수송비
자재조달	서비스자재 수급 및 납품업자와의 인접성
에너지, 용수	서비스생산 및 운영요소
세금 및 보조금	세금감면, 보조금에 의한 기업경쟁력 개선
행정적 지원	규제조항 축소, 공동체 형성
공공시설	직원복리 및 공공시설의 활용
자연자원	입지결정의 환경적 요인
환경규제	오염물질 배출 최소화 등 환경오염에 대한 통제
기타	사회문화적 여건, 생활환경 등

일반적으로 서비스시설의 입지는 시장규모, 고객의 접근성, 서비스시설의 운영비용이 큰 영향을 미치는 요인이 된다. 그러나 서비스시설의 입지는 서비스유형과 특성, 서비스운영의 특징적 요인, 고객의 경험, 경쟁관계 등의 요인에 의해 영향을 받을 수 있다.

3. 서비스시설의 입지 결정방법

서비스시설의 입지선정은 서비스유형이나 여러 가지 입지요인 중 어떠한 입지요인을 중점적으로 고려할 것인가에 따라 차이가 있다. 또한 입지후보지를 한정하여 평가하거나 후보지를 미리 선정하지 않고 입지결정을 하는가에 따라 입지결정이 달라질 수 있다. 아래에서는 서비스기업의 입지결정방법에 대하여 설명한다.

(1) 입지손익분기분석법

입지손익분기분석법(locational break-even analysis)은 서비스공급규모에 따라 비용의 변화를 파악하여 각 입지대안별 손익분기점을 구하여 입지를 선정하는 방법이다. 즉 [그림 10-3]의 입지손익분기도표에서와 같이 입지대안별 고정비 성격의 입지비용과 변동비 성격의 입지비용을 분석하여 목표 생산량에서의 최소비용을 나타내는 입지대안을 선정하는 방법이다.

입지손익분기분석법의 예를 들어 보자. 서비스시설의 입지대안별 비용은 다음의 〈표 10-5〉에서와 같이 파악되고 있다. 이 경우 서비스시설 A와 서비스시설 B의 손익분기점은 다음 식으로 구할 수 있다.

$$100 + 6X = 200 + 4X$$
$$x = 50$$

따라서 생산량 50단위일 때 두 비용선은 교점을 이루며 손익분기점이 된다. 이와 같은 방법으로 서비스시설 B와 서비스시설 C의 손익분기점을 구하면 생산량 100단위일 때이다.

[그림 10-3]의 입지손익분기도표에 의하면 생산량 50단위 이하의 수요 또는 공급능력을 유지한다면 서비스시설 A의 입지가 가장 유리하며 생산량 50~100단위 일 때는 서비스시설 B, 생산량 100단위 이상일 때는 서비스시설 C가 가장 유리한 입지이다.

표 10-5 입지대안별 비용

입지대안	고정비	변동비/단위
서비스시설 A	100	6
서비스시설 B	200	4
서비스시설 C	300	3

그림 10-3 입지손익분기도표

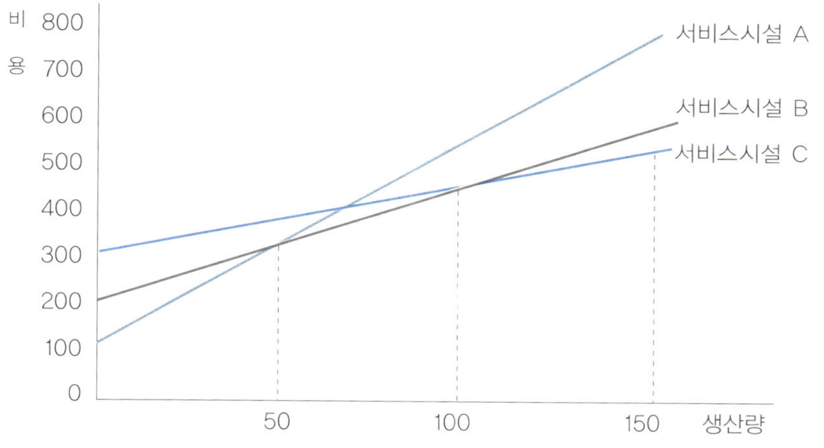

(2) 체크리스트에 의한 입지결정

체크리스트에 의한 입지결정방법은 비용분석과 같이 계량적으로 분석하기가 어려운 경우 각각의 입지요인에 점수 및 가중치를 부여하여 정성적으로 분석하는 방법이다.

예를 들어 A, B, C 세 지역에 극장을 입지하려고 하는 경우 각 후보지역의 인구, 고객의 접근성, 주민의 생활수준 등 입지요인을 고려할 수 있다. 극장의 입지요인과 중요도 및 각각의 입지대안별 평가결과는 〈표 10-6〉과 같다. 각 입지요인의 점수는 상, 중, 하 등급으로 하여 상 8~10점, 중 5~7점, 하 2~4점을 배점하여 평가하며 각 서비스시설의 점수를 합계한다. 평가결과 서비스시설 A가 725점으로 입지후보지역으로 선정하게 된다.

체크리스트에 의한 입지결정방법은 정성적 입지요인에 대한 평가에 적합한 방법이다. 그러나 최종 입지대안의 결정에는 소요비용이나 예상수익성분석과 같은 계량적 방법을 통해 종합적으로 평가하는 것이 보다 합리적이다.

표 10-6 체크리스트에 의한 입지분석법

입지요인	중요도	입지대안		
		서비스시설 A	서비스시설 B	서비스시설 C
인구	20	20 × 7=140	20 × 6=120	20 × 6=120
고객의 접근성	20	20 × 8=160	20 × 7=140	20 × 7=140
주민의 생활수준	15	15 × 7=105	515 × 7=105	15 × 6= 90
부지확보	10	10 × 8= 80	10 × 8= 80	10 × 6= 60
대중교통수단	10	10 × 7= 70	10 × 7= 70	10 × 6= 60
지역사회의 태도	10	10 × 6= 60	10 × 7= 70	10 × 7= 70
공공시설	10	10 × 7= 70	10 × 8= 80	10 × 6= 60
행정적 지원	5	5 × 8= 40	5 × 6= 30	5 × 8= 40
계	100	725	695	640

(3) 유크리드거리 분석법

좌표 상 입지가 가능한 후보지를 미리 결정하지 아니하고 수요지만 결정되어 있는 경우 유크리드거리(Euclidean distance)법으로 입지를 결정할 수 있다.

다음 〈예제〉에서와 같이 전국 각 도시에 산재해 있는 대형마트에 공급할 상품의 유통네트워크를 효율적으로 운영하기 위해서는 전국을 몇 개 권역으로 나누어 권역별 유통창고를 입지하는 것이 효과적이다. 여기서 각각의 매장에 공급할 유통창고를 어느 곳에 입지할 것인가의 입지선정문제를 생각할 수 있다.

예 제

주요 도시에서 대형할인점을 운영하고 있는 H기업은 전국을 권역별로 나누어 유통창고를 입지하여 상품의 유통네트워크를 효율적으로 관리하려 한다. H기업은 중부권의 유통창고를 입지하기 위해 〈표 10-7〉과 같이 각 할인매장과 입지예정인 유통창고의 후보지와의 수송량 및 이동거리에 관한 자료를 확보하고 있다. 이 때 단위거리 당 수송비는 1,000원이다.

표 10-7 매장별 수송량 및 거리

할인매장	연간 수송량 (유통창고→매장)	매장의 좌표	
		a_i	b_j
A	10	0	0
B	10	0	10
C	10	5	0
D	10	12	6

위의 예제에서 신설되는 유통창고의 입지선정을 위해 각각의 할인 매장의 위치를 좌표로 나타내고 수송거리와 수송량에 따라 다음의 식과 같이 수송비용을 산정할 수 있다.

$$C=\sum_{i=1}^{n}\sum_{j=1}^{m} c \cdot Q(i, j) \cdot D(i, j)$$

여기서 i = 새로 입지할 시설(유통창고)의 수(단일시설인 경우 1)
j = 수요지(매장)의 수
$Q(i, j)$ = 시설(유통창고) i 로부터 j 수요지(매장) 간의 수송량
$D(i, j)$ = 시설(유통창고) i 로부터 j 수요지(매장) 간의 거리
c = 단위거리 당 수송비

위의 식에서 유통창고와 할인매장 간의 수송비를 산정하기 위해서는 유크리드거리, 유크리드제곱거리(square of Euclidean distance), 격자거리(rectilinear distance) 등을 이용한다.

1) 유크리드거리법

신설하는 유통창고와 할인매장 j의 유크리드거리는 다음 식으로 나타낸다.

$$D(i, j) = \{(x - a_j)^2 + (y - b_j)^2\}^{1/2}$$

여기서 (x, y) = 신설하는 유통창고의 좌표

(a_j, b_j) = 할인매장의 좌표

따라서 위의 예제에서 유통창고로부터 각각의 매장까지의 총 수송비용을 최소로 하는 입지는 다음과 같이 구할 수 있다.

$$\begin{aligned} C(x, y) = 1{,}000\,[\ &10 \cdot \{(x - 0)2 + (y - 0)^2\}^{1/2} \\ &+ 10 \cdot \{(x - 0)^2 + (y - 10)^2\}^{1/2} \\ &+ 10 \cdot \{(x - 5)^2 + (y - 0)^2\}^{1/2} \\ &+ 10 \cdot \{(x - 12)^2 + (y - 6)^2\}]^{1/2} \end{aligned}$$

이 식으로부터 x^*와 y^*를 구하면 $x = 4$, $y = 2$가 된다. 즉 총 수송비용을 최소로 하는 유통창고 입지의 좌표는 $x^* = 4$, $y^* = 2$인 점에 나타난다.

유크리드거리는 [그림 10-4]에 나타난 바와 같이 유통창고로부터 각각의 매장까지의 좌표사이의 거리가 직선이므로 수송비는 이 직선거리에 따라 비례적 관계를 나타낸다. 그러나 유크리드거리법을 적용하는 경우 수송비는 수송수단, 도로의 특성 등에 따라 영향을 받을 수 있다는 점을 고려해야 한다.

2) 유크리드 제곱거리법

유크리드 제곱거리는 다음 식으로 나타낸다.

그림 10-4 유크리드거리의 좌표

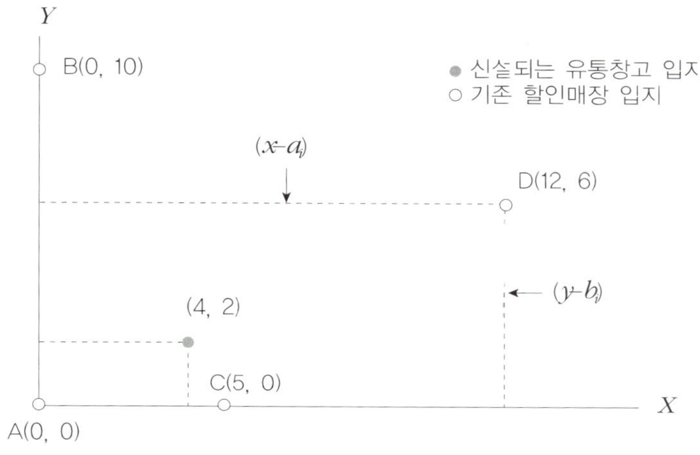

$$D(i, j) = \{(x - a_j)^2 + (y - b_j)^2\}$$

여기서 (x, y) : 신설하는 유통창고의 좌표

(a_j, b_j) : 할인매장의 좌표

신설하는 유통창고와 할인매장의 거리를 유크리드 제곱거리로 하는 경우 수송비를 최소로 하는 좌표(x^*, y^*)는 다음 식으로 구한다.

$$x^* = \frac{\sum_{j=1}^{m} \omega_j a_j}{\sum_{j=1}^{m} \omega_j}$$

$$y^* = \frac{\sum_{j=1}^{m} \omega_j b_j}{\sum_{j=1}^{m} \omega_j}$$

위의 예제에서 최적해는 무게중심(center of gravity)을 나타내므로 무게중심법이라고도 한다. 위의 사례에서 최적해는 다음과 같이 구할 수 있다.

$$x^* = \frac{(5 \times 10) + (10 \times 12)}{40} = 4.25$$

$$y^* = \frac{(10 \times 10) + (10 \times 6)}{40} = 4$$

즉 총 수송비용을 최소로 하는 새로이 입지할 유통창고의 좌표는 $x^* = 4.25$, $y^* = 4$인 점에 나타난다.

유크리드 제곱거리를 사용하여 유통창고의 입지를 선정하는 경우 수송비는 두 좌표사이의 거리의 제곱에 비례한다. 따라서 수송비는 거리의 크기보다는 수요량의 크기에 영향을 받는다.

3) 격자거리법

격자거리(rectilinear distance) 이용법은 좌표상의 거리를 절대치로 나타내고 수송량은 각각의 입지에서 발생하는 총 수송량의 중위수를 적용하는 방법이다. 격자거리는 다음 식으로 나타낸다.

$$D(i, j) = \{|x - a_j| + |y - b_j|\}$$

여기서 (x, y) : 신설하는 유통창고의 좌표

(a_j, b_j) : 할인매장의 좌표

위의 예제에서 유통창고로부터 각각의 매장까지의 수송비용을 최소로 하는 할인매장의 입지는 다음과 같이 구할 수 있다.

$$\begin{aligned} C(x, y) = 1{,}000\,[&10 \cdot \{(|x-0| + |y-0|)\} \\ &+ 10 \cdot \{(|x-0| + |y-10|)\} \\ &+ 10 \cdot \{(|x-5| + |y-0|)\} \\ &+ 10 \cdot \{(|x-12| + |y-6|)\}] \end{aligned}$$

이와 같이 격자거리는 절대치를 사용함으로써 x좌표와 y좌표의 거리의 합으로 표시되며 상호 독립적이다. 따라서 각 할인매장의 좌표를 구하기 위해 총 수송량의 중위수를 구하고 각 좌표의 누적 수송량이 중위수와 같거나 중위수를 포함하는 좌표의 입지를 선정한다.

위의 예제에서 각각의 할인매장의 총 수송량은 연간 40단위이므로 중위수는 20단위와 21단위이다. x좌표와 y좌표의 누적 수송량은 다음과 같이 계산할 수 있다.

x좌표의 누적수송량 = 10, 20(10 + 10), 30(10 + 10 + 10), 40(10 + 10 + 10 + 10)
y좌표의 누적수송량 = 10, 20(10 + 10), 30(10 + 10 + 10), 40(10 + 10 + 10 + 10)

따라서 x좌표는 두 번째 또는 세 번째 좌표값을 선택하고 y좌표도 두 번째 또는 세 번째 좌표값을 선택한다. 두 번째 x좌표값이 0이므로 수송비는

$$C(x, y) = 1{,}000\,(10 \cdot |0-0| + 10 \cdot |0-0| + 10 \cdot |5-0| + 10 \cdot |12-0|) = 170{,}000$$

세 번째 x좌표값이 5이므로 수송비는

$$C(x, y) = 1{,}000\,(10 \cdot |0-5| + 10 \cdot |0-5| + 10 \cdot |5-5| + 10 \cdot |12-5|) = 170{,}000$$

따라서 최소의 수송비를 나타내는 좌표는〈그림 10-5〉에서와 같이 (0, 0), (0, 6), (5 0), (5, 6)이 나타내는 입지이다.

서비스시설의 입지선정에서 수송비가 주요 결정요인인 경우 유크리드거리법에 의해 입지선정을 고려할 수 있다. 그러나 서비스시설의 부지구입비, 설비투자비 등 고정비가 변동비보다 월등히 높은 경우 고정비를 중심으로 분석할 수 있다. 고정비를 중심으로 하는 분석에서는 정수계획법(integer programming) 또는 혼합정수계획법(mixed integer programming)을 사용하여 최적해를 구할 수 있다.

그림 10-5 격자거리의 좌표

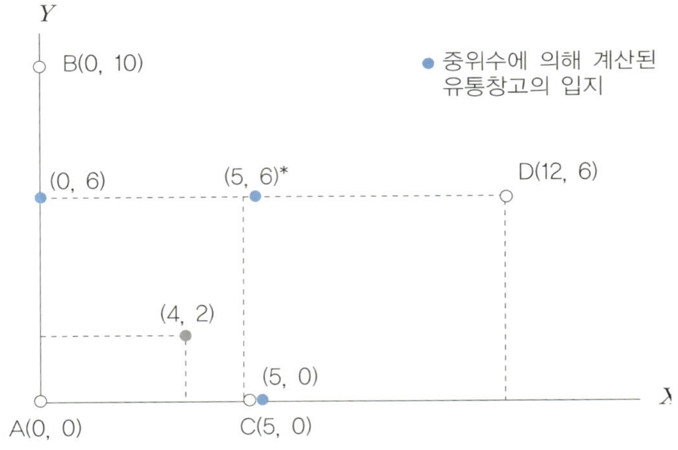

4. 서비스시설 입지의 특징과 경향

일반적으로 서비스기업의 입지는 비용적인 문제 이외에 다음의 세 가지 면을 고려하여 결정한다. 첫째, 가능한 한 고객과의 근거리 입지를 통해 지속적인 접촉이 가능한 지역을 선택한다. 둘째, 서비스부문은 노동회전율이 높아 작업자의 계속적인 확보가 가능한 지역이 바람직하다. 셋째, 고객접근이 용이한 지역에 입지한다. 특히 의료서비스, 유통서비스, 외식서비스는 주차가 용이한 시설을 구비하여야 한다. 이에 비해 홈쇼핑, 인터넷서비스는 서비스시설의 물리적 입지보다는 고객과의 접속이 용이한 시스템을 구축하는 것이 필요하다.

(1) 고객의 접근성

서비스시설의 입지는 서비스유형에 따라 다양하게 선정된다. 백화점, 대형마트, 레스토랑, 커피전문점의 입지는 고객의 접근이 용이한 지역, 특히 교통량이 많고 번잡한 도심지가 유리하다. 그러나 인터넷서비스, 홈쇼핑, 콜센터 등은 번화한 도심지에 입지하는 것이 임차료 등 고정비적 성격의 비용을 증가시키는 요인이 된다.

서비스시설의 입지는 서비스시장의 성격에 따라 달라질 수도 있다. 극장이나 은행의 경우는 다양하고 광범위한 고객을 대상으로 서비스를 제공하므로 지역적으로 분산된 고객의 시장을 중심으로 다수의 지점을 운영하고 있다. 이에 비해 자동차 정비, 전문적 서비스, 테마파크나 레저시설은 고객의 접근성을 고려하지만 단일입지를 하는 경향을 보이고 있다. 물론 이러한 서비스에서도 고객확보를 위해 새로이 지점을 확충하거나 프랜차이징을 통해 판매영역을 확장하고 있는데 이러한 경우 새로운 입지문제를 결정하여야 한다.

(2) 서비스의 성격

서비스의 내용과 성격, 서비스프로세스가 특별한 경우 서비스시설의 입지는 다음의 영향요인을 고려해야 할 것이다.

대부분의 서비스는 서비스시설이 한 장소에서 이루어지는데 이 경우에는 고객의 접근편이성, 접근시간 등이 중요한 영향요인이 된다. 그러나 서비스가 일반인들이 혐오시설이라고 느낀다면 가급적 최소의 이동거리를 최대화하는 maximin의 기준을 적용하는 것이 바람직하다. 반대로 서비스시설이 고객 쪽으로 이동하여 서비스를 제공하는 경찰서, 소방서, 응급시설 등의 서비스는 최대이동거리를 최소화하는 minimax의 기준을 적용하여 입지하는 것이 바람직하다.

고속도로 인터체인지부근에는 주유소, 모텔, 스낵식당 등이 군집화되어 입지하고 있다. 도심지의 금융가, 골프용품점, 성형외과병원, 법원부근의 법률사무소 등의 집중화도 비슷한 경우이다. 신용카드, 인터넷쇼핑은 서비스제공자와 고객 간의 지리적 제약을 해소하는 중간유통채널을 형성하고 있다. 정보통신서비스는 인터넷 뱅킹, 보험, 웹사이트에 의한 거래를 활성화하고 서비스 로지스틱스 운영비용을 저렴하게 함으로써 오프라인의 한계를 극복해 주고 있다.

(3) 고객의 경험

서비스시설의 입지는 고객의 영향력이 크게 작용한다. 고객의 영향력은 서비스시설의 입지에 대한 경향과 전략적 특징을 결정하는 경우도 있다.

고객의 서비스시설 접근 면에서 대중교통수단, 주차시설, 도로의 조건 등 접근의 용이성과 고객이 서비스를 통해 얻는 경험은 입지선정의 중요한 요인이 된다. 서비스시설의 입지문제와 관련하여 최근의 경향은 고객의 서비스경험이 입지선정에 중요한 영향을 미친다는 점이다. 한편 고객은 서비스를 통해 새로운 경험을 얻으려는 욕구를 가지고 있다. 예를 들어 여름철 물놀이공원을 찾는 고객은 대중교통수단, 주차시설, 도로의 조건 등 접근의 용이성 외에도 새로운 경험을 얻으려는 욕구를 충족하기 위해 다른 물놀이공원을 찾는다.

서울 광화문을 기준으로 하여 덕산 리솜스파캐슬까지 130km, 홍천 비발디파크 88km, 용인 캐리비언베이 47km의 거리이며 도로조건은 고속도로를 사용한다. 거리만을 기준으로 하면 고객의 접근성은 용인 캐리비언베이가 가장 근거리이지만 물놀이와 온천욕을 경험한다면 리솜스파캐슬, 또는 물놀이와 골프를 즐긴다면 홍천 비발디파크를 선택할 것이다. 따라서 서비스를 통해 얻을 수 있는 고객의 경험은 접근성보다 큰 영향을 미치는 요인이 될 수 있다.

이와 같이 고객의 접근성이라는 기본적인 입지선정 조건보다 서비스의 경험이 더 크게 영향을 줄 수도 있다. 고객의 이러한 습성은 해수욕장, 테마파크, 골프장 등 다양한 서비스에서 찾아볼 수 있다. 따라서 서비스를 통해 얻을 수 있는 경험적 요인이 입지에 영향을 미치는 중요한 요인이라 할 수 있다.

사례 Norwich Union의 콜센터

높은 교육수준, 낮은 비용, 영어를 자유로이 구사하는 풍부한 노동력을 보유하고 있는 인도는 미국과 유럽의 대기업이 수행하던 소프트웨어개발과 콜센터직무를 빠르게 대체하고 있다. 선진국 대기업의 아웃소싱으로 2008년 인도의 정보기술서비스와 관련되는 직무는 3년 전에 비해 5배나 급증하고 인도의 국내총생산의 7%를 점하고 있다. 이들 기업에 고용된 인력만 4백만이 넘고 570억 달러의 수출산업의 하나가 되고 있다. 인도에 대한 아웃소싱은 대기업의 경쟁력 때문이지만 미국, 유럽 등 여러 나라의 실업자증가에도 영향을 미치고 있다.

EXL은 영국에서 가장 큰 규모의 보험회사인 Norwich Union의 콜센터로서 인도 델리에 위치하고 있다. 이 콜센터는 900여명의 콜 응대 직원을 고용하고 있으며 청결하고 쾌적한 근무환경을 유지하고 있다. 사무실은 유럽의 콜센터보다는 떨어지지만 매우 번잡하게 움직이고 있으면서도 밝은 분위기를 나타내고 있다. EXL의 Vikram Talwar의 설명은 다음과 같다.

"지난 6~9개월 간 수요가 크게 증가하였다. 1주일에 1개회사 정도가 우리를 방문하고 있는데 여기에는 두 가지 이유가 있다. 첫째 중요한 이유는 비용이다. 콜센터를 인도로 이전함으로써 한 사람이 대략 2만 파운드를 절약할 수 있다. 그러나 콜센터의 인도이전에는 품질과 생산성의 문제를 안고 있다. 또 하나는 직원들이 대학졸업자로서 콜 응답에 대한 최소의 표준적 자격을 갖추고 있어 경험상으로도 풍부한 직무수행이 가능하다는데 의미를 두고 있다."

인도의 콜센터는 영국본사의 업무를 대행하지만 봉급은 영국 카운터파트의 6분의 1수준 밖에 안 된다. 그러나 이 수준은 인도의 대졸자 평균임금의 2배에 해당한다. 직원들은 구내식당의 무료급식, 무료건강관리, 체육시설 이용, 통근차량제공 등 많은 혜택을 받고 있다. 콜센터 대행사들은 고객들이 그들과 다른 문화, 다른 기대로 저돌적인 태도나 심한 사투리억양을 대하게 된다.

Vikram Talwar의 설명은 계속된다.

"인도사람들은 우리의 고객들이 생각하는 것 이상으로 영국을 이해하고 있다. 영국과 인도의 협력관계에서 볼 때 영국의 고객에게 품질 높은 서비스를 제공하는데 도움이 되는 별도의 조치는 필요가 없다."

영국 이외의 지역인 인도에서 더 좋은 영향을 미치기 위해서는 영국의 문화, 규범, 행동양식, 특정지역의 방언의 이해 등의 직원훈련이 필요하다. 일부 고객들은 인도의 콜센터와 놀랍고 어려운 협상을 추가하려 한다. EXL은 신뢰를 바탕으로 고객들의 서비스요구를 수행하고 Norwich Union 고객들은 만족하고 있다.

자료 : Robert Johnston, Graham Clark, & Michael Shulver(2012), *Service Operations Management: Improving Service Delivery*(4th ed.), Pearson. p.144에서 발췌.

토의문제

1. Norwich Union사가 콜센터를 인도에 아웃소싱하여 얻은 이점은 무엇인가?
2. 콜센터를 아웃소싱하는 경우 야기되는 문제는 무엇이며 이를 어떻게 해결할 수 있는가?

종합사례 및 토의문제 물류센터의 입지

현재 우리나라에서 운영되고 있는 물류센터는 자동차, 가전제품, 타이어 등 대기업의 물류센터, 대형할인점 등 유통기업 또는 택배기업의 전용물류센터, 그리고 제3자물류의 주체인 전문물류기업에서 운영하고 있는 물류센터로 나누어 볼 수 있다.

전문물류기업의 물류센터는 창고 및 운송서비스의 기능을 중심으로 운영하고 있는데 표준형 물류센터와 집약형 물류센터로 구분된다. 표준형 물류센터는 화물의 입출고작업이 동일한 장소에서 동시에 작업하는 것이 가능하고 분류 및 피킹작업이 용이한 편으로 공간 및 비용 면에서 유리하다. 집약형 물류센터는 입고 및 출고작업 공간이 구분되어 있어 공간의 소요, 공사비의 부담이 크며 작업간섭 등으로 인적작업의 오류가능성이 높아 보다 숙련된 작업을 필요로 한다. 표준형 물류센터는 대량, 대형화물의 취급이 용이한 반면에 집약형 물류센터는 점포별 집배송이 유리하다.

물류센터의 시설로서는 무인경비시스템, 크로스도킹시스템, 디지털피킹시스템, 하역 및 적하설비, 포장설비, 온습도조절장치, 야적장 등의 설치가 필수적이며 물류관리를 위한 재고관리시스템, 실시간조회시스템, 자동입출고시스템 등이 구비되어 있다.

제3자물류(3rd party logistics)는 높은 물류생산성, 물류비용절감, 공동배송 및 수송, 계획발주, 계획배송 및 수송, 전략적 고객서비스 등의 이점으로 기업이 선호하고 있다. 미국의 경우 응답기업 중 비용절감효과 38%, 전문성향상 24%, 운영효율개선 11%, 고객서비스개선 9% 등의 효과를 얻었다는 조사결과가 나타나 있다.

특히 제3자물류업자들은 물류센터를 통해 얻을 수 있는 이점을 비용적인 측면과 관리적인 측면으로 나누어 다음과 같이 설명하고 있다.

- 고정비의 변동비화
  시설투자, 유지 및 관리비, 인건비 및 복리후생비, 물류 및 재고비의 절감, 비용의 외부화로 기회비용 감소 등
- 관리적 이점
  전문적 서비스에 의한 서비스균질화, 인력, 설비, 시설활용의 융통성 및 유연성 향상, 일반관리업무의 축소, 조직의 슬림화, 전문성 확보, 운영효율성 개선, 핵심사업에 대한 역량집중, 혁신위험감소 등

서비스시설의 입지경향과 비교하여 물류센터의 입지는 고객의 근접성과 서비스의 성격에 크게 좌우된다. 기업의 전용물류센터나 제3자물류센터의 성공요인은 고객의 접근성이라 할 수 있는 지리적 여건이 가장 중요한 요인이다. 지리적 여건은 물류센터의 입지에 대한 문제이다. 고객이나 화물의 집배송에 대한 접근성에 대한 문제는 수송거리, 배송시간, 물류비용에 직접적으로 영향을 미친다.

토의문제

1. 물류센터의 입지요인에 대하여 토의하자.
2. 제3자물류의 전문화가 유리한 점에 대하여 토의하자.
3. 물류센터를 전문화함으로써 새로운 부가가치를 창출할 수 있는지 토의하자.

용어정리

로지스틱스(logistics) 원료로부터 완제품에 이르기까지 자재의 흐름을 관리하는 기능으로 서비스의 경우 서비스생산자로부터 이를 이용하는 고객이나 시장으로 전달하는 서비스 배분시스템(distribution system)의 체계와 기능을 의미.

서비스로지스틱스의 운영 고객접촉과 형태, 서비스유통경로와 단계, 서비스시설의 입지, 서비스자재의 취급과 재고시스템 운영, 서비스배분시스템에서의 서비스기능과 자재 흐름의 조화, 서비스배분시스템의 비용분석을 포함.

배분소요계획(DRP) 서비스자재의 소요를 시간의 경과에 따라 로지스틱스흐름의 각 단계에서 주문, 재고 수준을 결정하는 계획.

수송법(transportation method) 다수의 공급지로부터 다수의 수요지로 이동되는 로지스틱스 상의 수송문제를 공급량과 수요량에 맞추어 총 수송비를 최소화하는 수송량 결정기법.

프랜차이징 시장확대를 위해 프랜차이저의 서비스, 서비스표준 및 기법, 브랜드 등을 프랜차이지의 시설 및 자본투자로 서비스판매를 대행시키는 방법.

서비스시설의 입지(location) 서비스기업의 확장 또는 이전을 위해 서비스시스템의 고객접점, 기계설비 등 시설을 위치시킬 장소를 결정하는 것.

입지요인 입지선정에 영향을 주는 요인으로 도로, 전력, 공공서비스 등 기본적 서비스환경, 고객의 접근성, 우수한 노동력 확보, 지역의 문화적, 심미적 속성 등.

입지손익분기분석법(locational break-even analysis) 서비스공급규모에 따라 고정비 및 변동비적 성격의 비용변화를 파악하여 각 입지대안별 손익분기점을 구하여 최소비용을 나타내는 입지를 선정하는 방법.

체크리스트에 의한 입지결정방법은 계량적으로 분석하기가 어려운 경우 각각의 입지요인에 점수 및 가중치를 부여하여 정성적으로 입지를 결정하는 방법.

유크리드거리(Euclidean distance) 좌표상 두 점을 잇는 직선거리.

격자거리(rectilinear distance) 좌표상의 x축 거리와 y축 거리를 절대치로 하여 두 점간의 거리로 합한 거리.

연습문제

1. 서비스기업의 서비스로지스틱스 운영의 필요성에 대하여 설명하라.
2. 서비스로지스틱스와 서비스시설의 입지선정 간에는 어떠한 관계가 있는가?

3. 서비스의 프랜차이징을 성공적으로 운영하기위한 조건은 무엇인가?
4. 서비스시설의 입지결정방법 중 유크리드분석법의 장점과 적용상 한계는 무엇인가?
5. 대형할인점의 물류센터의 입지경향과 영향요인에 대하여 토의하라.
6. 서비스시설의 해외입지의 장단점에 대하여 토의하라.

참고문헌

김길선 등(2011), 생산시스템운영관리, 법문사.

Johnston, Robert, Graham Clark, & Michael Shulver(2012), *Service Operations Management: Improving Service Delivery*(4th ed.), Pearson.

Heskett, James L., W.(1996), "Dynamics of a Global Network Corporation," *The Benneton Group Working Paper.*

Heskett, James L., W. Earl Sasser, & Leonard A. Schlesinger(1997), *The Service Profit Chain*, The Free Press.

http://costco.com

S·e·r·v·i·c·e·M·a·n·a·g·e·m·e·n·t

제 3 부

지원시스템 운영과 평가

제 · 1 1 · 장

서비스인적자원관리와 조직 활성화

학 | 습 | 목 | 표

본 장에서는 다음과 같은 내용의 이해를 목표로 한다.

- 서비스인적자원관리의 의의와 내용
- 서비스인적자원관리의 전개
- 서비스인적자원관리와 조직 활성화
- 서비스리더십과 동기부여
- 서비스조직과 기업문화
- 기업윤리와 사회적 책임

사례 Radisson호텔의 차별적 서비스는 종업원이 만든다.

Radisson호텔은 호텔산업계에서 프랜차이징, 고객서비스의 운영관리 면에서 선두를 지키고 있다. 이 호텔은 미국을 비롯한 북미, 유럽, 중동, 남미, 아시아, 태평양 지역 73개 국가에 420개 호텔, 102,000여 개의 객실을 보유하고 있는 세계적 호텔이다.

이 호텔은 글로벌 브랜드력과 협력업자 및 프랜차이징을 통한 지역시장의 차별화와 전문성을 살려 서비스를 제공하는 전략을 추구하고 있다. 여러 가지 수준의 호텔들은 각각의 고객접점에서 독특하고 전문적인 서비스로서 수준 이상의 높은 서비스를 제공하고 있다. "고객의 마음과 함께 시작"이라는 호텔의 비전은 서비스품질에 중점을 두고 있다. 최고경영자의 미션은 고객만족과 고객충성도를 높여 고객의 발길을 Radisson으로 향하게 하는데 있다.

Radisson호텔은 어디서나 고객만족을 이끌어내기 위한 시도를 하고 있다. 즉 세계 어느 곳에서나 가능한 정교한 예약시스템을 통해 예약관리와 판매서비스, 교육프로그램, 서비스운영, 사회적 관계를 형성하고 있다. Radisson호텔의 종업원들은 "차별성을 갖는 진정한 환대서비스" 캠페인을 벌이고 있다. 이 캠페인은 종업원들의 헌신적인 노력으로 높은 품질의 서비스를 창출하여 고객에게 제공하는 것이다. 종업원들은 서비스교육과 운영절차보다는 고객이 먼저라는 환대정신을 우선으로 한다. 그들의 철학은 "그래, 할 수 있어!"라는 고객관계 교육프로그램에 기초한 것이다. 이 교육프로그램은 고객접촉에서 종업원들의 긍정적인 행동과 회사의 서비스신념에 의해 서비스가 차별성을 갖는다는 인식을 서서히 불어넣어주는 역할을 한다.

1998년 Radisson호텔은 100% 고객만족 보장(guarantee)을 선언했다. 이 보장은 고객이 어느 Radisson호텔에 투숙하든지 "모든 객실에서 모든 고객에게 100% 고객만족을 보장" 하는 것이다. 이것은 세계적 브랜드명성을 가지고 있는 Radisson호텔이 제공하는 서비스는 모든 고객을 만족시킬 수 있는 서비스라는 것을 보장함으로써 장기적으로 고객충성도를 유도하기 위한 조치이다.

"Radisson호텔의 목표는 100% 고객만족이다. 만일 그렇지 못하면 왜 고객이 만족하지 못하는지를 종업원에게 알려주고 종업원들이 고객의 지적을 바로 실행하지 못하면 환불해줄 것이다."

자료 : http://www.radisson.com

제 1 절 서비스인적자원관리

1. 서비스인적자원관리의 의의

기업은 경영목표를 달성하기 위해 기업이 보유하고 있는 자원을 활용하는데 종업원을 대상으로 하는 경영활동을 인적자원관리라 한다. 오늘날의 사회는 인간의 존엄성을 매우 중요시하기 때문에 인적자원관리는 조직의 목표는 물론 개인의 목표를 동시에 달성해야 한다. 따라서 기업의 인적자원관리는 개인의 목표를 존중하고 동기부여에 의해 그들의 능력을 활용하여 기업의 목표를 달성하는 관리기능이라 할 수 있다.

기업의 모든 경영활동은 인간에 의해 수행된다. 기업의 인적자원관리는 기업 전체의 관점에서 인적자원에 대한 관리기능을 종합적으로 계획, 조정, 지원해주는 스태프의 역할을 수행하는 것이다. 서비스의 특성과 관련하여 볼 때 오늘날 서비스기업이 지향하는 인적자원관리의 방향은 다음과 같다.

첫째, 기업의 인적자원관리는 인간중심적이어야 한다. 오늘날의 사회는 경제적, 문화적 수준이 높아짐에 따라 종업원의 의식수준도 매우 높다. 따라서 기업의 인적자원은 다른 자원과는 달리 종업원의 개인지향적인 측면에서의 욕구를 충족시킴으로써 직무만족을 달성할 수 있도록 해야 한다. 기업의 목표인 높은 생산성의 달성은 종업원의 직무만족에 의해서만 실현될 수 있기 때문이다.

둘째, 기업의 인적자원관리는 행동지향적이어야 한다. 인간이 보유하고 있는 잠재적 능력은 주어진 환경에 따라 욕구, 태도, 만족이 달라지고 만족수준에 따라 업무수행에 대한 창의성도 높아진다. 전통적인 인사관리에서는 종업원이 수행하는 업무의 절차나 규칙의 확립에 중점을 두었지만 현대적 인적자원관리는 종업원의 능력개발과 능동적인 기능발휘를 통해 성과를 거두는 것을 목표로 하는 행동적, 실천적 의미를 포함하고 있다.

셋째, 기업의 인적자원관리는 미래지향적이어야 한다. 오늘날 기업의 인적자원을 둘러싸고 있는 기업환경은 하루하루가 다르게 급변하고 있다. 개인의 경제적, 사회적, 문화적, 기술적 환경의 변화는 개인적인 사고와 행동은 물론 사회규범을 변화시키고 있다. 따라서 기업은 전통적인 관념에서 탈피하여 미래지향적인 사고로 보다 효과적인 인적자원관리를 전개하는 것이 필요하다.

서비스는 서비스제공자, 고객, 또는 시스템 내의 다른 고객 등 사람의 관여가 매우 높다는 특징을 가지고 있다. 따라서 서비스의 품질적 우위와 고객만족을 목표로 하는 서비스기업은 서비스접점에서의 종업원의 역할이 매우 중요하다. 이것은 서비스가 보다 인간지향적인 경향이 높다는 것을 입증하는 것이므로 서비스기업의 인적자원관리는 위에서 열거한 인간중심적, 행동지향적, 미래지향적으로 전개되어야 할 것이다.

2. 서비스인적자원관리의 내용

서비스기업의 핵심적인 활동인 서비스생산운영관리를 지원하는 기능으로서 인적자원관리와 관련되는 문제는 다음과 같다.

- 서비스생산과 제공에 필요한 인적자원을 어떻게 확보할 것인가?
- 주어진 목표달성을 위해 서비스인적자원을 어떻게 배치할 것인가?
- 종업원들의 교육훈련 및 능력개발은 어떠한 방법으로 할 것인가?
- 종업원들에 대한 보상은 어떻게 할 것인가?
- 종업원들의 사기진작을 위한 동기부여는 어떻게 할 것인가?
- 노동조합과 관련되는 문제는 어떻게 해결할 것인가?

위의 문제들은 각부서 관리자 및 경영자들의 리더십, 동기부여, 갈등의 해소, 인간관계 등과 관련이 있는 문제로서 인적자원관리에 대한 문제만이 아니라 조직행동에 대한 문제라 할 수 있다. Haksever 등(2000)은 서비스기업에서 인적자원관리를 보다 효율적으로 수행하기 위한 조건으로 다음의 사항을 들고 있다.

- 종업원의 생산성을 달성하기 위한 동기부여
- 종업원의 성과확대를 위한 기회제공이 가능한 직무구조
- 개인적 직무수행의 직접적 효과를 위한 의사결정에 참여
- 개방적 커뮤니케이션과 안정된 작업일정
- 충분한 감독과 조직적 유연성
- 직무성취에 대한 경제적/비경제적 보상
- 조직내외에서의 발전에 대한 기회
- 고객과 종업원의 욕구에 대한 이해와 격려하는 문화

제 2 절 서비스인적자원관리의 전개

1. 서비스인적자원의 충원

서비스기업의 생산성이나 성과는 우수한 노동력의 확보로부터 시작된다. 이를 위해서는 인적자원의 계획, 직무분석에 의한 인적자원의 수요파악, 인적자원의 모집과 선발 등 충원이 이루어져야 한다.

(1) 인적자원계획

인적자원계획(human resource planning)은 기업의 경영활동 수행에 필요한 인력을 적절히 확보하기 위한 계획과정이다. 우수한 인적자원은 필요할 때마다 즉각적으로 확보하기 어렵기 때문에 필요 인적자원을 적

시에 확보하기 위해서는 장기적 관점에서 인적자원의 계획이 필요하다. 인적자원계획은 기업의 핵심 경영전략에 따라 소요되는 인력과 전문성, 숙련성, 기능성 등을 고려하여 수립한다.

인적자원계획을 위한 필요 인력의 크기와 수준(질)을 결정하기 위해서는 현재의 내부 인적자원을 평가하고 필요 인적자원의 수요를 결정하여 노동조합과의 관계, 고용관련 법규 등의 제약을 고려하여 인적자원의 수급계획을 수립해야 한다.

(2) 직무분석

직무분석(job analysis)이란 직무에 포함된 과업(tasks), 과업수행에 필요한 권한과 책임, 다른 직무와의 관계, 기대되는 성과의 창출에 필요한 작업자의 개인적 능력, 직무환경 등을 체계적으로 분석하는 것을 의미한다.

직무분석은 직무기술서(job description)와 직무명세서(job specification)에 의해 정의된다. 직무기술서에는 작업자가 수행할 직무의 내용, 작업자의 구체적 권한과 책임, 작업조건 등을 기록하며 직무명세서에는 작업자의 교육수준, 기능 및 숙련, 경험 등 직무수행에 가장 적합한 작업자의 조건을 명시한다. 인적자원관리를 효과적으로 수행하기 위해서는 직무와 작업자가 조화를 이룰 수 있도록 연결시키는 노력이 필요하다. 직무와 작업자의 조화는 직무기술서와 직무명세서에 나타나므로 경영자는 이를 바탕으로 인적자원을 효과적으로 관리할 수 있다.

직무분석의 절차는 다음과 같다.

① 조직구성도와 직무흐름도를 사용하여 전체 조직과 조직 내 각 직무간의 적합성을 파악한다.
② 직무분석의 목적과 분석결과의 활용방법을 결정한다.
③ 직무분석의 대상 직무를 선정한다.
④ 관찰, 면접, 질문지 등을 사용하여 직무의 특성, 과업내용, 과업수행에 필요한 인적요건 등의 자료를 수집한다.

⑤ 직무기술서와 직무명세서를 작성한다.
⑥ 직무수행에 대한 성과를 분석하여 개선점을 찾는다.

(3) 서비스인적자원의 모집과 선발

서비스인적자원의 충원은 필요 인력의 모집과 선발의 단계를 거쳐 이루어진다. 모집(recruitment)이란 기업 외부로부터 직무에 관심을 갖고 있는 사람을 대상으로 인적자원계획에 따라 직무기술서와 직무명세서의 요건에 부합되는 능력, 숙련, 인성 등 자격을 평가하여 유인하는 일련의 인적자원의 확보 과정을 의미한다.

서비스인적자원의 모집방법은 모집대상자가 기업 내외의 어디에 있는가에 따라 내부모집과 외부모집으로 나누어진다. 기업 내부모집은 종업원의 사기에 긍정적인 영향을 미치고 기존 인적자원의 개인기록을 쉽게 활용할 수 있으므로 비교적 신속하게 모집할 수 있다는 장점이 있다. 그러나 이 경우에도 노조와의 단체협약 등을 고려해야 하고 공정한 고용기회를 제공해야 한다.

기업 외부모집은 경영정책, 직무내용과 숙련, 노동수요 및 노동시장의 특성, 지역사회와의 관계 등에 따라 달라질 수 있다. 외부모집의 방법은 광고에 의한 모집, 추천에 의한 모집, 교육기관과의 협력에 의한 모집, 리스계약에 의한 모집 등의 방법을 사용한다.

서비스기업의 모집활동과 관련한 최근의 추세는 핵심 서비스를 지원하는 부문의 인적자원에 대해서는 아웃소싱의 비중이 높아지고 있으며 글로벌기업의 경우 오프쇼어링(offshoring)을 선호하는 경향도 보이고 있다. 고객과 직접 대면하는 대부분의 서비스직무는 오프쇼어링이 불가능하다고 판단하고 있다. 그러나 콜센터, 온라인쇼핑 등 정보시스템을 활용하는 서비스부문의 확대와 더불어 아웃소싱과 오프쇼어링을 이용하는 기업이 늘어나고 있다. 이러한 추세는 기업의 인적자원확보에 새로운 변화를 일으키고 있다.

용어의 개념적 정의

- 아웃소싱 : 외부기업과 계약에 의해 기업내부의 직무를 수행하게 하는 방법으로 외부의 기업의 전문성을 활용하여 신속한 반응, 높은 품질유지
(예) 빌딩관리유지, 자재운송, 구내식당 운영, 봉급계산
- 오프쇼어링 : 다른 나라 고객을 위해 다른 나라에서 서비스직무를 수행, 고객대면서비스는 오프쇼어링이 불가능하지만 커뮤니케이션, 정보시스템 운영기술의 발달로 오프쇼어링 영역이 확대되고 있음
(예) 콜센터, 운송, 홈쇼핑, 전자경매, 정보시스템개발과 운영

서비스인적자원의 선발(selection)은 응모자 가운데 만족스럽게 직무를 수행할 수 있는 능력과 동기를 가지고 있다고 판단되는 바람직한 인력을 선택하는 과정이다. 종업원의 선발은 과거의 경험 등 개인적 배경과 신체적 기능, 정신적 성향 등에 대한 시험과 면접을 통한 평가를 기반으로 이루어진다.

시험은 필기, 실기, 구술시험의 방법으로 집단시험, 개별시험으로 나누어지며 특정 직무에 대해서는 지능검사, 적성검사, 성취도검사, 흥미검사, 인격검사 등 다양한 방법으로 평가할 수 있다. 특히 서비스접점에서 고객과 대면직무를 수행하는 종업원에 대해서는 인성적인 능력이 서비스성과를 좌우하므로 다양한 시험방법을 적용하여 우수한 인력을 선발하는 것이 중요하다.

또한 서비스인적자원의 선발이 합리적이기 위해서는 선발방법의 신뢰성과 타당성이 높아야 한다. 선발의 신뢰성은 어떤 시험을 동일한 조건과 환경에서 일관되게 치러져야 함을 의미하며 타당상이란 시험에 의한 평가가 내용과 대상이 정확하게 검정될 수 있음을 의미한다.

2. 서비스인적자원의 배치와 활용

기업에 채용된 인적자원은 효과적으로 기업활동을 수행하여 경영목

표달성에 기여할 수 있도록 해야 한다. 이를 위해서는 인적자원의 합리적 배치, 공정한 고과와 승진, 합당한 보상이 전제되어야 한다. 이러한 조건은 개인의 만족감과 생산성에 영향을 미치게 되며 결과적으로 기업의 목표달성이 가능하게 된다. 서비스기업에서 종업원만족은 서비스품질과 고객만족으로 이어지며, 나아가 기업의 경영성과에까지 영향을 미치는 것은 서비스이익사슬의 원리에서 입증되고 있다.

(1) 서비스인적자원의 배치

배치(placement)는 인적자원에 대하여 수행해야 할 직무를 부여하는 것을 의미하며 이동(transfer)이란 일단 배치된 종업원을 필요에 따라 현재의 직무에서 다른 직무로 바꾸어 재배치하는 것이다. 인적자원의 배치결정에서 중요한 점은 다수의 직무와 다수의 개인 간의 관계를 조화롭게 연결하여 개인의 만족감을 높이고 기업의 목표를 달성하도록 해야 한다. 엄격한 선발과정을 거쳐 직무에 배치된 종업원에 대해서도 권태기를 느끼기 이전에 재배치 등 직무이동의 조치가 필요하다.

인적자원의 배치와 이동은 다음의 네 가지 원칙을 따라야 한다.

- 적재적소주의 : 종업원이 가지고 있는 능력과 개인의 성격을 고려하여 적절한 직무에 배치함으로써 최대의 능력을 발휘할 수 있도록 한다.
- 실력주의 : 종업원이 충분한 능력과 성과를 발휘할 수 있도록 하며 개인의 능력개발을 위해 교육훈련 등 충분한 배려가 필요하다.
- 인재육성주의 : 종업원의 능력발휘를 최대화하기 위해 능력개발 및 경력개발을 통해 기업에 필요한 인력으로 육성한다.
- 균형주의 : 종업원 개인과 기업 전체적인 권에서 조화를 이룰 수 있는 공평하고 평등한 배치를 함으로써 종업원들의 사기진작을 도모한다.

(2) 인사고과와 승진

인사고과란 종업원의 능력과 성과를 평가하여 이들의 내재적 유용성을 평가하는 것을 의미한다. 인사고과의 목적은 적정한 인력을 적소에 배치하고, 인적자원의 능력을 개발하고, 종업원들의 성과를 측정하여 보상에 반영하는데 있다. 또한 인사고과는 장단기 인력계획의 수립, 종업원의 근로의욕을 자극하는데 활용된다. 인사고과는 공정한 평가에 의해 종업원의 승진 및 승급의 기준으로 사용할 수 있으며 다음과 같은 특징을 가지고 있다.

- 인사고과는 기업 내 사람을 대상으로 한다.
- 인사고과는 사람과 직무의 비교를 원칙으로 한다.
- 인사고과는 상대평가에 의한다.
- 인사고과는 특정목적에 맞도록 조정함으로써 객관성을 확보한다.

인사고과에서 어떠한 항목을 어떻게 평가할 것인가의 문제가 매우 중요하다. 왜냐 하면 인사고과의 평가항목은 기업의 목적과 성과특성, 직무 및 직급에 따라 다양하게 적용될 수 있기 때문이다. 일반적으로 인사고과의 평가요소는 생산성, 매출액, 작업량과 작업시간 등 양적인 평가요소와 직무의 난이도, 직무환경, 고객만족 수준 등 질적인 평가요소로 구분할 수 있다. 또한 근무태도, 잠재적 능력 등을 평가대상으로 하기도 한다.

따라서 인사고과는 기업의 필요성과 고과목적에 따라 적절한 평가항목을 설정할 필요가 있다. 예를 들어 종업원의 보상을 목적으로 하는 인사고과의 경우 실제의 직무성과를 대상으로 할 수 있으며 종업원의 승진을 목적으로 평가하는 경우는 보다 장기적인 지표에 의해 평가하는 것이 합리적이다.

최근 서비스기업에서 활용하고 있는 인사고과의 추세는 상급자에 의한 평가보다 수평적 평가와 하급자에 의한 상급자 평가 등 다면적 평가방법을 사용하고 있다. 이러한 평가방법은 서비스기업의 경우 팀워크나 조직분위기 조성, 종업원의 임파워먼트 확대에 중요성을 두기 때문이다.

승진 및 승급은 공정하고 객관적인 인사고과제도의 운영을 전제로 한다. 조직 내에서의 발전이라는 관점에서 승진과 승급은 조직구성원의 만족감과 직무의욕을 고취시키는 역할을 하는 동시에 동기부여의 수단이 된다. 승진은 기업 내에서 보수, 권한, 책임의 영역이 넓어져 직무서열 및 자격서열이 상승되는 것을 의미한다.

승진제도에는 직무중심의 능력, 경험, 숙련 등에 따라 직무승진제도, 근무연수, 학력, 경력, 연령 등 사람중심의 연공서열승진제도, 직무중심의 합리성과 연공서열의 인적 요인 두 가지를 절충한 자격승진제도 및 대용승진제도 등을 들 수 있다. 승진제도는 조직의 구조를 변화시킬 수 있는데 종업원의 사기저하나 불만족, 유능한 인재의 유출을 피하기 위해 조직구조를 개편하는 경우도 있다.

(3) 보상과 복리후생

보상(compensation)은 임금의 형태로 사용자가 근로자의 노동의 대가로 지급하는 일체의 금품을 포괄하는 내용이다. 일반적으로 임금(wage)은 육체적 노동자에게 지급되는 시간급 또는 일당을 의미하고 봉급(salary)는 정신적 노동자에게 지급되는 주급, 월급, 연봉을 의미한다. 임금체계는 기본급, 수당, 상여금으로 나누어지며 보상체계는 임금체계에 복리후생비를 포함하는 개념으로 사용한다.

기업이 우수한 인적자원을 확보하여 성과목표를 달성하기 위해서는 적절한 보상수준, 공정한 보상구조, 동기유발적 보상지급, 균형 있는 보상체계를 유지해야 한다. 이러한 의미에서 보상은 경제적 가치의 원천, 투자기능의 발휘, 종업원만족과 성과유발을 가져오는 요인이 된다.

종업원에게 지급되는 임금의 결정은 경제적 환경, 노동시장, 경쟁회사, 생계비 수준 등 기업 외적 요소와 기업규모. 생산성, 경영방침 등 기업 내적 요소에 의해 결정된다.

임금은 금전적 보상이라는 점에서 종업원만족에 직접적으로 영향을 주는 중요한 요소이지만 오늘날 경제적 보상의 범위를 넘어 삶의 질(quality of life)을 중요시 하는 경향이 높아지는 것과 비례하여 복리후생의 중요성이 더욱 강조되고 있다. 복리후생(welfare benefits)이란 종업원의 노동에 대한 금전적 대가지불은 물론 그 가족의 일상생활 영위를 위한 경비의 일부를 지급해주는 법정, 비법정 복리후생을 포함한다. 법정 복리후생이란 의료보험이나 재해보험 등 법률에 정해진 사회보장 성격의 복리후생이다. 이에 비해 비법정 복리후생이란 기업이 자발적으로 제공하는 교육, 문화, 취미, 오락, 휴가 등에 지급되는 복리후생이다.

종업원에게 지급되는 복리후생의 규모가 늘어날수록 기업의 부담은 커지지만 복리후생의 규모에 따라 종업원의 생산성이나 만족수준은 높아지는 것으로 파악되고 있다.

3. 서비스인적자원의 교육훈련

(1) 교육훈련

기업이 신규로 채용한 인적자원은 실무적 경험이 부족하여 직무수행에 필요한 교육훈련이 필요하다. 뿐만 아니라 기존의 종업원들도 직무수행에 필요한 기술, 경영방법, 기기 등이 변화하기 때문에 지속적으로 교육훈련을 통해 새로운 환경에 적응해야 한다. 이러한 교육훈련의 목적은 종업원들이 변화하는 직무환경에 빨리 적응하여 그들의 잠재적 능력을 최대한 발휘하게 하는데 있다. 또한 종업원들은 교육훈련을 통해 습득한 직무지식과 기술을 효과적으로 활용하여 기업의 성과목표를 달성할 수 있도록 하여야 한다.

오늘날의 경영환경에 비추어 볼 때 기술혁신과 경영환경의 변화는 종업원에 대한 교육훈련의 필요성을 가중시키고 있으며 교육훈련은 기업의 경쟁력의 원천이 될 수 있다. 그러나 기업의 교육훈련은 많은 시간과 비용, 노력을 투입해야 하므로 이를 소홀히 하는 경향이 있다.

기업에서 실시하는 교육훈련은 그 필요성에 따라 교육훈련계획을 수립하는데 교육훈련의 목적에 따라 교육훈련의 내용, 방법, 대상자, 예산 및 장소를 결정한다. 수립된 교육훈련계획에 따라 교육훈련을 실시하게 되며 교육훈련의 성과를 평가함으로써 그 효과를 측정할 수 있다. 최근 기업이 많이 활용하고 있는 전문 교육기관의 원격교육은 다양한 교육훈련의 내용과 방법으로 피교육자의 장소적, 시간적 편리성을 주고 있다.

여러 연구조사에 의하면 대부분의 기업이 종업원에 대한 교육훈련을 통해 직무수행의 지식 및 기능 향상, 직무에 대한 열의 및 태도개선의 효과를 얻고 있는 것으로 파악되고 있다. 즉 교육훈련은 신규종업원의 빠른 적응, 신기술과 기법에 대한 빠른 적응, 종업원의 다기능화, 불량감소, 생산성향상, 종업원만족 등의 실질적인 효과를 가져다준다.

서비스인적자원이 필요로 하는 교육훈련의 내용은 다음과 같다.

- 서비스차별화를 위한 특정의 서비스기능과 숙련에 집중
- 종업원의 잠재적 경력개발
- 교육훈련에 소요되는 시간과 비용의 분석
- 정규적 관리활동으로서의 재훈련
- 다양한 서비스숙련 수준의 확립
- 서비스직무수행에 필요한 적절한 교육훈련
- 조직의 비전과 가치의 확산을 위한 교육훈련

(2) 경력개발

경력개발(career development)은 인간존중의 이념에서 기업의 목표와 개인의 욕구가 일치하도록 종업원의 경력을 개발하는 일련의 활동과 과정을 의미한다. 경력개발의 목적은 종업원의 경력을 최대한 발휘하고 효율적인 인적자원관리, 합리적인 승진과 보상을 하는데 있다. 효율적인 인적자원관리, 합리적인 승진과 보상은 종업원의 자아발전의 욕구를 충족시키는 수단이 된다.

경력개발은 기업이 필요로 하는 우수한 인적자원을 확보하고 효율적

으로 배치하여 이들의 성취동기를 유발하는 관리활동의 하나이다. 경영자의 입장에서는 경력개발을 통해 훌륭한 후계자를 양성함으로써 종업원들에게 조직 내에서의 발전의 기회를 열어주는 계기가 된다. 따라서 경력개발은 종업원들에게 자기발전을 위한 명확한 목표가 된다. 종업원들은 이러한 목표달성을 위해 보다 높은 충성도를 발휘하게 된다. 결과적으로 경력개발은 종업원들의 조직과 직무에 대한 만족감을 높여주며 직무성과를 향상시킴으로써 조직욕구와 개인욕구를 달성시키고 조직의 유효성을 높일 수 있다.

4. 서비스기업 인적자원관리의 강화

1990년대 이후 서비스현장에서의 커다란 변화의 하나는 대규모기업이 비용절감과 경쟁력 제고를 위해 기능이나 조직의 규모를 축소하고 있다는 점이다. 특히 이러한 감량경영은 제조업부문에서 운송, 보존 등 지원서비스기능을 아웃소싱하는 예에서 찾아 볼 수 있다. Hammonds 등(1994)이 Business Week에 게재한 특별보고서에서는 새로운 작업구조의 변화를 다음과 같이 설명하고 있다.

> 유연성, 임파워먼트, 팀워크, 교차훈련, 가상공간, 정보통신, 리엔지니어링, 리스트럭처링, 관리계층 축소, 아웃소싱, 컨틴전시 등 의미는 달라도 사람들의 생활양식을 변화시키고 있다. 이러한 변화는 지난 세기동안 계속하여 대량생산을 지향했던 작업의 개념을 재정의해야 함을 입증하고 있다.

임파워먼트는 팀워크의 문제와 더불어 1980년대 품질활동에 의해 새롭게 시작된 관리활동이다. 임파워먼트의 개념은 조직에 정보시스템과 정보기술이 광범위하게 적용되어 커뮤니케이션 비용이 낮아지면서 출현한 것으로 보는 견해가 있다. Malone(1997)의 조사에 의하면 미국에서 자기관리 팀(self-managed team)이나 임파워먼트를 적용하는 기업이

1990년대 20% 수준에서 2000년대에는 50% 가까이 되는 것으로 보고 있다. 임파워먼트와 팀워크에 대한 문제는 최고경영층의 결정에 의해 좌우되며 조직의 인적자원의 투입과 관련되기 때문이다.

(1) 임파워먼트

관리기능의 수행에 있어서 권력(power)은 리더가 영향력을 행사하고 통제를 하는 수단이 된다. 이 때 리더는 부하들이 조직의 목표를 어떻게 달성할 것인가를 그들 스스로가 결정하고 자기통제와 참여를 고양시키는데 이것을 임파워먼트라 한다. 임파워먼트는 경영자의 관리활동에 있어서 종업원들의 성취동기를 자극하고 소속감과 자긍심을 높여 그들의 능력을 최대한 발휘시키는 역할을 한다.

Harvey 등(1996)의 정의에 의하면 임파워먼트란 종업원들이 그들의 직무수행에 필요한 의사결정을 수행하는 과정을 의미한다. 즉 임파워먼트는 전통적인 의미에서의 권한행사와는 달리 의사결정을 수반하는 관리적 활동의 하나이다.

서비스기업에서 종업원들의 임파워먼트는 권한과 책임을 바탕으로 수행하는 전통적 의사결정에 비해 생산성과 창의성을 증진시키는 것으로 분석되고 있다. 그러나 임파워먼트는 종업원들의 고객만족에 대한 이해, 개선의지, 문제해결 능력에 대한 충분한 지적 잠재력, 지식, 경험 등을 필요로 한다.

임파워먼트는 조직구성원 개인 또는 팀 단위에서 행해진다. 서비스를 제공하는 종업원은 고객의 문제를 해결하고 고객을 만족시키기 위해 필요한 권한을 행사한다. 예를 들어 고객접점 직원이 고객으로부터 불만을 접수하였을 때 상황을 파악하여 고객의 요구와 회사의 방침에 적절한 보상방안을 결정하여 고객의 불만을 처리한다면 이는 이 직원에 주어진 임파워먼트라 할 수 있다. 이 때 고객은 가급적 충분한 보상을 원하고 기업은 적절한 보상에 의해 서비스불만을 해소하기를 원한다. 또한 고객과 기업은 보다 신속한 처리를 원하는데 이는 서비스접점직원에게 주어진 임파워먼트에 의해서만 가능할 것이다.

1992년 Malcolm Baldrige National Quality Award를 수상한 Ritz-Carlton 호텔은 Golden Standards라는 20개의 기본적 서비스표준을 모든 종업원들이 휴대토록 하고 있다. 다음의 세 가지 행동지침은 Ritz-Carlton호텔 종업원들의 임파워먼트와 관련되는 내용이다.

- 모든 종업원은 고객불만을 자신에 대한 불만으로 받아드린다.
- 고객과의 문제는 즉석에서 신속하게 모든 것을 확실히 해결한다. 이를 20분 이내에 전화로 문제가 해결되고 고객이 만족하였음을 확인한다. 종업원들은 가능한 한 모든 방법을 동원하여 고객을 놓치지 않아야 한다.
- 고객의 우발적 행동유형을 기록하고 고객의 모든 불만을 전달한다. 전체 종업원은 문제를 해결하고 재발을 방지하기 위한 임파워먼트를 갖는다.

종업원에게 부여되는 임파워먼트에 대한 사례는 많은 서비스기업에서 볼 수 있다. 임파워먼트는 종업원의 서비스업무수행에 대한 권한행사만이 아니라 프로세스의 우선순위, 일정계획 등 서비스생산운영에 영향을 미치기도 한다. Nordstrom 백화점 규칙에는 "규칙 1은 모든 상황에서 가장 좋은 판단을 하라. 여기에 다른 규칙은 없다."고 규정되어 있다.

미국연방법원(Federal Justice Center)은 전국순회재판의 일정을 수행하기 위해 재판일정의 계획과 소요인력의 배치, 법정 등 시설의 이용, 기타 관리적 지원에 대한 문제를 프로그램화 하여 운영하고 있다. Las Vegas의 호텔예약 담당자의 객실요금 할인에 대한 권한, United Airlines의 콜센터 예약직원의 항공요금 결정권한, United Services Automobile Association의 서비스접점직원의 고객파일 접근권한의 사례는 서비스접점직원의 임파워먼트 수준에 따라 고객요구에 신속하게 대응함으로써 서비스제공 및 운영의 효율화를 기할 수 있음을 보여주고 있다.

임파워먼트 확대를 통해 얻을 수 있는 이점은 다음과 같다.

- 고객요구에 대한 신속한 대응
- 불만고객에 대한 서비스회복과 신속한 대응
- 종업원의 직무만족과 자기만족
- 종업원의 고객서비스에 대한 친절성과 열정
- 종업원의 고객서비스에 대한 창의성
- 호의적인 구전효과와 고객유지

그러나 서비스기업의 경우 종업원에 대한 임파워먼트 확대로 서비스 제공의 효과만을 기대할 수는 없다. 종업원의 임파워먼트 확대는 서비스에 필요한 지식, 숙련, 정보 등이 전제되므로 우수한 노동력의 확보와 노무비의 증가 면에서 불리한 점도 있다. 따라서 적정한 수준에서 종업원의 임파워먼트와 책임이 요구되는 것이다. 즉 종업원의 임파워먼트는 서비스를 받는 고객의 유형, 서비스의 고객화 정도, 셀프서비스 수준, 서비스 비용, 서비스의 신속성, 서비스의 표준화 및 자동화 수준, 서비스기술, 서비스의 지속화 여부 등에 따라 결정할 수 있다.

(2) 팀워크

팀(team)은 작업을 함께 수행함으로써 작업목적을 달성하기 위한 종업원의 그룹이다. 서비스기업의 인적자원관리에서 나타나는 또 하나의 과제는 팀워크에 대한 문제이다. 팀워크는 1980년대 기업의 관리활동의 주요 이슈로 대두되었으며 앞으로 조직구조 연구에서도 주요 과제가 될 것으로 예견되고 있다. Haksever 등(2000)은 팀과 팀워크의 특성에 대하여 다음과 같은 다섯 가지 요인으로 설명하고 있다.

- 글로벌경쟁은 새로운 제품과 서비스의 설계 및 개발에 소요되는 시간단축의 필요성을 높이고 있다.
- 오늘날의 종업원은 특히 반복적인 작업수행에 대한 교육과 충분한 정보에 의해 자신이 어떻게 기여할지를 파악하고 있다.

- 다른 기업의 성공적인 팀워크는 팀의 효과에 회의적인 관리층에 확신을 준다.
- 임파워먼트와 팀워크의 결합은 종업원만족과 그들의 소속감을 고취시켜 높은 생산성과 창의성을 발휘시킨다.
- 팀워크는 전략을 축소하고 감독층과 중간관리층을 줄여 줌으로써 팀별로 자기관리를 수행할 수 있도록 한다.

팀(team)은 작업수행의 목적을 달성하기 위해 상호보완적인 기술과 숙련을 가진 작업자로 구성되며 팀의 유형은 자생적 작업팀과 임시적 작업팀으로 나누어 볼 수 있다. 자생적 작업팀(natural work team)은 작업의 숙련분야와 프로세스에 따라 작업자의 팀이 이루어지는 경우로 개별적인 작업의 책임보다는 전체적 작업책임이 강조된다. 대부분의 경우 팀은 작업목표를 설정하고 작업의 배분, 작업성과의 평가, 경우에 따라서는 필요한 작업자를 충원하고 해고하는 등 자발적인 팀 단위의 의사결정을 수행한다.

임시적 작업팀(temporary work team)은 특정한 작업목표가 주어짐에 따라 한시적으로 구성되는 팀이다. 예를 들어 새로운 제품이나 서비스의 개발, 품질개선 프로젝트, 또는 기업에 특정 문제가 발생했을 경우 임시로 구성하는 팀을 의미한다. 이러한 팀은 전문성을 가진 작업자나 각 부문을 대표하는 작업자로 구성되며 상호 다른 분야를 결합함으로써 각 전문분야 협력(multidisciplinary)이라는 종합적인 접근의 효과를 얻을 수 있다.

서비스기업에서의 팀워크는 새로운 서비스개발이나 서비스프로세스의 변화, 서비스품질 및 고객만족도 개선과 같은 특정한 과업의 수행에서 볼 수 있다. 팀워크는 복잡한 프로세스에 각각의 전문성을 가진 분야의 작업자가 상호 협력함으로써 높은 품질과 가치를 얻는 효과를 나타낼 수 있다. 그러나 팀워크는 조직구조의 면에서 비정형적이고, 자기도취에 빠지기 쉽고, 너무 앞선 참신성으로 부정적인 영향을 줄 수도 있다. 이러한 문제를 해소하고 팀워크의 긍정적 평가를 위해서는 다음의 요인을 고려하는 것이 바람직하다.

- 팀워크는 팀 구성원과 함께 적절한 목표와 목적을 공유해야 한다.
- 팀은 최고경영층의 지원을 받아야 한다.
- 팀에 참여하는 구성원은 사전에 충분한 교육을 받아야 한다.
- 팀에 참여하는 구성원은 커뮤니케이션 기술, 갈등해소, 문제해결 지향적 능력을 갖추어야 한다.

제 3 절 서비스인적자원관리와 조직 활성화

사례 에버랜드의 내부고객만족시스템

서비스직원의 감정은 고스란히 고객에게 전해진다. 모든 고객만족 활동은 내부고객인 직원이 회사와 업무에 만족을 느껴야 그 만족을 토대로 외부고객에게 즐거움과 감동을 전하는 서비스를 제공할 수 있다. 그리고 외부고객의 만족을 통해 더욱 풍부한 서비스 노하우를 터득한 직원은 양질의 서비스를 제공하려는 동기부여로 열정이 샘솟게 된다.

내부고객만족시스템은 직원들에게 동기부여와 마음을 움직이게 하는데 이는 직원의 마음을 알아주고 칭찬하는 것으로부터 시작된다. 에버랜드 임원들이 직접 직원들의 칭찬 사연을 적어서 전하는 '서비스 앰버서더 카드' 제도는 유니폼 안주머니에 품고 다니는 행운의 부적이 되었다. "백 만 불짜리 미소가 멋지네요." "당신의 웃는 모습은 국보급입니다." 라는 부적 한 장으로 직원들은 스스로 자부심을 느끼고 간직해 온 감동의 마음을 고객에게 전달하는 힘이 되고 있다.

내부고객 중에서도 신입직원은 특히 관심의 대상이다. 인간관계나 사회 경험이 부족한 직원들에게 수많은 고객을 응대하는 일과는 스트레스의 연속이다. 이럴 때일수록 조직 리더의 세심한 코칭과 그에 맞는 교육이 필요하다. 조직 리더의 일대 일 코칭이나 '명품 서비스맨 만들기' 교육으로 자신의 비전을 찾아 가는데 성공한 직원들이 많이 있다. 입사 100일을 맞은 직원에게 에버랜드 프로 서비스맨으로 인정해 주는 100일 파티를 열어준다. 이 파티의 목적은 신바람나게 즐겁게 일할 수 있도록 하는 동기부여와 함께 그들이 에버랜드를 퇴사한 후 언제든지 에버랜드를 찾아 올 수 있는 고객이 될 수 있기 때문이다.

에버랜드에서 근무하는 직원들은 12주 과정의 전문가 양성과정을 이수하면 직무수행에 도움이 될 수 있도록 에버랜드의 인증서를 발급받는다. 이 교육은 고용노동부가 인증한 직무교육과정이다.

내부고객에서 고객으로, 고객에서 직원으로의 만족의 선순환은 결국 기업경영의 성공으로 되돌아온다. 서로의 역량을 최대한 발휘할 수 있는 충실한 코칭과 생활화된 칭찬의 문화가 서비스변화를 이끌어내는 가장 큰 힘이 된다.

자료 : 에버랜드 "서비스 스토리"에서 발췌.

1. 서비스리더십과 동기부여

(1) 서비스리더십의 의의

우리나라의 국가품질상이나 각종 서비스관련 상, 미국의 MB상의 평가기준의 첫 번째 항목은 경영자의 리더십이다. 대부분의 사람들은 리더의 강력한 카리스마와 함께 뛰어난 리더십이 조직 내외에 큰 영향을 미치고 조직의 발전을 가져다주는 원동력이 된다는 믿음을 가지고 있다.

그러면 이러한 리더십의 본질은 무엇인가? Kotler(1990)의 정의에 의하면 리더십은 경영자가 의도하는 목표를 달성하기 위해 다른 사람에게 영향을 주고 동기를 부여하고 지시하는 능력이다.

기업이 공식적인 조직구조와 명령체계를 갖고 있더라도 리더십이 필요하다. 리더십은 조직구조가 불완전하기 때문에 나타나는 과업추진의 불합리성을 제거하고 외부 환경변화에 적절히 적응시키는 역할을 한다.

또한 조직 내 부문 간의 갈등요인을 조정하거나 해소하기 위해 필요하며 조직구성원에 대한 동기를 부여하기 위해서도 필요하다. 따라서 리더십은 다음과 같은 특성을 지니고 있다.

첫째, 리더십은 부하나 추종자와 같은 사람들을 포함한다. 경영자의 리더십은 기업조직을 통해 하위 관리자 등 종업원을 대상으로 명령이나 지시를 하는 행동적 과정이다. 둘째, 리더십은 리더가 조직의 목표달성을 위해 권한(power)을 사용할 수 있어야 한다. 권한이란 권위(authority)보다도 강한 개념으로 다른 사람의 사고와 행동에 영향을 미치는 힘과 능력을 의미한다. 셋째, 리더십은 권력의 사용으로 부하들에게 상당한 영향을 미치고 리더가 의도하는바 성과를 얻을 수 있어야 한다. 넷째, 리더십 발휘를 위한 권한의 행사는 권력만으로 되는 것이 아니라 동기부여를 통해 조직구성원들이 과업수행에 매진할 수 있는 여건의 조성을 포함한다.

서비스기업의 경영자가 갖추어야 할 리더십의 기술은 다음과 같은 요건을 포함하고 있다.

- **권력의 행사**

  리더가 권력(power)을 행사하고 부하들에게 영향력을 미치기 위해서는 종업원들에게 부여된 과업수행의 임파워먼트를 고려한 권력의 행사가 필요하다. 특히 서비스접점 종업원들의 과업수행에서는 종업원들이 서비스과업 수행의 목표를 어떻게 달성할 것인가를 스스로 결정하게 하여 자기통제와 참여감을 높여주는 것이 효과적이다. 따라서 서비스기업 경영자의 권력행사는 종업원들의 성취동기를 자극하여 소속감과 자아의지를 높여 그들의 성과목표를 달성하게 해야 한다.

- **직관력**

  직관력(intuition)이란 변화와 위험 등의 상황을 예측하여 상황에 유리하게 대처하는 능력을 의미한다. 강력한 경쟁자의 출현이나 새로운 서비스혁신 등으로 시장경쟁력의 위협요소와 변화가 일어나고 있는 오늘날 서비스기업의 경영자는 새로운 서비스나 기술로 고객만족과 경쟁우위를 점할 수 있는 직관력을 보여주는 것이 필요하다.

- **이해심**

이해심(well-understanding)이란 리더가 부하들의 강점을 파악하여 약점을 보완해주는 능력이다. 서비스접점 종업원의 실수로 고객의 불만이 발생하였다면 서비스회복이 필요하겠지만 왜 그런 실수가 발생하였는지 종업원의 입장에서 서비스실패의 원인을 찾으려는 노력이 필요하다. 즉 서비스실수는 종업원의 능력부족보다는 서비스프로세스, 서비스시설과 운영기술, 과도한 목표설정, 교육훈련 부족 등에 기인할 수 있다. 서비스경영자는 서비스실수의 재발방지를 위해 우선적으로 종업원들에게 무엇을 해주어야 할지를 검토해야 한다.

- **가치관의 공유**

가치관의 공유(shared values)란 리더가 조직의 비전, 목표, 전략, 규범 등의 가치관을 부하들에게 충분히 이해시키고 이를 따르게 하는 능력을 의미한다. 가치관의 공유는 경영자의 경영철학을 포함하는 기업의 비전체계로 설명될 수 있다. 서비스기업의 경우 종업원들에게 서비스문화를 확산, 정착시키는 노력이 필요한데 이것은 서비스기업 고유의 가치관이 없이는 고객만족 또는 서비스목표달성이 불가능하기 때문이다.

(2) 리더십 이론

기업의 성과는 유능한 리더에 의해 좌우된다. 리더십과 관련하여 기업의 과제는 다음의 두 가지로 요약된다.

- 유능한 리더의 자질과 개인적 특성은 무엇인가?
- 유능한 리더를 발굴, 확보하는 방안은 무엇인가?

전통적인 경영학에서 리더십에 관한 연구는 사회적으로 뛰어난 경영자에 대한 인물을 중심으로 연구되어 왔다. 최근의 연구로서는 삼성그룹

이건희 회장, Apple의 Steve Jobs, 마이크로소프트의 Bill Gates, Walmart 창업자 Sam Walton 등 국내외 경영자에 대한 리더십에 대한 연구를 들 수 있다.

우리나라 5대 그룹총수의 성격분석(1998)에 나타난 경영자의 리더십에 대한 분석 중 우리나라 산업화 시대의 기업경영을 선도했던 다음의 두 경영자의 리더십의 특징에 대하여 비교해 보자.

사례 우리나라 경영자의 리더십 유형

• 고 이병철 삼성그룹회장

신중하고 조용하며 집중력이 강하고 매사에 철저한 성격이다. 구체적, 체계적, 사실적, 논리적인 성격을 가지고 있다. 모든 일을 체계적으로 조직화 하며 책임감이 강하다. 유머감각이 적고 놀거나 즐기는데 인색하다. 그의 이미지는 한번 시작한 일은 끝까지 해내는 사람이다. 이러한 부류의 전형적인 직업은 법관, 교수, 회계사 등이다.

• 고 정주영 현대그룹회장

정열적이며 활기에 넘치는 성격을 가지고 있다. 재능이 많고 상상이 풍부하다. 주위에 사람들을 많이 모이게 하는 능력을 가지고 있으며 다른 사람의 재능을 잘 개발하고 이용한다. 그의 이미지는 풍부한 상상력과 열정으로 새로운 것에 도전하는 사람을 연상하게 한다. 비슷한 성격의 인물로는 TV토크쇼 진행자 Oprah G. Winfrey 를 들 수 있다.

자료 : 5대 그룹총수의 성격분석 보고서에서 발췌(매일경제 1998. 9.22)

토의문제

1. 위의 두 경영자의 리더십을 비교하자.
2. 오늘날 서비스기업 경영자의 리더십의 특징과 요건은 무엇인가?

리더십에 대한 접근은 리더의 특성과 기술, 리더의 행동, 리더의 권력, 리더십 발휘에 대한 조정요인, 외부 상황요인 및 리더십에 의한 성과

그림 11-1 리더십이론의 발전과정

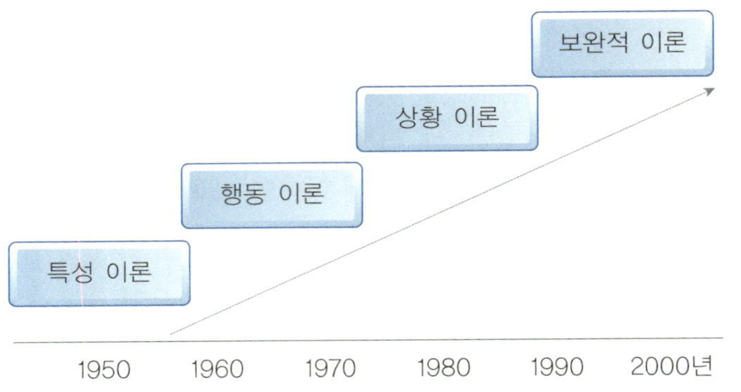

등의 면에서 다양한 연구가 이루어지고 있다. 리더십이론은 1950년대부터 활발히 연구되어 왔으며 리더십의 특성이론, 행동이론, 상황이론으로 이어져 개인적 인간중시요소의 고려, 문제해결 지향적 접근 등에 의한 보완적 이론의 연구로 발전하고 있다. [그림 11-1]에 리더십이론의 발전과정을 나타낸다.

경영자가 기업을 경영하고 경영목표를 달성하는 것은 모든 관리활동을 리더십에 바탕을 두고 있기 때문이다. 아무리 좋은 전략을 수립했어도 종업원의 직무수행이 경영자의 리더십이나 의도대로 움직이지 않을 때는 주어진 목표를 달성할 수 없다. 리더십 발휘와 관련하여 Yukl(1981)은 리더의 특성과 행동, 그리고 상호관계와 변수요인을 종합하여 [그림 11-2]에서와 같이 리더십접근의 분석모형을 제시하였다.

리더십의 행위론적 접근방법의 하나로 Likert(1961)는 4-시스템모형을 제시하였다. 이 모형은 과업지향성과 종업원지향성의 두 가지 관점에서 조직의 경영효율성을 네 가지 체계로 분석한 모형이다. Likert는 기업을 대상으로 한 설문조사에서 기업조직의 유형을 〈표 11-1〉에서와 같이 네 가지 시스템으로 나누어 이들 조직에서의 성과를 비교분석하였다. 이

그림 11-2 리더십분석모형

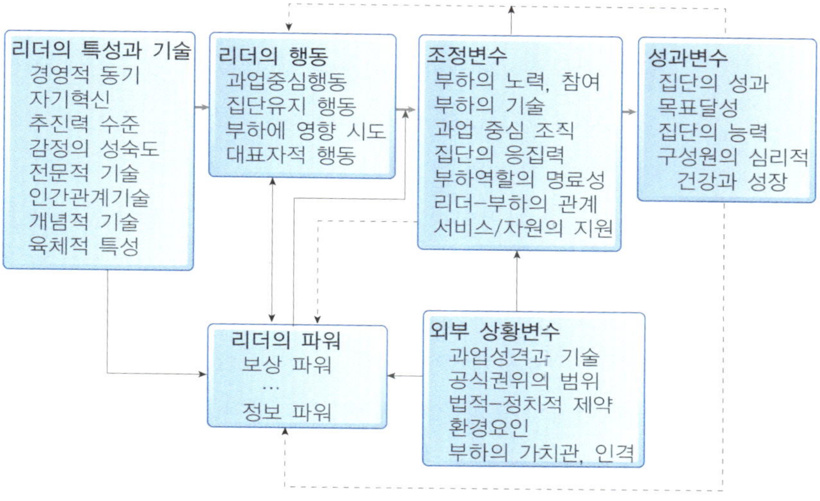

모형은 기업조직의 유형과 조직성과 간에는 밀접한 관계가 있음을 밝히고 기업조직의 유형별 성과관계의 특성을 설명하고 있다.

기업의 조직구조 유형이 시스템 1에서 2, 3, 4로 갈수록 관료적 조직 분위기로부터 민주적으로 개선되어 종업원의 참여도가 높아지고 있으며 이에 따라 동기부여는 징벌로부터 개인의 자긍심을 높이는 방법으로 변화되고 있다. 또한 시스템 1에서는 직무수행에 협동적 팀의 존재가 전혀

표 11-1 Likert의 4-시스템 특성

	시스템 1	시스템 2	시스템 3	시스템 4
조직분위기	독재적, 착취적	온건적, 은혜적	상담적	민주적, 참여적
경영주도 계층	상층	상층, 중간층	전체	전체
동기부여 방법	징벌, 공포	징벌, 보수	보수	보수, 자긍심
협동 팀 유무	전혀 없음	별로 없음	다소 있음	많음
조직성과	중간, 낮음	중간	중간, 높음	매우 높음

없지만 시스템 4에서는 대부분의 직무를 팀 위주로 수행하고 있다. 시스템 4의 경향을 보일수록 직무성과 수준이 높으며 시스템 1과 같은 조직도 시스템 4의 유형으로 변화해 갈수록 직무성과의 수준이 높아지고 있다. 결론적으로 경영자의 리더십은 권위적이기 보다는 종업원을 이해하고 이들을 중심으로 하는 민주적 구조로 수행되는 것이 조직성과에도 긍정적인 결과를 가져올 수 있다.

오늘날 기업의 인간적 배려에 대한 중요성이 높아짐에 따라 리더십기능도 종업원 중심으로 변화되고 있다. 특히 서비스기업의 경우 인적자원의 중요성을 강조함에 따라 전통적인 거래적 리더십으로부터 변혁적 리더십의 중요성에 역점을 두고 있다. 〈표 11-2〉에 거래적 리더십과 변혁적 리더십의 특성을 비교하여 나타낸다.

1980년대 이후 조직의 환경적 구조가 변화되고 특히 인간의 행동과학적 측면을 중요시하게 되어 리더십이론은 종업원의 행동반응 면에서

표 11-2 거래적 리더십과 변혁적 리더십

특 성	거래적 리더십	변혁적 리더십
현 상	현상유지를 위해 노력	현상을 변화시키고자 노력
목표지향성	현상과 너무 괴리되지 않은 목표지향	현상보다 매우 높은 이상적 목표지향
시 간	단기적 전망	장기적 전망
동기부여 전략	기본적으로 가시적, 즉각적 보상으로 동기부여	장기목표를 위해 노력하도록 동기부여 자아실현 등 높은 수준의 개인적 목표를 동경하도록 동기부여
행위 표준	부하들은 규칙과 관례에 의해 행동	변화적이며 새로운 시도에 도전하도록 부하를 격려
문제 해결	부하들을 위해 문제를 해결하거나 해답을 찾을 수 있도록 알려줌	질문을 통해 부하들이 스스로 해결책을 찾도록 격려 함께 직무를 수행

표 11-3 리더십연구의 상황적응적 접근

리더십 형태	주요 변수	특 징	연구자
과업지향 – 관계지향	과업구조, 리더권한	상황을 리더유형에 부합 적당한 통제는 관계지향적	F. F. Fiedler
지시적 – 위임적	부하의 성숙수준	부하의 성숙도에 따라 리더십 스타일 선택	P. Hersey K. Blanchard
지시적 – 참여적	종업원 개인, 환경	단순과업은 참여적 복잡한 과업은 지시적	R. J. House T. R. Mitchell
독재적 – 협의적	종업원 참여	각각의 상황변수에 따라 적당한 리더십유형 선택	V. Vroom P. Yetton

다양한 방법으로 연구되어 왔다. 특히 리더십연구는 상황적응적 접근(contingency approach)이 주류를 이루고 있는데 이를 종합하면 〈표 11-3〉과 같다.

(3) 종업원성과와 동기부여

조직에서 개인의 행동은 어떤 목적에 부합하기 위하여 무엇을 할 것인지의 방향을 결정하는데 개인의 심리적 요인이 작용한다. 이러한 심리상태를 동기(motive)라 하며 개인의 심리상태를 행동으로 유도하는 과정을 동기부여(motivation)라 한다.

기업의 성과는 종업원 개인의 성과를 통해 얻어진다. 종업원의 성과는 개인의 능력과 동기부여 및 환경적 상황에 의해 결정된다. 따라서 동기부여는 개인의 능력을 이끌어내기 위한 수단이 된다. 예를 들어 서비스기업이 고객만족의 성과를 높이려면 교육훈련만으로 기대할 수는 없다. 고객만족은 서비스접점 종업원의 능력이나 친절성을 기본으로 하지만 종업원에 대한 동기부여가 뒷받침됨으로써 서비스접점에서의 고객만족이 이루어질 수 있다.

동기부여는 다음의 세 가지 요건을 필요로 한다.

• **행동의 활성화**

이것은 개인의 내적 심리상태를 행동으로 이어지도록 동기를 유발하는 과정이 다. 예를 들어 서비스기업이 고객에게 높은 품질의 서비스를 제공하는 것은 고객만족과 충성도를 얻기 위한 것이며 종업원은 목표달성에 대한 책임인식을 통해 행동을 활성화 시킨다.

• **행동의 유도**

행동의 유도란 활성화된 행동에 의해 특정한 목표를 지향하도록 유도하는 과정이다. 즉 종업원은 높은 서비스품질을 창출함으로써 책임에 대응하는 보수를 받을 수 있으며 그 결과 서비스기업은 고객만족과 충성도를 높여 경영목표를 달성할 수 있다.

• **동기부여에 의한 행동의 강화**

행동을 강화하는 것은 지속적으로 목표를 달성할 수 있도록 활성화된 행동을 유지하는 과정이다. 서비스기업이 지속적으로 높은 서비스품질 수준을 유지하는 것은 일회성이 아니라 고객의 반복적인 구매를 위해 필요한 것이며 이에 따라 경영의 안정을 얻을 수 있기 때문이다.

동기부여의 과정은 단순하지만 예측이 불가능한 여러 요인들로부터 매우 복합적인 영향을 받는다. 종업원에 대한 동기부여의 과정은 추론하기 어려운 인간의 내면과정을 대상으로 하므로 정확하게 관찰하거나 측정하기가 매우 어렵다. 또한 사회, 문화, 직무환경, 개인적 욕구가 상이하며 시간의 흐름에 따라 동기인식의 차이가 다르게 나타난다. 경영자가 동기부여에 의한 종업원의 행동반응을 예측하는 것은 거의 불가능하다. 그렇다고 하여 동기부여를 포기할 수는 없다. 따라서 경영자는 종업원 개개인의 욕구를 정확히 파악하고 그들의 욕구를 충족시키면서 동기부여에 반하는 행동을 최소화 하는 노력이 필요하다.

(4) 동기부여이론

종업원에 대한 동기부여는 개인적 욕구와 태도, 종업원의 직무성과에 대한 보수와 행동규범, 그리고 직무의 중요성이나 자율성 등 직무특성에 따라 영향을 받으며 경우에 따라서는 이들의 상호작용에 의해 영향을 받는다.

동기부여이론은 내용이론, 과정이론, 강화이론으로 나누어 접근하고 있다. 내용이론은 개인에 대한 동기부여에 대하여 개인과 환경적인 측면에서의 접근이며 과정이론은 개인의 행동을 활성화 하고 유지하는 과정에 대한 접근이다. 강화이론은 개인의 행동을 중심으로 즐겁고 긍정적인 행동을 반복적으로 수행하기 위해서는 어떻게 자극하여야 할 것인가에 대한 접근이다.

이하에서는 동기부여의 관점을 서비스기업에서의 종업원에 대한 개인과 직무환경 요인에 중점을 두고 내용이론을 중심으로 설명하기로 한다. 내용이론은 Maslow의 욕구계층설, Alderfer 의 존재-관계-성장모형, Herzberg의 2요인이론 등이 주축을 이루고 있다.

1) 욕구5단계설

인간의 욕구는 의식주에 관련되는 가장 기본적인 욕구로부터 육체적, 심리적 안정, 대인관계, 신분, 명예에 대한 욕구, 그리고 자신을 나타내고자 하는 욕구를 충족시키고자 한다. Maslow(1943)는 이러한 인간의 욕구를 다섯 가지 계층적구조로 나누어 낮은 차원의 하위수준의 욕구로부터 높은 차원의 상위수준의 욕구로 계층순서에 따라 자신의 욕구를 충족시키는 과정에 동기적 행동반응을 나타내는 것으로 설명하고 있다.

- 생리적 욕구 : 의식주 등 육체적 평안
- 안전의 욕구 : 생활환경에서 나타나는 위험, 고통, 불확실성 회피
- 사회적 욕구 : 동료의식, 친화, 관심과 배려, 소속감
- 존경의 욕구 : 자아의식, 책임감, 자신감, 성취감

그림 11-3 Maslow의 욕구5단계

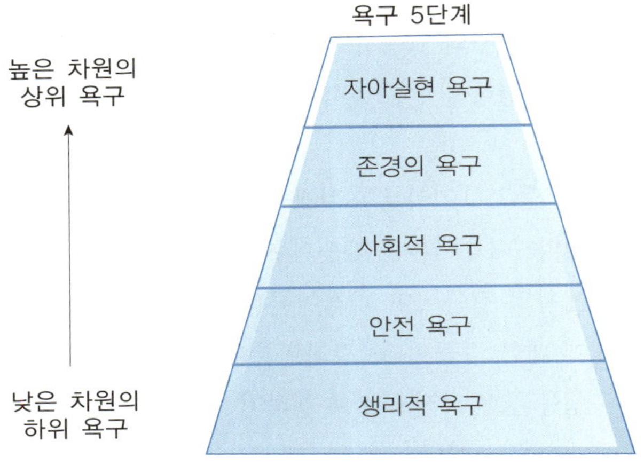

- 자아실현의 욕구 : 독립성, 창의성, 자기만족, 잠재능력을 최대로 활용

Maslow의 욕구계층설은 [그림 11-3]에서와 같이 인간의 욕구가 다섯 가지 계층에 따라 순서적으로 나타나는데 욕구충족을 위한 행동이 하위욕구로부터 상위욕구로 이동하며 나타난다는 이론이다.

이 이론은 경영자가 종업원에 대한 동기부여를 위해서는 부족한 욕구가 무엇인지를 파악하여 충족시키려는 노력이 필요하다는 것을 강조하고 있다. 또한 추구된 욕구가 충족된 다음에는 보다 상위의 욕구를 충족시킬 수 있는 기회제공의 중요성을 함축하고 있다.

2) 존재-관계-성장모형

Alderfer(1972)는 Maslow의 욕구5단계이론을 보완하여 인간의 욕구단계를 존재(E: existence)-관계(R: relatedness)-성장(G: growth)의 세 단계로 나누어 동기부여이론을 설명하고 있다. 이 모형에서는 하위욕구

그림 11-4 Alderfer의 존재-관계-성장모형

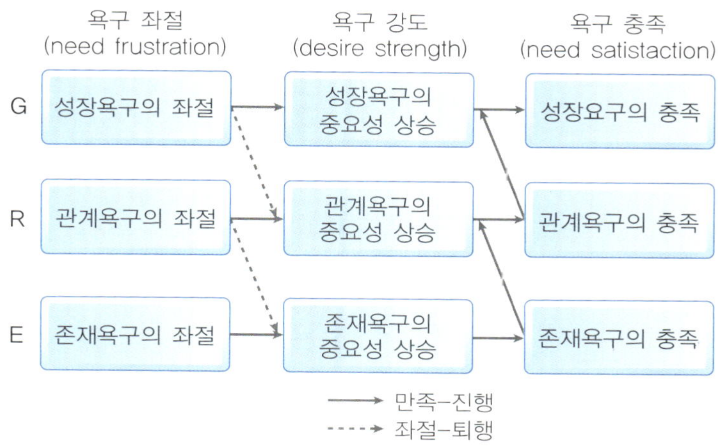

가 충족되면 상위욕구에 대한 욕망을 가지게 되고, 상위욕구가 충족되지 않을수록 하위욕구에 대한 욕망이 커진다는 점을 밝히고 있다.

이 이론은 [그림 11-4]에 설명된 바와 같이 인간의 욕구는 한 가지 이상의 욕구가 동시에 작용할 수 있음을 보여주고 있다. 또한 인간의 욕구는 만족-진행(satisfaction-progression)과정에서만 나타나는 것이 아니라 욕구충족을 시키지 못하는 좌절-퇴행(frustration-regression)과정을 포함하여 욕구충족관계를 분석해야 하는 것으로 설명하고 있다.

3) 2요인이론

Herzberg(1959)는 인간의 욕구충족과 관련하여 만족-불만족 요인이 각각 다른 차원에서 존재하고 있다는 학설을 제기하였다. 그는 만족하는 종업원이 더 열심히 직무를 수행한다는 가정 하에 [그림 11-5]에서와 같이 인간의 행동을 자극하는 요인을 위생요인(hygiene factors)과 동기유발요인(motivators)의 두 가지 측면으로 나누어 설명하고 있다.

위생요인은 개인의 욕구충족에 있어서 불만족을 방지해 주는 요인으

그림 11-5 Herzberg의 2요인이론

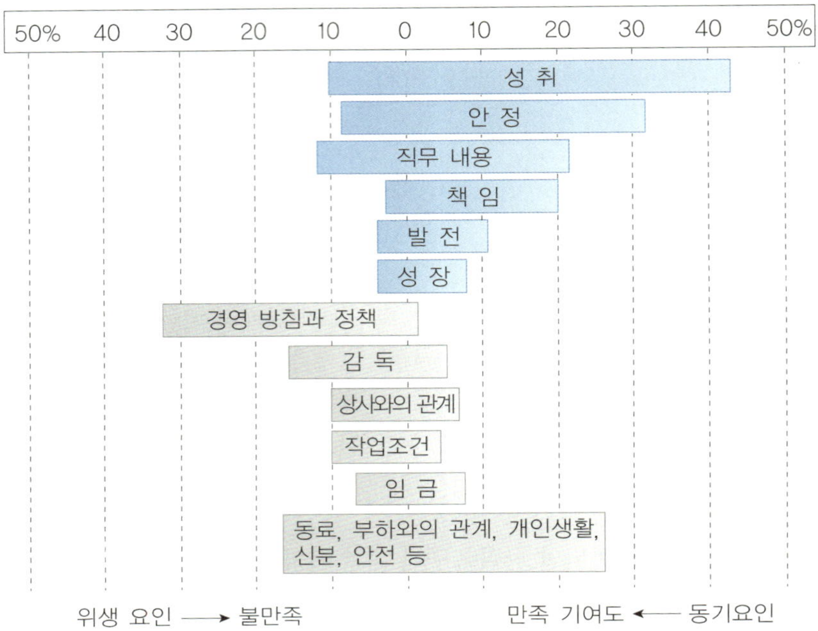

로 이 요인들을 불만족요인(dissatisfiers)이라 한다. 위생요인은 임금, 안정된 직업, 작업조건, 신분, 경영방침, 관리, 대인관계 등 종업원 개인의 직무환경과 관련되는 내용을 포함한다.

동기유발요인은 종업원 개인이 직무수행의 만족을 느껴 스스로 열심히 직무를 수행하게 함으로써 성과를 높이게 하는 직무내용요인들을 뜻한다. 동기유발요인은 성취감, 책임감, 성장 및 발전, 직무에 대한 보람과 호감, 타인으로부터의 인정, 존경과 자아실현 등 직무 내재적 성격의 만족요인(satisfiers)들로 구성된다.

Herzberg의 2요인이론은 기업의 성과를 높이는 긍정적 행동반응과 이직, 불성실 등 부정적 행동반응은 각각 직무만족과 불만족에 따라 나타나는 것으로 전제하고 있다. 그러나 이 이론은 인간의 욕구가 만족과 불만족의 독립적 영역에서 나타난다고 설명하고 있다. 불만을 느끼는 종업원은 기업을 떠나거나 성과가 낮아질 수 있지만, 불만을 느끼지 않는다고 하여 반드시 직무에 충실한 것은 아니다. 또한 종업원의 작업동기는 높은 만족도에 의해 나타나지만 동기부여가 없다고 하여 불만을 느끼는 것은 아니다.

Herzberg는 이 이론을 통해 만족과 불만족을 야기하는 요인이 무엇인가를 제시함으로써 경영자의 동기부여 방법을 제시하고 있다. 또한 동기부여에 의한 자극은 종업원의 직무수행의 성과를 향상시키는데 바람직한 수단이 되고 있다는 점에서 큰 의의를 찾을 수 있다.

이상의 세 가지 동기부여의 내용이론에서의 개인의 욕구수준의 단계를 비교하면 〈표 11-4〉에 표시한 바와 같다.

표 11-4 동기부여이론에서의 개인적 욕구수준

<table>
<tr><th>동기부여이론</th><th>욕구 5단계설
(A. H. Maslow)</th><th>E-R-G 이론
(C. P. Alderfer)</th><th>2요인이론
(F. Herzberg)</th></tr>
<tr><td rowspan="5">개인의
욕구수준</td><td>생리적 욕구</td><td rowspan="2">존재</td><td rowspan="3">위생요인</td></tr>
<tr><td>안전의 욕구</td></tr>
<tr><td>사회적 욕구</td><td>관계</td></tr>
<tr><td>존경의 욕구</td><td rowspan="2">성장</td><td rowspan="2">동기유발요인</td></tr>
<tr><td>자아실현의 욕구</td></tr>
</table>

사례 종업원의 직무만족도

S은행 행원의 직무만족도 조사결과 항공사, 호텔, 통신회사 등 비슷한 서비스유형의 기업보다 월등히 높은 만족수준을 나타내고 있다. 특히 동기부여 면에서 상대적으로 높은 임금수준, 직장에 대한 신뢰와 안정감에 대한 만족도가 높게 나타나고 있다. 그러나 종업원의 임파워먼트, 직무수행의 유연성, 창의성, 기술혁신수준 면에서는 매우 낮은 만족도를 보이고 있다.

실제로 은행업무는 일정한 프로세스와 규칙에 의거하여 수행되므로 직무와 관련된 동기부여의 범위가 매우 좁은 편이다. 일정한 프로세스에 의해 진행되는 수신업무는 물론 일선 행원에게 주어진 직무는 융통성이 거의 없다. 여신업무의 경우 고객의 신용정도에 따라 대출조건, 이자율 적용 등에서는 정해진 규정에 의해 직무를 수행하고 외환의 환율적용에서는 약간의 융통성을 발휘할 수 있다. 은행업무는 정보시스템에 의해 관리되므로 직무개선에 대한 창의성을 발휘할 기회도 거의 없다. 새로운 상품이나 서비스에 대한 아이디어 창출도 쉬운 일이 아니다.

이에 비해 호텔 예약직원에게는 객실배정, 객실요금산정의 할인율 적용, 퇴실시간의 연장, 기타 부가적인 서비스제공 등의 권한과 직무수행의 유연성이 높아 은행원의 직무수행과 비교가 되고 있다.

토의문제

1. 은행원의 만족요인과 불만요인은 무엇인가?
2. 은행원의 동기부여에 어떠한 문제가 있는지 토의하자.
3. 은행원의 불만요인 해소를 위한 동기부여방안은 무엇인지 토의하자.
4. 은행원의 동기부여개선을 위한 분석에 어떤 이론을 적용하는 것이 적합한가를 토의하자.

2. 서비스조직과 기업문화

아시아나항공 직원들은 우리 기업은 “아름다운 기업”이라는 잠재의식을 가지고 고객서비스를 제공하고 있다. FedEx는 서비스에 대한 기업의 약속을 “Absolutely, positively overnight” 라는 슬로건으로 신속성을 서비스의 이미지에 담고 있다. 이것은 조직구성원 모두가 공유하고 있는 기업문화라고 할 수 있다.

오늘날의 기업은 활동의 범위가 넓고 다양하며 고객과의 상호작용 수준이 매우 높다. 특히 고객접촉수준이 높은 서비스기업은 기업의 이미지가 고객에게 그대로 전달되므로 조직분위기와 기업문화의 중요성이 크다. 종업원의 직무수행과 행동은 기업의 조직분위기와 기업문화로부터 많은 영향을 받기 때문에 제품이나 서비스생산 및 품질을 좌우할 수 있다. 올바른 조직분위기와 기업문화는 종업원의 바람직한 사고와 행동을 가져오며 종업원행동의 결집력을 유도한다.

기업문화는 조직구성원들이 공감하는 사고방식과 직무수행방식에 관한 공통적 규범이며 구성원들이 학습, 공유, 조직 내에 전파되어야 한다. 기업문화는 다음과 같이 정의된다.

• 조직분위기(organizational climate)

조직분위기란 조직의 정책, 조직구성원의 직무수행관행, 절차, 보상, 지원 및 기대를 함축하는 개념이다.

• 기업문화(business culture)

기업문화란 조직의 정책, 관행, 절차를 나타내는 규범으로 조직분위기보다 상위의 개념으로 조직구성원 들이 조직의 가치, 이상, 규범, 목표 및 행동양식 등을 공유하는 가치판단체계이다.

Peters 등(1982)은 "In Search of Excellence"라는 저서를 통해 기업경영의 성공을 이끄는 기준 중 하나를 기업문화에 있다고 강조하고 있다. Leavitt(1978)는 [그림 11-6]과 같이 기업문화를 형성하는 요소를 7S로 하는 "Leavitt Diamond"를 제시하고 이들 요소 중 상위의 공유가치가 모든 요소를 통합하는 역할을 하는 것이라 설명하고 있다. 7S의 내용은 다음과 같다.

- 조직구조(structure) : 조직활동을 수행하는 기본적 틀
- 전략(strategy) : 기업의 표달성을 위한 장기적 행동방안
- 관리시스템(system) : 관리제도, 절차 등 운영구조
- 관리기술(skill) : 기업활동을 수행하기 위한 소프트웨어, 하드웨어 기술

그림 11-6 기업문화의 구성요소

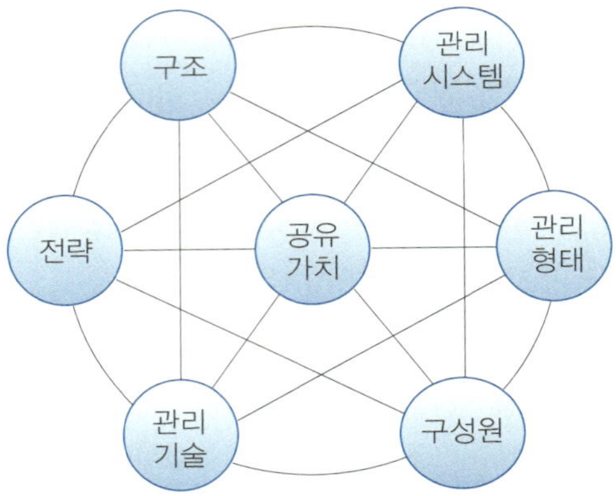

- 관리형태(style) : 구성원의 상호관계, 행동특성
- 구성원(staff) : 전문적 능력, 가치관, 태도를 나타내는 경영관리의 주체
- 공유가치(shared value) : 경제적 성장목표, 효율성, 도전과 새로운 가능성 실현

기업문화는 기업의 이미지를 상징하기 때문에 기업조직을 활성화 할 수 있다. 기업문화는 상징물(symbols)과 실화(story), 의식(ceremony) 등으로 표현할 수 있다. 상징성의 의미는 기업의 가시적 이미지를 전달하는 물리적 실체, 행위, 또는 무형적인 의미를 함축하는 것이다.

실화는 실제 사건이나 이벤트를 기초로 하여 가치창출을 위해 이야기로 담아놓은 것이다. 이러한 실화는 성공적인 상품개발, 새로운 아이디어 창출 등을 대상으로 함으로써 기업문화의 전달수단이 된다.

금호고속 CEO의 "고객행복경영 이야기"는 하루 60분씩 CEO와 종업원, 고객과의 서비스개선이나 고객만족 등 서비스현장의 대화를 사례집으로 출간하여 서비스문화의 확산에 활용하고 있다.

의식이나 예식은 특별한 상황에 관련하여 수행하는 일련의 의식으로 조직구성원들에게 기업문화 인식을 위한 가치전달 및 공유의 수단이 된다. 이러한 기업문화는 경쟁관계, 종업원의 의식구조, 고객의 욕구, 기술, 시장확대 등 기업환경과 기업이미지의 변화에 따라 변화될 수 있다. 경영자는 이러한 변화의 흐름을 잘 파악하여 보다 적극적으로 대처할 필요가 있다.

3. 기업윤리와 사회적 책임

오늘날 기업의 규모와 활동영역은 사회나 국가 경제발전과 경제사회의 구조를 가늠할 수 있을 만큼 성장과 발전을 이루고 있다. 이와 같이 기업의 활동은 우리 사회에 큰 영향을 미치며 있는데 기업의 사회적 영향이 커짐에 따라 기업의 사회적 책임도 커지게 되었다. 기업의 사회적 책임은 기업의 활동이 국가, 사회의 경제에 영향을 미치고, 나아가 국민의 일상적 생활수준, 건강, 문화, 여가활동 등 모든 분야에 걸쳐 지대한 영향을 미치기 때문이다.

기업의 사회적 책임을 논의하기에 앞서 경영자의 사회적 책임도 중요한 의미를 갖는다. 경영자 책임의 첫째 요소는 자유기업을 유지, 발전시키는 책임이다. 자유 시장경제체제에서 기업은 공정한 자원의 확보와 사용, 공정한 경쟁과 합리적인 관리활동을 수행함으로써 기업을 지속적으로 발전시킬 수 있다. 경영자의 책임은 기업의 사회적 책임에 대한 필요충분조건이라 할 수 있다.

글로벌기업 등 대기업은 물론 중소기업도 주주와 경영자, 노동자, 소비자 등 지역사회와 폭넓은 관계를 가짐으로써 사회에 큰 영향력을 행사하고 일정한 기여를 할 수 있다. 기업의 일방적인 이익추구나 불공정한 경쟁, 독선적인 경영 보다는 공공성, 공익성, 사회성 등 국가, 사회에 대해 일정한 책임을 져야하는 것이다.

기업의 사회적 책임은 각 나라마다 경제적, 사회적 상황이 서로 상이하고 각 기업마다 사회적 책임에 대한 인식에 차이를 나타내므로 명확한 정의를 내리기는 어렵다. 그러나 기업의 활동과 경영환경을 고려할 때 기업의 사회적 책임(corporate social responsibility)이란 기업이 지속적으로 존속하기 위한 이윤추구 활동을 수행함에 관련되는 법령과 윤리규범을 준수하고 기업의 이해관계자 요구에 적절히 대응함으로써 사회에 긍정적 영향을 미치는 책임 있는 활동이라 정의할 수 있다.

기업의 사회적 책임의 범위에 대하여 Drucker(1969)는 다음과 같이 경제적, 법률적, 윤리적, 자발적 책임의 네 가지 영역으로 구분하여 설명하고 있다.

- 기업의 경제적 책임은 이윤극대화와 고용창출 등에 대한 책임이다. 경제적 책임은 1차적인 책임으로 재화를 생산하여 적절한 가격으로 판매하여 투자자에게 보상이 가능한 이윤추구 활동이다.
- 기업의 법률적 책임은 회계보고의 투명성, 성실한 세금납부, 소비자의 권익을 보장하는 책임이다. 법률적 책임은 사회의 법질서와 규범 하에 공정하게 기업을 경영하고 구성원의 도덕성을 강조함으로써 가능하다.
- 기업의 윤리적 책임은 환경 및 윤리경영, 제품안전에 대한 책임과 여성, 현지인, 소수인종 등 사회 각 계층에 대하여 공정한 대우를 하는 책임이다. 이것은 사회적 요구와 기대 및 가치에 부합하기 위한 적극적 책임이다.
- 기업의 자발적 책임은 경영활동과 직접적으로 관계가 없는 사회, 문화, 교육, 과학기술, 체육활동 등을 지원하는 사회공헌 활동을 의미한다.

기업의 사회적 책임은 기업의 발전은 물론 우리 사회, 경제의 균형적 발전에 크게 기여한다. 그러나 기업의 사회적 책임에 대한 긍정적인 시각에 대해 반대하는 의견이 맞서고 있다. 1980년대 신자유주의 경제학파를 이끌어온 Friedman은 “Free to Choose(1990)”를 통해 개인의 합리적 선택에 기초한 시장의 자유경쟁과 평등성, 개인의 사유권 보장 등의 이유와 기업의 사회적 책임수행으로 이윤극대화 목표를 달성할 수 없으므로 기업의 사회적 책임을 반대하고 있다.

이러한 반대의견에도 불구하고 기업의 사회적 책임에 대한 효과는 매우 크다. 첫째, 높은 윤리성과 사회적으로 평판이 좋은 기업은 고객의 신뢰가 높아 매출이 신장되어 기업이익에 기여할 것이다. 둘째, 비윤리적이고 반사회적인 기업은 사회적 불신과 행동규제에 따른 비용을 부담이 커진다. 셋째, 사회적인 책임을 다하는 기업의 종업원은 자부심과 보람으로 직무만족 및 조직만족을 가져와 생산성향상에 기여할 수 있다. 이러한 의미에서 기업윤리나 기업의 사회적 책임은 조직활성화를 견인하는 수단이 된다.

기업의 사회적 책임과는 반대로 기업의 비도덕적인 행위가 사회에 미치는 파급효과는 매우 크고 중대하다. 기업의 비도덕적 행위가 기업과 이해자집단에 주는 영향은 무엇이고 사회에 미치는 부정적 영향은 무엇인지 파악할 필요가 있다. 또한 기업의 비도덕적 행위에 의한 기업의 사회적 책임의 범위는 어디까지인가를 신중하게 고려해볼 필요가 있다. 이러한 분석은 기업의 사회적 책임에 대한 의식을 높여줄 수 있다.

4. 서비스기업의 조직 활성화

경영관리이론에서의 조직 활성화는 기업문화를 형성하고 환경변화에 적응하기 위해 조직을 변화시키고 이러한 변화에 부합되는 조직을 개발하는 것을 의미한다. 또한 조직의 활성화는 조직규모와 역할확대로 조직부문간 또는 구성원 간의 갈등을 조정, 관리함으로써 부문 및 구성원의 생산성을 높이고 기업의 성과목표를 달성할 수 있다.

서비스기업의 경우도 기본적인 경영관리의 논리에 따라 조직의 활성화를 추구해야 한다. 그러나 서비스기업은 다음과 같은 조직운영 면에서의 특성을 가지고 있다. 첫째, 서비스조직은 개방시스템으로서 조직의 복잡성, 다양성, 불확실성이 높다. 서비스기업은 조직내외의 환경변화와 특히 고객의 요구의 다양성으로 고객 위주의 다양한 서비스를 창출하여 제공해야하기 때문이다. 둘째, 서비스조직은 합리성의 기준을 바탕으로 확정성, 확실성의 접근이 요구된다. 다양한 고객의 요구로부터 서비스제공의 효율화를 기하기 위해서는 서비스의 표준화가 필요하다. 또한 서비스는 사람의 관여도가 높기 때문에 여기서 나타나는 모호성을 제거하여 확실성 정도를 높이는 노력이 필요하다.

서비스조직은 고객, 프로세스, 기능 중심의 운영특성을 가지므로 보다 인간적인 면에 초점을 두고 조직 활성화를 실현하는 방법을 고려할 수 있다. 즉 서비스기업의 조직 활성화는 서비스기업문화의 형성과 서비스제공의 인적요소의 관점에서 조직적 문제에 대한 접근으로 서비스촉진을 기대할 수 있다. 서비스기업의 조직 활성화에 영향을 미치는 이슈들을 열거하면 다음과 같다.

- **멤버십 이슈** 서비스기능의 수행에 있어서 외모, 태도, 행동, 사고면에서 서비스조 직의 특성에 부합되는 종업원이 필요하며 이에 적합한 종업원의 선발과 유지관리가 뒷받침되어야 한다.
- **사회화 이슈** 서비스조직과 직무에 종업원이 적응할 수 있도록 기본적 교육훈련, 전문적 기술습득 등 공식적, 비공식적 사회화가 필요하다.
- **대인관계 이슈** 서비스접점 종업원은 고객과의 상호작용을 통해 고객만족과 서비스 수준을 높이기 위한 대인관계 기술 및 능력을 구비하여야 한다.
- **일체감 이슈** 종업원이 직무만족이나 소속감을 높이고 서비스조직의 목표와 가치를 공유하기 위해 새로운 서비스설계, 서비스프로세스 변경에 종업원의 참여도를 높인다.
- **구조적 이슈** 서비스운영의 효율성과 유연성을 적절히 확보하기 위해 종업원의 임파워먼트를 확대하고 직무수행의 자율성을 높여 구

조적 문제를 해결한다.

- **환경적 이슈** 다양한 고객요구, 시장의 경쟁전략, 서비스기술의 변화 등 환경적 요인과의 상호작용에서 종업원이 충분한 대응능력을 발휘할 수 있도록 한다.

서비스조직의 활성화에 영향을 미치는 요인은 종업원만족요인과 유의한 관계를 나타내는 것으로 조사되고 있다. [그림 11-7]은 서비스조직의 활성화를 생산성, 품질수준 등의 요인으로 하고 종업원만족에 영향을 미치는 요인을 직무수행의 권한과 책임, 동기부여요인으로 하여 상관관계를 분석한 결과를 나타낸 것이다. 이 분석에서 멤버십 이슈가 조직 활성화와 종업원만족에 가장 큰 영향을 미치며 환경적 이슈가 가장 낮게 나타났다. 그러나 이들 이슈들은 조직 활성화와 종업원만족 간의 관계에 긍정적 영향력을 미치는 것으로 나타나 인적자원관리에 하나의 관리지표로 활용될 수 있음을 보여주고 있다.

그림 11-7 서비스기업의 조직 활성화와 종업원만족수준

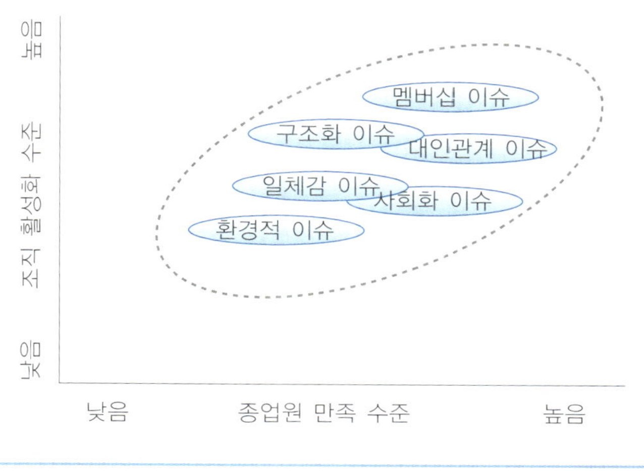

종합사례 및 토의문제 금호고속의 "고객행복경영이야기"

금호고속의 "고객행복경영이야기"는 한국서비스경영학회지(2010), 한국마케팅저널(2007), 기타 문헌을 통해 사례분석으로 소개되었다. 금호고속의 고객행복경영은 서비스기업이 고객만족을 최우선의 가치로 하는 서비스목표와 성과를 어떻게 달성하고 CEO의 경영철학과 리더십을 사내외에 어떻게 확산하는가를 보여주고 있다.

• 서비스경영철학과 비전

금호고속은 서비스의 최고 가치를 고객행복경영에 두고 있다. 국내 여객운송 경쟁이 그 어느 때 보다 치열해지고 타 운송수단의 발전으로 인해 특화된 서비스만이 살아남을 수 있는 유일한 방법이라는 CEO의 강한 의지에서부터 나온 경영방침이 바로 금호고속의 고객행복경영이다.

고객행복경영은 업무시스템을 관리중심시스템에서 고객중심시스템으로 개선하고, 이를 실천하여 고객이 만족하고 고객의 행복에 조금이라도 기여를 하기 위한 노력이다. 이러한 발상의 전환과 고객서비스 노력은 고객으로부터 인정과 선택을 받아 회사가 지속적으로 발전할 수 있는 원동력이 된다. 결국 고객행복경영은 고객에 대한 베풂이라기보다는 회사가 살기 위한 생존전략이 되는 것이다.

금호고속의 金城山대표이사는 이러한 고객행복경영을 실천함에 있어 직원들에게 가장 강조하는 것이 바로 "사기위인(捨己爲人: 나를 버리는 것이 남을 위하는 것)"이다. 즉 고객과 내가 동시에 행복해질 수 없다면 내가 손해 보더라도 먼저 고객의 행복에 기여해야 하며, 그렇게 하면 언젠가는 고객의 행복이 더 큰 행복이 되어 나에게 돌아올 것이라고 강조하고 있다.

금호고속의 비전체계는 인간존중의 경영철학을 바탕으로 종업원에게 보다 나은 일자리를 제공하고 고객행복을 실천하는데 있다. 기업의 다양한 활동으로 사회에 공헌함으로써 고객, 종업원, 회사 모두가 더불어 잘사는 사회를 만들기 위한 경영이념을 가지고 "지속적으로 성장하는 21세기 선두 육상여객운송기업"을 장기 비전으로 설정하여 이를 실천해 나가고 있다.

특히 고객행복경영은 금호고속의 핵심전략으로써 업계 최고의 서비스라는 목표를 달성하기 위해 이를 추진하고 있다. 최고경영자의 고객행복경영이야기라는 책자 발간과 사내특강 등을 통한 서비스혁신문화 구축, 최고경영자가 주재하는 고객행복다짐회의 등으로 고객본위의 업무개선과 프로세스개선을 통해 고객행복경영을 실천해나가고 있다.

• 고객행복경영의 확산

금호고속의 CEO는 고객행복경영을 전사적으로 확산시키고 전사원들의 공감대를 형성하기 위해 '고객행복경영이야기' 라는 책을 발간하였다. 이 책은 고객 행복을 위해 사내 통신망 '고객행복경영이야기' 라는 게시판에 올라온 내용을 비롯하여 CEO의 서비스일기, 매주 목요일 CEO가 직접 주재하는 고객행복다짐회의, CEO가 서비스현장에서 느낀 점 등을 모아 책으로 발간한 것이다. 이 책은 전 4권으로 구성되었으며 金城山 대표이사의 고객행복경영철학과 비전, 고객행복경영마인드를 생생하게 전해주고 있다.

이 책에서 고객행복경영이란 "서비스와 관계의 경영"이며, 고객이 없다면 서비스를 생각할 필요도 없으며 고객의 행복을 추구할 필요도 없다고 단언하고 있다. 또한 고객을 편하게 잘 모시면 칭찬이 돌아오고 고객도 편안하고 나도 행복해질 수 있다며 고객과의 좋은 관계가 금호고속이 추구하는 고객행복경영의 요체라고 설명하고 있다.

이 책에 수록된 내용 중에는 "마른수건을 자꾸 비틀면?"이라는 제목의 일기가 있다. 이 제목이 의미하는 내용은 마른 수건을 끝없이 쥐어짜면 끊어져버린다. 즉 원가절감을 수건을 쥐어짜는 것이라고 보았을 때 무리한 원가절감은 결국 한계가 있음을 의미한다. 오직 발상을 전환하여 고객행복경영을 하는 것만이 원가절감의 방법이라고 소개하고 있다. 즉 원가절감과 고객행복경영은 별개의 개념이거나 어느 하나를 위해 희생하는 것이 아니다. 고객행복경영을 심화시키는 것은 최선의 원가절감이며 고객이 원하는 일만 골라서 조직원 모두 스스로 찾아내는 것이 능률을 높이고 원가를 절감하는 것이다.

고객행복경영은 [그림 11-8]과 같이 시스템화 하여 추진하고 있다. 고객행복경영의 전사적인 공감대를 강화하기 위해 각 팀에서는 매일 아침 서비스 생활화 회의를 열고 있으며, 주 1회 CEO가 직접 주재하는 고객 행복 다짐 회의를 열고 있다. 이러한 회의에서는 주로 VOC를 통해 직접 고객의 요구를 청취하고 도출된 개선안에 대한 실행여부를 피드백하고 있다.

그림 11-8 금호고속 고객행복경영시스템

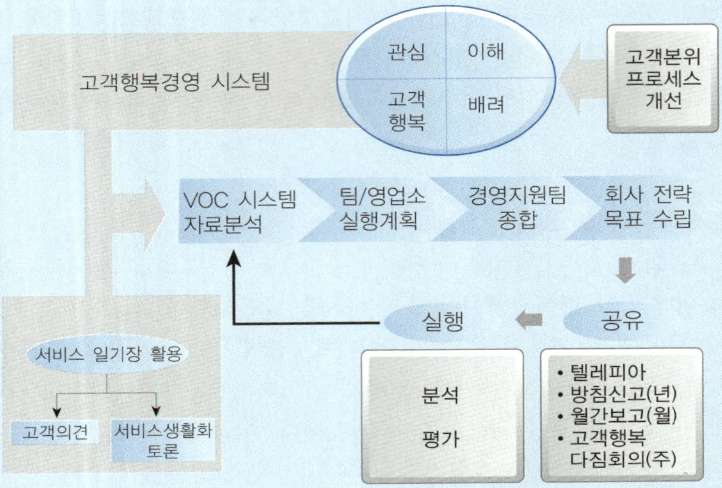

고객행복경영을 전사적으로 확산시키는 노력으로 2009년 하반기부터 시행되고 있는 "고객님 기억하기"는 고객행복경영의 조기 정착을 위한 가장 대표적인 실천 사례이다. "우리를 찾아주시는 고마운 고객님 기억하기 운동"도 고객행복경영의 요체인 관계경영을 지향하는 캠페인이다.

자료 : 김용하, 김영택(2010), "금호고속의 고객행복경영," 「서비스경영학회지」, 제11권, 제4호, pp.95~114, 김성산(2009), "고객행복경영이야기"에서 발췌.

토의문제

1. 금호고속의 고객행복경영을 이루는 CEO의 비전체계에 대하여 토론하자.
2. 금호고속의 고객행복경영을 사내외에 보다 효과적으로 확산하기 위해서는 어떠한 방법이 필요한가?
3. 금호고속의 고객행복경영은 기업문화 측면에서 어떠한 영향을 미칠 수 있는가에 대하여 토의하자.
4. 다른 서비스기업에서 금호고속의 고객행복경영을 벤치마킹한다면 어떠한 점을 고려해야 하는지 토의하자.

용어정리

직무분석(job analysis) 직무에 포함된 과업, 과업수행의 권한과 책임, 다른 직무와의 관계, 기대되는 성과의 창출에 필요한 작업자의 개인적 능력, 직무환경 등을 체계적으로 분석하는 것.

모집(recruitment) 직무에 관심 있는 사람을 대상으로 인적자원계획에 따라 직무기술서와 직무명세서의 요건에 부합되는 능력, 숙련, 인성 등 자격을 평가하여 유인하는 일련의 인력확보 과정.

선발(selection) 만족스럽게 직무를 수행할 수 있는 능력과 동기를 가지고 있다고 판단되는 바람직한 인력을 선택하는 과정.

배치(placement) 인적자원에 대하여 수행해야 할 직무를 부여하는 것.

인사고과 종업원의 능력과 성과를 평가하여 이들의 내재적 유용성을 평가하는 것.

보상(compensation) 임금의 형태로 사용자가 근로자의 노동의 대가로 지급하는 일체의 금품을 포괄하는 내용.

교육훈련 직무수행에 필요한 기술, 경영방법, 기기 등의 변화에 대한 새로운 환경 적응을 위해 잠재적 능력을 최대한 발휘하게 하는 학습활동.

경력개발(career development) 인간존중의 이념에서 기업의 목표와 개인의 욕구가 일치하도록 종업원의 경력을 개발하는 일련의 활동과 과정.

임파워먼트 조직구성원들이 조직의 목표를 어떻게 달성할 것인가를 스스로가 결정하고 자기통제와 참여를 고양시키는 것.

팀(team) 작업목적을 달성하기 위해 작업을 함께 수행하는 종업원의 그룹.

리더십 경영자가 의도하는 목표를 달성하기 위해 하급자에게 영향을 주고 동기를 부여하고 지시하는 능력.

거래적 리더십 하급자들을 위해 문제를 해결하거나 해답을 찾을 수 있도록 알려주며 기본적으로 가시적, 즉각적 보상으로 동기부여를 하는 유형의 리더십.

변혁적 리더십 하급자들이 질문을 통해 스스로 해결책을 찾도록 격려하며 함께 직무를 수행함으로써 목표를 동경하도록 하며 장기목표를 위해 노력하도록 동기를 부여하여 자아실현을 유도하는 유형의 리더십.

4-시스템모형 과업지향성과 종업원지향성 관점에서 조직의 경영효율성을 네 가지 체계로 나누어 조직에서의 성과를 비교분석한 모형.

욕구5단계설 인간의 욕구는 의식주에 관련되는 가장 기본적인 욕구로부터 육체적, 심리적 안정, 대인관계, 신분, 명예에 대한 욕구, 자신을 나타내고자 하는 욕구를 충족시키고자 욕구의 다섯 가지 계층적 구조.

존재(E)-관계(R)-성장(G)모형 인간의 욕구단계를 존재-관계-성장의 세 단계로 나누어 설명한 동기부여이론으로 하위욕구가 충족되면 상위욕구에 대한 욕망을 가지고, 상위욕구가 충족되지 않을수록 하위욕구에 대한 욕망이 커진다는 관계.

위생요인 개인의 욕구충족에 있어서 불만족(dissatisfiers)을 방지해 주는 요인으로 임금, 안정된 직업, 작업조건, 신분, 경영방침, 관리, 대인관계 등 종업원 개인의 직무환경과 관련되는 내용을 포함.

동기유발요인 종업원 개인이 직무수행의 만족을 느껴 스스로 열심히 직무를 수행하게 함으로써 성과를 높이게 하는 직무내용요인으로 성취감, 책임감, 성장 및 발전, 직무에 대한 보람과 호감, 타인으로부터의 인정, 존경과 자아실현 등 직무 내재적 성격의 만족요인(satisfiers).

조직분위기(organizational climate) 조직의 정책, 조직구성원의 직무수행관행, 절차, 보상, 지원 및 기대를 함축하는 개념.

기업문화(business culture) 조직의 정책, 관행, 절차를 나타내는 규범으로 조직분위기보다 상위의 개념으로 조직구성원들이 조직의 가치, 이상, 규범, 목표 및 행동양식 등을 공유하는 가치판단체계.

기업의 사회적 책임(corporate social responsibility) 기업이 지속적으로 존속하기 위한 이윤추구 활동과 관련되는 법령, 윤리규범을 준수하고 이해관계자 요구에 적절히 대응함으로써 사회에 긍정적 영향을 미치는 책임 있는 활동.

연습문제

1. 서비스기업의 인적자원관리의 중요성에 대하여 토의하자.
2. 서비스기업에서 종업원의 사기진작을 위한 동기부여의 중요성은 무엇인가?
3. 서비스접점 종업원에게 부여되는 임파워먼트는 왜 필요하며 어떠한 이점을 기대할 수 있는가?
4. 비용절감을 위해 콜센터를 동남아 등 국가로 오프쇼어링을 할 때 서비스접점에서의 위험성은 무엇인가?
5. 서비스기업에서 강조되고 있는 변혁적 리더십은 종업원에게 어떠한 영향을 미치며 그 이점은 무엇인지 토의하자.

6. 서비스기업이 기업문화를 정착하기 위한 방안은 무엇이며 기업문화형성에 종업원의 역할은 무엇인가?

참고문헌

김성산(2009~2012), 고객행복경영이야기 I, II, III, IV, 중앙북채널.

김용하, 김영택(2010), "금호고속의 고객행복경영," 「서비스경영학회지」, 제11권, 제4호, pp.95~114.

임승환(1998), 5대 그룹총수의 성격분석 보고서.

Alderfer, C. P.(1972), *Existence, Relatedness and Growth*, Free Press.

Drucker, Peter F.(1969), *The Age of Discontinuity: Guidelines to Our Changing Society*, Haper & Row.

Friedman, Milton & Rose Friedman(1990), *Free to Choose*, Harvest Books.

Haksever, Cengiz, Barry Render, Roberta S. Russell, & Robert G. Murdick(2000), *Service Management and Operations*(2nd ed.), Prentice-Hall.

Hammonds, Keith, Kevin Kelly, & Karen Thurston(1994), "Special Report: Rethinking Work-The New World of Work," *Business Week*, (Oct. 17), pp.76~87.

Harvey, Don & Donald R. Brown(1996), *An Experiential Approach to Organization Development*(5th ed.), Prentice-Hall.

Herzberg, F.(1959), *The Motivation to Work*, Prentice-Hall.

Leavitt Harold J.(1978), *Managerial Psychology*, Univ. of Chicago Press.

Malone, Thomas W.(1997), "Is Empowerment Just Fad? Control, Decision Making, and IT," *Sloan Management Review*, 38(6), pp.23~35.

Maslow, A. H.(1943), "Theory of Human Motivation," *Psychological Review*, 50(July), pp.388~389.

Peters, Thomas J., & Robert H. Waterman, Jr.(1982), *In Search of Excellence*, Warner Books.

Yukl, G.(1981), *Leadership in Organization*, Prentice-Hall.

http://www.radisson.com

제 12 장

고객만족경영과 서비스마케팅전략

학 습 목 표

본 장에서는 다음과 같은 내용의 이해를 목표로 한다.

- 고객만족경영의 의의
- 고객만족경영의 전개
- 서비스마케팅의 의의
- 서비스마케팅전략의 전개
- 서비스마케팅전략의 실행과 통제
- 서비스마케팅믹스와 전략

제 1 절 고객만족경영

1. 경영패러다임의 변화

Drucker는 "The Principles of Management"에서 기업의 목적은 이윤극대화가 아니라 고객의 창조에 있으며 이윤은 기업활동의 결과로 얻어지므로 국가, 국민 전체에 이익이 되는 것은 자기기업의 이익이 되도록 기업을 경영해야 한다고 하였다. 즉 기업이 존재하는 이유는 고객이며 기업의 목적은 시장활동이다. 기업이 목적을 달성하기 위해서는 고객창조를 위한 전략을 모색하고 실현해야 한다. 고객창조를 위한 전략은 다음과 같은 질문을 통해 구체화할 수 있다.

- 우리의 사업은 무엇인가?
- 우리의 고객은 누구인가?
- 우리의 사업이 고객에게 주는 가치는 무엇인가?
- 우리의 사업이 앞으로 어떻게 될 것인가?
- 우리의 사업이 앞으로 어떻게 되어야 하는가?

오늘날 기업의 경영관리는 환경변화에 따라 급속하게 변화하고 있다. 시장경쟁, 고객의 요구, 제품 및 서비스생산기술, 정보통신기술의 발전, 기업의 사회적 책임의 확대 등은 경영관리의 패러다임을 근본적으로 바꾸어놓고 있다. 이러한 기업환경과 경영관리는 변화의 수준이 아니라 혁신의 수준이라 할 수 있다. 기업의 환경변화에 대응할 수 있는 전략은 최소한 다음과 같은 점을 고려해야 할 것이다.

첫째, 고객에게 제공되는 제품 및 서비스에 대한 고객의 심리적, 행동적 반응은 매우 다양하고 변덕스럽다. 다양한 고객요구와 행동반응, 고객의 선택권 강화에 따른 대응전략이 필요하다. 제품이나 서비스생산의 유연성은 양적인 면에서뿐만 아니라 다양한 고객의 요구를 수용하는 데 있다. 오늘날의 시장원리는 고객가치를 극대화하지 못하는 기업은 한 순간에 경쟁력을 상실하게 된다.

둘째, 제품 및 서비스는 경쟁기업과 차별화에 의한 경쟁우위를 확보해야 한다. 경쟁력 우위는 원가, 품질, 신뢰성, 유연성, 서비스 면에서 어느 한 가지라도 경시해서는 아니 된다. 예를 들어 서비스는 고객이 구매 후 사용경험에 의해 품질평가가 가능하며 경우에 따라서는 고객이 대기하는 시간에 따라 품질수준에 영향을 미친다는 특성을 가지고 있다. 이러한 품질요인이나 대기시간의 단축은 서비스의 차별적 경쟁력을 결정하는 요인이다.

셋째, 고객의 충성도를 높여 기업의 가치와 이미지를 제고시키는 노력이 필요하다. Drucker의 경영철학은 고객의 욕구를 충족시킬 수 있는 가치가 무엇이고 이를 어떤 방법으로 고객에게 전달하는가의 문제가 고객의 충성도를 좌우하는 것으로 보고 있다. 서비스이익사슬의 관점에서는 서비스의 개념, 서비스의 가치, 서비스전달시스템이 고객만족과 충성도에 영향을 미치고 피드백되어 기업의 이익에 영향을 미치게 된다.

이러한 관점에서 마케팅 학자들에 의해 지적된 마케팅패러다임의 변화를 종합하면 다음과 같다.

첫째, 시장점유율 확대를 위한 새로운 고객창조로부터 고객유지(customer retention)의 중요성이 강조되고 있다. 기업이 새로운 고객을 확보하려는 노력은 기존의 고객을 유지하는 노력에 비해 몇 배의 노력이 더 소요된다. 여러 조사에 의하면 신규고객유치에 소요되는 비용은 기존의 고객을 유지하는데 소요되는 비용보다 3~7배의 비용이 더 소요되는 것으로 분석되고 있다.

둘째, 고객만족보다 고객충성도는 마케팅효과가 크다. 제품이나 서비스에 만족하는 고객이 일반고객에 비해 재구매율이 높은 것으로 조사되고 있으나 만족도가 높다고 해도 반드시 재구매나 타인에게 추천 등의 행동으로 이어진다고는 할 수 없다. [그림 12-1]에서와 같이 고객만족과 고객충성도 간의 비례적 관계는 서비스유형에 따라 상이하게 나타난다. 특히 기술혁신수준이 높고 수명주기가 짧은 제품이나 서비스의 경우 만족도가 높다고 하여 충성도가 비례하여 증가하지 않는 것으로 조사되고 있다.

셋째, 시장공유(market share)로부터 고객공유(customer share)로 마케팅개념이 변환되고 있다. 제한된 시장에서 점유율확대의 노력보다는 같은 고객이 다양한 선택을 할 수 있는 기회를 확대하는 방법이 기업이익에 유효한 전략이 될 수 있다. 고객은 서비스구매 시 일괄적으로 구매하거나 하나의 브랜드만을 선택하는 것 보다 여러 구매원을 택하는 경향을 보이고 있다. 이것은 고객의 입장에서 볼 때 다양한 경험, 기능, 가격, 용도의 적합성을 찾아 구매하는 것이 유리하기 때문이다.

넷째, 규모의 경제로부터 범위의 경제(economy of scope)를 지향하는 것이 경제적이다. 이것은 수요의 변동에 보다 유연하게 대응할 수 있으며 차별화 및 집중화 전략의 일환으로 목표시장을 지향하는 데에도

그림 12-1 서비스유형별 고객만족과 고객충성도 관계

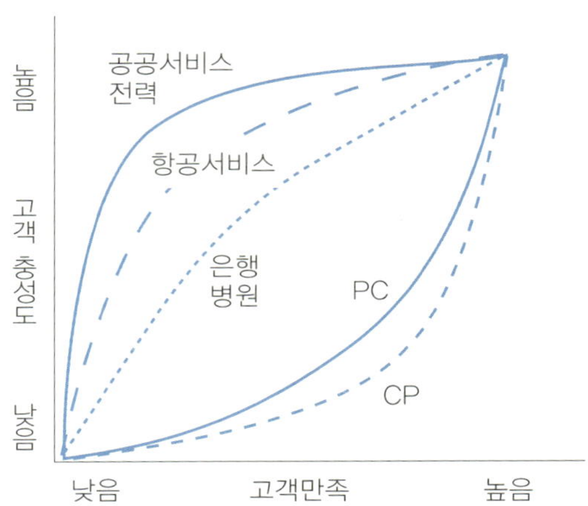

유리한 전략이 될 수 있다. 예를 들어 백화점은 우수고객을 대상으로 한 한정된 서비스로 고객만족과 이익확대에 기여할 수 있는 전략을 수행할 수 있다.

다섯째, 단일품목에 대한 마케팅(just marketing)으로부터 포괄적 마케팅(include marketing)으로의 개념변환이다. 예를 들어 고객은 항공서비스를 구매할 때 호텔, 렌터카 등 관련되는 서비스를 패키지형태로 구매하는 경우가 있다. 이는 구매의 용이성만이 아니라 비용 면에서도 일괄구매의 이점을 얻을 수 있기 때문이다. 기업은 고객의 필요성에 따라 단일의 서비스만이 아니라 관련되는 서비스를 패키지화하여 서비

사례 마케팅패러다임 변화의 예

고객가치와 관련하여 마케팅패러다임의 변화는 다음의 여러 조사 결과로부터 찾아볼 수 있다.

- 새로운 고객을 얻는데 소요되는 비용은 기존고객을 유지하는데 소요되는 비용보다 5~6배 더 소요된다.[1]
- 기업의 비즈니스 중 65%는 만족하는 기존고객을 통해 얻는다.[2]
- 장기고객은 일회성 고객에 비해 구매액이 10~15배에 이른다.[3]
- 상위 20%에 해당하는 고객 1사람의 매출이 나머지 80%의 고객 16명의 매출과 비슷하다. (20 : 80법칙)[4]
- 일반적으로 기업들은 1년에 15~20%의 고객을 잃는다. 고객유지율을 단지 몇 %만 증가시켜도 25~100%의 이익을 증대시킬 수 있다.[5]

자료 : 1) Technical Assistant Research Program Report.
2) Philip Kotler(1994), *The Principles of Marketing*(13th ed.), Pearson Education.
3) 이동진(2007), 소비자관계마케팅, 박영사, p.16.
4) 박찬수(2010), 마케팅원리, (제4판), 법문사, p.23.
5) Frederick F., Reichheld and W. Earl Sasser, Jr.(1990) "Zero Defections: Quality Comes to Services", *Harvard Business Review*, 68(5). pp.105~111.

스의 폭을 확대하는 것이 효율적이다.

기업의 고객만족경영과 관련하여 고객가치, 고객만족, 고객충성도에 대한 영향관계와 개념적 정의가 필요하다. 다음에는 마케팅분야 학자들에 의해 제시된 고객만족에 대한 이론을 살펴본다.

2. 고객만족경영의 의의

Heskett 등(1997)이 제시한 서비스이익사슬의 구조는 만족한 서비스작업자에 의해 제공되는 서비스는 가치가 높고 이러한 서비스는 고객을 만족시키고 고객충성도를 높여 궁극적으로 기업의 이익을 개선해 준다는 것을 설명하고 있다. 여기서 가치 있는 서비스란 서비스에 의한 고객의 효용가치를 의미하고 이것이 높을수록 고객만족과 고객충성도에 크게 영향을 미친다는 의미를 내포하고 있다.

즉 고객만족이 높아지면 브랜드이미지 등 기업의 평판이 높이지고 기업의 평판이 높아지면 재구매 등 고객충성도에 영향을 미친다. 뿐만 아니라 높은 인지도에 따라 새로운 제품이나 서비스를 출시하는 경우 고객들의 초기 선호도가 높고 불만, 불평의 발생위험이 낮아지는 것으로 분석되고 있다.

(1) 고객가치

오늘날의 기업환경은 고객의 요구와 기대, 시장경쟁, 기술의 이용과 자원의 확보 등의 모든 면에서 빠른 속도로 변화하고 있다. 특히 고객가치(customer value)는 고객과의 지속적인 관계유지를 위해 필수적인 조건이 되고 있다. 고객가치에 대해서는 미시경제의 관점에서 효용이론의 관계로 설명하고 있다. 즉 소비자가 제품이나 서비스를 구매하여 소유한다기보다는 이를 획득하여 사용함으로써 얻을 수 있는 가치속성을 구매하는 것이다.

고객만족과 관련하여 고객가치에 대한 개념은 여러 학자들에 의해 정의되고 있지만 대체로 비슷한 견해를 보이고 있다. Zeithaml(1988)은 고객가치를 다음의 네 가지 관점으로 설명하고 있다.

- 고객가치를 가격과 동일시하는 개념
- 고객이 지불한 것에 대해 받는 것이라고 보는 견해
- 고객이 지불한 가격에 대해 얻는 품질이라고 보는 견해
- 이상의 세 가지 관점을 고려하여 고객이 전반적으로 지각하는 주관적 유용성의 관점

일반적으로 소비자는 가격보다 상위의 개념으로 가치에 더 큰 비중을 두고 제품이나 서비스를 구매한다. Cronin과 Taylor(1992)는 서비스가치를 서비스품질과 서비스기능을 얻기 위해 지불한 희생 간의 상쇄개념으로 정의하고 소비자들은 복잡한 계산에 의해서라기보다는 친숙한 과정을 통해 서비스가치를 지각하는 것이라고 설명하고 있다. Woodruff(1997)는 고객가치를 판매자로부터 구매한 제품 및 서비스에 대한 판단이라는 보편적 개념과 고객이 기대하고 있는 가치로 나누어 설명하고 있다. 또한 Hellier 등(2003)은 서비스획득과 사용에 소요되는 희생과 서비스에 대한 전반적인 평가에 의해 지각되는 가치라고 정의하고 있다.

이들 학자들이 개념화 하고 있는 고객가치는 다음과 같은 특성을 나타낸다.

- 고객가치는 중요도, 인지과정에 따라 계층적 구조를 이루고 있다.
- 고객이 기대하는 제품과 서비스는 주어진 속성과 성과가 존재한다.
- 고객의 기대정도에 따라 만족과 불만족이 나타난다.
- 고객가치는 서비스품질과 별개로 고려될 수 없다.
- 고객가치는 고객만족과 고객충성도에 영향을 미친다.

고객가치는 서비스품질, 고객만족과 관련하여 연구가 수행되고 있다. 즉 여러 학자들의 실증적 연구에서 볼 수 있듯이 지각된 서비스품질

은 고객가치 및 고객만족과 강한 연관성을 나타내고 있다. 최근의 국내외 서비스분야의 연구에서는 지각된 고객가치와 고객만족, 고객충성도 간에는 높은 상관관계가 있는 것으로 분석되고 있다. 고객이 지각한 가치가 높을수록 고객의 만족수준과 충성도가 높다는 것은 고객가치가 서비스품질과 같이 고객만족에 영향을 미치는 중요한 변수가 되고 있음을 의미하는 것이다.

(2) 고객만족

고객만족에 대한 용어사용은 1980년대 이전부터라 할 수 있지만 1980년대의 Oliver의 연구를 비롯해 1990년대에 이르러 여러 학자들의 연구가 본격적으로 수행되었다. 고객만족(customer satisfaction)에 대한 정의는 다양한 관점에서 여러 학자들에 의해 연구되고 있다. 즉 고객만족의 구성요소, 고객의 감정적 행동과 이해, 고객만족의 측정에 대한 척도 등 개념 및 측정과 관련된 이슈가 주요 연구의 대상이 되고 있다.

Oliver(1981, 1997)는 고객만족을 기대불일치의 관점에서 제품이나 서비스의 특성이 고객에게 충족되는 수준과 비교되는 것으로 정의하고 있다. 그의 연구에 의하면 고객만족이란 제품이나 서비스에 대한 고객의 기대와 실제 경험과의 불일치에 따라 나타나는 감정을 의미한다. 고객만족이란 고객의 인지적 경험에 의해 충족상태를 나타내는 정서적 판단으로 제품 및 서비스의 사용 후 고객이 느끼는 기쁨, 실망감 등 심리적 반응이다. 즉 고객만족은 고객이 느끼는 욕구나 기대의 충족정도로 표시되며 이 때 고객이 느끼는 충족상태는 고객의 사전 만족도 또는 경쟁기업과의 비교에 의한 만족도이다.

고객만족은 기대 이상 또는 규범과 같은 구매 전 기준과 제품의 성과와 비교한 결과 나타나는 거래 특유의 감정적 반응으로 제품의 사용 중 또는 사용 후의 성과라고 정의되기도 한다. 따라서 고객만족은 감정적이고 인지적 반응으로 고객의 기대와 소비경험 등 특정 대상과 관련하여 소비 후 혹은 누적된 경험에 근거하여 시간과의 관련되어 나타나는 반응이다. 고객만족은 고객의 기대수준과 비교하여 만족과 불만족수준을 결정하기도 하며 제품이나 서비스의 거래관계에 대한 만족수준을 고객만족이라 할 수 있다. 즉 고객만족은 고객이 경험한 희생에 대하여 적절하게, 또는 부적절하게 보상을 받았다고 느끼는 인지적 상태를 의미한다. 예를 들어 고객이 서비스를 받았을 때 제공받은 서비스에 대한 고객의 감정적 반응을 고객만족으로 나타낼 수 있을 것이다. 따라서 고객만족은 고객이 제품이나 서비스로부터 얻은 효용을 의미하며 고객의 주관적 판단에 의한 반응이므로 공통된 개념의 규정이 어렵다.

최창복 등(2012)은 여러 연구자들에 의해 정의된 고객만족의 개념을 다음과 같은 관점의 접근방법으로 정리하여 제시하고 있다.

- **고객만족을 인지적 상태로 보는 견해** : 구매자가 지불한 대가에 대해 적절하게 보상되었다고 느끼는 소비자의 인지적 상태와 판단
- **고객만족을 고객의 평가로 보는 견해** : 고객의 욕구(사전 기대) 및 욕구를 충족시키는 정도(실제 성과)에 대한 평가로서 소비경험의 인지적 과정과 결과를 통해 평가하는 일치/불일치의 정도
- **고객만족을 정서적 반응으로 보는 견해** : 고객의 기대일치/불일치와 같은 고객의 다양한 인지적 처리과정 후 형성되는 정서적 반응(emotional response)으로 고객의 사전 기대와 지각된 실제 성과간의 차이에 대한 반응
- **고객만족을 인지적 판단과 정서적 반응의 결합으로 보는 견해** : 제품이나 서비스의 특성, 소비의 충족상태를 유쾌한 수준에서 제공하거나 또는 제공하였는가에 대한 판단과 반응

일반적인 의미에서의 고객만족은 고객의 인지에 의해 정해진 수준 이상으로 고객의 기대를 충족시키는 것으로 제품이나 서비스의 사용 중 또는 사용 후 평가를 통해 이루어지는 것이라고 정의할 수 있다. 이러한 고객만족에 대한 연구의 특징은 기대-불일치, 공정성, 귀인 등 고객만족 결정요인에 대한 연구와 고객만족의 형성과정에 대한 연구가 주류를

표 12-1 고객만족에 대한 연구모형

연구 모형	주요 특성
기대-불일치모형	고객의 구매 이전의 기대가 긍정적/부정적 불일치를 가져와 만족, 불만족을 초래
공정성모형	고객만족은 거래에 관련된 고객들이 지불하는 비용과 예상되는 보장에 의해 도출된 공정성에 의존
귀인모형	고객들은 다차원적인 개념을 이용하여 구매의 성공과 실패의 원인을 찾으며 구매 후의 반응은 귀인에 의존
지각된 성과모형	고객의 초기 기대와 관계없이 인지한 제품성과에 의해 결정
규범모형	규범이 브랜드평가의 준거점이 되며 만족의 판단은 이들 규범과 비교하여 일치/불일치에 근거
복수 비교모형	고객은 복수의 기준을 이용하거나 만족에 도달할 때까지 연속적, 동시적으로 여러 번의 비교를 거침
감정모형	만족은 인적 요소 이외에도 감정반응의 함수임. 긍정적/부정적 감정은 고객만족에 대한 판단과 불평행동, 구전행동에 영향을 미침

자료 : S. Erevelles, & C. Leavitt(1992), "A Comparison of Current Models of Consumer Satisfaction/Dissatisfaction," *Journal of Consumer Satisfaction/Dissatisfaction, and Complaining Behavior*, 5, pp.104~114; 최창복, 홍성태(2012), 고객중시 마케팅, 청람, p.103~104에서 인용.

이루고 있다.

고객만족에 대한 주요 연구모형을 정리하면 〈표 12-1〉과 같다.

(3) 고객충성도

오늘날의 시장경쟁에서 기업들은 신규고객의 창출보다는 기존의 고객을 잘 관리하여 이탈을 막고 지속적으로 유지하는 것이 기업에 가장 유리한 방법이다. 즉 앞에서 이미 설명한바와 같이 기업이 관계마케팅을 통해 충성고객을 확보하는 것은 기업의 이익에 더 큰 영향을 미치고 있다.

고객충성도(customer loyalty)에 대하여 Hellier 등(2003)은 특정기업의 제품 및 서비스에 대하여 반복적으로 구매행동을 나타내는 정도라고 정의하고 있다. Oliver(1980)는 고객충성도란 경쟁자들의 마케팅노력과 타인의 영향 등에도 불구하고 고객이 기존에 사용하고 있는 제품이나 서비스를 지속적으로 반복구매하려는 경향이라고 정의하고 있다.

고객의 반복적인 구매행동은 기업의 재무적 성과를 높여주므로 고객충성도는 지속적으로 기업의 수익을 보장해 주는 요인이 된다. 따라서 기업은 고객에게 제품과 서비스를 통해 우수한 가치를 제공해 줌으로써 고객만족과 고객충성도를 확보하여 경쟁우위를 얻는 노력을 기우리는 것이 중요하다.

Parasuraman 등(1996)에 의하면 고객충성도는 구전과 재구매의도에 의해 영향을 받으며 구전은 제품이나 서비스보다 브랜드의 영향력에 따라 좌우되므로 고객의 구매결정에 중요한 역할을 하는 것으로 설명하고 있다. 따라서 높은 수준의 고객만족은 긍정적 구전으로 이어지고 잠재고객의 구매결정에 긍정적 영향을 미치는 기준으로 작용한다.

고객충성도에 대한 초기의 연구는 고객의 행동적 측면에 초점을 두고 있다. 즉 고객충성도의 기준은 구매비율이나 구매빈도에 의해 측정되는 것이라는 견해가 중심을 이루었다. 그러나 이러한 접근방법은 고객의 행동결과에 치중함으로써 고객의 구매결정에 대한 상황과 구매결정과정의 변화를 설명하는데 한계가 있다. 이러한 한계를 보완하기 위해 고객의 구매행동보다는 제품이나 서비스에 대한 긍정적 태도 및 잠재적 구매의도를 측정하는 방법이 제기되었다.

고객만족과 고객행동(고객충성도)은 강한 상관관계가 있는 것으로 분석된다. Roszkowski 등(2005)은 제품이나 서비스에 만족하는 고객은 충성도가 높으면 구전 등 행동을 실행할 가능성이 높다고 하였다. Parasuraman 등(1988, 1996)도 만족도가 높은 고객은 높은 구매의도와 활발한 커뮤니케이션을 하며 두 변수간의 영향관계는 매우 높은 것으로 보고 있다.

고객만족과 고객충성도 간의 관계는 Heskett 등(1997)의 서비스이익사슬의 체계, Anderson과 Sullivan(1993)의 가치사슬의 구조 등 많은 연구에서 실증적으로 입증되고 있다.

사례 스마트폰의 고객만족도 : ACSI

미국 소비자를 대상으로 한 고객만족도 조사에서 삼성전자의 갤럭시 S3와 갤럭시노트 2가 애플의 아이폰 5를 누르고 1위를 차지했다. 미국 미시간대학 로스스쿨 경영학과는 2012년 미국고객만족도지수(ACSI) 조사보고서를 통해 삼성전자의 갤럭시 S3와 갤럭시노트 2가 애플의 아이폰 5에 비해 고객만족도조사에서 높은 평가를 받았다고 발표하였다.

2013년 3월에 완료된 이 조사는 갤럭시 S3와 갤럭시노트 2가 100점 만점에 84점을 획득하여 1, 2위, 애플의 아이폰 5가 82점, 아이폰 4S가 81점을 얻어 3, 4위를 나타내고 있다. 이러한 조사결과는 미국 소비자들은 삼성전자 기기들에 대해 더 높은 점수를 주었지만 같은 조사방법론을 적용한 한국소비자만족도 조사결과에서는 아이폰 5가 갤럭시 S3보다 고객만족도 지수에서 더 높게 나와 대조를 보이고 있다. 이번 조사는 갤럭시 S4가 출시되기 전인 지난 3월에 이뤄진 것으로 갤럭시 S4는 조사 대상에서 빠졌다.

스마트폰의 고객만족도 조사결과에 대해 ACSI는 삼성전자의 기기들이 상대적으로 큰 화면을 제공함으로써 시장을 변화시킨 게임체인저의 역할을 한 것으로 평가하고 있다. 또한 가격, 기기성능 등의 면에서 특별한 비교수단이 없는 상태에서 삼성전자의 반복적인 광고 효과가 크게 나타났기 때문으로 설명하고 있다.

이외에 모토로라의 드로이드 맥스 HD가 80점, 드로이드 레이저는 77점, RIM의 블랙베리 Q10이 67점, Z10은 64점을 기록한 것으로 조사되었다.

한편 5월 조사한 제조사별 고객만족도는 애플이 지난해보다 2점 하락했지만 81점으로 가장 높았으며 삼성전자는 7점이 높아지기는 했지만 76점에 머물렀다. 또한 모토로라는 77점, 노키아는 76점, HTC는 72점을 얻었으며 LG전자는 5점이나 하락한 71점을 받았다.

ACSI는 미국 소비자 2500명을 대상으로 휴대전화와 브랜드를 비롯해 품질, 신뢰도, 가격 등을 조사했다. ACSI의 이번 'Top 10' 스마트폰 브랜드 조사는 첫 번째이며 올해부터 매년 발표할 예정이다.

자료 : 영국 Daily Mail (2013. 7. 30), http://www.dailymail.co.uk

토의문제

1. 스마트폰의 고객가치에 대해 토의하자.
2. 스마트폰의 고객만족도조사의 평가항목에 대해 토의하자.
3. 스마트폰회사의 고객만족도조사결과에 대한 활용방법은 무엇인가?

3. 고객만족경영의 전개

고객만족경영이란?

1980년대 말 일본의 기업들은 경기침체가 장기화되고 경쟁이 치열해짐에 따라 이를 해결하기 위해 고객만족경영의 개념을 도입하여 매출확대를 꾀하였다. 일본의 한 조사에 의하면 당시 CS추진부서나 CS추진위원회라는 조직을 만들거나 이를 추진하는 기업이 약 80%에 이르고 있었다. 토요다, 닛산 등 자동차회사, 히타치, 소니, NEC, 마쓰시다전기 등 주요 전기전자기기제조회사, JTB(일본교통공사), JR, 은행 등 서비스기업에서도 고객만족경영을 활발히 추진하고 있다. 일본보다 수년 늦게 우리나라 기업들도 고객만족경영에 귀를 기우려왔으며 많은 기업이 고객만족경영을 실행에 옮기고 있다.

과연 이러한 일련의 노력이 실제로 고객만족을 극대화하고 목표로 한 성과를 거둘 수 있는가? 고객만족경영이 일시적인 유행의 캠페인으로 끝나버릴 것인가? 조직전체가 고객만족을 위한 획기적인 노력 없이는 고객만족경영은 구호에 그치고 말 것이다.

무엇보다도 고객의 행동반응이 무엇인가를 파악하는 것이 중요하다. 고객의 구매행위는 고객이 스스로 결정하는 것으로 기업이 결정하고 강요하는 것이 아니다.

1969년 4월에 Peter Drucker는 미국제조업협회 마케팅위원회에서 "컨슈머리즘 – 마케팅의 초기"라는 주제의 연설을 하였다. 그는 이 연설에서 "컨슈머리즘은 토탈 마케팅의 수치이다"라는 말을 하였다. 마케팅이 본래의 목적인 고객의 욕구를 충족시키지 못하였기 때문에 컨슈머리즘이 일어난 것으로 이것은 마케팅의 수치라는 것이다.

기업이 진정으로 고객만족을 이해하고 있는가? 고객만족은 기업이 추구하는 경영목적의 하나이다. 오늘날과 같이 기업환경이 급변하고 있는 상황에 적응하지 못하는 기업은 생존능력을 상실하게 된다. 예를 들어 1980년대 초까지 판매자 측에 있던 시장 주도권이 구매자인 고객에게 넘어가고 고객이 판매자를 선택하는 시대가 되었다. 고객에게 만족을 파는 것이 기업의 중요한 목적이고 생존조건이 되고 있다. 지금까지의 고객제일주의, 고객우선주의, 고객은 왕이라는 구호가 고객만족이라는 말로 바뀌어 사용되고 있다. 고객만족은 기업우위의 경영을 위한 형식적으로 표방으로부터 탈피하여 실천적 고객만족을 추구함으로써 기업이익을 확보할 수 있다. 기업의 실천적 고객만족이란 최고경영자가 정점에 있는 피라미드형 조직으로부터 고객이 정점에 있는 역피라미드형 조직으로 바꾸어 고객접점에서 활동하는 종업원을 지원하는 새로운 역할을 추가하는 것이다.

과거에는 고객들이 높은 품질, 우수한 기능, 저렴한 가격에 가치를 두고 만족하였다. 그러나 오늘날에는 상품의 소프트한 가치로서 디자인, 사용용도, 사용의 용이성, 고객에 대한 배려 등을 중시하고 쾌적한 점포의 분위기, 판매원의 접객태도, 서비스프로세스 등 고객접점에에 이르기까지 만족을 느끼는 대상으로 하고 있다. 오늘날 고객은 기업의 사회공헌활동이나 환경보호활동 등 기업의 사회적 책임, 기업이미지와 같은 요인에도 높은 관심을 가지고 있음을 염두에 두어야 한다.

고객가치는 고객만족에 영향을 미치고 고객만족은 고객충성도에 영향을 미친다. 고객충성도가 높을수록 기업의 재무적 성과는 높아지기 때문에 고객만족을 위한 기업의 관리적 활동을 어떻게 전개할 것인가의 문제가 대두된다.

고객만족은 제품이나 서비스의 가치, 기능, 가격 등 서비스특성에 의해 결정된다. 고객으로부터 얻을 수 있는 호감, 평판은 기업 및 서비스의 이미지를 높여주는 요인이다. 고객만족은 서비스프로세스의 디자인, 사용용이성, 서비스접점의 분위기, 직원의 태도 등으로부터 영향을 받는 것으로 분석되고 있다. 이러한 영향요인은 고객만족경영의 틀에서 관리되고 개선이 가능하다.

고객만족에 대한 학자들의 견해를 종합하여 고객만족경영을 정의하면 다음과 같다.(삼성경제연구소 : www. seri.org. 등)

- 고객의 필요와 요구에 부응하여 고객이 가장 중요한 존재임을 인식하고 고객만족의 실현을 최우선 목표로 하여 고객과 더불어 지속적으로 성장하기 위한 경영방식
- 법적, 정책적으로 설정된 공공서비스를 수행함에 있어서 수요자(고객) 지향의 새로운 가치를 창출하고, 본연의 의무를 충실히 수행함으로써 사회발전에 기여하기 위한 경영방식
- 고객만족경영이란 경영의 모든 부문을 고객의 입장에서 생각하고 진정한 의미에서 고객을 만족시켜 기업의 생존을 유지하고자 하는 경영전략

Anderson 등(1994)이 제시한 바와 같이 고객만족과 고객충성도 간에는 강한 정(+)의 상관관계를 나타내고 있다. 고객만족경영은 〈그림 12-2〉에서와 같이 결함영역(zone of defection)으로부터 불편(不偏)영역(zone of indifference), 그리고 호감영역(zone of affection)으로 고객의 선택과 행동을 유도하는 관리활동을 의미한다. 이를 통해 서비스기업은 고객만족경영의 목표를 고객만족에 둘 것인가, 고객충성도에 둘 것인가를 결정하는 것도 중요하다.

기업은 고객만족경영을 통해 다음과 같은 이점을 얻을 수 있다.

첫째, 서비스이익사슬의 구조에서와 같이 고객만족경영은 고객충성도를 촉진하여 기업의 이익에 기여할 수 있다.

둘째, 고객만족경영을 통해 구전에 의한 광고효과를 높일 수 있어 마케팅비용의 효율성을 높일 수 있다. 그러나 구전에 의한 효과가 부정

그림 12-2 고객만족과 고객충성도의 관계영역

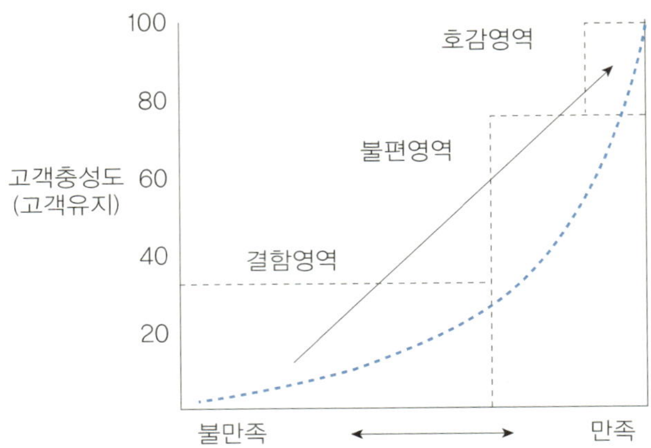

적인 면으로 나타나면 잠재고객을 상실할 수 있다.

셋째, 고객만족경영은 고객의 충성도를 높여준다. 충성도가 높은 고객은 더 큰 만족을 얻기 위해 서비스가격이 높다고 해도 재구매를 지속한다. 이것은 장기적으로 기업의 높은 이윤을 창출해 준다.

넷째, 만족하는 고객의 재구매는 표적시장을 지속적으로 유지해 준다. 따라서 마케팅활동에 소요되는 노력, 시간, 비용을 절감시켜준다.

일반적으로 고객만족은 제품이나 서비스를 사용하고 전반적인 면에서 평가되지만 서비스의 경우 서비스가 전달되는 일련의 과정을 통해 평가된다. 서비스가 전달되는 일련의 과정은 각각의 서비스접점이 될 수 있다. 따라서 서비스기업의 경우 고객만족경영의 역할과 중요성은 더욱 커진다.

예를 들어 항공서비스를 이용하는 경우 고객만족에 영향을 주는 주요 서비스접점은 다음과 같이 전체 서비스프로세스에 걸쳐 다양하게 나타난다.

- 여행정보를 얻기 위해 콜센터에 전화를 걸 때
- 예약센터에 항공티켓을 예약을 할 때
- 공항 카운터에서 티켓팅을 할 때
- 공항 탑승카운터에서 탑승권을 받을 때
- 탑승권을 받기 위해 대기를 할 때
- 출국장에서 보안검사를 받을 때
- 출국장에서 출국심사를 받을 때
- 탑승을 위해 라운지에서 대기를 할 때
- 탑승 시 승무원이 영접을 할 때
- 좌석을 안내할 때
- 기내서비스를 받을 때
- 하기 시 승무원이 환송인사를 할 때
- 수하물을 찾을 때

제 2 절 서비스마케팅의 의의와 전략

1. 서비스마케팅의 의의

제품과 서비스에 대한 마케팅활동은 두 가지가 모두 기업의 상품이라는 데에서 차이가 없다. 금융, 외식, 정보통신, 도소매 등 서비스에서 이를 이용하는 고객의 요구가 다양해지고 시장경쟁이 치열해지고 짐에 따라 서비스기업의 마케팅활동은 제조기업과 같이 활발히 전개되고 있음을 볼 수 있다.

그러나 미국마케팅협회(AMA)의 정의에 따르면 서비스란 판매를 위하여 제공되거나 상품판매와의 관계에서 준비되는 제활동, 편익, 만족을 포함하고 있다. 유형성을 갖는 제품과 비교해 볼 때 서비스는 형체가 없는 무형성, 생산 · 구매 · 소비가 동시에 이루어지는 비분리성, 서비스의 표준화와 규격화가 어려운 이질성, 보관과 저장이 불가능한 소멸성이라는 특성을 가지고 있다. 서비스가 지니고 있는 특징적 요인을 제품과 구분해 보면 다음과 같이 정리할 수 있다.

- 서비스는 무형성의 기능으로 제품과 차이가 있다.
- 서비스는 생산과 전달과정에 고객이 참여한다.
- 서비스는 서비스제공자와 고객이 접촉함으로써 고객에게 전달된다.
- 서비스는 생산과 동시에 소비되므로 재고를 유지할 수 없다.
- 서비스는 사용 후 고객의 경험에 의해 품질을 평가한다.
- 서비스는 고객의 대기시간을 최소화 하는 등 시간의 중요성이 높다.
- 서비스는 제품보다 다양한 유통경로를 갖는다.

서비스는 제품과 다른 몇 가지의 고유한 특성을 지니고 있어 서비스마케팅과 제품마케팅에는 차이가 있다. 따라서 서비스의 특징적 요인에 따라 마케팅활동이 달라질 수 있다. 제품의 마케팅활동은 만들어 놓은 제품을 판매하고 소비자가 이를 잘 사용할 수 있도록 사후관리활동과 품질개선활동을 수행한다. 그러나 서비스마케팅은 제품과 다른 서비스 특성을 고려하여 적절한 마케팅기능이 수행되어야 할 것이다.

서비스가 무형성이라는 관점에서 서비스기업의 마케팅기능은 고객이 인지적 경험을 가질 수 있도록 하여야 한다. 고객의 인지적 경험은 서비스가 가지고 있는 기능적 우수성이나 품질적 탁월성에 의해 고객에게 전달될 수 있다. 또한 서비스는 고객과의 직접적인 접촉에 의해 제공되므로 고객접점의 중요성이 매우 높다. 즉 서비스접점종업원의 숙련성, 친절성, 대응성 등 특별한 대인관계 기술을 필요로 한다. 서비스접점종업원의 대인관계 기술은 고객의 대기시간을 최소화 하거나 표준화하는 방법에서도 찾아볼 수 있을 것이다.

서비스마케팅전략은 서비스기업과 서비스의 특성에 따라 수행되어야 한다. 서비스기업의 마케팅전략과 마케팅활동은 어떻게 체계화하고 전개되어야 할 것인가? 서비스기업의 성공적인 마케팅전략은 무엇인가?

서비스마케팅의 수행은 서비스 및 운영시스템 개발, 광고 및 커뮤니케이션, 서비스의 판매, 차별화 및 경쟁분석, 고객서비스, 서비스품질 개선, 그리고 통합과 관계마케팅 단계로 수행된다.

2. 서비스마케팅전략의 전개

기업의 마케팅전략은 보다 효과적인 경쟁을 위해 제품, 가격, 촉진활동, 유통 등의 면에서 최적의 마케팅믹스를 사용하여 소비자의 마음속에 서비스의 차별적 위치를 심어주는 활동이라고 정의할 수 있다. 소비자의 인식은 최초(the first), 최대(the most), 최고(the best)를 지향하고 있다. 다양한 소비자의 욕구와 치열한 경쟁환경은 서비스기업의 마케팅활동을 더욱 어렵게 만들고 있다.

서비스기업은 경쟁기업의 서비스와는 다른 차별적 특징을 가지고 표적시장 내 소비자의 욕구를 보다 더 잘 충족시키는 전략이 필요하다. 서비스마케팅전략의 전개는 시장에서 서비스 포지셔닝을 어떻게 하는가에 좌우된다. 서비스 포지셔닝은 서비스에 대하여 소비자가 가지고 있는 인식(perception), 인상(impression), 느낌(emotion)에 의해 복합적으로 결정된다.

서비스마케팅전략은 [그림 12-3]에서와 같이 상황분석, 서비스마케팅전략의 수립과 전개, 서비스마케팅믹스 결정, 서비스마케팅전략의 실행과 통제의 네 단계로 수행된다. 아래에서는 서비스마케팅전략 수행의 네 가지 단계를 설명한다.

(1) 상황분석

상황분석은 환경분석, 산업분석, 경쟁분석 등 거시적 측면에서의 분석을 통해 현재 서비스 기업이 안고 있는 기회와 위협이 무엇인지를 파악하는 단계이다.

첫째, 환경분석은 기존기술의 성숙도 정도나 신기술 등 기술환경, 주요경제지표와 경기변동 등 경제환경, 연령, 소득, 가족구성 등 인구통계환경요인을 분석대상으로 하는데 이러한 요인은 기업의 시장활동에 중요한 영향을 미친다. 또한 입법 및 규제, 조세정책, 정치적 안정성 등 정치환경, 사람들의 가치관, 태도, 생활양식, 유행 등 문화환경, 자원, 지리적 위치, 기후 등 자연환경 등을 대상으로 분석한다. 이러한 환경분석을 위해서는 단순예측방법을 사용하거나 추세분석, 분해분석, 시나리오분석, 델파이법 등 정성적인 분석방법을 사용할 수 있다.

둘째, 산업분석이란 이미 시장에 진출해 있거나 앞으로 진출을 예정하고 있는 특정산업을 대상으로 매력도를 분석하고 시장경쟁에서 성공할 수 있는 핵심요인이 무엇인가를 판단하는 단계이다. 서비스마케팅전략수립을 위한 산업분석의 범위와 내용으로는 산업의 구조와 규모, 서비스 원가구조, 산업의 성장추이와 경향, 산업의 수명주기와 단계, 산업 내 주요 유통시스템 등을 대상으로 한다.

셋째, 경쟁분석은 주요 경쟁요인을 분석하고 마케팅활동 수행의 강

그림 12-3 서비스마케팅전략의 단계

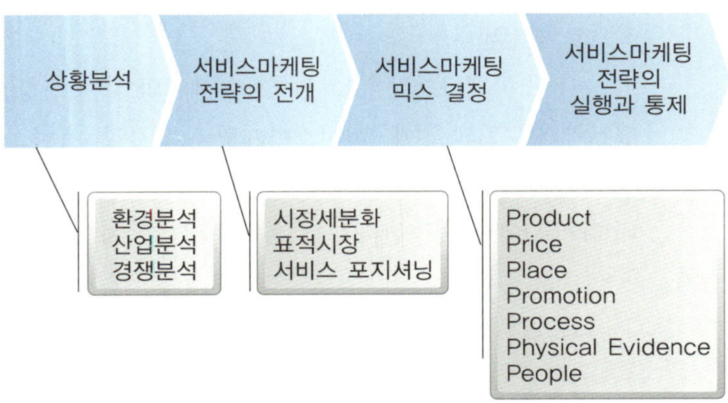

점과 약점을파악하여 적절한 경쟁방안을 강구하는 단계로 SWOT분석법을 이용할 수 있다. 즉 기회를 활용하여 강점을 사용하는 SO전략, 기회를 활용하여 약점을 보완하는 WO전략, 위험을 극복하기 위해 강점을 사용하는 ST전략, 위험을 극복하기 위해 약점을 보완하는 WT전략을 구사할 수 있다. 경쟁분석의 범위와 내용으로는 시장성장률, 비용구조, 시장환경의 특징, 소비자 선호도, 서비스시장 내 기업의 특징, 정부규제 및 특징 등을 대상으로 한다.

(2) 서비스마케팅전략의 수립과 전개

이 단계에서는 상황분석의 결과에 따라 서비스마케팅전략을 수립한다. 서비스마케팅전략은 시장을 세분화하고 표적시장을 선정하여 서비스 포지셔닝을 하는 단계로 수행된다. 시장세분화는 다양한 고객의 요구와 구매습관, 지리적으로 분산된 고객을 일정 집단으로 나누어 마케팅활동을 수행하기 위해 필요한 전략방안이다. 또한 시장세분화에 따라 목표시장을 특정하게 되는데 이를 표적시장이라 한다.

첫째, 시장세분화는 지리적 세분화, 인구통계학적 세분화, 심리분석적 세분화, 행동분석적 세분화로 나누어진다. 고객이 지리적으로 분산되어 있는 경우 어느 지역을 중심으로 시장을 정하는가에 따라 시장의 지리적 세분화가 필요하다. 또한 성별, 연령, 소득 등 인구통계학적 요인에 따라 시장을 세분화할 수 있다. 특정 서비스나 기업에 대한 고객의 선호도, 구매에 미치는 심리적 요인에 따라 심리분석적 시장세분화, 고객이 추구하는 편익, 고객의 재구매율, 구매행동에 따라 행동분석적 시장세분화를 할 수 있다. 시장세분화에는 수익률과 시장잠재력, 시장세분화의 동질성과 이질성, 시장접근성, 세분화전략에 소요되는 비용에 대한 분석을 필요로 한다.

둘째, 표적시장의 선정에는 진출하려는 시장의 크기, 시장의 특성과 서비스기업의 특성, 경쟁정도, 그리고 전략을 수행하는 의도가 무엇인가에 따라 결정된다. 표적시장의 선정은 차별화 마케팅을 수행할 것인가, 비차별화 마케팅을 수행할 것인가 또는 집중화 마케팅을 수행할 것인가의 전략적 접근이 필요하다. 차별화 마케팅전략은 전체 시장을 몇 개의 세분시장으로 나누어 각각의 특성에 맞는 서비스를 제공하는 전략이며 비차별화 전략은 전체 시장을 대상으로 하나의 서비스를 공급하는 전략이다. 집중화 전략은 전체시장을 몇 개 세분화 시장으로 나누어 그 중 하나의 시장에 집중하는 마케팅전략이다. 예를 들어 호텔의 경우 경쟁이 매우 심하다면 특정 고객을 대상으로 서비스와 시설의 고급화 또는 높은 가격으로 차별화 전략을 수행하는 것이 유리하다. 반면에 공급에 비해 수요가 매우 크거나 전체 시장을 대상으로 하는 비차별화전략을 수행하는 것이 차별화전략 수행의 노력을 경감시킬 수 있다. 또한 단체 관광객을 대상으로 할 것인가, 비즈니스고객을 대상으로 할 것인가의 집중화 마케팅전략을 수립할 수 있다.

셋째, 서비스 포지셔닝의 단계에서는 서비스개념, 서비스프로세스, 또는 서비스품질의 우수성 등 차별적인 특성으로 표적시장 내 고객들에게 마음의 위치를 잡도록 하는 것이 중요하다. 서비스의 개념은 기업이 서비스를 통해 고객에게 제공하는 약속이다. 예를 들어 FedEx는 "Absolutely, positively overnight!"라는 슬로건으로 기업의 서비스를 개념화 하고 있다. 서비스의 차별적 특성을 높이기 위해서는 기술적 품질과 기능적 품질을 보완시키는 방법을 사용할 수 있다. 기술적 품질은 서비스시스템이나 서비스설비에 의한 품질요인이며 기능적 품질이란 주로 인적 서비스에 의해 수행하는 품질요인이다. 서비스기업은 서비스 포지셔닝을 통해 새로운 서비스이미지를 창조하고, 기존의 서비스이미지를 지속화 하거나 강화할 수 있다. 경우에 따라서는 서비스의 재포지셔닝(re-positioning)을 통해 기존 서비스의 이미지를 개선하고 있다.

서비스 포지셔닝은 서비스품질의 차원이나 서비스증거에 따라 구체화 할 수 있다. 서비스품질차원에 따라 포지셔닝을 하는 경우 다음과 같이 SERVQUAL의 품질차원을 적용할 수 있다.

- **신뢰성** : 믿을 수 있고 정확한 서비스의 제공
- **확신성** : 서비스관련 지식, 능력, 공손함, 안전성에 대한 요인
- **대응성** : 즉각적인 서비스제공
- **유형성** : 서비스시설 등 물리적 요소의 외형
- **공감성** : 접근용이성, 의사소통, 고객에 대한 배려

또한 서비스증거에 따라 포지셔닝을 하면 다음과 같다.

- **서비스프로세스** : 서비스활동의 흐름, 서비스프로세스의 단계, 유연성, 표준화와 고객화 수준
- **인적 요소** : 고객, 서비스접점 직원, 시스템 내 다른 고객, 의사소통
- **물리적 요소** : 서비스시설, 물리적 환경, 의사소통 채널, 서비스가격, 보증

서비스유형과 특성에 따른 서비스 포지셔닝의 사례를 〈표 12-2〉에 나타낸다.

(3) 서비스마케팅믹스 결정

효과적인 서비스마케팅활동을 수행하기 위해서는 서비스의 특성을 파악하여 제품마케팅과는 차별화된 전략이 필요하다. 서비스마케팅믹

표 12-2 서비스 포지셔닝의 사례

서비스기업	서비스특성	내 용
홈쇼핑	서비스특징과 속성	반품 및 환불보장
성형외과	서비스용도	전문적 의료서비스
저가항공사	가격대 품질	저가정책, 낮은 품질수준
신라호텔	서비스등급	정통, 고품질의 최고급호텔
리츠칼튼호텔	고객	비즈니스맨 호텔
자동차보험	경쟁자	빠른 출동, 충분한 보상

스를 계획하고 실행함에 있어서는 제품(product), 가격(price), 유통(place), 촉진(promotion) 등의 4P 믹스 이외에 사람(people), 물리적 증거(physical evidence), 서비스프로세스(process)의 3P 요소를 포함한다. 즉 3P 요소는 서비스접점 직원, 서비스시스템 내의 다른 고객 등 서비스 참여자 등 인적요소, 서비스시설, 물리적 환경, 유형적 의사소통 등 물리적 증거, 서비스프로세스의 흐름과 단계, 서비스프로세스의 유연성 등 서비스프로세스의 요소들을 의미한다.

서비스마케팅믹스의 결정은 일곱 가지의 마케팅믹스요인을 최적화시키는 것으로 제품믹스와 다르다. 제품믹스는 투입되는 인적, 물적 자원, 기계설비의 가동시간이나 공급능력, 시장수요의 범위 등 제약조건에 따라 최대의 이익 또는 최소의 비용을 실현하는 제품의 생산량을 결정하는 의사결정이다. 이에 비해 서비스마케팅믹스의 결정은 서비스상품의 믹스에 대한 결정으로부터 자원의 이용, 시장수요, 경쟁관계, 비용 등을 고려한 가격결정, 유통채널의 결정, 촉진방법의 결정 등 광범위한 문제에 대한 종합적이고 체계적인 의사결정이 요구된다. 또한 서비스의 특성을 고려하여 서비스운영 및 전달프로세스, 물적 서비스시설과 인적 자원의 활용에 대한 작업방법과 작업시간, 기계설비가동율, 서비스기술, 소요비용 등에 대한 의사결정을 할 수 있다.

제품믹스의 문제는 선형계획법(linear programming) 등의 계량적 접근방법으로 최적해를 구할 수 있다. 그러나 서비스마케팅믹스의 결정은 다수의 목표수준에 대한 우선순위 결정과 최적해를 발견하는데 있다. 따라서 서비스마케팅믹스요인 중 달성가능한 목표의 우선순위에 따라 단계적으로 가장 적정한 해를 구하고 일부의 목표에 대해서는 선형계획법을 적용하여 최적해를 구하는 접근방법을 고려할 수 있다. 목표계획법(goal programming)은 목표의 우선순위에 따라 적정한 해를 구할 수 있는 계량적 접근방법이다.

예를 들어 서비스제공자는 고객이 기대하고 경험하는 것이 무엇인가에 대한 이해가 필요하며 이에 따라 서비스목표를 설정한다. 서비스

그림 12-4 서비스마케팅믹스의 실행수준

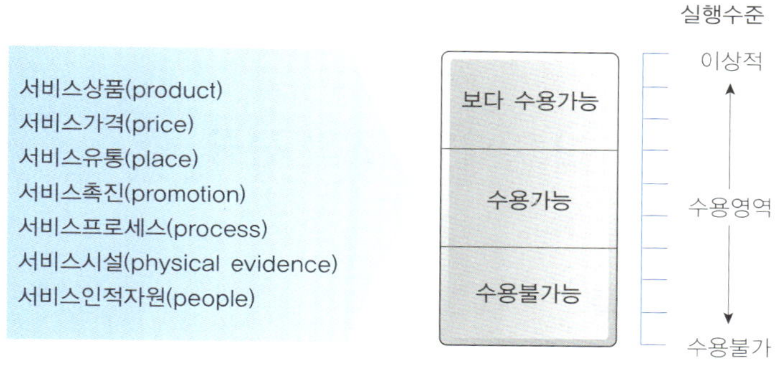

제공자가 서비스수준을 결정하기 위해서는 [그림 12-4]에서와 같이 보다 수용가능한 수준, 수용할 수 있는 수준, 수용불가능 수준으로 나누어 서비스마케팅믹스의 실행수준을 결정할 수 있으며 이것은 서비스제공에 대한 목표가 된다. 목표계획법은 이러한 정성적 목표에 대한 해를 우선순위에 따라 구하는 최적화 기법이다.

(4) 서비스마케팅전략의 실행과 통제

서비스마케팅믹스의 결정이란 각각의 서비스마케팅믹스요인을 최적화 시키는 것이다. 즉 서비스상품, 서비스가격, 서비스유통, 서비스촉진, 서비스프로세스의 운영, 서비스접점 인적자원의 관리, 서비스설비 등 물적 자원의 이용에 대한 전략방안과 실행방법을 찾아내는 것이다. 이러한 결정에 따라 서비스마케팅믹스의 실행과 통제가 이루어진다.

서비스마케팅믹스의 실행은 시장환경에 적응할 수 있도록 고객의 기대에 맞추어 서비스전달 프로세스를 설계, 운영하고 고객과 서비스제공자의 관계, 자원이용의 효율화를 목표로 각각의 운영전략을 포지셔닝하는 것이다.

제5장에서 소개한 Travelco의 사례는 서비스마케팅전략의 고객관

리 실행과 통제에 나타난 문제점을 발견하고 개선성과를 보여주는 사례의 하나이다.

제 3 절 서비스마케팅믹스와 전략

1. 서비스상품

서비스상품이란 기업이 생산하여 판매하는 재화로서 고객의 욕구충족의 대상이 되는 무형의 기능으로 형태적인 면에서 제품과 구별된다. 서비스마케팅믹스의 요인으로서 서비스상품은 고객의 인식, 구매노력, 관여정도 등 고객관점, 서비스상품의 성격, 수명주기별 특징에 따라 구분된다.

고객관점, 고객 관점에서의 프랜차이지(franchisee), 고객 관점에서의 서비스상품은 고객이 느끼는 위험의 정도에 따라 인식된 위험이 큰 서비스와 인식된 위험이 작은 서비스, 구매활동에 고객이 들이는 노력의 정도에 따라 구매노력이 큰 서비스와 구매노력이 작은 서비스, 고객이 서비스에 관여하는 정도에 따라 고객관여가 큰 서비스와 고객관여가 작은 서비스 등으로 분류된다.

서비스상품이 소비되는 특징에 따른 분류는 고객이 최소의 노력으로 반복적으로 자주 구매하는 편의서비스(convenience service), 고객이 서비스상품선택에 품질, 적합성, 가격, 효용성 등을 비교하여 구매하는 선매서비스(shopping service), 특별한 용도나 매력에 따라 선택하는 전문서비스(specialty service), 고객이 알지 못하거나 알아도 관심이 없는 미탐색서비스(unsought service) 등으로 나누어진다. 서비스상품의 성격에 따라 분류되는 서비스의 특징은 〈표 12-3〉에서와 같이 편의서비스는 인식된 위험, 구매노력, 고객관여의 면에서 낮은 특성을 보이고 있다. 반면에 전문서비스의 경우는 인식된 위험, 구매노력, 고객관여

표 12-3 서비스상품의 성격에 따른 서비스의 특징

서비스성격	인식된 위험	구매노력	고객관여	〈예〉
편의서비스	낮음	낮음	매우 낮음	편의점, ATM
선매서비스	높음	중간	높음	치과, 미장원
전문서비스	높음	높음	매우 높음	법률서비스
미탐색서비스	매우 높음	낮음	매우 낮음	신서비스상품

의 면에서 상대적으로 높은 특성을 보이고 있다.

서비스상품을 도입기, 성장기, 성숙기, 쇠퇴기 등 수명주기에 따라 구분하여 서비스상품믹스의 전략을 수립하는 방법을 고려할 수 있다.

서비스상품의 도입기에는 시장경쟁 수준이 낮고 마진도 낮게 나타나므로 보다 효과적인 촉진활동이 필요한 기간이다. 서비스상품의 성장기 및 성숙기에는 시장경쟁이 치열해져 보다 정교한 마케팅활동이 요구된다. 서비스상품의 쇠퇴기에는 이윤이 급격히 감소되고 앞으로의 시장전망이 불확실하므로 적당한 시기에 시장철수를 고려하는 것이 필요하다. 〈표 12-4〉에 서비스상품의 수명주기별 특징과 전략방안을 정리하여 나타낸다.

표 12-4 서비스상품의 수명주기별 특징과 전략

	특 징	전 략
도입기	낮은 경쟁, 낮은 마진, 적자 시장세분화가 안 됨	고객참여유도, 광고 등 촉진활동 전개, 초기수용자반응 확인
성장기	급격한 경쟁, 높은 마진, 시장세분화 진행, 신규기업 진입	경쟁우위전략 개발, 원가절감노력, 브랜드선호 및 서비스충성도 유도
성숙기	극심한 경쟁, 명확한 시장세분화 시장성장 및 수요 둔화	영업비용 감축, 보조서비스 확대 특정 세분시장에 집중
쇠퇴기	경쟁감소, 이윤감소, 현금흐름 축소 시장성장속도 정체 및 수요 감소	영업비용 절감, 재활성화 시장철수시기 결정 대체서비스 출시

서비스마케팅전략에서 서비스 포지셔닝은 고객의 인식, 인상, 느낌에 의해 복합적으로 결정되는 바와 같이 서비스상품의 믹스전략은 서비스기업이나 서비스상품의 기능적, 품질적 요인 이외에도 브랜드전략으로 이어질 수 있다. 브랜드컨셉트는 고객에게 기능적, 상징적, 경험적 인식을 심어주어야 한다.

서비스브랜드관리는 고객의 심리적 반응만이 아니라 브랜드의 독특성, 연관성, 기억용이성, 유연성의 관점에서 고려되어야할 요인이다. 브랜드의 독특성이란 "Burger King"과 같이 경쟁기업과 명확하게 구분되어야 하고 연관성이란 자동차보험의 "애니카 다이렉트"와 같이 서비스의 속성이나 효익을 나타낼 수 있어야 한다. 브랜드의 기억용이성이란 "IBM"과 같이 일반 대중이 쉽게 이해하고 사용하는 의미화된 내용이 포함되어야 하며 브랜드의 유연성이란 기업의 전략이나 구조가 환경변화에 적응하는 표현이 바람직하다. 과거 정부부처로부터 독립하여 공기업화한 한국통신이 "KT"로 브랜드를 변경한 후 브랜드가치의 상승은 매우 큰 것으로 평가되고 있다.

2. 서비스가격

일반적으로 가격이란 서비스의 가치를 금액으로 표시한 것으로 시장에서의 교환가치, 구매로부터 얻는 효용에 부가된 가치라고 정의할 수 있다. 즉 서비스가격이란 시장거래에 있어서 서비스제공자와 구매자인 고객이 합의할 수 있는 화폐적 교환비율을 의미한다.

고객은 서비스가격을 통해 무형적 서비스의 다양성을 인식할 수 있다. 여행 중 하룻밤을 숙박하는 경우 숙박요금은 호텔서비스의 수준을 느끼게 해주는 서비스의 준거가 된다. 서비스속성을 평가하기 위해 가격을 대상으로 비교할 수 있다. 따라서 가격은 서비스를 탐색하는 고객에게 비교의 기준이 될 수 있다. 이와 같이 가격은 서비스의 준거가 되기 때문에 서비스제공자는 상황에 따라 상이한 가격을 제시할 수 있고 가격을 통해 다양한 고객의 욕구에 대응할 수 있다.

가격은 서비스의 시장수요를 결정하는 요소로서 수요조절기능을 갖는다. 또한 마케팅믹스 요인 중 가장 쉽게 변화를 시킬 수 있으며 변화의 결과를 가장 빨리 얻을 수 있다. 만일 서비스상품을 대상으로 믹스전략을 수행한다면 서비스상품의 운영관리의 변경, 새로운 자원의 확보, 새로운 마케팅활동 등 여러 가지 비용과 노력을 수반하게 되지만 가격변화에는 추가비용이 거의 소요되지 않는다. 가격은 기업의 경쟁력 수준과 시장점유율에 큰 영향을 미쳐 기업의 수익에도 큰 영향을 미친다.

서비스가격의 결정은 수요와 공급의 균형점에서 결정되지만 [그림 12-5]와 같이 원가와 서비스의 가치, 고객의 수용범위에서 결정된다. 서비스가격결정에는 서비스의 탐색속성, 서비스이용자의 경험속성, 서비스기업의 신용속성 등 품질의 속성이 영향을 미친다. 또한 대체서비스, 보완서비스, 경쟁기업의 가격, 서비스의 필수성 여부, 고객의 개인적 성향과 수용, 시간의 흐름 등의 요인을 고려하여 서비스가격을 결정한다.

서비스가격결정 전략은 서비스가격 차별화전략, 심리적 가격전략, 할인가격전략 등으로 나누어 볼 수 있다.

서비스가격 차별화전략은 고객에 따라 가격차별화 방법을 사용하거나 시간대, 지역별로 서비스가격을 차별화 하는 전략이다. 어린이의 테마파크 입장료 할인, 영화관의 조조할인, 골프장의 지역주민 할인, 가정

그림 12-5 서비스가격의 결정

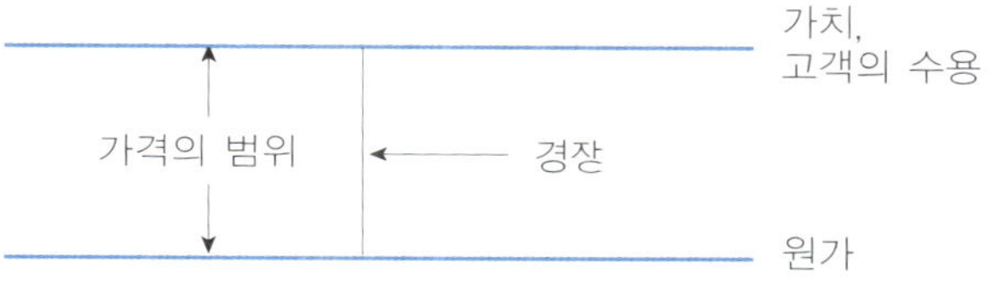

용 및 산업용 전기요금 할인 등은 가격차별화의 전략이다. 또한 신 서비스의 출시 초기에 서비스품질의 우수성이나 브랜드력이 높으면 초기 고가전략을 수행하고 가격탄력성이 높고 시장확장을 우선으로 하는 경우 저가의 침투가격전략을 사용한다.

심리적 가격전략은 기대이론, 차등적 문턱, 타협효과 등 소비자의 심리적 요인을 이용하는 전략이다. 즉 소비자의 구매심리를 파악하여 서비스가격을 책정하는 전략으로 단수(odd number)가격, 계층화가격, 명성가격, 촉진가격 등의 전략을 사용한다. 단수가격은 10,000원의 가격을 9,900원으로 나타내는 방법이며 계층화 가격은 10,000원, 30,000원, 50,000원 등 성능이나 품질수준에 따라 가격을 책정하는 방법이다. 명성가격이란 고객들의 사회적 긍지를 대상으로 고품질, 고가격을 지향하는 가격전략이며 촉진가격이란 일정기간동안 가격할인 또는 부가적 서비스를 더해주는 가격전략이다.

할인가격전략은 구매수량, 구매금액에 따라 비선형적으로 가격을 책정하는 전략으로 가격 차별화전략의 하나로 볼 수 있다. 할인가격전략은 책정된 가격으로부터 할인하여 판매하는 방법으로 대금을 현금으로 지불하는 고객에게 현금할인을 하거나 일정 수량 이상의 대량구매를 하는 고객에게 수량할인을 하는 전략이다. COSTCO나 농협에서 운영하는 하나로클럽에서는 유통경로의 중간 소매상에게 가격할인을 하고 있다. 또한 수명주기가 짧고 계절적으로 수요변동이 심한 경우 계절할인의 가격전략을 사용하여 수요를 촉진하는 방법을 사용한다.

3. 서비스유통

서비스유통이란 서비스를 고객에게 전달하는 기능으로 이용가능성, 접근가능성을 의미한다. 서비스유통을 위해서는 유통경로가 구성되어야 하는데 서비스유통경로란 서비스가 생산자로부터 고객에게 전달되는 과정이라 정의할 수 있다. 유통경로의 유형은 서비스제공자와 고객

그림 12-6 서비스유통의 중간상 역할

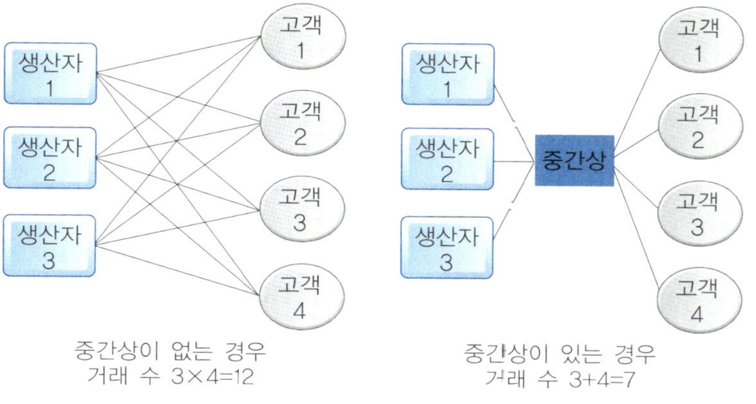

만으로 연결되는 단일 유통경로와 서비스기업과 고객 사이에 중간상(middleman)이 개입하는 다양한 유통경로로 구분된다.

서비스유통경로에서 중간상의 개입은 [그림 12-6]에서와 같이 서비스제공자와 고객 간의 총 거래수를 감소시켜 보다 능률적인 마케팅활동을 수행할 수 있고 고객에게 시간적, 장소적, 형태적 효율성을 높여주는 역할을 한다.

서비스유통경로의 설계는 마케팅의 적합성에 따라 편의서비스는 상대적으로 개방적인 유통경로를 지향해야 하며 선매서비스는 고객의 선택적 유통경로, 전문서비스는 고객을 기준으로 전속적 유통경로를 유지하는 것이 효과적이다.

서비스기업은 시장확대를 위하여 복수점포 등 성장전략을 전개하거나 프랜차이징 등의 방법을 통해 유통단계를 다양화 하는 전략을 사용한다. 서비스유통의 확장전략은 〈표 12-5〉에서와 같이 멀티마케팅의 기본전략으로서 성장전략과 프랜차이지(franchisee) 또는 중간상을 이용하는 마케팅효율의 면에서의 유통단계전략을 고려할 수 있다.

표 12-5 서비스유통의 확장전략

전략 유형		장 점	고려 사항
성장전략	복수점포전략	빠른 확장, 매출성장	입지, 재정지원, 품질 통제
	복수서비스전략	신규고객확보 용이	효율성저하, 품질통제
	복수시장전략	적절한 서비스시설 활용	시장 및 고객혼동, 품질 통제
유통단계 전 략	고객	표준화, 일관성, 저가서비스	본부의 횡포, 책임문제
	본부	사업확장, 투자위험 분산	가맹점과의 갈등, 일관성
	가맹점	소자본 창업, 표준화, 교육	엄격한 본부통제, 시장 중복

서비스마케팅믹스의 유통전략을 효율적으로 전개하기 위해서는 유통경로에 대한 검토가 필요하다. 즉 효율적인 유통경로란 고객의 접근이 용이해야 하며 비용과 관리노력의 면에서는 서비스유통에 고객의 참여를 확대하는 방법을 모색할 수 있다. 서비스유통과정에 고객참여를 증대시키기 위해서는 서비스제공에 고객이 수행할 과업이 무엇인가를 명확하게 정의하고 필요에 따라서는 서비스과업 수행에 대한 교육을 시행할 수 있다. 기업의 입장에서 고객은 서비스품질, 서비스가치와 만족에 대한 공헌자의 역할을 할 수 있다. 고객이 서비스생산성의 원천이 될 수 있다는 점에서 적절한 보상을 통해 고객의 인식을 자극하는 것을 고려해야 한다.

4. 서비스촉진

서비스촉진이란 고객들에게 자사의 서비스상품을 알리고 이를 선택하게 하려는 마케팅 커뮤니케이션이다. 따라서 서비스촉진은 예상고객을 대상으로 하여 적절한 방법으로 그들의 수요욕구를 자극하는 모든 활동을 의미한다.

서비스촉진의 목표는 고객에게 서비스 및 기업의 정보를 제공하고, 고객으로 하여금 호의적인 태도를 갖도록 설득하여 그들의 행동에 영향을 주어 구매를 유도하는데 있다. 이러한 목표달성을 위해 서비스상품의 구매 전 단계, 소비단계, 구매 후 단계로 나누어 서비스촉진 활동을 수행하는 것이 필요하다. 서비스상품의 구매 전 단계에서의 서비스촉진은 소비자의 구매위험 감소, 구매가능성 증대, 기업이미지 개발, 브랜드자산 형성, 인지도 증가 등을 목적으로 한다. 서비스상품의 소비단계에서는 고객만족 강화, 재구매율 증대를 목적으로 하며 구매 후 단계에서는 기대와 소비경험의 인지부조화 현상을 감소시키며 소비자의 긍정적 구전을 자극하고 재구매율을 증가시키는 것을 목적으로 한다.

서비스촉진은 [그림 12-7]과 같이 촉진대상의 고객을 선정하고 서비스촉진의 목표를 설정하고 촉진활동을 위한 매체 및 메시지를 결정하여 서비스촉진 믹스결정과 평가의 단계를 통해 수행된다.

서비스촉진의 유형은 촉진수단의 면에서 광고, 인적판매, 홍보(publicity), 판매촉진(sales promotion), 스폰서십 마케팅 등으로 나누어 볼 수 있다.

그림 12-7 서비스촉진활동의 단계

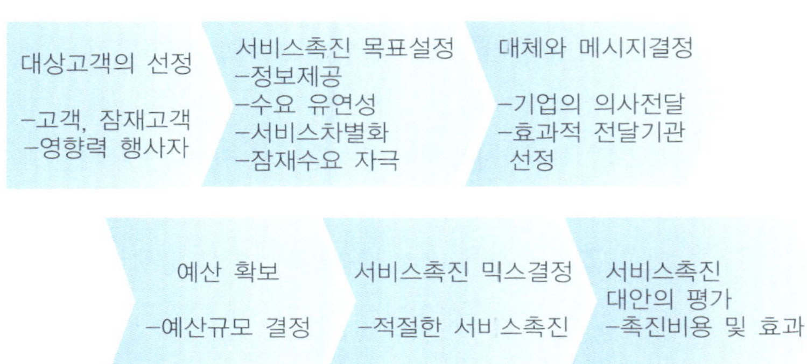

광고는 비 인적 대중매체를 활용하여 촉진활동을 전개하는 수단으로 비교적 짧은 시간에 많은 사람들에게 접근할 수 있다는 장점을 가지고 있다. 그러나 고객에게 주는 정보량이 제한되어 광고 내용에 따라 서비스를 차별화하기 어렵다. 인적판매는 판매원을 매개로 하는 촉진수단으로 사람에 의한 의사소통의 시간적 제한이 있지만 필요한 경우 충분한 정보를 제공할 수 있다는 장점을 갖는다. 홍보는 촉진활동에 소요되는 비용을 기업이 부담하는 것이 아니라 홍보주체나 매체가 스스로 부담한다. 따라서 고객의 측면에서 볼 때 홍보는 광고 또는 인적판매에 비해 정보의 신뢰성이 높다고 할 수 있다.

판매촉진은 광고, 인적판매, 홍보 이외의 촉진수단을 활용하여 소비자의 구매를 유도하는 방법이다. 제품의 샘플을 제공하거나 경품제공, 시음회, 시식회, 전시회 등을 통해 직접적으로 서비스상품의 구매동기를 자극하는 비교적 단기적 촉진방법이다. 스폰서십 마케팅은 전시회, 체육대회 또는 이벤트를 지원하는 방법으로 기업의 촉진수단으로 활용하는 방법이다.

기업의 서비스촉진활동은 어느 한가지만의 촉진활동을 이용하지 않고 복수의 촉진활동을 수행한다. 따라서 각각의 촉진활동에 소요되는 비용, 촉진활동의 효과 등을 종합적으로 고려하여 수행해야 한다, 이를 위해 촉진믹스(promotion mix)를 결정해야 한다. 촉진믹스는 광고, 인적판매, 홍보, 판매촉진, 스폰서십 마케팅 등 각각의 촉진수단에 대하여 어느 정도의 비중으로 활동하고 어떻게 결합하는 것이 가장 큰 효과를 거둘 것인가에 대한 의사결정이다. 촉진믹스에 영향을 주는 요인은 서비스의 성격, 시장의 성격, 수명의 단계, 소요되는 촉진예산 등이다. 예를 들어 촉진활동은 서비스가 편의서비스, 선매서비스, 전문서비스인가의 상품적 성격에 따라 달라진다. 또한 경쟁상태 등 시장의 성격에 따라 소비자의 구매특성이나 소요비용이 달라지므로 이러한 요인들은 촉진믹스에 영향을 미친다. 또한 서비스수명주기의 단계와 소요예산의 크기에 따라 합리적인 촉진믹스의 결정은 달라진다.

사례 서비스마케팅믹스의 결정

1. Motel 6

미국에서 가장 오래된 Motel 6는 가장 싼 값으로 숙박서비스를 제공하는 모텔체인 이다. 1962년 설립된 Motel 6는 "6"이라는 숫자가 나타내듯 하룻밤 6달러라는 저렴한 가격으로 경쟁했으나 1980년대 후반까지 60~70% 정도밖에 객실을 채우지 못했다. Motel 6는 투숙율을 높이기 위해 많은 마케팅활동의 변화를 시도했다. 자동차를 타고 다니는 여행객을 목표시장으로 하여 라디오광고에 주력했다. Tom Bodett의 유머러스한 60초짜리 라디오광고는 투숙율을 높이는데 공헌하였으며 이 광고는 오늘날까지지도 계속되고 있다.

자료 : http://www.motel6.com

토의문제

1. Motel 6의 광고전략의 특징과 다른 모텔과의 차별성에 대하여 토의하자.

2. Pizza Hut

Pizza Hut은 미국 피자시장의 약 30%를 차지하고 있다. 대부분의 점포들은 프랜차이징에 의해 영업을 하고 있는데 본점이 총괄하여 수행하는 광고에 매출의 4%를 광고수수료로 내고 있다. 이 회사에서는 전국적 매체와 지역매체에 광고예산의 반씩을 사용하고 있다. 일부 점포에서는 전국적 광고의 효과가 높지 않아 전국적 광고가 낭비라고 생각하고 있다. 이것은 전국적 피자시장의 점유율은 일정하지만 각각의 점포들은 지역에 따라 시장점유율이 다르기 때문이다. 전국적인 광고는 서로 다른 지역의 시장상황에는 적절하지 못한 경우가 있기 때문이다.

따라서 지역의 시장점유율이 높은 점포에서는 전국적 광고보다 지역의 광고에 더 많은 비중을 두기를 원하고 있다. 그러나 Pizza Hut 본사는 개별지역을 기준으로 하는 광고가 전국을 대상으로 하는 경우보다 예산이 더 많이 소요될 것으로 예상하고 있다.

자료 : http://www.pizzahut.com

토의문제

1. Pizza Hut의 광고전략의 수정이 필요한가?
2. Pizza Hut의 가장 바람직한 광고전략은 무엇인가?

3. Toy's R Us

Toy's R Us는 Walmart, Best Buy 등 대형할인점으로부터 가격압력을 받고 있다. 2004년 휴가시즌 동안 Walmart는 장난감 시장을 공격적 가격으로 공략하였다. 이에 따라 Toy's R Us와 KB Toys는 20% 이상 가격을 인하하여 대형할인점의 공략에 대응하였다. 이 시즌 중 가장 인기 있는 장난감 호키포키 엘모는 Walmart에서 19.46 달러, KB Toys에서는 24.99 달러에 판매하였다. 대형할인점들은 최소가격으로 많은 판매고와 시장영역을 확보하고 필요한 경우 다른 품목의 수익을 희생하면서 판매의 유연성을 높여 장난감 시장을 확장해 나갔다. 이러한 상황에서 Toy's R Us는 Kids R Us를 포함하여 180여개 매장을 축소하였다.

이보다 앞서 Toy's R Us는 인터넷유통업체인 Amazon과 사업제휴를 통해 Toy's R Us는 품목선정과 매수, Amazon은 웹사이트 운영과 주문처리를 하기로 하였다. Amazon에게는 그동안 투자가들이 요구해온 경비절감 및 운영소득을 올리는 계기가 되었으며, 동시에 Toy's R Us는 시장지배력으로 브랜드가치를 더욱 높이는 효과를 가져왔다.

자료: http://www.toysrus.com

토의문제

1. Toy's R Us의 효율적인 마케팅전략에 대하여 토의하자.

5. 서비스프로세스

서비스프로세스는 서비스를 생산운영하는 절차로서 서비스가 생산되어 고객에게 전달되는 활동의 흐름을 의미한다. 골프장의 예를 들어보자. 골프장의 서비스는 사전에 고객이 예약을 하고 약속된 시간에 고객이 골프장에 도착하면 서비스프로세스가 시작된다. 고객은 프론트에서 예약을 확인하고 접수를 한 뒤 락커에서 운동복을 갈아입고 캐디의 안내에 따라 정해진 순서에 따라 경기를 진행한다. 각각의 프로세스에서는 서비스접점이 이루이지며 고객의 필요에 따라 식당, 그늘집, 경기진행자, 프로샵 등과 서비스접점이 이루어지지만 이때는 각각의 서비스 내용이 다르고 소요되는 시간도 다르다.

서비스프로세스는 표준화 또는 개별화 정도에 따라 서비스운영방식이 달라지므로 고객의 경험과 지각에 영향을 미친다. 골프장의 경우 경기진행의 프로세스는 정해진 순서와 규칙에 따르지만 경기자의 경기방식이나 개인적 사정에 따라 달라질 수 있다. 서비스프로세스는 서비스 전달과정, 기술수준, 고객접점 및 서비스유형에 따라 다양하게 나타난다. 항공서비스의 경우 예약서비스의 프로세스, 공항서비스의 프로세스, 기내서비스의 프로세스 등 고객접점에 따라 각각 상이한 프로세스 특성을 나타내며 이는 외식서비스, 호텔서비스의 경우와도 상이하다.

저가항공인 Southwest Airlines의 서비스프로세스는 표준화된 고객서비스를 제공하는데 비해 서비스품질의 우수성을 인정받고 있는 Singapore Airlines의 서비스프로세스는 상대적으로 개별화 비중이 높은 고객서비스를 제공한다. Schmenner의 서비스프로세스행렬에서는 서비스유형에 따라 상이한 고객접촉 수준과 노동집약도 수준을 보여주고 있다. 서비스프로세스는 [그림 12-8]과 같이 개별화 또는 표준화수준이 각각 달라진다.

서비스프로세스믹스는 프로세스운영의 효율성을 목표로 하는데 이는 프로세스를 표준화 하여 원할한 프로세스흐름을 유지하고 프로세스

그림 12-8 서비스프로세스의 표준화/개별화 정도

노동집약도 (L ↑ … ↓ H) \ 고객접촉정도 (L ← … → H)	L	H
L	**서비스공장** –낮은 노동집약도, 낮은 고객화 –개별화/표준화 → 항공서비스	**서비스 샵** –낮은 노동집약도, 높은 고객화 –개별화 → 의료서비스
H	**대량 서비스** –높은 노동집약도, 낮은 고객화 –개별화/표준화 → 도소매서비스	**전문적 서비스** –높은 노동집약도, 높은 고객화 –개별화 → 경영컨설팅

에 소요되는 시간을 가급적 단축시키는 것으로 가능하다. 또 다른 관점에서 서비스마케팅믹스에서의 프로세스효율화는 운영상의 이점을 찾는 것이 1차 목표이지만 오늘날 고객중심의 서비스라는 관점에서는 고객의 대기시간을 줄여주는 것이 더욱 중요하다.

고객의 대기시간관리는 서비스생산운영과 고객 인식관리 면에서 나누어볼 수 있다. 서비스생산운영 면에서의 대기관리는 예약시스템의 활용, 고객과의 의사소통경로 활성화, 공정한 대기시스템 구축 등을 고려할 수 있다. 고객 인식관리 면에서의 대기관리는 고객에게 서비스가 시작되었다는 느낌을 주고, 예상대기시간을 알려주거나 이용되지 않는 시설이나 자원을 고객에게 보이지 않게 하고, 유형별로 고객을 대응하는 등의 방법을 사용하는 것이다.

서비스마케팅믹스에서 프로세스 면에서는 어떠한 전략을 세워야 할 것인가? 서비스기업은 어떠한 요인을 기준으로 서비스프로세스의 믹스 전략을 세워야 할 것인가?

항공서비스의 경우 서비스프로세스믹스를 결정하는 기준이 되는 요인은 서비스와 서비스기업의 특성, 적절한 서비스수준, 시장에서의 경

쟁환경, 전략적으로 지향하는 목표 등을 고려하여야 한다. 항공서비스는 기업의 전략목표에 따라 표준화에 의한 저가항공서비스보다는 고객화를 통해 개별화 서비스를 를 지향하는 것이 유리할 수도 있다. 그러나 서비스수준을 높이면 비용, 시간 등 노력이 많이 소요되므로 적절한 서비스수준을 유지하는 것은 매우 중요하다. 이것은 시장경쟁상황이나 고객에 대한 지속적인 모니터링에 의해 결정할 수 있을 것이다.

서비스프로세스믹스에서 프로세스요인은 서비스품질의 차원 중 신뢰성차원의 내용을 기준으로 한다. 서비스흐름에 따라 나타나는 서비스 접점에서의 품질적 요건은 서비스프로세스의 신뢰성을 평가하는 요인이 된다. 항공서비스의 경우 서비스품질의 신뢰성차원은 다음과 같은 요인들로 구성된다.

서비스마케팅믹스의 요인 : 기내서비스의 신뢰성 항목

1. 기내식, 음료제공 시점 및 절차 순서의 적정성과 공정성
2. 기내식, 음료의 제공 메뉴에 대한 호감도
3. 기내식, 음료제공 온도의 적정성
4. 기내식, 음료제공 순서의 공정성
5. 기내식, 음료의 맛과 품질
6. 특별 식사 주문의 확인절차 유무 및 정확한 이행
7. 기내 면세품 품목의 다양성과 우수한 품질의 확보
8. 기내 면세품 판매방식의 적정성 및 공정성
9. 기내 면세품의 정확한 주문수령, 가격 청구 및 물품 전달
10. 사전주문 기내면세품의 정확한 수령
11. 고객의 선호도를 고려한 기내영화/오디오 메뉴의 제공
12. 영화/독서물/오디오, 게임기 제공방법의 적합성
13. 고객 선호도를 고려한 신문, 독서물의 충분성과 다양성
14. 기내 안전을 위한 승무원의 노력 및 일관된 이행
15. 정확한 항공기 출발/도착시간의 안내절차 및 이행

16. 난기류, 출발/도착 지연 등 상황발생시 정확하고 신속한 안내절차 및 이행
17. 고객 조건에 따른 하기순서의 공정성 확보여부 및 정확한 이행
18. 타 고객으로부터 안전과 휴식에 방해를 받지 않게 도움을 주려는 절차 및 이행
19. 고객불만 및 특별 요청사항 발생 시 응대와 처리절차의 수용성
20. 기내 규정위반 및 타 고객 방해 고객에 대한 응대 및 처리절차의 수용성

6. 서비스 물리적 시설

서비스의 물리적 시설은 서비스가 수행되는 서비스접점에서 고객과 상호작용이 이루어지는 유형적 요소를 의미한다. 서비스의 물리적 시설은 서비스전달 시 고객과의 의사소통을 촉진하는 물리적 증거(physical evidence)로서 서비스시설의 내부 및 외부환경과 기타 유형적 요소로 구성된다. 서비스의 물리적 시설은 서비스패키지의 하나로서 고객에게 서비스이용의 편의를 제공하며 서비스의 사회화, 차별화를 나타내는 수단이 된다.

서비스시설의 내부환경은 서비스시설 내의 내부장식과 표지판, 사무기기와 가구 등 시설물, 실내 분위기 등이며 외부환경은 간판, 안내표지, 시설의 외형, 주차장 등 주변환경을 구성하는 요소이다. 기타 유형적 요소란 직원의 유니폼, 광고팜프렛, 서식, 메모지, 입장티켓 등을 의미한다.

서비스의 물리적 증거의 환경은 서비스 스케이프(service scape)로서 주변요소, 공간적 배치의 기능성, 표지판과 조형물 등 세 가지 차원으로 구분하여 관리할 수 있다. 주변요소는 서비스시설의 온도, 조명, 음악, 색상, 외부전망 등 서비스유형에 따라 구별되는 요소이다. 병원의 응접실이나 진료실의 분위기는 레스토랑, 슈퍼마켓, 백화점의 서비스시설의 분위기와는 다를 것이다. 공간적 배치는 서비스공간의 사무기기와 가구 등 시설물 배치, 크기, 형태 등 에 의해 서비스제공의 목적달성과 효율적인 성과를 얻기 위한 기능성 관점의 배치가 이루어져야 한다. 표

표 12-6 물리적 환경의 복잡성

대상 서비스	복잡함	단순함
셀프서비스	테마파크, 골프장	ATM, 자동발매기, 영화관
대인서비스	호텔, 병원, 은행, 항공사	세탁소, 미장원, 대중교통서비스
원격서비스	정보통신서비스, 회계서비스	통신판매, 학습지, 자동음성서비스

지판, 상징물 및 조형물은 고객에게 서비스의 명시적 묵시적 정보를 제공한다. 바닷가재요리 전문식당 입구에 바닷가재 형상물을 크게 나타내는 것은 상징물을 통해 고객의 기대를 자극하고 행동을 이끌어내는 묵시적 요소이다.

서비스의 물리적 증거는 〈표 12-6〉에서와 같이 서비스유형에 따라 복잡함과 단순함을 나타내는데 이는 서비스마케팅믹스의 결정요인이 된다.

서비스의 물리적 증거에 대한 관리는 서비스시설의 환경이외에도 서비스시설의 분위기, 서비스시설의 이미지 등을 관리대상으로 한다. 서비스시설의 분위기는 서비스시설 내에서 고객의 감정에 영향을 주는 요인이며 서비스시설의 이미지는 서비스시설로부터 고객이 자극을 받거나 느끼는 모든 인식을 의미한다. 서비스시설로부터의 자극은 고객에게 유쾌함, 안락함, 만족감 등을 주고 고객의 충동구매에 영향을 미친다.

고객에게 대한 서비스의 물리적 증거는 서비스기업의 전략적인 의도에 따라 서비스시설 내 혼잡성을 사용할 수 있다. 서비스시설 내 혼잡성은 서비스의 인기가 높다는 것을 보여주는 단서가 되기 때문이다. 서비스시설의 혼잡성 발생은 음악, 소음, 무질서한 시설 등으로 인한 환경적 단서의 영향, 바겐세일 등 구매동기의 영향, 촉박한 폐점시간 등 고객의 제약조건, 그리고 주말, 연휴, 명절 등의 요인으로부터 영향을 받는다.

이러한 혼잡성은 고객에게 인식되고 처리되는 정보량을 제약하고 대인 커뮤니케이션 감소로 구매가능성도 약화되므로 만족감소 등 서비스이미지에 부정적인 영향을 미친다. 따라서 서비스기업은 서비스시설의 재배치, 서비스자원의 활용과 능력조정, 고객 수를 통제하는 등 서비스운영을 조정하거나 혼잡성을 알리는 표지의 이용, 주변요소의 여유를 활용하는 등 혼잡성 감소전략이 필요하다. 명품점 내에 고객이 예상보다 많이 입장하는 경우 고객을 매장 밖에서 대기시키는 것을 볼 수 있는데 이 방법은 매장 내의 혼잡성을 줄이기 위한 방법의 하나이다.

서비스마케팅믹스에서 물리적 증거는 서비스품질의 차원 중 유형성 차원의 평가항목을 기준으로 할 수 있다. 서비스접점에서 고객과 상호작용이 이루어지는 물리적 환경의 품질적 요건은 서비스시설의 유형성을 의미하기 때문이다. 항공서비스의 경우 서비스품질의 유형성차원은 다음과 같은 요인들로 구성된다.

서비스마케팅믹스의 요인 : 기내서비스의 유형성 항목

1. 기내 좌석주변, 벨트, 담요, 베개 등의 청결 및 정리정돈 상태
2. 기내 좌석포켓 내 안내유인물 구비 여부 및 정리정돈 상태
3. 기내 좌석의 안락성 여부 및 쿠션, 팔걸이 등의 작동 및 관리상태
4. 기내 개인 AV 시스템, 독서등, PAX Call 등의 작동 및 관리상태
5. 기내 개인 구명조끼의 구비 여부 및 관리상태
6. 기내 화장실 청결 및 비치용품 정리정돈 상태
7. 기내 제공음료, 식사의 메뉴구성, 디스플레이 상태
8. 기내 인테리어의 호감도 및 전반적인 청결성
9. 기내 조명, 온도, 습도, 소음, 먼지 등 쾌적성 정도
10. 기내 방송의 속도, 크기, 정확한 발음 정도
11. 기내 승무원의 용모와 복장상태

7. 서비스 인적자원

서비스 인적자원이란 서비스접점에 있는 서비스제공자, 고객, 기타 서비스시설 내의 다른 고객들로서 서비스상품을 구매하는 고객의 지각

에 영향을 미친다. 골프장의 경우 고객접점은 고격이 골프장에 도착해서부터 떠날 때까지 다양하게 나타나고 있다. 골프장의 고객접점은 현관영접, 프론트, 식당, 스타트하우스, 그늘집, 락커, 캐디, 경기진행, 프로샵 등 많은 종업원들과 고객접점을 이룬다. 서비스 인적자원은 이들 서비스접점의 고객과 종업원, 다른 경기자 등 인적요소를 의미한다.

서비스이익사슬의 구조에서 볼 때 인적자원관리는 높은 가치의 서비스품질을 창출하여 고객만족과 고객충성도를 얻기 위한 내부마케팅 측면에서의 관리기능이다. 서비스기업은 종업원을 내부고객의 관점에서 그들이 원하는 직무 및 작업환경을 제공하고 동기부여를 통해 종업원만족을 높일 수 있을 것이다. 서비스 인적자원관리의 목표는 서비스 기업의 서비스문화의 개발하고 서비스문화의 유지하여 새로운 서비스 상품을 도입하는 단계에 따라 설정된다.

첫째, 서비스문화의 개발 단계에서는 기업의 비전, 사명, 목표와 서비스전략에 대한 종업원의 이해와 참여가 따라야 한다. 종업원의 서비스 지향적 의사소통과 대인관계기술 및 숙련은 교육으로 가능하지만 서비스문화의 개발을 촉진하는 것은 경영자의 서비스리더십과 관리기능의 개발이 전제되어야 한다.

둘째, 서비스문화를 유지, 발전단계에서의 목표는 새로운 서비스의 시장진입 이전에 종업원이 서비스와 그 관리방법을 수용해야 함을 의미한다. 이를 위해서는 종업원에게 지속적인 정보제공과 피드백을 통해 직원의 서비스에 대한 이해, 서비스마인드와 고객지향성을 향상시킴으로써 가능하다.

셋째, 새로운 서비스상품 도입단계에서는 새로운 서비스마케팅활동과 캠페인에 대한 종업원의 이해와 수용이 필요하다. 특히 이 단계에서는 종업원이 고객과의 관계마케팅 성과에 필요한 업무지식을 습득하고 충분히 발휘할 수 있는 여건이 조성되어야 한다.

서비스접점이나 인적자원관리의 실행단계에서 필요로 하는 인적자원관리는 다음과 같다.

- 적합한 인적자원의 고용 및 배치
- 교육훈련을 통한 높은 수준의 숙련 유지
- 서비스접점종업원의 임파워먼트 확대 및 팀워크 장려
- 정서적 노동관리
- 갈등관리 및 스트레스 관리
- 경영지원 및 커뮤니케이션 강화
- 매스커뮤니케이션 활용
- 내부고객시장의 세분화

서비스마케팅믹스에서 인적자원의 결정은 서비스품질의 차원 중 대응성, 확신성, 공감성차원의 평가항목을 기준으로 할 수 있다. 서비스인적자원은 고객접점에서 고객과 상호작용을 통해 서비스를 전달하며 이 과정에서 서비스제공자의 대응성, 확신성, 공감성 등의 요인이 서비스품질수준에 영향을 미치기 때문이다. 항공서비스의 경우 서비스품질의 대응성, 확신성, 공감성차원은 다음과 같은 요인들로 구성된다.

서비스마케팅믹스의 요인

〈기내서비스의 대응성 항목〉

1. 반갑게 고객을 맞이하고 감사하게 환송하는 승무원의 인사, 태도
2. 고객 요구에 신속하게 응대하고 서비스를 제공하려는 승무원의 적극적인 태도

〈기내서비스의 확신성 항목〉

1. 승무직원의 고객 질문에 대한 정확한 답변과 서비스업무처리를 위한 지식, 스킬 보유정도
2. 승무원의 예의바른 태도와 화법

〈기내서비스의 공감성 항목〉

1. 승무원이 고객에 대해 배려와 관심을 보이는 정도
2. 승무원이 고객의 입장에서 원하는 서비스를 제공하려는 정도

종합사례 및 토의문제 JetBlue Airways의 고객만족활동

JetBlue Airways는 1999년 뉴욕에서 설립되어 주로 국내선을 운항하는 저가항공사이다. 이 항공사는 안락한 가죽좌석, 위성TV, 무료 인터넷접속, 일방적 예약취소를 하지 않는 고객친화적 서비스방침을 내세우고 있다. 대부분의 항공기 좌석의 앞뒤 간격이 32인치인데 JetBlue는 34인치로 배치하고 있다. 따라서 JetBlue는 저가항공임에도 서비스에 대한 평가가 매우 높은 편이다.

2007년 2월 JetBlue는 폭설로 인해 10여대의 비행기가 승객을 태운 채로 활주로에 대기 중이었는데 이날 대부분의 항공기들이 결항을 하게 된 상황이었다. 이날 이후에도 약 5일정도 폭설이 계속되어 국내선 항공기 결항이 지속되었다.

JetBlue의 CEO인 David Neeleman은 문제를 회피하지 않고 솔직하고 진실되게 고객과의 커뮤니케이션을 하는 방법을 선택했다. CEO가 직접 Youtube를 통해 사과를 하고 자사의 생각을 전달했다.

JetBlue의 진실됨을 느낀 고객들은 이 항공사에 대해 긍정적인 평가를 하기 시작하였다. 이를 계기로 JetBlue는 트위터를 기업의 스케듈 고지 및 고객상담 창구로 활용하는 등 트위터를 통해 본격적으로 고객과 소통하기 시작했다.

실시간으로 불만을 처리하고, 고객의 요구에 대응하는 시간을 최소화시킨 것이다. 재택이 가능한 주부사원들을 동원하여 모든 고객 문의에 응답하고자 하였고 해결하지 못한 문제는 고객의 이메일이나 전화번호를 확보하여 끝까지 답변해 주었다.

이러한 고객응대는 JetBlue가 위기의 상황을 기회로 바꾼 사례로 고객의 신뢰가 무너질 수도 있는 상황에서 고객과의 진실한 의사소통으로 기업 브랜드 인지도와 신뢰도를 높인 것이다. 특히 CEO가 직접 Youtube에 영상을 올려 고객과의 소통을 했다는 점에서 고객으로부터 높은 신뢰를 얻을 수 있었다.

JetBlue는 2007년 북미지역 항공사 고객만족도 1위를 기록하게 되었다. 2012년 12월 현재 JetBlue의 트위터에는 팔로워 수가 무려 169만명에 이르는 전 세계 항공사들 중 가장 많은 팔로워를 유지하고 있다. JetBlue는 고객과의 즉각적인 소통의 창구로 트위터를 더 적극적으로 활용하고 있다.

소셜미디어의 통계를 알려주는 Famecount를 통해 브랜드로 검색했을 때 2010년에 JetBlue가 10위를 차지하고 있다. 이것은 스타벅스와 코카콜라 등 세계적인 브랜드와 대등한 경쟁수준으로 볼 수 있다. 미국 항공사의 서비스평가에서도 14,861명을 대상으로 한 설문조사 결과 JetBlue는 Virgin America, Allegiant Air, Hawaiian Airlines 등 명성이 높은 항공사들을 제치고 2위를 차지하였다.

JetBlue의 사례를 통해 볼 때 고객접점에서 가장 중요한 것은 고객과의 '진실한 소통' 을 하려는 서비스기업의 열정과 노력이다.

최근에는 JetBlue의 사례뿐만 아니라 SNS를 고객과의 의사소통의 수단 겸 서비스센터로 이용하는 경우가 많이 있다. 스마트폰과 인터넷의 사용의 보급이 확대되어 커뮤니케이션 공간이 바뀌고 전화연결이나 직접방문보다 SMS를 이용하는 것이 훨씬 빠른 속도로 문제해결이 가능하기 때문이다.

자료 : http://www.jetblue.com

토의문제

1. JetBlue가 고객과의 커뮤니케이션 채널을 다양화하게 된 배경은 무엇이며 앞으로도 지속화될 수 있는지 토의하자.
2. JetBlue의 고객만족경영은 서비스마케팅믹스의 전략의 7P요소에서 어떠한 강점을 가질 수 있는지 토의하자.
3. JetBlue가 서비스마케팅믹스의 전략을 강화하기 위한 전략방안이 있는가? 전략방안이 있다면 어떠한 방법이 있는지 토의하자.

용어정리

고객가치 제품이나 서비스가 지닌 품질과 기능과 같은 일반적 판단에 의한 가치와 고객이 기대하고 있는 가치에 대한 개념.

고객만족 제품이나 서비스에 대한 고객의 기대와 실제 경험과의 불일치에 따라 나타나는 감정, 즉 고객이 인지적 경험에 의해 충족상태를 나타내는 정서적 판단 또는 고객이 느끼는 기쁨, 실망감 등 심리적 반응 및 고객이 느끼는 욕구나 기대의 충족정도.

고객충성도 경쟁자들의 마케팅노력과 타인의 영향 등에도 불구하고 특정기업의 제품 및 서비스에 대하여 반복적으로 구매행동을 나타내는 정도.

서비스마케팅 서비스의 무형성, 생산 · 구매 · 소비의 비분리성, 서비스의 이질성, 소멸성 등 서비스 특성과 기능적 우수성이나 품질적 탁월성에 의해 고객의 인지적 경험을 자극하여 고객에게 전달하려는 마케팅노력.

서비스마케팅믹스 제품, 가격, 유통, 촉진 등의 4P 믹스와 인적요소, 물리적 증거, 서비스 프로세스의 3P 요소를 포함한 7P 요소.

서비스마케팅믹스의 결정 서비스상품의 믹스에 대한 결정으로부터 자원의 이용, 시장수요, 경쟁관계, 비용 등을 고려한 가격결정, 유통채널의 결정, 촉진방법의 결정, 서비스인적 자원과 시설의 활용, 서비스운영 및 전달프로세스에 대한 작업방법과 작업시간, 기계설비가동율, 서비스기술, 소요비용 등에 대한 종합적 의사결정.

연습문제

1. 서비스기업의 고객만족과 고객충성도의 관계에 대하여 설명하라.
2. 서비스기업이 새로운 고객을 얻는데 소요되는 비용은 기존고객을 유지하는데 소요되는 비용보다 훨씬 더 큰 비용을 소요하는 것으로 분석되고 있는데 그 이유는 무엇인가?
3. 서비스기업은 고객만족노력보다 고객충성도를 높이는 노력을 기울이는 것이 중요한데 그 이유는 무엇인가?
4. 서비스프로세스행렬에서 서비스공장의 유형을 갖는 서비스의 서비스마케팅믹스 요인과 전략방안에 대하여 토의하자.
5. 서비스마케팅믹스의 요인 중 물리적 증거의 중요성에 대하여 토의하자.
6. 최근 우리나라 저가항공의 수요가 급증하고 있다. 이러한 현상은 서비스마케팅믹스의 가격요인에 어떠한 영향을 주는 것으로 해석할 수 있는가?

참고문헌

박찬수(2010), 마케팅원리, (제4판) 법문사.

이동진(2007), 소비자관계마케팅, 박영사.

최창복, 홍성태(2012), 고객중시 마케팅, 청람.

Anderson, Eugene W., & Mary W. Sullivan(1993), "Consequences of Customer Satisfaction for Firms," *Marketing Science*, 12(1), pp.125~143.

Anderson, Eugene W., C. Fornell, & R. Donald Lehman(1994), "Customer Satisfaction,

Market Share and Profitability: Finding from Sweden," *Journal of Marketing*, 58(7), pp.53~66.

Berry, L. L.(2000), "Cultivating Service Brand Equity," *Journal of Academy Marketing Science*, 28(1), pp.128~137.

Cronin, J. J., S. A. Taylor(1992), "Measuring Service Quality: A Reexamination and Extension," *Journal of Marketing*, 56(3), pp.55~68.

Drucker, Peter F.(2007), *Management*, Transactions Pub.

Gallarza, M., S. I. Gil(2006), "Value Dimensions, Perceived Value, Satisfaction and Loyalty: An Investigation of University Students Travel Behavior," *Tourism Management*, 27(3), pp.437~452.

Hellier, P. K., G. M. Geursen, R. A. Carr, J. A. Ricked(2003), "Customer Repurchase Intention: A General Structural Equation Model," *European Journal of Marketing*, 37(11-12), pp.1762~1800.

Johnston, Robert, Graham Clark, & Michael Shulver(2012), *Service Operations Management: Improving Service Delivery*(4th ed.), Pearson.

Kotler, Philip(1994), *The Principles of Marketing*(13th ed.), Pearson Education.

McMullan, R.(2005), "A Multiple-item Scale for Measuring Customer Loyalty Development," *Journal of Service Marketing*, 19(6/7), pp.470~481.

Oliver, R. L.(1980), "A Cognitive Model of the Antecedents and Consequences of Satisfaction Decisions," *Journal of Marketing Research*, 17(4), pp.460~469.

Oliver, R. L.(1981), "Measurement and Evaluation of Satisfaction Process in Retail Setting," *Journal of Retailing*, 57(Fall), pp.25~48.

Oliver, R. L.(1997), *Satisfaction : A Behavioral Perspective on the Consumer*, McGraw-Hill.

Oliver, R. L.(1999), "Whence Consumer Loyalty?" *Journal of Marketing*, 63(4), pp.33~44.

Parasuraman, A. V. A. Zeithaml, L. L. Berry(1985), "A Conceptual Model of Service Quality and Its Implications for Future Research," *Journal of Marketing*, 49(3), pp.41~50.

Parasuraman, A. V. A. Zeithaml, L. L. Berry(1988), "SERVQUAL: A Multiple-Item

Scale for Measuring Consumer Perceptions of Service Quality," *Journal of Retailing*, 64(1), pp.12~40.

Parasuraman, A. V. A. Zeithaml, L. L. Berry(1996), "The Behavioral Consequences of Service Quality," *Journal of Marketing*, 60(2), pp.31~46.

Reichheld, Frederick F. and W. Earl Sasser, Jr.(1990) "Zero Defections: Quality Comes to Services", *Harvard Business Review*, 68(5), pp.105~111.

Roszkowski, M. J., J. S. Baky, D. B. Jones(2005), "So which score on the LibQual+tells me if library users are satisfied?" *Library & Information Science Research*, 27(4), pp.424~439.

Snoj B., A. P. Korda, D. Mumel(2004), "The relationship among perceived quality perceived risk and perceived product value," *Journal of Product & Brand Management*, 13(3), pp.156~167.

Woodruff, R. B.(1997), "Customer value: The Nest Source of Competitive Advantage," *Journal of Academy Marketing Science*, 25(2), pp.139~153.

Zeithaml, V. A.(1988), "Consumer Perception of Price, Quality and Value: a Means-end Model and Synthesis of Evidence," *Journal of Marketing*, 52(3), pp.2~22.

Zeithaml, V. A., L. L. Berry, A. Parasuraman(1996), "The Behavioral Consequences of Service Quality," *Journal of Marketing*, 60(2), pp.31~46.

Daily Mail (2013. 7. 30), http://www.dailymail.co.uk

Technical Assistant Research Program Report.

http://www.motel6.com

http://www.pizzahut.comhttp://www.toysrus.com

http://www.jetblue.com

제 13 장
서비스시스템의 평가와 서비스 지수관리

학 | 습 | 목 | 표

본 장에서는 다음과 같은 내용의 이해를 목표로 한다.

- 서비스시스템의 평가
- 서비스지수개발의 의의
- 서비스품질지수개발 프로세스
- 서비스품질지수의 운영전략

제 1 절 서비스시스템의 평가

1. 서비스시스템의 평가의 의의

Heskett 등은 "The Service Profit Chain(1997)"에서 서비스기업이 고객의 충성도를 높이고 높은 기대수준에 대응하기 위해서는 낮은 비용으로 차별적 경쟁력을 유지하고 항상 고객의 편을 드는 것에 유의해야 함을 강조하고 있다. 이들이 제시한 키워드는 고객의 충성도, 기대수준, 서비스비용, 경쟁력이다. 이것은 기업이 서비스이익사슬을 구축하고 실현하는 목표이고 방법이다. 그러나 기업이 서비스이익사슬의 구축보다는 그 목표와 방법을 실행함에 있어 어떠한 기준으로 어떻게 평가할 것인가의 문제가 더욱 중요하다.

서비스에 대한 평가는 고객에게 제공되는 서비스설계로부터 서비스생산의 프로세스 등 운영관리적 문제와 서비스성과의 관점에서 서비스시스템에 대한 평가의 문제로 접근하는 것이 필요하다. 이러한 서비스시스템의 평가는 좋은 서비스에 의한 고객만족수준의 향상, 서비스인카운터에 대한 현장평가와 품질적 개선, 서비스자원의 활용과 운영의 문제파악 및 개선대안의 도출, 서비스프로세스의 효율적인 운영과 경영성과의 개선에 목적을 두고 있다. 서비스시스템의 평가는 [그림 13-1]에서와 같이 다른 기업을 추종하고 모방하는 수준으로부터 산업을 선도하고 우수성을 발휘하여 세계적인 수준의 서비스성과를 나타내는 기업을 지향하는 기준이 된다.

그런데 서비스시스템의 평가에는 서비스가 갖는 특성과 평가요인에 따라 제품의 생산과 다른 특징을 나타내고 있다. 첫째, 서비스시스템의 성과는 노동력, 서비스시설 및 자재 등 투입되는 자원의 운영효율성에 따라 상이한 결과를 나타낸다. 또한 서비스시스템의 성과는 고객의 요

그림 13-1 서비스성과관리의 목표

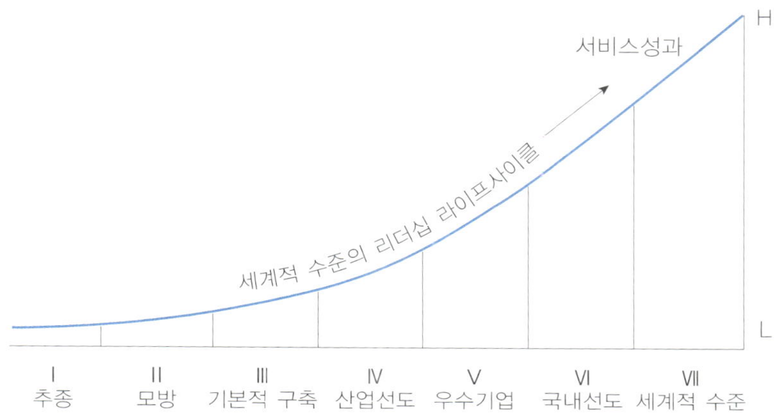

구, 품질수준, 기술수준, 서비스가격 등에 따라 다양하게 나타난다. 이에 따라 서비스시스템의 성과에 대한 판단기준이 모호하다는 특징을 갖는다. 둘째, 서비스시스템은 고객, 경쟁 등 서비스가 제공되는 환경과 상황에 따라 판단기준이 상이하고 일관된 평가기준을 적용하기가 어렵다. 이것은 서비스가 무형성의 기능이라는 특징을 갖고 있으므로 고객에게 제공되는 서비스환경과 고객의 지각, 경험에 따라 상이하기 때문이다. 셋째, 서비스의 평가는 평가시기와 평가자의 판단에 좌우되는 경향이 매우 높다. 또한 평가자의 비공식적인 판단에 대한 객관성이 매우 낮다고 할 수 있다.

2. 서비스시스템의 평가방법

서비스시스템에 대한 평가는 투입비용이나 수익에 대한 재무적 평가, 서비스시스템의 효율성이나 생산성성과에 대한 평가, 점수에 의한 지수평가 등으로 평가할 수 있다. 또한 서비스시스템의 평가대상에 따라 서비스시스템 전반에 걸친 평가, 서비스시스템의 요소별 평가 및 평가방법에 따라 수행된다.

서비스시스템의 전반적 평가는 서비스시스템의 평가요소를 종합하여 평가하는 방법이다. 예를 들어 서비스자원의 투입과 서비스생산 및 운영, 서비스접점과 전달 프로세스를 통하여 서비스시스템의 재무적 성과, 시장경쟁력성과, 서비스성과, 고객성과 등의 평가요인을 종합적으로 평가하는 방법이다. 서비스시스템의 요소별 평가는 서비스인적요소, 물리적 요소, 시스템요소별로 나누어 평가하는 방법으로 경영성과와 같은 계량적 성과요소와 리더십, 서비스전략, 프로세스, 시스템, 자원의 활용 등 비 계량적 성과요소에 대한 평가로 나누어 평가할 수 있다.

서비스시스템을 어떠한 방법으로 평가하는가에 따라 경영성과, 서비스성과 등 지표에 의한 평가, 모니터링에 의한 현장평가, 계량적 자료 및 비계량적 자료에 의한 평가 등 다양한 방법으로 평가할 수 있다.

서비스시스템은 평가목적과 필요성에 따라 다양한 평가방법을 적용할 수 있다. 일반적으로 평가의 합리성을 확보하기 위해서는 계량적 평가가 전제되어야 하지만 서비스시스템의 평가에는 평가자의 주관적 의견, 고객평가요인 등 비계량적 요소의 비중이 더 크다는 제약이 따른다.

따라서 서비스시스템은 평가영역에 따라 다양한 평가방법과 평가기준을 적용할 수 있다. 서비스시스템은 〈표 13-1〉에서와 같이 평가대상이 무엇인가에 따라 평가영역은 서비스시스템, 서비스프로세스, 단위조직 또는 서비스작업자 개인으로 나누어지며 이에 따라 평가방법을 다르게 적용할 수 있다. 서비스시스템의 성과기준에 따라 재무적 성과, 시장성과, 서비스성과를 평가할 수 있으며 서비스활동의 측정을 어느 한 시점을 기준으로 할 것인가 또는 어떤 기간 동안에 서비스성과의 변화추이를 분석하는가의 측정유형에 따라 수준평가 또는 변화추이분석 등을 통한 평가방법을 사용할 수 있다.

표 13-1 서비스시스템의 평가영역과 평가방법

평가 요인	평가 영역	평가 방법
평가 대상	서비스시스템 서비스프로세스 단위조직, 작업자	생산성 및 성과분석
자원의 이용	인적자원 물리적 요인 서비스시설 및 자재	작업자 수, 작업시간 자원이용의 효율성 단위당 투입비용
측정 유형	지표의 수준 서비스실패, 고객클레임 건수	수준 평가 변화추이 평가
성과 기준	매출액, 이익 시장점유율, 경쟁력 서비스품질, 고객만족도	재무적 성과 시장성과 서비스성과
분석 방법	목표와의 비교 투입 및 산출규모 경향분석	생산성 및 성과분석 지표의 변화추이

제 2 절 서비스지수개발의 의의

1. 서비스지수란?

Heskett 등(1997)이 서비스이익사슬에서 설명한 바와 같이 종업원이 만족하면 높은 가치를 지닌 서비스품질을 창출하고 이는 고객만족과 고객충성도로 이어져 기업의 이익을 가져온다. 서비스이익사슬을 이루는 종업원만족, 서비스품질, 고객만족은 서비스기업의 운영관리 수준을 가늠하는 척도로서 서비스관련 지표이다.

서비스지수(service index, indicator)는 서비스기업의 운영과 활동 수준을 평가하는 기준이 된다. 일반적으로 서비스지수는 서비스품질지수(SQI), 고객만족도(CSI), 종업원만족도(ESI)를 사용하며 이 세 가지 지수는 서비스이익사슬의 체계를 이루는 근간이 된다. 즉 만족도가 높은 종업원에 의해 좋은 품질의 서비스가치를 창출할 수 있고 높은 품질의 서비스는 고객을 만족시킬 수 있으며 충성도가 높은 고객에 의해 기업의 이익을 증대할 수 있기 때문이다.

서비스지수는 서비스프로세스와 운영의 문제를 파악하고 개선을 위한 대안을 도출하는 기초로 활용할 수 있으며 서비스경쟁력 향상을 위한 정보로 활용할 수 있다. 예를 들어 서비스품질지수의 어떤 항목의 수준이 경쟁기업의 수준보다 낮다고 하면 그 원인을 찾아 개선을 위한 방안을 모색하고 지속적으로 유지하려 할 것이다. 만일 서비스인카운터에서 고객의 대기시간이 너무 길다고 하면 그 원인이 종업원의 숙련성이 낮기 때문인가, 고객 수에 비해 응대창구의 수가 적기 때문인가, 또는 서비스프로세스 상의 문제가 있기 때문인가 등의 원인을 파악하여 종업원교육이나 응대창구 증설, 서비스프로세스의 개선 등을 통해 이러한 문제를 해결할 수 있을 것이다. 따라서 서비스지수는 품질수준만이 아니라 종업원만족도를 개선하여 고객의 기대수준과 만족수준을 높이고 경쟁력을 높일 수 있는 방법이 된다.

표 13-2 KS-SQI의 서비스품질측정요인

성과 차원		과정 차원	
본원적 욕구충족	고객이 원하는 기본적 욕구	고객응대	고객의 특정요구에 대한 수용
예상외 혜택	고객감동의 부가적 서비스	신뢰감	고객의 심리적, 물리적 안전확보
약속이행	약속된 서비스를 정확하게 전달	접근 용이성	서비스제공 시간, 장소의 편리성
창의적 서비스	독창적 서비스 (차별적, 혁신적)	물리적 환경	서비스평가를 위한 외형적 단서

기업이 서비스지수관리를 하는 경우 지수의 측정과 지수의 개발이 필요하다. 서비스품질지수의 경우 보다 세부적인 면에서 서비스품질활동의 강점과 약점을 파악할 수 있다. 또한 주기적인 측정을 통해 서비스품질수준과 품질수준의 변화추세를 파악할 수 있다. 따라서 서비스기업은 서비스품질을 측정함으로써 품질을 통한 경쟁전략을 모색할 수 있다.

서비스기업이 서비스품질지수를 측정하기 위해서는 Parasuraman 등이 개발한 SERVQUAL이나 한국표준협회가 개발한 KS-SQI 측정방법을 활용하는 것도 바람직하다. SERVQUAL은 측정항목이 차원별로 구분되어 측정문항이 비교적 간결한 편이라는 평가를 받고 있다. SERVQUAL의 5개 서비스품질차원은 프로세스, 인적 요소, 물리적 요소를 포함하고 고객의 기대와 지각에 대한 각각의 22개 질문으로 구성되어 있기 때문에 측정이 용이하다.

2000년 이후 한국표준협회가 서비스기업을 대상으로 평가하고 있는 KS-SQI는 70여개 이상의 업종별로 세분화되어 있어 서비스기업에서의 적용이 비교적 용이한 편이다. KS-SQI의 평가항목은 서비스의 성과차원과 과정차원을 구분하여 평가하고 있다. 과정차원은 신뢰성, 친절성, 적극지원성, 접근의 용이성, 물리적 환경 등 서비스가 수행되는 과정에서 고객이 지각한 서비스품질요소이다. 성과차원은 본원적 욕구충족, 예상외 부가적 서비스 등 고객이 서비스를 받고난 다음의 서비스성과에 대한 평가요소이다. 〈표 13-2〉는 2011년까지 적용하였던 KS-SQI의 평가항목으로 서비스의 성과차원과 과정차원을 세분화 하여 나타낸 것이다.

KS-SQI의 서비스품질평가는 면접방식으로 조사하며 온라인 평가도 병행하여 조사하고 있다. [그림 13-2]에 SERVQUAL과 KS-SQI의 서비스품질지수 측정차원 간의 관계를 나타낸다.

그림 13-2 서비스품질지수의 품질측정차원

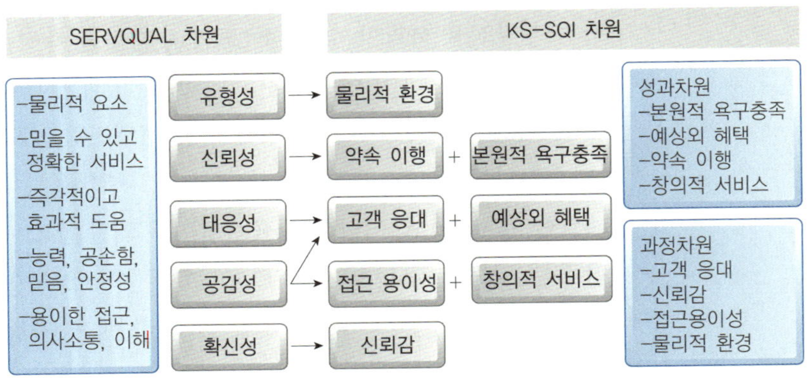

사례 서비스품질지수의 운영

A항공사에서는 서비스품질지수를 매월 정기적으로 측정하고 있다. 이 회사의 서비스품질지수는 항공서비스의 프로세스 흐름에 따라 예약, 발권, 공항, 기내, 콜센터에서의 고객접점을 대상으로 하여 측정한다. 각각의 측정항목은 서비스프로세스, 인적서비스, 물리적 환경 등의 차원으로 나누어 서비스에 따라 40~60개 항목을 측정하며 항목의 중요도에 따라 가중치를 부여하고 있다.

서비스품질지수측정에는 매월 300명 내외의 고객을 대상으로 조사를 하며 사전에 지역별, 항공노선별, 연령별, 성별로 표본계획을 수립하고 있다. 또한 지수측정을 위한 조사에는 이 항공사를 이용하는 고객을 대상으로 표본을 추출하며 표본의 20%는 회사의 콜센터, VOC시스템 등에 접속한 고객을 대상으로 하고 있으며 70% 이상은 온라인 조사를 하고 필요에 따라 면접조사를 병행하고 있다.

A항공사는 서비스품질지수의 측정을 시작한 초기에는 고객의 만족도, 서비스의 품질적 우위부문과 취약부문을 파악하여 개선점을 발견하기 위한 조사를 하였다. 그러나 현재는 서비스경쟁력 강화를 위해 서비스품질지수를 활용하고 있다. 따라서 현재의 서비스품질지수의 조사에

서 표본의 약 30%는 경쟁회사의 서비스품질수준을 조사하여 비교함으로써 서비스운영전략 수립에 활용하고 있다.

자료 : http://asiana.com

토의문제

1. 항공사의 서비스품질지수의 측정방법에 대하여 논의해보자.
2. 서비스품질지수의 측정을 위한 평가항목과 척도에 대하여 논의해보자.
3. 서비스품질지수의 측정결과에 대한 활용방안에 대하여 논의해보자.

2. 서비스품질지수 개발

현재 많은 서비스기업이 서비스품질지수를 개발하여 운영하고 있다. 서비스품질지수의 개발과 운영은 서비스기업의 특성에 적합한 측정도구와 운영이 필요하다. 서비스유형과 운영시스템, 고객특성과 경쟁환경, 서비스품질지수의 조사방법과 이용목적에 따라 달라질 수 있다. 서비스품질지수를 개발과 지수측정에는 다음의 사항이 고려되어야 한다.

- **측정항목** : 서비스품질측정문항 개발
- **측정항목의 가중치** : 서비스품질측정문항의 중요도에 따라 가중치 부여
- **측정척도** : 5점, 7점 척도 또는 등간척도, 명목척도의 정의
- **표본** : 표본의 크기, 측정시간 및 측정주기 결정
- **조사대상** : 표본의 대상선정
- **표본추출 및 측정방법** : 표본의 대상과 면접, 온 · 오프라인 조사방법 결정

3 서비스품질지수개발 프로세스

서비스품질지수의 개발의 과정은 [그림 13-3]과 같이 서비스인카운터 분석, 고객 요구품질 도출, 서비스품질지수개발, 서비스품질지수측정 및 분석, 측정결과의 활용 등의 단계로 수행된다.

- **단계 1 : 서비스인카운터 분석**

서비스품질지수의 개발의 첫 번째 단계는 프로젝트 과업팀과 고객접점별 담당자에 의해 수행되는 주요 고객접점인 서비스인카운터의 분석이다. 이 단계에서는 서비스인카운터 업무의 흐름과 업무의 특성, 고객현황과 유형, 과거의 서비스품질 수준 또는 고객만족도 조사자료, VOC관련자료 등을 중심으로 현황을 진단하고 서비스업무의 프로세스를 분석한다.

서비스인카운터의 현황분석에는 다음의 요인을 고려한다.

① **고객에게 미치는 영향** : 고객이 서비스인카운터를 이용하는 빈도, 서비스인카운터 개선으로 고객에게 미치는 영향

② **전략적 중요도** : 서비스인카운터 개선에 대하여 고객이 느끼는 만족수준과 영향정도

그림 13-3 서비스품질지수개발의 프로세스

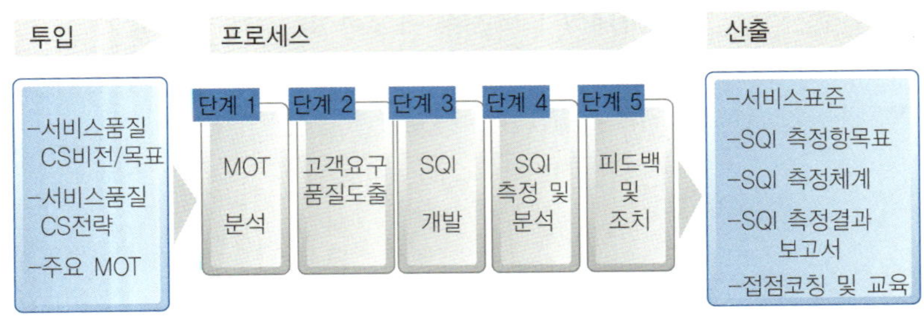

③ **개선의 용이성** : 서비스인카운터 종업원의 노력, 시스템 보완을 통해 서비스품질의 개선이 가능한가의 용이성
④ **개선의 시급성** : 서비스인카운터 업무의 개선에 대한 필요성과 시급성

서비스인카운터 분석에서는 고객접점 종업원의 행동과 고객의 행동을 파악함으로써 전체 서비스업무의 프로세스를 분석하는 것이 가능하다. 종업원의 행동은 서비스업 무를 수행하는 과정에서 고객의 반응과 행동에 영향을 준다. 전체 서비스업무의 프로세스는 고객이 도착하기 이전에 고객접점 종업원이 사전에 준비해야 할 업무, 고객과의 접촉에 의해 서비스가 진행되는 서비스업무, 그리고 고객이 서비스를 받고 떠난 후의 사후업무로 구성된다. 서비스인카운터는 이러한 서비스프로세스의 전 과정을 통하여 수행되기 때문이다.

• 단계 2 : 고객요구품질 도출

고객요구품질을 발견하기 위해서는 주요 고객을 대상으로 고객이 기대하는 수준 의 서비스품질을 파악하는 것이 중요하다. 이를 위해 주요 고객집단을 선정하고 고객의 의견을 모으는 과정을 거치는 것이 필요하다. 고객요구품질은 고객집단의 좌담회(FGI)를 통해 고객의 요구사항을 종합하여 결정한다. 이 때 고객요구품질에 부합되는 서비스의 실행가능성을 평가하여 실제로 서비스제공으로 이어질 수 있는가를 서비스작업자에 의해 판단하게 하는 과정을 거쳐 확정한다.

고객요구품질을 도출하기 위해서는 품질기능전개(QFD)의 방법을 사용할 수 있다. 고객요구품질을 효과적으로 종합하기 위해서는 〈표 13-3〉과 같이 고객요구품질 전개표를 사용한다.

표 13-3 고객요구품질전개표의 예

품질속성	분류코드	2차 속성	내 용	측정기준
신속성	1	고객요구의 처리		처리시간
정확성	2	정확한 문제해결		처리건수
대응성	3	충분한 고객배려		고객인식수준
접근성	4	접속용이		접속시간
⋮	⋮	⋮		⋮
기타 개선점	9	용모단정		고객인식수준

• **단계 3 : 서비스품질지수(SQI) 개발**

서비스품질지수는 고객요구품질 전개표를 토대로 핵심성공요인(CSF)을 선정하고 서비스품질측정도구를 개발하는 계획과정을 거치게 된다. 핵심성공요인은 서비스기업이 높은 서비스품질을 유지하기 위해 반드시 관리해야 할 품질목표라고 할 수 있다. 핵심성공요인은 각각의 고객접점의 위치 및 실행방법을 지정해주고 서비스제공의 중요도에 따라 가중치를 부여함으로써 보다 중점적으로 관리해야할 요인이 무엇인지를 나타낸다.

서비스품질지수 측정계획에 따라 핵심성공요인이 결정되면 서비스품질지수(SQI)의 측정방안을 설계한다. 서비스품질지수의 측정을 위해서는 고객접점별 또는 고객접점의 업무별로 평가항목을 설계하고 평가대상 업무, 관련업무 및 서비스제공 종업원의 활동, 평가주기 및 평가방법을 결정한다. 또한 서비스인카운터 별 평가문항 뿐만 아니라 조사방법이 상이할 수 있으므로 적정한 표본 수의 결정과 각 평가항목에 대한 측정척도를 결정한다.

예를 들어 항공서비스의 경우 예약, 발권, 공항, 기내, 수하물서비스 등 각각의 서비스가 수행되는 프로세스와 고객만족센터, VOC 등 서비스인카운터에 따라 평가항목을 개발한다. 또한 평가항목은 고객접점종

표 13-4 핵심성공요인의 예

1차 요소	가중치	2차 요소	고객접점 및 실행방법
친절도	5	친절한 안내 고객문의 경청 ⋮	프론트의 고객영접 고객요구 검토 및 실행 ⋮
고객 배려	10	고객에 대한 관심 고객요구파악 노력 고객불만 개선 ⋮	⋮
업무처리	10	문제해결 능력 문제해결의 신속성 ⋮	문제해결 및 등록 처리시간 기록 ⋮
정보관리	5	고객정보 활용 고객불만정보 활용 ⋮	고객확인 고객불만확인 ⋮

업원의 서비스지식, 역량, 설정된 서비스표준과 고객응대 매뉴얼, 구체적인 행동을 포함하고 서비스수행 결과에 대한 고객의 지각수준을 파악하기 위해서 필요하다. 〈표 13-4〉에 핵심성공요인의 예를 나타내고 〈표 13-5〉에 서비스품질지수 측정계획표의 예를 나타낸다.

표 13-5 서비스품질지수 측정계획표의 예

고객접점	SQI요인	서비스업무	관련활동	평가주기	측정방법	평가방법
고객창구	인사성 친절성	창구서비스	맞이인사	월	VOC접수 상시평가	고객평가
A/S서비스	친절성 전문성	A/S서비스	A/S접수	주	VOC접수 상시평가	고객평가 관리자평가
VOC	신속성	고객불만	문제해결	일	VOC접수	고객평가 관리자평가
⋮	⋮	⋮	⋮	⋮	⋮	⋮

• **단계 4 : 서비스품질지수(SQI) 측정 및 분석**

서비스품질지수 측정계획에 의해 서비스품질지수를 측정한다. 서비스품질지수의 측정도구는 서비스품질수준을 측정할 수 있는 평가지표의 항목과 측정척도를 개발하는 것이다. 서비스품질지수의 측정척도에 따라 측정이 이루어진 다음에는 측정결과에 대한 분석이 이루어져야 한다.

서비스품질지수의 측정 목적은 현재의 서비스품질수준이 어느 정도이며, 경쟁사 또는 전사적 평균과 비교하여 어떠한 부문이 강점을 나타내고 어떠한 부문이 약점을 나타내는가에 대한 파악에 있다. 이것은 서비스기업의 경쟁우위를 나타내는 기준이 될 수 있다. 또한 서비스품질수준이 지속적으로 상승 또는 하락하는 등 어떠한 변화추이를 나타내고 있는가에 대한 분석을 하는데 있다.

서비스품질지수측정 및 분석 프로세스는 [그림 13-4]에서와 같이 서비스품질지수의 점수분석, 경쟁사 대비 강약점분석, 서비스접점의 개선방안 도출, 정성적 자료분석 등의 단계로 수행한다.

그림 13-4 서비스품질지수 측정 및 분석 프로세스

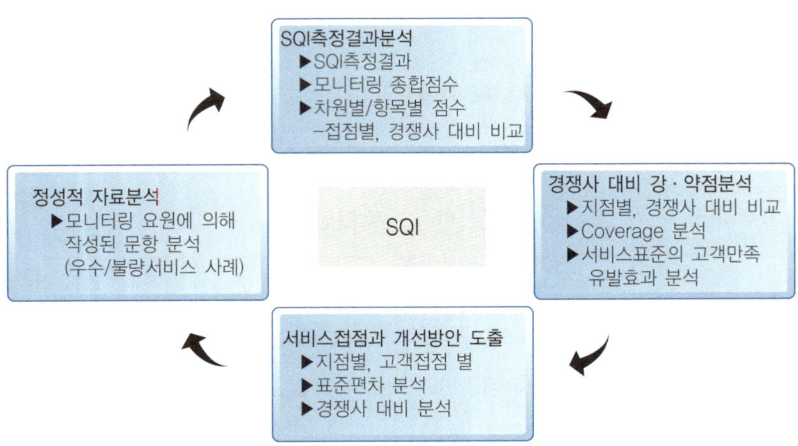

① **서비스품질지수의 점수분석** : 서비스품질지수의 측정은 서비스인카운터별로 공개적으로 고객을 대상으로 하는 조사와 모니터링, 미스테리쇼퍼(mystery shopper)등의 방법으로 평가항목과 품질차원별로 측정을 한다. 또한 서비스품질 수준의 상대적 비교를 위해 지점, 영업소별로 조사를 하며 경쟁사와의 비교를 위해 경쟁사의 서비스품질 조사를 수행한다.

② **경쟁사 대비 강약점분석** : 서비스인카운터별, 서비스영역별 서비스품질 점수를 파악하여 경쟁사 또는 서비스표준과 비교하여 강점과 약점을 분석한다. 강점으로 평가된 부문은 지속적으로 품질수준을 유지하며 약점으로 평가된 부문은 원인을 찾아 개선하기 위한 대책을 강구하여야 한다. 예를 들어 고객접점종업원의 표정, 용모의 평가가 경쟁사보다 낮다면 1차, 2차적인 단계에 따라 개선방안을 모색하고 궁극적으로는 전반적 개선요소를 찾아야 한다.

③ **서비스인카운터의 개선방안 도출** : 전사적인 관점에서 서비스품질지수의 평균과 표준편차를 통해 지점, 영업점 또는 고객접점별 평가와 이에 따른 개선방안의 도출이 필요하다. 특히 서비스품질 수준이 어느 한 부문에서 낮게 나타나면 이는 전체부문의 서비스품질 수준과 경쟁력에 영향을 줄 수 있다.

④ **정성적 자료분석** : 서비스품질지수의 측정에 특기할 사항이 있는 경우 조사요원에 의해 설명이 첨부될 수 있다. 예를 들어 서비스 과업 수행 시 불가항력적인 요인이 발생하는 경우 이에 대한 설명이 필요하다. 또한 이것은 주관적 조사결과에 대한 객관화를 위해 필요한 방법이며 서비스품질지수의 계량적인 한계를 보완하는 방법이 되기도 한다.

• 단계 5 : 서비스품질지수(SQI) 측정결과의 활용

서비스품질지수의 측정결과를 서비스현장 및 관리부서에 피드백 한다. 서비스품질수준이 기간별로 상승경향을 보이면 이를 지속화 시키는 방안을 강구하고 만일 하락하거나 정체를 보이면 개선책을 강구하여야 한다.

서비스품질수준이 낮은 부문은 필요한 교육으로 보완될 수 있으며 고객접점직원에 대해서는 개선을 위한 코칭교육이 효율적이다.

한국공항공사에서 운영하고 있는 국제공항서비스품질지수의 측정항목의 예를 〈표 13-6〉에 나타낸다.

표 13-6 서비스품질측정지표 : 공항서비스의 예

평가 항목	해당서비스 및 시설	평가지표
출입국절차의 신속성 및 편의성	출국체크인	소요시간 피크시 입국 창구당 처리승객 수
	보안검사	소요시간 체크인 창구 80%이상 이용하는 시간의 비율
	출국심사	소요시간 피크시 보안검색 시설당 처리승객 수
	환승보안검색/체크인	소요시간 피크시 출국 창구당 처리승객 수
	입국심사	소요시간 피크시 환승보안검색 창구당 처리승객 수
	세관검사	소요시간 피크시 수하물조사 창구당 처리승객 수
	탑승교, 게이트, 라운지	탑승교를 통해 탑승 및 하기하는 승객비율 피크시 게이트, 라운지 좌석당 출발승객 수 피크시 라운지지역 면적당 출발승객 수
수하물처리의 신속, 편의, 정확성	수하물	도착수하물 수취 대기시간 피크시 수하물 출 · 도착시스템 평균처리량 수하물 분실율 수하물 출 · 도착시스템 중단 및 장애시간
지원시설의 공급성	활주로, 유도로, 주기장, 게이트	에어사이드 지체시간

안내서비스의 정보공급성	항공기 출 · 도착안내 안내표지 (여객유도, 실내배치) 안내방송, 인터넷, 안내센터	피크시 FID 화면당 승객 수 FID품질의 적정성 피크시 정보제공 지역당 승객 수 안내표지정보의 적정성 안내방송품질의 적정성
이용편의성	편의시설(은행, 우체국, 의료시설, 환승편의시설) 청사내시설(화장실, 좌석, 에스컬레이터, 카트 등) 상업시설	편의시설의 수, 다양성 피크시 편의시설 면적당 승객 수 피크시 터미널 좌석당 승객 수 피크시 터미널 면적당 승객 수 면적대비 에스컬레이터 설치비율 피크시 수하물카트당 승객 수 시설청결도에 대한 만족도 식당 및 상업시설 가격의 적정성 대표품목 가격의 적정성 식당 및 상업시설 만족도
서비스유료화 여부	수하물카트 공항순환버스	무료시설의 유료화 여부
교통약자의 편의성	교통약자를 위한 시설 및 서비스	교통약자를 위한 시설의 수 교통약자를 위한 시설의 이용편의성
접근성	주차장 및 대중교통수단 공항순환수단	주차시설의 만족도 및 주차비용의 적정성 버스 및 택시탑승의 평균대기시간 공항순환시설의 편의성 공항순환시설의 평균대기시간

자료 : 한국공항공사(2012)

제 3 절 서비스품질지수의 운영전략

1. 서비스품질지수 운영의 목표

Bourne 등(2005)의 조사에 의하면 서비스기업이 서비스품질지수를 활용하는 목적에 대하여 72%의 기업이 서비스경쟁력을 확보하기 위한 것이라고 응답하고 있으며 81%의 기업이 실제로 경쟁전략의 수행에 도움이 된다는 응답을 보이고 있다. 이것은 서비스품질지수를 활용함으로써 단순히 서비스품질수준을 높이려는 것만이 아니라 기업의 경쟁전략을 수행하는 지표가 되고 있음을 의미한다.

이들 연구자들에 의해 조사된 서비스기업이 서비스품질지수를 운영하는 목적은 다음과 같이 나누어 볼 수 있다.

- 높은 서비스품질과 고객만족도를 지속적으로 유지
- 서비스경쟁력 확보
- 고객요구의 파악과 고객에 대한 서비스정보 제공
- 서비스기업 및 산업 특성에 맞는 서비스수준 유지
- 서비스실패 및 질적 저하 방지

또한 서비스품질지수의 운영목표를 달성하기 위해서는 다음과 같은 요건을 갖추어야 한다.

첫째, 서비스품질지수는 서비스기업의 장기계획과 서비스전략에 부합되는 평가체제를 구축하여야 한다. 서비스품질의 향상은 한 부문에서의 일시적인 개선활동에 의해 이루어지는 것이 아니고 교육훈련, 프로세스개선 등 장기적인 노력에 의해 달성될 수 있기 때문이다.

둘째, 서비스품질 수준은 실질적으로 측정이 가능하고 장단기 노력에 의해 개선이 가능한 지표의 개발이 필요하다. 서비스품질지수의 측정도구를 개발할 때 고객의 요구품질을 바탕으로 하는 측정항목을 선정하지만 고객접점에서 실제로 서비스제공이 불가능하거나 너무나 높은 품질수준을 설정한다면 이는 현실성이 없는 측정도구가 될 것이다.

셋째, 서비스품질지수의 평가항목은 서비스품질활동에 대한 포괄적 의미와 내용을 함축하여야 한다. 하나의 서비스과업에도 여러 서비스프로세스와 서비스접점을 거치게 되며 다수의 서비스작업자에 의해 제공되므로 서비스측정도구는 대표성을 확보하는 문제가 중요한 요소가 된다.

넷째, 서비스품질 측정에는 측정항목은 물론 평가절차에 있어서도 객관성과 공정성을 확보하여야 한다. 고객이 평가하든 모니터링요원이 평가하든 서비스접점에서의 서비스제공활동에 대한 평가는 평가자의 주관적 요인이 크게 작용할 수 있다. 이러한 한계를 극복하기 위해서는 객관성과 공정성을 기초로 한 합리적인 평가가 전제되어야 한다.

2. 서비스품질지수 운영전략의 수립

서비스품질지수는 서비스기업의 전략수행을 위한 지표가 된다. 기간별 서비스품질 수준이 높은 영역이나 낮은 영역, 서비스품질지수의 변화추이 등에 따라 경쟁전략을 수립할 수 있기 때문이다. 필요에 따라서는 서비스품질지수 운영이 서비스품질개선전략을 세우는 기준이 될 수도 있다. 서비스품질지수의 운영전략의 프로세스는 [그림 13-5]에서와 같이 서비스품질 평가대상의 결정, 서비스품질 평가지표의 개발, 서비스품질 평가체계와 평가모형 개발, 서비스품질 평가지표의 운영방안 수립 등 네 단계로 수행한다.

첫째, 서비스품질 평가대상을 결정하는 단계에서는 서비스 및 서비스품질을 정의하며 서비스품질의 평가대상을 선정한다. 서비스품질의 평가대상이란 서비스프로세스나 서비스가 수행되는 과업내용, 고객접점 등을 의미한다. 서비스품질의 평가는 동일한 서비스라도 무엇을 어떻게 평가하는가에 따라 달라질 수 있으므로 서비스와 평가대상의 명확한 정의가 필요하다. 이에 따라 서비스과업의 내용이나 고객접점에서 수행되는 서비스의 평가항목을 개발할 수 있다.

둘째, 서비스품질의 평가지표를 개발하는 단계에서는 평가지표의 개발목표에 따라 서비스품질의 측정기준을 마련하고 개발방법을 확정하여 평가지표를 개발한다.

그림 13-5 서비스품질지수 운영전략의 수립단계

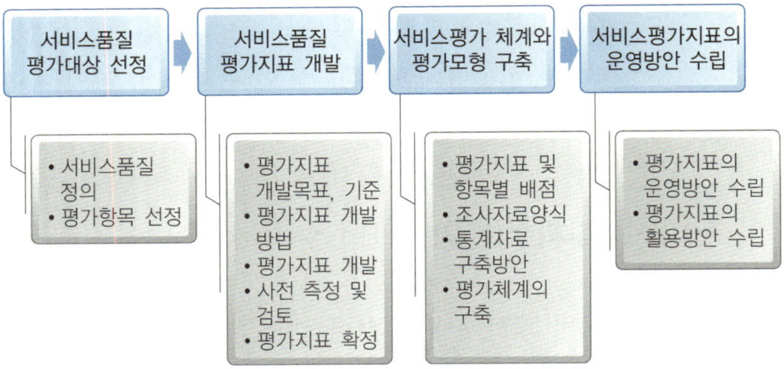

이 단계에서 개발된 평가지표는 서비스품질의 사전적 측정을 통해 평가지표의 문항을 보완하는 과정을 거쳐 확정시킨다.

셋째, 서비스품질 평가체계와 평가모형개발 단계에서는 평가영역의 범위와 평가항목별 배점을 결정하고 서비스품질 조사자료의 양식을 개발한다. 이 단계에서는 시험적으로 조사된 서비스품질자료의 통계적 분석을 검토, 보완함으로써 평가시스템을 구축할 수 있다.

넷째, 서비스품질 평가지표의 운영방안 수립의 단계는 서비스품질 평가지표를 어떻게 운영하고 운영주체와 평가주기를 확정하는 계획단계이다. 또한 이 단계에서는 측정된 서비스품질측정결과를 어떻게 활용하고 어떠한 전략방안을 수립할 것인가를 결정해야 한다. 예를 들어 어느 한 고객접점의 서비스수준이 낮아 집중적으로 개선해야 할 필요가 있는 경우 서비스방법이나 프로세스의 개선, 고객접점종업원의 교육훈련 등의 방법을 통해 서비스품질수준을 높이는 구체적인 실천방안을 검토하는 것이 필요하다.

서비스기업이 서비스품질지수를 활용하는 것은 서비스품질수준을 높게 유지하고 이를 통해 고객만족도과 충성도를 높여 기업의 이익을

그림 13-6 서비스품질지수 운영프로세스

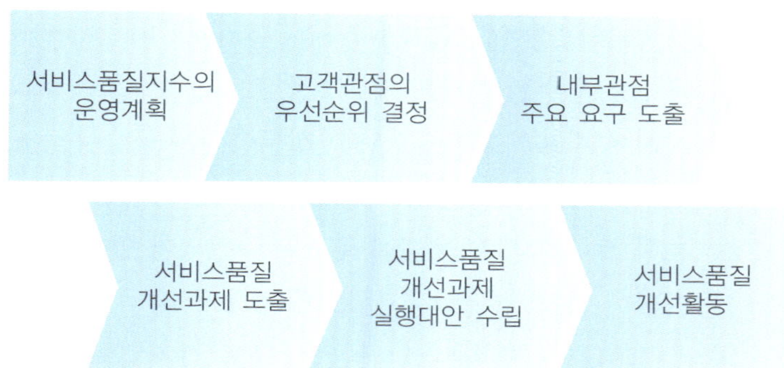

확대하기 위해서이다. 서비스운영과 관련하여 서비스품질지수의 활용방안은 다음과 같이 구체화 할 수 있다.

- 서비스품질수준 및 고객만족수준의 평가
- 서비스운영전략의 기초자료로 활용
- 서비스경쟁전략 수립의 구체적 자료로 활용
- 서비스운영관리 성과에 대한 객관적 지표로 활용
- 서비스접점에서의 서비스수준 결정을 위한 기준
- 서비스접점종업원에 대한 성과파악과 보상기준으로 활용
- 서비스투자의 필요성 및 투자효과 파악
- 서비스상품의 원가분석 및 가격결정의 기초자료로 활용
- 서비스상품개발의 방향설정 및 서비스기능의 중요도 파악

3. 서비스품질지수의 운영

기업의 서비스품질지수의 운영은 [그림 13-6]과 같이 서비스품질지수계획, 고객 및 내부관점의 우선순위와 요건을 도출하고 서비스품질목

표와 개선과제 및 실행방안을 수립하는 과정을 거쳐 서비스품질개선활동을 전개한다.

국제공항협회(ACI: Airports Council International)에서는 매년 세계 200여 주요 공항의 서비스품질(ASQ: Airport Service Quality)을 조사하여 발표하고 있다. ASQ 설문항목은 공항이용에 대한 전반적 만족도, 접근성, 체크인, ID체크(출국심사), 보안검색, 안내시설, 공항시설, 도착 등 8개 분야 34개 항목으로 구성되어 있다. 이 평가는 공항서비스 전반에 걸친 공항 이용고객들의 평가이다.

2013년 우리나라 인천공항은 8년 연속으로 1위, 김포공항은 동일규모 28개 공항 중 3년 연속으로 1위를 차지하고 있는 것으로 발표되었다. 김포공항의 ASQ조사는 2012년 10월부터 3개월간 352표본(국내선 272, 국제선 80)을 조사되었으며 ASQ조사의 종합결과와 평가항목별 점수와 순위는 〈표 13-7〉 및 〈표 13-8〉 과 같다.

2001년 개항한 인천공항에 비해 김포공항 여객청사의 노후한 시설은 경쟁력이 떨어지는 상황이지만 종합점수는 4.8점대이며 평가항목별로는 일부 식당 및 쇼핑시설 이용 만족도를 제외하고는 모든 평가항목에서 1위를 기록하고 있다. 한국공항공사는 이 조사결과의 의미를 다음과 같이 분석하고 있다.

① 김포공항은 물리적 시설 및 환경의 열세를 극복하기 위해 서비스프로세스 개선과 새로운 프로세스기술을 도입하여 공항시설의 운영방식과 기술개선을 추구하여 보안검색의 효율화, 모바일탑승과 셀프탑승을 활성화함으로써 고객의 대기시간을 단축하는 등 서비스프로세스 개선에 획기적인 성과를 거두고 있다.

② 김포공항은 공항 내 상업시설의 인적서비스 향상을 위해 고객접점에 대한 모니터링, 현장코칭, CS교육 등 기본적 서비스개선 노력과 인적 서비스의 향상에 주력하고 있다. 고객들이 지적한 구내업체 직원의 불친절, 협소한 주차장, 보안검색 요원의 불친절,

표 13-7 ASQ 종합결과(2012년)

구분		ASQ전체 (199개)	아시아태평양 (60개)	동일규모 (28개)	비고
4/4분기 전반적만족도 평균		4.07점	4.25점	4.08점	
김포공항	1분기 (4.79점)	6위	6위	1위	
	2분기 (4.81점)	6위	6위	1위	
	3분기 (4.84점)	5위	5위	1위	
	4분기 (4.80점)	9위	9위	1위	
	2012년 (4.81점)	전체 6위(199개), 동일규모 1위(28개)			

불편한 대중교통 등 4대 고객 불만요소를 원천적으로 줄이기 위한 고객접점 중심의 서비스개선 노력을 하고 있다.

③ 김포공항의 서비스개선 노력은 "서비스 라인업"을 통해 개선활동을 구체화 하고 있다. 서비스 라인업은 VOC, 모니터링으로 확인된 서비스문제의 나열만이 아니라 고객만족과 불만해소라는 명확한 목표와 우선순위를 설정하고 서비스 현장의 문제를 최소화 하는데 있다. "무엇을, 왜, 어떻게" 해결할 것인가의 본질은 정확한 문제발견과 개선의지에 있다. 김포공항의 서비스는 이러한 문제인식에 기초하여 서비스현장에서의 품질혁신과 개선활동을 전개하고 있다.

④ 김포공항의 경쟁적 이점은 지하철연결 등 서울도심과 30분 거리의 편리한 접근성에 있다. 또한 공항구내에 호텔, 극장, 대형쇼핑센터를 유치하여 고객의 편의성을 높이고 있다.

한국공항공사는 ASQ조사결과를 토대로 항목별 우수분야의 서비스 수준을 유지하고 일부 상업시설의 개선을 통해 고객서비스 수준을 높이는데 역점을 두고 있다.

Prahalad(1990) 등은 서비스기업의 핵심경쟁력으로 잠재적 시장에

표 13-8 김포공항의 ASQ항목별 분석결과(2012년)

구분		분기별 점수 및 순위								2012 전체		2011 전체
		1/4		2/4		3/4		4/4				
접근성	공항접근성(대중교통)*	4.69	3	4.76	2	4.80	1	4.74	3	4.75	2	1
	주차시설 이용편리성	4.61	4	4.62	5	4.63	4	4.61	5	4.62	5	1
	주차시설 가격대비 만족도*	4.49	3	4.47	5	4.60	1	4.54	1	4.53	1	1
	카트이용 편리성	4.67	9	4.66	12	4.71	6	4.63	18	4.67	9	6
체크인	대기시간	4.71	3	4.62	9	4.71	5	4.68	6	4.68	5	5
	직원운영 효율성	4.75	3	4.70	6	4.73	7	4.72	6	4.73	5	6
	직원친절성	4.75	5	4.75	5	4.79	4	4.72	9	4.75	4	8
ID체크 (출국심사)	대기시간	4.77	3	4.76	3	4.73	3	4.73	6	4.75	4	2
	직원 친절성	4.71	5	4.69	5	4.73	6	4.60	13	4.68	7	4
보안 검색	직원 친절성	4.64	11	4.68	7	4.74	6	4.61	13	4.67	7	7
	완벽성	4.78	5	4.72	8	4.78	4	4.68	13	4.74	7	7
	대기시간*	4.74	3	4.73	3	4.82	1	4.72	5	4.75	3	3
	안전에 대한 신뢰성	4.79	5	4.71	9	4.75	9	4.72	9	4.74	6	8
안내 시설	공항내 안내시설 편리성*	4.81	2	4.72	4	4.76	1	4.69	6	4.74	3	5
	FID안내정보*	4.83	1	4.76	3	4.79	1	4.68	7	4.77	2	3
	청사내 이동거리*	4.84	1	4.76	2	4.78	1	4.69	2	4.77	1	3
공항 시설	구내업체 직원 친절성	4.77	5	4.65	13	4.79	5	4.74	11	4.74	5	5
	식당(스넥) 이용편리성**	4.36	12	4.32	13	4.33	15	4.27	22	4.32	15	9
	식당(스넥) 가격대비 만족도**	4.19	9	4.17	10	4.19	9	4.12	14	4.17	10	5
	은행 이용편리성	4.52	8	4.59	5	4.60	1	4.56	11	4.57	4	3
	쇼핑시설 이용편리성	4.47	7	4.35	16	4.41	11	4.37	20	4.39	14	17
	쇼핑시설 가격대비 만족도*	4.44	2	4.29	5	4.33	5	4.33	7	4.33	3	7
	인터넷 접근성	4.50	5	4.51	5	4.52	4	4.46	9	4.50	7	2
	화장실 이용편리성*	4.88	2	4.81	2	4.85	2	4.75	9	4.82	2	5
	화장실 청결성*	4.87	2	4.84	2	4.87	2	4.79	4	4.84	2	4
	대기공간 편의성	4.74	5	4.71	6	4.78	3	4.70	9	4.73	4	5
	청사내 청결성	4.83	7	4.84	7	4.89	3	4.83	9	4.85	6	7
	공항분위기	4.77	7	4.74	12	4.84	6	4.74	14	4.77	8	8
도착	입국심사*	4.76	2	4.71	5	4.74	3	4.63	11	4.71	3	2
	수하물 수취속도	4.62	4	4.59	5	4.62	4	4.52	12	4.58	6	2
	세관신고	4.65	5	4.65	5	4.74	1	4.58	15	4.65	4	2

* : 개선 및 우수분야 / ** : 개선요구분야

자료 : 한국공항공사(2013)

의 접근성, 서비스편의에 대한 고객의 인식, 그리고 다른 경쟁자의 모방이 어려워야 한다는 점을 들고 있다. ASQ조사결과를 볼 때 김포공항의 서비스품질은 이러한 요건을 충분히 갖추고 있다고 평가된다. 그러나 김포공항이 서비스품질평가 1위의 우위를 계속적으로 유지하기 위해서는 ASQ조사결과에서 나타난 개선점 이외에도 다음의 문제를 고려해야 할 것이다. 즉 김포공항은 오늘날의 공항서비스와 관련되는 다음과 같은 이슈를 해결하는데 관심을 가져야 할 것이다.

- 다른 공항의 모방이 어려운 핵심경쟁력 개발
- 다양한 서비스 콘텐츠로 차별적인 서비스제공
- 거점공항을 보완할 수 있는 2차적 기능 수행
- 상업시설 운영이익으로 여객의 공항이용요금 낮추기
- 단거리 여행수요의 개발

사례 The RAC의 모티터링서비스

Nigel Paget는 RAC 모니터링서비스의 운영을 담당하고 있는 임원이다. 그는 회사의 고객만족도 측정을 다음과 같이 설명하고 있다.

"우리 회사에서 고객만족은 왕이다. 각각의 모니터에 의해 측정한 고객만족자료는 매월 고객으로부터의 고객만족지수(CSI)로 측정된다. 우리 회사는 모니터를 통해 고객만족도만을 측정하는 것만이 아니라 고객의 반응을 측정하고 있다. 즉 고객들이 중요시하고 확신하는 서비스 제공자의 기술적 능력, 문제해결에 필요한 사항 등 모든 것들의 내용을 측정한다.

예를 들어 우리가 고객만족도를 측정해주는 회사가 실제로 결점을 개선할 수 없는 경우에도 모니터들은 고객을 위해 문제를 해결하려 한다. 이것은 자동차딜러가 고객을 위해 자동차를 도로위에 대기시켜 주는 것과 같다. 그 회사들은 모니터가 다른 방법으로라도 책임을 지고 문제를 해결해 주기기를 원하고 어떠한 벤치마킹을 하더라도 탁월한 성과를 얻어내기를 원한다.

모니터들이 조사한 약 4만매의 CS측정카드는 1개월 단위로 수거된다. 개인별로 4~500매를 처리하는 것이다. 이것은 엄밀히 말해 지난달 고객의 생각을 그대로 반영하여 서비스를 측정한 결과이다. 이 측정결과를 지난달의 성과와 비교하고 개인별로 점수를 합산한다. 그 결과에 따라 회사는 직원을 평가하고 평균을 기준으로 봉급을 지급한다. 평균보다 높으면 봉급은 더 오르고 인센티브로 지급된다. 15~20% 정도는 상위의 보너스를 받게 되며 10% 정도는 표준치보다 낮은 보수를 받는다."

고객만족도가 중간 정도임에도 불구하고 개인적 성과에 대한 압력으로 작용할 수 있다. 그러나 고객만족의 측정은 종업원가치에 긍정적인 영향을 주는 것으로 보인다. 회사의 경영자는 고객에 따라 만족도측정의 질문에 대한 응답이 필요치 않다고 생각하거나 서비스제공의 수준이 낮아 모든 접촉을 완벽하게 하지 못하다는 인식을 갖는 고객이 있다고 판단하고 있다. 따라서 고객만족도에 대한 측정은 과거의 서비스성과라기보다 개인별 성과에 대한 평균으로 볼 수 있다.

Nigel Paget는 덧붙여 설명한다. "서비스종업원들은 400명의 응답자 중 30~40명의 응답이 부정적일지라도 만족수준에 영향을 주지는 않는다고 생각한다. 때로는 매우 큰 격려를 발견할 수 있다. 고객들은 그들의 단순한 바람이 잘 실천되어 만족도를 개선하는 아이디어와 중요성을 전해주기도 한다."

자료 : Robert Johnston, Graham Clark, & Michael Shulver(2012), *Service Operations Management: Improving Service Delivery*(4th ed.), Pearson. p.233에서 발췌.

종합사례 및 토의문제 KS-SQI

지난 6월 2013 KS-SQI 1위기업에 대한 인증수여식이 있었다. KS-SQI는 2000년에 시작되어 올해로 14번째 행사를 갖게 된 것이다. KS-SQI는 한국표준협회와 서울대 경영연구소가 우리나라 서비스산업과 소비자특성을 반영하여 공동개발한 서비스품질 측정모형이다. 이 서비스품질지표는 해당 기업의 제품이나 서비스를 이용해 본 고객을 대상으로 서비스품질에 대한 만족수준을 측정하여 발표하는 서비스산업 전반의 품질수준을 나타내는 지표이다. KS-SQI는 서비스산업의 구조변화 및 서비스시장의 개방에 대비하여 세계적인 서비스품질우수기업을 지향하고 서비스 경제화를 촉진하는데 기여함을 목적으로 하며 궁극적으로는 기업의 성과와 국민행복을 목표로 한다.

매년 KS-SQI 측정모형의 수정으로 조사대상 업종, 조사방법 및 서비스품질 측정항목은 부분적으로 수정되고 있다. 2013년 KS-SQI의 조사대상은 한국표준산업분류에 의거하여 도소매, 금융, 숙박/음식, 통신, 운수, 보건/건설, 교육, A/S, 문화/전문, 공공서비스 등 10개 분야 72개 서비스관련 업종으로 나누어 서비스품질을 조사하였다.

KS-SQI는 [그림 13-7]에서와 같이 체계화 되며 평가항목은 성과영역과 과정영역 서비스품질영역으로 나누어 평가한다. 과정영역의 서비스품질 결정요인은 본원적 서비스, 예상외 부가서비스의 2개 요인, 과정영역의 서비스품질 결정요인은 신뢰성, 친절성, 적극지원성, 접근용이성, 물리적 환경 등 5개 요인으로 각각의 요인은 2개 질문문항으로 조사된다. 서비스품질조사는 전국에 거주하는 1개월~1년 이내에 해당 서비스를 실제로 이용한 경험이 있는 고객을 대상으로 기업별 300표본을 1대 1 면접조사 및 인터넷 패널조사방식으로 조사한다.

서비스품질 측정방법은 성과 및 과정영역의 7개 서비스품질 결정요인을 품질차원으로 하여 각각 2개 문항씩 총 14개 문항을 9점척도를 사용하며 측정한다. 측정한 품질점수는 100점 만점으로 환산하여 구성요인 점수로 변환하여 합산하고 계층분석법으로 상대적 중요도에 따라 구성요인의 가중치를 부여한다. KS-SQI 점수는 구성요인의 점수에 가중치를 곱하여 서비스품질지수로 도출한 값이다.

KS-SQI는 이러한 측정방법에 의해 기업별, 업종별, 산업 전체의 서비스품질 수준을 평가하는 시스템으로 정착되고 있다. 이 평가시스템의 시행 초기인 2000년의 우리나라 서비스품질수준은 54.8점이었으나 2005년 66.6점, 2009년 69.6점, 2011년 70.5점, 그리고 2013년에는 72.1점으로 매년 서비스품질 수준이 향상되는 추세를 보이고 있다. 2013년을 기준으로 서비스품질지수가 가장 높은 기업은 호텔, 금융, 항공, 병원, 아파트건축 등의 업종의 기업으로 80점 내외의 높은 서비스품질 수준을 나타내고 있다.

그림 13-7 KS-SQI 체계

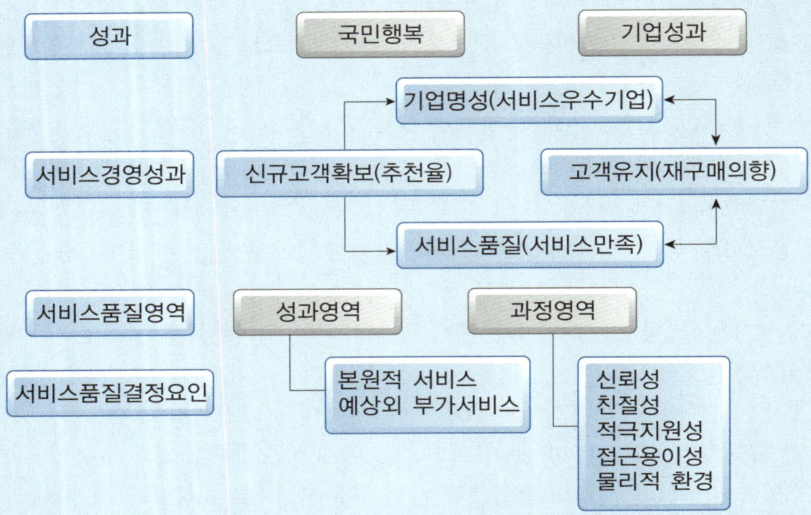

자료 : http://www.kssqi.or.kr

토의문제

1. KS-SQI 측정모형의 서비스품질측정방법에 대하여 평가하라.
2. KS-SQI는 고객만족도(CSI)와 종업원만족도(ESI)와 어떠한 관계가 있는가?
3. 기업이 서비스품질개선을 위해 KS-SQI를 활용할 수 있는 방법은 무엇인가?

용어정리

서비스지수(service index, indicator) 서비스기업의 운영과 활동수준을 평가하는 지표로서 서비스이익사슬의 체계를 형성하는 서비스품질지수(SQI), 고객만족도 (CSI), 직원만족도(ESI) 등을 포함.

과정차원 고객응대, 신뢰감, 접근의 용이성, 물리적 환경 등 서비스가 수행되는 과정에서 고객이 지각한 서비스품질요소.

성과차원 본원적 욕구충족, 예상외 혜택, 약속이행, 창의적 서비스 등 고객이 서비스를 받고난 다음의 서비스성과에 대한 평가요소.

서비스 라인업 서비스개선을 위해 VOC, 모니터링 등으로 서비스문제를 확인하여 고객만족과 고객불만해소 등의 서비스개선목표에 대하여 "무엇을, 왜, 어떻게" 해결할 것인가의 우선순위의 목표를 나열하여 서비스현장의 문제를 체계적으로 분석하는 방법.

연습문제

1. 서비스품질지수의 필요성에 대하여 설명하라.
2. 서비스품질지수의 내용과 활용방안에 대하여 설명하라.
3. 고객접촉수준이 높은 서비스시스템의 주요 평가영역과 평가방법에 대하여 설명하라.
4. 서비스품질지수의 운영목표와 운영프로세스에 대하여 토론하자.

참고문헌

Bourne, Mike, Mike Kennerley and Monica Franco(2005), "Managing through Measures: A Study of the Impact on Performance," *Journal of Manufacturing Technology Management*, 16(4), pp.373~395.

Heskett, James L., W. Earl Sasser, & Leonard A. Schlesinger(1997), *The Service Profit Chain*, The Free Press.

Johnston, Robert, Graham Clark, & Michael Shulver(2012), *Service Operations Management: Improving Service Delivery*(4th ed.), Pearson.

Prahalad, C. K. & G. Hamel(1990), "The Core Competence of the Corporation," *Harvard Business Review*, 68(3), pp.79~93.

Parasuraman, A. V. A. Zeithaml, L. L. Berry(1988), "SERVQUAL: A Multiple-Item Scale for Measuring Consumer Perceptions of Service Quality," *Journal of Retailing*, 64(1), pp.12~40.

http://asiana.com

http://kac.com

http://www.kssqi.or.kr

찾아보기

ㄱ

ㅇ

ㅌ

ㅍ

ㅎ

1-2

A-Z

〔저 자 소 개〕

유시정

성균관대학교 졸업(이학사)
서강대학교 대학원 졸업(경영학박사)
경기대학교 경영학과 교수 역임
경기대학교 경영학과 명예교수(현재)
미국 San Diego State Univ. Adjunct Prof. 역임
(사)한국서비스경영학회장 역임
[저서]「생산시스템운영관리」등

서비스경영

2014년 2월 10일 초판 인쇄
2016년 2월 25일 초판 2쇄발행

저 자 유 시 정
발행인 배 효 선
발 행 처 도서출판 法 文 社

주 소 10881 경기도 파주시 회동길 37-29
(파주출판문화정보산업단지)
등 록 1957년 12월 12일/제2-76호(윤)
전 화 031-955-6500~6/ 팩 스 031-955-6525
e-mail(영업): bms@bobmunsa.co.kr
(편집): edit66@bobmunsa.co.kr
홈페이지: http://www.bobmunsa.co.kr
조 판 광 암 문 화 사

정가 33,000원 ISBN 978-89-18-12483-4